커뮤니케이션 연구방법론

COMMUNICATION RESEARCH

Joann Keyton 저 · 배현석 역

박영사

목차

1부

연구 기초사항

1부 연구 기초사항

1장 커뮤니케이션 연구 소개

챕터 체크리스트

이 장을 읽고 난 후 여러분이 할 수 있어야 하는 것들:

1. 여러분이 학생으로서 커뮤니케이션 연구를 사용 혹은 수행하거나 혹은 전문가로서 커뮤니케이션 연구를 사용 혹은 수행하는 경우를 확인하고 여러분의 개인생활에서 커뮤니케이션 연구결과 사용하기.

2. 연구 목적 설명하기.

3. 연구와 이론의 관계 설명하기.

4. 사회과학으로서의 커뮤니케이션 연구 설명하기.

5. 사회과학 관점에서 커뮤니케이션 연구는 다른 유형의 커뮤니케이션 연구 및 다른 유형의 사회과학 연구와 어떻게 다른지 설명하기.

6. 과학의 특성들 구별하기.

7. 연구문제[1])와 가설 구분하기.

8. 사실, 변인 관계, 가치, 그리고 정책에 대한 연구문제들의 차이 설명하기.

9. 여러분이 추구할 만한 가치가 있다고 생각하는 커뮤니케이션에 대한 연구문제 확인하기.

---

1) 영어의 research problem과 research question을 우리말로 옮기면 둘 다 연구문제가 되지만 둘 사이에는 차이가 있다. 연구 문제(research problem)는 특정한 연구 토픽이나 기회와 관련되어 있고(예, 기후 변화), 연구문제(research question)는 연구 문제에 관해 초점이 맞추어진 더 구체적인 분야를 말한다(예, 오존 수준은 지구의 온도 변화에 어떻게 영향을 미치는가?). 따라서 research problem은 '연구 문제'로 띄워 쓰고 research question은 '연구문제'로 붙여 써서 이 둘을 구분하기로 한다(역자 주).

연구방법 수업을 듣는 학생으로서 여러분은 두 가지 역할을 수행한다. 한 가지 역할은 커뮤니케이션 연구의 이용자로서의 역할이다. 여러분은 교재에 있는 연구에 대한 요약을 읽는다. 일부 강좌는 커뮤니케이션 학술지에 발표된 논문을 읽고 분석하라고 요구할 수도 있다.

두 번째 역할은 연구문제와 가설에 답할 데이터를 수집해서 해석하는 연구자로서의 역할이다. 이러한 활동은 이 책을 교재로 사용하고 있는 강좌나 개별연구, 상급과목,[2] 혹은 캡스톤 프로젝트[3]의 일부일 수도 있다. 이 책이 제공하는 정보는 여러분이 두 가지 역할 모두를 성공적으로 수행하도록 도와줄 수 있으며, 또한 연구방법론에 대한 호기심을 높이는 데도 도움을 줄 수 있기를 바란다. 그러나 여러분이 두 가지 역할 가운데 어떤 역할을 수행하는지 아니면 두 역할 모두를 수행하는지를 확인하기에 앞서 "연구란 무엇인가?"라는 질문에 답하는 데로 주목을 돌릴 필요가 있다.

1. 연구란 무엇인가?

가장 기본적인 형태의 **연구**(research)는 질문을 하고, 그것에 대한 답을 찾는 과정이다. 여러분은 비록 격식은 차리지 않았다 하더라도 여러분 자신의 연구를 이미 수행했을 가능성이 있다. 예를 들어, 입학할 대학을 선택했을 때 여러분은 여러 대학의 학생, 교수진, 직원에 대한 질문을 했을 것이다. 여러분은 또한 여러분의 질문에 대한 답을 찾기 위해 웹사이트를 방문했거나 미국 대학 순위를 매기는 「유에스 뉴스 앤드 월드 리포트」(*U.S. News & World Report*)의 연구결과를 사용했을지도 모른다. 여러분의 전공을 선택했을 때 여러분은 대학 웹사이트를 살펴보았고, 학생 및 지도교수와 이야기를 나누었으며, 어쩌면 심지어 여러분이 추구하고자 하는 분야의 전문가와도 이야기를 나누었을 것이다. 이러한 활동을 통해서 여러분은 여러분의 질문에 대한 답을 찾으려 했을 것이다. 나에게 어떤 대학이 가장 좋을까? 어떤 대학이 내가 찾고 있는 유형의 학생 경험을 제공할까? 재정적인 면에서 어떤 대학이 나에게 적합할까? 내가 선택할 전

---

2) 학부 과정의 3학년과 4학년 때 수강하는 코스를 상급과목(upper division)이라고 한다. 대부분의 경우 상급 과목에 등록하기 위해서는 선수과목을 수강해야 한다(역자 주).

3) 학생들에게 학문적·지적 경험을 마무리하는 과정으로서 주어지는 다면적인 프로젝트를 캡스톤 프로젝트(capstone project)라고 한다(역자 주).

공을 택한 졸업자들의 연간 소득은 얼마인가? 나는 어떤 종류의 직업을 가질 수 있을까? 이러한 질문을 하면서 어떤 결정을 내리는 데 필요한 정보를 찾아냄으로써 여러분은 연구자로서의 역할을 수행하고 있었던 것이다.

여러분은 질문을 하고 답을 찾고 있었을 뿐만 아니라 십중팔구 다른 사람이 수행한 연구결과에도 의존했을 것이다. 그와 같이 입수한 정보가 없이는 여러분이 그러한 일련의 질문에 답하는 것은 불가능했을 것이다. 예를 들어, "내가 선택할 전공을 택한 졸업자들의 연간 소득은 얼마인가?"라는 질문의 경우 여러분이 그들의 연간 소득을 알아내기 위해 직접 졸업생들을 조사하는 것은 불가능했을 것이다. 여러분은 전문가 협회나 동문회 혹은 뉴스 조직이 수행한 연구에 의존했을 가능성이 좀 더 높았을 것이다. 여러분은 그들의 연구결과 보고를 사용해 그 질문에 대한 답을 찾았을 것이다. 다른 누군가가 그러한 연구를 수행했지만, 그럼에도 여러분은 그러한 연구결과가 여러분의 질문에 답하는 데 얼마나 유용한지를 가늠하기 위해 그들 연구의 유효성을 평가했어야 했을 것이다.

여러분은 또한 다른 유형의 연구에도 익숙할 것이다. 뉴스 보도는 매일 연구결과들의 개요를 알려준다. 여러분은 뉴스에 보도되는 미디어 연구결과들에 대해 들었을 것이다. 정치 캠페인 기간 동안 선호 후보 여론조사 결과가 뉴스에 보도되며 뉴스 조직의 웹사이트에 보관된다. 그리고 여러분은 무례함과 미성년 음주에 관한 연구결과를 틀림없이 들었을 것이다. 만약 여러분이 직장에 다닌다면, 여러분의 회사는 고객 선호도나 제품 품질에 관한 연구를 수행했을 수도 있다.

여기서 이야기하려는 핵심은 연구는 우리 주변 어디에나 존재하며, 흔히 우리가 연구라고 인식하지 못하는 방식으로 제시된다는 것이다. 따라서 **연구**는 과학적이고도 체계적인 절차를 적용함으로써 질문에 대한 답을 찾는 것으로, 우리는 이것에 대해 공부할 것이다. 연구에 대한 이러한 기본적인 정의를 감안할 때 여러분은 아마도 매일 몇몇 유형의 연구를 접하게 된다는 것을 알 수 있다. 또한 여러분은 아마도 개인적인 결정과 직업적인 결정을 내릴 때 그러한 연구결과를 사용할 것이다.

이 책은 구체적으로 커뮤니케이션 연구, 즉 커뮤니케이션 학자들이 커뮤니케이션 현상에 대해 수행하는 양적인 연구에 초점을 맞춘다. 이 책은 또한 사회과학적 관점에서 수행되는 연구에 초점을 맞추는데, 사회과학적인 연구는 수사학적 연구와 다르며 비판적 연구와도 다르다. 그러나 이러한 세 관점, 즉 사회과학적 관점, 수사학적 관점, 그리고 비판적 관점의 차이가 항상 분명하지는 않으며(Craig, 1993), 다른 관점에서 연구하는 학자들도 흔히 사회과학 연구와 연관된 몇몇 방법들을 사용한다. **사회과학 연구**(social science research)는 과학적이고 체계적인 방법의 사용을 통해 수행되며, 연구를 통해 사람들의 삶의 패턴을 알아낼 수 있다는 가정을 토대로 한다. 커뮤니케이션 행동 패턴이 확인되거나 발견될 때, 학자들은 커뮤니케이션의 규칙성(regularity)에 대해 이야기해주는 유용한 커뮤니케이션 이론을 개발한다(Bostrom, 2003).

이 책에서 제시되는 연구 기법 및 방법들은 인간의 커뮤니케이션 행동과 사람들이 만들어내는 인공적인 커뮤니케이션 산물(artifact)을 연구하는 데 사용된다. 어떤 사람들은 사회과학 연구를 객관적인 연구로 간주하지만, 커뮤니케이션 학자들은 양적(좀 더 객관적인) 방법과 질적(좀 더 주관적인) 방법 모두를 (때로는 별도로, 때로는 서로 결합해서) 사용한다. 두 가지 유형의 방법 모두 **경험적**(empirical)이며, 이는 두 가지 방법 모두 커뮤니케이션에 대한 관찰이나 경험을 토대로 하고 있다는 의미이다. 양적 방법이나 질적 방법 하나만으로는 커뮤니케이션 행동에 대한 우리의 많은 질문에 완벽하게 답할 수 있는 가능성이 낮기 때문에 두 가지 방법 모두 필요하다.

1) 여러분과 연구의 관계

앞에서 논의한 것처럼 여러분과 연구의 관계는 두 가지 방식으로 개념화될 수 있는데, 하나는 연구자로서의 관계이고 다른 하나는 연구 이용자로서의 관계이다. 여러분은 학생으로서, 고용인으로서, 혹은 컨설턴트로서 연구자 역할을 수행할 수도 있다. 이 책을 교재로 사용하는 여러분의 수업이 과제물로 어떤 연구 프로젝트를 개발해서 수행할 수도 있을 것이다. 또한 여러분은 연구과정이 아주 흥미로워서 연구방법론 수업을 추가로 들을 계획을 세울 수도 있다. 여러분은 심지어 교수가 되어 여러분의 흥미를 끌 뿐만 아니라 다른 사람들에게 중요한 질문에 대한 답을 찾으면서 여러분의 직업생활의 상당 부분을 연구자로 보내겠다고 결심할 수도 있을 것이다.

졸업한 후에 여러분은 연구와 데이터 분석이 여러분이 정기적으로 해야 하는 업무의 일부인 직위를 가지게 될 수도 있을 것이다. 마케팅직 및 광고직뿐만 아니라 정치 커뮤니케이션, 조직 커뮤니케이션 및 건강 커뮤니케이션 쪽의 직업은 연구가 의사결정에서 중심적인 역할을 하는 몇몇 예에 지나지 않는다. 비록 조직에서의 직함이 '연구원'이 아니라 할지라도, 많은 관리자급 직원들은 조직과 직원들이 좀 더 효과적이고 효율적인 결정을 내리는 데 도움을 주는 데이터를 수집하고 분석하는 일을 책임진다. 그러나 이러한 예들은 커뮤니케이션 연구인 가? 그것들은 커뮤니케이션 연구일 수도 있을 것이다. 어떤 조직은 그들 조직 내부의 커뮤니케이션 행위의 효과성 정도를 알아보기 위해 설문조사나 초점집단 인터뷰(FGI: focus group interview)를 수행한다. 미디어 조직들은 정기적으로 설문조사나 FGI를 사용해 그들의 정보 메시지, 광고 메시지, 혹은 홍보 메시지 가 의도한 대로 수신되고 있는지 알아본다.

여러분은 컨설턴트가 되어 **전유적 연구**(proprietary research),[4] 즉 어떤 개 인이나 조직이 자신만 사용하기 위해 의뢰하는 연구를 수행할 수 있을 것이다. 조직들은 컨설턴트들을 통해서 조직 내부의 커뮤니케이션 체계와 운영의 효과 성을 평가한다. 정치인들 역시 그들이 여론조사에서 어떻게 하고 있는지 그리고 그들의 메시지 가운데 어떤 것이 잠재적 투표자들에게 가장 큰 영향을 미치는지 알아보기 위해 전유적 연구를 의뢰한다. 마케팅 및 광고 연구 역시 전유적 연구 이다. 비록 전유적 연구의 결과가 사적이고 그 연구에 비용을 지불하는 사람들 만을 위한 것이긴 하지만, 연구자는 학술적 혹은 학문적 연구를 수행할 때 따르 는 것과 동일한 절차와 관행을 따른다.

여러분과 연구의 관계는 이용자로서의 관계로도 개념화될 수 있다. 여러분 이 학술 서적과 학술지를 읽는 것은 곧 다른 사람들의 연구를 이용하는 것이다. 여러분은 사적으로나 직업적으로 흥미로운 정보를 미디어에서 보거나 듣고 여 러분에게 판매되는 제품 및 서비스에 대한 정보를 사용할 때도 연구를 이용한 다. 만약 여러분이 그러한 데이터가 어떻게 수집되고 분석되었는지 안다면, 여 러분은 다른 연구 자료보다 어떤 연구 자료를 더 신뢰하거나 혹은 어떤 연구 자 료에 대해서는 더 조심할 수도 있을 것이다.

지금 당장 연구 이용자로서 여러분의 역할은 연구자로서 여러분의 현재 역 할이나 잠재적 역할보다 더 당면해 있는 역할이다. 여러분은 학생이기 때문에

---

4) 전유적(proprietary)의 의미는 사유 재산(private appropriation)으로서 소유권에 기반을 둔 완전한 지배권을 가지고 있음을 뜻한다. '독점적'이라고 번역하는 경우가 많은데 이는 부정확한 번역이다(역자 주).

　　커뮤니케이션은 공적인가 사적인가?

　　　여러분이 연구자들이 다른 사람의 커뮤니케이션 행동을 연구할 때 일반적으로 어떤 윤리적 이슈가 제기된다고 생각하는가? 여러분은 어떤 커뮤니케이션 상황에서 질문에 대답할 때 편안함을 느끼는가? 여러분은 어떤 커뮤니케이션 상황에서 연구자가 여러분을 관찰할 때 편안함을 느끼는가? 어떤 커뮤니케이션 맥락은 참여자의 사적 영역에 머물러 있어야 하는가? 즉, 연구자의 질문이 금지되어야 하는가? 침실에서 사적으로 이루어지는 중요한 타자들(significant others) 간의 커뮤니케이션에 대해서는 어떤가? 상사를 조롱하는 방식에 대한 농담을 주고받으면서 직장 동료들 사이에서 발생하는 커뮤니케이션에 대해서는 어떤가? 어떤 커뮤니케이션 연구자가 여러분에게 이러한 일들이 벌어지고 있는 동안 여러분의 커뮤니케이션 행동에 대해 질문을 한다면 여러분은 어떻게 응답할 것인가? 여러분은 그와 같은 일들에 대한 연구를 수행하는 커뮤니케이션 학자를 찬성하는 주장을 할 것인가 아니면 반대하는 주장을 할 것인가? 어떤 커뮤니케이션 행동이나 맥락에 대해서는 커뮤니케이션 연구자들의 접근이 금지되어야 하는가? 왜 그래야 하는가 아니면 왜 그래서는 안 되는가?

　　수업 과제물을 끝내기 위해 도서관이나 온라인에서 정보를 수집하면서 연구를 이용하지 않을 수 없다. 여러분이 수집하는 정보를 평가할 수 있는 여러분의 능력은 과제물을 이해해서 준비하는 여러분의 능력에 직접적인 영향을 미친다.

　　　연구자로서 여러분은 데이터를 수집하고, 그런 다음 연구결과를 해석하고 결론을 도출하고 제언을 함으로써 질문에 대한 답을 추구한다. 이용자로서 여러분은 다른 사람들이 제공한 연구결과를 자세히 살펴본다. 이용자 역할을 함에 있어서도 여러분은 여전히 좋은 정보와 나쁜 정보를 구별하고, 다른 사람들이 내린 가정과 결론을 평가하며, 다른 사람들이 사용한 연구과정이 여러분의 필요와 상황에 맞는 정도를 분석할 필요가 있다. 이 경우 여러분은 여러분이 사용하고 있는 정보가 원래 자료를 오도하고 있는지 혹은 원래 자료를 잘못 해석하고 있는지 판단할 수 있는 기술이 필요하다.

　　　특정 연구 어휘와 연구 전통에 압도당하거나 겁을 먹기 쉽다. 그러나 만약 여러분이 정보를 찾는 또 하나의 방식으로서 연구에 대해 배워나가기 시작한다면, 여러분은 형식을 갖춘 연구가 여러분이 지금까지 살아오면서 해왔던 형식을 갖추지 않은 유형의 질문 제기와 질문에 대한 답변의 연장이라는 것을 알게 될 것이다. 이 장을 읽고 나면 여러분은 연구가 어떻게 여러분의 삶과 여러분의 의사결정에 영향을 미치는지 밝혀낼 수 있어야 한다. 이 장의 나머지 부분과 이 책의 나머지 부분을 통해 연구가 어떻게 수행되는지, 즉 연구가 어떻게 계획되고 실행되며, 또 데이터는 어떻게 수집되고 분석되며 보고되는지에 대해 살펴볼 때, 커뮤니케이션 연구에 대한 특정 사례들이 조명될 것이다. 이 책의 목적은 여러분에게 연구자의 기본 기술을 제공하고 다른 사람들이 보고한 연구를 더 잘 비평할 수 있도록 여러분의 능력을 향상시키는 것이다.

2. 학문적 연구

연구 전반에 대해 소개했기 때문에 이제 우리는 형식을 갖춘 체계적인 학문적 연구방법으로 우리의 주목을 돌리고자 한다. 연구방법 및 절차에 대한 훈련을 받은 연구자 혹은 과학자들이 연구를 수행한다. 이러한 학자들은 그들의 질문을 연구문제나 가설의 형식으로 바꾸는데, 연구문제나 가설은 연구 프로젝트의 범위와 방향을 제공할 뿐만 아니라 연구자가 질문에 대한 답을 찾기 위해 양적 방법이나 질적 방법을 선택할 때 연구자에게 지침이 되어준다. 연구문제나 가설은 연구자가 어떤 데이터를 수집해야 할지 알려준다. 데이터가 수집되고 나면, 연구자나 연구팀은 가설에 대한 결론을 도출하거나 연구문제에 답하기 위해 데이터를 분석한다. 본질적으로 연구를 수행하는 것은 데이터를 기반으로 주장을 하는 것이다(O'Keefe, 2004). 주장의 유형이 다르면 증거나 데이터의 유형도 달라야 하는데, 질적인 데이터나 양적인 데이터 혹은 둘 다일 수도 있다.

그러나 아직 연구과정이 다 끝난 것이 아니다. 학술적 혹은 학문적 연구는 또한 다른 사람들에게 공개되어 그들에게 이용 가능해야 한다. 그러나 연구를 공개하는 과정은 예를 들어 여론조사기관이 수행한 연구를 공개하는 것과 분명 다르다. 학문적 연구자들은 학회 발표용이나 학술지나 학술서 출간용으로 제출되는 논문에 그들이 행한 것을 기술한다. 해당 분야의 다른 전문가들이 논문을 심사한다. 이러한 심사는 검정하는 역할을 한다. 저자들이 그들의 연구문제나 가설에 답하기 위해 적절한 방법론을 사용했는가? 저자들이 연구결과를 빈틈없이 논리적으로 설명했는가? 심사과정을 통과하는 논문은 학회에서 발표되거나 학술지나 학술서에 출간된다. 이렇게 해서 연구결과가 이용 가능해지게 된다.

여러분의 다른 커뮤니케이션 수업에서 읽을거리로 지정된 교재 하나를 골라보라. 여러분은 그 북 챕터(book chapter) 내에서 연구에 언급된 많은 참고문헌을 보게 될 것이다. 다음 구절은 한 예로서 필자가 쓴『커뮤니케이션과 조직문화: 업무 경험 이해의 핵심』(*Communication and Organizational Culture: A Key to Understanding Work Experience*)(Keyton, 2011)에서 가져온 것이다:

> AT&T, 시스코(Cisco), 레드 햇(Red Hat) 같은 조직의 경우, 문화는 기술(技術)에 기반을 두고 있다. 즉, "조직은 단순히 기술을 사용하는 하나의 문화가 아니다; 대신 조직은 이미지, 정체성, 환경과의 관계가 조직이 생산하거나 제공하거나 판매하는 기술의 기능성과 강하게 연관되어 있는, 사실상 의존하고 있는, 하나의 문화이다"(Leonardi & Jackson, 2009, p. 397).

저자인 레나디(Leonardi)와 잭슨(Jackson)을 참고한 것을 텍스트 내 인용 (in-text citation)이라고 한다. 만약 여러분이 교재 뒤에 있는 참고문헌 목록을 펴본다면, 여러분은 출간 정보를 알 수 있게 됨으로써 이 저자들이 쓴 2009년 학술지 논문을 찾아볼 수 있을 것이다. 이 책의 저자로서 필자는 레나디와 잭슨의 연구에 의존했다. 이 구절을 읽은 여러분 역시 이용자이며 원래 출처로 가서 그들의 연구에 대한 필자의 해석을 검증할 수 있을 것이다.

1) 연구의 목적

연구를 통한 지식 축적은 지속적인 과정이다. 하나의 연구가 어떤 하나의 이슈나 토픽에 대한 모든 질문에 답할 수는 없다. (다른 사람의 연구를 기반으로 하는) 이러한 학습 양상은 모든 학문 분야의 중심이 된다. 따라서 커뮤니케이션 현상을 기술(記述)하는 것뿐만 아니라 커뮤니케이션 현상들 간의 관계를 발견해서 설명하는 것도 커뮤니케이션 연구의 주된 목적이다. 방금 제시했던 예를 계속해서 사용하자면, 레나디와 잭슨(2009)은 기술적 기반 형성 (technological grounding)[5]이라는 개념을 살펴보기 위해 세 종류의 데이터를

---

5) 레나디와 잭슨은 합병하는 조직의 문화 통합 문제에 기술이 어떻게 기여하는지를 이해하기 위해 기술적 기반 형성이라는 개념을 제안하는데, 기술적 기반 형성은 어떤 조직의 핵심 기술이 조직 구성원들이 매일 행하는 작업과 커뮤니케이션 행위와 더불어 그 조직의 문화를 구성하는 특징임을 시사한다. 따라서 기술에 기반을 두고 있는 조직에서 문화

사용하여 질적 연구를 수행한 결과, 기술에 기반을 둔 조직들은 합병 후 문화적 통합 문제를 경험한다는 사실을 발견했다.

레나디와 잭슨은 먼저 다른 학자들이 발표한 연구들을 이용하여 그들의 연구를 위한 증거를 모았다. 다음으로 그들은 합병 전 각 조직의 문화와 합병한 조직의 문화를 분석할 수 있는 데이터를 수집했다. 마지막으로 그들은 두 회사가 합병한 후에 어떻게 한 회사의 조직 문화가 지배했는지 설명했다. 따라서 좀 더 형식을 갖춰 표현하자면 연구는 발견(discovery)과 설명(explanation)의 과정이다.

체계적으로 접근했다면, 연구과정은 다음 네 가지 결과 가운데 하나를 얻을 수 있다: 연구과정을 통해 연구자는 행동을 기술하거나, 행동의 원인을 밝히거나, 행동을 예측하거나, 혹은 행동을 설명할 수 있다. **행동 기술하기**(describing behavior)는 결과, 과정, 혹은 변인들(우리가 연구하는 개념들의 또 다른 이름)이 서로 관련되어 있는 방식에 대한 기술을 수반한다. 다음 연구 프로젝트의 예에서 연구자들은 행동을 기술하고 있다.

거쓰리와 컨컬(Guthrie & Kunkel, 2013)은 "장기간 지속되는 연인관계에서 속임수를 쓰는 동기는 무엇인가?"(p. 145)라는 연구문제에 답하기 위해 참여자들의 일기장 기록을 분석했다. 연인에게 속임수를 쓴 것에 대해 일기를 쓴 68명의 참여자들을 통해 속임수를 쓰는 332개의 동기가 확인됐다. 이것들을 통해 연구자들은 속임수를 쓰는 6개의 포괄적인 동기 범주를 확인했다. 여섯 가지 동기는 다음과 같다: 관계 유지 참여(예, 싸움을 피하기 위한 속임), 체면 관리 필요성(예, 파트너의 감정 보호), 관계 변증법(relational dialectics)[6)]으로 인한 긴장 절충(예, 독립성 대 연계성에 대한 필요성 간의 균형 유지), 관계에서의 지배권 확립(예, 내가 원하는 대로 파트너가 행동하게 하기), 이전의 속임수 이어가기(예, 과거에 했던 거짓말을 계속하는 것), 그리고 알려지지 않은 동기(예, 참여

는 그 조직이 제조하거나, 배급하거나, 서비스하는 기술의 물질적 특성에 철저하게 얽매이는 나머지, 두 조직이 합병된 후 흔히 문화적 통합 문제를 경험한다(역자 주).

6) 관계 변증법이란 관계에서 지속적이고도 정상적으로 존재하는 상반되는 힘 혹은 긴장을 말한다. 우리 모두는 관계에서 자율적, 즉 독립적이고자 하는 욕망과 다른 사람과 친하고자, 즉 연계되고자 하는 욕망 간의 긴장, 규칙성이나 친숙함을 원하는 것과 새로운 것을 원하는 것 사이의 긴장, 그리고 개방된 커뮤니케이션에 대한 욕구와 심지어 절친한 사람에 대해서도 어느 정도의 프라이버시를 지키고자 하는 욕구 간의 긴장을 경험한다(역자 주).

자들이 속임수를 쓰는 동기를 확인할 수 없는 경우). 거스리와 컨컬(2013)은 기술적(記述的)인 질문을 제시했다: 사람들은 어떤 동기에서 그들의 파트너에게 속임수를 쓰는가? 그들의 코딩과 그러한 코딩에 대한 분석을 통해 다섯 가지 유형의 거짓말 동기를 찾아냈다. 따라서 그들의 연구결과는 사람들이 장기간 지속되는 관계에서 진실되지 않은 메시지를 사용하는 이유를 기술한다.

무언가의 원인을 앎으로써 학자들은 나중에 개입 계획을 세우거나 커뮤니케이션의 효과성을 높이기 위한 훈련을 개발할 수 있기 때문에 **행동의 원인(들) 밝히기**(determining the cause or causes of behavior)는 커뮤니케이션 학자들에게 흥미롭다. 예를 들어, 난과 자오(Nan & Zhao, 2012)는 자기-가치 확인(self-affirmation) 메시지, 즉 자기 자신에 대한 긍정적인 메시지가 금연 메시지에 대한 참여자들의 대응(response)에 영향을 미치는지를 밝히고자 했다. 연구결과를 이해하기가 그리 간단하지 않았기 때문에 이 연구자들이 알아낸 것은 흥미로운 함의를 가지고 있다. 예를 들어, 자신들의 개인적 가치에 대해 생각하고 그것을 써달라고 요청받은 흡연 참여자들은 그 금연 메시지가 과장되었다고 믿었으며 그 금연 메시지가 짜증스럽다고 생각했다. 반면, 자신들의 개인적 가치에 대해 생각하고 써달라는 동일한 실험 조작이 비흡연 참여자들에게는 거의 영향을 미치지 않았다. 저자들은 이러한 연구결과를 다음과 같이 설명하고 있다: 금연 메시지가 비흡연자들과는 관련성이 없기 때문에 비흡연 참여자들은 금연 메시지를 주의 깊게 처리하지 않았다. 이러한 연구결과를 좀 더 일반적으로 적용하면서 저자들은 어떤 변인들이 비흡연자들에게는 영향을 미치지 않지만, 흡연자들에게는 영향을 미친다는 결론을 내린다. 이들은 효과적인 건강 커뮤니케이션 메시지를 만들기 위해서는 이러한 유형의 변인들에 주의를 기울일 필요가 있다고 주장한다.

만약 연구자들이 커뮤니케이션 사건을 기술할 수 있고 그러한 사건의 원인을 확인할 수 있다면, 그들은 **행동 예측하기**(predicting behavior)로 방향을 전환할 수 있다. 만약 행동이 예측 가능하다면, 우리는 미래에 일어날 일을 예상할 수 있다. 이러한 지식은 다시 우리가 더 나은 결정을 내릴 수 있도록 도와줄 수 있다. 자기-결정 이론(self-determination theory)의 원리를 토대로 연구하는 스티븐스와 판토야(Stephens & Pantoya, 2016)는 자극을 경험하고 즐길 목적으로 어떤 활동에 참여하는 학생들은 교실에서 모바일 기기를 사용하는 학생일 가능성이 더 높다는 예측을 검정하고자 했다. 다양한 학문을 공부하는 거의 300명의 학생들이 다중작업을 하고자 하는 학생들의 욕구, 학생들이 수업에 적극적으로 참여하는 정도, 그리고 그들의 학업 동기를 측정하는 설문조사에 응답했다. 이 연구자들은 자기 자신의 이해를 높이기 위해 다중작업을 하고, 다른 학생들에게 영향을 주며, 교실에 있는 다른 학생들에게 사회적 지지를 제공하는 학생들이 수업 중에 다중작업을 할 가능성이 더 높을 것이라는 예측을 검정하기 위해 통계를 사용했다. 이 연구자들은 그들의 가설을 검정[7]함으로써 그들의 예측을 검증했다.

기술하고, 원인을 밝히며, 예측하는 것을 넘어, **행동 설명하기**(explaining behavior)는 어떤 행동의 원인을 이해하는 것을 의미한다. 예를 들어, 만약 연구자들이 건강 캠페인이 어떻게 그리고 왜 효과가 있는지 밝힐 수 있다면, 궁극적으로 더 효과적인 캠페인을 만들어 사회가 더 건강해지는 데 기여함으로써 보건의료에 더 적은 돈을 지출하게 될 것이다. 그러나 그와 같은 설명을 찾는 것은 어려우며 흔히 일련의 정교한 연구 프로젝트를 요구한다. 잘 개발되고 타당성이 확인된(validated)[8] 이론적 토대 위에서 연구하는 것은 커뮤니케이션 행동을 설

---

7) 검증과 검정을 흔히 구분해서 사용하기 쉽지 않다. 검증(檢證)은 어떤 사실의 진위를 판단하기 위해 증거자료를 수집하여 옳고 그름을 증명하는 것을 말한다. 영어의 verification, probate 등이 이에 해당한다. 따라서 이론은 증거자료 수집을 통해 이론의 옳고 그름을 검증할 수 있다. 이에 비해, 검정은 두 가지의 의미가 있다. 하나는 검정(檢定)으로 일정한 규칙에 따라 자격이나 조건을 검사하여 결정하는 것을 말하고, 영어의 authorization, probation 등이 이에 해당한다. 대표적인 용례로 검정고시, 검정교과서가 있다. 다른 하나는 검정(檢正)으로 잘 조사하여 바르게 함을 뜻한다. 영어의 test가 여기에 해당한다. 따라서 hypothesis test는 '가설 검정'으로 쓰는 것이 옳다(출처: http://blog.naver.com/PostView.nhn?blogId=ntiskang&logNo=140104095152)(역자 주).

8) 타당성 확인(validation)이란 어떤 모델이나 이론이 가능한 한 실재 세계를 나타내고 있는지를 확인하는 과정을 말한다. 이와 유사해 혼동을 일으키기 쉬운 용어인 검증(verification)은 어떤 모델이나 이론이 그 모델이나 이론에 포함되어 있는 독립변인과 종속변인 간의 관계를 토대로 할 때 올바른 결과를 산출하거나 예측하고 있는지를 검증하는 과정이다. 다음 그림이 이 두 개념의 구분을 이해하는 데 도움이 될 것이다(출처: https://www.isixsigma.com/tools-templates/measurement-systems-analysis-msa-gage-rr/understand-the-difference-between-verification-and-validation/)(역자 주).

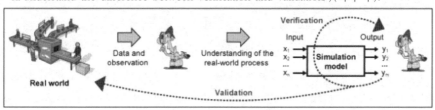

명하는 효과적인 방법이다. 예를 들어, A. J. 로베르토, 마이어, 보스터 및 H. L. 로베르토(A. J. Roberto, Meyer, Boster, & H. L. Roberto, 2003)는 488명의 중학생을 대상으로 네 가지 공격적인 행동에 대한 설문조사를 실시했다: 싸움 구경하기, 곧 벌어질 싸움에 대해 친구와 이야기하기, 다른 사람 모욕하기, 그리고 싸우기. 싸움을 제외한 공격적인 행동 각각의 경우, 추론된 행동 이론(TRA: theory of reasoned action)[즉, 실제 행동을 예측하는 최고의 결정인자(determinant)는 행동 의향(behavioral intention)임]을 토대로 한 설명 모델이 학생들이 공격적 행동에 참여하는 이유를 설명해주었다. 즉, 어떤 행동에 대한 학생들의 태도가 행동 의향을 만들어냈고, 행동 의향이 학생들이 그러한 행동에 참여하게 했다.

이러한 네 가지 결과들, 즉 기술, 원인 규명, 예측, 그리고 설명은 서로 밀접히 관련되어 있다. 한 부분의 새로운 지식은 다른 부분에서 질문들이 제기되는 방식과 질문에 답하는 방식에 영향을 미칠 것이다.

2) 연구와 이론

연구자들이 현상들 간의 관계에 대한 하나의 설명이 규칙적으로 발생한다는 사실을 발견할 때, 하나의 이론이 구성될 수 있다. 이론에 대한 정의가 많긴 하지만, 일반적으로 이론(theory)은 어떤 것이 어떻게 그리고 왜 일어나는지를 설명하는 서로 관련된 일련의 아이디어이다. 바꾸어 말하면, 이론은 세계에 대해 생각하고 세계를 보는 방식을 제공한다(Deetz, 1992). 좀 더 형식을 갖춰 말하자면, 이론은 현상을 체계적으로 조망해볼 수 있게 해주는 일단의 서로 관련된 개념, 정의, 그리고 명제(proposition)이다. 이론은 연구되고 있는 현상을 설명하고 예측할 목적으로 개념들 사이의 관계를 구체화한다(Kerlinger, 1986). 따라서 이론은 우리가 우리를 둘러싼 세계를 이해하는 데 도움을 준다. 물론 커뮤니케이션 이론은 우리 자신의 커뮤니케이션 행동뿐만 아니라 다른 사람의 커뮤니케이션 행동도 우리가 이해할 수 있도록 도와준다(Miller & Nicholson, 1976).

커뮤니케이션과 관련해서 이론은 커뮤니케이터가 특정한 개인과 커뮤니케이션하는 법이나 주어진 상황에서 커뮤니케이션하는 법을 알아낼 수 있게 해주는 사람들의 커뮤니케이션 행동에 대한 하나 이상의 명제이다. 그러나 이론이라는 용어는 한 가지 정확한 의미만을 가지고 있는 것은 아니다. 오히려 이론에 대한 서로 다른 정의들이 연구에 대한 서로 다른 접근방식을 촉진하기 때문에 그러한 서로 다른 정의들이 사용되고 있다(Craig, 1999; Jensen, 2008). 최고의 연구는 이론에 의해 움직이고, 이론의 타당성을 확인하거나, 나아가 이론을 설명하거나, 기존의 이론에 문제를 제기하거나, 이론의 탄생을 돕는다. 이론에 의해 움직이는 연구는 이전 연구자들의 연구결과를 토대로 하고 있으며, 이후 연구자들을 위한 토대를 제공한다. 이론은 1편의 연구로 만들어지고, 검정되며, 검증될 수 없다. 오히려 이론은 오랜 시간에 걸쳐 개발되고 검정된다. 어떤 현상을 설명하는 **이론**이라고 우리가 알고 있는 것은 많은 연구와 많은 연구자들의 노력의 결과이다.

쿠시먼(Cushman, 1998)은 "인간 커뮤니케이션은 인간이 관여하는 가장 창의적이고, 유연하며, 따라서 반(反)-이론적인 과정"(p. 9)이라고 지적한다. 왜 그런가? 때로는 상충하는 다양한 사회적 목적을 가지고 다문화 속에서 이루어지는 커뮤니케이션의 복잡성은 다양한 개별적인 해석의 기회를 제공한다. 게다가 커뮤니케이션은 서로 다른 일련의 규칙과 관행을 가진 다양한 언어 속에서 발생한다. 쿠시먼에 따르면, 이러한 변동성(variability)은 커뮤니케이션 학자들이 커뮤니케이션을 하기 위해 사용되는 언어와 무관하게 상존하는 메커니즘(mechanism)이나 구성개념(construct)9)을 반드시 찾아야 하는 한 가지 중요한 이유이다. 따라서 커뮤니케이션 연구자들은 체계적인 절차와 과학적인 원칙을 사용해서 인간이 늘 하고 있는 커뮤니케이션을 어떻게 그리고 왜 하는지에 대한 연구를 수행한다.

---

9) 구성개념이란 물리적 속성을 가지고 있지는 않지만 그 실체가 존재할 것이라고 믿는 추상적인 단일 혹은 복합적인 개념으로, 사회과학에서 다루는 대부분의 개념이 추상적인 구성개념이다(예, 공격성, 지능, 자기-개념 등). 이것에 대한 더 자세한 내용은 4장을 참조하기 바란다(역자 주).

3. 사회과학으로서의 커뮤니케이션학

발견과 설명을 위해 사용하는 방법은 여러 가지가 있고, 따라서 커뮤니케이션 문제를 바라보는 방식도 여러 가지이다. 학자들은 커뮤니케이션 과정에서 상징, 메시지, 의미가 하는 역할에 대한 서로 다른 설명과 그러한 역할의 서로 다른 기능을 제공하는 패러다임들을 토대로 그들의 연구를 수행한다. 또한 어떤 패러다임을 토대로 하느냐에 따라 연구자들이 데이터로 간주하는 것에도 차이가 있다. 여러분은 아마도 커뮤니케이션 이론과 수사 이론(rhetorical theory)에 관한 수업에서 이러한 서로 다른 패러다임을 살펴보았을 것이다.

이 책은 대체로 매우 다양한 방법이 이용 가능한 사회과학적 커뮤니케이션 연구를 살펴본다. 크게 보면 **양적인 방법**(quantitative method; 일반적으로 말해서 수치적 측정에 의존하는 연구)과 **질적인 방법**(qualitative method; 일반적으로 말해서 연구자가 자연스럽게 일어나는 맥락에서 참여자들을 직접 관찰하는 연구)이 있는데, 이 책은 이 가운데 양적인 방법에 초점을 맞출 것이다. 두 방법은 모두 커뮤니케이션학 분야에서 실제로 행해지고 있고, 커뮤니케이션 및 관련 학문 분야의 학술지와 학술서에 보고되고 있는 사회과학 연구 전통의 일부이다. 양적 연구방법과 질적 연구방법 모두 경험적이다. 즉, 두 방법론 모두 관찰 가능한 현상과의 경험을 토대로 하거나 그러한 경험을 통해 얻어진 것이다. 이것은 연구의 대단히 중요한 요소이다. 양적 방법론과 질적 방법론 모두 인간 커뮤니케이션을 관찰하고 기술할 수 있다. 그리고 둘 모두 연구자들이 관찰한 것을 설명하거나 해석하는 데 도움을 줄 수 있다.

사회과학적 관점에서 이루어지는 커뮤니케이션 연구는 양적 혹은 질적 방법을 사용해서 메시지나 커뮤니케이션 행동의 패턴을 찾는다. 이러한 패턴은 많은 사람들의 경험을 관찰하거나 측정한 것을 토대로 하거나 한 사례에 대한 장기간의 심층 관찰을 토대로 할 수 있다. 어느 쪽이든 데이터는 반드시 경험적이어야 한다. 즉, 데이터는 관찰이나 경험을 통해 반드시 검증될 수 있어야 한다.

사회과학으로서의 커뮤니케이션 연구는 커뮤니케이션에 대한 인문주의적 연구나 비판적 연구와 어떻게 다른가? 수사학적 관점에서 이루어지는 커뮤니케이션 연구는 흔히 어떤 특정한 사례(예, 어떤 특정한 사람에 의한 어떤 특정한 스피치나 텍스트를 얻을 수 있거나 만들어낼 수 있는 기타 일회성 사건; 특정한 사람들의 집단의 견해를 대표하는 웹사이트)에서 설득하기 위해 언어가 어떻게 사용되는지에 초점을 맞춘다. 수사적 사건 그 자체 말고도 그러한 사건을 둘러싸고 있는 역사적·문화적·사회적 맥락도 분석될 수 있다. 아마도 가장 실질적인 차이는 수사학적 연구는 특정한 수용자를 위한 특정한 목적을 위해 계획되는 반면, 사회과학적 커뮤니케이션 연구는 대화 참여자들의 상호작용 순간에 초점을 맞춘다는 것이다. 수사학적 연구는 한 사례에 더 초점을 맞추는 반면, 사회과학적 커뮤니케이션 연구는 사람들이나 상황 전체에 걸쳐 있는 패턴을 찾는다.

비판적 관점에서 이루어지는 연구는 다른 사람들보다 일부 사람들(권력자들)의 이익에 봉사하는 광범위한 사회 구조의 숨겨진 가정을 강조한다. 비판적인 커뮤니케이션 연구는 커뮤니케이션 관행과 구조를 통해 발생할 수 있는 지배, 불평등, 그리고 억압에 초점을 맞춘다(예, 우리 사회의 어떤 이념적 구조가 새로운 미디어 기술의 전파를 통제하거나 지배하는가?). 어떤 비판 학자들은 그들의 연구에 질적 방법을 사용한다. 또한 비판적 커뮤니케이션 연구는 수사학적일 수도 있다.

커뮤니케이션 연구를 위한 이러한 세 가지(사회과학적, 수사학적, 비판적) 관점을 정의하는 경계는 분명하지 않으며, 상호배타적이지도 않다. 그러나 대체로 이 책은 커뮤니케이션 연구 수행을 위한 사회과학적 방법에 초점을 맞춘다.

커뮤니케이션 연구는 다른 사회과학 연구와 어떻게 다른가? 일반적으로 사회과학은 인간 행동에 대한 연구에 초점을 맞추는 과학적 탐구 영역으로 정의된다. 심리학, 사회학, 정치학은 사회과학의 다른 분야들이다. 사회과학자로서 커뮤니케이션 학자들은 메시지를 구성하기 위해 사용되는 상징, 메시지의 효과, 메시지의 의미에 초점을 맞춘다. 그래서 여러분이 학술지 논문과 책에 실려 있는 커뮤니케이션 연구를 읽을 때 그리고 여러분이 연구 프로젝트를 설계할 때, 여러분은 여러분 자신에게 "커뮤니케이션 연구로서의 학문을 특징짓는 것은 무엇인가?"라고 물어보아야 한다. 좀 더 구체적으로 말하면, 어떤 커뮤니케이션의 구성요소(예, 상징, 메시지, 혹은 의미)가 연구되고 있는가? 그 연구는 커뮤니케이션 문제로서의 사회 문제를 다루는가? 그 연구는 커뮤니케이션 이론을 기반으로 하고 있는가 아니면 커뮤니케이션 이론 개발에 기여하는가? 그 연구는 커뮤니케이션을 우리의 사회적·문화적 삶과의 관계 속에 두는가?(Carabugh & Buzzanell, 2010).

사회과학자들은 인간 행동 연구에 초점을 맞춘다는 점에서 사회과학은 자연과학과 다르다. 사회과학 연구에 중요한 문제들은 몇 가지 중요한 변인들(variable)을 필연적으로 수반하며, 그러한 변인들은 서로 복잡하게 얽혀 있어서 한 변인의 효과를 다른 변인의 효과에서 풀어내기가 쉽지 않다. 더욱이 사회과학은 연구자가 조사 중인 사람들과 과정에 영향을 줄 수 있는 편향성을 가지고 있고, 주관적 해석을 하는 인간 도구(human instrument)라는 점을 인정한다. 마지막으로 인간 행동의 전체 체계(예, 전체 조직 커뮤니케이션 체계)는 좀처럼 관찰될 수 없다. 비록 가능하다 하더라도 인간의 체계는 늘 새로운 영향을 받기 때문에 현재 관찰되고 있는 것도 언제든 변할 수 있는 역동성을 지니고 있다. 이러한 차이들로 인해 인간 행동에 대한 연구는 비록 그것이 실험실 상황에서 이루어진다 하더라도 격리시키기도 어렵고 통제하기도 어렵다.

마지막으로 한 가지 생각해야 할 점은 사회과학 연구는 맥락과 문화에 얽매여 있다는 것이다. 연구는 먼저 연구에 참여하는 사람의 수와 유형 그리고 조사되고 있는 커뮤니케이션의 유형에 의해 맥락화된다(contextualize). 둘째, 연구는 조사가 이루어지는 장소에, 즉 조사가 실험실에서 이루어지는지 아니면 현장에서 이루어지는지에 의해 맥락화된다. 셋째, 연구는 연구가 이루어지는 문화에 의해 맥락화된다. 연구자와 참여자들이 행하는 것과 커뮤니케이션하는 방식에는 늘 문화적 규범과 가치가 뒤따라 다닌다. 이러한 모든 맥락적 요인과 문화적 요인이 연구 조사와 생성되는 데이터 그리고 결과 해석에 영향을 미친다.

1) 과학적 접근

그래서 커뮤니케이션 연구자들은 과학의 특징을 연구 수행 과정에 어떻게 통합하는가? 일반적으로 연구는 많은 분야의 사회과학자들에 의해 오랜 기간에 걸쳐 검정되었고, 타당성이 확인되었고, 확증되었으며, 받아들여진 절차적 전통을 따른다. 연구과정은 다섯 가지 일반적인 단계로 구성되어 있다(Kerlinger, 1986). <그림 1.1>은 이러한 과정을 보여준다.

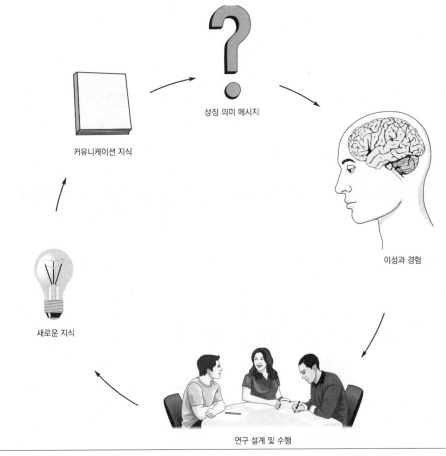

상징 의미 메시지

커뮤니케이션 지식

이성과 경험

새로운 지식

연구 설계 및 수행

〈그림 1.1〉 과학적 접근의 일반적인 단계

　첫째, 연구자들은 그들의 관심을 끄는 질문(question)으로 시작한다. 질문은 학술 문헌을 읽는 데서 생길 수 있고, 미디어에서 보거나 들은 커뮤니케이션 이슈에서 생길 수도 있다. 혹은 질문은 개인적 경험이나 다른 사람들이 들려준 경험에서 생길 수도 있다. 바꾸어 말하면, 어떤 질문, 즉 호기심은 설명되지 않았거나 부적절하게 설명되었다는 것이다.

　또한 질문은 문제(problem)로 진술될 수도 있다. 둘 가운데 어떤 형태이건, 연구자는 그 문제나 질문을 확인하고 그것을 구체적으로 명시하지 않고서는 연구과정을 계속할 수 없다. 예를 들어, 다른 직원을 성희롱하면 고용상의 결과와 법적 결과, 심지어 재정적 결과에 직면할 수 있다는 사회와 조직의 분명한 시그

널에도 불구하고 왜 조직에서 성희롱이 계속해서 일어나는가에 대한 필자의 호기심으로 인해 필자는 몇몇 연구 프로젝트에서 이 분야를 계속해서 파고들게 되었다.

둘째, 연구자는 질문이나 문제를 사용해 **가설**(hypothesis), 즉 둘 이상의 변인들 간의 관계에 대한 잠정적인, 지식을 바탕으로 한 추측(educated guess)이나 명제를 설정한다. 흔히 가설은 "만약 x가 증가하면, y도 증가할 것이다"와 같은 진술문의 형식을 띤다. 우리의 성희롱 연구에 관해 말해보면, 우리는 우리의 연구를 이끌어가는 데 도움을 받기 위해 이전 연구를 사용했다. 우리의 가설 가운데 하나는 다음과 같다: 스스로를 성희롱의 표적이라고 밝히는 참여자들은 더 많은 언어적·비언어적 단서를 성희롱으로 식별할 것이다(Keyton & Rhodes, 1997).

만약 연구자가 기존 문헌을 검토한 후에도 잠정적인 명제를 만들어내지 못한다면, 연구문제가 만들어지게 된다. **연구문제**(research question)는 변인들 사이의 잠정적인 관계가 무엇인지 묻거나 어떤 커뮤니케이션 현상의 상태나 속성에 대해 묻는다. 예를 들면, 우리는 다음과 같은 연구문제를 사용했다: "희롱 및 성희롱과 연관되어 있는 것으로 보이는 언어적·비언어적 행동을 정확하게 구별할 수 있는 능력과 윤리적 이념 간에는 어떤 관계가 존재할까?"(Keyton & Rhodes, 1997, p. 135). 비록 윤리적 이념에 관한 연구와 성희롱에 관한 연구는 많이 발표되었지만, 이러한 두 이슈 간의 관계에 대해 살펴본 연구는 없었다. 따라서 어떤 관계가 있는지 밝혀내는 데 도움을 줄 질문을 우리는 제기했다. 우리는 어떤 종류의 관계가 존재할 것이라고 제안할 수는 없었다.

흔히 충분히 강조되지 않는 세 번째 단계에서 연구자는 이성(즉, 이성적 판단)과 경험을 사용하여 제시된 가설이나 연구문제에 대해 충분히 생각한다. 어떤 연구자는 다음과 같이 물을 수도 있을 것이다: "내가 제기한 연구문제와 가설이 문제의 본질을 포착하고 있는가?"; "내가 확인한 두 변인 간의 관계에 영향을 주는 다른 변인이 존재하는가?"

이러한 추론, 즉 숙고, 단계는 실제로 연구 의제를 바꿔놓을 수도 있다. 이를 통해 연구의 성격과 범위가 확대될 수도 있고, 연구자의 연구 초점이 더 좁아질 수도 있다. 연구문제나 가설을 다듬고 재설정하는 이 단계를 거침으로써 연구자들은 처음의 질문이나 문제가 주어졌을 때 그들이 다룰 수 있는 가장 중요한 이슈를 찾아낸다. 조직들을 대상으로 성희롱 예방 훈련 프로그램을 개발하는 과정에서 우리가 얻은 경험을 사용하고, 또한 문헌들을 찾음으로써 우리는 우리가 제안한 가설 가운데 하나("스스로를 성희롱의 표적이라고 밝히는 참여자들은 더 많은 언어적·비언어적 단서를 성희롱으로 식별할 것이다")가 어떤 직원은 그러한 행동을 성희롱으로 간주하는 반면 또 어떤 직원은 성희롱으로 간주하지 않는 이유를 적절하게 설명하지 못할 것이라는 사실을 알아냈다. 바꾸어 말하면, 어떤 직원의 성희롱에 대한 지각은 단순히 그/그녀가 성희롱을 당했는지 여부에 좌우되지 않을 거라는 것이다. 그 결과, 우리는 세 가지 다른 설명을 검정했다.

넷째, 연구자는 관찰, 측정, 혹은 실험을 설계하고 수행한다. 연구문제나 가설에서 확인된 각 변인이나 요소가 반드시 관찰되거나 측정되어야 하지만, 평가되는 것은 실제로 변인들 간의 관계이다. 다섯째, 수집된 데이터가 두 번째 단계에서 제기되었고 세 번째 단계에서 다듬어진 연구문제나 가설과 관련하여 분석되고 해석된다.

따라서 커뮤니케이션 연구에 대한 사회과학적 접근은 연구자가 지식을 가로막는 장벽이나 지식의 공백을 확인하면서 문제, 질문, 혹은 아이디어에서 출발한다. 그런 다음, 연구문제나 가설이 만들어진다. 연구문제나 가설은 일단 개발된 후 재검토되고 다듬어진다. 그런 후에라야만 연구자가 방법론을 설계하고 수행할 수 있다. 그 결과, 문제가 완벽하게 혹은 부분적으로 해결되거나 새로운 문제가 제기된다. 위에 기술한 다섯 단계가 반드시 별개로 분리된 단계들이 아니라는 점을 인식하라. 하나의 단계는 다른 단계와 뒤섞여 있다. 한 단계에서의 작업은 연구자로 하여금 뒤로 되돌아가서 이전에 완료된 것을 수정하도록 요구할 수도 있다.

2) 과학의 특징

연구과정의 다섯 단계를 수행해나갈 때 연구자들은 다양한 양적·질적 방법들 가운데서 최적의 방법을 고를 수 있다. 각각의 방법마다 다음 열두 가지 특징을 망라하는 정도에 있어 차이는 있지만, 오랜 시간 동안 이러한 특징들은 학문적 연구와 일상적인, 즉 형식을 갖추지 않은, 지식 획득 방법을 구분지어 주었다(Anderson, 1989; Bostrom, 2003; Katzer, Cook, & Crouch, 1978; Kerlinger,

1986). 이러한 특징들은 커뮤니케이션 연구에 특유한 것이라기보다, 모든 분야의 과학자들이 그러한 특징들을 받아들인다. 따라서 과학의 전통은 이 열두 가지 특징에 좌우된다:

① 과학적 연구는 반드시 증거를 바탕으로 해야 한다. 심지어 전문가들도 이것에 동의하지 않을 수 있다. 바로 그런 이유에서 증거, 즉 데이터는 연구과정에서 그 어떤 것보다 더 중요하다. 더욱이 과학적 연구는 경험주의 원칙을 토대로 하고 있다. 이것은 세심하고 체계적인 관찰이 반드시 이루어져야 함을 의미한다. 관찰되고 측정되는 것, 즉 데이터는 연구자들이 그들의 주장을 펼 때 사용하는 증거 역할을 한다.

② 과학적 연구는 검정 가능하다. 이것의 의미는 명제, 연구문제, 혹은 가설은 어떤 질적 혹은 양적 방법론을 사용하여 반드시 조사되어야 한다는 것이다. 만약 어떤 연구에서 명제가 검정되거나 거부될 수 없다면, 그러한 주장의 타당성에 대한 추측만 가능할 것이다.

③ 연구자들은 그들의 명제가 반증될 수 없음을 입증하기 위한 노력의 일환으로 반드시 모든 가능한 설명을 살펴보아야 한다. 만약 어떤 명제가 거짓으로 드러날 수 있다면, 논리적으로 그것은 참이 될 수 없다. 즉, 타당할 수 없다. 만약 그러한 명제와 그것의 설명이 오랜 시간에 걸쳐 지지된다면, 과학자들은 그렇지 않은 것으로 증명될 때까지 그러한 연구결과를 참 혹은 진짜로 받아들이게 된다.

④ 조사 연구의 결과는 반복 가능하다. 이상적으로 말해, 다른 연구자들이 다른 환경에서 연구 참여자들도 달리 한 상태에서 반복연구(replication study), 즉 동일한 절차를 반복하는 연구를 수행해야 한다. 어떤 한 연구의 결과는 여러 가지 이유에서 잘못될 수 있다. 동일하거나 매우 유사한 연구를 여러 차례 반복해서 동일하거나 매우 유사한 결과를 얻는다면 그 연구결과는 진짜이며 믿을 수 있다.

⑤ 반복연구가 이루어지기 위해 연구는 반드시 공적 기록으로 남아야 한다. 이러한 이유에서 커뮤니케이션 학자들은 그들의 연구를 학술지와 학술서적에 발표한다. 학자들은 통상 이러한 발표로 대가를 지불받지는 않지만, 그들의 연구는 그들의 대학과 때로는 정부 기관 및 다른 자금 지원 기관을 통해 지원된다. 대학교와 대학 도서관은 공적 기록으로서 이러한 학술지와 학술서를 이용할

수 있게 해주기 때문에, 여러분은 연구자들이 무엇을 그리고 어떻게 연구했는지 자세히 조사할 수 있다. 과학적 연구는 다른 연구자와 일반 공중에게도 이용 가능하다. 그것은 연구자가 이루어지도록 비용을 지불한 사람들만 사용할 수 있도록 하기 위해 수행되는 사적 혹은 전유적 연구가 아니다. 과학적 연구는 공적 기록에 속하기 때문에, 학자들은 서로의 연구를 토대로 삼을 뿐만 아니라 서로의 연구에 문제를 제기하기도 한다. 모든 발표된 연구는 데이터를 수집되고 해석할 때 사용한 방법을 기술하는 부분을 포함하고 있다. 이를 통해 다른 사람들은 사용된 방법의 잠재적 약점을 평가하고, 또한 추가적인 타당성 확인을 위해 그 연구에 대한 반복연구를 수행할 수 있다.

⑥ 과학적 연구는 공적 기록에 속하기 때문에 또한 자기-수정적(self-correcting) 이다. 이 특징은 원래 연구를 수행한 학자뿐만 아니라 반복연구를 하거나 연구에 문제를 제기하는 연구자들도 그들이 관심을 가진 현상을 관찰하거나 측정하는 방법을 계속해서 향상시키고 있음을 의미한다. 방법을 개선하는 것은 더 잘 이해하고 더 자세히 설명할 수 있는 한 가지 방법이다.

⑦ 과학적 연구는 측정과 관찰에 의존한다. 연구자들은, 예를 들어 여러분에게 설문지를 작성해주도록 요청함으로써 여러분의 커뮤니케이션 불안(communication apprehension)을 측정할 수 있다. 혹은 여러분이 발표를 하면서 슬라이드 노트의 내용을 언급해야 할 때 그것을 놓치는 횟수를 헤아림으로써 연구자들은 여러분의 커뮤니케이션 불안을 관찰할 수 있다. 무언가를 직접 관찰할 수 없을 때, 연구자들은 (설문지와 같은) 다른 방법을 사용해 참여자들의 태도, 지각, 그리고 신념을 포착한다.

⑧ 과학적 연구는 오류 가능성을 인정하고 그것을 통제하고자 시도한다. 무언가를 측정하거나 관찰할 때, 어떤 오류가 발생할 거라고 우리는 예상한다. 예를 들어, 옆방에서 들리는 큰 목소리에 주의력이 흐트러져 참여자가 발표하는 동안 슬라이드 노트를 언급해야 할 위치를 놓치는 것을 연구자가 보지 못할 때나 데이터를 코딩 용지에서 스프레드시트(spreadsheet)로 옮겨 적는 과정에서 실수를 할 때 오류가 발생한다. 오류는 조사 과정의 여러 곳에서 발생할 수 있다. 양적 연구는 체계적인 절차와 통계를 사용하여 오류를 제한하고 처리한다. 질적 연구는 상세한 기술을 제공하여 독자가 자신의 결론과 해석을 도출하게 함으로써 오류를 처리한다. 대부분의 절차는 시간이 지나면서 그리고 학문분야들을 통틀어

표준화되었다. 그와 같은 절차상의 형식성(formality)은 일종의 통제장치 역할을 하여 연구자가 오류, 편향, 찾아낸 결과에 대한 다른 설명을 제거할 수 있도록 도와준다. 이러한 통제 메커니즘에도 불구하고 조사를 수행하면서 모든 편향과 오류를 제거하는 것은 불가능하다. 그러한 편향과 오류가 발생할 수 있다는 것을 인정한다면 연구자들은 그것을 최소화하는 데 도움이 되는 모든 예방조치를 반드시 취해야 한다.

⑨ 과학적 객관성을 위해 연구자들은 개인적 편향과 왜곡을 최소화하여야 한다. 토픽에 대한 열정과 프로젝트에 쏟는 시간에도 불구하고 연구자들은 연구결과에 대한 다른 설명이 나타날 때 그것을 보지 못할 만큼 그들 자신의 관점과 기대에 그렇게 얽매여서는 안 된다. 본질적으로 과학의 객관성은 의견만을 토대로 한 결론과는 구별된다. 지나치게 자주 객관성(objectivity)은 양적 연구와만, 그리고 주관성(subjectivity)은 질적 연구와만 연관되어왔다. 실제로는 방법과 무관하게 모든 연구자는 연구를 수행할 때 객관성을 반드시 증명해야 한다. 비록 질적 연구가 연구자와 참여자가 더 친밀한 관계를 유지하기 때문에 더 주관적이라 할지라도, 이러한 유형의 연구를 하는 학자들은 반드시 연구과정에서 그들의 역할을 기술할 수 있어야 하며, 이러한 행위는 일정 정도의 객관성을 요구한다. 아니면 통계를 선택해서 통계 결과를 해석해야 하는데(즉, 양적 연구를 수행해야 하는데),[10] 통계를 선택하는 것과 통계 결과를 해석하는 것 모두 주관적인 결정이다. 여기서 말하고자 하는 바는 객관성/주관성을 양적/질적 방법과 일치시키는 문제로 옥신각신하지 말라는 것이다. 오히려 중요한 것은 선택하는 방법론과 무관하게 모든 연구자가 준수하는 과학적 객관성의 개념을 소개하는 것이다.

⑩ 과학은 속성상 회의론적 태도(skepticism)에 의존한다. 연구자들은 특성상 의심이 많다. 즉, 그들은 명백해 보이는 것이나 상식에 의존하지 않는다. 사회과학 연구 전통을 따르는 연구자들은 그들의 질문에 대한 답을 찾고 그들의 주장을 뒷받침하기 위해 양적 · 질적 방법론을 통해 수집된 데이터에 의존한다. 이러한 회의론적 태도는 연구자들로 하여금 그들의 가정을 검정하거나 검증하게 하고, 심지어 그렇게 하도록 고무한다.

⑪ 과학적 연구는 연구결과의 일반화 가능성(generalizability), 즉 연구결과를 유사한 상황이나 유사한 사람에게 확대 적용하는 것에 관심이 있다. 양적 연구에

---

10) 괄호 안은 역자 첨가.

서 만약 연구결과가 다양한 사례나 사람, 장소, 혹은 시기에 적용된다면, 그것은 더 높은 외적 타당도(external validity)를 지닌다. 바꾸어 말하면, 일반적인 대학생 나이의 학생들을 연구 참여자로 사용하는 연구의 결과를 대학생 나이가 아닌 학생들에게 적용할 수 있는가? 10대에게 적용 가능한가? 아니면 은퇴한 성인에게는? 모든 연구가 한계점을 가지고 있지만, 학문 분야에서 용인되는 절차를 사용함으로써 연구자들은 그들의 연구결과의 일반화 가능성을 높이는 데 도움을 받을 수 있다. 질적 연구는 특정 사례를 중심으로 하는 경우가 많기 때문에 대개 연구결과의 일반화 가능성이 더 낮다. 그러나 질적 연구자도 연구 참여자를 관찰하는 데 더 많은 시간을 쏟음으로써 연구결과의 일반화 가능성을 강화할 수 있다.

⑫ 과학의 마지막 특징은 과학의 발견적(heuristic) 속성이다. 이것은 연구결과가 더 많은 질문으로 이어짐을 의미한다. 대부분의 학술지 논문 결론부에서 학자들은 그들의 연구결과에서 드러나는 새로운 문제를 밝힌다. 어떤 연구결과가 추가적인 질문이나 연구를 수행하는 새로운 방법을 제안하는 능력을 발견적 능력이라고 한다. 과학의 궁극적인 목적은 과학자들을 미래의 발견과 조사로 이끌어주는 것이어야 한다.

3) 방법론적 극단

이 도입 챕터는 또한 여러분이 연구방법론에 대해 배울 때 유의해야 하는 방법론적 극단을 여러분에게 소개하기 좋은 장소이다(Bouma & Atkinson, 1995). 처음 망치를 손에 쥔 어린이는 집 여기저기를 돌아다니며 아무것에나 닥치는 대로 망치질을 하기 쉽다. 이 어린이는 망치가 새롭고 신기하기 때문에 아무것에나 망치질을 한다.

불행하게도 누구든 연구방법에 대해 배우고 있을 때 이와 똑같은 현상이 발생할 수 있다(Cappella, 1977; Janesick, 1994 참조). 각각의 새로운 기법을 배울 때마다 이 특별한 방법이 어떠한 질문에도 답할 수 있다고 믿는 경향이 있다. 그러나 그 방법을 하나의 도구로 여기고, 다른 목적에는 다른 적합한 도구가 있다는 점을 인식하라. 도구 은유를 확대해보면, 못을 박는 데는 망치가 좋지만, 나사를 돌리는 데는 스크루드라이버가 더 좋다. 여기서의 핵심은 연구문제나 가설의 실질적인 내용이 방법론적 도구를 선택하게 한다는 것이다(Hackman,

1992; Janesick, 2000).

　　방법들은 그것들이 연구자로 하여금 특정한 질문에 대한 답을 찾거나 특정한 가설을 살펴보는 것을 도와주는 정도까지만 유용하거나 효과적이다. 방법론 선택은 전반적인 연구 계획의 일부이다. "좋은 연구 설계는 연구자가 연구문제에 대한 답을 제공할 데이터를 정확히 찾아내게 해주는 운영 계획이다"(Riffe, Lacy, & Fico, 2014, p. 41). 따라서 만약 연구방법이 여러분의 연구문제를 제기하게 하거나 여러분의 가설을 설정하게 한다면, 여러분의 연구결과는 연구문제에 대한 타당한 대답이나 가설에 대한 검정을 제시하기보다는 여러분이 선택한 연구방법에 얽매여 있을 가능성이 더 높다. 하나의 연구방법이 모든 질문에 대한 답을 제공할 수는 없다. 비록 여러분이 다른 방법보다 어떤 방법에 더 자연스럽게 이끌린다는 것을 알게 된다고 하더라도, 만약 여러분이 다양한 방법론적 기법을 통해 데이터를 수집하고 해석하는 기량(skill)을 개발한다면, 여러분은 연구자로서 뿐만 아니라 연구의 이용자로서 더 강력한 분석 기량을 개발하게 될 것이다.

4. 커뮤니케이션 학자들이 제기하는 질문의 종류

　　커뮤니케이션에 대해 제기될 수 있는 다양한 질문 가운데는 중요한 질문도 있고 사소한 질문도 있다(Miller & Nicholson, 1976). 연구자들은 어떤 질문의 중요성을 어떻게 판단하는가? 여기에는 세 가지 기준이 있다: 이론적 유의성, 사회적 유의성, 그리고 개인적 관심. 첫 번째 기준은 이론적 유의성(theoretical significance)이다. 커뮤니케이션 이론의 발전을 주도하거나 커뮤니케이션 이론의 추가적인 발전에 기여하는 질문은 중요하다(Miller & Nicholson, 1976). 왜냐하면 그러한 질문은 커뮤니케이션 행동에 대한 우리의 이해와 설명을 심화시키기 때문이다. 이러한 질문이 연구에 의해 제기되고 답이 찾아질 때, 우리는 새로운 지식을 얻는다.

　　커뮤니케이션은 사회적 활동이기 때문에, 중요한 질문은 일반적인 사회적 유의성(social significance)을 지니고 있는 질문이다(Miller & Nicholson, 1976). 다음과 같은 질문이 이 두 번째 기준을 충족시키는 질문이다: "어떤 미디어 캠페인이 어린이들이 약물을 사용하고 술을 마시려 시도할 가능성을 낮추는가?"

혹은 "어떤 협상 전략이 국제 협상에서 문화 간 차이를 해결하는 데 가장 효과가 있을까?" 이와 같은 질문에 대한 답을 찾는 것은 많은 생명에 큰 영향을 미칠 수 있을 것이다. 연구로 이어지게 하는 질문이 사회의 모든 구성원과 관련되어야 할 필요는 없다. 그러나 우리는 누가 그러한 대답에 영향을 받을 것인지에 대해 생각해보아야 한다. 만약 충분한 수의 사람들이 그 질문에 대한 답에 영향을 받거나 그 질문에 대한 답을 사용할 수 있다면, 그 질문은 사회적으로 유의미한 질문이다.

세 번째 기준은 연구자의 흥미를 끌거나 연구자를 당혹스럽게 하는 것에 초점을 맞춘다(Miller & Nicholson, 1976). 필자의 흥미를 끄는 질문으로는 다음과 같은 것들이 있다: ① 어린이들은 집단 내에서 어떻게 커뮤니케이션하는 법을 배우는가?; ② 왜 어떤 직원은 개인적, 관계적, 직업적, 재정적, 법적 결과를 알면서도 다른 직원에게 집요하게 성희롱을 하는가?; ③ 집단 구성원 간의 관계 발전은 집단의 과업 효과성(task effectiveness)에 어느 정도 영향을 미치는가? 필자의 동료와 필자가 이러한 분야에서 수행한 연구들 가운데 일부가 이 책에서 예로 사용된다.

어떤 질문이 여러분의 관심을 끄는가? 그것은 여러분이 다른 과목에서 고려했던 질문일 수도 있고, 다른 사람들과의 경험에서 비롯되는 질문일 수도 있다. 여러분의 관심은 특이적일 수도, 즉 다른 사람들의 관심과 일치하지 않을 수도 있다. 이것은 첫 번째와 두 번째 기준인 이론적 유의성과 사회적 유의성이 왜 소중하고 왜 필요한지를 증명해준다. 이 세 가지 기준을 명심하고 있으면 "그래서 어떻다는 것인가?"라는 질문에 답하는 데 도움을 받을 수 있다. 사람들은 연구보고서를 읽고 연구결과의 어떤 유의성이나 유용성을 찾는 데 어려움을 겪는 때가 한두 번이 아니다. 만약 여러분의 연구 프로젝트가 사회적 유의성을 지니고 있고 개인적 관심에 이끌려 추진된 것이라면 (그리고 만약 이러한 이슈들이 연구보고서에 기술되어 있다면), "그래서 어떻다는 것인가?"라는 질문에 대한 대답이 되었을 것이다.

1) 질문의 속성

커뮤니케이션 연구 문헌을 읽을 때, 여러분은 몇 가지 유형의 질문이 있다는 것을 알아차릴 것이다(Stacks & Salwen, 2009). 첫 번째 유형인 **정의(定義)**

에 대한 질문(questions of definition)은 우리가 관심을 가지고 있는 현상에 대한 정의를 제공한다. 여러분은 정의와 관련된 모든 이슈가 다루어졌다고 생각할 수도 있지만, 새로운 커뮤니케이션 상황과 환경 그리고 변화하는 사회적 가치를 살펴보거나 정의내릴 새로운 영역을 만들어내고 있다는 사실을 기억하라. 정의에 대한 질문으로 키튼과 동료들(Keyton et al, 2013)은 성인들에게 직장에서 어떤 커뮤니케이션 기량을 목격하거나 듣는지 물었다. 한 후속 연구에서 직장이 있는 성인들은 앞 연구에서 확인된 기량을 그들이 얼마나 효과적으로 사용했는지 평가했다. 흥미로운 점은 첫 번째 참여자 집단이 가장 자주 사용한다고 확인해준 커뮤니케이션 기량이 두 번째 연구 참여자들은 가장 효과적으로 사용하지 않는다고 인정한 기량이라는 점이다. 이러한 연구들은, 첫째, 직원의 관점에서 어떤 커뮤니케이션 기량이 더 자주 사용되는지 밝혀내고, 둘째, 직원들이 생각하기에 그들이 얼마나 효과적으로 그러한 기량을 사용하고 있는지 평가하기 위해 설계되었다는 점에서 정의(定義)와 관련된 질문을 다루었다. 정의에 대한 질문, 즉 **무엇**(what)으로 시작하는 질문은 현상을 추상적인 영역에서 구체적인 영역으로 이동시킨다. 연구팀은 어떤 커뮤니케이션 기량을 직원들이 자주 사용하는지 그리고 그들이 이러한 기량을 얼마나 효과적으로 사용하고 있는지 추측하는 것이 아니라 온라인 설문조사방법을 사용하여 "당신은 직장에서 일상적으로 어떤 언어적 직장 커뮤니케이션 행동(workplace communication behavior)을 합니까?"(p. 156)라고 물었다.

그러한 **무엇**(what)이 적절하게 정의된 후, 연구자들은 일반적으로 관계에 대한 질문이나 인과관계에 대한 질문으로 전환한다. **관계에 대한 질문**(questions of relationships)은 어떤 현상들이 서로 관련되어 있는지, 어떻게 관련되어 있는지, 그리고 어느 정도 관련되어 있는지 살펴본다. 예를 들면, 온라인 데이트 사이트에 대한 경험이 있는 성인들이 온라인 프로필에 있는 어떤 정보가 사회적 매력(social attraction)에 영향을 미치는지 알아보고자 하는 설문조사 연구에 참여했다. 연구문제는 "서로 다른 수준의 자기-제시(self-presentation)가 온라인 데이트 사이트에서의 사회적 매력과 어떻게 관련되어 있는가?"였다. 연구자들이 설명했듯이 사람들은 다른 사람의 마음을 끌어내기 위해 선택적 자기-제시(즉, 긍정적인 정보 제시)를 한다. 그러나 다른 데이트 상대를 찾는 사람(dater)이 그와 같은 긍정적인 프로필을 살펴볼 때 지나치게 긍정적인 정보를 허위표시(misrepresntation)나 과시로 해석할 수도 있을 것이다. 연구자들은 대부분의 온라인 데이터 프로필에서 흔히 볼 수 있는 세 부분을 조작했다: 온라인 데이트 상대를 찾는 사람의 자기-요약(self-summary), 온라인 데이트 상대를 찾는 사람이 인생을 어떻게 살고 있는지에 대한 기술, 그리고 온라인 데이트 상대를 찾는 사람이 뛰어나게 잘하는 것에 대한 기술(Wotipka & High, 2016). 이 연구의 결과는 낮은 수준의 선택적인 자기-제시가 되어 있는 프로필이 더 높은 수준의 사회적 매력을 가진 것으로 평가됨을 보여주었다.

변인들이 어떻게 관련되어 있는지 이해함으로써 우리는 우리 세계와 우리 세계에서의 커뮤니케이션 행동의 역할을 더 잘 이해한다. 가장 중요한 것은 변인들의 관계에 대한 질문은 커뮤니케이션 학자들이 이론을 수립하고 개발하는 데 도움을 준다는 것이다.

인과관계에 대한 질문(questions of cause and effect)은 하나 이상의 변인이 하나의 이상의 결과변인의 원인인지 묻고 답한다. 이러한 유형의 질문은 커뮤니케이션의 한 측면이 왜(why) 다른 측면과 연결되어 있는지 살펴본다. 한 예로 한 연구팀(Paek, Oh, & Hove, 2012)은 9~13세의 어린이를 겨냥한 전국적인 멀티미디어 캠페인이 신체적 활동에 대한 그들의 태도에 영향을 미칠 것이라고 예측했다. 이 캠페인을 본 어린이들은

> 신체적 활동을 하는 그들의 행동을 통제할 수 있고, 그들의 가족과 부모도 신체적 활동을 해야 한다고 생각하고, 그들의 또래들도 신체적 활동이 중요하고 재미있다고 생각하며, 신체적 활동이 그들 또래 사이에 널리 퍼져 있다고 인식하는 경향이 더 강했다. 또한 VERB 캠페인에 더 많이 노출되었다고 말한 10대들은 신체적 활동에 대해 호의적인 태도를 형성할 가능성이 더 높았다(p. 877).

따라서 이 연구자들은 캠페인의 메시지가 신체적 활동에 대한 어린이들의 신념에 긍정적인 영향을 미쳤음을 예측하거나 증명했다.

가치에 대한 질문(questions of value)은 이슈와 현상에 대한 사람들의 주관적 평가에 대해 묻는다. 가치에 대한 질문은, 예를 들면, 어떤 커뮤니케이션이나 행위가 얼마나 좋은지, 올바른지, 혹은 적절한지 물으면서 커뮤니케이션의 미학적 특징이나 규범적 특징을 살펴본다. 일상의 담론이 노숙하는 10대에게 어

떻게 오명을 씌우는지를 살펴보는 연구에는 본질적으로 가치에 대한 질문이 포함되어 있다. 하터, 버퀴스트, 티츠워스, 노박 및 브로코(Harter, Berquist, Titsworth, Novak, & Brokaw, 2005)는 노숙하는 10대, 교육자, 그리고 사회복지사들을 인터뷰했다. 흔히 숨은 노숙자(hidden homeless)라 불리는 이러한 10대들은 오명을 쓰거나 낙인이 찍히는 것을 피하기 위해 다른 사람과 이야기할 때 그들이 노숙자라는 사실을 숨기려 애쓴다. 다른 인터뷰를 통해 공동체 구성원들은 일반적으로 이러한 노숙 인구는 물론 노숙 10대들이 교육을 계속 이어가려 노력하는 과정에서 직면하는 어려움에 대해 모르고 있음이 밝혀졌다. 이 연구는 이러한 유형의 공적 담론이 이러한 문제를 깨닫게 하고 노숙 10대와 그들의 가족에게 도움을 줄 수 있는 대화를 어떻게 억제하는지에 대한 문제를 제기한다.

마지막으로 **정책에 대한 질문**(questions of policy)이 있다. 커뮤니케이션 연구자들은 좀처럼 정책 이슈를 직접적으로 검정하지는 않지만, 연구결과는 흔히 어떤 행동 방침을 추천하는 데 사용된다. 로베토와 동료들(Roberto et al., 2008)은 청소년들의 임신, 성병, 그리고 HIV를 막기 위해 설계된 7주(週) 개입 프로그램을 검정했다. 이 개입 프로그램에는 여섯 가지 컴퓨터 기반 활동이 포함되어 있었다. 2개 고등학교에서 300명이 넘는 10학년 학생들이 이 연구에 참여했다. 한 고등학교의 학생들은 개입 활동을 완료했고, 다른 고등학교의 학생들은 통제집단이어서 개입 활동에 참여하지 않았다. 개입 활동에 참여한 학생들은 질병에 대한 지식, 콘돔의 효과성, 콘돔 사용을 타협하는 법, 그리고 성관계를 미루는 태도에 관해 통제집단의 학생들보다 더 나은 결과를 보여주었다. 이 연구는 적정한 수준의 컴퓨터 기반 개입이 효과적일 수 있음을 보여주었다. 이러한 유형의 개입은 많은 10대에게 도달하는 데 사용될 수 있기 때문에, 이러한 연구결과는 이러한 유형의 건강 관련 프로그램에 기금을 할당하는 방식을 고려하는 기관들에게 정책적 함의를 제공한다.

여러분도 알다시피 커뮤니케이션 연구가 다루는 주제는 매우 다양하다. 어떤 연구는 커뮤니케이션 이론 발전에 함의를 제공하고, 어떤 연구는 더 실제적인 함의를 가지며, 또 어떤 연구는 이론과 실제 모두에 기여한다. 그러나 모든 연구는 대답을 필요로 하는 커뮤니케이션에 대한 기본적인 질문으로 시작하며, 모든 연구는 어떤 종류의 과학적이고 체계적인 연구방법론을 사용하여 그러한 질문에 대한 답을 제공한다.

요약

1. 연구는 질문을 하고 대답을 찾는 것이다.
2. 학문적 연구는 과학적이고 체계적인 절차를 통해 질문에 대한 답을 발견하는 것이다.
3. 학술적 연구는 용인된 규범과 많은 학문 분야의 학자들이 채택한 절차를 따른다.
4. 과학적 발견 및 설명 과정에서 연구자들은 네 가지 결과를 추구한다: 행동 기술, 행동의 원인 규명, 행동 예측, 그리고 행동 설명.[11]
5. 최고의 연구는 이론에 의해 움직이거나, 이론의 타당성을 확인하거나, 나아가 이론을 설명하거나, 기존 이론에 문제를 제기하거나, 이론의 생성을 돕는 것이다.
6. 커뮤니케이션 연구자는 사회과학자로서 양적 연구와 질적 연구 모두를 사용한다.
7. 사회과학 관점에서 본 커뮤니케이션 연구는 사례 전반에 걸쳐 있는 패턴을 찾고 메시지를 구성하는 데 사용되는 상징, 메시지, 메시지의 효과, 그리고 메시지의 의미에 초점을 맞춘다.
8. 커뮤니케이션 학자는 흥미로운 질문으로 시작한 다음, 공식적인 연구문제나 가설을 형성한다.
9. 가설은 둘 이상의 변인 간의 관계에 대한 잠정적인, 지식을 바탕으로 한 추측 혹은 명제이다.
10. 공식적인 연구문제는 변인들 사이의 잠정적인 관계가 어떠한지 묻거나 혹은 어떤 커뮤니케이션 현상의 상태나 속성에 대해 묻는다.
11. 연구는 12개의 특징에 의해 과학적임이 판단된다: 연구의 경험적 속성, 연구가 검정될 수 있는 정도, 연구가 잘못되거나 틀렸음이 입증될 수 있는 정도, 연구결과를 반복연구하거나 되풀이할 수 있는 정도, 연

---

11) 기술(記述)은 어떤 것을 있는 그대로 객관적으로 기록한다는 뜻이고, 설명(說明)은 어떤 일의 내용이나 이유, 따위를 알기 쉽게 밝혀서 말하는 것을 말한다(역자 주).

1부 연구 기초사항 31

구결과의 공개성, 연구의 자기-수정 속성, 관심 있는 현상을 측정하거나 관찰할 수 있는 정도, 절차의 통제를 통해 오류를 최소화할 수 있는 정도, 객관성의 수준, 연구가 야기하는 회의론, 연구결과의 일반화 가능성, 그리고 연구의 발견적 속성.

12. 커뮤니케이션 연구에 적합한 질문은 이론적 유의성과 사회적 유의성을 가진 질문 그리고 연구자가 개인적으로 관심 있는 질문이다.

13. 커뮤니케이션 연구에 적합한 질문은 사실에 대한 질문, 변인의 관계에 대한 질문, 가치에 대한 질문, 혹은 정책에 대한 질문이다.

핵심어

가설	가치에 대한 질문
경험적	관계에 대한 질문
발견적	사회과학 연구
양적 방법	연구
연구문제	이론
인과관계에 대한 질문	전유적 연구
정의에 대한 질문	정책에 대한 질문
질적 방법	

2장 연구과정: 연구의 시작

>> **챕터 체크리스트**

이 장을 읽고 난 후 여러분이 할 수 있어야 하는 것들:
1. 이론이 무엇인지 그리고 커뮤니케이션 연구에서 이론이 하는 역할 기술하기.
2. 연구과정은 왜 연구 문제를 확인하는 것으로 시작하는지 설명하기.
3. 토픽이나 이슈로부터 예비 질문 개발하기.
4. 예비 질문이 도서관 조사를 수행할 때의 토픽보다 뛰어난 이유 설명하기.
5. 예비 질문의 완전성 및 명료성 평가하기.
6. 인쇄 및 온라인 학술자료 검색 수행하기.
7. 연구 논문의 초록, 문헌검토, 그리고 논의 부분을 읽고 기본 아이디어 얻기.
8. 인용된 내용의 원래 출처 역추적하기.
9. 도서관에서 찾은 내용을 효과적으로 요약해서 보고하기.

1. 연구에 이론 고려하기

연구는 이론을 중심으로 한다. 따라서 여러분이 도서관에서 찾는 학술지 논문과 북 챕터는 연구를 이론 개발이나 이론에 문제를 제기하기 위한 토대로 사용한다. **이론**은 현상에 대한 체계적인 견해를 제시하는 일단의 상호 관련된 명제이다. 그러한 명제의 목적은 현상을 기술하거나, 예측하거나, 설명하는 것이다. 커뮤니케이션 연구의 경우, 이론은 상징, 메시지, 그리고 의미에 대한 명제를 만들어낸다.

연구는 이론의 타당성을 확인하기 위해 필요하다. 일반적으로 양적 연구는 이론으로 시작한다. 그런 다음, 연구자는 어떤 이론이 일단의 데이터에 대해 참(true)인지 증명하기 위해 연구를 수행한다. 만약 유효하지 않다면, 그 이론은 변경되거나 폐기된다. 이러한 이론-연구 연관성에서 이론은 연구자가 연구를 수행할 때 사용하는 지도(地圖)이다. 이러한 유형의 연구는 이론이 결과를 추정해 주고 연구가 그러한 주장을 검증한다는 점에서 **연역적**(deductive) 사고나 추론에 의존한다. 이론은 연구자를 안내해 가설과 연구문제를 개발하게 하고 그러한 가설과 연구문제를 검정할 방법을 선택하게 한다.

연구는 또한 이론을 개발하기 위한 것이기도 하다. 이 경우 연구는 귀납적이다. 연구자들은 연구문제로 시작해서 첫째는 연구문제에 답하고 그런 다음에는 이론 개발에 기여하기 위해 그들이 수집한 데이터의 패턴과 비정상적인 점을 조사한다. 이러한 이론-연구 연관성에서 이론, 즉 지도는 연구에 의해 발견되지 않은 패턴으로부터 도출된다. 이러한 유형의 연구는 이론, 즉 일반화가 살펴본 사례들에서 유래된다는 점에서 **귀납적**(inductive) 사고나 추론에 의존한다.

여러분도 알다시피 연구와 이론은 서로에게 반드시 필요한 보완물이다. 이론화는 두 가지 추가적인 점에서 연구에 중요하다(Brooks, 1970). 첫째, 연구자는 개체(사람이나 사물) 전체를 관찰할 수 없다. 그래서 차라리 연구자는 관찰할 현상의 부분집합을 선택해야 한다. 이론은 연구자가 특정한 커뮤니케이션 패턴, 기능, 주제, 과정 등에 주목하도록 이끈다. 예를 들면, 한 커뮤니케이션 연구자가 정치 캠페인에서 커뮤니케이션이 사용되는 방식의 모든 측면을 조사하는 것은 불가능할 것이다. 따라서 이론은 우리가 연구할 커뮤니케이션 현상을 규정해서 분리해내도록 도와준다. 둘째, 이론은 "만약 그렇지 않으면 단지 사실의 수집에 머물러 있을 데이터를 통합하도록" 도와준다(Brooks, 1970, p. 4). 하나의 이론 안에서 연구결과들은 하나의 기술(記述), 예측, 그리고 어쩌면 설명의 체계로 통합되어, 우리가 '무엇?' '왜?' '어떻게?' 그리고 때로는 '...하다면 어떨까?'라는 질문에 답할 수 있도록 도와준다.

1) 이론 개발하기

우리는 과거를 이해하거나, 현재의 일을 효과적으로 처리하거나, 미래에 일어날 사건을 예견하고자 할 때 비공식적인 이론화 작업을 한다(Lustig, 1986). 비록 이론화가 일상적으로 행해지는 흔하고 기본적인 인간 활동이긴 하지만, 하나의 과학적 과정으로서 공식적인 이론화는 꽤 다르다. 공식적인 이론 수립(Lustig, 1986)은 여섯 가지 기본 단계를 포함한다:

1단계에서 연구자는 이해를 필요로 하는 어떤 사건이나 관찰을 기술한다. 그 사건은 반드시 관찰 가능해야 하고, 흥미롭고, 중요하며, 두드러져서 연구자나 그것을 이해하고 싶어 하는 다른 누군가의 주목을 끌어야 한다. 이 첫 번째 단계는 '무엇'을 확인하기 시작하는 단계이다.

2단계에서 연구자는 그 사건에 대해 설명한다. 누구나 설명할 수 있지만, 설명을 형식화하고 검정하는 것은 과학자의 일이다. 이 단계에서 '왜?'에 대한 대답이 체계적으로 만들어지기 시작한다.

3단계에서 연구자는 구체적인 사건이나 관찰에서부터 더 일반화된 형식으로 이동한다. 바꾸어 말하면, 만약 관심이 있는 사건이 식탁 주위에서 내려지는 가족 결정이라면, 연구자는 의사결정에 대한 더 일반화된 커뮤니케이션 사건이나 가족 상호작용에 대한 더 일반화된 커뮤니케이션 사건으로 이동할 수 있을 것이다. 연구자는 어떤 유형의 커뮤니케이션 사건이 조사하기에 더 흥미롭고 호기심을 자극하는지 반드시 결정해야 한다. 연구자는 더 추상적인 수준으로 이동함으로써 2단계에서 개발된 '왜?'에 대한 대답이 이러한 차이점도 있지만 유사한 점도 있는 다른 사건들을 설명하는 데에도 적합한지 알아보기 위해 이제 유사한 사건들을 찾아볼 수 있다. 하나의 특정한 상호작용 사건에 초점을 맞추는 대신, 연구자는 유사한 부류의 사건들에 적합한 답을 반드시 밝혀내야 한다. 이론의 이러한 특징은 이론을 비공식적인 수준에서 공식적 수준으로 이동시킨다. 비록 여러분은 비공식적인 이론화를 통해서 여러분의 일상생활에서 일어나는 사건을 기술하고 설명하는 것에 대해 불편함을 느끼지 않겠지만, 다른 사람의 비공식적인 이론을 여러분이 경험하는 사건에 적용하는 것에는 불편함을 느낄 것이다. 따라서 연구자의 일은 사건들을 분류하고, 그런 다음 어떤 부류에 속하는 모든 사건을 기술하고 설명하는 이론을 개발하고 검정하게 해주는 사건들 사이의 공통점을 발견하는 것이다. 따라서 의사결정에 대한 이론은 단지 자기만의 의사결

┃ 표 2.1 **이론 개발―1단계에서 4단계**

	하는 일	예
1단계	사건 혹은 관찰 기술하기	가족들(부모 2, 자녀 2)이 저녁식사를 하면서 그들의 일상 활동에 대해 의논한다. 아버지가 주말 동안의 가족 활동을 제시하자 자녀들이 활발한 의견을 제시한다. 토론의 시작 부분에서는 긍정적인 점과 부정적인 점 모두 제시되지만, 결국 자녀들은 제안된 주말 활동을 하길 원치 않는다는 쪽으로 의견을 모은다.
2단계	사건 설명하기	• 설명 1: 자녀들은 식사시간 토론 때 부모가 제안한 아이디어를 거절할 것 같다. • 설명 2: 부모들은 가족이 선호하는 것을 알기 위해 식사시간 동안 아이디어를 제시한다.
3단계	구체적 형태에서 더 일반화된 형식으로 이동하기	• 일반적 형식 1: 부모의 의견 제시에 대한 자녀의 거부 혹은 수용. • 일반적 형식 2: 부모들은 다른 가족의 의견 제시를 원한다.
4단계	설명으로부터 예측 도출하기	• 초점 1: 자녀들은 부모들이 제시한 아이디어를 거절할 것이다. • 초점 2: 부모들은 가족 문제에 대한 다른 가족의 의견을 구하려 할 것이다.

정 경험이 아닌, 많은 사람의 의사결정 경험에 적용되어야 한다.

4단계에서 연구자는 3단계에서 개발된 설명으로부터 예측을 이끌어내기 시작한다. 이를 위해 연구자는 "만약 설명이 정확하다면, 그 밖의 무엇이 참인가, 즉 관찰 가능한가?"라고 묻는다. 앞의 가족 의사결정 예를 계속 이어가면, 연구자는 검정 가능한 몇 가지 명제를 만들어낼 수 있을 것이다. 1단계에서 4단계까지의 진행상황을 보려면 <표 2.1>를 살펴보라.

이제 5단계에서 연구자는 반드시 초점을 선택해야 하며, 제기된 이론을 검정해야 한다. 대부분의 커뮤니케이션 관찰은 이론 수립을 여러 차례 시도해볼 것을 지지할 만큼 충분히 복잡하다. 연구자는 반드시 예측이나 명제를 검정할 수 있는 데이터를 수집하기 위한 계획을 수립해야 하고, 그러한 데이터를 수집해야 한다.

이론 수립 과정의 6단계는 검정된 명제를 확증하거나, 수정하거나, 확장하거나, 일반화하거나, 폐기하기 위해 확보된 데이터를 사용한다(Lustig, 1986). 5단계에서 데이터를 수집하는 것과 6단계에서 데이터를 해석하는 것은 전혀 다른 것임에 주목하라. 만약 결과가 명제와 일치한다면, 그 이론적 기본 틀은 당분간 확증된다. 만약 결과가 명제와 일치하지 않는다면, 방법론적 과정을 비판적으로 살펴보거나 이론적 틀을 고침으로써 그러한 불일치에 대한 설명이 반드시 이루어져야 한다. 만약 이론적 틀이 수정되거나 대체 가능하거나 경합하는 두 가지 설명이 존재한다면, 이론 수립 과정이 다시 시작된다. 만약 방법론적 문제가 확인된다면, 연구자는 향상된 다른 방법론적 절차를 사용해 단계 5와 6을 되풀이한다.

심지어 여섯 단계를 다 거친 후에도 이론 수립 과정은 완료되거나 완결되지 않는다. 이론은 시간이 지나면서 발전하며, 다른 학자들이 그들의 연구에서 이론적 명제를 검정함에 따라 이러한 이론 수립 과정은 여러 차례 반복된다. 양적 연구와 질적 연구 모두 이론 개발에 기여한다.

이론은 점진적으로 개발되고 검정된다. 학술 문헌에 기본적인 이론적 개념이 하나의 명제로 제시되면, 학자들은 그 명제를 검정하기 위해 연구를 개발한다. 이것은 학술적 연구결과가 공개되기 때문에 가능하다. 이론은 보통 다른 학자들에 의해 다른 방법론으로 수행되는 많은 연구가 유사한 결과를 얻은 후에야 비로소 확증된다. 심지어 그 지점에 이르렀어도 이론들은 여전히 잠정적인 것으로 간주된다. 한때 타당한 것으로 여겨졌던 이론에 대해 미래에 의문이 제기될 수 있다. 예를 들면, 새로운 기술은 커뮤니케이션을 위한 새로운 기회와 상황을 만들어낼 수 있다. 따라서 대인관계가 시간이 지나면서 어떻게 그리고 왜 발전하는가에 대한 이론은 이러한 기술이 관계 발전에 사용되는 정도를 감안하여 미래에 다시 살펴볼 필요가 있을 수도 있다.

2) 이론-연구 연결의 유용성

학자들의 공동체가 연구결과를 받아들이고 이론적 명제에 동의하는 정도에 따라, 드디어 이론에 도달하게 된다. 그러나 모든 이론은 어떤 유용성 측면에서 판단 받아야 한다(Lustig, 1986). 이론 수립 과정에서 얻은 지식은 "대답할 만한 가치가 있는 새로운 질문을 떠올리고, 인간 커뮤니케이션에 대한 더 정확한 이론을 개발하고, 더 효과적으로 커뮤니케이션하고, 더 나은 인간관계를 만들며,

우리 모두가 살고 있는 문화와 환경을 향상하는"데 사용되어야 한다(Lustig, 1986, p. 457). 이러한 유용성 기준이 이론 수립과정의 평가기준으로 추가될 때, 여러분은 이론-연구 관계가 상호적일 뿐만 아니라 그러한 관계가 인간 커뮤니케이션의 실용적인 이슈에 입각해 있다는 것을 알 수 있다(Keyton, Bisel, & Ozley, 2009).

실제로 이론은 연구과정에서 네 가지 방식으로 사용된다(Hoover & Donovan, 1995). 첫째, 이론은 데이터를 해석하는 패턴을 제공한다. 이론을 근거로 작업하지 않거나 이론을 지향하며 작업하지 않는다면, 연구는 체계화해주는 기본 틀이 없는 결과를 산출할 수 있을 것이다. 둘째, 이론은 한 연구를 다른 연구와 연결시켜, 커뮤니케이션 현상을 이해하는 것에 대한 대화가 계속 이어질 수 있게 돕는다. 셋째, 이론은 개념과 이슈가 어떻게 우리의 상호작용에 중요하거나 의미가 있는지를 이해하는 데 필요한 기본 틀을 제공한다. 예를 들면, 커뮤니케이션 불안에 대해 이론화하고, 그런 다음 그러한 예상의 타당성을 확인하는 연구를 수행함으로써 연구자들은 우리가 참여하는 거의 모든 커뮤니케이션 사건에서 불안이 하는 역할을 발견할 수 있었다. 넷째, 이론은 우리가 연구결과의 더 큰 의미를 해석하는 데 도움을 준다. 예를 들면, 관찰자들이 불안해하는 사람에게 어떻게 반응하는지(react)에 대한 연구결과를 읽음으로써 여러분은 대중 앞에서 말할 때 여러분 자신의 불안감을 모니터하고 관리할 수도 있다.

과학적이고 체계적인 탐구(inquiry)는 이론을 개발하고 검정하는 하나의 과정이다. 제기된 질문, 관찰된 데이터, 그리고 이론 개발 사이에는 직접적인 관계가 존재한다(Miller & Nicholson, 1976). 연역적 연구 모델과 귀납적 연구 모델(<그림 2.1>과 <그림 2.2> 참조)을 살펴보라. 이론은 어떻게 양적 연구를 이끌어내는가? 대신, 질적 연구에서는 관찰이 이론 개발을 이끌어내는 경향이 있다. 그러나 어떤 특정한 양적 혹은 질적 방법론을 선택하는 것이 어떤 연구가 이론 개발로 이어질 것을 보장해주지는 않는다. 오히려 연구는 반드시 기본 원칙과 명제를 분명히 보여주고 살펴볼 수 있도록 설계되어야 한다(Shapiro, 2002). 그런 후에라야만 연구결과가 이론 개발에 기여할 수 있다.

또한 탐구 과정이 늘 선형적이지 않다는 점을 인식하라. 또 어떤 연구에서 이론이 개발되거나 이론에 문제가 제기되지 않을 수도 있다. 과학은 반복 가능한 속성과 자기-수정적 속성의 특징도 가질 수 있다는 점을 상기하라. 기존의 연구에 문제를 제기하고 기존 연구를 바꾸는 데 다수의 연구가 필요한 것처럼, 기존 연구결과를 반복하는 데도 다수의 연구가 필요하다.

이론 혹은 **모델**(model), **기본 틀**(framework), **분류체계**(taxonomy)라 불리는 덜 공식화된 버전의 이론은 연구과정과 어떤 연구를 설계하거나 데이터를 수집하기 전에 수행하는 문헌검토의 토대이다. 도서관 검색을 수행할 때, 모든 이론의 명칭에 **이론**이라는 단어를 포함하고 있지는 않다는 점에 유의하라.

2. 연구과정 모델

연구를 수행한다는 것은 대화에 합류하는 것을 의미한다. 수업 과제를 하기 위해 문헌검토를 수행하든, 여러분이 설계하고 수행하는 연구 프로젝트를 뒷받침하기 위해 문헌검토를 수행하든, 여러분은 연구 문헌에 무엇이 존재하는지 알 필요가 있을 것이다. 여러분이 도서관에서 찾게 될 것의 상당 부분은 연구자들이 커뮤니케이션 행동과 과정을 기술하고, 예측하며, 설명하기 위해 사용하는 이론과 관련되어 있을 것이다.

연구자들은 질문에 대한 답을 찾는다. 그들이 필요로 하는 정보와 관련해서는 두 가지 가능성이 존재한다. 첫째, 답이 이미 존재하지만, 연구자가 그러한 정보를 모르는 경우이다. 이 경우는 대개 도서관 조사를 통해 답을 찾을 수 있다. 둘째, 답이 알려져 있지도 않고 이용 가능하지도 않은 경우이다. 이 경우 연구자는 답을 알아내기 위해 반드시 연구를 개발하고 수행해야 한다. 어떤 경우이든, 답을 찾는 것은 연구자의 필요에 맞는 정보를 검색하고 찾아내는 연구자의 기량에 좌우된다.

여러분이 이미 알고 있고 이해하고 있는 것에서부터 작업을 시작한다면 연구자로서 여러분의 목적은 여러분의 질문에 답할 정보를 찾는 것이다. 그러나 조사과정에 나타날 장애물과 위험으로 인해 여러분의 목적을 성취하지 못할 수도 있다. 여러분이 찾는 새로운 정보를 통합하는 여러분의 능력은 정말 핵심 이슈이며, 여러분의 질문에 답하는 데 성공하느냐 여부를 결정하기 때문에 여러분은 반드시 방심하지 말고 끝까지 주의를 기울여야 한다. 여러분의 연구를 위해 여러분이 수행하는 도서관 검색은 두 가지 학문적 전통을 통해 도움을 받을 수 있다. 각 전통에 대해 살펴보자.

1) 연역적 연구 모델

연역적 연구과정이 어떻게 구성되어 있는 알아보기 위해 <그림 2.1>에 제시되어 있는 첫 번째 연구 모델을 보라. 이 모델은 순환적이며 주기적이라는 점에 주목하라. 연구과정이 완결되기 위해서는 각 단계를 반드시 거쳐야 한다. 이 경우 연구 문제를 확인한 후, 연구자는 어떤 이론으로 시작하며, 그런 다음 그 이론이 옳은지 여부를 평가하기 위해 증거, 즉 데이터를 수집한다. 이 유형의 연구과정에서 연구자는 다른 사람에 의해 이미 해결된 입장에서부터 출발하고 있기 때문에 이 연구과정은 **연역적**이다. 연구자는 이론으로부터 가설이나 연구 문제를 개발하는데, 그런 다음 가설이나 연구문제는 데이터를 수집함으로써 검정된다. 궁극적으로 수집된 데이터는 그러한 이론적 입장에 견주어 해석된다.

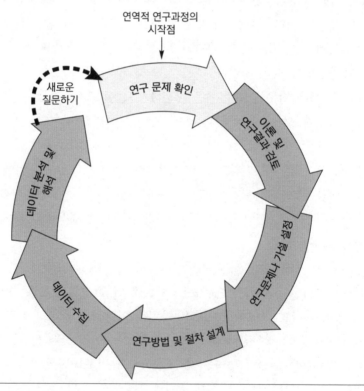

〈그림 2.1〉 연역적 연구 모델

'연구 문제(research problem) 확인' 단계에서 연구과정에 진입한 후, 연구자는 이론을 사용해 조사를 이끌어나간다. 다음으로, 이론과 축적된 연구결과를 토대로 연구 프로젝트의 기반으로서 문헌검토가 이루어져 제시된다. 문헌검토는 또한 연구문제나 가설을 설정하는 논거이기도 하다. 그런 다음, 연구자는 연구문제나 가설에 답하는 데 도움을 줄 연구방법을 선택한다. 그런 다음, 데이터가 수집되고 해석된다. 비록 연구자는 이 시점에 최초의 문제에 답할 수 있겠지만 여기서 연구과정이 반드시 끝나는 것은 아니다.

연구는 발견적 특징 때문에 소중히 여겨지고 있다는 점을 상기하라. 만약 연구가 다른 사람의 연구를 기반으로 한 발견적 중요성과 가치를 지니고 있다면, 하나의 질문에 답하는 것은 답을 필요로 하는 다른 질문으로 이어져야 한다. 따라서 데이터 해석으로부터 답이 찾아질 때 연구과정은 새로운 질문으로 다시 시작된다.

2) 귀납적 연구 모델

연역적 연구과정과 달리 어떤 연구자는 자신의 연구를 시작할 때 판단을 유보하고, 연구 문제라는 기반을 중심으로 틀이 지어지는 문헌 검색 및 데이터 수집 계획을 수립한다(<그림 2.2>). 데이터가 수집되고 검토된 후, 그러한 데이터가 보여주는 것에 따라 이론이 개발된다. 이 연구자는 데이터의 구체적인 내용에서부터 이론에 대한 일반적인 설명으로 이동하기 때문에, 이러한 연구과정은 **귀납적**이다. 다시 한 번 더 말하지만, 연구과정은 끝나지만 단지 잠정적일 뿐이다. 이러한 연구결과를 보고하는 것은 연구자들이 새로운 문제를 찾아내서 그리한 연구과정을 다시 시작하도록 고무할 가능성이 있다.

3) 과정으로서의 연구

어느 단계에서 연구과정에 진입하느냐에 상관없이, 모든 단계는 서로 연결되어 있다. 단계들은 상호 의존적이다. 연구자들은 그들이 하나의 단계를 완료하고 그 다음 단계로 진행한다고 생각하지만, 가장 효과적인 기반을 확보하지 못한 채 그 다음 단계로 진행하는 경우가 가끔 있다. 따라서 그들은 반드시 앞 단계로 되돌아가서 그 단계를 다시 거쳐야 한다. 이 책을 교재로 사용하는 수업

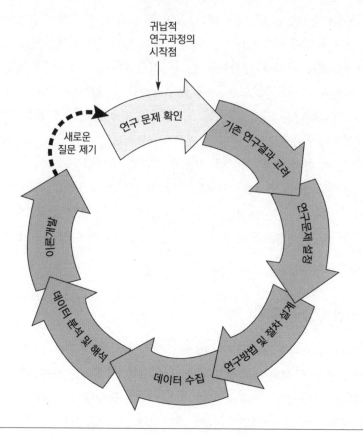

귀납적
연구과정의
시작점

새로운
질문 제기

연구 문제 확인

기존 연구결과 고려

연구문제 설정

연구방법 및 절차 설계

데이터 수집

데이터 분석 및 해석

이론개발

〈그림 2.2〉 귀납적 연구 모델

에서 여러분이 알게 되듯이, 연구는 단지 연구결과만으로 평가되지는 않는다. 오히려 그러한 연구결과를 만들어내는 연구과정 또한 마찬가지로 중요하다.

연구자가 연역적 과정을 사용하든 귀납적 과정을 사용하든, 첫 번째 연구 활동은 광범위한 질문으로 흔히 기술되는 연구 문제(research problem)를 확인하는 것이다. 문제나 질문을 연구문제(research question)나 가설로 표현하는 것은 그 연구를 사회과학적인 연구로서 공식화하는 것이다. 통상적으로 양적 방법에 의존하는 연역적 모델에 따라 수행되는 연구는 4장에서 더 자세하게 기술된다. 연구자는 연구과정 전체를 통해 윤리 및 진실성 이슈에 반드시 신경 써야 한다. 커뮤니케이션 연구는 다른 사람을 대상으로, 다른 사람과 함께, 그리고 다른 사람을 통해서 수행된다. 따라서 커뮤니케이션 연구자는 제안된 연구의 진실성을 반드시 진지하게 고려하고 평가해야 한다. 더욱이 연구는 연구자의 과학적 욕구(와 사회의 지식에 대한 욕구)와 연구에 참여하는 사람의 신체적·심리적·정서적 욕구 간에 반드시 균형을 이루어야 한다. 이 이슈는 3장에서 다룬다. 지금은 연구자가 관심을 가지고 있는 커뮤니케이션 문제나 질문을 밝히는 방법으로 다시 돌아간다.

3. 연구 문제 확인하기

연구는 질문을 하고 답을 찾는 과정이라는 것을 기억하라. 연구 문제 (research problem), 즉 광범위한 연구문제(research question)를 확인하는 것은 언제나 연구과정의 첫 번째 활동이다.

1) 연구 아이디어 명확하게 표현하기

만약 여러분이 커뮤니케이션 문제, 즉 광범위한 질문을 떠올릴 수 없다면, 다른 수업에서 논한 적 있는 이론들을 되돌아보라. 커뮤니케이션 행동을 기술하고, 설명하며, 예측하는 이론에 대해 읽고 배웠을 때, 여러분의 개인생활이나 직업생활과 특히 관련되어 있는 것 같은 인상을 준 이론은 없었는가? 여러분이 과거에 가지고 있었던 것과 달리 질문하게 한 이론은 없었는가? 여러분이 이해할 수 없는 것처럼 보이는 기술, 설명, 혹은 예측을 하고 있기 때문에 강한 호기심을 불러일으킨 이론은 없었는가? 혹은 여러분이 바라는 직업을 다른 방식으로 이해할 수 있도록 여러분을 도와준 이론은 없었는가?

연구할 커뮤니케이션 문제, 즉 광범위한 질문을 개발하는 또 다른 방법은 커뮤니케이션 딜레마, 문제, 혹은 질문을 분명히 보여주는, 여러분에게 혹은 여러분 앞에서 오늘 일어난 일에 대해 생각해보는 것이다. 여러분의 가족, 친구, 그리고 동료는 무엇에 대해 말하고 있는가? 그들의 이슈는 커뮤니케이션과 어떻게 관련되어 있는가? 이와 같은 질문에 대답하는 것은 여러분이 커뮤니케이션 문제에 대해 생각해보는 데 도움이 된다. 우리는 흔히 우리가 경험하는 일상생활의 문제는 우리에게 독특한 것이라고 생각하는 경향이 있다. 실제로 개인의 경험은 어떤 점에서는 다를 수도 있지만, 그러한 경험은 일반적으로 다른 사람들의 경험과 연결되어 있고, 다른 사람들의 경험을 반영한다. 따라서 여러분이 직면하고 있는 문제는 그것이 무엇이든 연구 아이디어의 좋은 원천으로 고려하라.

그럼에도 여전히 계속 진행해나갈 커뮤니케이션 문제에 대해 확신하지 못하고 있는가? 현재 발생하고 있는 문제와 이슈를 조사하는 한 가지 좋은 방법은 뉴스 미디어가 어떤 토픽을 특별히 다루고 있는지 확인해보는 것이다. 많은 주요 뉴스 미디어들, 예를 들어 「뉴욕 타임스」(*New York Times*), 「USA 투데이」(*USA Today*), ABC 뉴스(ABC News), CBS 뉴스(CBS News), NBC 뉴스(NBC News), CNN, 폭스 뉴스(Fox News) 등은 조사를 필요로 하는 커뮤니케이션 문제를 찾을 수 있는 좋은 장소이다.

2) 커뮤니케이션 문제를 예비 질문으로 바꾸기

커뮤니케이션 문제가 확인됨에 따라 여러분은 예비 질문의 틀을 짜기 시작할 수 있고, 이는 도서관 소장 자료와 전자 데이터베이스를 통해 자료를 검색하는 데 도움을 줄 수 있을 것이다. 예비 질문은 여러분이 귀납적 모델과 연역적 모델 모두를 통해 살펴볼 최종 연구문제는 아니다. 연구문제는 더 공식적이며 연구 프로젝트를 위한 기반이다. 그러나 예비 질문도 여전히 중요한데, 왜냐하면 예비 질문을 통해 공식적인 연구문제나 가설에 이를 수 있기 때문이다. 도서관 자료를 찾기 전에 다음 단계들을 사용해 여러분의 예비 질문을 평가하라. 이 단계들을 거침으로써 여러분의 도서관 검색이 더 효과적으로 이루어질 수 있을 것이다.

이혼이 어린이의 감정 표현 능력에 미치는 영향에 여러분이 관심이 있다고 해보자. 더 자세히 살펴보면, 두 가지 이슈가 존재한다는 것을 알 수 있다: 첫 번째 이슈는 이혼의 영향이고, 두 번째 이슈는 어린이가 자신의 감정을 표현하는 능력이다. 여러분은 각각의 토픽에 관해 별도로 도서관 조사를 수행할 수 있겠지만, 그렇게 하게 되면 답에 도달하지 못할 수도 있을 것이다. 이 토픽에 대한 여러분의 관심을 "이혼은 어린이의 감정 표현 능력에 어떻게 영향을 미치는가?"라는 예비 질문으로 만듦으로써 여러분은 여러분의 질문에 답할 수 있거나 여러분의 질문이 적절하게 대답되지 않았다는 판단을 내리는 데 도움을 줄 자료를 찾아낼 가능성이 더 높아진다.

그러나 그 질문을 다시 살펴보자. 그 질문은 무엇을 가정하고 있는가? 그 질문은 이혼이 '어떻게' 어린이의 능력에 영향을 미치는지 묻고 있다. 더 나은 첫 번째 단계는 이혼이 어린이의 표현 능력에 영향을 미치는지 **여부**를 알아내는 것일 것이다. 따라서 "이혼은 어린이의 감정 표현 능력에 영향을 미치는가?"라는 질문이 더 나은 질문일 텐데, 왜냐하면 이 질문은 이혼이 이런 식으로 어린이에게 영향을 미친다고 여러분이 잘못 가정하지 않도록 해주기 때문이다.

또 다른 예로, 여러분은 여러분 근무조의 팀 리더(team leader)가 회의를 준비하고 수행하는 데 어려움을 겪고 있다는 것을 알고 있을 수도 있을 것이다. 여러분은 팀원으로서 여러분이 도와줄 수 있는 것이 있는지 궁금해한다. 이 경우 "리더가 회의가 수행되는 방식에 대해 책임을 지는 유일한 사람인가?"라거나 "어떤 식으로 팀원은 팀원의 역할을 유지할 수 있으며, 리더를 도와 회의를 효과적으로 수행할 수 있는가?"라거나 "팀원들이 회의를 용이하게 하기 위해 도울 때 그들은 위험을 감수하는가?"와 같은 질문을 가질 수 있을 것이다. 이제 이러한 질문들 속에 어떤 가정이 내재되어 있는지 살펴보자. 먼저 여러분은 "팀 회의를 수행하는 것에 대한 책임이 누구에게 있는가"라는 기본 가정에 대해 묻고 있다. 그러나 두 번째와 세 번째 질문에 첫 번째 질문에 대한 답이 추정되어 있음에 주목하라.

커뮤니케이션 문제를 예비 질문으로 바꾸어 표현하는 것은 답을 찾는 첫 번째 단계이다. 여러분의 질문을 글로 표현하는 것은 여러분이 여러분의 연구 분야를 규정하고 여러분의 검색의 범위를 좁히는 데 도움이 된다. 가장 중요한 것은 질문이 개념들 간의 관계를 찾는 데 도움을 주고, 여러분이 내린 가정을 확인하는 데 도움을 준다는 것이다. 그리고 흔히 그렇듯 질문은 더 많은 질문으로 이끈다. 만약 여러분이 최종적으로 대여섯 가지 질문을 갖게 되었다면, 그 질문들을 다루어져야 할 중요도의 순서대로 나열해보라. 혹은 한 분야의 질문들이 다른 분야의 질문들로 이어지게 한다면, 질문들 간의 관계를 도식화하려 노력해보라. 여러분이 여러분의 문제를 어떤 방식으로 확인하든, 그것을 커뮤니케이션에 초점을 맞춘 질문으로 명확하게 표현해야 한다는 것을 기억하라. 예를 들어, 학교에서 왕따(bullying) 문제가 자주 발생한다는 뉴스 보도를 보고, 여러분은 "놀이터와 휴식시간 활동이 어떤 식으로 어린이들 사이의 언어적 왕따 문제 발생을 촉진 혹은 억제시키는가?"라는 질문을 가질 수 있을 것이다.

3) 질문 평가하기

예비 질문을 만들었으면, 이제 평가해야 할 때이다. 다음 질문을 사용해서 연구 문헌 검색을 시작하기 전에 최종 평가를 실시하라:

① 질문은 명확하게 진술되었는가?
② 다른 사람도 질문의 명료성에 대해 동의하는가?
③ 2개, 3개, 혹은 4개가 아니라 단지 하나의 질문만 제기했는가?
④ 질문의 커뮤니케이션 정향성은 무엇인가? 다른 말로 하면, 어떤 커뮤니케이션 행위, 정책, 규칙, 절차, 혹은 결과를 조사할 예정인가? 질문의 초점은 상징, 메시지, 혹은 의미 가운데 어디에 맞추어져 있는가?
⑤ 질문은 어떤 특정한 답이나 해결책 쪽으로 편향되지 않게끔 표현되었는가?
⑥ 관심을 가지고 있는 커뮤니케이션 현상을 관찰하거나 측정할 방법은 있는가?
⑦ 시간과 자원의 한계를 감안할 때 이 질문을 조사하는 것이 가능한가?
⑧ 누가 이 질문에 대한 답에 관심을 가질 것인가?
⑨ 관심을 가진 사람들이 그 정보를 어떻게 이용할 수 있겠는가?

만약 여러분이 예비 질문을 가장 효과적으로 제기하고 있고, 또한 그 질문이 커뮤니케이션 연구에 적합하다는 데 만족한다면, 여러분은 도서관 자료 검색에 사용할 핵심어나 문구를 확인해야 한다.

4. 도서관 및 데이터베이스 자료 사용하기

예비 질문이 준비되었기 때문에 여러분은 이제 자료 검색을 수행할 준비가 된 셈이다. 모든 조사를 온라인에서 수행하고 싶은 마음이 생기겠지만, 도서관에서 조사를 하는 것에도 이점이 있다. 가장 중요한 이점은 사서(司書)에게 물어볼 수 있다는 것이다.

만약 도서관에 『국제 커뮤니케이션 백과사전』(*International Encyclopedia of Communication*)이나 『커뮤니케이션 이론 백과사전』(*Encyclopedia of*

Communication Theory) 인쇄판이나 온라인판이 있다면, 여러분의 예비 질문 해결에 필요한 자료를 찾는 데 좋은 출발점이 될 수 있다. 백과사전의 표제어들은 커뮤니케이션의 모든 측면을 포함하고 있다. 각각의 표제어는 정의, 주요 연구 주제, 그리고 몇몇 핵심 출처 인용(citation)을 제공한다. 여러분이 어디에서 자료를 수집하는지에 상관없이, 공신력(credibility), 권위(authority), 그리고 관련성(relevance)에 대해 질문하라. 또한 그 출처가 얼마나 최근의 것인가를 고려하라. 필요하다면 더 최근의 것을 찾아라. (인쇄판이건 온라인판이건) 어떤 것이 제시되는 방식이 반드시 어떤 출처의 좋고 나쁨을 말해주는 것은 아니다. 만약 여러분이 문헌검토나 연구 프로젝트를 위해 어떤 출처를 선택한다면, 그것이 여러분의 프로젝트를 위한 최고의 출처라는 확신을 가져야 한다. 몇 가지 자료를 수집하는 것 또한 중요한데, 그래야만 정의와 연구결과를 비교할 수 있다. 다음 절은 문헌검토나 연구 프로젝트를 위한 자료를 찾는 몇 가지 방법에 대해 기술한다.

1) 학술지

일반적으로 여러분의 첫 검색은 학술지에 게재된 학술 논문을 찾기 위한 것이어야 한다. 학술지에 실린 논문을 통해 여러분은 커뮤니케이션 학자들이 어떤 연구문제와 가설을 연구했는지 살펴볼 수 있다. 여러분은 그들이 설계한 연구를 위한 논거를 읽을 수 있으며, 그들이 어떻게 데이터를 수집하고 분석했는지 읽을 수 있다. 가장 중요한 것은 여러분은 그들이 연구를 수행하면서 배운 것에 대해 읽을 수 있다는 것이다.

학술지는 학술 전문 학회, 대학교, 혹은 학술 저작물을 전문으로 하는 출판사에 의해 편집·발행된다. 학자들은 학술지에 논문 원고를 제출한다. 학술지 편집인은 심사를 위해 논문 저자가 누구인지 모르는 적어도 2명의 심사자에게 원고를 보낸다. 이러한 심사 과정은 심사자가 원고에 대해 정직하고 비판적인 피드백을 보낼 수 있게 한다. 이러한 블라인드 동료 심사(blind peer review)를 마친 후, 편집인은 수정 및 게재 결정을 내린다. 흔히 학술지 논문은 폭넓은 심사와 수정 과정을 거친 후에야 비로소 게재된다. 게다가 대부분의 학술지는 게재 거부율이 일반적으로 80~90%에 이를 정도로 매우 높다. 그 결과, 학술지 논문은 지식을 갖춘 전문가들이 쓴 양질의 연구로 간주된다. 사회과학 연구를 게재

하는 커뮤니케이션 분야의 국내 및 외국 학술지로는 다음과 같은 것들이 있다:

미디어 경제와 문화	미디어, 젠더 & 문화
방송과 커뮤니케이션	언론과 사회
커뮤니케이션 이론	한국방송학보
한국언론정보학보	한국언론학보
헬스커뮤니케이션연구	

American Communication Journal	*Annals of International Communication Association*
Communication Education	*Communication Monographs*
Communication Quarterly	*Communication Reports*
Communication Research	*Communication Research Reports*
The Communication Review	*Communication Studies*
Communication Theory	*Electronic Journal of Communication*
Health Communication	*Howard Journal of Communications*
Human Communication Research	*International Journal of Listening*
Journal of Applied Communication Research	*Journal of Broadcasting & Electronic Media*
Journal of Communication	*Journal of Computer-Mediated Communication*
Journal of Family Communication	
Journal of Health Communication	*Journal of Public Relations Research*
Journal of Social and Personal Relationships	*Journalism & Communication Monographs*
Journalism & Mass Communication Quarterly	
Journal of Media Economics	*Mass Communication & Society*
Public Relations Review	*Political Communication*
Southern Communication Journal	*Research on Language and Social Interaction*
Western Journal of Communication	*Women's Studies in Communication*

물론 커뮤니케이션 분야와 광고 분야의 다른 학술지는 물론 다학제적인 학술지도 있다. 끝으로, 다른 학문 분야(예, 경영학, 심리학 및 사회학)의 학술지도 커뮤니케이션 학자들에게 관심이 있는 연구를 게재한다. 어떤 경우에는 커뮤니케이션 학자들의 연구가 거기에 실리기도 한다.

학술지는 여러 가지 방식으로 이용할 수 있다. 첫째, 대학 도서관은 커뮤니케이션 연구들을 색인화 해놓은 논문 데이터베이스에 가입해 있다. 대학 도서관은 커뮤니케이션 소스(*Communication Source*)나 CMMC(*Communication & Mass Media Complete*)에 가입해 있을 가능성이 있다. 두 데이터베이스는 커뮤니케이션, 매스 미디어 및 관련 분야에서 발행되는 700종 이상의 학술지에 게재된 논문의 초록이나 전문(全文)을 제공한다. 흔히 학술지 논문의 전문이 이 데이터베이스를 통해 이용 가능하다. 만약 여러분이 원하는 논문이 데이터베이스에서 전문 형태로 이용 가능하지 않다면, 해당 학술지를 직접 찾아보라. 대학 도서관은 수백 종, 어쩌면 수천 종의 학술지를 인쇄판이나 온라인판으로 구독하고 있을 수도 있다.

여러분은 학술지 논문을 도서관 웹사이트에서 찾아야 하는가 아니면 구글 검색을 통해 찾아야 하는가? 만약 여러분이 구글을 사용하고자 한다면, 꼭 구글 스칼라(Google Scholar)를 사용하라. 구글 스칼라는 일반적인 구글 검색과는 다르다. 구글 스칼라는 학술서적과 학술 논문 검색이 가능한데, 이러한 권위 있는 학술적 검색에 초점을 맞추고 있는 구글 스칼라는 보통의 구글 검색과 분명 차이가 있다. 구글 스칼라는 모든 학문 분야를 망라하고 있지만, 모든 것을 다 포함하고 있지는 않으며, 항상 전문을 이용할 수 있는 것도 아니다.

따라서 커뮤니케이션 수업을 위한 조사를 할 때는 대학 도서관의 온라인 자료를 이용하는 것이 더 쉽고 더 생산적일 것 같다. 왜 그런가? 여러분의 도서관은 커뮤니케이션 분야에 특정된 온라인 데이터베이스에 대한 접근을 제공할 가능성이 있기 때문이다. 이러한 데이터베이스를 검색함으로써 여러분은 연구 논문이 게재되어 있는 커뮤니케이션 학술지에 접근할 수 있을 것이다. 온라인판이나 인쇄판을 읽는 데 따르는 비용도 들지 않는다. 더욱이 구글 스칼라는 우리 도서관의 데이터베이스에 포함되어 있는 모든 것을 포함하고 있지는 않다. 문헌 검색을 하는 동안 여러분의 필요를 충족해줄 그러한 데이터베이스와 학술지를 찾으려면 수업 담당 교수나 사서에게 확인해보라.

2) 서적

도서관은 또한 저서와 편저들을 소장하고 있다. 커뮤니케이션 학자는 흔히 그들의 전문 분야에 대한 저서나 편저를 쓴다. 만약 여러분이 조사하고 있는 분야의 책을 쓴 저자를 확인했다면, 그 저자의 이름을 도서관 목록에서 찾아볼 수 있다. 혹은 책 제목이나 주제의 일부를 핵심어로 사용하여 도서관 목록에서 찾아볼 수도 있다.

여러분은 또한 도서관에 『커뮤니케이션 연감』(*Communication Yearbook*)이 있는지 확인해보아야 한다. 1977년부터 2016년까지 발행된 이 연감은 여러 편저자의 문헌검토와 토픽별 비평을 싣고 있다. 예를 들어, 40권(2016)은 관계적 공격성(relational aggression), 조직의 신입직원의 사회화, 뉴스 프레이밍(framing)의 효과, 그리고 다른 많은 커뮤니케이션 이슈에 관한 문헌검토를 싣고 있다. 여러분은 각 권의 목차를 확인해볼 필요가 있을 것이다. 만약 여러분에게 도움이 되는 챕터를 찾는다면, 참고문헌 부분에 있는 자료들을 반드시 검토해보라. 2017년부터 이 연감은 「국제 커뮤니케이션 학회 연보」(*Annals of the International Communication Association*)라는 학술지로 대체되었다.

끝으로, 여러분의 대학 도서관에 여러분이 조사하고 있는 분야와 관련된 편람이 있는지 확인해보라. 편람은 하나의 커뮤니케이션 맥락에 초점을 맞추고 있으며, 또한 어떤 특정한 분야의 문헌에 대한 광범위한 검토와 비평, 이론 및 방법을 제공한다. 예를 들면, 다음과 같은 편람이 있다: 『세이지 가족 커뮤니케이션 편람』(*Sage Handbook of Family Communication*), 『라우틀리지 환경 및 커뮤니케이션 편람』(*Routledge Handbook of Environment and Communication*), 『옥스퍼드 정치 커뮤니케이션 연구 편람』(*Oxford Handbook of Political Communication*), 『세이지 대인 커뮤니케이션 편람』(*Sage Handbook of Interpersonal Communication*), 『라우틀리지 스포츠 커뮤니케이션 편람』(*Routledge Handbook of Sports Communication*). 도서관에 어떤 편람이 있는지 알아보려면, **편람**(handbook)과 **커뮤니케이션**이라는 핵심어를 사용해 대학교 도서관 목록 데이터베이스를 검색해보라. 만약 여러분에게 도움이 되는 챕터를 찾는다면, 참고문헌 부분에 있는 자료들을 반드시 검토하라.

3) 온라인 자료

누구나 웹사이트를 게시를 할 수 있고 수많은 웹사이트가 게시되기 때문에 웹에서 정보를 찾는 것은 문제가 아니다. 그러나 공신력 있고 권위 있는 정보를 찾는 것은 문제가 될 수 있다. 모든 검색엔진이 다 똑같이는 않다는 사실을 기억하라; 여러분이 동일한 검색어를 사용할 때도 각각의 검색엔진은 다른 메커니즘을 사용해 웹사이트를 찾는다.

웹에서 자료 검색을 하는 것은 전혀 문제가 없다. 온라인 자료가 반드시 신뢰할 수 없는 것은 아니다. 온라인에서 공신력 있고 권위 있는 출처를 찾으려면 다음 질문 목록을 사용하라.

① 그 사이트는 어떤 유형의 도메인에 속해 있는가? 일반적으로 .edu(혹은 .ac.kr)와 .gov(혹은 .go.kr)는 .org(혹은 or.kr)나 .com(혹은 .co.kr)보다 더 신뢰할 수 있는 사이트로 간주되는데, 후자의 사이트들은 거의 대개 상업적 조직이다.

② 그 사이트를 출판하거나 소유하고 있는 사람이 누구인가? 여러분은 그 것을 어떻게 알 수 있나? 만약 그 사이트를 책임지고 있는 사람이나 조직이 그 자료를 작성하지 않았다면, 그 웹사이트는 그 정보의 원래 출처를 분명하게 밝혀야 한다.

③ 그 웹사이트에 날짜가 적혀 있는가?

④ 여러분은 누가(어떤 사람이나 기관) 그 사이트를 만들었는지 말할 수 있는가? 이름, 이메일 주소, 혹은 **사이트 소개**(about us)나 **연락처**(contact us) 링크가 있는가? 그러한 링크는 여러분을 어니로 안내하는가?

⑤ 저작자의 자격이나 소속기관이 그 웹사이트에 표시되어 있는가?

⑥ 그 웹사이트의 목적은 무엇인가? 정보 제공? 설득? 판매? 그와 같은 광고 문구가 분명하게 표시되어 있는가?

⑦ 그 웹사이트는 얼마나 최근의 것인가? 그 사이트가 만들어진 날짜와 업데이트된 날짜를 찾아보라.

⑧ 만약 그 웹페이지에 어떤 출처가 인용되거나 다른 말로 바꾸어 표현되어 있다면, 여러분이 독자적으로 그 정보의 정확성을 검증해볼 수 있도록 그 출처에 대한 정보가 제공되어 있는가?

누구나 웹사이트를 제작할 수 있다. 이것은 제시되어 있는 내용을 반드시 주의 깊게 평가해야 함을 의미한다. 웹사이트는 학문적인 것처럼 보이는 연구를 제시할 수 있다. 그러나 그 사이트가 출처 인용을 포함하고 있지 않고 저자와 저자의 자격을 밝히고 있지 않다면, 그 자료의 진실성이나 타당성을 가늠하는 것이 매우 어려울 수도 있다.

4) 자료 분석하기

몇몇 논문, 책, 북 챕터, 혹은 웹사이트를 찾은 후에는 이러한 출처들을 평가해볼 필요가 있다. 학술지 논문과 북 챕터의 경우, 초록을 꼼꼼히 읽은 다음 논의 부분을 읽어보라. 책의 경우는 서문이나 첫 번째 장을 읽어보라. 논문이나 장의 끝부분에 있는 참고문헌 목록을 확인하라. 거기에 나와 있는 출처 가운데 여러분에게 도움이 되는 것이 있는가? 여러분은 여러분의 질문에 답할 수 있는가? 여러분이 찾은 자료를 토대로 여러분의 질문이 수정되어야 하는가? 여기서 여러분은 또 다른 결정을 내려야 한다. 만약 여러분이 만족할 정도로 여러분의 질문에 답할 수 있다면, 여러분의 검색은 끝이 난다. 만약 만족스러울 정도로 여러분의 질문에 답할 수 없거나 검색 자료에서 서로 상충하는 답들을 찾았다면, 최종적인 형태의 질문에서 여러분의 질문을 적을 수 있다. 여러분은 여러분의 조사 프로젝트를 진전시켜나갈 준비가 되었다.

다음 질문에 답해봄으로써 여러분이 충분한 정보를 가지고 있는지 아니면 세밀한 검색을 계속해나갈 필요가 있는지를 결정내릴 수 있다. 만약 다음 질문에 대한 답에 만족한다면, 여러분의 도서관 검색은 적절했던 셈이다:

① 여러분이 조사하고자 하는 이슈에 관한 글들이 얼마나 많이 있는가?
② 그러한 자료들은 얼마나 최근의 것인가 혹은 얼마나 관련된 것인가?
③ 여러분이 제기한 질문에 대한 답의 해석에 이의를 제기할 수 있는 어떤 결정적인 사건이 발생했거나 사회적 가치가 변했는가?
④ 여러분의 이슈에 대한 가장 최근의 연구는 누가 수행했는가?
⑤ 그러한 토픽에 대한 연구가 어디에 발표되었는가?
⑥ 그 이슈의 어떤 측면이 가장 주목을 받았는가?
⑦ 그 이슈에 대한 어떤 질문에 대해 대답이 이루어졌는가?

⑧ 그 이슈의 어떤 측면이 무시되었는가?

⑨ 결론이 지어진 연구를 반복연구한 이유가 있는가?

⑩ 여러분의 주요 이슈와 관련된 다른 이슈들을 발견했는가?

만약 여러분이 철저히 그리고 부지런하게 검색했다면, 여러분은 여러분의 질문에 답하거나 여러분의 조사 프로젝트를 진전시켜나가는 데 필요한 자료를 찾았을 가능성이 있다. 그러나 이용 가능한 문헌을 모두 다 찾는 것은 거의 불가능하다는 사실을 기억하라. 모든 것을 찾는 것은 대부분의 학생들의 조사 프로젝트의 전제조건은 아니다. 그러나 여러분은 다양한 저자, 다양한 출판물, 그리고 오랜 기간에 걸쳐 출판된 출처들로부터 이용 가능한 정보를 가지고 있어야 한다. 폭 넓고 깊이 있는 자료들을 분석하라.

여러분이 찾은 문헌을 검토할 때, 메모를 잘 해두고 관련된 페이지를 저장하거나 프린트해두라. 책의 목차뿐만 아니라 책 끝부분에 있는 주제 및 저자 색인도 확인하라. 저자명과 책 제목, 발행연도, 발행지역, 출판사, 그리고 도서 청구기호도 확인해둬라. 저자명, 논문 제목, 발행연도, 게재된 학술지명, 게재된 학술지 권호, 페이지 및 디지털 문서 식별자(doi: digital object identifier)를 기록해둠으로써 도움이 되는 학술 논문도 확인해둬라. 만약 여러분의 조사 프로젝트에 그 자료를 인용한다면, 이러한 모든 정보가 필요할 것이다.

5) 질문 조정하기

그러한 검색 전략을 수행해나가는 과정에서 여러분의 예비 질문을 조정하는 것을 주저하지마라. 새로운 정보를 발견할 때 여러분은 그러한 문세를 너 정교하게 평가하고 이해하게 될 것이다. 여러분이 읽은 정보를 여러분의 예비 질문 속에 통합하라. 특히 검색을 통해 여러분은 여러분의 질문을 여러분이 이해하는 데 도움을 줄 수 있는 이론을 찾아냈는가? 몇몇 이론이 여러분의 예비 질문에 대한 경합하는 주장이나 해결책의 토대를 제공할 수 있는가? 여러분이 새로운 정보 출처를 찾을 때 여러분의 예비 질문의 초점이 더 좁아질 가능성이 있다. 여러분이 사용하고 있는 모든 자료의 목록을 보관하라. 여러분이 여러분의 조사 프로젝트를 진전시켜나가고 연구보고서를 작성할 때 여러분은 이러한 자료들을 다시 사용할 것이다.

다음 두 가지 조건이 충족될 때 예비 질문 조정을 중단하면 된다. 첫째, 여러분은 여러분의 질문이 흥미를 느낄 만큼 충분히 구체적이라는 점에 만족할 수 있어야 한다. 둘째, 여러분은 여러분의 질문에 답하는 데 도움을 얻기 위해 사용할 수 있는 자료의 양과 질에 만족할 수 있어야 한다. 이 시점이 바로 여러분이 수집한 자료를 분석하러 이동할 때이다.

5. 자료 사용 및 정리

자료 더미에 손을 대는 것은 쉬운 일이 아니다. 첫 번째 단계는 각 자료의 제목 그리고 초록이나 요약을 읽는 것이다. 다음으로, 문제 진술문을 읽는데, 이것은 보통 학술지 논문이나 북 챕터의 문헌검토 부분에 있거나 문헌검토 바로 앞에 있다. 문제 진술문은 연구의 목적을 확인해준다. 정확한 연구문제나 가설이 여기에 제시되어 있지 않을 수도 있지만, 문제 진술문은 일반적으로 연구문제나 가설을 암시한다. 문제 진술문은 "연구자가 왜 이 연구를 수행했는가?"라는 질문에 답해준다. 일반적으로 이 부분을 읽게 되면 여러분은 그 논문이나 연구보고서가 여러분에게 도움이 될지 여부를 판단할 수 있다.

문헌검토 부분에서 저자는 자신의 공식적인 연구문제와 가설을 뒷받침해주는 문헌을 제시한다. 연구문제와 가설을 주의 깊게 읽어야 하는데, 그 이유는 연구결과나 결론은 연구문제 및 가설과 직접적으로 관련되어 있기 때문이다. 지금당장은 연구방법과 연구결과 부분은 대략 훑어보는 정도로 지나가고 논의 부분으로 이동하라. 연구자는 무엇을 찾아냈는가? 연구자는 자신이 제안한 가설을 확증했는가 아니면 확증하지 않았는가? 조사에 대한 결론은 논의 부분에 있다는 사실을 기억하라. 연구문제나 가설이 문헌검토에 제시되어 있을 때 그것은 여전히 잠정적인 것이다.

1) 참고문헌 추적하기

논문, 서적, 그리고 북 챕터를 읽을 때 여러분은 본문 내 인용(in-text citation) 출처 제시를 보게 될 것이다. 이러한 참고문헌 기록은 괄호 안에 저자가 인용한 연구에 대한 정보를 제공한다. 각각의 본문 내 출처 제시에는 저자의

성(姓), 발행연도, 그리고 자료가 원문 그대로 인용된다면 페이지 수가 포함된다. 이러한 출처를 추적하기 위해서는 논문, 서적, 혹은 챕터 끝에 있는 참고문헌 목록을 보면 된다. 이 부분은 '참고문헌'(References; Bibliography; 혹은 Works Cited)이라는 제목을 달고 있다. 각각의 출처 인용에 대해 완전한 서지 항목들, 즉 논문, 서적, 혹은 챕터를 찾는 데 필요한 모든 정보를 확인할 수 있다. 예로 이 책의 끝에 있는 '참고문헌' 부분을 살펴보라.

왜 다른 저자들이 사용한 논문, 서적 및 챕터를 추적할 필요가 있는가? 첫째, 이러한 발행되거나 출판된 연구는 계속 진행 중인 학문적 대화의 일부이다. 한 논문에 간략하게 언급된 어떤 내용이 여러분에게 가치 있는 배경 정보를 제공할 수 있는 다른 논문으로 여러분을 이끌 수도 있다. 둘째, 여러분은 도서관 검색에서 이러한 출처를 놓쳤을 수도 있다. 다른 학자들이 사용한 참고문헌을 추적하는 것은 여러분에게 도서관 검색에서 생긴 공백을 메울 수 있는 기회를 제공한다. 셋째, 저자들은 다른 연구자의 연구에 대한 결론을 내리고, 그런 다음 그러한 결론을 그들의 주장의 토대로 삼는다. 만약 여러분이 그 문헌에 익숙하지 않다면, 여러분은 당연히 그 저자의 결론을 당연한 것으로 받아들일 수밖에 없다. 그들의 평가에 포함되어 있을 수도 있는 편향에 의존하기보다 여러분은 참고문헌을 추적해서 그것을 읽은 다음, 여러분 자신의 결론을 내릴 수 있을 것이다.

2) 찾은 자료 정리하기

이제 여러분은 연구보고서나 연구제안서를 쓸 수 있도록 여러분이 찾은 자료를 어떻게 체계화할 것인가? 첫째, 여러분이 수집한 문헌의 본문을 살펴보라. 이름이 몇 차례 등장하는 한두 명의 저자가 있는가? 만약 있다면, 거기에서 읽기를 시작하라. 연구자들은 연구의 경향이나 흐름에 따라 연구하는 경향이 있다. 이것은 특정 이슈에 관한 연구 수행으로 유명한 학자들이 있음을 의미한다. 만약 두드러진 한두 명의 학자가 존재하지 않는다면, 발행날짜순으로 여러분의 문헌을 정리해보라. 시기별 개관을 위해 오래된 문헌에서 시작하여 최근 문헌으로 읽어나가라. 또 다른 시작 방법은 어떤 특정한 연구 경향을 검토하거나 요약하고 있는 논문이나 챕터로 시작하는 것이다. 만약 서로 충돌하는 아이디어나 이론 혹은 연구결과를 찾는다면, 자료들을 비슷한 범주로 정리하라.

　　여러분은 다른 사람의 연구를 사용할 때는 언제든 여러분 페이퍼의 본문에 여러분이 어떤 아이디어를 사용하고 있는지 그리고 누구의 아이디어를 사용하고 있는지를 보여주는 출처 인용을 반드시 제공해야 한다. 이것을 일컬어 본문 내 출처 인용이라고 한다. 본문 내 인용에는 두 가지 유형이 있다. 첫 번째는 직접 인용구에 대한 출처 인용이다. 이 경우 여러분은 원래 연구에서 여러분이 그대로 옮겨온 부분에 인용부호를 표시하고, 저자의 성과 발행연도와 함께 페이지 수를 제공해야 한다. 이렇게 해야 여러분의 페이퍼를 읽는 사람 누구나 정확한 출처를 위치를 찾아낼 수 있다.

　　다넨스와 오건(d'Haenens & Ogan, 2013)은 터키에 살고 있는 소수민족 어린이들이 토착 터키 어린이와 EU(European Union) 또래 어린이와 다른 방식으로 인터넷을 이용하는지 알아보기 위해 EU 키즈 온라인(EU Kids Online)에서 가져온 데이터를 분석했다. 이들의 논문 42페이지에서 이들은 아시아와 남미에서의 온라인 이용을 이들 국가가 "온라인에서 지배적인 국가가 되고 있고, 엄청난 수의 이용자를 가지고 있다"(Dutta, Dutton, & Law, 2011, p. 3)고 기술하면서 본문 내 직접 인용 방식을 사용하고 있다.

　　두 번째 본문 내 출처 인용 유형은 여러분이 다른 사람의 아이디어나 결론을 요약하거나 다른 말로 바꾸어 표현하는 경우이다. 이러한 본문 내 출처 인용은 저자의 성과 발행연도를 기록하면 된다. 위 논문의 같은 페이지에서 동일 논문에 대한 간접적인 본문 내 출처 인용의 예를 보면,

　　　　EU 회원국 가운데 6개 나라에서 전체 인구의 80%가 정기적으로 인터넷을
　　　　이용하고 있다는 사실에도 불구하고, 인터넷 접근 결핍은 EU 국가 내에서
　　　　여전히 문제가 되고 있다. 그러나 7개 국가의 이용 수준은 60% 미만이다.

　　여러분의 참고문헌의 완전한 목록은 여러분의 페이퍼 끝에 반드시 제시되어야 한다. 이렇게 해야 독자들이 여러분이 사용한 본문 내 인용 자료의 출처의 위치를 찾을 수 있다. 대부분의 사회과학 연구자는 미국심리학회(APA: American Psychology Association)의 인용 및 참고문헌 스타일(6판)을 사용하는데, 이 책은 이 스타일을 사용했다. 담당 교수에게 여러분이 어떤 스타일을 사용해야 하는지 확인해보라.

3) 찾은 자료 요약하기

첫 번째 방법은 전통적인 개요 작성 때처럼 주요 사항과 부차적인 사항에 큰 제목과 작은 제목을 사용하여 자료를 배열하는 것이다. 두 번째 방법은 연대순으로 정리하는 것인데, 보통 가장 오래된 것에서부터 최신 것의 순서로 정리한다. 만약 여러분이 시간이 흐름에 따라 어떤 질문에 대한 답이 어떻게 이루어졌는지 그리고 어떤 이슈가 어떻게 발전되었는지를 보여주고자 한다면, 이 방법이 특히 도움이 된다. 세 번째 방법은 일련의 질문을 하고 각 질문에 여러분이 찾은 것으로 대답하는 것이다. 이 경우 가장 광의적인 질문에서부터 시작하여 가장 협의적인 질문으로 끝맺을 것을 권장한다. 찾은 자료를 요약하는 마지막 방법은 일반적인 것에서부터 구체적인 것의 순으로 요약·정리하거나(연역적 접근) 구체적인 것에서부터 일반적인 것의 순으로 요약·정리하는 것이다(귀납적 접근).

여러분이 문헌 검색에서 찾은 것을 요약하기 위해 어떤 방법을 사용하건 주된 질문은 "나는 내 질문에 답을 했는가?"이다. 만약 답을 했다면, 여러분은 연구 프로젝트의 토대로 그러한 결론을 어떻게 반복연구하거나, 확장하거나, 혹은 그러한 결론에 문제를 제기할지에 대해 창의적으로 생각할 필요가 있을 것이다. 만약 여러분이 그들의 결론에 동의하고 그들이 그 연구를 설계하고 수행한 방식에서 아무런 주요한 결함을 찾지 못한다면, 일반적으로 그 연구를 반복하는 것은 거의 가치가 없는 일이다. 그러나 원래 연구가 오래되었을 때, 그러한 이슈를 둘러싼 사회적 가치와 관행이 변했거나 변하고 있을 때, 혹은 여러분이 결과에 의문을 갖게 된 그 연구에서 결함을 발견할 때, 반복연구를 하는 것은 가치 있는 일이다. 예를 들어, (동성 간 혼인, 동거, 이혼, 한 부모 양육, 입양과 같은) 많은 성인 관계에 대한 사회적 가치는 상당히 변했다. 이러한 관계 내에서의 커뮤니케이션에 대해 과거에 내려진 결론이 지금도 적절한지 여부를 알기 위해 이러한 분야의 연구가 필요할 수도 있다.

찾은 문헌을 읽고 분류하면서 학자들이 서로 의견을 달리하고 있음을 발견할 수도 있을 것이다. 혹은 여러분이 관심을 가지고 있는 이슈를 둘러싼 이슈들 대부분에 대해 결론이 내려졌지만, 모든 이슈가 결론에 이르지는 못했다는 사실을 발견할 수도 있을 것이다. 모든 이슈가 아니라 일부 이슈에 대해 대답이 이루어졌다면, 여러분은 그러한 빈틈을 메우는 연구로 발전시켜서 수행할 수 있을 여러분도 알다시피 연구과정은 연구 토픽을 밝히는 것으로 시작한 다음, 연구 문헌에 대한 검색을 통해 그 토픽을 하나의 커뮤니케이션 문제로서 더 자세히 조사해가게 된다. 여러분은 여러분의 조사의 문헌검토 부분에 여러분이 찾은 논문과 챕터들을 사용할 것이다. 커뮤니케이션 연구는 몇몇 데이터베이스에 색인화되어 있기 때문에, 만약 여러분이 필요로 하는 것을 찾지 못한다면 참고도서 사서에게 도움을 요청하라. 문헌을 검색할 때 커뮤니케이션 학술지에 발표되었거나 커뮤니케이션 학자들이 저자인 연구들을 수집하라. 많은 학문 분야의 학자들이 커뮤니케이션을 연구하지만, 완전히 그리고 사려 깊게 커뮤니케이션에 초점을 맞춘 연구는 커뮤니케이션 학자들에 의해 발표된다.

것이다. 이것은 질문에 대한 결론이나 대답이 앞으로 대답되어야 할 새로운 질문을 확인하는 데 도움이 됨을 의미한다. 여러분은 이제 문헌검토를 쓸 준비가 되었는데, 이것에 대해 살펴보자.

6. 문헌검토 작성

문헌검토(literature review)는 연구 조사의 기본 틀이다. 더 구체적으로 말하면, 문헌검토는 여러분의 조사와 관련되어 있는 발행된 문헌을 해석하고, 통합하며, 비판적으로 분석한다(Northey, Tepperman, & Albanese, 2012). 문헌검토는 연구자가 자신의 연구를 설계하고 진행시켜나가기 위해 조사한 학술적 문헌에 대한 요약을 포함한다. 따라서 문헌검토는 연구 프로젝트와 작성될 연구보고서의 나머지 부분의 구조와 방향성을 제공한다.

문헌검토를 구성하는 방법은 많지만, 모든 문헌검토가 도입부, 본문, 그리고 결론부를 포함하고 있다(Northey et al., 2012). 문헌검토의 도입부에서는 살펴볼 커뮤니케이션 문제를 기술하며 기존의 중요한 연구결과나 이론에 대해 매우 간략하게 언급한다. 본문에서는 기존의 연구, 즉 여러분이 옹호하고 있는 입장을 지지하는 연구뿐만 아니라 여러분의 입장과 상충하는 연구에 대해서도 상세하게 기술한다. 가장 중요한 것은 그러한 문헌들이 논거로서, 즉 독자들을 여러분이 조사하거나 검정할 연구문제나 가설로 이끄는 것으로 전개되어야 한다는 것이고, 그러한 연구문제나 가설이 문헌검토의 결론이 된다.

1) 문헌검토의 도입부

문제 진술문은 보통 문헌검토의 시작 부분이나 문헌검토에 가까운 지점에 위치한다. 문제 진술문은 여러분이 조사하고 있는 커뮤니케이션 문제를 기술하며 연구 목적을 폭넓게 기술한다. 예를 들면, 문헌검토의 첫 번째 문단은 문헌검토의 나머지 부분을 위한 로드 맵(road map)이다. 여러분이 무엇을 다룰 것인지, 그리고 무엇을 이루기를 희망하는 지를 명시하라. 정확한 연구문제나 가설이 여기에서 직접 진술되지는 않지만, 연구문제나 가설을 암시한다. 문제 진술문은 "정확히 문제가 무엇인가?" 그리고 "이 문제가 왜 연구할만한 가치가 있는가?"라는 질문에 답한다. 바꾸어 말하면, 문제 진술문은 연구자가 왜 이 연구를 수행했는지 그리고 여러분과 다른 사람들이 왜 관심을 가져야 하는지를 설명한다.

반 스월, 브론 및 콜브(Van Swol, Braun, & Kolb, 2015)가 대면 집단과 온라인 집단에서 기만(deception)을 찾아내는 것에 대한 연구를 위해 문제 진술문을 어떻게 제시했는지 살펴보자.

> 사람들은 대부분 기만 실험에서 기만을 잘 찾아내지 못해서 찾아내는 비율이 우연히 찾아내는 확률보다 조금 더 높다(Bond & DePaulo, 2006). 이 논문은 송신자 행동(sender demeanor)과 진실 편향(truth bias)[12]이 의심(suspicion)과 기만 탐지의 정확성에 미치는 영향을 살펴보기 위해 최후통첩 게임(ultimatum game)[13]을 사용한다. 나아가 우리는 송신자 행동에 대한 단서가 제한되어 있는 컴퓨터 매개 커뮤니케이션(CMC: computer-mediated communication) 환경에서 거짓말 탐지 정확성이 향상되는지에

---

12) 사람들이 진실을 말할 것이라는 기대인 동시에 보편적인 인간의 신념으로, 기만을 탐지하지 못하게 하는 원인이 되기도 한다(역자 주).

13) 게임 이론에 등장하는 게임 중 하나로, 실험경제학에서 사용되는 방법론이다. 기본적으로 최후통첩 게임에는 두 명의 참여자가 등장해 돈을 분배한다. 1번 참여자가 돈을 어떻게 분배할지 제안하면, 2번 참여자는 이를 받아들이거나 거절할 수 있다. 만약 2번 참여자가 '거절'을 선택하면 두 사람 모두 한 푼도 받지 못한다. 하지만 2번 참여자가 '수용'을 선택하면 1번 참여자의 제안에 따라 돈이 분배된다. 이 게임은 한 번만 진행되기 때문에 보복(reciprocation)은 이뤄지지 않는다(출처: 위키백과)(역자 주).

대해서도 살펴본다. 마지막으로, 우리는 부작위에 의한 기만(deception by omission)과 작위에 의한 기만(deception by commission)[14]을 구체적으로 살펴보면서 서로 다른 두 커뮤니케이션 채널에 걸쳐 나타나는 기만 유형의 차이에 대해서도 조사한다(pp. 1116-1117).

이 문단을 통해 독자들은 문제가 무엇인지, 그리고 그 문제가 얼마나 심각하게 지각되고 있는지에 대해 알게 될 것이다. 이러한 유형의 문제 진술문은 연구에 대한 설득력 있는 주장으로 이어진다.

2) 문헌검토의 본문

문헌검토는 연구에 사용되는 변인과 개념에 대한 역사에 바탕을 둔 설명이다. 어떤 경우 이러한 역사는 상당히 길 수 있다. 긴 역사도 늘 간결하게 요약될 수 있으며, 결코 제외되어서는 안 된다. 좋은 문헌검토는 또한 가장 최근의 연구, 일반적으로 1년 이내의 연구도 포함한다. 그러나 좋은 문헌검토는 분석, 종합 및 비판을 위해 이전에 발표된 연구들을 단순히 기술하는 것 이상이다. 좋은 문헌검토는 이전의 노력에 대한 평가를 제공해야 하며 이러한 이슈들을 다시 혹은 새로운 방식으로 살펴봐야 하는 이유를 제시해야 한다. 좋은 문헌검토는 또한 이전 연구의 공백을 지적하거나 연구 문헌들을 새로운 방식으로 통합하거나 고려함으로써 새로운 주장을 펴는 장소이기도 하다.

좋은 문헌검토는 문헌의 주제와 공백이 존재함을 알리는 것 외에 이전에 발표된 연구들과 자신이 제시하는 연구 사이의 관계도 밝히고 확립하고자 한다. 논문 작성자는 이전 연구의 주요 가정들과 현재의 연구가 그러한 가정들을 어떻게 수용 혹은 거부하는지에 대해 다루어야 한다. 끝으로, 문헌검토는 현재의 연구가 이론이나 이론적 주장을 이해하는 데 어떻게 기여할지에 대해 분명하게 밝혀야 한다. 따라서 문헌검토는 해당 연구의 토대가 된 이론이나 연구결과에 초점을 맞추어야 한다.

이론을 문헌검토에 소개하는 한 가지 방법은 다음과 같은 패턴을 따르는 것이다(Creswell, 2014). 첫째, 이론 명을 밝혀라. 둘째, 그 이론의 중심 가설이

---

14) 부작위(不作爲)란 할 의무가 있는 행위를 소극적으로 하지 않는 것을 말하고, 작위(作爲)란 어떤 행위를 적극적으로 하는 것을 의미한다(역자 주).

나 주장을 기술하라. 이것이 구체적일 필요는 없으며, 그 이론이 기술하거나 설명하거나 예측하는 바를 개괄적으로 기술하면 된다. 셋째, 그 이론과 그 이론을 사용한 연구의 결과와 결론을 사용한 사람이 누구인지 기술하라. 마지막으로, 그 이론이 여러분의 연구와 연구 맥락에 어떻게 적용될 것인지 설명하라.

여러분의 문헌검토에 사용할 논문을 선택할 때, 여러분은 특정한 저자나 심지어 하나의 논문을 반복해서 볼 가능성이 있다. 이것은 그 저자가 이러한 연구 이슈의 논의의 중심에 있거나 이 하나의 논문이 역사적이거나 고전적인 연구로 간주되고 있음을 시사한다. 저명한 저자나 고전적인 연구를 확인하는 또 다른 방법은 여러분이 연구하고자 하는 분야의 교재에 주목하는 것이다. 그러한 교재에는 흔히 이러한 저자들과 연구들이 강조되어 있다. 발표된 논문의 원문 전체를 여러분이 읽을 수 있도록 논문의 정확한 위치를 찾아라. 만약 정확한 위치를 찾지 못한다면, 여러분은 다른 사람의 요약과 평가에 의존할 수밖에 없을 것이다.

마지막으로, 다른 연구자들의 연구를 포함할 때 문헌검토에서 이루어진 주장과 논의 부분에서 증거로 뒷받침된 결론을 주의해서 구분하라. 이 둘은 혼동하기 쉽다. 문헌검토에서 연구자들은 그들의 연구문제나 가설을 설정하면서 흔히 예측이나 주장을 한다. 그러나 이러한 주장은 논의 부분에 나오는 결론과 다를 수 있다. 논의 부분에서 이루어지는 주장은 연구에서 수집한 데이터를 토대로 하고 있다. 따라서 어떤 연구자가 문헌검토에서 어떤 가설을 제시할 수도 있지만, 그러한 주장은 그 연구가 끝나서 데이터가 분석되고 해석될 때 비로소 뒷받침된다.

문헌검토를 이전 연구들 간의 관계를 기술하는 것으로 생각하는 것은 저자들로 하여금 긴 참고문헌이나 인용문을 피할 수 있게 도와주는데, 참고문헌이나 인용문이 길게 되면 연구자가 그러한 문헌에서 발견한 추이나 주제를 독자들이 놓칠 수 있을 것이다. 문헌검토는 본질적으로 연구자가 독자들로 하여금 핵심어와 핵심문구 그리고 연구자가 자신의 연구 프로젝트를 진행해가면서 확인한 이슈들 간의 관계를 알고 이해하는 것을 도와줄 수 있을 정도로 효과적이어야 한다.

3) 문헌검토 구성하기

문헌검토를 구성하는 형식들 간에는 차이가 있다. <표 2.2>는 가장 흔히 사용되는 몇 가지 형식을 보여주고 있다.

■ 표 2.2 **문헌검토 구성 방식**

기본 구성 틀	기술 및 용도
연대기적 순서	발표 날짜를 기준으로 한 시간적 순서를 따름. 이슈, 개념, 혹은 이론의 발전을 추적하는 데 특히 좋음.
일반적인 것에서 구체적인 것으로	폭넓은 이슈에 대한 정보를 먼저 제시하고, 이어서 그러한 이슈의 좀 더 좁은 측면을 다루는 연구를 제시함.
대조-비교	연구의 유형이나 연구 토픽의 차이를 강조해 보여주기 위해 비슷한 연구를 섹션별로 나눔.
추이 확인	연구를 확인 가능한 추이별로 나눔. 추이들은 해당 연구에 대한 중요성의 순으로 제시함.
방법론적 초점	동일한 방법론을 사용한 연구들을 무리 지음으로써 다른 방법론과 비교할 수 있게 함.
문제-원인-해결	문제 기술에 이어 문제의 원인을 기술하고 해결책을 제시함.
이론적 초점	연구의 토대로 동일한 이론을 사용한 연구들을 무리 지음으로써 다른 이론과 비교할 수 있게 함.
토픽별 순서	하나의 토픽에 대한 모든 정보를 별도의 섹션으로 제시함. 토픽들은 중요도순 혹은 연구문제나 가설에 등장하는 순서대로 소개함.

문헌검토 부분을 작성하는 것은 작은 일이 아니다. 실제로 이것은 흡사 여러분의 주장을 뒷받침해주는 데이터 수집을 요구하지 않는 페이퍼나 에세이를 쓰는 것과 같다. 그러한 유형의 페이퍼를 쓰는 데 유용한 글쓰기 기법들 가운데 많은 것이 연구보고서를 작성하는 데도 도움이 된다.

제목과 부제목을 사용해 문헌검토를 구성하고, 주요 섹션과 부차적인 섹션을 구분하라. 내적 요약(internal summary)[15]을 사용해 한 섹션이 끝난다는 신호를 주고, 접속어(transition)를 사용해 문헌검토의 다른 섹션이 시작되고 있다는 신호를 줘라. 각 섹션 내에서 주요 사항은 '첫째', '둘째', '셋째'와 같은 식으로 열거할 수 있다. 마지막으로, 문헌검토는 인용하는 자료를 길게 나열하는 것이 아니라는 점을 기억하라. 여러분의 의견과 주장이 여러분의 연구 프로젝트를 형성하기 때문에 문헌의 내용, 문헌에 대한 평가와 요약을 여러분이 통합하는

---

15) 내적 요약이란 앞에 소개한 정보를 간략하게 다시 언급하거나 넌지시 말함으로써 독자들로 하여금 이전의 중요 사항을 상기해주고, 글에서 이미 다루어진 정보를 강화하는 역할을 한다(역자 주).

것은 문헌검토의 중요한 요소이다.

문헌검토는 3인칭 시점으로 작성된다. 3인칭 시점이 여전히 선호되는 것으로 보이기는 하지만, 일부 커뮤니케이션 학자는 1인칭 시점을 사용한다. 연구보고서는 공식적인 글쓰기이기 때문에 다음과 같은 다른 조언도 따라야 한다:

- 영어 성명의 이름이 처음 사용될 때는 이름의 철자를 전부 써라.
- 축약형을 사용하지 말고, 두 단어를 전부 다 써라.[16]
- 슬랭(slang)[17]을 피하라(예, "you know").
- 성별(sex), 젠더(gender),[18] 성 지향성(sexual orientation), 인종이나 민족 집단, 장애인, 혹은 나이와 관련된 편향적인 표현을 피하라.

4) 문헌검토 끝맺기

문헌검토는 연구문제나 가설을 제시하는 것으로 끝을 맺는다. 통상, 연구문제와 가설은 기존 문헌에 대한 여러분의 분석을 요약해주는 역할을 한다. 각각의 가설이나 연구문제는 간단한 문장이나 간단한 질문으로 각기 따로 진술되어야 한다. 그리고 각각의 가설이나 연구문제는 보통 H1, H2, 혹은 RQ1, RQ2 등으로 표기되어야 한다. 이러한 표기는 구체적인 연구문제와 가설을 확인하는 데 도움을 주는 것 외에도 나중에 연구결과 부분에서도 단축어(shortcut)로도 사용된다. 왜냐하면 연구자는 각 가설이나 연구문제의 내용을 다시 진술하지 않고 H1, 즉 첫 번째 가설로 간단하게 언급할 수 있기 때문이다.

---

16) 영어의 경우, can't(can + not), don't(do + not), 그리고 I've(I + have) 등을 말한다 (역자 주).

17) 속어나 은어라는 뜻도 있지만, 일상회화 때 쓰이나 표준어로 인정되지 않는 말도 가리킨다(역자 주).

18) 성별과 젠더의 차이에 대한 자세한 내용은 4장 '성별과 젠더'에 관한 박스를 참조하기 바란다(역자 주).

1. 연구자는 질문에 대한 답을 추구한다.

2. 이론은 연구를 통해 개발되고 검정된다.

3. 연구는 연역적 혹은 귀납적 과정이 될 수 있다.

4. 연역적 과정의 단계에는 연구 문제 밝히기, 기존 이론 검토하기, 연구문제나 가설 설정하기, 연구방법 및 절차 설계하기, 데이터 수집하기, 그리고 데이터 분석 및 해석하기가 포함된다.

5. 귀납적 과정의 단계에는 연구 문제 밝히기, 기존 연구결과 검토하기, 연구문제 개발하기, 연구방법 및 절차 설계하기, 데이터 수집하기, 데이터 분석 및 해석하기, 그리고 이론적 설명하기가 포함된다.

6. 연역적 연구과정과 귀납적 연구과정 모두 새로운 질문을 제기하는 마지막 단계가 연구과정을 다시 시작하는 것이기 때문에 순환적이고 주기적이다.

7. 연역적 및 귀납적 연구과정의 첫 번째 단계, 즉 연구 문제 밝히기는 어떤 커뮤니케이션 이슈를 밝히고, 이것을 예비 질문(들)로 바꾸고, 도서관 검색을 수행하며, 필요한 경우 질문을 조정하는 것으로 구성된다.

8. 도서관 검색은 여러분의 질문에 대한 답이, 여러분에게 알려지지는 않지만, 이용 가능한지를 보여줄 수 있다.

9. 만약 답이 알려지지도 않았고 이용 가능하지도 않다면, 답을 찾아내기 위해 반드시 연구가 수행되어야 한다.

10. 도서관 검색을 수행하기 전에 여러분의 예비 질문의 기본 가정, 완성도, 그리고 명료성을 평가하라.

11. 학술지나 학술 서적에 게재된 학술 논문을 찾아라.

12. 도움이 될 수도 있는 논문이나 책을 찾을 때, 메모를 하고 모든 출처 인용 정보를 기록하라.

13. 새로운 정보를 찾음에 따라 여러분의 예비 질문을 조정해야 할 수도 있다.

14. 도서관 검색에서 찾은 것을 사용해 여러분의 자료를 주요 사항과 부차적인 사항별로, 발표된 시간 순서대로, 일련의 질문에 대한 대답별로,

혹은 일반적인 것에서부터 구체적인 것으로의 순서나 구체적인 것으로부터 일반적인 것으로 순서로 정리하라.

15. 문헌검토는 학술 문헌에 대한 여러분의 통합된 분석이며 연구문제나 가설로 끝을 맺는다.

핵심어	
귀납적	문헌검토
연역적	

3장 연구 윤리

>> 챕터 체크리스트

이 장을 읽고 난 후 여러분이 할 수 있어야 하는 것들:

1. 연구 프로젝트의 설계 단계 동안 발생할 수 있는 잠재적인 윤리적 이슈 해결하기.
2. 여러분의 연구 프로젝트가 연구 참여자에게 발생할 수 있는 위험은 최소화하고, 혜택은 향상할 수 있는 방법 설명하기.
3. 연구 참여자에게 발생할 수 있는 육체적이거나 심리적인 해로움을 피할 수 있는 대안적인 연구 절차 찾아내기.
4. 선행(善行), 사람에 대한 존중, 그리고 정의를 보여주는 연구 프로젝트 설계하기.
5. 여러분의 대학의 기관심사위원회가 요구하는 절차와 지침 따르기.
6. 연구 참여자가 이해할 수 있는 고지된 동의서 작성하기.
7. 다른 대안을 이용할 수 없는 경우에만 그리고 기만과 공모가 조사 참여자에게 과도한 피해를 야기하지 않는 경우에만 기만과 공모 사용하기.
8. 참여자들의 비밀과 익명성을 유지하는 데이터 수집절차 고안하기.
9. 조사 연구가 온라인 기술을 사용할 때의 윤리적 우려 확인하기.
10. 참여자들의 상호작용 녹화 및 녹음과 연관된 위험 이해하기.
11. 연구 참여자들을 위한 적절한 사후설명 제공하기.
12. 데이터 및 연구결과의 정확성 보장하기.
13. 다른 사람의 저작물을 표절하지 않는 연구보고서 작성하기.
14. 연구 참여자들의 신원을 감출 수 있는 방식으로 그들에 대한 기술 작성하기.

이 장에서는 연구과정과 관련된 윤리 및 진실성 이슈에 대해 살펴본다. 학생 연구자를 포함해 연구자는 연구 참여자에게 해를 입히지 않고 조사를 수행해야 할 책임과 연구결과를 왜곡하지 않고 보고해야 할 책임이 있다. 연구 이용자로서 여러분은 연구를 개발하고 실행하며 보고할 때 연구자가 따라야 할 윤리적 원칙에 주의해야 한다. 이러한 정보를 아는 것은 여러분이 윤리 위반이 발생해 연구결과에 영향을 미칠 수 있는 부분을 확인하는 데 도움을 줄 것이다.

특정 과학 분야에서 특히 연구에 참여자를 사용하는 연구자들이 따라야 할 여러 가지 기준과 지침이 개발되어 있다. 어떤 경우에는 인간 **연구대상자**(human subject)라는 문구가 사용되지만, 많은 연구자는 이 용어가 경멸적이라고 보고 **연구 참여자**(research participant)라는 용어를 선호한다. 커뮤니케이션 연구자들은 일반적으로 심리학자나 사회학자들이 충실히 지키는 더 구체적인 연구 윤리 지침을 따르거나 채택한다. 게다가 대부분의 대학은 연구자들(교수와 학생)에게 연구 프로젝트가 국립보건원(National Institutes of Health)으로부터 연구비를 지원받든 지원받지 않든 이 기관이 장려하는 윤리적 연구에 대한 지침을 충실히 지킬 것을 요구한다.

그러한 지침을 충실히 지키는 것뿐만 아니라 가장 최근의 변화된 상황에 대해 잘 알고 있는 것 또한 연구자의 책임이다. 윤리기준, 즉 "용인되는 행동과 용인되지 않는 행동을 구분하는 행동 규범"(Resnik, 2015)은 연구행위가 변함에 따라 변한다. 예를 들면, 데이터를 수집하기 위해 점점 더 기술을 많이 사용하는 것은 프라이버시와 신원 도용 우려에 주목이 집중되었기 때문에 변화가 요구되었다. 윤리기준은 또한 연구 부정행위로 인해서도 변했다. 많은 사람이 의학 연구에서 발생한 윤리적 문제에 대해 익숙하지만, 조사 결과, 사회과학에도 (Swazey, Anderson, & Lewis, 1993) 그리고 국립보건원으로부터 연구비를 지원받고 연구를 수행한 연구자에게도 윤리적 문제가 있다는 것이 입증되었다 (Martinson, Anderson, & de Vries, 2005). 연구에 대한 윤리기준이 존재하는데도 이런 일이 왜 일어나는가?

연구자나 연구팀에 의해 내려지는 일련의 결정을 통해 연구 설계가 이루어지고 연구가 수행된다. 이러한 결정을 내릴 때 연구자들은 그들의 연구 환경이나 맥락을 토대로 무엇을 해야 할지 그리고 어떻게 진행해야 할지를 평가해야 한다. 또한 연구자들은 다른 사람들처럼 윤리기준에 대해 서로 다른 견해를 가지고 있다. 표절이나 데이터 조작과 같은 중대한 윤리기준 위반은 가끔 발생하지만, 연구 설계에 대한 충분하지 않은 기술이나 부적절한 연구과정 기록 보관과 같은 좀 더 경미한 윤리기준 위반은 더 흔히 일어난다(Martinson et al., 2005).

이러한 문제로 인해 미국의 커뮤니케이션 연구자들은 미국 보건 및 인적 서비스부(U.S. Department of Health and Human Services) 산하의 인간 연구 보호국(OHRP: Office for Human Research Protections)이 마련한 일반 연구 지침을 사용해야 한다. 대학과 연구비 지원 기관들은 이러한 지침을 채택하고 있다. 건강 맥락에서 혹은 건강 이슈에 대해 커뮤니케이션을 연구하는 커뮤니케이션 연구자들은 또한 미국 보건 및 인적 서비스부가 마련한 건강 보험 양도 및 책임에 관한 법(HIPAA: Health Insurance Portability and Accountability Act)의 지침도 준수해야 한다. 이러한 지침을 통해 연방정부는 개인의 건강 정보의 프라이버시를 포괄적으로 보호한다. 커뮤니케이션 연구자들이 관심을 가질 만한 이러한 지침들을 볼 수 있는 웹사이트 URL을 보려면 필자의 웹사이트 (http://www. joannkeyton.com/research-methods)를 참조하라. 다른 국가들도 유사한 윤리 지침을 만들어 사용하고 있다(Israel & Hay, 2006 참조).

이 장의 초점은 미국의 연구 윤리에 맞추어져 있지만, 다른 나라들 역시 윤리 강령을 마련하고 있다. 예를 들어, 유럽 위원회(European Commission)의 정보사회 기술 프로그램(Information Society Technologies Programme)은 커뮤니케이션 학자를 포함한 사회경제 연구자들을 위해 리스펙트(RESPECT)라는 강령을 만들었는데, 이 강령이 오스트리아, 벨기에, 독일, 헝가리 및 영국에서 사용되고 있다. 이 하나의 강령에 윤리적 지침, 지적 재산권 지침, 비밀 지침, 전문직 협회 명부, 그리고 전문직 강령이 모두 포함되어 있다. 리스펙트 강령과 이것의 배경은 http://www.respectproject.org/에서 볼 수 있다. 세계의 다른 지역에서는 일부 대학이 자체 연구 윤리 강령을 만들어 사용하고 있다. 연구 참여자 보호에 대해 다음과 같이 생각하는 것이 도움이 될 수 있다: "사회 연구자들이 인간의 사회적 삶의 영역에 들어오는 것을 감안할 때 그들은 연구에 관련된 사람과 지역사회의 권리, 프라이버시 및 복지의 보호를 보장해야 한다"(Ntseane, 2009, p. 296). 게다가 연구자들이 수행하는 연구는 대부분 직접적으로는 연구 참여자 혹은 더 넓게는 연구 참여자와 비슷한 사람들에게 어느 정도의 사회적 편익을 약속한다. 만약 참여자들이 연구자에게 정보를 제공한다면, 연구자들은 그들을 위해 그러한 정보를 보호해줘야 한다(Mabry, 2009). 그러나 그러한 정보가 보호되는 것을 누가 보장해줄 것인가? 통상 정부가 개입해 커뮤니케이션 학자들이 수행하는 것과 같은 연구에 대한 규정을 만들고 집행한다. 그러나, 예를 들어 연방정부가 미국에서 수행되는 모든 학술 연구에 대해 그렇게 하는 것은 비효율적일 것이다. 따라서 연구 참여자 보호가 이루어지는 것을 보장하는 책임은 연구를 수행하는 연구자가 소속되어 있는 기관에 위임되어 있다. 연구자들은 또한 참여자의 복지도 안전하게 지켜줄 책임이 있는데, 이것은 데이터가 수집될 때 부담과 편익이 연구자와 참여자 사이에 분배되는 방식에 민감해야 함을 의미한다. 여러분은 참여자들에게 무엇을 요구하는가? 여러분은 그들에게 무엇을 되돌려주는가? 리먼(Leeman, 2011)은 노숙자 임시숙소에 문화기술적(ethnographic) 인터뷰를 실시했을 때 기울였던 세심함에 대해 기술하고 있으며, 또한 인터뷰 과정에서 그가 인터뷰한 참여자들에게 의견을 제시한 방식에 대해서도 기술하고 있다. 데이터를 추구하고 수집하는 것과 참여자들에게 보호를 제공하는 것 간의 균형은 깨지기 쉬우며, 따라서 반드시 세심하게 충분히 생각해야 한다.

연구자들은 일반적으로 참여자들을 보호해야 한다는 데 동의한다(Ntseane, 2009). 그러나 인간 연구 대상자를 보호하는 방식에 있어서는 몇 가지 어려움이 존재한다. 두 가지 이슈가 눈에 띈다. 첫째, 각 대학은 연방 규정을 자체적으로 해석하고 적용한다(Mabry, 2009). 이것은 한 대학에서 허용된 연구 설계가 다른 대학에서는 허용되지 않을 수도 있음을 의미한다. 둘째, 연방 지침은 반드시 사회과학 연구용이 아닌 의학 연구용으로 개발되었다. 따라서 이러한 기준을 커뮤니케이션 학자와 학생이 수행하는 양적 연구와 특히 질적 연구에 적용하기 어려울 수 있다. 이 장은 여러분이 어떤 연구 프로젝트를 설계하고 수행하기에 앞서 필요한 양식과 승인에 대해 알아보기 위해 여러분 대학의 기관심사위원회에 문의해볼 것을 계속해서 상기시켜줄 것이다.

다음에 제시되는 윤리 규정과 지침은 다양한 유형의 연구에 적용될 수 있을 만큼 일반적인 것이다. 따라서 그러한 규정과 지침은 각 연구의 세부사항을 다룰 수는 없다. 오히려 그러한 규정과 지침은 검토되고 고려되어야 할 중요한 윤리적 특성을 지적한다(Carusi & De Grandis, 2012). 양적 혹은 질적인 데이터를 수집하기에 앞서, 여러분이 어떤 지침을 따라야 할지 담당 교수에게 반드시 확인해보라.

1. 연구 계획 단계의 윤리적 문제

연구를 수행하고 보고하는 것에 대한 모든 윤리적 이슈에 대한 책임은 연구자에게 있다는 것에는 의문의 여지가 없다. 연구자는 반드시 진실해야 하며, 연구 참여자와 상호작용하고 함께 일함에 있어 정직하고 공정해야 한다. 뿐만 아니라 연구자들은 그들의 연구 토픽과 절차가 어떻게 참여자들에게 신체적 혹은 심리적 해를 끼칠 수 있는지에 대해 반드시 관심을 가지고 있어야 한다. 윤리적 책임을 규제적 기준의 측면에서 생각하는 경향이 있긴 하지만, 연구자들은 또한 그들의 공동체와 더 큰 사회적 집단이 어떤 윤리적 기준을 유지하고 있는지에 대해서도 고려해야 한다. 윤리 연구는 오랫동안 커뮤니케이션 연구의 일부였다. 따라서 윤리는 우리가 그것을 추가해야 하기 때문에 우리의 연구 프로젝트에 추가되는 것이 아니다(Cheney, 2008). 오히려 윤리적 이슈는, 연구를 수행해야 할지 여부와 수행하는 방식, 참여를 요청할 대상과 참여를 요청하는 이유, 그리고 그들과 다른 사람들에게 어떤 편익이 생기는지를 포함해, 우리가 내리는 모든 결정의 지침이 된다. 본질적으로 연구를 윤리적으로 계획하고 수행하는 것은 연구자의 사회적 책임이다(Resnik, 2015).

연구자는 두 가지 광범위한 윤리적 책임을 지니고 있다(Kvale, 1996). 첫 번째 책임은 과학적 책임이다. 이것은 연구자들이 그들의 직업과 학문 분야에 책임이 있음을 의미한다. 연구자의 후원자(예, 학과, 대학, 전문직 협회, 혹은 연구비 지원 기관)에 의해 개발되고 규정된 지침을 그들은 반드시 따라야 한다. 나아가 연구자는 알 가치가 있는 지식을 생산할 연구 프로젝트를 개발하고 수행할 책임이 있다. 이러한 윤리적 책임의 일환으로 연구자들은 그들의 연구보고서를 투명하게 작성해야 한다. 이것은 독자들이 토픽, 문제, 가설, 혹은 연구문제의 개발로 이어진 논리와 활동을 이해할 수 있고, 연구되고 있는 것의 정의를 이해할 수 있으며, 수집된 것과 데이터 분석 혹은 경험적 증거를 이해할 수 있고, 연구결과를 분명하게 파악할 수 있도록 연구보고서가 작성되어야 함을 의미한다("Standards for Reporting," 2006). 충실히 이러한 책임을 다하는 것은 참여자들의 시간과 에너지가 낭비되거나 남용되지 않도록 보장해준다.

두 번째로 연구자들은 그들과 연구 참여자와의 관계에서 야기되는 윤리적 이슈를 반드시 고려해야 할 책임이 있다. 그러한 관계가 얼마나 가깝거나 먼지에 상관없이, 연구자는 반드시 연구자와 참여자의 관계의 속성이 데이터 수집, 해석 및 보고에 영향을 미치는 정도를 평가해야 한다.

연구 프로젝트를 시작할 때 연구자는 방금 기술한 기본적인 윤리적 이슈를 반드시 고려해야 한다. 일반적인 윤리적 원칙들이 연구자의 지침이 되긴 하지만, 윤리적 이슈는 반드시 연구 설계(예, 어떤 데이터가 수집되는지)마다 달리 그리고 연구의 속성(예, 무엇이 연구되고 있는지 그리고 어떤 참여자를 대상으로 하는지)에 따라 고려되어야 한다. 모든 연구자는 그들의 연구 설계에 대해 다음 질문을 하고 질문에 답해야 한다(Dutton, 2010; Kvale, 1996; Sieber, 1992):

① 이 연구는 진실성, 질, 그리고 투명성을 보장할 수 있는 방식으로 설계되고, 검토되며, 수행되는가?

② 이 연구의 편익은 무엇인가? 이 연구는 커뮤니케이션을 이해하는 데 어떻게 기여할 수 있는가? 이 연구는 주로 참여자들에게 기여할 것인가? 참여자들과 유사한 다른 사람들을 위한 기여는? 혹은 일반 사람들을 위한 기여는?

③ 참여자들의 연구에 참여에 대한 동의는 어떻게 얻을 것인가? 동의는 구두로 얻어야 하는가 아니면 서면으로 얻어야 하는가? 누가 동의를 해주어야 하는가? 참여자가 그렇게 할 수 있는가? 그렇게 할 수 없다면 누가 할 수 있는가? 이 연구에 대한 얼마나 많은 정보가 사전에 제공될 필요가 있는가? 사후에 어떤 정보를 제공할 수 있는가?

④ 연구 참여자의 비밀과 익명성은 어떻게 다루어질 수 있는가? 참여자의 신원을 숨길 수 있는 방법이 있는가? 누가 데이터에 접근할 것인가?

⑤ 참여자들이 이 연구의 목적에 적합한가? 그들은 이 연구의 편익을 누릴 집단을 대표하는가?

⑥ 이 연구의 결과로 참여자들에게 어떤 잠재적인 (신체적 혹은 심리적) 해로움이 미칠 수 있는가?

⑦ 연구자들은 참여자들이 어떠한 강요도 없이 자발적으로 참여하는 방식으로 그들을 찾아냈고 선택했는가?

⑧ 이 연구는 참여자들에게 어떤 중요성을 갖는가? 기대 편익이 잠재적인 해로움을 능가할 것인가? 이 연구결과의 보고나 발표가 참여자들에게 위험이나 해를 야기할 것인가?

⑨ 연구자의 역할이 연구에 어떻게 영향을 미칠 것인가?

⑩ 연구 설계가 타당하거나 신뢰할 만한가? 연구 설계가 관련된 이론, 방법, 그리고 이전 연구결과를 고려하고 있는가?

⑪ 연구자는 타당하고 신뢰할 수 있는 방식으로 연구 절차를 수행할 수 있는가?

⑫ 참여자와 연구 이용자들이 어떤 잠재적인 이해 충돌(conflict of interest)[19] 이 존재하는지 여부를 평가할 수 있도록 연구자는 자신의 소속기관을 밝혔는가?

이러한 질문에 대한 대답은 연구자가 개발 중인 설계를 평가하고 연구를 수행하는 방식에 영향을 미칠 것이다.

연구 참여자들은 사람이기 때문에 그들이 어떻게 취급되는지에 특별히 주목한다. 1991년, 17개 연방 부서와 기관들이 『벨몬트 보고서』(*Belmont Report*)로 알려진 일단의 규정을 채택했다(National Commission for the Protection of Human Subjects of Biomedical and Behavioral Research, 1979). 이 보고서는 연구자들이 연구 참여자들에게 직접 영향을 미치거나 연구 참여자들을 포함하는 연구과정의 측면을 설계하는 지침으로 세 가지 윤리적 원칙, 즉 선행(善行), 사람에 대한 존중, 그리고 정의를 들었다. 이러한 원칙들은 이러한 연구 설계 측면의 지침이 될 뿐만 아니라, 동시에 기관심사위원회가 연구제안서를 평가하는 토대로서 반드시 유지되어야 한다.

선행(beneficence)은 참여자들의 웰빙(well-being)이 보호됨을 의미한다. 연구자는 있을 수 있는 해로움은 최소화하는 동시에 있을 수 있는 편익은 최대화해야 한다는 의무를 충족해야 할 뿐만 아니라 해를 입지 않도록 반드시 참여

---

19) 연구자들의 이해 충돌이란 연구자 개인의 사적인 이해관계에 의해 학문적 또는 학문과 관련된 의사결정이 영향을 받을 수 있는 상황을 말한다(역자 주).

자들을 보호해야 한다. 이것은 어떻게 작동할까? 여러분의 연구결과가 연구 참여자들에게 위험을 최소화하는 동시에 그들에게는 즉각적인 편익을 그리고 연구에 참여한 사람들과 유사한 사람들에게는 좀 더 장기적인 편익을 제공한다면 이상적일 것이다. 만약 여러분의 연구 프로젝트가 지식을 향상하거나 더 효과적인 절차나 처치의 개발에 도움이 되는 장기적인 편익을 제공한다면, 여러분은 여러분의 연구에 참여하기로 동의한 사람들에게 즉각적인 편익을 제공하지 않는 연구 프로젝트를 정당화할 수 있다. 바꾸어 말하면, 장기적인 편익이 연구 참여자들이 당면할 수도 있는 최소한의 위험을 능가한다면, 여러분의 연구 프로젝트는 정당화될 수 있다는 것이다.

위험과 편익 간의 균형을 고려할 때 반드시 획득되는 편익이 우선시되어야 한다. 연구가 수행되기 전에 연구는 연구 참여자들에게 미칠 (정서적, 신체적, 직업적, 혹은 심리적) 위험과 그들에게 주어질 편익을 확인해야 한다. 자신의 연구를 설계하는 데 사로잡혀 있는 연구자는 자신의 데이터 수집방법이 연구 참여자들에게 어떠한 위험도 주지 않을 것이라고 가정하기 쉽다. 이러한 가정을 피하는 한 가지 방법은 잠재 참여자와 유사한 사람들과 계획된 데이터 수집방법에 어느 정도 편안함을 느끼는지에 대해 이야기를 나눠보는 것이다. 여러분은 일단의 질문에 대답하는 것에 개의치 않을 수도 있지만, 다른 사람들은 일단의 질문이나 관찰이 지나치게 불편하거나, 너무 사적이거나, 너무 폭로적이지는 않는지, 즉 너무 부담스럽지는 않는지에 대한 통찰력을 제공할 수 있다.

모든 경우에서 참여자에게 주어지는 편익이 반드시 위험을 능가해야 한다. 지식이 획득될 것이라고 말하는 것은 적절한 편익이 아니다. 오히려 연구자는 연구를 통해 얻어지는 지식이 참여자나 참여자와 유사한 사람들에게 어떻게 편익을 제공하는지 구체적으로 설명해야 한다.

사람에 대한 존중은 두 가지 서로 다른 원칙을 수반한다: ① 개인들을 결정 능력이 있는 사람으로 취급할 것; ② 스스로 결정을 내릴 수 없는 사람들을 보호할 것(National Commission, 1979). 연구자는 참여자들을 개인적인 목적에 대해 숙고할 수 있고 스스로 조치를 취할 수 있는 사람으로 취급해야 한다. 바꾸어 말하면, 연구자는 참여자를 대신해 선택하는 것을 삼가야 한다. 연구자는 연구과정을 기술하고 설명해야 하며, 그런 다음 참여자들은 자발적으로 참여할 것인지를 선택해야 한다. 불행하게도 일부 연구자의 강압적인 태도는 참여자들이 커뮤니케이션 연구는 다양한 형태를 띠며, 윤리 원칙은 양적 연구와 질적 연구 모두에 대해 마련되어 있다. 양적 연구는 전통적으로 미국심리학회의 심리학자의 윤리적 원칙 및 행동규범(Ethical Principles of Psychologists and Code of Conduct)으로 평가받아왔다. 질적 방법론을 사용하는 연구는 미국 인류학회와 미국 사회학회의 문화기술지(文化記述誌; ethnography)에 관한 연구 윤리 지침 및 성명이 적절할 것이다. 인터넷 상에서 혹은 인터넷을 통해 이루어지는 연구는 인터넷 연구자 학회(AOIR: Association of Internet Researchers)의 윤리 지침이 유용할 것이다. 이러저러한 연구 지침들을 볼 수 있는 URL은 다음 웹사이트에서 확인할 수 있다: https://www.joannkeyton.com/research-methods.

그러나 연구방법과 상관없이 전미 커뮤니케이션학회(NCA: National Communication Association)의 『커뮤니케이션 학자/교사의 직업 윤리 강령』(Code of Professional Ethics for the Communication Scholar/Teacher)은 모든 커뮤니케이션 연구 활동에 영향을 미치는 세 가지 지침을 제시하고 있다.

① 진실성 측면에서 윤리적인 커뮤니케이션 연구자는 그들이 적절하게 훈련되어 있는 연구는 수행하고, 그들이 적절하게 준비되어 있지 않은 절차는 피하면서, 연구행위에 대한 인정되는 기준을 사용해야 한다. 만약 어떤 윤리적 문제에 대해 확신이 서지 않으면, 연구자는 진행하기에 앞서 조언을 구해야 한다. 연구자의 주된 목적은, 그것이 직접적인 정서적 혹은 신체적 해로움이든 조사되고 있는 사람의 명성에 대한 해로움이든, 다른 사람에 끼칠 수 있는 해로움을 피하는 것이다.

② 비밀의 가치는 연구가 공인(公人)이나 공개적으로 이용 가능한 자료를 대상으로 이루어지는 경우 조사되고 있는 사람의 신원이 비밀에 부쳐져야 할 것을 요구한다. 다른 사람의 언어, 생각, 혹은 논리에 대한 비판이 학술 연구의 정당한 부분이긴 하지만, 윤리적인 연구자는 인신공격을 피한다. 그러나 인신공격을 피하는 것이 비평가나 심사자가 다른 사람의 연구에 관해 직접적으로, 그리고 정직하게 논평하는 것을 삼가야 한다는 의미는 아니다.

③ 직업적 책임은 윤리적인 커뮤니케이션 연구자라면 자신의 연구에 적용되는 법적·기관적 지침을 알고 지킬 것을 요구한다. 윤리적인 연구자는 다른 사람의 연구를 자신의 것인 것처럼 사용하거나, 다른 사람의 생각을 표절하거나, 자신이 심

사하는 다른 사람의 연구를 도용하지 않는다.

다른 사람에 대한 책임은 정직함과 솔직함을 필요로 한다. 따라서 윤리적인 커뮤니케이션 연구자는:

- 적절하게 그렇게 할 수 있는 경우 연구를 수행하기 위해 고지된 동의를 구한다.
- 기만의 사용이 적절한 심사기구에 의해 사전에 승인받지 않았다면, 기만을 연구과정의 일부로 사용하는 것을 피한다.
- 이론적 주장을 뒷받침하고 연구 절차를 정당화하기 위해 연구보고서에 적절한 출처 인용을 제공한다.
- 연구결과가 연구자의 기대나 가설을 지지하는지 여부와 관계없이 그러한 결과를 공개한다.
- 데이터를 조작하거나 오해의 소지가 있는 결과를 발표하지 않는다.
- 독자들이 재정적 지원이 연구결과에 미치는 잠재적 영향을 판단할 수 있도록 연구에 대한 모든 재정적 지원과 연구자와 연구되고 있는 사람이나 실체와의 어떤 재정적 관계를 보고한다.

마찬가지로 개인적 책임은 다음과 같은 것을 요구한다:

- 커뮤니케이션 연구자는 이해 충돌을 야기할 가능성이 있거나 연구비 제공자가 연구 설계나 절차를 통제하는 프로젝트에 대한 연구비 지원을 받지 않을 것이다. 만약 연구비를 받아들인다면, 커뮤니케이션 연구자는 예정대로 연구를 끝마치겠다는 약속을 지킨다.
- 연구 참여자들을 대상으로 연구를 하는 커뮤니케이션 연구자는 그들에게 한 약속을 지킨다. 지역사회를 대상으로 연구를 하는 연구자는 지역사회에게 한 약속을 지킨다.
- 커뮤니케이션 연구자는 명예를 적절하게 공유하며 다른 사람이 완성된 연구에 기여한 바를 인정한다. 연구자는 연구가 수행되기 전에 저자권(authorship)[20]을 어떻게 결정할지 그리고 저자권의 순서는 어떻게 할지를 결정한다. 연구자는 또한 서로 상의해서 최종 결과물에 저자를 추가해야 할지 빼야 할지를 결정한다.

반드시 참여해야 하는 듯한 인상을 준다. 어떤 연구자가 연구 참여자들과 이런 식으로 소통을 하면, 그 연구자는 참여자들을 존중하지 않는 것이다.

개인들이 자기-결정권(self-determination)을 행사할 수 없을 때 존중의 또 다른 이슈가 야기된다. 보통 이러한 개인들은 아프거나 장애가 있거나 주위 상황으로 인해 자유롭게 숙고할 수 있는 기회가 제한되는 사람들이다. 따라서 연구자가 미성숙한 자와 무능력한 자들을 존중하기 위해서는 그들이 연구 참여에 대한 선택을 결정하라고 요구받는 상황에 처하지 않게 해야 한다.

정의(正義)는 실제로 공정성 문제이다(National Commission, 1979). 모든 참여자가 동등하게 취급되면 이상적일 것이다. 그러나 과거 커뮤니케이션이 아닌 다른 분야의 연구는 참여자들에게 위험을 야기하고, 나중에는 연구결과를 연구에 참여하지 않은 사람들의 편익을 위해 사용함으로써 이러한 기준을 위반한 바 있다. 따라서 참여의 위험을 감수한 연구 참여자들에게 편익이 주어지지 않았기 때문에 정의롭지 않았다. 특히 연구의 목적이 사람 집단들 간의 차이(예, 상급자와 하급자 간의 차이나 여성과 남성의 차이)를 살펴보는 것이라면, 모든 참여자를 동등하게 대우하는 것이 어려울 때도 있다. 그러나 정의와 동등한 대우는 늘 연구자의 목적이어야 한다.

결과 측도(outcome measure),[21] 즉 결과 측정치가 수집되기 전에 한 참여자 집단(실험, 즉 처치집단)은 훈련시키고 다른 한 참여자 집단(통제집단)은 훈련시키기 않을 때, 이러한 유형의 불평등이 커뮤니케이션 연구에서도 표면화될 수 있다. 연구를 위해 데이터 수집 전에는 두 집단에 훈련의 차이를 주었지만, 데이터가 수집된 이후인 연구의 결론부에서 연구자는 처음에 훈련을 허락하지 않은 사람들에게도 동일한 훈련을 제공해야 한다. 호프, 에어리스, 에어리스 및 베이커(Hopf, Ayres, Ayres, & Baker, 1995)는 퍼블릭 스피치(public speech) 불안에 대한 그들의 연구에서 이런 유형의 정의를 실천했다. 이 연구에서 연구자들은 자기-보고 점수를 통해 식별된 퍼블릭 스피치를 불안해하는 참여자들에게 연락을 해서 연구에 참여해달라고 요청했다. 두 참여자 집단은 커뮤니케이션

---

20) 연구에 대한 실질적인 기여를 인정받아 저자로 간주되는 자격(역자 주).

21) 척도와 측도는 구분해서 사용해야 한다. 척도(scale)는 어떠한 대상의 특성을 단위를 사용하여 정량화한 것으로, 대상 특성의 단위를 말하고, 측도(measure)는 도수(度數)나 척도를 측정하는 것, 혹은 어떤 측정량을 어떤 단위(單位)로 재서 얻은 수치(數值), 측정치를 말한다(역자 주).

불안을 줄이는 한 방법으로, 퍼블릭 스피치 불안에 대한 각기 다른 유형의 개입 처치를 제공하는 워크숍에(즉, 두 가지 서로 다른 조건에) 각각 할당되었다. 세 번째 조건에 할당된 참여자들은 통제집단으로 어떠한 워크숍 활동에도 참여하지 않았다. 그러나 데이터 수집이 끝난 후, 연구자들은 통제집단에 속했던 참여자들에게도 불안 감소 워크숍에 등록할 수 있는 기회를 주었다.

그러나 정의 이슈는 더 큰 이슈를 제기한다. 연구에 참여할 사람을 선택할 때, 연구자는 자신이 그러한 모집단과 표본을 왜 선택했는지에 대해 반드시 신중하게 살펴보아야 한다. 연구자는 "나는 그들이 ① 쉽게 이용 가능하거나, ② 그들이 연구에 참여하는 것을 거절하기가 어려운 입장에 있거나, 혹은 ③ 그들이 참여하도록 조작될 수 있는 입장에 있기 때문에 체계화된 계획을 가지고 그들이 속해 있는 집단을 선택하고 있는가?"라고 물어보아야 한다. 연구 참여자들이 살펴보고 있는 이론적 혹은 실용적 이슈와 관련된 특징을 가지고 있기 때문에 선택되는 것이 가장 이상적이다.

세 가지 원칙, 즉 선행, 사람에 대한 존중, 그리고 정의가 연구 참여자들의 사용과 관련된 연구 설계 개발의 지침이긴 하지만, 이 원칙들은 연구자들이 따라야 할 구체적인 일단의 윤리적 규칙을 규정하지는 않는다. 각 연구 상황은 독특해서 세 가지 원칙은 그러한 독특한 상황에 맞게 독특하게 적용된다. 때로는 이러한 원칙들이 심지어 서로 상충할 수도 있다(Vanderpool, 1996). 그러나 연구자의 목적은 이러한 원칙들을 가능한 한 충분히 지키는 연구를 설계하는 것이다.

여러분도 알다시피 연구자가 연구 참여자들을 대우하거나 참여자들과 상호 작용하는 방식은 연구 윤리의 중요한 요소이다. 따라서 연구자의 진실성과 연구에서의 참여자의 권리는 밀접하게 뒤얽혀 있다. 이러한 이슈들은 학술적 연구에 매우 중요해서 둘 모두를 확실히 보장하기 위한 공식화된 절차가 확립되어 있다. 대학과 연구비 지원 기관이 대부분의 학술 연구를 후원하며, 그들은 그들의 후원하에 수행되는 연구가 연구 참여자들에게 연구에 참여함에 따른 그들의 권리와 잠재적 위험을 고지해야 한다는 지침을 따를 것을 요구한다. 이러한 공식적인 절차에 따라 연구는 연구의 어떠한 측면이 수행되기 전에 연구 수행 허락을 받아야 한다. 대부분의 대학에서는 기관심사위원회가 연구제안서를 심사한 후 연구자에게 연구 수행 승인 여부를 통보한다.

1) 기관심사위원회

연구를 후원하는 연방 기관[예, 국립보건원(National Institutes of Health), 국립과학재단(National Science Foundation)]은 대학이 연구제안서의 건전성(soundness)과 합리성(reasonableness)을 고려하는 공식적인 과정을 마련해줄 것을 요구한다. 대개 이러한 공식적인 심사는 통상적으로 **기관심사위원회**(IRB: institutional review board) 혹은 **인간 연구대상자 심사위원회**(human subjects review committee)라 불리는 집단에 의해 수행된다; 대학은 교수와 학생들에게 어떠한 데이터가 수집되기 전에 연구제안서를 제출해 위원회의 승인을 받을 것을 요구한다. 대학마다 정책과 절차가 다르긴 하지만, 만약 여러분이 페이퍼를 준비하기 위해 수집한 데이터를 여러분의 교수 이외의 사람들에게 배포할 용도로 사용하거나 앞으로 그렇게 할 가능성이 있다면, 아마도 심사위원회의 심사가 필요할 것이다.

그와 같은 대학 집단의 주된 역할은 연구 참여자들의 권리와 복지가 적절하게 보호되는지 여부를 결정하는 것이다(Sieber, 1992). 연구자가 프로젝트를 시작하기 전에 연구 프로토콜(protocol)22)이나 제안서를 살펴봄으로써 기관심사위원회는 해당 연구 프로젝트가 건전한 윤리적·과학적 혹은 체계적 원칙을 충실히 지키고 있는지 확인할 수 있다. 위원회의 심사가 끝난 후 다음과 같은 몇 가지 조치 가운데 하나가 취해질 수 있다: ① 연구제안서가 승인되어 연구자는 제안한 대로 연구를 수행해도 된다; ② 연구자는 연구제안서의 일부 측면을 변경할 것과 변경된 제안서를 다시 제출해서 승인받을 것을 요구받을 수 있다; ③ 연구제안서가 거부되거나 승인되지 않는다.

각 대학은 자체적인 연구 프로토콜 심사를 위한 연구 프로토콜 제출 절차를 마련하고 있다. 그러나 일반적으로 연구 프로토콜 제안서를 제출할 때 다음과 같은 항목들이 포함되어 있어야 한다:

---

22) 프로토콜이란 간단명료하고 명확하게 작성된, 기본적으로 연구에 관여하는 모두를 위한 로드맵과 같은 것으로, 연구의 배경과 근거(연구를 진행하는 주요 이유), 연구 목적(연구가 다루는 중대한 질문), 서면 동의(연구 참여자의 동의), 표본 선택 기준, 연구방법, 통계적 분석 계획(데이터 및 정보 처리방식), 위험 요소 나열, 예상되는 결과와 연구의 한계점 등이 포함된다(역자 주).

- 연구문제나 연구가설
- 연구 프로젝트의 토대를 제공하는 관련 문헌
- 연구 참여자를 모집하고 선택하는 방식에 대한 기술과 사용하기 위해 만든 고지된 동의서 양식 사본
- 조사방법과 절차[예, 설문지, 측정도구, 참여자들에게 제공될 설명서나 자극물(stimulus), 인터뷰 일정의 사본]에 대한 기술
- 편익이 최대화되고 위험이 최소화되는 방법에 대한 진술
- 연구 대상자의 익명성과 비밀을 보호하는 방법에 대한 진술
- 조사자의 배경이 어떠한지 그리고 어떤 교육을 받았는지에 대한 기술

여러분의 연구 프로토콜이 승인을 받으면 그 계획서는 법적인 함의를 갖는다. 프로토콜에는 반드시 여러분이 실제로 실행할 것이 반영되어 있어야 한다. 여러분은 여러분의 제안서에 상세하게 기술되어 있는 절차를 반드시 따라야 한다. 심지어 절차의 변경이 사소한 것이라 하더라도 별도의 승인을 받아야 할 것이다(Sieber, 1998).

모든 연구자가 이러한 책임을 반드시 충실히 져야 하는가? 사정에 따라 다르다. 2017년, IRB의 심사를 반드시 받아야 할 연구의 유형에 대한 수정이 있었다. 수정된 내용이 시행된 것은 2018년이다. 각 대학은 인간을 대상으로 하는 연구 수행에 대한 모든 규칙과 수정사항을 해석하고 있다. 따라서 여러분이 최근에 연구를 수행했다고 하더라도 어떤 측면이 바뀌었을 수도 있다. 해당 교수에게 확인해보고, 여러분의 학교 웹사이트에서 여러분 학교의 IRB 규정을 찾아보라. 그러나 만약 여러분이 여러분의 연구를 학회에서 발표하거나 발행을 위해 제출할 것을 기대하고 있다면, 연구를 수행하기 전에 IRB의 승인을 받아야 할 것으로 보인다.

그러나 일반적으로 2018년에 변경되는 내용은 위험 프로파일(risk profile)[23]을 토대로 새롭게 심사가 면제되는 연구의 범주를 정할 것으로 예상된다. 새로운 범주에 속하는 일부 연구는 식별 가능한 개인 정보에 대한 적절한 프라이버시 보호

---

23) 위험 프로파일이란 조직, 자산, 프로젝트, 혹은 개인이 직면하는 위협의 유형에 대한 양적 분석을 말한다. 위험 프로파일의 목적은 각기 다른 위협의 유형과 그러한 위협이 야기하는 위험을 대표하는 변인에 수치를 부여함으로써 위험에 대한 주관적이지 않은 이해를 제공하는 것이다(역자 주).

장치가 존재하는지를 확인하기 위해 제한된 IRB 심사를 받아야 할 것이다.

피치(Fitch, 2005)는 대학의 IRB 심사신청서 준비 및 IRB나 인간 연구대상자 심사위원회 관리자가 여러분의 연구제안서에 대해 의문을 가지고 있을 경우 그들과의 상호작용을 위한 몇 가지 조언을 제공한다. 첫째, 여러분이 제안하고 있는 연구의 위험과 복잡성을 신중하게 생각하라. 여러분은 여러분의 연구를 선의의 목적에서 설계했지만, 아무런 해(害)를 끼치지 않는가? 둘째, 여러분의 대학이 추천하거나 요구하는 훈련을 받아라. 셋째, IRB 심사 신청 지침서를 읽고 요구하는 정보를 채워 넣어라. 어떤 부분을 공란으로 비워두는 것은 결국 여러분의 제안서가 반려되는 결과로 이어질 것이다. 심사 신청서를 작성할 때, 여러분이 내세우는 연구의 논리적 근거에 특별히 주목하라. 넷째, 여러분의 제안서를 제출하기 전에 질문을 해보는 것을 고려하고, 여러분 대학의 IRB나 인간 연구대상자 심사위원회 관리자들의 질문에 기꺼이 답하라. 보다시피 피치는 연구제안 과정을 양측(연구자와 IRB)이 서로로부터 정보를 필요로 하는 커뮤니케이션 과정으로 취급할 것을 권고한다.

2) 고지된 동의서

연방 기관이 동의한 양식에 맞춰 연구자는 반드시 연구 참여자들에게 **고지된 동의서**(informed consent)를 제공해야 한다. 이것은 잠재적 참여자가 연구에 대한 일부 기본 정보를 제공받은 후 연구 프로젝트에 참여하는 것에 동의함을 의미한다. 물론 연구에 참여하겠다는 사람들의 동의는 반드시 자발적으로 이루어져야 한다. 누구에게도 본인의 의지나 현명한 판단에 반하여 연구 참여를 강요해서는 안 된다. 바꾸어 말하면, 사람들에게 연구 참여를 위협하거나 강제할 수 없다는 것이다.

고지된 동의는 일반적으로 연구자가 개인들과 연구와 관련된 관계 형성을 위해 필요한 것으로 여겨진다. 그러나 연구자가 지역사회나 기관에서 데이터를 수집할 때는 지역사회나 기관의 승낙이나 동의가 필요한 경우도 있을 수 있다 (Kaiser, 2012). 만약 여러분이 어떤 조직이나 시의회와 같은 공식적인 공동체 혹은 지원단체나 유대관계가 긴밀한 마을과 같은 비공식적인 공동체에서 데이터를 수집하고자 한다면, 그 집단에 연구 수행 허락을 요청해서 허락을 받는 것이 적절하며 이로울 수 있다. "공동체의 지원이 고지된 동의에 대한 개인의 권

　　소셜 미디어 사이트의 수와 메시지 이용자 수로 인해 소셜 미디어 사이트가 흥미로운 데이터 수집 선택지가 되고 있다. 첫눈에는 이러한 사이트들이 공개적이라서 고지된 동의가 필요하지 않을 것이라고 판단하기 쉽다. 그러나 연구자들(Reilly & Trevisan, 2016)은 소위 이러한 공개 사이트에서 데이터를 수집하는 것의 윤리적 딜레마에 대한 중요한 점을 제기했다. 그들의 주된 질문은 "연구자가 단체 및 개인 소셜 미디어 페이지에서 콘텐트, 메타데이터 및 개인 정보를 자유롭게 다운로드하는 것이 윤리적으로 적절한가? 혹은 그것이 이러한 알지 못하는 참여자들의 프라이버시를 침해하는가?"였다(p. 421). 바꾸어 말하면, 소셜 미디어 게시물은 게시물을 올리는 개인의 재산(property)인가 아니면 이러한 게시물이 발표된 텍스트로 취급되어야 하는가? 페이스북의 서비스 약관에는 "만약 여러분이 이용자로부터 정보를 수집한다면 여러분은 그들의 동의를 얻고, (페이스북이 아니라) 여러분이 그들의 정보를 수집한다는 것을 분명히 하며, 여러분이 어떤 정보를 수집해서 어떻게 사용할 것인지를 설명하는 프라이버시 정책을 게시해야 한다"고 적혀 있다(Facebook Terms of Service, January 30, 2015). 라일리와 트레비산(Reilly & Trevisan, 2016)은 나아가 공개 게시물을 직접 인용하는 것은 게시자의 신원을 드러낼 수도 있다고 주장한다. 그들은 "알지 못하는 참여자들의 명성에 해가 되는 것을 보호하는" 최선의 방법으로 "전통적인 검색 전략을 통해 찾아낼 수 있는 직접 인용"(p. 431)만을 사용할 것을 권고한다.

- 여러분 학교의 IRB는 소셜 미디어 사이트에서 데이터를 수집하려는 연구자들에게 무엇을 요구하는가?
- 만약 게시자의 신원이 게시물을 통해 확인될 수 있는지 여부를 판단하기 위해 여러분은 검색 전략을 어떻게 설계할 것인가?
- 만약 연구자들이 여러분 모르게 여러분의 게시물 가운데 하나를 사용하고 그로 인해 여러분의 명성이 손상된다면 여러분의 기분은 어떨 것 같은가? 혹은 어떻게 대응할 것 같은가?

리를 대신하지는 않지만, 프로젝트를 수행하기 이전의 공동체의 관여와 수행되는 동안의 관여는 연구 참여자 모집과 잠재적 위험 파악을 용이하게 한다"(Kaiser, 2012, p. 460).

고지된 동의는 연구자에게 의무와 책임을 야기한다. 잠재적인 참여자의 고지된 동의를 구하기 위해서 연구자는 참여자에게 서면으로 특정한 정보를 반드시 제공해야 한다. 이러한 정보에는 다음과 같은 것들이 포함된다:

- 주 연구자와 후원 기관에 대한 확인
- 조사의 전반적인 목적에 대한 기술
- 수집될 데이터에 대한 기술을 포함한 연구과정의 주요 특징
- 예상되는 참여 기간

연구과정에 대한 이러한 세부사항들이 반드시 제공되어야 할 뿐만 아니라, 동의서 양식도 참여자들이 쉽게 이해할 수 있도록 작성되어야 한다. 따라서 동의서 양식은 과학적 언어가 아닌 일상 언어로 작성되어야 한다. 마지막으로, 각 참여자에게 동의 진술서 사본을 주거나 제공해야 한다. <그림 3.1>은 고지된 동의서 양식의 한 예이다. 여러분의 대학이 어떤 양식을 따르건, 고지된 동의서는 명확하고, 친화적이며, 참여자를 존중해야 한다. 고지된 동의서는 또한 참여자가 경험하게 될 것을 정확하게 표현해야 한다.

고지된 동의의 개념은 연구자가 연구 수행의 있을 수 있는 결과를 연구가 수행되기 전에 알고 있음을 의미한다(Eisner, 1991). 이것은 질적 연구보다 양적 연구에서 더 쉽게 받아들여진다. 예를 들어, 비교적 새로운 연구 토픽을 살펴보기 위해 구조화되지 않은 인터뷰를 사용하는 연구자가 완벽하고 포괄적인 인터뷰 지침을 개발하기는 상당히 어려울 것이다. 이러한 연구의 탐색적 속성으로 인해 완벽한 계획을 세우는 것이 불가능하다. 게다가 이와 같은 상황에서 연구자는 참여자들이 어떻게 대답할지 예측할 수 없다. 따라서 연구자가 인터뷰를 시작하기 전에 연구 수행에 필요한 모든 탐색용 질문(probing question)과 명료화용 질문(clarifying question)을 파악할 수 있는 방법은 없다. 그럼에도 연구자는 반드시 가능한 한 많은 부분의 연구 프로젝트를 설계하고, 제안서를 개발하며, IRB의 심사를 요청해야 한다.

연구자는 참여자가 동의할지 어떻게 아는가? 대부분의 커뮤니케이션 연구의 경우, 참여자들은 간단하게 참여를 거절할 수 있다. 바꾸어 말하면, 그들은 전화 설문조사를 위해 걸려오는 전화를 끊어버릴 수 있다. 혹은 만약 데이터가

직접 수집되고 있다면, 잠재적인 참여자는 연구실에서 나가버리거나 면접자의 질문에 대답을 거부할 수 있다. 따라서 참여자는 자신의 행동, 예를 들면 인터뷰 질문에 대답하거나 설문지를 작성하는 것을 통해 동의 여부를 보여준다.

〈그림 3.1〉 고지된 동의서 양식 예

노쓰 캐롤라이나 주립대학교

연구용 고지된 동의서 양식

연구 제목: 직장에서의 커뮤니케이션 과업(communication task)

주 연구자: 조앤 키튼 박사

당신이 연구에 대해 알아야 할 몇 가지 일반적인 사항은 무엇인가?

당신은 연구 참여 요청을 받고 있습니다. 당신이 이 연구에 참여하는 것은 자발적입니다. 당신은 이 연구에 참여하거나, 어떤 불이익도 없이 언제든 참여하지 않거나 참여 중단을 선택할 수 있는 권리를 가지고 있습니다. 연구의 목적은 어떤 특정 토픽이나 이슈를 더 잘 이해하려는 것입니다. 당신이 연구에 참여한다고 해서 어떤 개인적인 편익이 보장되지는 않습니다. 연구는 또한 참여하고 있는 사람들에게 위험을 야기할 수도 있습니다. 만약 당신이 이 양식의 어떤 내용을 이해하지 못한다면, 당신은 연구자에게 명확히 해줄 것을 요청하거나 더 많은 정보를 요청할 권리가 있습니다. 당신에게 이 동의서 양식의 사본이 제공될 것입니다. 언제든 당신의 참여에 대해 의문이 생긴다면 주저하지 마시고 위의 연구자(들)에게 연락하기 바랍니다.

이 연구의 목적은 무엇인가?

이 연구의 목적은 직장에서 근무하는 동안 개인이 관여하는 커뮤니케이션 과업이나 활동을 밝히는 것입니다

당신이 이 연구에 참여한다면 어떤 일이 일어나게 되는가?

만약 당신이 이 연구에 참여하기로 동의한다면, 당신이 3일 동안 근무하면서 다른 사람들이 관여하는 커뮤니케이션 과업이나 활동에 대해 듣거나 관찰하는 것을 체크리스트에 확인해줄 것을 요청받게 될 것입니다. 여러분은 각 3일 동안 하나의 체크리스트를 작성해줄 것을 요청받게 될 것입니다. 각 체크리스트를 작성하는 데는 5~10분 정도가 소요될 것입니다. 당신의 전체 근무일 동안 당신이 참여하는 총시간은 30분을 넘기지 않을 것입니다. 당신은 근무가 끝난 시간이나 근무지를 떠나서 체크리스트를 작성해도 됩니다.

위험

당신이 이 연구에 참여하는 것과 관련된 위험이나 불편함은 없습니다. 당신은 당신의 이름이나 당신이 속해 있는 조직의 이름을 요청받지 않을 것입니다. 당신은 전자 문서 형태로 체크리스트를 받을 것입니다. 체크리스트를 작성한 후 우리가 제공하는 웹사이트 주소에 업로드하면 됩니다. 당신의 이메일 계정으로부터 얻는 모든 식별 정보는 체크리스트가 연구자에게 보내지기 전에 제거될 것입니다.

편익

당신이 이 연구에 참여하는 데 따른 직접적인 편익은 없습니다. 그러나 당신은 근무가 끝나는 시간에 커뮤니케이션 과업과 활동을 되돌아보고 점검함으로써 직장에서의 당신의 커뮤니케이션 행동과 다른 사람의 커뮤니케이션 행동에 대해 더 잘 알게 될 수도 있습니다. 이 연구를 통해 얻어지는 정보는 직장에서 필요한 커뮤니케이션 기술을 더 이해하는 데 사용될 것입니다.

비밀

연구 기록에 포함되어 있는 정보에 대해서는 비밀이 유지될 것입니다. 데이터는 연구자의 노쓰 캐롤라이나 대학교에 있는 컴퓨터에 전자 파일로 안전하게 보관될 것입니다. 이 컴퓨터는 비밀번호로 보호되며 잠금장치가 된 사무실에 있습니다. 당신과 연구를 연결 지을 수 있는 구두 보고서나 서면 보고서에서 당신에 대한 언급은 없을 것입니다. 누구도 당신의 신원과 당신이 제공한 대답을 일치시키지 못하도록 연구 자료에 여러분의 이름을 쓰라는 요구를 당신은 받지 않을 것입니다.

보상

당신은 연구에 참여하는 데 따른 어떠한 보상도 받지 않을 것입니다.

이 연구에 대해 질문이 있다면 어떻게 하는가?

만약 이 연구나 연구 절차에 대한 질문이 있다면, 언제든 다음 연락처를 통해 연구자에게 문의할 수 있습니다: 조앤 키튼 박사, 커뮤니케이션 학과, 사서함 8104, 노쓰 캐롤라이나 주립대학교, 롤리(Raleigh), NC 27695-8104; 919-513-7402; jkeyton@ncsu.edu

연구 참여자로서 당신의 권리에 대한 질문이 있다면 어떻게 하는가?

만약 당신이 이 프로젝트가 진행되는 동안 이 양식에 기술된 대로의 대우를 받지 못했다고 생각하거나 연구 참여자로서의 당신의 권리가 침해당했다고 생각한다면, 당신은 다음 연락처로 연락할 수 있습니다: 데브 팩스턴(Deb Paxton), 규제 준수 관리자, 사서함 7514, NCSU 캠퍼스; 919/515-4514.

참여 동의

나는 위 정보를 읽었고 이해했습니다. 나에게는 이 양식을 프린트한 사본을 가질 기회가 있습니다. 나는 아무런 불이익이나 만약 참여한다면 얻을 수 있는 편익의 손실 없이 참여하지 않거나 언제든 참여를 중단하는 것을 선택할 수도 있다는 것을 이해하는 가운데 이 연구에 참여하는 것에 동의합니다. 체크리스트를 작성함으로써 나는 내가 이 연구에 참여하는 것에 동의합니다.

설계 확인　여러분의 연구 프로젝트는 고지된 동의를 필요로 하는가?

미국 보건 및 인적 서비스부의 인간연구보호국은 만약 여러분이 연구 참여자들에게 고지된 동의서를 제공할 필요가 있는지 여부를 결정할 때 지침이 될 만한 인터넷 웹사이트(https://www.hhs.gov/ohrp/regulations-and-policy/decision-charts/index.html; 도표 10 참조)를 제공한다. 대부분의 대학은 이 기준을 따르지만, 여러분은 여러분 대학의 규칙과 절차를 확인해보아야 한다. 여러분 대학의 IRB는 고지된 동의와 연구 윤리 준수에 대한 정보를 학교 웹사이트에 게시할 것이다. 기관심사위원회, 인간 연구대상자, 혹은 연구 윤리 준수와 같은 핵심어를 사용하여 다음과 같은 정보를 찾을 수 있는지 확인해보라:

- 연구 참여자에게 어떤 있을 수 있는 위험과 편익
- 비밀과 익명성을 보장하는 방식과 그러한 보장 제한에 대한 설명
- 연구 참여자에게 일어날 수도 있는 어떤 신체적 혹은 심리적 해로움과 이용 가능한 보상이나 치료
- 참여에 대한 어떤 인센티브
- 기만이 사용되는지 여부에 대한 진술; 만약 기만이 사용된다면, 연구에 대한 모든 세부사항이 한 동안은 밝힐 수 없지만 나중에는 모두 설명해줄 것이라고 참여자들에게 이야기해주어야 함.
- 연구에 대한 질문을 할 수 있는 주(主) 조사자의 이름과 연락처
- 참여가 자발적인 것임에 대한 알림
- 참여자가 참여를 거부하거나 연구가 진행되는 동안 언제든 중단할 수 있음에 대한 알림
- 참여 거부나 중단이 어떤 불이익으로도 연결되지 않을 것이라는 것에 대한 알림
- 참여자는 고지된 동의서 사본을 보관하고 있어야 한다는 것에 대한 알림

대부분의 커뮤니케이션 연구 프로젝트의 경우, 고지된 동의만으로 충분하다. 연구 참여자들이 연구 프로토콜을 검토하고, 그들에게 프로토콜 사본을 제공하며, 그리고 그들의 참여는 동의함을 나타낸다. IRB가 참여자가 서명한 고지된 동의서를 요구할 경우 참여자들은 서면 동의서를 읽고 동의서에 서명을 한 후 연구자에게 보내며, 서명한 동의서 사본 1부는 자신이 보관한다. 극도로 위험한 연구의 경우 IRB는 심지어 증인이 서명한 동의서를 요구할 수도 있다. 서명된 동의서는 여러분의 연구에 누가 참여했는지를 보여주는 일련의 증거 문서가 된다. 고지된 동의서와 참여자가 서명한 고지된 동의서 간의 차이를 알아야 한다. 전자의 경우 참여자들은 여러분이 그들에게 제공한 서면 정보를 토대로 참여 여부를 결정하는 데 필요한 모든 정보를 제공받는다. 후자의 경우 참여자들은 동일한 정보를 제공받지만, 그들은 모두 반드시 고지된 동의서 사본에 서명을 한 후 연구자에게 보내야 한다. 그러면 연구자는 서명된 동의서를 수집된 데이터와 분리해서 보관해야 한다. 그러나 둘 가운데 어떤 경우든, 여러분이 동의서 양식을 큰 소리로 읽어주면 잠재 참여자들이 그것에 맞춰 따라 읽어 내려가는 것도 한 방법이다.

연구 수행의 윤리적 원칙 가운데 하나가 사람에 대한 존중이라는 것과 연구 참여자들 가운데는 자기 생각을 말하지 못하는 사람이 있을 수도 있다는 점을 상기하라. 어린 아이들이 그러한 경우다. 연구자는 결코 연구 프로젝트에 대한 어린이들의 참여 동의에 의존해서는 안 된다. 오히려 어린이의 부모나 후견인이 어린이가 연구 프로젝트에 참여할 수 있다고 반드시 동의해야 한다. 만약 여러분이 초등학교 어린이들의 데이터를 수집하고자 한다면, 여러분은 교육감, 특정 학교의 교장, 여러분이 활용하고자 하는 어린이의 교사, 그리고 어린이의 부모나 후견인으로부터 연구 수행 허락을 받아야 한다.

여러분의 대학에서 여러분의 연구제안서를 심사하는 위원회는 여러분의 연구 프로젝트에 요구되는 동의의 유형을 규정할 것이다. 그러나 주의하라. 비록 서명된 동의서가 필요하지 않다고 하더라도 참여자의 고지된 동의는 여전히 필요하다. 연구자는 연구과정에서 이 단계를 건너뛸 수 없다.

고지된 동의서와 양적 연구 전통적으로 실험실이나 현장실험을 통해 이루어지는 양적 연구는 고지된 동의와 관련되어 있었다. 양적 연구는 상당한 계획 수 커뮤니케이션 수업에서 여러분이 추가 점수를 받을 수 있는 한 가지 방법이 세 연구 프로젝트 가운데 하나에 자발적으로 참여하는 것이라고 상상해보자. 첫 번째 프로젝트는 낯선 이와 상호작용하는 방식을 살펴보는 연구이다. 여러분이 이 프로젝트에 참여하면, 여러분은 어떤 특정한 시간에 여러분의 대학교 도서관 안내 데스크에서 누군가를 만나야 한다. 두 번째 프로젝트는 관계를 맺고 있는 파트너들(relational partners)이 어려운 토픽에 대해 어떻게 이야기하는지에 관한 연구이다. 이 프로젝트에 참여하게 되면, 여러분은 관계 파트너(중요한 타자, 아내, 남편)와 함께 연구 세션에 참여해야 한다. 세 번째 프로젝트는 사람들이 난처한 상황에서 반응하는 방식에 대한 연구이다. 이 프로젝트에 참여하면, 여러분이 난처해지는 것이 아니라 난처한 상황이 발생하는 상호작용에 여러분이 참여하게 된다. 이 세 가지 연구 각각에 대해 여러분의 참여 동의를 구하기 위해 고지된 동의서에는 어떤 정보들이 포함되어야 하겠는가? 여러분은 연구가 이미 시작된 후에 연구 참여를 기꺼이 중단할 수 있겠는가? 만약 그렇다면, 무엇이 여러분으로 하여금 참여를 중단하게 만들겠는가?

립을 필요로 한다. 그 결과, 동의서 양식을 통해 참여자들이 겪게 될 정확한 절차를 기술할 수 있다. 예를 들면, 폴과 린츠(Paul & Linz, 2008)는 어린이 포르노그래피에 대한 연구에서 "매우 외설적인 성적 묘사에 노출될 가능성이 있는 마케팅 및 광고 연구에 참여할"(p. 12) 대학생들을 모집했다. 따라서 연구자들은 실험실에 오는 학생들이 연구 토픽에 불쾌감을 느끼지 않을 것으로 가정할 수 있었다. 참여자들이 실험실에 도착했을 때, 그들은 참여자들에게 매우 외설적인 성적 묘사를 보게 될 가능성이 있음을 알리는 고지된 동의서를 읽고, 서명과 날짜를 적도록 요청했다. 이 연구에 참여를 자원한 모든 학부생들이 참여에 동의했다.

고지된 동의서와 질적 연구 이러한 기준과 전통은 질적 연구에 어떻게 적용되는가? 불행하게도 이 질문에 답하기는 쉽지 않다. 어떤 질적 연구 상황(예, X 게임 팬인 10대들이 상호작용하는 방식을 관찰하는 상황)에서는 고지된 동의를 요청하는 것이 상호작용의 자연스러움을 방해할 것이다. 따라서 이러한 유형의 공개적이면서 자연스럽게 일어나는 상황에서 참여자들의 고지된 동의를 요구하는 것은 상호작용을 방해할 뿐만 아니라 연구자의 신원을 알려주게 됨으로써 연구의 목적이 노출되게 할 것인데, 이 모든 것은 연구자가 관심을 가지고 관찰하는 상호작용을 중단시킬 가능성이 있다.

따라서 두 가지 질문이 참여자에게 고지된 동의를 요청할 필요성을 고려할 때 지침이 된다. 첫 번째 질문은 "관찰하고자 하는 상호작용이 공개된 상황에서 자연스럽게 일어나고 있는가?" 하는 것이다. 이 질문을 더 자세하게 살펴보자. 해머스리와 트라이아노(Hammersley & Traianou, 2012)는 프라이버시는 몇 가지 서로 중복되는 기준을 가지고 있다고 말한다. 첫째, 관찰하고자 하는 바가 일부 사람 집단이나 일부 유형의 사람들의 가정(혹은 가정 영역)에서 일어나는 것인가? 관찰 장소가 사적 혹은 공적 소유지인가? 이 장소에 들어갈 수 있거나 들어갈 수 없는 제한조건이 있는가? 공개된 장소에서 사적인 활동을 하는 것이 일시적인 프라이버시를 야기하는가? 이제 두 번째 질문을 살펴보자. 두 번째 질문은 "그런 상황에서 내가 참여자들과 상호작용하는 것이 관찰 대상인 참여자 누구에게든 부정적인 영향을 야기하는가?" 하는 것이다. 만약 첫 번째 질문에 대한 답이 "예"이고, 두 번째 질문에 대한 답은 "아무런 영향 없음" 혹은 "최소한의 영향"이라면, 그 연구자는 고지된 동의 프로토콜을 충실히 이행할 필요가 없을 가능성이 있다. 만약 첫 번째 질문에 대한 답이 "어떤 점에서는" 혹은 "아니오"이고, 두 번째 질문에 대한 답으로 인정할 수 있는 부정적인 영향이 뚜렷이 감지된다면, 그 연구자는 고지된 동의 원칙을 반드시 따라야 한다.

2. 연구 수행 단계에서의 윤리적 이슈

윤리적 이슈는 연구의 설계 및 개발 단계에서 반드시 먼저 고려되어야 한다. 그러나 설계 단계에서 내려진 윤리적 결정은 반드시 실행되어야 한다. 6개 윤리적 관심 영역(기만의 사용, 공모의 사용, 신체적 혹은 심리적 해로움의 가능성, 비밀과 익명성, 녹음 및 녹화, 그리고 참여자에게 사후설명하기)은 연구 참여자와 연구자 간의 상호작용에 영향을 미친다. 각 영역은 연구 참여자와의 긍정적 관계 개발에 기여하거나 긍정적인 관계 개발을 해칠 수 있다.

1) 의도적 기만

실험이 데이터 수집의 주된 방법일 때, 기만적 시나리오나 행위가 흔히 사용된다. 실제로 특히 사회심리학에서 의도적인 기만의 광범위한 사용으로 인해 연방 연구보조금 지원 기관은 지침을 만들었고, 대학들에게 인간 연구대상자 위원회를 만들어 사람들이 참여한 연구를 모니터하도록 했다.

기만(deception)이란 연구자가 의도적으로 참여자들을 오도하는 것을 말한다. 기만은 데이터를 수집할 수 있는 다른 방법이 없고 참여자들에게 해를 끼치

설계 확인 사적 혹은 공적?

모든 연구 참여자들은 그들에 대한 어떤 정보를 연구자가 알 수 있게 할지, 그리고 얼마나 많은 정보를 연구자가 알 수 있게 할지를 결정할 수 있는 권리를 가져야 한다. 연구 진실성의 이러한 측면은 인터넷상에서 연구를 수행할 때 특히 까다로운데, 왜냐하면 사적인 것과 공적인 것이 뒤엉켜 있는 것을 풀어내기가 더 어렵고, 또 고지된 동의에 대한 이슈는 온라인 커뮤니케이션이 널리 퍼지기 전에 확립되었기 때문이다(Elm, 2009). 그 결과, 고지된 동의를 포함한 현재의 윤리적 지침은 인터넷을 기반으로 하는 데이터(채팅룸, 이메일, 게시판, 리스트서브 및 게시 영상물)에 대해서는 재고될 필요가 있다. 인터넷을 기반으로 하는 데이터를 사용하는 연구자는 사적 영역과 공적 영역 간의 연속성을 반드시 다루어야 한다. 실제로 연구자는 이러한 데이터 가운데 많은 것이 더 큰 공적 맥락 속에 있는 사적 상황에서 생산된다는 점을 반드시 인정해야 한다(Elgesem, 1996). 마캄(Markham, 2004)은 인터넷이라는 공적 공간에서 소통하는 일부 사람들은 함부로 방해하는 연구자들로 인해 화를 내거나 연구 대상이 되는 것을 원하지 않을 수 있다는 점을 우리에게 상기시켜준다. 기술과 사회의 기술 수용이 꽤 빨리 변하기 때문에, 인터넷을 기반으로 하는 데이터를 수집하기를 원하는 연구자는 프로젝트의 설계 단계 초기에 자신의 대학 IRB에 조언을 구해야 한다. 디지털 기술은 연구를 수행하는 새로운 방법을 제공했을 뿐만 아니라, 연구자로 하여금 사람들을 연구에 참여하도록 요청할 수 있게도 했는데, 이는 과거에는 불가능했던 일이다(Miller, 2012). 인터넷 연구자 학회(http://www.aoir.org)에서 윤리적 의사결정과 인터넷 연구에 관한 권고사항들을 검토해봄으로써 여러분이 여러분의 연구 설계에 대한 결정을 내리고 IRB 제안서에 여러분의 연구 프로젝트를 기술하는 데 도움을 받을 수 있을 것이다.

지 않을 경우에만 사용되어야 한다. 기만은 참여자들이 자연스럽게 응하거나 응답할 수 있도록 하기 위해 그들에게 연구 목적을 고지하지 않을 때 사용된다. 커뮤니케이션 학자들은 흔히 이러한 유형의 기만행위를 한다. 기만은 또한 매우 드물게 발생하는 상호작용에 대한 데이터를 확보하기 위해 사용될 수도 있을 것이다.

기만을 사용하는 연구자는 그것이 정당한지 그리고 기만의 결과가 중요한 과학적, 교육적, 혹은 응용적 가치를 지니고 있을 것으로 기대되는지를 반드시 확인해야 한다. 뿐만 아니라 연구자는 반드시 가능한 한 빨리 기만에 대해 충분히 설명해야 한다. 그러나 심지어 이러한 조건에서도 만약 기만이 중대한 신체적 위험이나 불편함을 야기하거나 기만으로 인해 참여자가 불쾌하거나 부정적인 심리적 경험을 하게 된다면 참여자들을 기만하는 것은 결코 권할 만한 일이 아니다.

고지된 동의에 대한 주요 질문 가운데 하나가 얼마나 많은 정보를 언제 연구 참여자에게 제공해야 하는 것인가라는 것을 상기하라. 만약 연구 설계와 연구 목적에 대한 모든 정보를 제공한다면, 기만하는 데 필요한 절차들을 사용할 수 없다. 그러나 일반적으로 만약 참여자들의 참여가 끝난 후 사후설명을 통해 모든 정보가 제공된다면, IRB는 연구자들이 연구의 일부 측면을 감추는 것을 허용할 것이다.

연구자는 그들의 기법이 미치는 영향을 과대평가할 수도 있지만 과소평가할 수도 있다. 따라서 연구에 잠재적으로 기만을 사용하는 것에 대한 훌륭한 정보의 원천은 잠재적인 연구 참여자들일 수 있다(Fisher & Fryberg, 1994). 만약 여러분이 기만적인 기법을 사용할 계획이라면, 그러한 기법을 여러분의 연구 프로젝트에 참여할 사람들과 비슷한 사람들과 논의해보는 것을 고려하라. 구체적으로 말하면, 예비 참여자들은 여러분이 ① 연구 절차의 중요한 일부 측면이 해롭거나 부정적인지, ② 연구의 중요한 일부 측면을 아는 것이 그들이 기꺼이 참여하는 것을 단념시킬 것인지, 그리고 ③ 기만을 사용한 후에 어느 정도의 설명이 필요한지를 결정하도록 도와줄 수 있다.

만약 여러분이 양적 연구에 기만을 사용하는 것에 대해 생각하고 있다면, 조심해서 사용해야 한다. 다음 질문에 대답해봄으로써 기만을 사용하기로 한 여러분의 결정이 정당화되는지를 판단하는 데 도움을 얻을 수 있을 것이다. 기만

행위가 수집될 데이터가 타당하지 않게 하는 원인이 될 것인가? 데이터를 수집하는 다른 똑같이 효과적인 방법이 있는가? 물론 만약 기만행위가 사용된다면, 사후설명 때 참여자들에게 그것에 대해 알려주어야 한다.

2) 공모자 사용하기

연구자가 **공모자**(共謀者), 즉 연구 프로젝트에 참여하는 척하지만 실제로는 연구자를 돕고 있는 사람을 사용하는 것도 일종의 기만행위이다. 왜냐하면 연구 참여자들은 누군가가 공모자 역할을 하고 있다는 것을 모르기 때문이다. 대부분의 경우, 알아채지 못하는 연구 참여자가 호응하는 어떤 특정한 유형의 상호작용 맥락을 연구자가 만들어낼 필요가 있을 때 공모자가 사용된다.

진실과 거짓말의 적절성을 더 잘 이해하기 위해 알리와 르바인(Ali & Levine, 2008)은 한 여자 대학생을 공모자로 사용했다. 참여자들은 그녀 역시 그들과 함께 일반상식 게임을 하는 연구 참여자라고 믿었다. 게임 도중에 그 팀은 연구자가 실험실을 떠나야만 하는 비상상황으로 실험이 중단되는 일이 벌어졌다. 이때 그 여성 공모자가 (이 게임에 대한 정답이 적혀 있다고 믿는) 책상 위의 폴더를 가리키면서 금전적인 상을 받고 싶고 말하면서 부정행위를 하면 점수를 높일 수 있다고 부정행위를 할 것을 부추겼다. 5분 뒤 연구자가 되돌아오고 게임이 재개되었다. 게임이 끝났을 때, (그 공모자를 포함한) 참여자들에게 개별 인터뷰가 있을 거라고 알려주었다. 게임을 하는 전략에 대한 질문에 답한 뒤, 연구자는 참여자들에게 부정행위를 했는지 그리고 왜 그 공모자의 말을 믿었는지 물었다. 공모자 사용은 실험의 자극 조건을 만들어내기 위해 반드시 필요했다.

공모자는 연구에 참여하기로 동의한 참여자들 가운데서 모집할 수도 있다. 사람들이 그들의 실패를 어떻게 설명하는지 살펴보고 싶었던 연구자들이 친구 1명을 데려오거나 낯선 이와 짝을 이루어야만 하는 조건에서 이루어지는 연구에 참여할 학생들을 모집했다(Manusov, Trees, Reddick, Rowe, & Easley, 1998). 한 조가 된 2명이 실험실에 도착했을 때, 연구자는 왼쪽에 서 있는 사람에게 공모자 역할을 부여했는데, 이때는 아직 2명 모두에게 이러한 정보를 제공하지 않았다. 그런 다음, 두 사람은 서로 헤어져 각기 다른 방으로 들어갔다. 공모자 역할이 주어진 참여자는 파트너가 실패담을 이야기하도록 시키라는 지시를 받았고, 이러한 사실을 모르는 파트너는 설문지를 작성했다.

공모자가 자신의 상호작용 목적에 대해 분명히 알게 된 후에, 두 사람을 한 방으로 데려가 녹화가 이루어지는 가운데 10분 동안 이야기를 하도록 요청했다. 공모자 역할을 하는 한 사람은 파트너가 자신의 실패담을 이야기하게 만들 책임이 있다는 사실을 기억하라. 그러한 상호작용 과제가 끝난 후, 두 사람은 다시 헤어져 설문지를 작성했다. 데이터 수집 단계가 끝난 후, 이 사실을 몰랐던 파트너에게 사후설명을 통해 연구자들은 사람들이 자신의 실패를 어떻게 설명하는지에 대해 관심이 있다는 것과 상호작용 파트너에게 공모자 역할을 해주도록 부탁했다는 사실을 알려주었다. 나아가 그러한 사실을 모르는 파트너가 부추기지 않으면 실패담을 이야기하지 않을 경우에는 파트너에게 이야기를 하게끔 시키라고 했다는 사실도 참여자들에게 해주었다.

연구 참여자 가운데 한 사람을 상대 파트너가 실패담에 대해 이야기하도록 부추기는 공모자 역할로 사용하지 않았다면, 연구자는 상호작용이 녹화되는 제한된 시간 동안 실패담이 어떻게 설명되는지 결코 살펴보지 못했을 수도 있다. 사후설명이 있은 후, 연구 참여자들은 이러한 기만행위에 대해 크게 신경 쓰지 않는 듯 보였는데, 왜냐하면 실패담을 이야기하는 것은 아주 흔히 일어나는 일이라고 여겼기 때문이다(V. Manusov와의 개인적인 커뮤니케이션, 2000년 1월 26일). 이 경우 기만은 연구자가 연구하고자 했던 상호작용 조건을 만들어내기 위해 반드시 필요했다. 그러한 기만행위가 기만 사실을 몰랐던 파트너에게 어떤 흔히 볼 수 없는 해를 발생시키지 않았고, 파트너들은 여전히 어떤 실패담을 이야기하고 어느 정도가 상세하게 이야기할 것인지를 자신이 통제할 수 있었음을 인식하라.

3) 신체적 해로움과 심리적 해로움

일부 연구는 잠재적으로 연구 참여자들에게 해를 끼칠 수 있다. 그러한 해로움이 신체적인 것이건 심리적인 것이건, 해로움은 항상 가능한 한 최소화되어야 한다. 커뮤니케이션 연구에서 연구 참여자들이 신체적으로 해로운 여러 경우에 직면할 가능성은 없다. 커뮤니케이션 연구자는 의학 연구에서 더 흔히 볼 수 있는 외과적 시술을 사용하지 않는다. 그러나 커뮤니케이션 연구자들은 가끔 사람들이 각기 다른 자극에 어떻게 대응하는지를 검사하기 위해 참여자들을 대상으로 생리적 측정을 실시한다. 일반적으로 이러한 측정은 일반적인 심박동수, 피부 온도, 맥박수 측정, 그리고 일반적인 혈액검사로 제한된다(예를 들어, Bailey & Kelly, 2015 참조). 물론 이러한 절차는 고지된 동의 절차의 일부로 참여자들에게 반드시 설명해주어야 한다.

연구자가 신체적 외상 및 심리적 내상 후 스트레스 장애(PTSD: post-traumatic stress disorder)[24], 실험연구에서 동물 사용, 어린이의 죽음, 혹은 친밀한 파트너 폭력 같은 민감한 토픽에 대한 연구를 감행할 때 커뮤니케이션 연구는 심리적 해로움을 야기할 수 있다. 그와 같은 연구가 다루는 민감한 내용은 당연한 것처럼 보인다. 참여자들이 그들에게 불편하거나 정상적이지 않은 역할극(role-play) 상호작용을 요구받을 때나 인터뷰나 초점집단 혹은 심지어 자기-보고 설문조사를 통해 괴롭거나 고통스러운 경험을 다시 체험하도록 요구받을 때도 심리적 해로움이 발생할 수 있다. 이와 같은 연구 경험은 장기적인 영향을 미치는 부정적인 반응을 야기할 수 있다(Sapsford & Abbott, 1996). 그러나 최근 연구에 따르면, 설문조사에 응하는 동안과 응한 직후에 정서적 스트레스와 부정적인 기분이 고조될 수 있는 한편 쉬 상처받지 않는 참여자들은 일반적으로 그들의 원래 스트레스 수준과 기분으로 되돌아가는 데 그리 오래 걸리지 않는다고 한다(Labott, Johnson, Fendrich, & Feeny, 2013).

여러분은 연구 프로젝트에 여러분이 불쾌하게 생각하는 토픽이나 절차가 포함되게끔 연구를 설계하지는 않을 것이다. 그러나 연구 참여자들이 연구 토픽이나 절차를 불쾌하게 생각하지 않을 것이라고 가정할 때 우리는 귀인 오류를 범한다. 우리의 편향을 극복하기 위해서는 연구에 참여해주기를 기대하는 사람과 유사한 최소한 10명의 사람들에게 그들이 연구에 끝까지 참여하는 데 동의해 줄 것인지 물어보는 것이 도움이 된다. 그들의 피드백을 사용하여 해로움을 최소화하게끔 여러분의 연구 프로젝트를 재설계하고 또한 고지된 동의의 일부로 참여자들이 요구할 가능성이 설명을 준비하라. 인간이 연구에 참여하는 것 자체가 본질적으로 어떤 위험을 내포하며, 우리는 우리의 연구 토픽이나 절차가 이러한 요소에 결코 영향을 받지 않을 것이라고 가정해서는 안 된다.

---

24) 'post-traumatic'이란 신체적 부상 혹은 정신적 충격 모두를 나타내기 때문에 단순히 '외상후'라고 번역한다면 신체적 외상만을 의미한다. 그러면서 '외상'에는 '심리적 외상'도 포함되기 때문에 괜찮다고 주장할 수도 있으나, 심리적 충격은 심리적 '내상'이라 해야 옳을 것이다(역자 주).

4) 익명성과 비밀 유지하기

학술 연구에서 익명성과 비밀은 연구 참여자에게 주어지는 두 가지 유형의 보호이다(<그림 3.2> 참조). **익명성**(anonymity)은 참여자를 식별할 수 있는 이름과 다른 정보가 결코 데이터에 첨부되지 않음을 의미한다. 즉, 메시지의 출처가 없거나, 대부분 알려지지 않거나, 특정되지 않음을 의미한다(Scott, 2005). 실제로 많은 양적 연구에서 연구자는 참여자가 누구인지 알지 못한다. 연구자는 나중에 참여자들을 식별하고 찾아내는 데 도움이 되는 정보를 밝혀줄 것을 그들에게 요구하지 않는다. 예를 들어, 데이터를 수집할 때 연구자는 데이터를 추적하기 위한 방법으로 참여자의 주민등록번호나 학번을 물어봐서는 안 된다.

만약 여러분의 양적 연구가 여러 차례 데이터 수집을 필요로 한다면, 여러분은 어떤 종류의 임시 개인 식별번호를 사용하여 데이터와 결부시킬 수 있다. 참여자들에게 무작위로 번호를 할당하기보다는 참여자들이 쉽게 기억할 수 있는 어떤 다른 독특한 번호를 만들어내는 것이 더 낫다. 예를 들면, 참여자들로 하여금 그들의 주민번호의 가운데 두 자리를 그들의 생일 앞에 붙여서 사용할 수 있을 것이다. 주민번호가 123456이고 생일이 11월 24일인 참여자의 경우 이

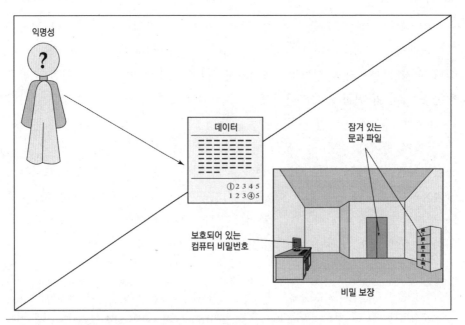

<그림 3.2> 연구자의 참여자 익명성 및 데이터 비밀 보호 책임

사람의 고유 식별번호는 341124가 될 것이다.

그러나 고유 식별번호를 부여함에도 일부 참여자는 인구통계학적 질문에 답할 경우 그들의 대답을 쉽게 추적할 수 있을 거라는 두려움 때문에 그러한 질문에 답하기를 주저할 것이다. 특히 고용인들은 너무 많은 정보를 제공하는 것에 민감하다. 예를 들어, 여러분은 고용인들에게 그들의 인종이나 민족성 그리고 성별뿐만 아니라 그들이 정규직인지 비정규직인지 여부도 물을 수 있을 것이다. 만약 흑인 여성 매니저가 유일하다면, 그녀는 연구자에게 잠재적으로 그녀와 그녀의 대답을 식별할 수 있는 세 가지 데이터를 제공하는 것을 특히 주저할 수도 있다. 비록 그러한 정보가 그녀를 식별하는 데 사용되지 않는다 하더라도, 그녀는 그 데이터가 그렇게 하는 데 사용될 수 있다고 생각하면서 설문지에 덜 진실 되게 응답할 수도 있을 것이다. 어떤 인구통계학적 정보는 일반적으로 수집해놓으면 유용하게 사용할 수 있지만, 여러분이 정말 필요한 것보다 더 많은 인구통계학적 정보를 요구할 때는 주의해야 한다.

인터뷰, 초점집단, 그리고 일부 참여자 관찰 방법을 사용하는 질적 연구에서 익명성을 보호하는 것은 어렵다. 이러한 연구들은 많은 경우 인터뷰, 초점집단, 혹은 관찰을 준비하기 위해 참여자의 신원을 알아야 할 필요가 있기 때문이다. 어떤 경우에는 참여자들이 누구인지 아는 것이 그들이 제공하는 데이터를 해석하고 이해하는 데 중요하다. 그러나 여러분이 참여자의 신원 전부를 알고 있다고 하더라도, 여러분은 여러분의 노트와 연구보고서에서 참여자를 여성 #1이나 참여자의 실제 신원이 드러나지 않는 다른 방법으로 언급함으로써 참여자의 신원을 보호할 수 있다.

비밀은 프라이버시와 관련되어 있다. 연구과정에서 **비밀**(confidentiality)은 참여자가 제공하는 어떠한 정보나 데이터도 다른 사람에게 드러나지도 않고, 다른 사람이 그러한 정보나 데이터에 접근하지도 못하게끔 통제되는 것을 의미한다(Scott, 2005). 예를 들어, 어떤 연구 프로젝트에 참여하고 있는 학생들에게서 얻은 정보는 다른 학생들이나 그들의 교수에게 결코 제공되지 않는다. 고용인들에게서 얻는 데이터는 다른 고용인들이나 그들의 상관에게 결코 제공되지 않는다. 이들 각각의 경우에서 모든 참여자들을 통해서 얻은 결과가 요약되어 연구보고서로 제공될 수는 있지만, 어떤 경우에도 어떤 한 사람이 제공한 데이터가 그 참여자를 제외한 누군가에게 공개되어서는 안 된다. 참여자들에게 비밀을 제공하는 것은 존중을 표하는 것이며, 그들의 존엄성을 보호하는 것이다. 비밀 유지를 약속하는 연구자는 어떠한 해나 난처한 상황이 참여자들에게 일어나지 않을 것임을 보장하려는 것이다.

데이터는 참여자가 설문지에 적은 응답, 참여자가 다른 사람과 상호작용하는 것을 녹음 혹은 녹화한 것, 채팅 로그(chat log)의 댓글, 혹은 그들과의 인터뷰 내용을 여러분이 메모한 것일 수도 있음을 인식하라. 비밀은 연구 상황마다 명확하게 언급될 필요가 있다. 여러분이 수집하는 어떤 자료나 데이터도 다른 사람이 보지 못하도록 그리고 데이터 수집 장소에서 멀리 떨어진 곳에 주의해서 보관해야 한다. 어떤 경우에도 여러분은 참여자의 데이터를 부모, 교사, 동료, 혹은 친척에게 전달해서는 안 된다.

5) 온라인 기술 사용하기

어떤 사람들은 기술을 도구로 생각하지만, 연구 수행 시 온라인 기술은 연구자들이 연구 참여자와 상호작용하는 방식을 바꿀 수 있다. 연구자와 연구 참여자 모두가 그들의 신원을 어떻게 드러내고 유지하느냐 하는 것은 하나의 이슈이다. 또 다른 이슈는 연구자와 연구 참여자 모두가 그들의 관계를 어떻게 수립하고 유지하느냐 하는 것이다. 볼류와 에스타렐라(Beaulieu & Estalella, 2012)의 다음 예를 살펴보자.

에스타렐라의 목표는 블로거(blogger)를 연구하는 것이었다. 그래서 그는 그가 연구하려는 블로그와 블로거 경험을 더 잘 이해하기 위해 블로거가 되었다. 그는 자신의 블로그를 통해 자신의 연구와 자신을 소개했다. 동시에 그의 블로그는 그의 문화기술연구 프로젝트 참여자를 찾을 수 있는 한 방법이었다. 두 가지 긴장이 조성되었다. 첫째, 그는 그의 연구 참여자들에게 문화기술연구자로서의 그의 존재와 역할을 어떻게 알릴 수 있을까? 둘째, 이 경우에 **현장에 있는 것은 온라인상에 있는 것**을 의미했다. 에스타렐라는 그의 현장 작업과 분석 간에 긴장이 야기되고, 정보 제공자와의 논의와 그의 연구 동료와의 논의 간에 긴장이 야기되었을 때, 두 장소 모두에 동시에 있음으로써 두 장소 간의 경계가 흐려지고 있다는 사실을 발견했다. 그의 온라인 존재감과 활동이 블로그 게시물과 다른 사람들의 댓글 형식임을 감안할 때, 에스타렐라는 어떻게 연구 참여자들의 익명성을 유지할 수 있었을까? 볼류와 에스타렐라(2012)는 일부 유형의 온라인 연구, 특히 온라인 연구행위에 대한 질적 연구에서 참여자의 익명성을 유지하려 애쓰는 것이 불가능하지는 않지만 어려울 수도 있다고 주장한다. 이 연구자들은 커뮤니케이션 연구가 온라인 기술 사용으로 확대 이동함에 따라 익명성이 가장 적절한 기준이 아닐 수도 있음을 시사한다. 이와 같은 문제들은 아직 해결되지 않았다. 만약 여러분의 연구가 온라인에서 이루어진다면, 여러분의 교수와 학교 IRB에 온라인 연구의 익명성에 대한 지침이 있는지 확인해보라.

6) 참여자 녹화 및 녹음하기

상당수의 커뮤니케이션 연구가 사람들 사이의 상호작용에 초점을 맞춘다. 녹화 및 녹음은 연구자가 이러한 과정에 대한 정확한 설명을 제공할 수 있게 해주는 좋은 수단이다. 그러나 녹화와 녹음은 특별한 윤리적 우려를 불러일으킨다. 첫째, 연구자가 연구 참여자들에게 무엇이 어떻게 녹음·녹화된다고 이야기해준 경우에만 녹음·녹화가 이루어져야 한다. 둘째, 녹음·녹화되는 데 대한 참여자들의 동의는 고지된 동의나 서면 동의를 통해 반드시 명확하게 확보되어야 한다. 셋째, 녹음과 녹화는 반드시 다른 데이터처럼 다루어져야 한다. 녹화나 녹음은 익명으로 이루어지지 않는다. 따라서 이와 같은 데이터의 비밀 유지는 다른 무엇보다 중요하다.

환자의 커뮤니케이션 기량에 대한 한 연구는 이러한 원칙을 잘 보여준다 (McGee & Cegala, 1998). 연구자들은 연구의 선택 기준을 충족한 예약 환자들에게 예약 시간 이전에 전화로 연락을 취했다. 연구자들은 녹화와 녹음에 대한 정보를 포함한 연구 절차를 그들에게 설명해주었다. 환자들이 참여에 동의한 후, 그들의 의사들에게 연락해 의사와 환자의 만남을 녹음·녹화하는 것에 대한 허락을 구했다. 환자들이 병원에 도착했을 때, 연구자들은 그들에게 다시 한 번 연구 절차에 대해 간략하게 설명하고 동의서 양식에 서명해줄 것을 요청했다. 또한 그들은 환자들에게 원하지 않을 경우 연구에 참여하지 않아도 된다는 점도 알려주었다.

연구에 참여하기로 동의한 환자들을 대상으로 녹화 및 녹음 장비가 갖추어진 2개의 진료실 가운데 한 곳에서 데이터 수집이 이루어졌다. 녹화 및 녹음 장비는 방해가 되지 않도록 환자와 의사 모두에게 보이지 않는 곳에 설치되었다. 이러한 상호작용 상황에서 특별히 중요한 것은 비디오 카메라와 진찰대가 의도적으로 배치되어 있어서, 비디오 카메라가 진찰대 위에 누워 있는 환자를 포착할 수 없었다는 것이다. 따라서 비록 의사와의 언어적 상호작용은 여전히 녹음될 수 있었지만, 환자의 시각적 프라이버시는 유지되었다. 이 프로젝트가 끝날 무렵, 연구팀은 프라이버시에 대해 환자들과 처음 약속한 바를 존중하며 녹화물과 녹음물을 잘 보존했다(Cegala, 개인적인 커뮤니케이션, 2000년 1월 31일).

7) 참여자들에게 사후설명하기

사후설명(debriefing)은 연구 활동이 끝난 직후 연구자가 참여자들과 상호작용할 수 있는 기회이다. 일반적으로 연구자는 연구의 목적과 자신이 밝히고 싶어 하는 것에 대해 설명한다. 연구 활동이 시작되기 전에 참여자들에게 알리지 않은 어떤 정보가 이때 공유될 수 있다.

사후설명은 몇몇 다른 목적도 이룰 수 있다(Sieber, 1992). 첫째, 이러한 비공식적인 상호작용은 연구자가 연구 프로젝트에 참여한 것에 대한 참여자들의 소견을 구할 수 있는 좋은 기회이다. 여기서 얻은 정보는 연구자가 연구결과를 더 잘 해석할 수 있도록 도와줄 수도 있다. 둘째, 사후설명은 참여자들에게 질문을 하고 연구에 참여한 것에 대한 그들의 반응을 표현할 수 있는 기회를 제공한다.

만약 여러분의 연구가 민감한 문제를 다룬다면, 각 참여자에게 개별적인 사후설명을 해주어야 한다. 마찬가지로 만약 몇 가지 유형의 사람들(예, 부모, 교사, 어린이)이 연구에 참여했다면, 개별 사후설명, 즉 각 유형의 연구 참여자마다 각기 다른 사후설명이 이루어질 필요가 있다. 일반적으로 여러분의 사후설명에는 연구 목적, 연구 참여자들의 참여 조건에 대한 기술, 연구 문제에 대해 알려져 있는 것과 검정된 가설 혹은 제기된 연구문제, 그리고 그 연구가 중요한 이유가 포함되어야 한다. 어떤 경우, 여러분은 심지어 참여자들에게 그들의 후속 조치를 위한 자료원을 포함해 간략한 서면 기술서를 제공할 수도 있다. 제공된 정보나 사후설명의 형식에 상관없이, 이 단계는 참여자들에게 긍정적인 단계이어야 한다. 만약 부정적이거나 어려운 정보가 반드시 전달되어야 한다면, 연구자는 참여자들에게 상담 지원이나 소개, 읽을 자료, 혹은 개인적인 후속 조치와 같은 해결책을 제공하는 것을 고려해야 한다.

어떤 경우 사후설명의 일환으로 연구자는 연구 프로젝트 결과를 참여자들이 이용할 수 있을 것이라고 약속할 수 있다. 일부 연구자는 1페이지짜리 연구결과 요약문을 작성하여 참여자들에게 배부한다. 조직 커뮤니케이션 연구자들은 흔히 경영진이 회사 내에서의 조사를 허락해주는 데 대한 인센티브로 연구결과 보고서를 보내주겠다고 약속한다. 이 경우에는 연구결과가 언제 어떻게 배달될 것인지를 명시하고, 모든 결과에 참여자들의 신원은 가려지게 될 것이라는 점을 확약하라.

연구결과를 참여자들에게 보내주는 것이 어렵거나 불가능하다면, 연구자는 관련 문헌 및 연구문제나 가설의 논리적 근거에 대한 간단한 요약을 제공할 수 있을 것이다. 연구가 끝날 때 참여자들의 궁금증과 욕구를 충족시키기 위해 사후설명의 일환으로 이러한 유형의 요약문들을 참여자들에게 나눠줄 수 있도록 미리 준비하라(Sieber, 1994).

3. 연구 보고 단계에서의 윤리적 이슈

연구보고서가 수업 과제물로 교수에게 제출되건 커뮤니케이션 학회나 학술지에 제출되건, 모든 학문 분야의 학자들은 오랜 두 가지 윤리적 원칙을 충실히 지킨다. 첫 번째 원칙은 제시되는 정보의 정확성을 보장하는 것이다. 두 번째 원칙은 지적재산권을 보호하는 것이다. 연구 수행 시 표면화되는 윤리적 이슈에서 비롯되는 세 번째 원칙은 연구 참여자들의 신원을 보호하는 것이다.

1) 정확성 보장하기

정확성 원칙은 꽤 광범위하다. 여러분은 데이터를 정확하게 제시해야 할 뿐만 아니라, 데이터가 가설이나 연구문제를 더 잘 지지하도록 어떤 식으로든 수정되거나 조정되어서도 안 된다. 마찬가지로 여러분은 해석하기 어렵거나 해석으로 인해 다른 결과에 의문이 제기될 수 있는 데이터나 결과를 누락해서도 안 된다.

데이터 보고를 정확하게 하기 위해 여러분은 반드시 연구과정 전체에 걸쳐 정확성을 유지해야 한다. 보고의 정확성을 높이는 한 가지 방법은 설계 및 연구 개발 단계에서부터 데이터 수집 단계, 그리고 데이터 해석에 사용된 방법에 이르기까지 연구과정의 모든 단계에 대한 기록을 남겨놓는 것이다. 복잡한 연구 프로젝트는 끝마치는 데 몇 개월 혹은 심지어 몇 년이 걸릴 수 있다. 따라서 연구과정의 세부사항을 기억에 의존하는 것은 적절하지 않을 수도 있다.

연구보고서를 작성한 후, 여러분은 타이핑이나 편집 과정에 오류가 없는지 확인해보아야 할 책임이 있다. 이러한 측면의 정확성이 달성될 때, 여러분의 결과는 동일한 데이터를 사용하는 다른 사람들에 의해 검증되거나 여러분이 사용한 것과 유사한 데이터와 절차로 반복연구될 수 있어야 한다.

2) 표절 피하기

연구자들은 세 가지 방식으로 지적재산권을 보호하고 표절을 피한다. 첫째, 연구자는 다른 사람의 말을 있는 그대로 사용할 때 반드시 인용부호 표시를 해야 한다. 더욱이 연구자는 각각의 직접 인용 건에 대해 반드시 완전한 출처 인용과 참고문헌 정보를 제공해야 한다. 둘째, 다른 사람의 연구를 요약하거나 다른 말로 바꾸어 표현할 때도 반드시 출처 인용 및 참고문헌 정보를 제공해야 한다. 다른 연구자가 한 말을 있는 그대로 사용하지 않을 수도 있지만, 그 연구자는 자신의 아이디어가 언제 사용되는지 알 자격이 있다. 셋째, 다른 사람의 아이디어나 중대한 기여를 언급하거나 참조할 때, 완전한 출처 인용과 참고문헌 정보를 반드시 제공해야 한다. 위 세 가지 경우 가운데 어떤 경우이든, 다른 사람의 연구를 자신의 것으로 제시하는 것은 허용되지 않는다. 이러한 경우 각각에 대한 예를 살펴보자.

딕슨과 린츠(Dixon & Linz, 1997)는 청취자들이 랩 음악의 노골적으로 성적인 가사의 거슬림에 대해 어떤 판단을 내리는지에 대해 연구했다. 그들의 학술지 논문에서 3개의 발췌문을 가져왔는데, 각각의 발췌문은 위에서 기술한 세 가지 상황 각각에 대한 예이다.

첫 번째 예는 딕슨과 린츠가 다른 학자들의 연구를 직접 인용한 것이다. 독자들은 이 3문장이 딕슨과 린츠가 쓴 것이 아니라 다이슨(Dyson)이 쓴 것이라는 사실을 알게 되는데, 왜냐하면 인용부호가 인용된 구절을 보여주고 있기 때문이다:

래퍼들은 최선을 다해 도시의 운명의 길고 복잡한 뒤틀림을 서정적 애가(哀歌)로 만든다. 그들은 너무 적은 사랑이나 기회가 삼켜버린 삶을 표현한다. 그들은 생존의 재간과 운을 뽐내는 과장하는 송가(頌歌)로 그들 자신과 동료들을 표현한다(Dyson, 1996, p. 177).

두 번째 예는 딕슨과 린츠가 다른 학자들의 연구를 어떻게 요약하거나 다른 말로 바꾸어 표현했는지를 보여준다. 독자들은 인용부호가 사용되지 않았기 때문에 이것들이 훅스(Hooks)의 말을 있는 그대로 인용한 것은 아니라는 것을 알게 된다:

훅스(1992)에 따르면 랩 음악이 받아들일 수 없을 정도의 성차별주의를 표현하기도 하지만, 그것은 버려진 젊은 흑인 남성들을 위한 대중의 목소리를 제공하는 일종의 남성적 표현이다.

마지막으로, 세 번째 예에서 딕슨과 린츠는 독자들에게 그들의 연구에 앞서 이루어진 랩 음악에 대한 연구에 대한 주의를 환기하고 있다:

윤리적 이슈   전유적 연구의 윤리

여러분 가운데 많은 사람이 졸업을 하고 학술 분야에서 일을 하기보다는 비즈니스 분야, 산업계, 비영리 단체, 혹은 정부 기관에서 일을 하게 될 것이다. 이 장에서 논의된 윤리적 이슈가 여러분의 조직을 위해 여러분 조직에서 수행되는 연구와 어떻게 관련될 것인가? 전유적 연구(proprietary research)라고 불리는 이러한 유형의 연구는 꽤 흔히 볼 수 있다. 이러한 연구의 경우, 결과는 설문조사를 수행했거나 설문조사를 의뢰한 조직의 구성원들에 의해서만 공유된다. 즉, 연구결과가 그 외의 더 많은 사람들에게 전파되지 않는다. 예를 들어, 많은 조직이 고용인들에게 조직 문화와 분위기를 평가하거나 고용인 만족도를 추적하기 위한 방법으로 설문지를 작성해줄 것을 요구한다. 조직들은 또한 공모자들을 두고 그들로 하여금 조직이 제공하는 지원 수준이나 지원의 질을 판단하기 위해 고객 서비스 상담원들과 상호작용하게 한다. 마지막으로, 많은 조직이 기업 이미지를 평가하거나 조직의 서비스에 대한 의뢰인의 만족도를 판단하기 위해 고객과 의뢰인을 대상으로 연구를 수행한다. 여러분이 생각하기에 이러한 상황에서는 어떤 윤리적 원칙이 유지되어야 하는가? 그 이유는 무엇인가?

랩 음악을 듣는 사람들이 랩 음악을 어떻게 지각하고 있는지, 그리고 이러한 지각이 음란법의 구성요소와 어떻게 관련되어 있는지에 대한 연구는 거의 이루어져 있지 않다. 단지 소수의 연구가 노골적으로 성적인 음악 전반과 특정하게 노골적으로 성적인 랩 음악을 듣는 사람들의 반응을 살펴보았을 뿐이다(Hansen, 1995; Johnson, Jackson, & Gatto, 1995; Zillmann, Aust, Hoffman, Love, Ordman, Pope, & Siegler, 1995).

이러한 기법을 사용하여 딕슨과 린츠는 다른 사람의 연구가 자신의 것인 것처럼 표현하는 것을 피했다. 이러한 경우 출처 인용 정보가 본문 내에 제공되기 때문에, 독자들은 논문의 참고문헌 부분으로 가서 인용된 연구에 대한 전체 참고문헌 정보를 확인하고, 그런 다음, 도서관에 가서 원래 정보를 찾을 수 있다. 출처 인용과 참고문헌 스타일에 대한 더 많은 정보는 13장을 참조하기 바란다.

3) 참여자 신원 보호하기

이 장의 앞부분에서 우리는 참여자들의 신원을 보호하고 감추는 방법에 대해 논의했다. 일반적으로 양적 연구에서는 단 한 사람의 참여자가 연구의 초점이나 관심의 대상이 아니기 때문에 양적 연구보고서에서 참여자의 신원은 이슈가 되지 않는다. 양적 연구의 보고서는 인구통계학적 특징에 의해 기술되는 사람들의 집단을 대상으로 발견한 사항에 대한 것이다. 예를 들어, 대부분의 연구자는 연구 참여자 수, 그들의 나이, 성별, 그리고 연구에 중요한 다른 인구통계학적 특징을 보고한다. 독자는 정확히 누가 참여했는지 좀처럼 확인할 수 없다. 만약 연구자가 참여자들의 소속 조직에 관해 보고한다면, 일반적으로 참여한 조직명을 바꾸거나 총칭적으로만 언급한다.

질적 연구에서 참여자의 신원을 보고하는 것은 더 어려운 일이 될 수 있다. 신원을 반드시 감추어야 한다면, 앞에서 제시된 이름을 바꾸는 것에 대한 조언이 질적 연구보고서에도 적용될 수 있다. 다른 경우에는 부분적인 숨김이 필요하거나 권장된다.

1. 연구 윤리 및 진실성 이슈는 연구과정의 필수적인 부분이며, 연구 프로젝트가 설계되고 개발될 때 반드시 살펴보아야 한다.

2. 연구자들은 세 가지 광범위한 책임을 진다: 과학적 책임, 알 만한 가치가 있는 지식을 생산할 연구를 개발하고 수행하는 데 대한 책임, 그리고 그들이 수집하는 데이터를 검증하거나 타당성을 확인할 책임.

3. 세 가지 원칙, 즉 선행, 사람에 대한 존중 및 정의가 반드시 동시에 지켜져야 한다.

4. 대학들은 연구 참여자의 권리와 복지가 적절하게 보호되고 있는지 판단하기 위해 교수와 학생의 연구제안서를 심사하는 기관심사위원회나 인간 연구대상자 심사위원회를 두고 있다.

5. 고지된 동의, 즉 연구 참여자의 연구 프로젝트 참여에 대한 동의는 거의 언제나 요구된다.

6. 고지된 동의서에는 어떤 있을 수 있는 위험과 편익을 포함한 연구 절차에 대한 정보가 포함되어 있다.

7. 고지된 동의서는 참여자들이 쉽게 이해할 수 있는 언어로 작성되어야 하며, 각 참여자에게 사본을 제공해야 한다.

8. 연구 참여자들이 연구의 목적을 미리 눈치 채지 못하게 하기 위해 필요할 때나 사전에 그들에게 모든 정보를 말하는 것이 부자연스러운 응답을 촉발할 때, 연구자들은 기만을 사용해 의도적으로 그들을 오도한다.

9. 연구가 온라인 기술을 사용할 때 제기될 수 있는 윤리적 우려를 확인하라.

10. 데이터를 수집하는 동안 연구 참여자의 비밀과 익명성을 유지하는 것은 연구자들이 반드시 지켜야 하는 또 하나의 윤리적 원칙이다.

11. 연구 절차의 일부로 연구 참여자들을 녹화하고 녹음하는 것은 그들이 분명히 알고 동의한 상태에서만 이루어질 수 있다.

12. 사후설명은 특히 기만이 사용될 때 연구 참여자들에게 연구 토픽이나 절차에 대한 추가적인 지식을 제공할 수 있는 기회를 연구자들에게 제공한다.

13. 연구보고서에서 정확성을 보장하고, 지적 재산권을 보호하며, 연구 참여자 개인의 신원을 보호해야 하는 윤리적 이슈에 대한 책임은 연구자에게 있다.

핵심어	
고지된 동의서	공모자
기관심사위원회(IRB)	기만
비밀	사람에 대한 존중
사후설명	선행
익명성	인간 연구대상자 심사위원회
정의	

2부

양적 커뮤니케이션 연구

4장 양적 연구 소개

>> 챕터 체크리스트

이 장을 읽고 난 후 여러분이 할 수 있어야 하는 것들:

1. 양적 연구와 양적 연구의 가정 기술하기.
2. 양적 연구의 예 식별하기.
3. 연역적 분석 설명하기.
4. 양적 연구를 위한 다섯 가지 구성요소 모델 설명하기.
5. 양적 연구에서 가설의 역할 설명하기.
6. 양적 연구에서 가설의 효과성 평가하기.
7. 양적 연구에서 연구문제가 사용되는 이유 설명하기.
8. 개념, 개념 체계, 구성개념, 변인, 그리고 조작화 구분하기.
9. 독립변인과 종속변인 파악하기.
10. 독립변인과 종속변인 간의 관계 설명하기.
11. 양적 연구의 장단점 설명하기.
12. 양적 연구에서 반드시 다루어져야 하는 신뢰도 및 타당도 문제 기술하기.

연구에 대해 생각할 때 여러분은 설문조사나 실험실 실험을 생각할 수도 있는데, 이 둘 모두 커뮤니케이션 연구에서 흔히 사용된다. 이 두 가지 유형의 연구 설계 모두, 내용분석이 그런 것처럼 양적 연구방법에 의존한다.

이 장은 양적 커뮤니케이션 연구에 대한 기본적인 소개를 제공한다. 여러분은 양적 방법이 변인의 확인 및 검정 가능한 가설 및 연구문제의 개발에 어떻게 의존하는지에 대해 알게 될 것이다. 나아가 여러분은 연구문제나 가설이 실제로 작성되는 방식이 연구자로 하여금 연구방법을 선택하는 데 도움을 준다는 사실에 대해서도 알게 될 것이다.

1. 양적 연구란 무엇인가?

양적 연구라는 명칭이 암시하듯이 양적 연구의 분석단위는 양(量)이다 (Anderson, 1996). 연구자들은 측정과 관찰을 통해 커뮤니케이션 현상을 양, 빈도, 정도, 값, 혹은 강도로 표현한다. 커뮤니케이션 현상이 수량화된 후, 연구자는 기술통계(descriptive statistics)나 추론통계(inferential statistics)를 사용해 그것들을 서로 비교하거나 관련짓는다. 연구자들은 전통적인 양적 접근방법과 통계기법을 사용해 더 높은 측정의 정확성을 기하며, 그 결과, 커뮤니케이션 현상에 대한 더 높은 객관성을 기할 수 있다고 어떤 사람들은 주장할 것이다. 다음의 몇몇 예는 커뮤니케이션 연구자들이 이용할 수 있는 양적 연구방법의 다양성을 보여줄 것이다.

1) 양적 연구의 예

사람들은 TV를 통해 여러 특별한 사건을 시청한다. 이러한 사건들을 시청하지 않는 것은 다른 사람들이 시청하거나 즐기고 있는 것을 보지 못하고 놓친다는 생각을 고조시킬 수 있다. 포모(FOMO: fear of missing out), 즉 **놓치거나 제외되는 것에 대한 두려움**으로 알려져 있는 이 개념은 조정 끝에 내린 선택에 대해 뒤늦게 의문을 제기할지도 모른다는 불안감을 말한다. 콘린, 빌링스 및 애버싯(Conlin, Billings, & Averset, 2016)은 포모가 다양한 TV 프로그램 표현방식(예, 드라마 시리즈물, 일회성 스포츠 경기 중계, 일회성 시상식 중계)과 관련되어 있는지 알아보기 위한 양적 연구를 설계했다.

이 연구에는 양적 방법들이 어떻게 사용되었나? 그들의 연구문제에 답하기 위해 연구팀은 응답자들의 TV 프로그램[드라마, 리앨러티 쇼(reality show)25)

---

25) 영어 'reality'는 국립국어원의 주장대로 형용사 어간 '리얼' + 명사 어미 '리티'의 합성어이긴 하나, 우리말과 달리 형용사 real일 때의 액센트와 명사 reality일 때의 강세 위치가 달라져 절대로 '리얼리티'로 발음되지 않는다. '리앨러티'에 가깝게 발음된다. 어차피 순화해서 쓸 우리말을 찾지 못하고 영어 발음대로 표기한다면 원래 발음에 더 가깝게 표

및 시트콤(sitcom)] 선택 빈도를 계산했으며, 응답자들은 또한 그들이 선택한 프로그램을 시청한 방식(예, 주 단위로 시청했는지, VCR을 통해 지나간 에피소드를 시청한 후 온라인에서 새 에피소드를 시청했는지, 전체 에피소드를 계속 이어서 시청했는지)에 대한 질문에도 대답했다. 참여자들은 또한 10개 문항으로 구성된 포모 척도(scale)에도 응답했다. 포모는 주 단위로 시청했거나 VCR로 지나간 에피소드를 시청한 후 온라인에서 새 에피소드를 시청한 참여자들의 시청 습관을 예측하지 못했다. 저자들은 어떤 사람들은 다른 사람들이 즐겁다거나 주목할 가치가 있다고 말하는 것을 토대로 미디어를 선택한다는 의견을 제시한다.

다음 양적 연구도 설문조사를 통해 수행되었다. 독감의 발병은 특히 학생들이 서로 근접한 거리에서 살며 공부하는 대학에서는 심각한 공중 건강(public health) 이슈이다. 통합 행동 예측 모델(Integrative Model of Behavioral Prediction)의 유용성을 조사하기 위해, 김과 니더데프(Kim & Niederdeppe, 2013)는 대학교 학적과가 제공한 목록에서 무작위로 선택된 학생들을 대상으로 온라인 설문조사를 실시했다. 이메일을 통해 무작위로 선택된 학생들에게 설문지를 보냈고, 독감에 걸렸다고 말한 500명이 넘었을 때 설문조사가 이루어졌다. 온라인 설문지에는 얼마나 자주 손을 씻는지 그리고 손 씻기가 독감을 예방하기 위한 방법이라고 생각하는지를 살펴보고자 하는 여러 문항이 포함되었다. 이를 통해 연구자들은 행동적 의향(behavioral intention), 규범적 신념(normative belief), 혹은 자기-효능감(self-efficacy)이 학생들의 손 씻기 행동을 예측하는지 살펴볼 수 있었다. 나아가 그들의 연구결과는 건강 커뮤니케이션 캠페인을 만드는 사람들이 학생들로 하여금 독감에 걸릴 가능성을 최소화하는 행동을 하게끔 권장하는 메시지를 더 효과적으로 개발하는 데 도움이 될 수 있다.

설문지나 설문조사 사용은 매우 인기 있는 양적 방법이다. 8장은 이 방법에 대해 상세하게 살펴본다.

커뮤니케이션 연구자들은 또한 커뮤니케이션 이슈에 대한 양적 정보를 수집하기 위해 실험도 사용한다. 우리 대부분은 디지털 기술을 사용하며, 우리 가운데 많은 사람은 이러한 기술 가운데 하나를 통해 뉴스를 수신한다. 우츠, 슐츠 및 글록카(Utz, Schultz, & Glocka, 2013)는 네트워크화된 위기 커뮤니케이션 모델을 검정하기 위한 실험을 설계했다. 연구자들은 후쿠시마 원전 사태를 모의

기하는 것이 옳다(역자 주).

위기(simulated crisis)의 기반으로 사용하여 "트위터(Twitter)나 페이스북(Facebook)을 통한 위기 커뮤니케이션은 신문을 통한 위기 커뮤니케이션보다 더 높은 평판으로 이어진다"(p. 41)라는 가설을 검정했다. 연구자들은 참여자들이 사용한 기술(트위터, 페이스북 메시지, 혹은 신문)과 그들이 읽은 위기 조건의 유형(해당 조직이 책임이 있는지 혹은 해당 조직이 책임이 없는지)을 조작했다. 참여자들이 위기에 대한 뉴스를 페이스북 게시글이나 트위터의 트윗(tweet)으로 읽었을 때 조직의 평판을 더 높게 평가했기 때문에 그들의 연구결과는 가설을 지지했다; 위기 뉴스를 신문 기사를 통해 읽은 사람들은 조직의 평판을 상당히 더 낮게 평가했다.

또 다른 실험연구에서 연구자들(Velez, Greitemeyer, Whitaker, Ewoldsen, & Bushman, 2016)은 무작위로 참여자들을 짝지은 후 다음 세 가지 방법으로 헤일로: 리치(Halo: Reach)라는 비디오 게임을 15분 동안 하게 했다: 협력해서 적을 죽이고 살아남음으로써 가능한 한 많은 점수 올리거나, 파트너가 그들을 죽이는 것보다 그들이 파트너를 죽이면서 경쟁을 하거나, 혹은 혼자 플레이를 하는 방식. 연구팀은 "협력적인 비디오 게임 파트너들이 폭력적인 비디오 게임을 하지 않았던 파트너들보다 더 공격적인가 혹은 덜 공격적인가?"(p. 452)라는 연구문제에 대한 답을 찾고 싶었다. 연구결과는 이 연구문제에 대한 답을 제공했다. 협력적인 조건에 있던 참여자들이 경쟁적 조건에서 그들의 파트너와 플레이를 한 참여자들보다 그들의 파트너에게 덜 공격적이었다.

초기의 많은 연구가 혼자 플레이를 하는 게임에 초점을 맞추었기 때문에, 이 실험의 요점은 파트너와 함께 폭력적인 비디오 게임을 하는 것의 영향을 이해하는 것이었다. 이 실험은 파트너와 함께 폭력적인 비디오 게임을 하게 함으로써 공격적 행동 검정에 사회적인 요소를 도입했기 때문에 흥미로웠다. 이 논문의 저자들은 "우리는 협력적으로 폭력적인 비디오 게임을 하는 것이 혼자서 플레이를 하는 것만큼 해롭지 않는 것처럼 보인다는 것을 이해하기 시작했다"(p. 463)고 결론 내렸다.

이것들은 커뮤니케이션 연구자들이 양적 방법을 사용하는 방법에 대한 소수의 예에 불과하다. 여러분에게는 분명하게 보이지 않을 수도 있지만 논의가 필요한, 이러한 예들의 바탕에 깔려 있는 한 가지 요소는 이러한 연구자들이 사용한 추론의 패턴이다. 이것에 대해 살펴보자.

2) 연역적 추론

양적 연구는 주로 연역적 추론에 의존한다(Nicotera, 2017). 이것은 연구자들이 이론 혹은 이론들을 연구를 통해 검정하고자 하는 연구문제나 가설의 근거로 선택함을 의미한다. 이 경우, 논리는 일반화된 것(이론)에서부터 구체적인 관찰로 흐른다. 일반적으로 연역적 추론은 추상적 개념에서 시작해서 그것으로부터 나오는 구체적인 진술로 결론 내린다.

만약 데이터와 연구결과가 어떤 이론에서 유래된 가설을 지지하지 못하면, 연구자는 대안적인 설명을 찾는다. 그 이론도 개발된 것이기 때문에 어쩌면 이론에 결함이 있거나 이론이 불완전할지도 모른다. 따라서 그러한 연구결과는 (결함이 있거나 불완전할 수도 있는) 그 이론을 검정한 직접적인 결과이기 때문에 그러한 결과에도 결함이 있음에 틀림없다. 혹은 사용한 연구방법이나 절차에 결함이 있을 수 있을 것이다. 이 경우, 연구자는 그러한 이론적 명제를 검정하기 위한 새로운 연구 설계를 개발해서 새로운 데이터를 수집한다.

3) 양적 연구를 개념화하는 모델

2장에 제시된 연역적 연구 모델은 연구과정을 개괄적으로 보여준다. 이 모델은 기본 단계들을 보여주며, 대부분의 양적 연구 프로젝트에 적용될 수 있다.

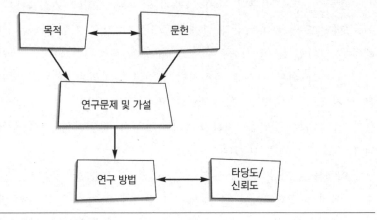

〈그림 4.1〉 양적 연구의 개념적 모델

그러나 우리가 어떤 특정한 연구를 위한 연구 계획을 선택하고 개발할 때 지침이 될 수 있는 더 전문화된 모델이 필요하다. <그림 4.1>은 양적 연구를 개념화하는 모델로 우리가 연구 계획을 선택하고 개발할 때 지침이 되어줄 것이다.

　이 모델의 왼쪽 상단에서 시작되는 첫 번째 구성요소는 연구 목적이다. 연구자는 연구 문헌에 대해 잘 알고 커뮤니케이션 이슈에 대한 몇몇 질문을 개발했기 때문에, 전반적 목적이나 목표로 시작한다. 예를 들어, 필자는 역기능적인 (dysfunctional) 어떤 집단 구성원이 어떻게 어떤 집단의 상호작용 과업을 떠맡아 마침내 이 효과적이지 않은(ineffective) 구성원으로 인해 그 과업이 그 집단의 초점으로 될 지경에 이르게 할 수 있는지에 관심이 있다. 따라서 필자의 연구 목적은 그러한 커뮤니케이션 현상을 연구하는 것이다.

　목적이 이 모델을 이끌고 나가는 유일한 구성요소는 아니라는 점에 주의하라. 사회과학의 전통은 연구자들이 문헌을 연구의 토대로 사용할 것을 요구한다. 따라서 제 구실을 하지 못하는 집단 구성원을 연구하고자 하는 필자의 바람은 연구 문헌의 맥락과 필자가 이러한 현상을 경험하면서 관찰해온 실제 집단의 맥락 속에서 프레임 된다. 필자는 필자의 원래 목적, 연구 문헌, 그리고 집단에 대한 필자의 경험에서 정보를 가져온다(그리고 동기화된다). 학자로서 필자가 알고 있는 것과 집단 촉진자로서 필자가 알고 있는 것 간의 균형을 통해서 필자는 필자의 연구와 양적 방법의 선택을 이끌어줄 연구문제나 가설을 제기할 수 있게 된다.

연구문제와 가설은 양적 연구과정의 중심이다. 연구문제나 가설 가운데 하나 혹은 이 둘의 조합 없이는 어떠한 양적 연구도 이루어질 수 없다. 이 세 번째 구성요소는 양적 연구방법 과정을 지배한다. 이 장의 뒷부분에서 우리는 이것에 대해 더 상세하게 살펴볼 것이다. 그러나 지금으로서는 하나 혹은 몇몇 연구문제나 가설 없이는 연구과정을 지휘하거나 규정할 그 어떤 것도 존재하지 않는다는 것만 인식해두자.

양적 연구 모델의 네 번째 구성요소는 연구 프로젝트를 위한 연구방법의 선택이다. 일반적으로 양적 연구자는 차이와 관계에 대한 질문을 제기한다. 바꾸어 말하면, 커뮤니케이션 현상들이 어떻게 서로 다른가 하는 것이다. 혹은 커뮤니케이션 현상들이 어떻게 서로 관련되어 있는가 하는 것이다. 만약 필자가 역기능적인 구성원과 기능적인(functional), 즉 효과적인(effective) 구성원 간의 차이를 연구하고자 한다면, 필자는 필자가 그러한 차이를 살펴보고 분명히 보여주는 것을 도와줄 양적 방법을 선택한다. 만약 필자가 역기능적인 구성원이 그 집단의 의사결정과 갈등 관리에 어떤 영향을 미치는지를 연구하고자 한다면, 필자는 역기능적인 의사결정의 정도와 갈등 관리 행동 사이의 관계를 보여주는 방법을 선택할 것이다.

몇몇 구체적인 예를 살펴봄으로써 여러분은 연구의 초점이 차이에 맞추어지는 경우와 관계에 맞추어지는 경우를 구분하는 데 도움을 받을 수 있을 것이다. 여러분의 연인과의 상호작용과 여러분의 관리자와의 상호작용에 대해 생각해보라. 첫째, 이 두 관계는 어떻게 다른지에 대해 생각해보라. 필자가 말하고자 하는 바를 살펴보기 위해 <표 4.1>을 보라.

연인과의 상호작용을 관리자와의 상호작용과 비교할 때, 차이(예, 지위, 동기 부여, 친밀성의 수준)가 존재할 몇 가지 변인을 확인하는 것은 어렵지 않다. 지위와 동기 부여 예에서처럼 차이가 어떻게 극단적일 수 있는지 주의하라. 또한 대화의 친밀성 수준에서처럼 그러한 차이가 어떻게 좀 더 적정한 수준에 그칠 수 있는지에도 주의하라. 이러한 경우들 각각에서 연구자는 각 연구 참여자를 대상으로 두 번(각 관계 유형에 대해 한 차례씩) 지위, 동기 부여, 그리고 친밀성의 수준을 계량적으로 측정할 것이다. 그런 다음, 연구자는 차이가 존재하는지 보기 위해 연인과의 상호작용에 대한 점수를 관리자와의 상호작용에 대한 점수와 비교할 것이다.

| 표 4.1 두 유형의 상호작용 간의 차이 찾아보기 | | |

두 관계 유형 간의 잠재적인 차이 변인	연인과의 상호작용	관리자와의 상호작용
관계에서 상대방의 상대적 지위	나는 이 사람을 권력과 지위의 측면에서 나와 동등한 것으로 간주한다.	조직의 위계구조로 인해 이 사람은 나보다 더 많은 권력과 더 높은 지위를 가지고 있다.
관계에 대한 동기 부여	나는 자발적으로 이 관계를 발전시켰다.	나는 나의 관리자의 작업단위[26]에서 근무할 것을 명받았다. 이 관계는 자발적이지 않다.
대화에서의 친밀성 수준	우리는 신상정보를 서로 공유한다.	나는 특히 나의 관리자와 점심을 함께 먹을 때 일부 신상정보를 공유한다.

이와 달리 두 유형의 상호작용이 서로 어떻게 관련되어 있는지 살펴보기 위한 연구 프로젝트가 설계될 수도 있을 것이다. 이러한 사례를 찾아보기 위해 <표 4.2>를 살펴보라. 두 관계 유형의 상호작용이 어떻게 관련되어 있거나 유사한지 살펴볼 때, 연구자는 또다시 각 관계 유형에 대해 갈등의 횟수, 만족의 정도, 그리고 상호작용의 빈도를 계량적으로 측정할 것이다. 그런 다음, 연구자는 두 관계 유형이 서로 어떻게 관련되어 있는 보기 위해 점수들을 짝을 지어가면서 살펴볼 것이다. 갈등의 횟수와 같이, 점수들이 어떻게 매우 비슷할 수도 있는지, 즉 매우 관련되어 있을 수도 있는지 주의해서 살펴보라. 혹은 상호작용에 대한 만족과 상호작용의 빈도와 같이, 점수들이 관련되어 있지만 방향이 정반대일 수 있다.

따라서 우리는 이러한 두 관계 유형 간의 차이나 두 관계 유형의 상호작용이 관련되어 있는 방식을 찾아낼 수 있다. 여기서의 요점은 거의 모든 커뮤니케이션 현상이 유사한 커뮤니케이션 현상과 차이가 있는지 살펴볼 수 있거나, 혹은 어떤 커뮤니케이션이 유사한 커뮤니케이션 현상과 어떻게 관련되어 있는지 살펴볼 수 있다는 것이다. 여러분은 연인과의 관계 그리고 관리자와 관계와 관련해 다르거나 관련되어 있을 수도 있는 다른 요소를 생각해낼 수 있는가?

역기능적인 집단 구성원에 대한 필자의 예로 되돌아가서, 만약 필자가 차이

---

26) 작업단위(work unit)는 조직 계층 내 하위 단위 실무조직을 말한다(역자 주).

┃표 4.2 두 유형의 상호작용 간의 관계 찾아보기

두 관계 유형 간의 잠재적인 관계	연인과의 상호작용	관리자와의 상호작용
갈등의 횟수	나는 나의 중요한 타자[27]와 자주 갈등을 겪는다.	나는 나의 관리자와 자주 갈등을 겪는다.
상호작용에 대한 만족의 정도	나는 나의 중요한 타자와의 상호작용에 매우 만족한다.	나는 나의 관리자와의 상호작용에 만족하지 않는다.
상호작용의 빈도	나의 중요한 타자와 나는 매우 자주 이야기를 나눈다.	나는 나의 관리자와 필요할 때만 이야기를 나눈다.

에 초점을 맞춘다면, 필자는 기능적인 집단 구성원과 역기능적인 집단 구성원이 갈등을 처리하거나, 집단 의사결정을 촉진하거나, 혹은 집단의 리더십에 문제를 제기하는 방식을 찾아볼 수 있을 것이다. 만약 필자가 이러한 유형의 집단 구성원들이 관련되어 있는 방식에 초점을 맞춘다면, 필자는 각 유형의 집단 구성원이 의사소통 역량(competence)을 어느 정도 가지고 있는지, 혹은 각 유형의 집단 구성원의 커뮤니케이션 스타일이 얼마나 비슷한지에 초점을 맞추고 싶어 할 수도 있을 것이다. 차이를 강조하기 위해서는 일단의 통계기법이 사용된다. 관계를 강조하기 위해서는 다른 일단의 통계기법이 사용된다. 이러한 통계기법들은 10장과 11장에서 다루어진다.

양적 연구 모델의 마지막 구성요소는 연구방법과만 연결되어 있으며, 이러한 연결은 상호적이라는 점에 주목하라(<그림 4.1> 참조). 이 마지막 구성요소는 선택된 연구방법을 통해 수집된 데이터의 타당도(validity)와 신뢰도(reliability) 검사이다. 대개 연구자는 방법론을 선택한 후 그러한 선택이 **타당도**(수집될 데이터가 얼마나 정확할 것인가?)와 **신뢰도**(수집될 데이터가 얼마나 일관될 것인가?)에 어떤 영향을 미칠지 평가할 것이다. 이러한 이슈들은 연구가 수행되고 어떤 데이터가 수집되기 전에 반드시 다루어져야 하는데, 왜냐하면 연구 프로젝트가 시작된 후에는 연구방법을 조정할 기회가 거의 없기 때문이다. 양적 방법의 가정 가운데 하나는 모든 참여자들이 비슷하게 취급되며, 따라서 여러분의 계획에서 오류나 실수를 발견할 때도 절차나 과정이 변경되어서는 안 된다는

---

27) 부모, 가족, 친한 친구, 연인, 스승 등과 같이 자신에게 사회적으로 큰 영향을 미치는 자들을 중요한 타자(significant others)라고 한다(역자 주).

것이다.

이러한 다섯 가지 구성요소 각각을 검토한 후 연구자는 이어서 양적 연구 과정을 진행한다. 일단 연구방법이 설계되면, 연구자는 연구 참여자를 선택하고, 데이터를 수집해서 분석하며, 그런 다음 연구보고서를 작성한다. <그림 2.1>에 표시된 것처럼 현 연구로부터 나온 결과는 이론의 현 상태를 확장하거나 이론의 현 상태에 문제를 제기하는 데 사용된다. 새로운 질문이 나타나게 되고 연구과정이 다시 시작된다. 그러나 우선 우리는 연구 프로젝트를 개념화하는 각 단계로 되돌아가 각 단계를 자세하게 살펴볼 필요가 있는데, 왜냐하면 이러한 단계들은 양적 연구 프로젝트의 토대를 제공하기 때문이다.

2. 양적 연구의 토대 만들기

2장에 기술한 대로 연구 문제를 확인하고, 그러한 토픽을 하나의 예비 질문이나 예비 질문들로 바꾼 후, 연구자들은 그들의 질문에서 확인된 개념을 반드시 더 구체화해야 한다. 이러한 개념적 정의는 이론적 정보나 과거 연구를 토대로 한다. 일반적으로 연구자는 다른 사람의 연구를 기반으로 하며, 기존의 개념과 정의가 부적절하거나 부적합하지 않다면 그러한 개념과 정의를 사용한다(Katzer, Cook, & Crouch, 1978).

여러분이 연구하고자 하는 것인 **개념**(concept)은 개별적이지만 여러 관련된 것을 나타낸다. 이것은 추상적인 사고방식으로, 서로 비슷한 것들을 우리가 무리 짓고 동시에 서로 비슷하지 않는 것들을 구분할 수 있도록 도와준다. 개념은 객체(object)[28]일 수도 있고, 사건(event), 관계(relationship), 혹은 과정(process)일 수도 있다. 잘못된 주장, 효과적인 퍼블릭 스피커, 배우자 간의 갈등, 리더십, 프라임-타임 텔레비전 프로그램에서의 소수민족 과소 묘사(underrepresentation) 등이 개념의 예이다. 비록 개념은 공통된 특징을 가지고 있는 한 부류의 사물을 나타내고자 하지만, 고정되거나 정확한 의미나 정의를 가지고 있지는 않다(de Vaus, 2001). 연구 문헌과 관련해서 말하자면, 개념은 일반적으로 문헌검토의 초반부에 개괄적인 기술을 통해 소개된다.

---

28) 객체란 물리적으로 존재하거나 추상적으로 생각할 수 있는 것 중에서 자신의 속성을 가지고 있고, 다른 것과 식별 가능한 것을 말한다(역자 주).

어떤 경우에는 일단의 개념들이 서로 연결되어 하나의 **개념 체계**(conceptual scheme)를 구성할 수 있다. 예를 들어, 어떤 연구자는 프라임-타임 텔레비전 드라마가 등장인물의 행동의 결과를 보여주는 방식(예, 등장인물이 죄를 짓고 책임을 지거나, 책임을 부인하거나, 책임을 다른 사람에게 돌리는 것 등)을 확인할 수 있을 것이다. 각각의 개념은 개별적으로 하나의 독특한 과정을 기술한다. 그럼에도 이 개념들은 하나의 무리로서 공통된 특징을 지니고 있다. 따라서 이 개념들은 이것들 사이의 관계를 분명히 보여주는 하나의 개념 체계를 형성한다(Kibler, 1970).

개념에 대한 이론적 정의를 **구성개념**(construct)이라 한다. 개념들이 다른 개념과 연결될 때만 구성개념이 될 수 있다. 개념들 사이의 연결은 이론적 정의의 일부이다. 그러나 구성개념이 연구에 사용되기 위해서는 반드시 관찰 가능한 속성, 즉 연구자가 그것을 관찰하거나 측정하는 방법이 지정되어야 한다. 구성개념은 분명 여러 가지 방법으로 관찰되거나 측정될 수 있을 것이다. 따라서 연구자는 연구문제나 가설에 제시되어 있는 **변인**(variable)을 사용해서 이론적 구성개념을 밝혀내며, **조작화**(operationalization)란 그러한 변인이 관찰되고 측정되는 방식을 나타낸다. <그림 4.2>는 연구과정에서 개념, 구성개념, 변인, 그리고 조작화가 서로 어떻게 관련되어 있는지 보여주고 있다. 변인 확인 및 조작화에 대해서는 이 장의 후반부에서 다루기로 한다.

개념과 구성개념 모두 연구자가 임의로 만들어내는 것이라는 점에 유의할 필요가 있다(Kibler, 1970). 따라서 동일한 토픽에 대한 많은 연구보고서를 읽을 때, 여러분은 학자들이 개념과 구성개념을 기술하는 방식에 상당한 차이가 있다는 것을 발견할 가능성이 있다. 일반적으로 연구자는 문헌검토에서 연구의 이론적 토대를 기술한다. 여기에 개념과 구성개념이 소개된다. 그런 다음, 가설과 연구문제에서 구성개념이 변인으로 정의된다. 각 변인에 대한 조작화는 연구보고서의 연구방법 부분에 제시된다.

변인은 연구자가 관심을 가지고 있는 요소이다. 변인에 대한 새로운 기술, 설명, 혹은 예측을 찾는 것은 학술적 연구를 수행하는 주된 동기 유발 요인이다. 변인들이 연구과정에서 어떻게 사용되는지 더 잘 이해하기 위해 우리는 가설과 연구문제를 주의 깊게 살펴볼 필요가 있다.

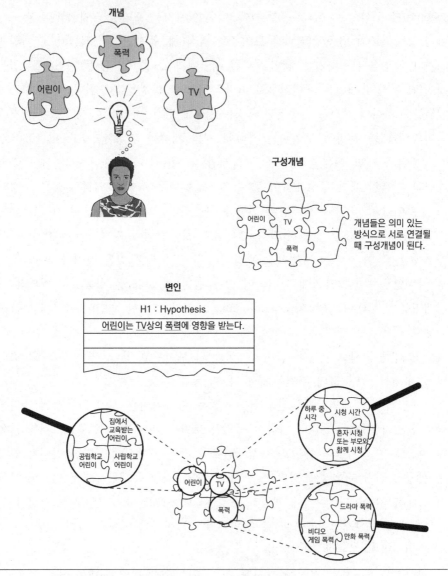

개념

폭력

어린이

TV

구성개념

어린이   TV

폭력

개념들은 의미 있는
방식으로 서로 연결될
때 구성개념이 된다.

변인

H1 : Hypothesis

어린이는 <u>TV</u>상의 폭력에 영향을 받는다.

집에서
교육받는
어린이

공립학교
어린이

사립학교
어린이

하루 중
시각

시청 시간

혼자 시청
또는 부모와
함께 시청

어린이   TV

폭력

드라마 폭력

비디오
게임 폭력

만화 폭력

〈그림 4.2〉 개념에서 구성개념, 변인, 그리고 조작화로 이동하기

3. 양적 연구의 연구가설

학자들은 양적 연구의 방향을 지시하는 가설에 의존한다. 가설은 학자가 문헌검토를 토대로 제시하는 지식을 기반으로 하는 추측 혹은 추정이다. 가설은 2개 이상의 변인 간의 차이나 관계에 대한 논리적 설명이다. 연구를 통해 검정되기 위해 가설의 결과는 반드시 관찰 가능해야 한다. 실제로 연구자는 가설에 기술된 차이나 관계를 검정하는 연구를 설계한다. 대학생의 스트레스와 대학생과 조부모와의 관계를 살펴보는 연구에서 맨슨(Mansson, 2013, p. 159)은 다음과 같은 가설을 설정했다:

가설: 손자녀가 조부모로부터 받는 애정은 손자녀의 스트레스(가설 1), 우울증(가설 2), 그리고 외로움(가설 3)과 부정적으로 관련되어 있을 것이다.

가설은 그러한 관계가 존재할 것이라고 제안한다. 대학생들이 그들의 조부모로부터 애정을 받을 때, 그들의 스트레스, 우울증, 그리고 외로움이 줄어들 것이라는 것이다. 가설은 변인들 간의 관계의 속성을 명시한다. 이것은 연구문제 형태로 관계를 표현하는 것과 다른데, 연구문제는 그러한 관계가 존재하는지 묻는다.

또 다른 예로 한 연구팀은 인스턴트 메시지가 조직에서 사용되는 방식에 차이가 있을 것으로 보았다. 파조스, 청 및 미카리(Pazos, Chung, & Micari, 2013)는 다음과 같은 가설을 제시했다(p. 73):

가설: 사람들은 갈등 과업(conflict task)보다 협업 과업(collaboration task)을 위해 인스턴트 메시지를 사용할 가능성이 더 높을 것이다.

협업 과업은 고용인들이 서로에게 도움이 되는 해결책을 향해 협력하는 과업으로 기술된 반면, 갈등 과업은 고용인들이 과업을 완수하는 방식에 대해 의견 차이가 있는 과업으로 기술되었다. 미디어의 사회적 존재감(social presence) 특성과 사람들이 사용할 미디어를 선택하는 방식에 관한 문헌을 토대로 연구팀은 과업의 유형이 고용인들의 더 잦은 인스턴트 메시지 사용을 예측한다는 가설을 설정했다.

1) 방향성 가설

직장에서의 인스턴트 메시지 사용에 대한 가설로 다시 돌아가보자. 이 경우 연구자들은 고용인들이 갈등 과업을 위해 인스턴트 메시지를 사용하기보다 협업 과업을 위해 인스턴트 메시지를 더 많이 사용할 것이라는 것을 증명하기를 기대한다. 이 가설은 과업의 유형이 인스턴트 메시지 사용을 예측한다고 분명하게 말하고 있기 때문에, 이 가설은 방향성 가설이다. 즉, 인스턴트 메시지는 다른 유형의 과업보다 한 유형의 과업을 위해 더 많이 사용된다는 것이다. 따라서 **방향성 가설**(directional hypothesis)은 변인들 간의 관계나 차이의 속성과 방향을 보여주는 정확한 진술문이다.

2) 비방향성 가설

비방향성 가설은 덜 명확하다. 직장에서의 인스턴트 메시지 사용 예를 계속해서 사용하면, 비방향성 가설은 다음과 같이 제시될 수 있다:

가설: 사람들은 과업의 유형을 토대로 인스턴트 메시지 사용의 차이를 말할 것이다.

비방향성 가설(nondirectional hypothesis)은 고용인의 인스턴트 메시지 사용에 어떤 차이가 발생할 것이라고 말하지만, 어떤 유형의 과업에 인스턴트 메시지가 더 많이 사용될 것이라고 말하지는 않는다.

협업과 갈등은 연구에서 살펴볼 두 가지 범주의 **과업 유형**(task type) 변인이다. 이러한 비방향성 가설은 두 가지 유형의 과업에서 인스턴트 메시지가 사용되는 것에 차이가 있을 것임을 나타내지만, 어떤 과업 유형이 인스턴트 메시지를 더 많이 사용하게 될 것이라는 것을 예측하지는 않는다. 어떤 연구자는 방향성 가설이 어떤 차이가 발견될 것인지를 더 명확하게 말하고 있기 때문에 비방향성 가설보다 더 정교한 것으로 판단한다. 커뮤니케이션 연구자들은 두 유형의 가설 모두를 사용한다.

3) 가설 평가하기

다음 기준은 여러분이 가설의 명료성(clarity)과 유용성(utility)을 평가하는데 도움을 줄 수 있다(Hoover & Donovan, 1995; Pyrczak & Bruce, 2007; Salkind, 2011). 첫 번째 기준은 가설의 표현에 대한 평가적 질문이다. 예를 들어, 가설이 알기 쉽게 진술되었는가? 가설이 하나의 평서문으로 진술되었는가? 적어도 2개의 변인이 확인되었는가?

두 번째 기준은 가설 속의 변인에 초점을 맞춘다. 변인들이 분명하게 명시되었는가? 변인들이 여러분이 사용할 줄 아는 기법으로 측정될 수 있는가? 만약 그렇지 않다면 여러분은 적절한 측정법이나 관찰법을 배우거나 누군가에게 이 부분에 대해 도움을 요청할 필요가 있을 것이다.

세 번째 가설 평가기준은 변인들 간의 차이나 관계가 어떻게 진술되었는지 살펴보는 것이다. 변인들 간의 차이나 관계가 정확하게 진술되었는가? 이것을 검사하는 한 가지 좋은 방법은 가설을 연구방법에 익숙하지 않은 사람에게 설명하는 것이다. 만약 여러분이 그것을 어떤 다른 사람에게 설명할 수 있다면, 가설 속의 차이나 관계가 연구에 사용해도 될 만큼 충분히 정확할 가능성이 있다. 네 번째 기준은 가설이 이론이나 일단의 문헌을 반영하는지 묻는다. 바꾸어 말하면, 가설이 이전 연구에 의해 혹은 이전 연구를 토대로 논리적으로 지지되는지 묻는 것이다.

다섯 번째 기준은 가설이 검정 가능한지 묻는다. 바꾸어 말하면, 변인들 간의 차이나 관계가 어떤 방법으로 관찰되거나 증명될 수 있는가 하는 것이다. 이 기준은 연구를 수행하는 데 결정적으로 중요하다. 연구방법, 즉 연구가 수행되는 방법은 반드시 가설과 조화를 이루어야 한다. 가설은 연구 프로젝트를 개발하고 구조화하는 방식의 지침이 되기 때문에 가설을 평가하는 것은 중요하다.

4) 귀무가설

학자들이 시간을 들여 출판된 문헌으로부터 연구가설(research hypothesis)을 개발하지만, 연구가설이 직접 검정되지는 않는다. 오히려 통계적 검정은 **귀무가설**(null hypothesis), 즉 연구가설을 부정하는 암시적인 상호보완적 진술문을 대상으로 수행된다. 통계적 검정을 사용할 때, 연구자는 귀무가설 혹은 영가설이 기각되어 결과적으로 대립가설(alternative, hypothesis), 즉 연구가설의 타당성이 확인되기를 바란다. 귀무가설은 변인들 간의 차이나 관계가 우연에 의한 것을 제외하고 존재하지 않는다고 진술한다. 보다시피 귀무가설은 연구가설의 정반대이다. 과학의 전통에 따르면, 연구가설에 대한 지지가 증명될 수 있을 때까지 귀무가설은 반드시 참으로 가정되어야 한다.

학술 연구에 귀무가설이 제시되는 것을 볼 가능성은 없지만, 귀무가설이 어떤 것인지에 대해 충분히 생각해보는 것은 도움이 된다. 한 연구팀(Maki, Booth-Butterfield, & McMullen, 2012)은 사람들이 유머(예, 다른 사람들의 웃음을 자아내게 하는 언어적·비언어적 메시지)를 사용하는 방식과 유머의 사용이 연인 및 정신적으로 사랑하는(platonic) 사람과의 관계에 영향을 미치는 방식을 살펴보았다. 다음은 이들의 연구가설 가운데 하나이다:

H: 두 사람 간의 유머 지향성(humor orientation) 차이 점수가 클수록 결속 (cohesion)과 만족의 수준은 더 낮을 것이다.

귀무가설은 다음과 같이 나타낼 수 있을 것이다:

H_0: 두 사람의 유머 지향성 차이 점수에 따른 결속과 만족의 차이는 없을 것이다.

귀무가설은 또한 다음과 같은 방식으로 제시될 수도 있을 것이다:

H_0: 두 사람의 유머 차이 점수는 그들의 결속과 만족의 수준에 영향을 미치지 않을 것이다.
H_0: 결속과 만족의 정도는 두 사람의 유머 차이 점수에 따라 달라지지 않을 것이다.

위에서 H는 연구가설을 그리고 H0은 귀무가설을 나타낸다. 2개 이상의 가설이 제시될 때는 첫 번째 가설은 H1, 두 번째 가설은 H2 등으로 표시한다.

5) 가설 사용의 연구 전통

여러분은 가설 사용에 관한 몇 가지 전통을 알고 있어야 한다(Kibler, 1970). 첫 번째 전통은 가설은 늘 잠정적이라는 것이다. 심지어 어떤 가설이 지지된다 하더라도, 그러한 지지는 결코 절대적인 것으로 여겨지지 않는다. 지식은 시간이 지나면서 발전하며, 가설을 확증하거나 불확증하고자 하는 연구자들의 지속적인 노력 덕분에 이론은 발전한다. 따라서 하나의 연구는 변인들 사이의 어떤 관계나 차이를 절대적으로 확증하거나 불확증할 수 없다.

연구자들은 그들이 연구가설을 제시할 때 두 번째 전통도 존중한다. 학술지 논문에서 명시적으로 언급되지는 않지만, 귀무가설은 연구가설과 정반대인 것으로 가정된다. 연구자가 확증하고 싶어 하는 연구가설은 변인들이 서로 다르거나 서로 관련되어 있는 방식을 진술한다. 이에 반해, 귀무가설은 비록 언급되지는 않지만 변인들 간에 차이가 없거나 변인들이 어떤 방식으로 서로 관련되어 있지 않음을 시사한다. 거의 모든 사례에서 연구가설 혹은 대립가설이 연구 프로젝트의 초점이다.

4. 양적 연구의 연구문제

왜 연구자는 가설을 통해 지식을 바탕으로 한 추측을 진술하는 대신 연구문제를 제시할까? 몇몇 경우에는 연구문제를 제시하는 것이 더 유용하다. 첫 번째 경우는 어떤 커뮤니케이션 현상에 대해 알려진 것이 거의 없을 때이다. 예를 들어, 일부 커뮤니케이션 현상, 특히 미디어나 기술의 사용과 관련되어 있는 현상은 연구자들이 그것들의 효과를 연구하는 속도보다 더 빨리 주류화된다. 그 결과, 휴대폰 채택 초기에 캠벌(Campbell, 2008)이 공공장소에서의 휴대폰 사용이 문화적·개인적 차이에 어떻게 영향을 받는지에 대해 살펴보고자 했을 때, 연구가설의 토대로 삼을 연구가 거의 존재하지 않았다. 비록 휴대폰 사용과 사용자들의 지각에 대해 살펴본 연구들은 있었지만, 사람들이 공공장소에서의 휴대폰 사용 규칙이나 규범을 어떻게 해석하는지에 관한 가설을 개발하는 데 토대가 될 만한 연구는 거의 없었다. 따라서 캠벌은 다음과 같은 연구문제를 제시했다:

RQ: 개인주의(individualism)와 집단주의(collectivism)는 서로 다른 수준의 초점을 지지하는 공공장소에서의 휴대폰 사용 평가와 어느 정도 관련되어 있는가?

연구자들이 기존 연구 분야를 새로운 응용 분야로 확장하는 경우가 연구자들이 연구문제를 사용하는 것을 볼 수 있는 또 다른 기회이다. 예를 들어, 제프리스, 누엔도르프 및 애트킨(Jeffres, Neuendorf, & Atkin, 2012)은 민주주의의 실천은 "꽤 광범위한 지식의 배분"(p. 59)에 달려 있다고 주장했다. 문헌 검색 결과, 그들은 연구들이 일반적으로 정치에, 특히 대통령 선거 캠페인에 대해 알고 있거나 모르는 것에 초점을 맞춘다는 것을 알아냈다. 기존 연구를 확대하기 위해 이 연구팀은 가장 흔히 검정되는 공공관계 활동(public affairs)[29] 영역 이외의 세 가지 지식 영역을 찾아냈는데, 지역사회에 대한 지식, 국제 공공관계 활동에 대한 지식, 그리고 인터넷에 대한 지식이 그것이다. 그들은 다음과 같은 연구문제를 제시했다(p. 64):

RQ1: 소득 및 교육 집단별 지식의 차이가 세 가지 다른 유형의 지식, 즉 국제 공공관계 활동, 인터넷, 그리고 지역사회에 대한 지식으로 이어지는가?

이전 연구가 연구자들에게 이 세 가지 영역에서의 지식 격차(knowledge gap)에 대한 지식과 정보를 바탕으로 한 추측(informed guess)을 하는 데 도움을 줄 수 없었기 때문에, 이 경우에는 연구문제 형태로 제시하는 것이 더 일리가 있다. 이 두 가지 경우 모두에서 연구문제는 연구자가 커뮤니케이션 현상을 기술하는 기회를 제공한다. 연구문제는 기술연구(descriptive research)의 주된 수단이다.

---

29) 공공관계 활동이란 주요 이해관계자들(정치권, NGO, 전문가, 언론, 주주, 업계 등)이 이슈에 대한 올바른 인지를 토대로 여론을 개선해 비즈니스를 둘러싼 공공 환경을 우호적으로 개선하는 활동을 뜻한다(출처: https://dbr.donga.com/article/view/1101/article_no/6389)(역자 주).

5. 변인의 종류

양적 연구를 위한 가설과 연구문제에서 연구자들은 구성개념을 변인으로 더욱 구체화함으로써 연구 목적을 더 명확히 한다. 변인(variable)은 가설이나 연구문제에서 구체적으로 확인되는 요소이다. 연구자는 문헌검토에서 몇 가지 관련된 개념 및 구성개념을 기술할 수도 있지만, 가설과 연구문제를 통해 조사할 좀 더 한정된 일단의 변인을 확인한다.

사회과학적 관점의 커뮤니케이션 연구는 전통적인 과학 분야에서 많은 것을 차용한다. 그 결과, 양적 연구는 변인에 대한 고찰에 의존한다. 사회과학에서 변인은 사람에 따라 혹은 대상에 따라 질이나 양이 변하는 사람이나 사물의 속성이나 특징이다(Miller & Nicholson, 1976).

간단히 말해, 하나의 변인이 되기 위해서 그 요소는 반드시 변해야 한다. 바꾸어 말하면, 변인은 반드시 둘 이상의 수준을 가지고 있어야 한다. 예를 들어, 성별(sex)은 남성과 여성 간에 차이가 있기 때문에 하나의 변인이다. 지도자는 전제적으로 기술될 수도 있고 민주적으로 기술될 수도 있기 때문에, 리더십은 하나의 변인이 될 수 있다. 설문지를 통해 측정되는 다른 구성개념들처럼 커뮤니케이션 불안도 하나의 변인이다: 사람들의 불안 점수는 잠재적으로 최저 점수에서 최고 점수에 이르기까지 여러 수준을 가질 수 있다.

커뮤니케이션 현상이나 커뮤니케이션 관련 현상이 커뮤니케이션 연구에서 항상 변인 역할을 하는 것은 아니다. 예를 들면, 성별은 변하기는 하지만, 만약 연구자가 여성의 리더십 능력만 연구한다면, 성별은 변인이 될 수 없다. 이 경우에는 리더십 능력이 변인이 될 것이다. 또 다른 예로, 만약 연구자가 민주적인 지도자가 집단 구성원의 참여를 권상하는 방식만 살펴본다면, 리더십 스타일은 변인이 될 수 없다. 이 경우에는 집단 구성원 참여 권장이 변인이 될 것이다. 어떤 것이 연구에서 변동(variation)을 할 경우에만 변인으로 확인될 수 있다(Kibler, 1970). 변할 수 있고 변인 역할을 할 수 있는 모든 개념이 모든 연구에서 다 변동을 보이지는 않기 때문에 이것은 혼란스러울 수 있다.

어떤 변인은 쉽게 확인할 수 있다. 이러한 변인은 유형적(有形的)이고 관찰 가능하다. 예를 들어, 사람들이 주장을 할 때 어떤 유형의 손짓을 하고 얼마나 많은 손짓을 하는지는 쉽게 분간하고 헤아릴 수 있다. 이와 달리 어떤 변인은 직접 살펴보지 못할 수도 있다. 이러한 경우 연구자는 다른 사건[30]을 통제하는 속성을 나타내기 위해 구성개념을 개발한다. 예를 들면, 커뮤니케이션 역량은 커뮤니케이션 학자들이 상호작용의 효과성과 적절성을 나타내기 위해 개발한 하나의 구성개념이다. 이 구성개념이 존재함을 보여주는 간접적인 증거는 존재하지만(결국 대부분의 사람은 커뮤니케이션 역량이 무엇인지에 대해 생각할 수 있게 됨), 이 구성개념 자체는 무형적이다. 구성개념은 변인에 의해 야기되는 상이한 효과를 입증할 수 있기 때문에, 커뮤니케이션 학자는 구성개념을 기꺼이 받아들인다. 예를 들면, 역량 있는 커뮤니케이터는 수신자들에게 역량이 부족한 커뮤니케이터가 만들어내는 것과 다른 결과를 만들어낸다. 마찬가지로 텔레비전 프로그램상의 폭력에 대한 태도도 눈으로 볼 수 없다. 그러나 여러분이 좋아하는 폭력적인 장면이 포함되어 있는 프로그램을 보고하거나 그와 같은 프로그램을 시청하지 않기 위해 채널을 바꿀 때, 연구자는 여러분의 태도가 만들어내는 행동적 결과를 볼 수 있다.

변인이 유형적이건 아니면 구성개념이건, 변인이 연구문제나 가설에 포함될 때 반드시 독립변인과 종속변인도 밝혀져야 한다. 간단히 말해, 독립변인은 종속변인에 영향을 미치거나 종속변인의 변화를 야기하는 것으로 추정된다. 다음 부분은 두 유형의 변인이 연구에서 사용되는 방식을 기술하고, 변인들 간의 관계의 속성을 설명한다. 양적 연구에서 연구자는 어떤 변인이 독립변인인지 그리고 어떤 변인이 종속변인인지 명시해야 한다.

1) 독립변인

연구자에 의해 조작되는 변인을 일컬어 **독립변인**(independent variable)이라 한다. 추정컨대 이러한 조작(操作; manipulation), 즉 변동은 다른 변인의 변화의 원인이다. 기술적(技術的)으로 말해서 **독립변인**이라는 용어는 실험연구용 용어로(7장 참조), 실험연구자는 독립변인에 대한 조작을 통제한다. 어떤 연구보고서는 독립변인을 **선행변인**(antecedent variable), **실험변인**(experimental variable), **처치변인**(treatment variable), 혹은 **원인변인**(causal variable)이라 부른다.

독립변인은 조작되는데, 왜냐하면 연구자는 독립변인의 서로 다른 유형이나 값이 또 다른 관찰된 현상, 즉 종속변인과 어떤 관계를 초래하는지를 평가하고 싶어 하기 때문이다. 만약 그러한 결과나 관계가 발생한다면, 연구자는 독립

---

30) 여기서 사건(event)은 어떤 실험이나 시행(試行)에서 일어날 수 있는 결과를 말한다(역자 주).

변인이 종속변인의 변화를 야기했다고 추정한다.

예를 들면, 플러거, 켈리 및 비셀(Ploeger, Kelley, & Bisel, 2011)은 고용인들이 직장에서 어떤 비윤리적인 것을 요구받을 때 얼마나 직접적으로 대응할 것인지를 조사하고 싶어 했다. 이 연구의 참여자들은 (회계 담당자 역할을 하는) 그들 조직의 누군가가 사적인 점심값을 회사 공금으로 처리해줄 것(즉, 흔히 비윤리적인 것으로 여겨지는 조직 관행)을 그들에게 요구한다면 얼마나 직접적으로 대응할 것인지를 요구받는 가상적인 시나리오를 읽었다. 세 가지 시나리오가 개발되었는데, 어떤 참여자들은 그들의 고용인 가운데 한 사람으로부터 그러한 요청을 받는 시나리오를 읽었고, 또 어떤 참여자들은 그들의 동료 혹은 그들의 상관으로부터 그러한 요청을 받는 시나리오를 읽었다. 참여자들은 이러한 조건들에 무작위로 할당되어 상관, 동료, 혹은 부하직원 시나리오에 참여하게 되었다. 이 세 가지 시나리오는 독립변인인 **조직 내에서의 역할**을 조작했는데, 그로 인해 연구자들은 다음과 같은 가설을 검정할 수 있었다: "상관은 부하직원의 비윤리적인 요청에 대해 동료가 동료의 비윤리적인 요청에 대응하는 것보다 더 직접적으로 대응할 것이고, 동료는 동료의 그러한 요청에 대해 부하직원이 상관의 그러한 요청에 대응하는 것보다 더 직접적으로 대응할 것이다"(p. 469).

> **설계 확인**   성별(sex)은 무엇이고 젠더(gender)는 무엇인가?

많은 양적 커뮤니케이션 연구가 독립변인으로 성별과 젠더를 구분 없이 사용한다. 불행하게도 많은 저자가 이 변인에 대한 조작화를 제공하지 않는다. 성별이나 젠더가 조작화되어 있지 않을 때, 아마도 연구자가 그들의 생물학적 성(biological sex), 즉 남성 혹은 여성을 자기-보고하게 했다고 가정하는 것이 안전할 것이다. 물론 생물학적 성과 젠더, 즉 성별에 대한 심리적 지향성(예, 여성적, 남성적, 혹은 양성적)은 같지 않다. 여성인 것과 여성적인 것은 다르다. 그리고 어떤 사람의 성별이나 젠더가 성적 지향성(sexual orientation)을 암시하는 데 사용될 수 없다. 만약 성별이나 젠더가 조작화되어 있지 않다면, 연구방법 부분을 주의 깊게 읽고 참여자들이 이러한 정보를 자기-보고했는지, 연구자가 참여자들에 대한 이러한 정보를 가정했는지, 혹은 참여자들이 어떤 측정도구에 응답했는지를 판단하라. 확신이 서지 않으면, 출간된 연구보고서의 저자들이 사용하는 대로 그 용어를 사용하라.

전통적으로 독립변인은 실험상황에서 종속변인의 변화를 일으키기 위해 조작된다. 그러나 커뮤니케이션 연구자들은 실험, 준-실험(quasi-experiment), 그리고 기술연구 설계(이들 각각에 대해서는 7장에서 자세하게 설명됨)를 사용한다. 실험연구 설계는 연구자에 의한 독립변인 조작을 사용하는 반면, 다른 양적연구 설계는 조작을 사용할 수 없다. 이 경우 연구자는 종속변인에 서로 다른 영향을 미치기 위해 독립변인의 자연스러운 변동에 의존한다. 이러한 경우에는 **예측변인**(predictor variable)이라는 용어가 더 나으며, 따라서 기술연구 설계(예, 설문조사 연구)에는 이 용어가 사용되어야 한다. 연구자들은 여전히 예측변인이 다른 변인들에 미치는 영향에 관심이 있지만, 두 용어를 구분하는 것은 우리가 이러한 핵심적인 차이를 상기하는 데 도움을 준다. 몇 가지 예는 이러한 차이를 더 분명하게 보여줄 것이다.

이민자들이 미국 문화에 어떻게 사회화되는지에 대한 연구에서 어버트, 페레즈 및 가라이스(Erbert, Perez, & Gareis, 2003)는 그들의 통계적 검정에 출신국가와 성별을 독립변인으로 사용했다. 분명 이 연구팀은 연구 참여자들의 이러한 측면들을 바꾸거나 달라지게 할 수 없었다. 따라서 이 두 변인은 자연스러운 변동을 보였으며, 연구팀은 참여자들이 제공한 정보를 사용해 그들을 4개의 출신 지역(미주, 아시아, 유럽, 혹은 중동)과 남녀로 코딩했다. 따라서 출신 국가와 성별은 2개 이상의 수준을 가지고 있었으며, 따라서 예측변인으로 사용될 수 있었다.

사람들이 어떻게 연인관계를 유지하는지에 대한 연구에서는(Dainton, 2003) 관계 공평성(relational equity)이 독립변인으로 사용되었다. 데이터를 수집하는 과정에서 참여자들은 그들이 공평한 연인관계에 있다고 지각하는지, 아니면 그들의 파트너보다 더 혹은 덜 이득을 보고 있는 관계에 있다고 지각하는지를 연구자가 판단할 수 있게 해주는 설문지 문항에 응답했다. 따라서 연구자는 참여자들의 관계 공평성에 대한 보고에 나타나는 자연스러운 변동을 사용해 이 연구의 예측변인을 만들어냈다.

여러분도 알 수 있듯, 독립변인을 종속변인을 바꾸거나 달라지게 하는 변인으로 기술하는 것이 더 낫다. 연구자가 항상 독립변인을 조작하는 것은 아니다. 많은 경우, 독립변인의 변동은 연구 대상인 모집단의 특징 가운데 하나로 자연스럽게 발생한다. 실험방법이 사용될 경우, 독립변인의 어떠한 변화나 차이는 종속변인의 변화의 원인으로 추정된다. 만약 연구자가 독립변인을 직접 조작하지 않는다면 인과관계(causality)는 약화되지만, 모든 커뮤니케이션 연구를 실험연구로 진행하는 것은 비현실적이다. 그러나 일반적으로 말해서 연구자는 독립변인으로부터 종속변인을 예측한다(Kibler, 1970).

2) 종속변인

비록 독립변인, 즉 예측변인이 그러한 변화를 야기하더라도, 연구자의 주된 관심사는 종속변인으로, 연구자는 종속변인 내의 변화를 기술하거나, 설명하거나, 예측하거나, 통제하고자 한다. **종속변인**(dependent variable)은 독립변인에 영향을 받거나 독립변인에 의해 변화한다. 기술연구 설계에서는 때때로 종속변인을 **기준변인**(criterion variable) 혹은 **결과변인**(outcome variable)이라 부른다. 어떻게 불리든 연구자는 독립변인이 없는 종속변인을 가질 수 없고, 그 반대 또한 마찬가지이다.

종속변인의 변화는 독립변인의 값 혹은 수준의 변화의 결과이다. 예를 들어, 학부생들의 강박적인 인터넷 사용에 대한 연구에서(Mazer & Ledbetter, 2012), 연구자들은 다음과 같은 가설을 설정했다(p. 407):

H: 온라인 커뮤니케이션 불안은 강박적인 인터넷 사용을 예측한다.

이 경우, 독립변인인 온라인 커뮤니케이션 태도는 자기-공개(self-disclosure), 사회적 연계(social connection), 불안, 미스커뮤니케이션(miscommunication) 및 편의성을 조사하는 31개 항목으로 측정되었다. 연구자들은 종속변인인 강박적인 인터넷 사용을 "나는 내가 인터넷을 사용하는 것을 스스로 통제하지 못한다"라는 항목을 포함한 7개 항목으로 측정했다. 가설에 기술된 대로 연구팀은 온라인에서 커뮤니케이션을 하는 것에 대한 태도가 강박적인 인터넷 사용을 예측하는지 보고자 했다. 자기-공개가 자기-보고된 강박적인 인터넷 사용을 예측했기 때문에 이 가설은 지지되었다. 따라서 종속변인은 연구자가 연구 프로젝트에서 설명하고자 시도하는 변인이다(Kibler, 1970).

3) 독립변인과 종속변인 간의 관계

양적 연구에서 종속변인은 연구의 주된 토픽이기 때문에 먼저 선택된다 (Thompson, 2006). 바로 위에 제시된 가설을 다시 읽어보라. 사람들이 그들의 온라인 행동, 즉 강박적인 인터넷 사용을 통제하거나, 줄이거나, 중단할 수 없는 것이 주된 연구 토픽이며 이것이 종속변인이다. 그래서 논리적으로 연구자들은 어떤 독립변인이 종속변인의 변화에 영향을 주거나 종속변인의 변화를 야기하는지 조사하기 시작한다. 연구자가 차이나 관계를 기술하거나, 예측하거나, 설명하고자 할 때, 가설은 반드시 적어도 하나의 독립변인과 하나의 종속변인을 가지고 있어야 한다. 독립변인과 종속변인이 밝혀질 때 그들 간의 추정된 관계가 확립된다.

연구자는 얼마나 많은 독립변인과 종속변인을 명시할 수 있는가? 그것은 연구자가 설명하고 싶어 하는 것의 속성이나 복잡성에 좌우된다. 그러나 가장 중요한 것은 독립변인과 종속변인의 수가 어떤 통계적 검정이 사용될지를 좌우한다. 우리는 가장 흔히 사용되는 통계적 검정을 기술하고 설명하는 10장과 11장에서 이러한 차이를 검토할 것이다. 그러나 지금으로서는 연구보고서에 제시되어 있는 가설을 분석하는 것이 여러분이 독립변인과 종속변인 간의 관계의 속성을 이해하는 데 도움을 줄 것이다.

다운스, 보이슨, 앨리 및 블룸(Downs, Boyson, Alley, & Bloom, 2011)은 교수자들의 각기 다른 미디어 사용이 대학생들의 학습에 어떻게 영향을 미치는지 살펴보았다. 그들의 가설은 다음과 같다(p. 189):

H2: 시청각 모드(mode)를 통해 정보를 처리하는 참여자들은 청각/문자를 통해 정보를 처리하는 참여자들이나 청각만으로 정보를 처리하는 참여자들과 비교할 때 단서 회상(cued-recall) 인지평가조사에서 더 높은 점수를 받을 것이다.

어떤 가설은 다른 가설보다 더 복잡하기 때문에, 어떤 변인이 독립변인인지 그리고 어떤 변인이 종속변인인지 명확하게 식별하는 것이 어려울 수 있다. 이러한 구분을 하는 한 가지 방법은 가설 진술문에서 변하는 것을 찾는 것이다. <표 4.3>을 살펴보라. 각 요소에 대한 각각의 언급을 비교함으로써 우리는 변

▎표 4.3 가설의 요소들로부터 변인 결정하기

가설: 시청각 모드를 통해 전달되는 정보를 처리하는 참여자들이 청각/문자 혹은 청각으로만 전달되는 정보를 처리하는 참여자들과 비교할 때 단서 회상 인지평가점수가 더 높을 것이다.

첫 번째 언급	두 번째 언급	세 번째 언급	비교 유형	변인 유형
참여자들	참여자들		구분하지 않음	변하지 않음, 변인이 아님
정보를 처리하는	정보를 처리하는		구분하지 않음	변하지 않음, 변인이 아님
시청각 모드	청각/문자	청각으로만	명시적 비교	독립변인
단서 회상 인지평가조사 점수	아무런 대안 주어지지 않음		암시적 비교	종속변인

인들을 판단하고, 그런 다음 그것들을 독립변인 혹은 종속변인으로 지정할 수 있다.

저자들은 연구에 참여하는 사람들은 구분하지 않는다. 가설에서 첫 번째로 언급되는 "참여자들"과 두 번째로 언급되는 "참여자들"이란 표현에 차이가 없다. 따라서 "참여자들"은 변인이 아니다. 마찬가지로, "정보를 처리하는"이란 표현에도 차이가 없다. 따라서 이것도 변인이 아니다.

이 가설을 다시 읽어보라. 저자들은 시청각 모드를 통해 전달되는 정보를 처리하는 참여자들이 더 높은 점수를 얻을 것이라고 진술한다. 또한 저자들이 "비교할 때"라는 문구를 사용하고 있다는 점에 주목하라. 이러한 단어 및 문장 구성은 시청각 모드를 통해 전달되는 정보를 처리하는 참여자들이 청각/문자 모드와 청각 양식만으로 전달되는 정보를 처리하는 참여자들과 비교될 것임을 나타낸다. 따라서 이 가설에 따르면 (인지평가조사를 통한 회상으로 측정되는) 참여자들의 학습은 그들에게 할당된 모드(혹은 조건)를 토대로 비교될 것이다. 학습은 실험조건 가운데 하나에 참여한 후에 발생할 수 있기 때문에 모드(즉 미디어의 유형)가 독립변인이고 점수는 종속변인임에 틀림없다.

여러분이 변인들을 식별하고 어떤 변인이 독립변인 혹은 종속변인인지 확인하며, 또한 연구자들이 그들의 변인들을 어떻게 측정하거나 관찰했는지를 정확히 이해하기 위해서는 연구보고서의 연구방법 부분을 읽는 것이 좋다.

6. 변인의 조작화

가설이나 연구문제에서 변인들이 독립변인으로 사용되건 종속변인으로 사용되건, 양적 연구에서 실제로 변인들을 사용하기 위해 연구자들은 반드시 한 단계를 더 거쳐야 한다. 각 변인은 반드시 조작화되어야, 즉 구체적인 방법으로 관찰되거나 측정되어야 한다. 대부분의 변인은 여러 방식으로 조작화될 수 있다. 예를 들어, 여러분이 경청을 측정하고자 한다면(Bodie, 2013), 인지적 과정(즉, 여러분은 여러분이 듣는 것을 이해할 수 있는가?)으로서의 경청을 측정할 것인지, 정서적 과정(즉, 여러분은 기꺼이 경청하고자 하는 마음이 있는가?)으로서의 경청을 측정할 것인지, 혹은 행동적 과정(즉, 여러분은 언어적으로 그리고 비언어적으로 대응하는가?)으로서의 경청을 측정하는가? 거의 모든 독립 및 종속변인이 여러 가지 방식으로 측정될 수 있다.

연구자들은 조작화에 의존해 어떤 변인을 만들어내고 측정하는 구체적인 단계나 과정을 명시한다. 연구자는 어떤 데이터가 그 변인을 나타내는지 명시함으로써 무엇이 그 변인을 나타내지 않는지도 명시하게 된다(Loseke, 2013). 따라서 조작화의 목적은 연구보고서의 조작화에 대한 기술을 읽는 다른 사람들이 이해할 수 있도록 충분히 구체적이어야 한다(Miller & Nicholson, 1976).

연구자들은 세 가지 기준을 사용해 이용 가능한 조작화 가운데 어떤 것을 선택할지 결정한다. 첫째, 어떤 조작화가 연구에 실용적이고 유용한가? 둘째, 이 조작화에 대해 정당화할 수 있는 주장을 펼칠 수 있는가? 셋째, 선택된 조작화가 개념적 정의와 일치하는가?

조작화에 필요한 구체성(specificity)을 보여주는 좋은 예는 메시지 설계 전략이 대마초에 대한 태도 및 대마초 사용의 변화에 미치는 영향을 살펴본 연구에 잘 나타나 있다(Harrington et al., 2003). 이 연구의 첫 번째 가설은 다음과 같다(p. 22):

H1: 낮은 감각(sensation)[31] 값을 가진 대마초 이용 방지 메시지에 비해 높은 감각 값을 가진 대마초 이용 방지 메시지가 태도, 행동 의향 및 행동의 더 큰 변화를 이끌어낼 것이다.

---

31) 감각기관이 그 무엇인가로부터 자극을 받아서 일어나는 의식 현상을 말한다. 눈, 귀, 코, 혀, 피부, 점막, 근육, 내장과 같은 기관에 따라서 시각, 청각, 후각, 미각, 촉각, 온도 감각, 압각(壓覺), 유기 감각(有機感覺)으로 구별된다(역자 주).

이 연구팀은 가설에서 변인들을 확인해주고 있긴 하지만, 이 연구를 반복연구하는 데 필요한 충분한 정보가 존재하지 않는다. 낮은 감각 값 및 높은 감각 값 메시지란 무엇인가? 태도, 행동 의향 및 행동의 변화는 어떻게 측정하는가?

이 연구의 연구방법 부분에서 연구팀은 이러한 변인들을 구체적으로 정의(즉, 조작화)했다. 낮은 감각 및 높은 감각 값을 가진 메시지를 만들어내기 위해 연구팀은 현재 텔레비전에 방송되고 있는 공익광고(PSA: public service announcement)를 검토했다. 연구팀은 높은 감각 값과 낮은 감각 값을 가진 공익광고를 확인한 다음, 초점집단을 사용해 그것들의 특성 묘사를 검증했다. 이러한 정보를 토대로 연구팀은 강한 강도의 시끄럽고 빠른 비트의 음악, 빠르고 많은 편집, 색다른 카메라 각도, 그리고 극단적인 클로즈업을 특징으로 하는 높은 감각 값을 가진 공익광고들을 골라냈다. 이에 반해, 낮은 감각 값을 가진 공익광고는 더 느린 음악, 더 적은 편집, 더 전형적인 카메라 각도, 그리고 극단적이지 않은 클로즈업을 특징으로 했다. 따라서 저자들은 높은 감각 값과 낮은 감각 값을 가지 메시지가 무엇인지 명확하게 기술했으며, 이러한 메시지들이 어떻게 선택되었는지 구체적으로 설명했다.

연구자들은 또한 그들이 다른 세 가지 변인(태도 변화, 행동 의향 변화, 그리고 행동 변화) 각각을 어떻게 조작화했는지에 대해서도 설명했다. 대마초 사용에 대한 태도는 전국 약물 남용 캠페인에 대한 평가로 수행된 한 연구에서 가져온 질문지 문항들을 통해 측정되었다. 대마초 사용에 대한 행동 의향은 다음 문항 및 유사한 문항들을 통해 측정되었다: "당신은 앞으로 30일 이내에 대마초를 사용할 가능성이 얼마나 됩니까?" 대마초 사용 행동은 만약 참여자들이 지난 30일 이내에, 지난해에, 혹은 지금까지 살아오면서 어느 땐가에 대마초를 사용한 적이 있는지를 묻는 항목들로 측정되었다. 각각의 변인에 대해 연구팀은 그러한 문항에 대한 예를 제공했으며, 원하는 변화의 방향(즉, 공익광고를 시청하는 것이 더 높은 혹은 더 낮은 점수로 이어져야 하는지)을 암시했다.

따라서 연구자가 개념적, 이론적, 그리고 경험적 단계로 이동함에 따라 각기 다른 용어들이 사용된다. 이따금씩 여러분은 그러한 용어들이 구분 없이 사용되는 것을 목격하게 될 것이다. 그러나 엄밀히 말하면, 그러한 용어들이 개념에서 구성개념, 변인, 그리고 조작화로 바뀌면서 구체성의 수준이 더 높아져야 한다.

양적 방법을 사용하고 있는 학술지 논문을 읽을 때, 여러분은 문헌검토에서 개념과 구성개념에 대해 읽게 될 것이다. 이 부분에서 연구자들은 심지어 그들이 관심을 가지고 있는 개념에 대한 상충하는 정의들을 제시할 수도 있다. 연구문제와 가설을 제시할 때, 연구자들은 더 구체적이 될 것이고, 개념과 구성개념을 변인으로 취급하게 될 것이다. 학술지 논문의 연구방법 부분에서 연구자들은 정확해질 것이며, 각 변인에 조작화(어떻게 변인이 관찰되고 측정될 것인가)를 제공할 것이다.

연구되고 있는 것에 대한 구체성이 있는 것이 연구자와 연구 이용자 모두에게 유익하다(Miller & Nicholson, 1976). 만약 용어들이 조작화를 통해 명확하게 정의된다면, 연구자가 확립된 경계를 넘어서는 결론을 도출하지 않을 가능성이 더 높다. 또 다른 장점은 동일하거나 유사한 조작화를 사용하는 연구들의 결과를 비교할 수 있다는 것이다. 조작화가 표준화된 측정 혹은 관찰 방법으로 받아들여질 때, 두 가지 결과가 뒤따른다. 첫째, 정확성이 획득되어, 커뮤니케이션 현상에 대한 우리의 이해가 향상되며, 이러한 향상은 이론 발전을 가능하게 한다. 둘째, 조작화는 다른 연구자들로 하여금 반복연구를 가능하게 하여 연구결과를 검증하거나 연구결과에 이의를 제기하게 한다.

7. 양적 연구 옹호론

다른 많은 사회과학 분야에서는 물론 커뮤니케이션 분야에서도 오랜 기간 동안, 사회과학 관점에서 연구를 수행하는 연구자들은 주로 양적 연구방법에 의존했다. 전통적으로 변인들이 수량화되는 다른 방법(예, 설문조사)에 비해 실험 형식이 선호되었다. 그러나 오늘날 커뮤니케이션 연구자들은 다양한 양적 방법을 선택한다. 어떤 방법을 선택해야 하는가는 연구자가 반드시 내려야 하는 결정 가운데 하나이다. "이 연구에서 내가 원하는 것은 무엇인가?"라는 질문에 명쾌하고 완전하게 답함으로써 연구자는 양적 연구 설계가 적합한지 판단할 수 있고 따라서 최적의 접근방법을 선택할 수 있다. 양적 연구의 장단점을 검토함으로써 여러분은 어떤 유형의 가설과 연구문제가 양적 방법에 의해 가장 잘 해결되는지 판단하는 데 도움을 받을 수 있을 것이다.

1) 양적 연구의 장점

양적 연구방법을 사용하는 것의 장점은 분명하다. 첫째, 커뮤니케이션 연구에 사용되는 양적 방법은 다른 학문 분야들에 사용되는 양적 방법의 전통과 역사를 따른다. 따라서 양적 방법을 사용한다는 것은 연구과정에 일정 정도의 엄격함이 유지됨을 의미한다. 커뮤니케이션 현상을 수량화하고 측정함으로써 커뮤니케이션 연구자들은 관심사를 서로 공유하는 사람들과 동일한 연구 언어를 사용한다. 예를 들어, 어떤 연구 전통을 공유하는 것은 조직 커뮤니케이션을 연구하는 커뮤니케이션 연구자들과 경영학 분야의 연구자들 사이의 관계를 강화한다. 마찬가지로 대인적 이슈를 연구하는 많은 커뮤니케이션 연구자는 개인과 개인들의 관계에 초점을 맞추는 심리학자들과 연구 전통을 공유할 것이다.

양적 연구의 두 번째 장점은 숫자와 통계를 사용하는 것에서 기인한다. 커뮤니케이션 개념을 수량화하고 차이와 관계를 평가하기 위한 통계 절차를 사용함으로써 연구자는 매우 정밀하고 정확하게 그러한 비교를 할 수 있다. 이것은 커뮤니케이션의 미시적 요소(microelement)를 연구하는 데 특히 중요하다. 추상적 개념을 수량화하는 것은 연구자들에게 변인들을 분리해내서 그렇지 않으면 감추어진 채 있을 개념들에 대한 지식을 얻을 수 있는 방법을 제공한다.

셋째, 커뮤니케이션 현상을 수량화할 수 있기 때문에 우리는 비교를 할 수 있고, 이러한 비교는 많은 참여자 집단 사이에서 이루어질 수 있다. 그 결과, 연구자들은 연구결과를 연구 프로젝트에 참여한 사람들과 비슷한 특징을 가지고 있는 다른 사람들에게 일반화할 수 있다.

2) 양적 연구의 한계

물론 이러한 장점의 이면에는 한계점도 있다. 그리고 흔히 그렇듯이 한계점들은 그러한 장점을 가져다주는 것과 동일한 근원에서 비롯된다. 양적 연구는 커뮤니케이션 현상의 미시적 요소에 초점을 맞출 수 있기 때문에 이러한 유형의 연구는 일반적으로 장기간에 걸친 커뮤니케이션의 복잡성이나 깊이를 포착하는 데 적합하지 않다. 한 번에 소수의 변인들에만 초점을 맞추는 것으로 제한하기 때문에 연구자는 전체 커뮤니케이션 과정을 살펴보기가 더 어렵다.

마찬가지로 양적 연구는 통제된 연구 환경에서 반복연구가 이루어지거나 시뮬레이션 될 수 없는 커뮤니케이션 현상을 포착할 수 없다. 연구자들이 현장에서 양적 방법을 사용할 수 있긴 하지만, 모든 참여자는 반드시 동일한 자극과 체계적 절차의 대상이어야 한다. 그 결과, 자연적으로 발생하거나 돌발적으로 발생하는 커뮤니케이션 현상에 대한 질문은 양적 방법에 그만큼 적합하지 않다.

8. 신뢰도 및 타당도 이슈

모든 양적 연구는 신뢰할 수 있을 뿐만 아니라 타당하기를 바란다. **신뢰도**(reliability)는 연구자가 일관되게 데이터 수집 절차를 사용하고, 또한 참여자들이 그러한 절차에 유사하게 반응할 때 얻어진다. 신뢰도는 또한 비교 가능한 참여자들을 대상으로 수행되는 다른 프로젝트에서 동일한 척도를 사용하는 다른 연구자들이 유사한 결과를 얻을 것임을 의미한다(Hoover & Donovan, 1995).

그러나 신뢰도는 양적 연구방법을 평가하는 하나의 부분일 뿐이다. **타당도**(validity)는 측정하고자 의도한 바가 측정될 때 얻어진다(Hoover & Donovan, 1995). 타당도는 사실과 관련되어 있다. 따라서 과학적 추론의 범위 내에서 어떤 기법이 어떤 개념의 실재(reality)를 더 잘 알아낼수록 그 기법은 더 타당하다. 만약 짐작하건대 커뮤니케이션 역량의 정도를 평가하고자 하는 어떤 연구자가 설문지를 이용해 갈등을 다루는 여러분의 능력을 대한 문항에 응답해줄 것을 여러분에게 요청할 경우, 만약 여러분과 다른 일반적 사람들이 갈등을 효과적으로 다루는 것이 실제로 커뮤니케이션 역량의 증거라고 믿는다면 그 항목은 타당할 것이다.

신뢰도와 타당도는 서로 관련되어 있다. 신뢰도와 타당도는 모두 측정도구의 유용성에 대한 평가이다. 신뢰도와 타당도가 확보될 때, 데이터는 체계적 오류(systematic error)에서 벗어날 수 있다(Selltiz, Jahoda, Deutsch, & Cook, 1959). 이런 이유에서 양적 연구자들은 연구 프로젝트 계획수립 단계에서 반드시 세심하게 신뢰도와 타당도를 고려해야 한다. 그러나 그렇게 하는 것만으로는 충분하지 않다. 데이터 수집이 끝날 때, 양적 연구자들이 수행하는 첫 번째 분석 단계 가운데 하나가 데이터의 신뢰도와 타당도를 평가하는 것이다. 신뢰할 수 있고 타당한 측정이 이루어지지 않았다면, 그러한 데이터가 수집되는 방식에 의존하는 연구의 결과 역시 의심스럽다. 신뢰도와 타당도 평가 방식에 대한 더 자세한 사항은 5장에서 다루어진다.

1) 신뢰도와 타당도를 위협하는 요인

어떤 측정도구이든, 그것이 설문지든 여러분이 여러분의 상사(上司)와 이야기할 때 "라이트 씨"(Ms. Wright)라는 말을 사용하는 횟수를 헤아리는 연구자이건, 결함이 있을 수 있다. 커뮤니케이션 연구는 복잡한 커뮤니케이션 현상을 측정하기 때문에 신뢰도와 타당도를 위협하는 요인에 특히 취약하다. 각기 다른 유형의 신뢰도 및 타당도 위협 요인을 살펴보자(Selltiz et al., 1959).

첫째, 측정도구가 미세한 차이를 구분할 수 없다면 신뢰도와 타당도는 위협을 받는다. 측정도구가 구체성이나 정확성을 어느 정도 포착할 수 있는가? 어떤 사람의 조직에 대한 지향성이나 조직과의 관계를 측정할 때, 조직 지향성 척도 (McCroskey, Richmond, Johnson, & Smith, 2004)가 조직에 높은 친밀감을 가지고 있는 사람, 조직에 대해 크게 신경 쓰지 않는 사람, 그리고 조직에 잘 적응하지 못하는 사람을 실제로 구분할 수 있는가?

둘째, 측정도구가 사람들이 어떻게 다른지 포착하지 못할 경우, 신뢰도와 타당도가 위협받는다. 조직 지향성은 사람들이 조직에 대해 가질 수 있는 세 가지 서로 다른 지향성 간의 차이를 반드시 구분해야 할 뿐만 아니라, 그러한 지향성을 가지고 있는 사람들이 조직 내에서 어떻게 커뮤니케이션을 하는지에 대한 정보도 반드시 제공해야 한다.

연구자들이 응답자와 무관하거나 응답자가 모르는 무언가를 측정하고자 할 때, 세 번째 위협이 나타난다. 누구나 설문지에 응답할 수 있지만, 만약 응답자가 질문을 이해하지 못하거나 응답자가 자신과 아무 관련이 없는 무언가에 대한 대답을 요구받을 경우, 그러한 측정에는 문제가 생길 수 있다. 의견과 태도를 측정할 때 특히 그러한데, 양적 커뮤니케이션 연구에는 흔히 의견과 태도가 포함된다. 간단히 말해, 미혼자(unmarried)와 비혼자(never-married)[32]에게 결혼 배우자와의 커뮤니케이션 만족도에 대한 질문을 하는 것은 말이 되지 않을 것이다.

마지막으로, 인간 커뮤니케이션 행동의 복잡성으로 인해 신뢰도와 타당도가 위협받을 수 있다. 어떤 특정 도구가 진정으로 그러한 현상을 포착할 수 있

---

32) 비혼은 결혼을 전제하지 않으면서 '결혼하지 않는 상태'임을 나타내는 말로 쓰인다(역자 주).

는가? 예를 들어, 만약 두 연구자가 어떤 건물의 길이를 측정하는 과정에서 서로 동의하지 않는다면, 둘이 함께 그 건물의 길이를 재측정할 수 있다. 그들은 그들의 개별적인 척도를 서로 혹은 제3자를 통해 검증할 수 있다. 그러나 여러분의 조직 지향성을 누가 검증할 수 있는가? 원래 설문지에 다시 응답해주도록 요청하더라도 여러분이 원래 설문지에 응답한 이후 여러분이 조직 내에서 행한 상호 작용의 수와 유형에 따라 혹은 여러분의 동기화나 고용의 지위의 변화에 따라 다른 결과가 나올 수도 있다. 다른 누군가가 독립적으로 여러분의 조직 지향성을 검증할 수도 없다. 오직 여러분만이 그러한 정보를 제공할 수 있기 때문이다. 더욱이 여러분의 조직 지향성이 그 설문지에 의해 포착된 세 가지 지향성에 의해 나타나지 않는다면 어찌 되는가?

알다시피 커뮤니케이션 현상을 수량화하는 데에는 어느 정도의 어려움이 있으며, 따라서 연구의 신뢰도와 타당도에 영향을 미친다. 비록 연구자들이 연구 프로젝트 참여자들 전체의 변동을 포착하고 싶어 하더라도, 그러한 변동은 개인들 사이의 참된 차이를 보여줘야지 측정 오차(measurement error)로 인해 생긴 것이어서는 안 된다(Selltiz et al., 1959).

연구자가 포착하고자 하는 변동 외에도 있을 수 있는 다른 많은 변동의 원천이 존재한다(Selltiz et al., 1959). 만약 연구자가 연구 설계의 일부로 이러한 변동을 살펴보고자 했던 것이 아니라면, 그러한 변동이 존재할 때 다음과 같은 사항이 신뢰도와 타당도에 대한 위협으로 반드시 고려되어야 한다:

① 연구에서 측정되지 않은 요인들로 인한 변동. 예를 들어, 여러분은 성격 (personality)이 갈등 관리 전략 선택에 미치는 영향을 측정하고 싶어 한다. 연구자는 성격이 최적의 독립변인인지 판단하기 위해 연구 문헌을 검토해야 할 것이다. 성격이 아닌 우리의 갈등 경험이 우리의 갈등 관리 전략 선택에 영향을 미칠 수 있을까?

② 기분, 피로, 건강, 하루 중 시각 등과 같은 개인적 요인들로 인한 변동 혹은 차이. 이러한 요인들이 여러분의 갈등 관리 전략 선택에 어떻게 영향을 미칠 것인가?

③ 상황적 요인으로 인한 변동 혹은 차이. 여러분의 갈등 관리 전략 선택이 학교에서 갈등을 겪을 때, 직장에서 갈등을 겪을 때, 가정에서 갈등을 겪

을 때 각기 달라질 것인가?

④ 연구 프로젝트가 운영되는 방식의 차이로 인한 변동. 연구자들마다 연구 참여자들과 소통하는 스타일이 서로 다를 수도 있다. 여러분은 지루해하는 듯 보이는 연구자와 열정적인 듯 보이는 연구자에 대해 각기 다르게 응답할 것인가?

⑤ 측정도구에 포함된 항목의 수로 인한 변동. 각각의 갈등 관리 스타일에 대해 단지 하나의 질문만 하는 것은 각 스타일에 대해 대여섯 개의 질문을 하는 것과 같지 않을 것이다. 대부분의 커뮤니케이션 현상의 폭넓음과 복잡성을 포착하기 위해서는 다수의 항목이 요구된다.

⑥ 명확하지 않은 측정도구로 인한 변동. 연구보조원인 여러분에게 연구자가 스피치를 하는 학생들을 관찰하면서 학생들이 불완전한 문장을 사용하는 횟수를 세어 달라는 요청을 받는다. 한 스피치에서 학생이 불완전 문장을 사용하지만 다음 문장을 말하기 전에 오류가 있었다는 것을 알고 완전한 문장으로 다시 말한다. 여러분은 이것을 횟수에 포함하는가 아니면 포함하지 않는가?

⑦ 기계적 혹은 절차적 이슈의 영향으로 인한 변동. 한 실험에서 여러분은 여러분이 관계를 맺고 있는 파트너와 가장 최근에 겪은 갈등을 회상해서 여러분이 그 파트너에게 말한 것을 적어줄 것을 요청받는다. 여러분이 그 갈등을 회상할 때, 그 갈등이 약 20분 동안 오래 지속되었다는 것을 알게 된다. 그러나 연구자가 제공한 설문지에는 여러분이 말한 내용을 적을 수 있는 공간이 10센티미터 정도밖에 되지 않았다. 그래서 여러분은 어떻게 해야 할지를 몰라 여러분이 말한 것 가운데 가장 중요한 것만 적고 나머지는 생략한다.

⑧ 데이터의 통계적 처리로 인한 변동. 예를 들어, 어떤 연구자는 통계 프로그램의 메뉴 가운데 실수로 잘못된 통계 검정을 선택한다. 혹은 컴퓨터에 데이터를 입력하는 사람이 여러분이 "5"라고 응답한 것을 "4"로 입력한다.

분명 여러분은 연구 프로젝트 내의 변동을 포착하고 검정하고 싶어 한다. 그러나 이러한 유형의 변동은 여러분의 가설과 연구문제에 예정되어 있고 또 밝혀져 있다. 다른 변동은 문제가 될 수 있다. <그림 4.1>에 나와 있는 양적 연구 모델을 다시 살펴보라. 연구방법 부분은 반드시 신뢰도 및 타당도 이슈와 균형을 맞추고 있어야 한다는 점에 주목하라. 그런 이유에서 양적 연구를 사용하는 연구자들은 데이터가 수집되기 전에 그들의 연구 설계, 즉 연구 절차와 방법을 반드시 세심하게 고려하고 평가해야 한다. 연구자가 포착하고 싶어 하는 변동을 넘어서는 변동이 포착되는 것은 측정 오차이며, 이것은 신뢰도와 타당도를 위협한다.

》 요약

1. 양적 연구는 커뮤니케이션 현상을 관찰하고 측정하는 방법으로 숫자의 사용에 의존한다.

2. 연구자들은 전통적인 양적 접근방법과 통계기법의 사용을 통해 커뮤니케이션 연구에 객관성을 제공한다.

3. 양적 연구는 연역적 추론에 의존한다.

4. 양적 연구의 주된 목적은 이론에서 개발된 명제들을 검정하는 것이다.

5. 양적 연구 모델은 5개의 구성요소로 이루어져 있다: 연구 목적, 문헌 토대, 연구문제 및 가설, 연구방법, 그리고 신뢰도와 타당도.

6. 양적 연구는 연구되는 모든 현상이 개념화되어야 하며, 그런 다음 명확하게 정의될 것을 요구한다. 연구자들은 개념에서부터 구성개념, 변인, 그리고 조작화를 거치면서 커뮤니케이션 현상을 살펴보는 데 필요한 객관적 구체성을 제공한다.

7. 조작화는 연구자가 양적 연구에서 변인들을 관찰하고 측정하는 구체적인 방법이다.

8. 양적 연구는 통상적으로 가설 사용을 통해 연구과정을 이끌어간다.

9. 가설은 알기 쉽게 진술되어야 하고, 변인들과 변인들 간의 관계가 분명하게 명시되어야 하며, 검정 가능해야 한다.

10. 연구자들은 연구가설을 개발하지만, 통계적 검정의 초점은 실제로 귀무가설이다.

11. 가설에는 독립변인과 종속변인이 포함되어 있다.

12. 연구자는 또한 연구문제를 양적 연구의 토대로 사용할 수 있다. 연구문제는 어떤 커뮤니케이션 현상에 대해 알려진 것이 거의 없거나 이전 연구결과들이 어떤 결론에 이르지 못했을 때 적절하다.

13. 양적 연구의 장점에는 일정 정도의 엄격성, 숫자와 통계의 사용을 통해 얻어지는 객관성, 그리고 많은 참여자들 사이의 비교 가능성이 있다.

14. 양적 연구의 제한점에는 장기간에 걸친 커뮤니케이션의 복잡성이나 깊이를 포착하는 데 있어서의 어려움과 통제된 환경에서 반복연구되거나 시뮬레이션 될 수 없는 커뮤니케이션 현상을 정확하게 담아낼 수 없다는 점이 있다.

15. 양적 연구는 변인을 측정하는 부정확한 척도 사용, 참여자들이 모르거나 참여자들과 무관한 것을 측정하고자 하는 시도, 그리고 인간 상호작용의 복잡성을 포착해내기 어려움을 포함해 신뢰도와 타당도를 위협하는 요인들을 반드시 다루어야 한다.

핵심어	
개념	개념 체계
결과변인	구성개념
귀무가설	기준변인
독립변인	방향성 가설
변인	비방향성 가설
선행변인	신뢰도
실험변인	예측변인
원인변인	조작화
종속변인	처치변인
타당도	

5장 측정

>> **챕터 체크리스트**

이 장을 읽고 난 후 여러분이 할 수 있어야 하는 것들:
1. 측정은 하나의 과정이라는 점 이해하기.
2. 숫자는 연구자가 의미를 부여할 때까지 아무런 내재된 의미를 가지지 않는다는 원칙 설명하기.
3. 상호배타적이고, 망라적이며, 동등한 명목 데이터의 범주 개발하기.
4. 세 가지 유형의 연속수준의 데이터, 즉 서열, 등간 및 비율 데이터를 구분하고 적절하게 사용하기.
5. 효과적이고 적절한 라이커트형 척도 개발하기.
6. 신뢰도와 타당도의 기본 원칙과 신뢰도와 타당도가 연구결과에 어떻게 영향을 미치는지 이해하기.
7. 타당도와 신뢰도 간의 관계 이해하기.
8. 타당도와 신뢰를 위협할 수도 있는 연구 설계 이슈 고려하기.
9. 정확하고, 윤리적이며, 책임 있게 데이터를 수집하고, 보고하고, 해석하기.
10. 연구자들이 보고한 측정 절차와 데이터 해석에 의문 제기하기.

양적 연구는 데이터의 특징을 표시하는 한 방법으로, 측정, 즉 데이터에 숫자를 부여하는 것에 의존한다(Vogt & Johnson, 2011). 여러분이 양적 연구 수행을 계획하든 그렇지 않든, 여러분은 이 장이 제시하는 개념들을 기본적으로 이해해야 하는데, 왜냐하면 커뮤니케이션 현상에 대해 알려져 있는 것 가운데 상당 부분이 측정과 측정이 따라야 하는 설계 및 통계 원칙을 통해 발견된다.

　　측정은 연구자들이 커뮤니케이션 행동에 대한 정보를 확인하고 제시하는 데 도움을 주는 유용한 과정이다. 측정은 개념적인 것과 경험적인 것 간의 연결 고리이다. 연구자들은 측정 원칙을 사용해 그들이 관찰하고 측정할 것에 대한 신중한 선택을 하고, 오류를 피하기 위해 조심하며, 그들의 관찰을 세심하게 기록한다(Weaver, 2008).

1. 측정 원칙

　　여러분은 무언가를 측정할 때 그것의 가치, 정도, 강도, 깊이, 길이, 폭, 거리 등을 기술하기 위해 숫자를 사용하는 것에 익숙하다. 연구에서 측정은 단순히 하나의 기술(記述) 도구이다. 측정은 또한 우리로 하여금 기술된 것을 평가할 수 있게 한다. 측정은 이러한 두 가지 기능을 하기는 하지만, 무언가를 측정하는 데 사용되는 숫자는 우리가 숫자에 의미를 부여할 때까지는 아무런 가치를 지니지 않는다. 예를 들어, 숫자 99는 여러분의 최근 시험 점수일 수 있을 텐데, 만약 만점이 100점이라면 여러분은 여러분이 얻은 점수에 대해 자랑스러워할 수 있을 것이다. 그러나 만점이 200점이라면 99라는 점수에 대해 여러분은 어떤 느낌을 가질 것인가? 알다시피 우리가 숫자에 부여하는 가치는 숫자에 내재되어 있지 않다. 오히려 그 가치는 우리가 부여하는 의미에서 오며, 이러한 것의 상당 부분은 임의적으로 이루어진다. 이 장의 목적은 커뮤니케이션 개념과 현상을 관찰한 것을 설명하거나 대신하기 위해 숫자가 연구에서 사용되는 방식에 여러분이 편안해질 수 있도록 돕는 것이다.

　　숫자가 측정의 중심이긴 하지만, **측정**(measurement)을 연구자가 수치적 평가에 도달하기 위해 행하는 모든 것을 포함하는 하나의 과정으로 생각하는 것이 더 유용할 수도 있다. 따라서 측정은 측정도구, 측정도구가 사용되는 방식, 측정도구를 사용하는 사람의 기량, 그리고 측정되는 것의 속성이나 특징을 포함한다(Katzer, Cook, & Crouch, 1978). 이러한 것들 각각은 연구자가 확보하는 숫자에 영향을 미칠 수 있다. 측정은 또한 사람, 사건, 혹은 사물에 어떤 특정한 범주를 부여하는 과정일 수 있다(Sirkin, 1995). 이렇게 해서 연구자는 어떤 것을 측정함으로써 그것을 기술하거나 확인해준다.

측정 유형에 상관없이 측정은 연구자에 의한 통계적 분석과 이후의 해석의 토대가 되기 때문에 정확할 필요가 있다. 만약 어떤 커뮤니케이션 현상에 대한 측정에 결함이 있다면, 그것으로부터 나오는 모든 것 역시 결함이 있다 (Emmert, 1989).

왜 커뮤니케이션 현상을 측정하는가? 무언가를 측정하는 것은 그것을 어떤 표준화된 형식으로 기술하는 것이다. 4장의 변인의 조작화에 대한 논의를 회상해보라. 무언가를 측정하는 방법을 선택하는 것은 그 변인이 지각되고, 다루어지며, 처리되는 방식을 표준화하며, 또한 본질적으로 그 변인에 대한 **조작화**를 제공한다. 변인들이 조작화될 때, 즉 표준화될 때, 그것들은 세 가지 유형의 비교에 사용될 수 있다(<그림 5.1>).

		불안 범주	PRCA 점수
개인들 사이의 비교	케일	높음	78
	데니스	낮음	56
	핼리	높음	79
	제수	낮음	50
동일한 척도를 사용하는 연구들 사이의 비교	이전 연구에서 PRCA는 크론바크 알파(Cronbach alpha) 계수가 0.93~0.97로 높은 내적 일관성을 보여주었다 (McCroskey, 2009; McCroskey et al., 1985). 이 연구에서도 이 척도의 크론바크 알파 계수는 0.97이었다(Russ, 2012).		
유사한 척도들 사이의 비교	두 번째 가설은 커뮤니케이션 비자발성의 접근-회피 차원을 살펴보았다. 다중회귀분석은 생물학적 성, 자기-존중감, 그리고 커뮤니케이션 불안이 커뮤니케이션 비자발성의 접근-회피 차원의 분산의 상당 정도를 설명했다 (Pearson, Child, DeGreeff, Semlak, & Burnett, 2011).		

〈그림 5.1〉 세 가지 유형의 비교를 가능하게 하는 측정

첫 번째 유형은 동일 변인에 대한 여러 차례의 측정을 비교하는 것이다. 과학은 확장과 반복의 과정이기 때문에 두 번째 유형의 비교는 연구자들에게 특히 중요하다. 연구자들이 동일하거나 유사한 측정방법을 사용할 때, 한 연구의 결과는 다른 연구결과와 비교될 수 있다. 세 번째 유형의 비교는 연구자들로 하여금 유사한 것처럼 보일 수도 있는 요소들 사이의 좀 더 분명한 구별을 가능하게 한다. 이러한 세 가지 유형의 비교를 할 때, 측정은 연구자들로 하여금 수학적 기법을 사용해 어떤 현상의 존재를 검증할 수 있게 할 뿐만 아니라 커뮤니케이션 현상들 사이의 관계의 존재에 대한 증거도 제공한다(Kaplan, 1964).

<그림 5.1>은 연구자들이 측정을 사용해 세 가지 서로 다른 비교를 하는 방식에 대한 실제 예를 보여준다. 거의 모든 사람이 어떤 순간에 커뮤니케이션 불안, 즉 다른 사람과 상호작용하는 것에 대한 불안을 경험한다. 첫 번째 유형의 비교, 즉 동일한 변인을 여러 차례 측정한 것들의 비교는 두 가지 방식으로 이루어질 수 있다. 가장 기본적인 수준에서 우리는 단순히 사람들을 커뮤니케이션 불안을 가지고 있는지 혹은 가지고 있지 않는지 확인해낼 수 있을 것이다. 이러한 확인을 할 때 우리는 사람들에게 두 가지 범주, 즉 커뮤니케이션 불안을 가지고 있는 사람과 가지고 있지 않는 사람 가운데 하나를 부여한다. 이러한 유형의 비교는 가장 기본적인 수준의 측정이다. 그러한 정보를 바탕으로 우리는 사람들을 두 집단으로 구분할 수 있겠지만, 두 집단 간의 어떠한 차이나 각 집단 내에 있는 사람들 사이의 차이에 대해서는 많이 알지 못한다.

이러한 첫 번째 수준에서 우리는 또한 PRCA(Personal Report of Communication Apprehension), 즉 자기-보고식 커뮤니케이션 불안 척도를 사용하여 사람들 사이에 이 변인에 관한 비교를 해볼 수 있을 것이다(McCroskey, Beatty, Kearney, & Plax, 1985). 사람들은 이 척도의 24개 질문에 답할 수 있으며, 우리는 그들의 커뮤니케이션 불안 점수를 계산할 수 있을 것이다. 이 도구는 커뮤니케이션 불안에 대한 측정을 표준화할 수 있는 한 가지 방법이기 때문에 우리는 이 사람들의 점수를 비교할 수 있을 것이다. 우리는 두 집단, 즉 커뮤니케이션 불안을 가지고 있는 사람들과 그렇지 않은 사람들을 구분할 수 있는 지점이 되는 점수를 심지어 확인할 수도 있을 것이다. 혹은 우리는 참여자들의 점수를 사용해 집단들 내의 미묘한 변동을 찾아낼 수도 있을 것이다.

두 번째 유형의 비교로 이동해서, 우리는 우리의 결과를 PRCA를 사용한 다른 연구자들의 결과와 비교할 수 있다. 우리는 커뮤니케이션 불안을 연구하고 PRCA 점수를 보고하고 있는 학술지 논문들을 확인할 수 있을 것이다. 그런 다음, 우리는 우리 연구의 결과를 이전에 발표된 연구의 결과와 비교할 수 있을 것이다. <그림 5.1>는 러스(Russ, 2012)가 어떻게 그의 연구의 내적 일관성 (internal consistency)[33] 신뢰도 점수를 이전 연구들의 내적 일관성 점수와 비교하는지 보여주고 있다. 우리는 우리 참여자들의 평균 점수와 유사하거나 다른 모집단에서 얻은 평균 점수를 비교할 수 있을 것이다.

커뮤니케이션 불안은 가장 널리 연구되는 커뮤니케이션 변인 가운데 하나이다. 그럼에도 참여자들의 커뮤니케이션 회피(communication avoidance) 선유성향을 측정하는 것이 여전히 유일한 방법이다. 그래서 또 다른 유형의 비교는 참여자들의 PRCA 점수를 유사한 유형의 척도를 통해 얻은 점수와 비교하는 것이다. 한 예로, 피어슨과 그녀의 연구팀(Pearson et al., 2011)은 PRCA 점수를 사용해 커뮤니케이션 비자발성(unwillingness to communicate)의 접근-회피 (approach-avoidance) 차원을 예측했다(Burgoon, 1976). 통계 분석은 PRCA가 커뮤니케이션 비자발성의 중요한 예측변인임을 보여주었다.

2. 커뮤니케이션 연구에서의 측정의 수준

커뮤니케이션 연구자는 측정과 관찰을 통해 데이터를 수집하고 조직화한다. 연구자들은 두 가지 유형의 측정, 즉 이산적(discrete) 측정과 연속적 (continuous) 측정을 사용한다. 각각의 측정은 서로 다른 종류의 데이터를 만들어낸다. 데이터가 수집되는 방식은 통계적 분석에서 데이터가 사용되는 방식을 결정하는데, 이것에 대해서는 이후의 장들에서 논의된다.

아마도 데이터에 대해 생각해보는 가장 좋은 방법은 데이터가 어떤 것의 이름이나 값(value)을 나타낼 수 있다는 것이다. 만약 데이터가 단지 측정되고 있는 것의 이름이나 신원이라면, 그 데이터는 이산적 데이터이다. 이러한 수준의 데이터를 일컬어 범주 혹은 명목 데이터라고 한다. 만약 데이터가 요소들의

---

33) 설문지를 통해 몇 개의 개념을 측정할 때, 각 개념을 측정하기 위해 몇 개의 질문(문항)을 준비하는 것이 일반적인데, 이때 이 여러 문항들이 얼마나 일관성이 있는지, 즉 하나의 개념을 측정하고 있는 정도를 내적 일관성이라고 한다(역자 주).

값을 나타낸다면, 그 데이터는 연속수준 데이터라 불린다. 서열, 등간, 비율 데이터는 세 가지 수준의 연속수준 데이터이다. 이산형 데이터와 연속수준 데이터 모두 커뮤니케이션 연구에서 자주 수집되며 보고된다.

1) 이산적 데이터

어떤 관찰과 측정은 이산적(離散的)[34]이다. 이 경우, 데이터는 어떤 특징의 존재나 부재를 나타낸다. 동일한 특징을 가지고 있는 모든 요소가 하나의 범주에 속하며, 다른 특징을 가지고 있는 요소들은 다른 범주에 속한다. 이것을 통해 연구자는 유사한 요소들을 하나의 집단으로 묶을 수 있으며, 동시에 이러한 요소들이 다른 요소들과 구분되는 것으로 식별할 수 있다. **명목 데이터**(nominal data) 혹은 **범주 데이터**(categorical data)로 알려져 있는 이산적 데이터는 어떤 특성이나 속성의 존재 혹은 부재를 기술한다. 바꾸어 말하면, 이러한 데이터는 그러한 특성의 값과 전혀 상관없이 그러한 특징에 명칭을 부여한다. 성별, 소속 정당, 대학, 고용 상태, 그리고 결혼 여부는 범주적 수준에서 측정되는 몇몇 변인의 예다. 명목변인은 변인의 특성의 부분적인 존재를 표현할 실질적인 방법이 없기 때문에 그러한 특성이 존재하느냐 혹은 존재하지 않느냐로 나타낸다. 예를 들어, 여러분은 남성이거나 여성이다. 미국에서 여러분의 소속 정당은 민주당(Democrat), 공화당(Republican), 혹은 무소속(Independent)으로 기술될 수 있다. 여러분은 정규직, 비정규직, 혹은 무직 상태일 수 있다. 그리고 여러분은 기혼 혹은 미혼일 수 있다.

이산적 변인은 몇몇 범주로 표현된다는 점에 주목하라. 소속 정당 변인의 경우, 민주당, 공화당, 그리고 무소속이라는 세 범주가 존재할 수 있을 것이다; 혹은 이 변인을 얼마나 구체적으로 측정할 필요가 있는지(예, 2016년 미국 대선에서는 6명의 정당 후보가 출마했음)에 따라 범주의 수가 더 많을 수 있을 것이다. 이 변인 내에서의 서로 다른 범주는 정당 소속 기간의 서로 다른 **크기**(amount)가 아니라 소속 정당의 서로 다른 **유형**(type)을 반영한다는 점을 기억해둘 필요가 있다. 사람들을 범주화하는 것은 어떤 특정한 범주에 속하는 것으로 확인된 참여자들은 유사하거나 동일한 속성을 지니고 있다는 가정에 의존한다.

---

34) 서로 단절되어 있는 것으로, 연속적인 것과 반대되는 것(역자 주).

범주 데이터의 또 다른 측면은 한 특정 변인 내의 범주의 수준은 어떤 내재된 값도 지니고 있지 않다는 것이다. 그 범주에 부여되는 그 어떠한 값도 임의적이다. 편향된 응답을 피하거나 선호되는 응답이 있는 것처럼 보이는 것을 피하기 위해 연구자들은 흔히 범주들을 알파벳순으로 배열한다. 예를 들면, 눈 색깔은 'black(검정색), blue(파랑색), brown(갈색), green(녹색), hazel(녹갈색)'으로 배열될 수 있을 것이다.

어떤 명목변인들에 익숙한 정도에 따라 여러분은 명목변인과 그것의 범주를 식별해내는 것이 쉽다고 생각할 수도 있다. 그러나 주의해야 한다. 데이터를 수집할 때, 각각의 참여자는 각 변인의 한 범주에 의해서만 식별되어야 한다. 따라서 우리가 어디에서 그리고 누구로부터 데이터를 수집하느냐 하는 것이 명목변인과 이것을 나타내는 범주의 선택에 중대한 영향을 미칠 수 있다. 예를 들어, 롱고 등(Longo et al., 2009)은 유방암을 극복한 각기 다른 문화 출신의 여성들이 건강 관련 정보를 어떻게 찾고 사용했는지를 조사했다. 이 여성들을 기술하기 위해 저자들은 6개의 명목변인(진단 시 암의 진행단계, 치료단계, 민족적/인종적 배경, 언어, 결혼상태, 그리고 교육)[35]을 사용했다.

<표 5.1>은 각 변인의 범주를 보여주고 있다. 연구팀은 특히 라틴계 응답자와 비-라틴계 응답자를 비교하고 싶었다. 만약 연구의 목적이 더 큰 문화적 다양성이라면, 어떤 범주가 바뀌거나 확장될 필요가 있을까? 혹은 만약 다른 질병이 조사 대상이라면?

타당하고도(사실 그대로의) 신뢰할 수 있는(일관성 있는) 측정이 되기 위해서는 명목변인의 범주들이 연구에 참여하고 있는 사람들을 대표할 필요가 있다. 따라서 범주들은 반드시 **상호배타적**(mutually exclusive)이어야 한다. 즉, 사람들이 하나 이상의 범주로 식별될 수 있어서는 안 된다. 범주들은 또한 **망라적**(exhaustive)이어서, 참여하고 있는 사람들의 다양한 특성을 대표해야 한다. 동시에 범주들은 반드시 **동등해야**(equivalent), 즉 서로 대등해야 한다. 마지막으로, 명목변인은 반드시 적어도 2개의 범주는 가지고 있어야 한다. 만약 그렇지 않으면 차별화가 불가능하다. 이러한 조건들이 충족될 때, 명목 데이터는 연구자들로 하여금 참여자들을 범주로 분류할 수 있도록 도와줄 수 있다.

---

35) 연구 목적에 따라 6개의 변인 가운데 '암의 진행 단계'와 '교육' 그리고 경우에 따라서는 '처치 단계'도 연속수준 변인으로 사용될 수 있을 것이다(역자 주).

▎표 5.1 유방암 생존자 연구의 명목변인들과 범주들

진단 시 암 진행단계	치료단계	민족적/ 인종적 배경	언어	결혼상태	교육
0기	2단계 (평가)	아프리카계 /흑인	스페인어만	결혼/ 결혼 & 동거	8학년 이하
1기	3단계 (치료 진행)	아시아계/ 태평양 도서국가계	영어 혹은 이중언어	이혼	고등학교 중퇴
2기	4단계 (완화 혹은 재발)	코카서스계 /백인		별거	고졸 혹은 고졸 인정서
3기	5단계 (장기)	라틴계		사별	직업학교 혹은 대학 중퇴
4기		다민족		미혼, 독신	대졸
					전문대학원/ 대학원 경험

2) 연속수준 데이터

이산적 데이터와는 대조적으로 어떤 변인은 양, 강도, 혹은 크기를 가지고 있다. 정도, 양, 혹은 빈도에 따라 값은 달라질 수 있으며, 이러한 차이는 연속선 상에 순서대로 배열될 수 있다. 이러한 데이터를 일컬어 **연속수준 데이터**(continuous level data) 혹은 **양적 데이터**(quantitative data)라고 한다. 설문지 상의 어떤 사람의 점수는 어떤 최저점에서 최고점 사이에 걸쳐 있을 수 있기 때 문에 연속수준 데이터이다. 우리는 컴퓨터 매개 커뮤니케이션 역량 척도 (Computer Mediated Communication Competence Scale)의 예를 통해 연속수 준 데이터 개념을 보여줄 수 있다(Spitzberg, 2006). 다음은 그 가운데 한 항목 과 응답척도이다:

나는 나 자신을 기꺼이 드러낼 것인가?

커뮤니케이션 연구에서는 참여자들에 대한 인구통계학적 정보를 포착하기 위해 이산적, 즉 명목변인이 흔히 사용된다. 흔히 사용되는 변인들은 다음과 같다:

- 성별
- 결혼상태
- 직업
- 민족성
- 교육수준
- 종교
- 소속 정당
- 고용상태

만약 여러분이 한 대학이 후원하는 연구 프로젝트의 실험 참여자라면, 여러분은 실험에서 어떤 인구통계학적 범주들을 제공할 것인가? 여러분은 어떤 인구통계학적 변인에 대해 대답하지 않을 것인가? 만약 실험이 아닌 설문조사에 참여한다면, 여러분은 이러한 범주에 기꺼이 대답할 것인가? 여러분은 연구자들이 참여자들에 대한 인구통계학적 데이터를 충분히 수집한다고 생각하는가? 연구 참여자들로부터 인구통계학적 데이터를 수집하는 것의 어떤 지점이 사생활 침해적인가?

나는 CMC 상호작용을 능숙하게 관리한다.

내겐 전혀 사실이 아니다	내겐 대부분 사실이 아니다	내겐 사실이지도 사실이 아니지도 않다; 모르겠다	내겐 대부분 사실이다	내겐 매우 사실이다
1	2	3	4	5

연구 참여자들은 동일한 응답척도를 사용해 이 척도의 77개 항목 각각에 대답할 것이다. 참여자들의 점수는 최소 점수와 최대 점수 사이에 걸쳐 있을 것이다. 따라서 이 데이터는 연속수준 데이터이다.

때때로 연구자들은 존재나 부재의 수준 혹은 정도를 설정하는 어떤 요소의 수를 단순히 계산함으로써 연속수준 데이터를 만들어낸다. 예를 들어, 데니스, 컨컬 및 키튼(Dennis, Kunkel, & Keyton, 2008)은 유방암 지원단체에서 서로를 지지하기 위해 여성들이 사용하는 메시지의 유형을 조사했다. 이 연구팀은 515분 분량의 대화를 옮겨 적은 256쪽의 트랜스크립트(transcript)를 살펴본 후 그 것을 메시지 유형별로 범주화했다. 사례 수를 계산한 결과, 그들은 8개의 지원단체 회의 전체에 걸쳐 이러한 암 생존자들은 결과나 치료의 성공 가능성에 대한 긍정적인 평가($N = 277$; 예, "의심할 여지없이")가 아닌 부정적인 평가($N = 471$; 예, "나는 모르겠어요")를 내릴 가능성이 거의 2배 더 높았다는 사실을 확인했다. 가능성 메시지의 수는 가능성 메시지가 전혀 없었다면 0이 될 수 있고, 아니면 1과 지원단체의 대화에서 확인된 전체 메시지 수 사이의 어떤 수가 될 수 있기 때문에 이 데이터는 연속수준이다.

세 가지 유형의 연속수준 데이터가 존재한다: 서열, 등간, 그리고 비율 데이터. 이들은 속성과 수학적 연산 및 통계적 검정에 사용될 수 있는 정도 면에서 차이가 있다. 이들 각각은 관심 대상인 현상에 대해 더 많은 정보를 포함하고 있기 때문에 명목 데이터보다 더 정교하다. 이들 각각에 대해 더 상세하게 살펴보자.

서열 데이터 서열(ordinal)이란 순서를 의미한다. **서열 데이터**(ordinal data)는 높은 것에서 낮은 것 혹은 낮은 것에서 높은 것으로 논리적인 순서에 따른 순위 요소에 의해 측정되는 데이터이다. 서열 데이터는 흔히 첫 번째, 두 번째, 세 번째 등으로 제시된다. 순서를 매긴다는 것은 요소들을 서로 상대적으로 배치하거나 차례대로 배열함을 나타낸다. 그러나 이러한 유형의 배열은 흔히 정확한 측정 없이 그리고 요소들이 다른 것들보다 어느 정도 더 낮은지 혹은 더 높은지 알지 못한 채 이루어진다.

서열 데이터에 대해 기억해야 할 중요한 사항이 세 가지 있다. 첫째, 순위는 그 집단 내의 다른 순위에 대해 상대적인 것일 뿐이다. 따라서 제시된 모든 선택에 대해 낮은 선호도를 가진 참여자라 하더라도 그러한 낮은 선호도를 가진 선택들 가운데 하나가 가장 높은 순위를 차지할 것이다. 둘째, 순위가 매겨진 요소들 사이의 거리는 일정하지 않으며 흔히 알려져 있지 않다. 셋째, 서열 데이터는 상대적인 순위로 구성되어 있기 때문에 영점이 존재할 수 없다.

서열 측정은 일단의 관련된 토픽, 일, 혹은 이슈들 사이에서 비교 판단을 내리는 데 자주 사용된다. 서열 데이터, 즉 순위 정보는 또한 관련된 사항들로 이루어진 집단 내에서의 각 사항의 상대적인 지위나 중요성을 보여주는 데도 사용될 수 있다. 예를 들어, 대량-매개(mass-mediated) 콘텐트에 대해 사람들이 어떤 유형의 제한을 선호하는지에 대한 연구에서 백, 램 및 맥클러드(Paek, Lambe, & McLeod, 2008)는 참여자들에게 있을 수 있는 정부의 다섯 가지 반응 (예, 그러한 커뮤니케이션이 이루어지기 전에 차단하기; 그러한 커뮤니케이션이 발생한 후 벌금이나 다른 벌칙 부과하기; 시간, 장소 및 방식 제한하기; 아무런 조치 취하지 않기; 그러한 표현이 이루어지도록 적극적으로 보장하기)의 순서를 매겨달라고 요청했다. 순위가 더 높을수록 그러한 유형의 제한에 대한 지지가 더 강하다.

또 다른 예에서, 허리케인 캐트리나(Hurricane Katrina)가 지나간 후, 한 연구팀(Rold, Honeycutt, Grey, & Fox, 2011)은 이 허리케인의 영향과 후유증으로 고통을 겪은 참여자들에게 이 재앙에 대해 가장 많은 이야기를 나눈 사람의 순위를 매겨주도록 요청했다. 순위 목록에는 가족이 포함되었지만, 동시에 친구, 선생님, 성직자, 그리고 신(神)도 포함되어 있었다. 참여자들은 가장 많은 이야기를 나눈 사람으로 아버지를 꼽았고, 어머니, 배우자, 자녀, 그리고 조부모가 그 뒤를 이었다. 이 연구자들은 다음과 같이 설명했다:

> 그 순위 목록에 따르면 허리케인의 후유증에 대해 이야기를 나눈 대상에서 신의 순위는 8위였다. 그러나 신의 순위가 낮다는 것이 사람들이 신과 나누는 사적인 대화가 부모나 배우자와 나눈 대화보다 영향력이 덜 함을 의미하지는 않는다. 분명 허리케인 캐트리나와 같은 재앙을 겪은 후 격한 정서를 다스리고자 하는 사람들은 하루에 한 번 기도를 통해서 정화되는 느낌을 경험할 수도 있다; 반면에 동일한 바로 그 사람이 하루에 대여섯 차례 부모와 이야기를 나눔으로써 정화되는 느낌을 경험할 수도 있다. 바꾸어 말하면, 대화의 빈도가 대화의 영향의 강도와 반드시 같지는 않다는 것이다(p. 137).

서열 데이터는 자주 사용되지 않으며 이 연구가 그 이유를 보여주고 있다.

참여자들은 어떤 요소가 혹은 누가 1위이고 2위인지 구별하는 데 어려움을 겪을 수 있다. 엄격한 규칙이 존재하는 것은 아니지만, 만약 많은 등급 순위가 이용 가능하다면 서열 데이터도 연속 데이터(continuous data)[36]로 간주되어 어떤 통계적 검정에 사용될 수 있다. 만약 그렇지 않다면, 서열 데이터를 범주 데이터로 취급하는 것이 가장 적절하다.

등간 데이터 등간 데이터(interval data)는 특정 숫자로 된 점수나 값을 토대로 측정되는 데이터이다. 등간 데이터를 사용할 때 우리는 어떤 참여자가 가장 높은 점수를 받았는지 어떤 참여자가 가장 낮은 점수를 받았는지 확인할 수 있으며, 점수들 사이의 정확한 차이도 밝힐 수 있다. 2개의 인접한, 즉 연속된 데이터 지점들 사이의 거리를 일컬어 **간격**(interval)이라 하며, 간격들은 동일한 것으로 간주된다. 예를 들어, 50, 60, 70 및 90이라는 점수로 구성된 집합에서 50과 60 간의 거리는 10 단위이며, 이것은 60과 70 사이의 거리와 같다. 이 10-단위 차이는 70과 90 혹은 50과 70 간의 20-단위 차이의 절반이다.

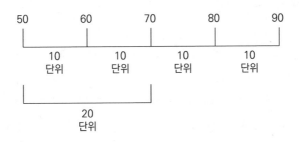

등간 데이터의 두 번째 중요한 요소는 영점의 존재가 인정된다는 것이다. 비록 이러한 영점이 임의적[37]이긴 하지만, 이러한 두 가지 속성으로 인해 연구자는 수학적 연산에 등간 데이터를 사용할 수 있다. 실제로 어떤 등간 데이터, 특히 설문지를 통해 얻는 데이터에서는 영점을 얻는 것이 불가능할 것이다. 예를 들면,

---

36) '연속 데이터'는 위의 '연속수준 데이터'(continuous level data)와 구분된다. 즉, 연속수준 데이터 가운데 서열 데이터를 제외한 등간 및 비율 데이터가 연속 데이터이다(역자 주).

37) 영점이 임의적이라는 것은 절대 영점(해당 속성이 전혀 존재하지 않는 점수)이 없음을 의미하는데, 이런 점에서 등간 데이터는 절대 영점이 있는 비율 데이터와 차이가 있다(역자 주).

어떤 연구자가 24개 항목으로 구성된 설문지를 통해 사람들이 일상적인 커뮤니케이션에서 필요로 하는 커뮤니케이션 유연성(communication flexibility) 정도를 측정한다. 응답자들은 각 질문, 즉 각 항목에 대한 대답을 할 때 5개의 숫자로 된 응답 가운데 하나를 사용하라는 지시를 받는다. 만약 어떤 응답자가 어떤 항목에 강하게 동의하면, '5'에 체크하면 된다; 만약 어떤 응답자가 어떤 항목에 강하게 동의하지 않으면, '1'에 체크하면 된다. 따라서 어떤 응답자의 점수는 최소 24점에서 최대 120점 사이에 있을 것이다. 따라서 0점이 나오는 것은 불가능하다. 최저 점수는 24점(24개 항목 × 1, 응답 가능한 최소 점수)인데, 이 경우 그 사람은 아주 낮은 커뮤니케이션 유연성을 가지고 있음을 의미하는 것으로 해석될 것이다. 엄밀히 말하면, 그와 같은 점수를 커뮤니케이션 유연성이 전혀 없음을 나타내는 것으로 해석하는 것은 부적절할 것이다. 가능한 최고 점수는 120점(24개 항목 × 5, 응답 가능한 최대 점수)이다.

설문지와 설문조사 데이터에서 전형적으로 볼 수 있듯이, 설문지상의 특정 항목 집단 전체에 대해 어떤 사람이 응답한 것을 모두 더해 그 항목 집단에 대한 점수를 산출한다. 그 점수와 다른 응답자들의 점수를 더해 평균을 하면 표본 전체를 대표하는 점수가 된다.

라이커트형 척도 라이커트 척도 혹은 **라이커트형 척도**(Likert-type scale)는 커뮤니케이션 연구에서 널리 사용되는 등간척도의 한 유형이다. 연구 참여자들은 하나의 진술문을 제기한 다음, 그들이 그 진술문에 동의하거나 동의하지 않는 정도를 나타냄으로써 응답해줄 것을 요청받는다. 통상적으로 다음과 같은 응답 선택지가 주어진다:

매우 동의하지 않는다	동의하지 않는다	모르겠다	동의한다	매우 동의한다
1	2	3	4	5

자구 표현은 상당히 다양할 수 있지만, 응답 선택지는 연속선의 가운데 점수를 중심으로 좌우 균형을 이루고 있어야 한다. 이 예에서 '매우 동의하지 않는

다'는 '매우 동의한다'와 상쇄되고, '동의하지 않는다'는 '동의한다'와 상쇄된다. '매우 동의하지 않는다'를 '동의한다'와 상쇄하거나 '매우 동의하지 않는다'를 '매우 찬성한다'(strongly approve)와 상쇄하는 것은 부적절할 것이다. 7점 척도도 사용될 수 있지만, 대부분의 라이커트형 척도는 5점 척도이다. 이러한 유형의 측정은 태도, 신념, 그리고 지각에 대한 응답을 수집하는 데 널리 사용된다. 어떤 경우에는 하나의 라이커트형 항목이 하나의 변인을 나타낼 것이다. 그러나 좀 더 일반적으로는 일련의 라이커트형 항목들이 하나의 변인을 나타낼 것이다. 여러분은 8장의 설문조사와 설문지에 관한 부분에서 라이커트형 척도와 이 척도의 사용에 대한 더 완전한 기술을 읽게 될 것이다.

의미분별척도 또 다른 등간척도로 **의미분별척도**(semantic differential scale)가 있다(Osgood, Suci, & Tannenbaum, 1957). 연구자들은 자극 진술문(stimulus statement)을 사용하여 참여자들에게 그들이 어떤 자극에 부여하는 의미를 밝혀줄 것을 요청한다. 응답척도는 2개의 서로 반대되는, 대개 상반되는 형용사(bipolar adjective)를 양끝으로 하는 척도가 주어진다. 한 예로, 케네디-라이치, 마틴, 탐슨 및 클링어먼(Kennedy-Lightsey, Martin, Thompson, Himes, & Clingerman, 2012)은 최근 친구에게 한 자기-공개의 위험 정도를 측정하기 위해 5개의 7점 의미분별척도를 개발했다. 이 항목들은 다음과 같다:

"내가 내 친구와 공유한 정보는 … "

위험도가 높다 ───────────── 위험도가 낮다

심각하다 ───────────── 심각하지 않다

강렬하다 ───────────── 강렬하지 않다

위험하다 ───────────── 위험하지 않다

위태롭다 ───────────── 위태롭지 않다

이 연구에 참여한다면 여러분은 여러분의 위험 평가를 가장 잘 나타내는 줄 위에 X 표시를 해달라는 요청을 받을 것이다. 이 경우, 만약 여러분이 친구에게 공개한 정보가 위험도가 낮다면, 여러분은 그 척도의 중간에서 오른쪽 앵커(anchor), 즉 끝 사이에 있는 줄 위에 X표를 하면 될 것이다. 마찬가지로 만약 여러분이 공개한 정보가 강렬한(intense) 것이었다면, 여러분은 그 척도의 중간과 왼쪽 앵커 사이에 X표를 할 것이다. 척도의 중간 지점은 중립적인 것으로 간주된다. 척도들의 중간 지점에 대한 기술어가 포함되지 않다는 점에 주목하라. 오직 연속선의 양끝에만 대응되는 앵커들이 위치해 있는데, 이러한 앵커들은 정반대말이자 논리적 반대말이어야 한다.

라이커트형 척도의 경우처럼 의미분별척도도 단독으로 사용되거나 일련의 의미분별척도들이 하나의 변인을 나타낼 수 있다. 점수를 계산하기 위해 연구자는 의미분별척도상의 각 지점에 수치를 부여한다. 각 지점에 1에서 7까지의 값이 부여될 것이다. 이 척도의 경우 위험한 정보가 관심 변인이기 때문에 "위험도가 높다"에 7점이 표시될 것이다.

때때로 의미분별척도의 응답 선택지에 수치가 포함되기도 한다. 위의 예에서 앞의 두 항목에 수치를 포함하면 다음과 같아질 것이다:

위험도가 높다	7	6	5	4	3	2	1	위험도가 낮다
심각하다	7	6	5	4	3	2	1	심각하지 않다

응답 선택지가 이런 식으로 구성될 때, 연구자들은 참여자들에게 이 숫자들 가운데 하나에 해당하는 그들의 응답에 동그라미를 쳐주도록 요청한다.

비율 데이터 마지막으로 **비율 데이터**(ratio data)는 절대 영점이 있다는 것을 제외하고는 등간 데이터와 유사하다. 이것은 데이터 지점들 간의 간격이 동일하다는 것을 의미할 뿐만 아니라, 만약 점수가 영점이라면 이 변인의 속성을 전혀 가지고 있지 않음도 의미한다. 비율 데이터가 커뮤니케이션 연구에서 흔하지는 않다. 비율 데이터가 사용될 때, 그것은 어떤 것이 실제로 존재하는 정도에 대한 측정을 제공한다. 예를 들어, 미디어 소비와 섭식 장애(eating disorder)에 커뮤니케이션 현상 측정은 측정에 의해 제공되는 정체성이나 값이 고정되어 있거나 정적인 듯한 모습을 보여준다; 제공되는 정체성이나 값이 이런 식으로 개념화될 때, 그것이 정확한 것처럼 생각하기 쉽다. 그러나 그러한 정체성이나 값은 그것을 측정한 도구의 수준을 뛰어넘지는 못한다. 예를 들어, 어떤 설문지가 여러분에게 여러분의 민족성이나 인종을 기술하는 범주에 체크 표시를 해줄 것을 요구한다. 만약 여러분이 혼혈이라면, 여러분은 어떻게 할 것인가? 다른 한 범주는 제쳐두고 한 범주에 체크 표시를 할 것인가? 아니면 둘 모두에 체크 표시를 할 것인가? 그것도 아니면 아무 데도 체크 표시를 하지 않을 것인가? 동일한 설문지에서 여러분은 여러분의 가장 중요한 대인관계에 대한 20개의 진술문에 응답해줄 것을 요청받는다. 각 질문에 라이커트형 응답 선택지를 제공함으로써 연구자는 여러분이 여러분의 대인관계를 표준화된 방식(예, '강력하게 동의한다', '동의한다', '모르겠다', '동의하지 않는다', '강력하게 동의하지 않는다')으로 생각할 것이라고 추정한다. 그러나 자극 진술문을 읽으면서 여러분은 첫 번째 항목에 대해서는 매우 동의하고 두 번째 항목에 대해서는 훨씬 더 강력하게 동의한다고 생각한다. 여러분은 어떻게 할 것인가? 두 항목 모두에 '강력하게 동의한다'에 동그라미를 할 것인가? 첫 번째 항목에 대한 응답을 '동의한다'로 바꾸고 두 번째 항목에 대해서 '강력하게 동의한다'에 동그라미를 칠 것인가? 여러분은 '강력하게 동의한다'와 '동의한다'가 서로 얼마나 다르다고 지각하는가? 대부분의 연구 참여자는 측정기법에 대한 연구자들의 가정을 알지 못한다. 연구자의 가정을 모르는 참여자들은 연구자의 가정을 이해하는 참여자들과 다르게 응답할 것인가?

대한 연구에서 모리애러티와 해리슨(Moriarty & Harrison, 2008)은 어린이들의 텔레비전 노출을 측정할 필요가 있었다. 예를 들어, 연구자들은 참여자들에게 이전 주 각기 다른 시점에 그들이 얼마나 많이 텔레비전을 시청했는지 물었다. 그들의 응답은 0에서 5시간 사이였다. 어떤 어린이들은 텔레비전을 시청하지 않았다고 대답했는데, 이들의 'TV 시청시간'이라는 변인에 관한 실제 응답 값은 0일 것이다. 이 연구의 결과는 어린이들은 평균 주당 40.03시간 TV를 시청했으며, 많이 시청하는 어린이들은 최대 85시간까지 시청했음을 보여주었다.

커뮤니케이션 연구자들이 비율 측정을 사용하는 또 다른 방식은 대화를 녹음 혹은 녹화함으로써 상호작용 시간을 측정하는 것이다. 시간은 간격이 동일하고 절대 영점을 가지고 있기 때문에 대화의 시간을 분과 초 단위로 기록하는 것은 비율 측정이다.

3. 타당도 및 신뢰도 이슈

여러분이 사용하는 관찰이나 측정의 유형에 상관없이, 만약 측정이 측정할 가치가 있는 차원을 측정하지 않는다면 그것은 가치가 없다(Simon, 1969). 커뮤니케이션 연구 수행과 관련지어 말하자면, 측정할 가치가 있는 차원을 측정한다는 것은 여러분이 여러분의 연구문제와 가설이 필요로 하는 구성개념을 측정하고 있음을 의미한다. 연구자들은 단지 측정할 수 있다는 이유만으로 아무 것이나 측정하지는 않는다.

과학적 과정은 또한 연구자들이 타당하고도 신뢰할 수 있는 측도(measure)를 제공할 것을 요구한다. 일반적으로 타당도는 측정의 사실성이나 정확성을 말하며, 신뢰도는 측정의 일관성이나 안정성을 말한다. 타당하거나 신뢰할 수 없는 측정은 연구자들이 연구문제에 답하거나 가설을 확증하는 것을 도와줄 수 없다. 따라서 측정의 타당도와 신뢰도는 연구과정의 중심에 있다. 타당도 평가와 신뢰도 평가는 각각 연구 계획 시에 반드시 고려되어야 한다. 데이터가 수집된 후, 첫 번째 분석단계 가운데 하나는 데이터의 신뢰도와 타당도를 평가하는 것이다. 신뢰할 만하고 타당한 측정이 이루어지지 않았다면, 그러한 데이터가 수집되는 방식에 의존하는 연구의 결과 역시 의심스러울 수밖에 없다. 먼저 타당도와 신뢰도 각각에 대해 자세히 살펴본 다음, 이들 간의 관계에 대해서도 살펴보자.

1) 타당도

타당하지 않은 측정을 통해 얻은 데이터는 쓸모없는 데이터이다. 측정은 다른 어떤 것이 아닌 여러분이 측정하고자 원하는 것을 측정하는 만큼 **타당도**(validity)를 지닌다(Hoover & Donovan, 1995; Katzer et al., 1978). 커뮤니케이션 연구자들이 연구하는 변인들 가운데 많은 것이 직접 관찰될 수 없는 것들이다. 대신 그것들은 관찰 가능한 행동으로부터 추론된다(Carmines & Zeller, 1979). 우리는 흔히 측정도구가 오직 우리가 의도한 바만을 측정하는지에 대해 절대적으로 확신할 수 없기 때문에, 타당도는 정도의 문제이다. 이러한 유형의 이슈는 **내적 타당도**(internal validity)로 알려져 있는데, 왜냐하면 데이터로부터 내려진 결론의 정확성은 그 연구가 어떻게 설계되고 데이터가 어떻게 수집되는지에 좌우되기 때문이다. 따라서 내적 타당도는 측정되고 있는 개념과 그것을 측정하기 위한 과정 간의 관계를 다룬다(Carmines & Zeller, 1979).

타당도에 대해 생각해보는 또 다른 방법은 그것을 실제 차이에 대한 검정으로 생각해보는 것이다. 측정은 점수의 차이가 측정되는 구성개념에 관한 사람들 사이의 실제 차이를 반영하는 정도만큼 타당하다. 만약 측정이 모호하거나 불분명하다면, 측정을 통해 얻은 차이는 측정하고자 하는 실제 차이가 아닌 오류로 인한 것이다(Selltiz, Jahoda, Deutsch, & Cook, 1959).

한 예를 살펴보자. 많은 학생이 퍼블릭 스피치 대회에 참여한다. 퍼블릭 스피치 능력에 대한 타당한 척도는 무엇인가? 학생들이 메모를 참고하지 않고 얼마나 오랫동안 말할 수 있느냐 하는 것이 퍼블릭 스피치 능력인가? 아니면 음성 추임새(vocal filler 혹은 vocal interrupter; 예, 아, 음, 아아)를 사용하지 않고 얼마나 오랫동안 말할 수 있느냐인가? 아니면 청중 가운데 얼마나 많은 사람이 그들의 주장에 설득될 수 있느냐인가? 이러한 척도들 각각은 가장 역량 있는 퍼블릭 스피커를 선택하는 용도로 타당할 수 있을 것이다. 그러나 각각의 척도는 오직 퍼블릭 스피치 역량의 한 측면만을 측정하고 있다는 점에 주목하라. 여러분은 이러한 측면들 가운데 어떤 것이 역량 있는 퍼블릭 스피커와 그렇지 못한 퍼블릭 스피커를 가장 잘 구별해낼 것이라고 생각하는가? 여러 측정을 결합하는 것이 더 타당할 것인가? 만약 우리가 세 가지 측정을 결합한다면, 그것들은 하나의 합성 측도(composite measure) 내에 각기 동등하게 대표되어야 하는가 아니면 어떤 방식으로 측도들에 가중치를 부여해야 하는가? 보다시피 무언가가 측정될 때마다 타당도 문제가 제기되어야 한다. 타당도에는 몇 가지 유형이 있다(<그림 5.2> 참조): 액면 타당도, 내용 타당도, 기준-관련 타당도, 공인 타당도, 예측 타당도 및 구성개념 타당도. 각각의 타당도에 대해 자세히 알아보자.

액면 타당도 만약 어떤 측도의 항목들이 우리가 측정하고자 하는 구성개념을 언급한다면, 그 측도는 **액면 타당도**(face validity)를 가지고 있다고 말한다. 우리는 일례로 자기 보고식 커뮤니케이션 불안 척도, 즉 PRCA-24를 사용할 수 있다(McCroskey et al., 1985). PRCA-24는 커뮤니케이션 불안, 즉 네 가지 맥락(퍼블릭 스피치, 소집단, 회의, 그리고 대면 상황)에 걸쳐 커뮤니케이션을 회피하거나 불안감을 겪는 선유성향을 측정하는 24개 항목으로 구성된 설문지이다.

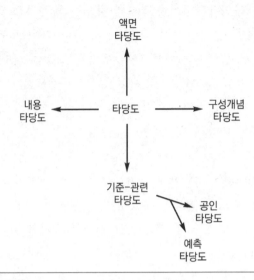

액면
타당도

내용   타당도   구성개념
타당도   타당도

기준-관련
타당도
                    공인
                    타당도

                예측
                타당도

〈그림 5.2〉 타당도의 유형

따라서 PRCA에서는 "초조해하고 긴장되는"과 같은 문구나 "편안하고 느긋한"과 같은 문구가 상호작용을 기술하는 데 사용된다. 액면 그대로, 즉 PRCA-24의 항목들을 그냥 읽기만 해도, 그 항목에 응답하는 대부분의 사람들과 이 분야의 경험과 전문성을 갖추고 있는 연구자들은 이 도구가 커뮤니케이션과 연관된 어떤 불안의 측면을 측정하고 있다는 것을 분명히 안다.

　　본질적으로, 어떤 측정이 우리가 측정하고자 하는 구성개념을 잘 포착할 것으로 보이고 또 그렇게 느껴진다면, 그 측정의 액면 타당도는 존재한다. 액면 타당도는 입증하기가 제일 쉽지만 가장 약한 유형의 타당도라는 것에 대부분의 연구자는 동의할 것이다. 설문지를 구성하는 연구자들은 흔히 그 측정도구가 액면 타당도를 가지고 있다고 생각한다고 주장한다. 바꾸어 말하면, 그들은 그 설문지가 그들이 측정하고자 하는 것을 효과적으로 포착한다고 생각한다. 연구자들이 관심을 두고 있는 구성개념을 측정함에 있어 측정도구의 타당도를 평가하기 위해 그 측정도구의 내용 분야를 잘 알고 있는 전문가를 이용할 때 액면 타당도는 강화될 수 있다.

　　내용 타당도 측정도구의 항목들이 관심을 두고 있는 구성개념과 연관된 모든 다양한 특성이나 태도를 나타내 보여주는 정도를 측정의 **내용 타당도**(content validity)라고 한다. 바꾸어 말하면, 그러한 측정 항목들은 잠재적으로 이용 가능한 항목 전체를 대표한다. PRCA를 사용할 때 만약 PRCA의 24개 항목이 커뮤니케이션 불안과 연관된 모든 언어적·비언어적 행동 전체를 대표한다면, 이 척도는 내용 타당도를 가지고 있다. PRCA가 네 가지 맥락(집단, 회의, 두 사람 간, 그리고 퍼블릭 스피치)에서 잠깐 동안의 커뮤니케이션 불안 지각을 측정하고자 설계되긴 했지만, 여기서는 퍼블릭 스피치 상황에 대한 항목 목록에 초점을 맞춰 보자(McCroskey et al., 1985):

- 나는 스피치를 하는 데 아무런 두려움이 없다.
- 스피치를 하는 동안 나는 내 몸의 특정 부위가 매우 긴장하고 뻣뻣해지는 것을 느낀다.
- 스피치를 하는 동안 나는 느긋함을 느낀다.
- 스피치를 하는 동안 내 생각은 혼란스럽고 뒤죽박죽이 된다.
- 나는 자신감을 가지고 스피치를 할 예정이다.
- 스피치를 하는 동안 나는 너무 긴장하는 나머지 내가 실제로 알고 있는 것을 잊어버린다.

이 6개의 항목이 어떻게 다양한 퍼블릭 스피치 행동을 대표하는지 주목해보라. 어떤 항목은 스피치를 하기 전의 사람들의 불안이나 걱정을 다루며, 또 어떤 항목은 스피치를 하는 동안의 불안을 다룬다. 어떤 항목은 사람들의 태도를 다루며, 또 어떤 항목은 신체적 행동을 다룬다. 측정이 있을 수 있는 모든 가능성을 포함할 때 내용 타당도는 얻어진다. 여러분은 퍼블릭 스피치 맥락에서 다른 커뮤니케이션 불안 요소를 생각할 수 있는가?

기준-관련 타당도 기준-관련 타당도(criterion-related validity)는 하나의 측정이 어떤 다른 외적인 측정과 연관될 수 있을 때 얻어진다. 기준-관련 타당도는 두 가지 절차, 즉 공인 타당도와 예측 타당도를 통해 얻어질 수 있다.
우선 텔레비전 폭력과 게임 폭력에 대한 노출을 측정하는 방법에 초점을 맞추어보자. 피커스, 피오트로스키 및 발켄버그(Fikkers, Piotrowski, & Valkenburg, 2015)는 참여자들이 매개된 활동에 소비하는 시간을 포착하는 확립된 방법인 미디어 일기(media diary)상의 점수가 사용자 생성(user-generated) 폭력 측도상의 점수에 견줄 만한지 여부를 알고 싶었다. 이 경우, 기존의 혹은 확립된 측도가 기준이다. 만약 미디어 일기가 확립된 방식이라면, "연구자들은 그러한 데이터 수집방법을 왜 유지하고 싶어 하지 않을까?"라고 여러분은 생각할 수도 있다. 미디어 일기에는 몇 가지 결점이 있다. 미디어 일기 방식은 사용하는 데 비용이 많이 들며, 연구 참여자들 모두가 그들의 활동을 지시한 대로 보고하지는 않는다.

이 연구팀은 참여자들이 얼마나 오랫동안 텔레비전 폭력을 시청하거나 폭력적인 게임을 하는지를 포착하는 서로 다른 두 가지 새로운 방법을 평가해보고 싶었다. 일기에 대한 한 가지 대안은 참여자들이 얼마나 자주 이러한 활동에 참여하며 얼마나 오랫동안 폭력적인 텔레비전 프로그램을 시청하거나 폭력적인 비디오 게임을 하는지 포착하기 위해 그들에게 물어보는 것이었다. 이러한 정보를 포착하는 또 한 가지 방법은 참여자들로 하여금 그들이 좋아하는 텔레비전 프로그램의 제목 3개와 좋아하는 비디오 게임의 제목 3개를 적게 하는 것이었다. 그리고 참여자들에게 텔레비전 프로그램이나 게임에 얼마나 많은 폭력이 포함되어 있는지 물어보았다. 여러분은 어떤 폭력 측도가 가장 좋다고 생각하는가? 일기 방법 혹은 사용자 생성 데이터?

이 연구의 결과는 일기 방법이 폭력적인 게임을 하는 시간을 포착하는 데는 더 나았지만, 텔레비전의 폭력을 시청하는 시간을 포착하는 데는 그렇지 않음을 보여주었다. 왜 그런가? 이 연구자들은 텔레비전 프로그램의 경우 폭력의 변동성이 큰 반면, 게임은 폭력적인 (혹은 아예 폭력적이지 않은) 경향이 있다고 주장한다. 결국 이러한 기준 타당도 검정은 무엇을 보여주었는가? 미디어 일기는 폭력적인 게임을 하는 시간을 측정하는 데는 좋은 척도이지만, 폭력적인 텔레비전 프로그램 시청을 측정하는 데는 좋은 척도가 아니다. (이렇듯, **공인 타당도**(concurrent validity)는 이미 널리 타당성을 인정받고 있는 기존의 측정방법과 새로운 측정방법과의 상관관계에 의해 결정된다. 즉, 새로 개발된 측정방법을 그 분야에서 이미 인정받고 있는 기존의 측정방법과 비교해, 새로운 측정방법이 기존의 측정방법과 상관관계가 높을 때, 우리는 새로운 측정방법이 높은 공인 타당도를 가지고 있다고 결론 내릴 수 있다.)38)

---

38) 저자가 공인 타당도에 대해 설명하고 있으면서도 '공인 타당도'라는 문구를 전혀 사용하고 있지 않아 독자들이 혼란스러워 할 수 있을 것 같아서, 괄호 안의 두 문장을 역자가

기준-관련 타당도를 얻는 또 하나의 방법은 **예측 타당도**(predictive validity)를 통하는 방법이다. 예측 타당도는 흔히 가장 중심이 되는 관심사인데, 왜냐하면 커뮤니케이션 연구자들은 설문지에 대한 참여자들의 응답이 실제로 그들의 커뮤니케이션 행동을 예측할 것이라는 점을 확실히 하고 싶어 하기 때문이다. 예를 들어, 홀, 카터, 코디 및 올브라이트(Hall, Carter, Cody, & Albright, 2010)는 사람들이 서로에게 어떻게 이성에게 작업(flirting)을 거는지를 측정하는 척도(scale)를 개발하고, 그것의 타당도를 확인하고 싶었다. 이 연구팀은 문헌을 토대로 다섯 가지 작업 스타일을 확인했다: 전통적인 작업, 신체적인 작업, 진지한 방식의 작업, 장난스런 작업, 그리고 예의 바른 작업. 이 척도의 예측 타당도를 살펴보기 위해 이 연구팀은 참여자들의 연애적 관심을 끈 사람의 수, 참여자들이 작업을 건 사람의 수, 타인으로부터의 성적 관심에 대한 곡해, 타인이 표명한 관심의 빈도, 그리고 작업과 작업 멘트에 우쭐해하거나 솔깃해하는 정도를 측정하는 또 하나의 일단의 행동 항목을 개발했다. 참여자들의 작업 스타일 목록상의 점수와 행동 항목들 간의 상관관계(혹은 관계)가 그 목록의 예측 타당도를 평가하는 데 사용되었다. 예를 들면, "전통적인 스타일의 작업 점수는 높고 잠재적인 연애적 관심은 더 낮은 여성들이 작업의 대상이 된 것에 우쭐해할 가능성은 더 낮으며, 남성들이 그들에게 주목하는 데 어려움을 느낄 가능성은 더 높다"(p. 381). 전통적인 작업 스타일을 사용하는 여성들이 연애적 관심을 추구하고 연애적 관심을 끄는 이러한 유형의 행동에 의해 특징지어질 가능성이 있기 때문에 이 목록은 예측 타당도가 있다고 한다.

　　다른 방법으로도 예측 타당도를 입증할 수 있다. 페어허스트(Fairhurst, 1993)는 대화 패턴이 부하직원의 직무 성과에 영향을 미치는 여성 리더의 개인 자원 및 지위 자원 사용을 구분하는 방식에 대한 예측 타당도를 입증하고 싶었다. 이를 위해 페어허스트는 두 가지 유형의 데이터, 즉 리더-구성원 교환(LMX: Leader-Member Exchange)[39] 설문지에 관한 리더의 자기-보고와 리더와 부하직원 가운데 한 사람 간의 녹음된 일상적 대화를 수집했다. 페어허스트의 주 관

독자적으로 추가하여 공인 타당도의 의미를 좀 더 분명하게 설명했다(역자 주).

39) 리더-구성원 교환 이론은 리더가 여러 구성원들을 동일하게 다루지 않는다고 주장한다. 구성원들의 업무와 관련된 태도와 행동들은 리더가 그들을 다루는 방식에 달려 있다는 것이다. LMX 이론의 목표는 구성원, 팀, 조직에 리더십이 미치는 영향을 설명하는 것이다(출처: 위키백과)(역자 주).

심사는 여성 리더가 사회적 상호작용에서 영향력을 미치고 보여주는 방식을 입증하는 것이었다.

LMX 이론에 따르면 부하직원과 높은, 중간, 혹은 낮은 수준의 영향력을 유지하고 지속하는 리더들 사이의 차이는 분명하다. 따라서 예측 타당도를 평가하는 첫 번째 단계는 리더의 영향력 패턴을 찾기 위해 트랜스크립트를 조사하는 것이었다. 리더들이 부하직원에게 영향을 미치기 위해 조절하는 행동, 순응하는 행동, 그리고 극화하는(polarizing)[40] 행동을 사용하는 방식을 구분해주는 12개의 패턴이 확인되었다. 이러한 행동의 서로 다른 사용은 리더-부하직원 관계에 존재하는 리더-구성원 교환의 유형을 밝혀주었다. 조사된 14건의 리더-부하직원 대화 가운데 11건이 설문지를 통해 확인된 리더들의 자기-보고 점수와 일치했다. 그 결과, 페어허스트는 LMX 이론에 따라 그녀의 측정방법이 실제로 리더들의 영향력 사용을 예측했다고 주장할 수 있었다. 따라서 이러한 측정은 부하직원의 직무 성과를 잘 포착했으며, 따라서 예측 타당도를 갖고 있다.

구성개념 타당도 연구자들은 **구성개념 타당도**(construct validity)에 의존해 그들이 다른 어떤 것이 아닌 측정하고자 했던 핵심 개념을 측정하고 있음을 스스로 확신한다. 흔히 연구자들은 구성개념 타당도를 입증하기 위해 동일하거나 유사한 현상에 대한 서로 다른 측도를 사용한다. 구성개념 타당도는 주장과 주장을 뒷받침하는 증거가 이론적 기대와 일치하는지에 달려 있다(de Vaus, 2001).

아가왈(Agarwal, 2013)은 구성개념 타당도를 살펴보는 한 가지 방법에 대해 기술하고 있다. 이 연구의 주된 초점은 조직 신뢰(organizational trust)[41]였다. 그녀는 조직 신뢰에 대한 3개의 서로 다른 척도를 확인했다. 그러나 이 척도들은 접근방식이 각기 달랐다. 첫 번째 신뢰 척도는 공중관계이론(public relations theory)을 토대로 했다. 두 번째 척도는 조직의 최고 경영진의 신뢰를 토대로 했다. 세 번째 척도는 최고 경영진의 대인 신뢰(interpersonal trust)를 토대로 했다. 첫 번째 척도가 아가왈의 타당도 조사의 표적이다. 만약 첫 번째 척도가 다른 두 척도와 상관관계(혹은 관계)가 있다면, 첫 번째 척도는 구성개념 타당도가 있는 것이다. 이 연구의 결과는 첫 번째 척도가 두 번째 및 세 번째 척

---

40) 이전의 행동과 정반대되는 행동을 하는 것(역자 주).
41) 조직 내 구성원 간 신뢰와 조직에 대한 구성원의 신뢰를 말한다(역자 주).

도와 강한 양(+)의 상관관계가 있음을 보여주었는데, 이는 첫 번째 척도가 다른 신뢰 척도들과 개념적으로 유사함을 시사한다.

이제 구성개념 타당도를 입증하는 다른 접근방법을 살펴보자. 로건과 해머(Rogan & Hammer, 1994)는 위기 협상 시(예, 자신의 자녀를 인질로 삼고 무장한 채 자살하겠다는 사람과 협상하는 경찰관)의 체면 유지작업(facework), 즉 자기-이미지 제시에 대한 그들의 연구에서 구성개념 타당도를 평가했다. 저자들은 3개의 위기 협상 트랜스크립트를 데이터세트(dataset)로 사용하면서 말하기 차례(speaking turn)[42] 주고받기를 분석단위로 사용했는데, 세 사건 전체의 분석단위 수는 1,814건이었다. 저자들은 연구 문헌을 토대로 9개의 체면 유지작업 행동 모델을 만들었으며, 연구보조원들을 훈련한 다음, 트랜스크립트를 코딩하게 했다.

코딩이 완료된 후 저자들은 그들의 코딩 체계(coding scheme)의 유인가[43] (위협, 명예) 차원과 유사한 체면 지지(face-supporting) 및 비-체면지지(non-face-supporting) 메시지에 대한 코딩 체계를 제공한 임과 바우어스(Lim & Bowers, 1991)의 연구의 도움을 받았다. 로건과 해머는 연구보조원들을 훈련한 후 임과 바우어스의 체계에 따라 1,814단위를 코딩하게 했다. 코딩한 결과, 두 코딩 체계는 높은 일치율을 보였는데, 이는 그들의 코딩 체계의 유인가 차원이 구성개념 타당도를 지니고 있음을 시사한다. 따라서 구성개념 타당도는 이론에 기반을 두고 있다. 왜냐하면 하나의 측정이 다른 하나의 측정과 의미 있는 특정과 이론적으로 유의미한 방식으로 관련되어 있기 때문이다(Emmert, 1989).

타당도는 어떤 것의 본질을 포착한다. 연구되고 있는 현상의 실재(reality)나 실제 속성을 포착하는 데 더 가까워질수록 타당도는 향상된다. 따라서 타당도는 시간이 흐름에 따라 더 높아진다. 어떤 측정이 타당할 때, 그것은 사실 그대로를 측정했거나 정확하다. 보다시피 타당도가 없는 측정을 받아들이기는 어려울 것이다.

---

42) 말하기 차례 혹은 대화 차례는 한 사람이 말을 하여 다른 사람이 말하기 전까지의 발화로, 한 화자가 한 번에 두 가지 이상의 주제를 말하거나 혹은 3초 이상 쉰 후에 발화가 연결될 경우 서로 다른 대화 차례로 구분하고 있다(역자 주).

43) 유인가(valence) 혹은 유의성이란 어떤 대상, 상황, 혹은 상태에 부여하는 1차원적인, 흔히 긍정적이거나 부정적인, 값을 말한다(역자 주).

2) 신뢰도

측정의 **신뢰도**(reliability)는 안정되고(stable), 신뢰할 수 있으며(trustworthy), 믿고 의지할 수 있는(dependable) 정도를 말한다. 만약 어떤 측정도구가 임의로 변한다면 오차가 더 커지게 될 것이고, 따라서 신뢰도는 더 낮아질 것이다. **일관성** (consistency)은 신뢰도를 기술하는 데 흔히 사용되는 또 다른 단어이다. 신뢰도가 있는 측도는 일관성 있는 측도로, 사용될 때마다 매우 유사한 결과를 제공한다. 측정 척도의 경우, 이것은 참여자들이 그 척도의 항목들에 유사하게 반응함을 의미한다. 신뢰도가 있는 측정도구는 언제나 동일한 결과를 만들어내야 하는가? 어느 정도의 편향이나 오류가 늘 존재하기 때문에 그러한 결과를 얻을 가능성은 아주 낮다.

따라서 신뢰도는 정도의 문제로 표현된다. 연구자들은 "완벽하게 신뢰할 수 있는" 그리고 "전혀 신뢰할 수 없는"과 같은 문구를 사용하기보다는 **신뢰도 계수**(reliability coefficient), 즉 그들의 측도를 신뢰할 수 있는 정도를 표현하는 0에서 1 사이의 수치를 사용한다. 신뢰도 계수가 1에 가까울수록 신뢰도는 더 높다. 신뢰도 계수가 0에 더 가까울수록 신뢰도는 더 낮다. 신뢰도 계수가 어느 정도면 충분히 신뢰할 수 있는가?

일반적으로 커뮤니케이션 연구자들은 신뢰도 계수가 0.7 이상이면 받아들일 수 있다는 데 동의한다. 이것은 일반적으로 받아들여지는 기준이지 절대적인 기준은 아니다. 만약 커뮤니케이션 불안처럼 어떤 구성개념이 측정하기 쉽다면, 0.8 이상의 신뢰도 계수가 기대된다. 반면에 만약 어떤 구성개념이 포착하기 어려워 측정하기도 어렵다면, 더 낮은 신뢰도 계수도 받아들일 수 있을 것이다. 일반적으로 더 추상적인 개념을 측정할 경우에는 그러하다. 설문지나 척도와 연관해서 두 가지 주된 유형의 신뢰도가 존재하는데, 내적 신뢰도와 조사-재조사 신뢰도가 그것이다. <그림 5.3>을 참조하라.

내적 신뢰도 많은 측정도구가 다양한 등간수준의 항목을 사용해 하나의 구성개념이나 변인을 측정한다. 이성에 대한 작업 스타일 목록의 예로 돌아가보자. 이 목록은 43개 항목으로 구성되어 있지만, 각 항목은 5개 작업 스타일(신체적, 전통적, 예의 바른, 진지한, 그리고 장난스런 스타일) 가운데 하나와만 연관되어 있으며, 5개의 스타일은 이 목록의 하부척도(subscale)이다. 하부척도 내의 각 항목은 사람들의 작업 스타일의 한 측면을 측정하기 위한 만들어진 것이다. 한 하

설문지용

조사-재조사
신뢰도

신뢰도 ────────→ 내적 신뢰도 ────────→ 크론바크 알파

〈그림 5.3〉 척도 및 설문지의 신뢰도 유형

부척도, 예를 들어 전통적인 작업 스타일 내의 항목들이 사람들로 하여금 설문지에 대한 동일한 응답을 불러일으키는 정도를 **내적 신뢰도**(internal reliability)라고 한다. 만약 작업을 거는, 즉 연애적 관심을 처음 나타내 보이는 남성에 대해 묻는 항목들 각각에 대해 여러분이 유사하게 응답한다면, 전통적인 작업 스타일 하부척도는 내적 신뢰도를 가지고 있다.

어떤 설문지를 사용하여 완벽한 신뢰도를 얻을 가능성은 매우 낮다. 편향과 오류가 여러 가지 방식으로 발생할 수 있으며, 참여자들이 유사한 질문에 대해 동일한 방식으로 응답하는 데에 영향을 미칠 수 있다. 첫째, 질문이나 항목 자체의 단어가 모호하거나 참여자들에게 익숙하지 않은 단어를 포함하고 있을 수도 있다. 둘째, 참여자들의 경험이나 마음 상태가 그들로 하여금 여러분이 의도한 바와 달리 질문을 해석하게 할 수도 있다. 셋째, 참여자가 어디서 그리고 어떻게 설문지를 작성하는가 하는 것이 응답을 하는 데 영향을 미칠 수 있다. 어쩌면 친구를 만나 커피를 마시러 가기 위해 온라인 설문조사를 빨리 끝내고 싶은 나머지 참여자들이 서두를 수도 있을 것이다. 이와 같은 환경적 영향이 참여자의 응답을 바꿔놓을 수 있다. 원인이 무엇이건 부정확함은 측정의 신뢰도를 약화시킨다.

넷째, 참여자의 기분이 응답을 하는 데 영향을 미치는 큰 요인일 수 있다. 어떤 참여자의 경우, 그날의 일진이 특히 안 좋거나 자신이 바라고 있던 승진이 되지 않았다는 말을 들었을 수도 있다. 긍정적이건 부정적이건 극단적인 정서는 참여자들의 응답을 바꿔놓을 가능성이 있다. 다섯째, 참여자와 연구자 간의 상호작용이나 참여자의 온라인 설문조사에 대한 인상이 참여자가 설문지에 얼마나 정직하게 응답할지에 영향을 미칠 수 있다. 몇 명의 연구팀원이 참여자들과 상호작용하는 경우, 그들의 커뮤니케이션 방식과 스타일이 참여자들의 응답의 변동으로 이어질 수 있다. 마지막으로 참여자들의 설문지에 대한 익숙함이 응답의 일관성에 영향을 미칠 수 있다. 만약 참여자들이 다른 연구에 참여했을 때와 동일하거나 유사한 척도에 응답한다면, 그들은 그 항목들에 익숙하다고 생각한 나머지 항목이나 지시문을 주의깊게 읽지 않을 수도 있다.

이러한 요인들 가운데 얼마나 많은 것이 여러분의 설문지에 대한 참여자들의 응답에 영향을 미칠지는 사람에 따라 그리고 상황에 따라 다르다. 그러나 여러분은 어떠한 측정도구도 완벽한 신뢰도를 가질 가능성이 없는 이유를 알아야한다. 간단히 말하면, 편향과 오류의 원천이 다양하다는 것이다. 연구자로서 여러분은 이러한 원천을 가능한 한 많이 통제하기 위해 노력해야 한다. 측정도구를 사전조사하는 것은 여러분의 통제하에 있어야 한다. 또한 여러분은 참여자들이 연구 환경 속에 들어올 때 여러분이 그들과 상호작용하는 방식을 포함해 연구 환경의 일부 측면들을 통제할 수 있다. 그러나 여러분이 모든 오류와 편향을 줄일 가능성은 없다.

여러분의 측정도구가 다수의 항목을 포함하고 있다면 그것이 어떤 측정도구이든 내적 신뢰도를 계산해야 한다. 여러분은 내적 신뢰도를 어떻게 계산할 수 있는가? (Excel, SAS, 혹은 SPSS와 같은) 소프트웨어 프로그램이 모든 참여자들이 응답한 일련의 항목의 내적 신뢰도 계수를 계산할 수 있다. 이러한 검정은 흔히 **크론바크 알파**(Cronbach's alpha)(Cronbach, 1951), 내적 신뢰도, 혹은 내적 일관성(internal consistency)으로 불린다. 이것이 산출해내는 통계치는 알파 계수인데, 연구보고서에 α로 표시되어 제시된다. 각 변인의 크론바크 알파는 연구보고서의 연구방법 부분이나 연구결과 부분에 보고된다. 연구자들은 일반적으로 알파 계수가 0.7 이상이면 측정도구의 내적 신뢰도를 입증하기에 충분하다는데 동의한다는 점을 상기하라. 만약 어떤 측정도구의 내적 신뢰도가 충분하지않으면, 그 변인은 추가적인 분석에서 제외될 수도 있다.

이상적으로 말하면, 복수 항목으로 구성된 도구나 척도로 조작화된 각 변인에 대한 알파 계수가 계산되어 보고되어야 한다. 예를 들어, 호런과 초리(Horan & Chory, 2013)는 직장에서의 동성 간 연애의 관계적 함의를 살펴보았으며, 이러한 연구결과를 직장에서의 이성 간 연애의 관계적 함의와 비교했다. 연구문제와 가설을 검정하기 위해 이 연구자들은 직장에 다니는 성인들에게 라이커트형 척도나 의미분별척도로 이루어진 몇 가지 설문지에 응답해줄 것을 요청했다. 이 연구자들은 크론바크 알파 계수를 사용한 이 척도들의 내적 신뢰도를 다음과 같이 보고했다:

- 신뢰: $\alpha = 0.94$
- 기만: $\alpha = 0.79$
- 동성애 혐오증: $\alpha = 0.90$
- 역량: $\alpha = 0.89$
- 배려: $\alpha = 0.83$
- 기질: $\alpha = 0.86$

각 변인의 내적 신뢰도는 일반적으로 받아들여지는 기준인 0.7을 넘어서 기준을 충족하는데, 이는 각 측정도구의 내적 신뢰도가 다른 분석에 포함되기에 충분함을 시사한다.

조사-재조사 신뢰도 커뮤니케이션은 상호작용 과정이며, 시간이 흐르면서 상호작용이나 상호작용에 대한 우리의 지각은 변할 수 있다. 따라서 많은 연구자는 그들의 연구가 각기 다른 시점의 측정값을 포착할 수 있도록 설계하는데, 때로는 이것이 측정도구의 안정성(stability)을 입증한다. **조사-재조사 신뢰도**(test-retest reliability)는 동일한 조사, 즉 측정을 동일한 참여자들에게 두 차례 실시한 점수들 간의 관계, 즉 상관관계(11장 참조)를 계산한다. 다른 신뢰도 점수와 마찬가지로 1은 동일한 참여자들이 동일한 자극물에 대한 두 번째 조사에서도 그들이 첫 번째 조사에서 평가한 것과 정확히 똑같이 평가했음을 나타낸다. 반대로 0은 두 측정값이 우연에 의한 것에 다를 바 없음을 나타낸다.

올리버와 래니(Oliver & Raney, 2011)는 사람들이 그들이 즐기는 오락을 선택하는 이유를 측정하기 위해 하나의 척도를 개발했다. 이 연구자들은 오락물 선택이 즐거움 추구, 즉 쾌락적 관심사(hedonic concerns)를 토대로 하고 있을 뿐만 아니라, 진실 추구, 즉 자기-실현적 관심사(eudaimonic concerns)의 수단이기도 하다는 이론을 제시했다. 즉, 오락은 즐거움을 위해 추구될 수도 있지만,

동시에 삶의 목적에 대해 배우거나 삶의 목적을 고려하기 위해 추구될 수도 있다는 것이다. 이 연구팀은 이러한 구성개념들(쾌락적 관심사와 자기-실현적 관심사)이 안정적 성향을 지니고 있다고 생각했다. 즉, 시간에 따라 사람들의 내적 변동이 있을 수 있겠지만, 이러한 구성개념들은 안정적이라고 예측될 수 있을 거라는 것이다. 각 척도는 6개의 항목으로 구성되었다. 이 연구팀은 이 가정을 검정하기 위해 8주 간격을 두고 동일한 참여자들을 대상으로 이 척도들을 두 차례 조사(조사-재조사)를 실시했다. 그들은 두 척도 모두의 조사-재조사 점수가 두 시기에 걸쳐 관련되어 있음을 확인했다(자기-실현적 관심사: $r = 0.89$; 쾌락적 관심사: $r = 0.72$).

신뢰도 향상하기 일반적으로 신뢰도는 향상될 수 있다. 다음은 신뢰도를 향상할 수 있는 몇 가지 방법이다:

- 설문지 문항이 서툴게 써졌거나 혼란스럽다면 다시 쓴다.
- 응답자에 대한 지시사항을 더 명확히 한다.
- 연구자들은 모든 측정이 유사한 환경 조건에서 일어나는지 확인하는 조치를 취할 수 있다.

그러나 신뢰도는 주관적이라는 점을 인식하라. 여러분은 연구의 이용자로서, 그리고 연구자로서 여러분이 받아들일 수 있는 정도를 반드시 정해야 한다. 측정을 신뢰할 수 없을 때, 그러한 측정을 토대로 한 연구결과나 결론 역시 정당화하거나 방어할 수 없다.

3) 타당도와 신뢰도의 관계

무언가를 측정하는 것이 쉬운 것처럼 들리지만, 타당하고도 신뢰할 수 있는 측도를 개발하는 것은 어려운 일이다. 측정이 유용하기 위해서는 두 가지 조건을 반드시 충족해야 한다(Hoover & Donovan, 1995). 첫째, 측정의 결과는 측정하고자 의도했던 것의 의미와 반드시 일치해야 한다. 만약 여러분이 문화적 차이를 포착하기 위해 문화 커뮤니케이션 규범(예, 인사 및 작별 행동)의 존재를 측정하기를 원한다면, 측정이 완료될 때 문화 규범들 사이의 차이가 분명히 드러나야 한다. 이것은 측정의 타당도이다. 둘째, 변동의 측정이 반드시 반복 가능해야 한다. 따라서 어느 날 한 참여자가 제공한 문화 규범에 대한 측정값은 그 다음 날 그 참여자가 제공한 측정값과 매우 유사해야 한다. 이것은 측정의 신뢰도이다.

신뢰도와 타당도는 별개의 두 개념이지만, 이 둘은 근본적으로 연관되어 있다. <그림 5.4>는 이러한 연관성을 보여준다.[44] 측정도구와 설문지는 신뢰할 수 있으면서도 타당해야 한다. 비록 측정도구가 타당하지 않더라도 신뢰할 수 있는 측도가 얻어질 수 있다. 예를 들어, 어떤 설문지는 측정하고자 한 것이 아닌 엉뚱한 것을 신뢰할 수 있게 측정할 수 있을 것이다! 대신, 척도들이 타당하려면 반드시 신뢰할 수 있어야 한다. 타당도가 있다면 당연히 신뢰도도 있는 것으로 여겨진다. 따라서 타당도가 둘 가운데 더 주된 개념이다. 만약 여러분이 측정하기를 원하는 것을 측정하고 있지 않다면, 측정의 일관성은 무의미하다. 그러나 측정도구를 개발할 때, 타당도를 얻는 것이 신뢰도를 얻는 것보다 더 어렵다. 이러한 관계를 설명하는 데 도움을 줄 수 있는 비유로서 여러분이 몸무게를 재는 데 사용하는 여러분의 체중계에 대해 생각해보자. 여러분의 체중계는 일관되게 여러분의 몸무게를 60Kg으로 측정해줄 수도 있다. 바꾸어 말하면, 이 체중계는 신뢰할 수 있다. 그러나 이 신뢰할 수 있는 체중이 타당한가, 즉 정확한가? 여러분의 체중계로 몸무게를 재고, 그런 다음 친구나 여러분이 다니는 병원의 체중계로 몸무게를 재보라. 여러분은 금방 신뢰도와 타당도의 연관성을 이해할 것이다!

연구보고서를 읽을 때 여러분은 신뢰도와 타당도 정보가 제시되어 있는 방식에 주의해야 한다. 각 연구자는 자신의 데이터에 대한 신뢰도와 타당도에 대한 판단을 내린다. 각 연구 이용자도 반드시 판단을 내려야 한다: 그 데이터는 연구자들이 제시한 결론을 여러분이 받아들일 수 있을 정도로 충분히 신뢰할 수

---

44) 아래 그림은 신뢰도와 타당도와의 관계를 잘 보여준다(역자 주):

by Experiment-Resources.com

있으면서도 타당한가?

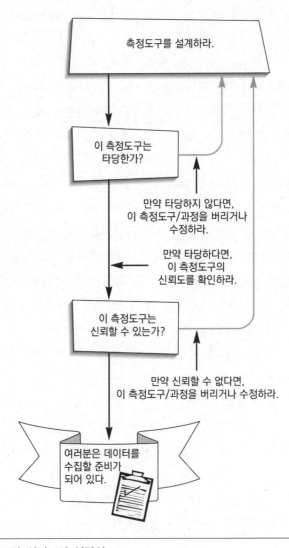

측정도구를 설계하라.

이 측정도구는
타당한가?

만약 타당하지 않다면,
이 측정도구/과정을 버리거나
수정하라.

만약 타당하다면,
이 측정도구의
신뢰도를 확인하라.

이 측정도구는
신뢰할 수 있는가?

만약 신뢰할 수 없다면,
이 측정도구/과정을 버리거나 수정하라.

여러분은 데이터를
수집할 준비가
되어 있다.

〈그림 5.4〉 타당도와 신뢰도의 연관성

4) 타당도와 신뢰도를 위협하는 요인

여러분은 타당도와 신뢰도 이슈에 관심을 가져야 하는가? 만약 여러분이 연구결과를 사용해 여러분의 커뮤니케이션 행동에 대한 결정이나 선택을 내리거나 타인의 커뮤니케이션 선택을 평가한다면, 타당도와 신뢰도 이슈에 관심을 가져야 한다. 그리고 만약 여러분이 타인의 연구결과를 토대로 연구를 수행하고 있다면, 역시 그리해야 한다. 연구자들은 타당도와 신뢰도 문제를 타당도와 신뢰도에 대한 **위협**(threat)이라고 말한다. 위협이란 여러분이 데이터로부터 잘못된 결론을 도출할 수 있게 만드는 어떤 데이터와 관련된 문제를 말한다. 연구 참여자와 연구자 모두 이러한 문제에 원인을 제공할 수 있다. 어떤 종류의 문제를 세심히 살펴보아야 하는가?

데이터 수집 이슈 커뮤니케이션 연구에서는 자기-보고식 설문지나 설문조사를 사용하는 것을 매우 흔히 볼 수 있다. 불행하게도 설문지가 항상 사람들이 커뮤니케이션하는 방식에 대한 데이터를 수집하는 최상의 도구는 아니다. 어떤 측정도구가 여러분에게 과거에 혹은 어떤 특정한 커뮤니케이션 사건에서 여러분이 행동했던 방식에 대해 생각해볼 것을 요청한다고 가정해보자. 여러분이 실제로 커뮤니케이션했던 것과 여러분이 커뮤니케이션한 것에 대해 여러분이 기억하는 것 사이에는 매우 큰 차이가 있을 수 있을 것이다(Sypher, 1980). 연구자들이 오래된 측정도구를 사용할 때도, 또 다른 유형의 타당도 오류(validity error)가 발생할 수 있는데(Poole & McPhee, 1985), 특히 혼인관계나 미디어 이용과 같이 변화하는 사회적 가치 및 관행을 반영하는 관계 속에서의 커뮤니케이션을 측정하는 도구들이 그러하다. 이러한 각각의 경우에서 **내적 타당도**, 즉 데이터로부터 타당한 결론이 도출될 수 있는 정도에 대한 위협은 연구자들의 측정도구 선택에 의해 야기된다.

단순히 연구자들의 평소 자신의 모습이 내적 타당도에 대한 다른 위협을 야기할 수 있다. 연구자들은 자신의 성별이나 커뮤니케이션 스타일 때문에 자기도 모르게 참여자들이 행동하거나 자극에 대응하는 방식에 영향을 미친다. 대인관계에 대한 실험연구에 여성 연구보조원만 사용하는 것이 외견상 문제가 있는 것처럼 보일 수도 있을 것이다. 그러나 남성 참여자들은 같은 성과 같은 나이를 가진 사람에게 그들의 관계에 대한 사적인 정보를 더 자발적으로 드러낼 수도 있을 것이다.

미국 남서부에 있는 한 중간 규모의 대학에 개설된 커뮤니케이션 수업을 듣는 학생들($N = 210$)이 친구나 연인 혹은 부모와 관계 외적인 토픽으로 다툴 때보다 사적이거나 관계적 이슈로 다툴 때 언어적 공격성이 더 높아지는지를 살펴보는 연구에 참여했다 (Johnson, Becker, Wigley, Haigh, & Craig, 2007). 다음과 같은 토픽이 참여자들에게 사적인 말다툼의 예로 제시되었다: 연애 상대, 여가시간, 다른 친구, 집안 허드렛일, 룸메이트 문제, 상한 감정, 돈/계산서, 신뢰 및 질투, 배려하기, 음주, 아파트 공간, 계획 차질, 상대 물건 사용하기, 충고하기, 그리고 호의 베풀기. 다음과 같은 토픽은 공적 말다툼의 예로 제시되었다: 낙태, 사형, 환경, 약물 법제화, 미성년 음주, 인종적 편견, 성 차별, 성적 지향성 차별, 종교, 총기 통제, 약물 시험, 국방비 지출, 동물 실험, 대리모, 외국 제품 제한, 스포츠, 영화, 에티켓/매너, 인종 차별, 그리고 정치. 이 연구자들은 가설을 지지하는 증거를 확인했다. 공적 말다툼 조건($M = 48.75$)에서보다 사적 말다툼 조건($M = 53.51$)에서 언어적 공격성이 더 높았다. 여러분은 이러한 표본과 모집단을 사용하는 것의 타당도에 대해 어떤 주장을 펼 수 있을 까? 이와 같은 표본과 모집단을 사용하는 것의 타당도를 위협한다는 주장을 어떻게 펼 수 있을까? 이 2007년 연구에 사용된 척도들이 오늘날에도 적절할까?

연구자들은 자기도 모르게 또 다른 방식으로 응답자들을 편향되게 할 수 있다. 대인관계에 대한 위 연구의 예를 계속 살펴보면, 한 응답자가 자신의 상호작용을 연구자가 기대하는 대로 기술하고 있다고 해보자. 이 응답자의 말을 듣고 있던 연구자가 계속해서 이러한 유형의 기술을 해줄 것을 바라면서 이 응답자를 향해 미소를 짓거나, 고개를 끄덕이거나, 다른 확증해주는 행동을 한다. 이와 달리, 어떤 응답자가 기대와 반대되게 기술하고 있을 때, 이 연구자는 무표정한 얼굴을 유지하면서 다른 비언어적 단서를 거의 제공하지 않는다. 이러한 유형의 문제를 극복하기 위해 많은 연구자는 데이터를 수집하는 보조원들에게 가설이나 연구 프로젝트의 목적을 알려주지 않는다.

참여자들 역시 연구의 내적 타당도를 위협할 수 있다. 예를 들면, 오랜 기간에 걸쳐 한 팀을 추적하는 연구에서는 두 가지 일이 일어날 가능성이 있다. 첫째, 그 팀의 구성원이 변할 수도 있다. 이것을 참여자 **탈락**(mortality) 혹은 **결**

손(attrition)이라고 한다. 참여자들이 연구에 대한 관심이 없어지거나 계속해서 연구에 참여할 동기가 결여되기 때문에 또한 결손이 발생할 수 있다. 어떤 경우, 참여자들이 이사를 가거나 사망한다. 참여자들이 탈락이나 결손으로 인해 양적 연구 프로젝트를 떠날 때, 연구자들은 이러한 데이터 손실 문제에 반드시 대처해야 한다.

둘째, 관찰이 진행되는 동안 참여자들이 변할, 즉 성숙할 가능성이 있다. 어느 정도의 참여자 **성숙**(maturation)이 발생하지 않는다면, 그것은 이례적이다. 동일한 설문지가 각기 다른 시점에 제시될 때 참여자들이 지나치게 익숙해질 수 있다. 혹은 연구자의 통제를 벗어난 어떤 요소로 인해 참여자들의 태도와 신념이 변하기 때문에 성숙이 일어날 수 있다.[45]

표본의 대표성 이슈 연구자들이 표본을 찾아내 선택하는 방식 때문에 타당도에 대한 우려가 제기되기도 한다. 이러한 위협은 연구결과의 일반화 가능성을 약화하기 때문에 **외적 타당도**(external validity)에 대한 위협이라 불린다. 예를 들면, 많은 연구자가 확률(probability)의 원리에 기반을 두지 않는 표집(sampling) 기법들, 특히 편의 표집(convenience sampling)을 사용한다(6장 참조). 이러한 유형의 표집은 연구결과의 일반화 가능성을 제한한다(Rubin & Perse, 1994). 편의적으로 연구자에게 이용 가능한 사람과 자발적으로 연구에 참여하겠다는 사람들로부터만 데이터를 수집하는 것은 외적 타당도 문제를 야기한다. 편의 표본은 어떤 모집단을 대표할까? 바꾸어 말하면, 이러한 참여자들은 누구에 대한 사실을 반영할까?

외적 타당도에 대한 또 하나의 일반적인 위협은 연구자들이 대학생을 연구 참여자로 사용할 때 발생할 수 있다. 대학에 있는 연구자들에게는 학생들이 편의 표본이긴 하지만, 모든 학생 표본이 다 동일하지는 않다는 어떤 새로운 증거가 드러났는데, 이는 내적 타당도에 대한 추가적인 위협을 암시한다. 멜처, 납 및 다슈만(Meltzer, Naab, & Daschmann, 2012)은 배양이론을 살펴보는 그들의

---

45) 휴대폰 사용 금지가 학생들의 성적 향상에 영향을 미치는지 알아보기 위해 학교에서 휴대폰 사용을 금지하는 실험을 실시한 결과, 휴대폰 사용을 허용했을 때보다 휴대폰 사용을 금지한 후 성적이 올랐다면, 이것이 휴대폰 사용 금지로 인한 것인지 아니면 공교롭게도 실험을 실시한 시기가 고2에서 고3으로 넘어가는 시기와 겹쳤다면, 고3이 되면서 다들 열심히 공부했기(성숙 효과) 때문으로 인한 것인지 알기 어렵다(역자 주).

연구에 각기 다른 학생 표본을 사용했다. 그들은 학생들의 전공이 다르고 학년이 다르면 응답도 달라진다는 사실을 확인했다. 더욱이 커뮤니케이션을 전공하는 학생의 86%와 다른 전공의 고학년 학생의 31%가 검정되고 있는 가설을 정확하게 식별해냈다. 실험연구에 학생들을 사용하는 것은 또한 외적 타당도도 위협할 수 있다. 연구 참여 요청을 받는 사람, 연구가 수행되는 장소, 혹은 연구가 통제되는 방식은 심각한 문제를 야기할 수 있다. 다른 표본 및 모집단에 대한 결과가 알려져 있지 않고 또한 다를 수도 있기 때문에, 이러한 것들은 타당도를 위협한다. 이것은 흔히 또 다른 형태의 외적 타당도인 **생태학적 타당도**(ecological validity)[46]에 대한 위협이라 불린다.

참여자들이 연구자가 실제로 관심을 가지고 있는 참여자들과 다른 정도, 그리고 연구 환경이 인위적이고 꾸며진 정도 모두 연구결과의 일반화 가능성을 제한한다. 예를 들어, 쿤과 풀(Kuhn & Poole, 2000)은 조직 내 팀들이 갈등이 팀의 의사결정에까지 번지는 방식에 대한 규범을 발전시키는지 여부와, 만든다면 어떻게 발전시키는지 살펴보고 싶었다. 연구결과의 외적 타당도를 높이기 위해 이 연구자들은 조직 내에서 조직의 과업을 정기적으로 함께 수행한 구성원들로 구성된 기존의 팀을 사용했다. 이러한 자연스러운 상황에 있는 팀을 연구함으로써 연구자들은 일정 기간에 걸쳐 그 팀을 추적할 수 있었으며, 또한 자연스러운 상황에 있는 팀을 연구하는 것이 실험 환경에서 꾸며진 집단을 사용하는 것보다 그러한 연구문제에 더 적절했다.

위협 요인 요약 만약 측정도구가 미세한 구별을 할 수 없다면, 신뢰도와 타당도는 위협받는다. 측정도구가 어느 정도 구체성이나 정확성을 포착할 수 있는가? 예를 들어, 사람들의 조직 지향성, 즉 조직과의 관계를 측정할 때, 조직 지향성 측도(McCroskey, Richmond, Johnson, & Smith, 2004)는 실제로 조직에 상당한 친밀감을 가지고 있는 사람, 조직에 그다지 신경 쓰지 않는 사람, 그리고 조직에 잘 적응할 수 없는 사람을 구분할 수 있는가? 둘째, 만약 측정도구가 사람들이 어떻게 서로 다른지 포착해내지 못한다면, 신뢰도와 타당도는 위협받는

---

46) 어떤 연구(특히 실험)를 통해 얻어진 지식이나 이해, 사실에 대하여, 그 연구에서 관찰하지 않았던 대상에게까지 확대하여 적용할 수 있는 정도를 말한다. 주로 심리학 및 사회과학에서 자주 언급되며, 간혹 의학에서도 거론된다(출처: 나무위키)(역자 주).

다. 조직 지향성 측도는 사람들이 조직에 대해 가질 수 있는 세 가지 서로 다른 지향성을 반드시 구분해내야 할 뿐만 아니라, 그러한 지향성을 가지고 있는 사람들이 조직 내에서 어떻게 커뮤니케이션을 하는지에 대한 정보 제공도 해야 한다.

세 번째 위협은 연구자들이 응답자와 무관하거나 응답자가 알지 못하는 무언가를 측정하고자 시도할 때 존재한다. 누구나 설문지에 응답할 수 있지만, 만약 응답자가 질문을 이해하지 못하거나 응답자와 아무런 관련이 없는 무언가에 대해 응답해줄 것을 요청한다면, 그 측정은 문제가 있다. 이것은 의견과 태도에 대해 특히 그러한데, 의견과 태도는 흔히 양적 커뮤니케이션 연구의 일부이다. 간단히 말해, 미혼 응답자와 비혼 응답자에게 배우자와의 커뮤니케이션 만족에 대한 질문에 답해줄 것을 요청하는 것은 이치에 맞지 않을 것이다.

마지막으로, 인간 커뮤니케이션 행동의 복잡성이 신뢰도와 타당도를 위협할 수 있다. 인간 커뮤니케이션 현상을 진정으로 포착할 수 있는 측정도구가 있을까? 예를 들어, 만약 두 연구자가 어떤 빌딩의 길이를 측정하고 있는데 두 사람의 길이가 다르다면, 그들은 함께 그 빌딩의 길이를 다시 측정할 수 있다. 그들의 개별적인 측정치를 서로 검증하거나 제3자를 통해 검증할 수 있다. 그러나 어떤 사람이 여러분의 조직 지향성을 어떻게 검증할 수 있을까? 여러분이 그 설문지에 다시 응답해줄 것을 요청한다고 하더라도, 여러분이 지난번 설문지에 응답한 이후 여러분이 조직 내에서 한 상호작용의 수에 따라, 혹은 여러분의 동기부여나 고용 상태의 변화에 따라 그 결과는 다를 수도 있다. 여러분의 조직 지향성을 독립적으로 검증할 수 있는 사람은 없으며, 오직 여러분만이 그러한 정보를 제공할 수 있다. 더욱이 여러분의 조직 지향성이 이 설문지가 포착하고자 하는 세 가지 지향성에 의해 나타나지 않는다면 어찌 되는가?

보다시피 커뮤니케이션 현상을 수량화하는 것은 몇 가지 어려움을 야기하며, 연구의 타당도와 신뢰도에 영향을 미친다. 연구자들은 연구 프로젝트에 참여하는 모든 사람의 변동을 포착하고 싶어 하지만, 그러한 변동은 측정 오류로 인한 것이 아닌 개인들 사이의 실제 차이를 나타내야 한다(Selltiz et al., 1959). 여러분이 연구보고서를 읽거나 여러 자신의 연구를 설계할 때, 다음 체크리스트를 사용하여 선택한 측정과 데이터가 수집되는 절차가 예기치 않게 타당도와 신뢰도를 위협하지는 않는지 평가하라.

① 연구에서 측정되지 않은 요인들로 인한 변동. 예를 들어, 여러분은 성격이 갈등 관리 전략 선택에 미치는 영향을 측정하고 싶어 한다. 연구자는 성격이 최적의 독립변인인지 판단하기 위해 연구 문헌을 검토해야 할 것이다. 성격이 아닌 갈등 경험이 우리의 갈등 관리 전략 선택에 영향을 미칠 수 있을까?

② 기분, 피로, 건강, 하루 중 시각 등과 같은 개인적 요인들로 인한 변동이나 차이. 이러한 요인들이 어떻게 여러분이 어떤 갈등 관리 전략을 사용하는지에 대해 보고하는 데 영향을 미칠 것인가?

③ 상황적 요인으로 인한 변동 혹은 차이. 여러분의 갈등 관리 전략 선택이 학교에서 갈등을 겪을 때, 직장에서 갈등을 겪을 때, 가정에서 갈등을 겪을 때 각기 달라질 것인가?

④ 연구 프로젝트가 운영되는 방식의 차이로 인한 변동. 연구자들마다 연구 참여자들과 소통하는 스타일이 서로 다를 수도 있다. 여러분은 지루해하는 듯 보이는 연구자와 열정적인 듯 보이는 연구자에 대해 각기 달리 응답하는가? 여러분은 여러분과 비슷해 보이는 연구자와 여러분과 매우 다르게 생긴 연구자에 대해 각기 다르게 응답할 것인가?

⑤ 측정도구에 포함된 항목의 수로 인한 변동. 각각의 갈등 관리 스타일에 대해 단지 하나의 질문만 하는 것은 각 스타일에 대해 대여섯 개의 질문을 하는 것과 같지 않을 것이다. 대부분의 커뮤니케이션 현상의 폭넓음과 복잡성을 포착하기 위해서는 다수의 항목이 요구된다.

⑥ 명확하지 않은 측정도구로 인한 변동. 연구보조원인 여러분에게 연구자가 스피치를 하는 학생들을 관찰하면서 학생들이 불완전한 문장을 사용하는 횟수를 세어 달라는 요청을 받는다. 한 스피치에서 화자가 불완전 문장을 사용하지만, 다음 문장을 말하기 전에 오류가 있었다는 것을 알고 완전한 문장으로 다시 말한다. 여러분은 이것을 횟수에 포함하는가 아니면 포함하지 않는가?

⑦ 기계적 혹은 절차적 이슈의 영향으로 인한 변동. 한 실험에서 여러분은 여러분이 관계를 맺고 있는 파트너와 가장 최근에 겪은 갈등을 회상해서 여러분이 그 파트너에게 말한 것을 적어줄 것을 요청받는다. 여러분이 그 갈등을 회상할 때, 그 갈등이 약 20분 동안 오래 지속되었다는 것을

알게 된다. 그러나 연구자가 제공한 설문지에는 여러분이 말한 내용을 적을 수 있는 공간이 10센티미터 정도밖에 되지 않았다. 그래서 여러분은 어떻게 해야 할지를 몰라 여러분이 말한 것 가운데 가장 중요한 것만 적고 나머지는 생략할 것인가?

⑧ 데이터의 통계적 처리로 인한 변동. 예를 들어, 어떤 연구자가 통계 프로그램의 메뉴 가운데 실수로 잘못된 통계 검정을 선택한다. 혹은 어떤 연구자는 예기치 않게 잘못된 스프레드시트를 사용해 모든 참여자의 응답을 다 포함하지 않는다. 양적 데이터를 분석할 때 어떤 다른 실수가 벌어질 수 있겠는가?

4. 데이터 해석 이슈

숫자는 우리가 숫자에 의미를 부여할 때까지는 아무런 의미를 지니지 않는다는 이 장 앞부분의 내용을 상기해보라. 데이터를 수집할 때 숫자를 사용하는 연구자들은 데이터를 정확하고 윤리적으로 수집할 책임이 있다. 그들은 또한 데이터 해석과 보고(報告)도 책임감 있게 해야 한다. 왜 그래야 하는가? 그들의 연구보고서를 읽는 대부분의 사람은 당연히 책임감 있게 데이터를 해석하고 보고했을 것으로 받아들일 것이기 때문이다. 실제로 대부분의 연구 이용자는 어떤 데이터 수집방법이 사용되었는지 혹은 왜 사용되었는지에 대해서 문제를 제기하지 않을 뿐만 아니라 연구자들이 어떻게 데이터를 해석했는지에 대해서도 문제를 제기하지 않을 것이다. 이것은 과학적 전통에 따라 연구자들이 연구결과와 데이터 해석을 연구보고서의 별도의 부분에 보고해야 한다는 사실에도 불구하고 그러하다. 많은 연구 이용자들에게 이러한 것들은 간과되는 세부사항들이다. 두 가지 이유에서 이러한 이슈들을 여기서 논의한다. 첫째, 데이터 해석은 수집되는 데이터와 밀접하게 연관되어 있다. 데이터 해석의 질은 데이터의 질보다 더 나을 수 없다. 둘째, 데이터는 또한 연구의 이론이나 전제와 밀접하게 연관되어 있다. 따라서 측정은 산출되는 결과의 질에 매우 중요하다.

커뮤니케이션 현상은 측정될 때 그것을 구성하고 있는 부분들로 분해된다. 이것이 데이터 수집의 양상이다. 그런 다음, 연구자는 연구문제에 답하고 가설을 검정하기 위해 반드시 데이터를 해석해야, 즉 데이터에 의미를 부여해야 한다(Kerlinger, 1986). 따라서 두 가지 관심 분야가 존재한다. 첫째, 여러분은 데이터가 수집된 방식에 대해 문제를 제기할 수도 있을 것이다. 다음 질문들은 여러분이 연구자의 데이터 수집을 평가하는 데 도움을 줄 수 있다:

- 여러분은 변인들이 조작화된 방식에 동의하는가? 데이터 수집도구가 타당하고 신뢰할 수 있는가?
- 연구자가 자신이 찾아낼 것으로 기대한 것이 참여자들에게 지나치게 강조되고 명백히 드러나게끔 데이터를 수집했는가?
- 연구자의 기대가 알지 못하는 사이에 어쨌든 참여자들에게 전달되었는가?
- 데이터 수집 절차가 일관되게 적용되었는가?

바꾸어 말하면, 이러한 데이터가 제시된 연구문제나 가설을 감안할 때 이치에 맞는가? 이러한 것들은 정말로 기술적(技術的) 정확성과 절차적 정확성 이슈들이다.

두 번째 관심 분야는 데이터 해석이다(Kerlinger, 1986). 심지어 기술적·절차적 역량이 있다고 가정하더라도 연구자와 이용자는 여전히 데이터가 의미하는 바에 대해 의견이 다를 수 있다. 데이터 해석은 어느 정도 주관적인데, 왜냐하면 연구자들의 해석은 어느 정도 그들의 배경(문화, 교육, 언어 및 기대)과 해석이 이루어지는 맥락에 좌우되기 때문이다(Katzer et al., 1978). 몇몇 전형적인 문제들로는 다음과 같은 것이 있다:

- 대표성이 없는 데이터로부터 일반화하는 결론을 도출하는 것
- 대안적 해석을 검토하지 않은 채 데이터 결과를 확고한 결론으로 받아들이는 것
- 상충하거나 예기치 않은 결과를 적절하게 설명하지 않는 것
- 연구과정의 약점(부적절한 이론이나 가설, 형편없는 측정, 잘못된 분석)을 찾지도 않은 채 부정적이거나 결론에 이르지 못한 결과를 지나치게 단순화하는 것

연구 이용자들은 매우 흔히 저자의 결론을 당연한 것으로 받아들인다. 그러

나 연구과정에 대해 더 많이 배움에 따라, 여러분은 스스로 연구방법과 과정에 대한 평가를 내릴 수 있다. 여러분은 연구보고서의 연구방법 부분을 읽음으로써 이러한 판단을 내릴 수 있다. 질적 연구이든 양적 연구이든, 연구자는 여러분에게 어떤 데이터가, 어떻게, 그리고 언제 수집되었는지에 대한 적절한 정보를 제공해야 한다. 그런 다음, 데이터에 대한 분석을 연구보고서의 결과 부분에 제시해야 한다. 여기가 바로 연구자들이 연구결과에 대한 해석을 드러내기 시작하는 부분이다. 그러나 연구보고서의 논의 부분에 이를 때까지는 데이터에 대한 결론과 함의가 완전히 드러나지는 않는다.

연구 이용자로서 여러분은 적극적인 역할을 한다. 연구자가 제시한 데이터 수집 및 분석 방법에 대해 충분히 생각하고, 그것의 의미에 대한 여러분의 생각을 연구자가 그것의 의미에 대해 말하는 것과 비교 검정해보는 것이 여러분이 할 일이다. 다음과 같은 일련의 질문이 도움이 될 수 있다:

- 연구자는 어떤 질문을 했는가?
- 나는 데이터 수집방법과 통계적 분석을 얼마나 신뢰하는가?
- 연구자는 무엇을 찾아냈는가?
- 연구자는 연구결과로부터 어떤 의미를 추론했는가?
- 연구자의 해석은 제기한 질문과 얼마나 일치하는가?
- 나는 연구자의 결론에 동의하는가?
- 연구자의 결론은 그 이슈나 주제에 대한 다른 알려진 정보와 일치하는가?
- 중요할 수도 있는 무언가가 빠져 있지는 않는가?
- 연구의 결론은 누구에게 적용되는가?

이러한 질문을 제기하고 이러한 질문에 대답함으로써 여러분은 독자적으로 데이터의 신뢰도 및 타당도와 데이터로부터 도출되는 결론에 대한 여러분 자신의 결론에 이를 수 있다.

1. 연구는 측정에 의존한다.

2. 측정은 연구자로 하여금 비교할 수 있게 한다.

3. 이산적 데이터는 범주 혹은 명목 데이터로 알려져 있으며, 어떤 특성이나 속성의 존재나 부재를 기술한다.

4. 범주 데이터의 경우, 각 변인은 상호배타적이고, 망라적이며, 동등한 2개 이상의 부류나 범주로 구성된다.

5. 연속수준 데이터는 다음 세 가지 유형 가운데 하나이다: 서열, 등간, 혹은 비율 데이터.

6. 서열 데이터는 요소들을 어떤 논리적 순서로 순위를 매기지만, 순위 간의 상대적인 차이는 알 수 없다.

7. 등간 데이터는 어떤 특정한 수치로 된 점수를 제시하고 점수들 간의 거리가 동일하다고 가정된다는 점에서 더 정교하다.

8. 비율 데이터는 가장 정교한 데이터 유형으로, 등간 데이터의 특성과 절대 영점을 가지고 있다.

9. 타당도와 신뢰도 이슈는 모든 유형의 측정과 연관되어 있다.

10. 데이터는 여러분이 측정하고자 하는 것을 측정하는 정도만큼 타당하다.

11. 액면 타당도는 측정이 우리가 반영하고자 하는 것을 반영할 때 존재한다.

12. 내용 타당도는 측정이 관심을 가지고 있는 구성개념의 모든 가능한 측면을 반영할 때 존재한다.

13. 기준-관련 타당도는 하나의 측정방법이 어떤 다른 외적 측정방법과 연관될 수 있을 때 존재한다.

14. 구성개념 타당도는 측정이 구성개념의 이론적 토대를 반영할 때 존재한다.

15. 신뢰도는 측정이 믿을 수 있거나 일관된 정도로, 정도의 문제로 표현된다.

16. 내적 신뢰도는 동일한 변인을 측정하는 것으로 알려진 다수의 항목들이 서로 매우 관련되어 있을 때 얻어진다.

17. 조사-재조사 신뢰도는 다른 두 시점의 측정값들이 여전히 안정적일 때 얻어진다.

18. 데이터 측정은 반드시 타당하고도 신뢰할 수 있어야 한다.

19. 타당도와 신뢰도는 어떻게 데이터를 수집하는지 그리고 표본으로 무엇을 혹은 누구를 선택하는지에 대해 연구자가 내리는 선택뿐만 아니라, 그럴듯한 대안적인 설명에 의해 위협받는다.

20. 데이터가 수집되는 방법에 상관없이, 데이터는 반드시 정확하게, 윤리적으로, 그리고 책임감 있게 수집되고 보고되어야 한다.

핵심어

간격	결손
공인 타당도	구성개념 타당도
기준-관련 타당도	내용 타당도
내적 신뢰도	내적 타당도
동등한	등간 데이터
라이커트형 척도	망라적
명목 데이터	범주 데이터
비율 데이터	상호배타적
생태학적 타당도	서열 데이터
성숙	신뢰도
신뢰도 계수	액면 타당도
양적 데이터	연속수준 데이터
예측 타당도	외적 타당도
의미분별척도	조사-재조사 신뢰도
측정	크론바크 알파
타당도	탈락

6장 모집단, 표본, 그리고 표본 크기

챕터 체크리스트

이 장을 읽고 난 후 여러분이 할 수 있어야 하는 것들:
1. 모집단, 표집 프레임 및 표집의 차이 기술하기.
2. 적절한 표본을 선택하기 위해 모집단과 표집 프레임 확인하기.
3. 표본으로부터 얻은 결과를 모집단에 일반화할 수 있다고 주장하는 이유 설명하기.
4. 확률 표집 절차를 사용하여 무선 표본 생성하기.
5. 비확률 표집 절차를 사용하여 적절한 표본 생성하기.
6. 적절한 표본 크기 선택하기.

연구자들은 **무엇**을 연구할지를 선택할 때처럼 **누구**로부터 데이터를 수집할지 혹은 **무엇**에 관한 데이터를 수집할지도 반드시 신중하게 선택해야 한다. 따라서 연구자는 모든 경우에 반드시 선택을 해야 하고, 또 그러한 선택을 정당화할 수 있어야 한다. 또는 모집단, 표본 및 표본 크기에 대한 기본적인 이해를 가지고 있는 커뮤니케이션 연구보고서 이용자는 연구결과의 의미와 잠재적 적용을 더 효과적으로 평가할 수 있다. 이 장에서 우리는 표본과 모집단의 관계를 살펴보고 커뮤니케이션 학자들이 흔히 사용하는 표집기법을 기술할 것이다. 따라서 이 장은 여러분이 다음과 같은 세 가지 질문에 답하는 데 도움을 줄 것이다: ① 연구될 모집단은 무엇인가?; ② 표본은 어떻게 확보되어야 하는가?; ③ 표본 크기는 어느 정도여야 하는가?

1. 모집단과 표본

모집단(population)은 연구자가 관심을 가지고 있는 속성이나 특성을 가지고 있는 모든 단위들 혹은 개체 전체(사람 혹은 사물)로 구성된다. 표본(sample)은 모집단의 부분집합, 즉 일부분이다. 일반적으로, 연구자는 표본을 조사해서 그 표본의 모집단을 대상으로 일반화한다. 그렇다면 왜 전체 모집단을 연구하지 않는 것일까?

대부분의 경우, 모든 사람에게 어떤 연구 프로젝트에 참여해줄 것을 요청하거나 심지어 모집단 내의 모든 사람이나 모든 것을 찾아내는 것이 불가능하거나 실용적이지 않거나 이 둘 다이다. 이것이 가능할 때, 센서스(census)라는 용어를 사용해 모집단 전체를 조사했음을 나타낸다.

2010년 12월 1일부터 2012년 5월 31일 사이에 게시된 후쿠시마 핵발전소 사고에 대한 11,064,381개의 영어 트윗 전부를 수집한 리 등(Li et al., 2016)의 연구는 센서스 연구의 좋은 예이다. 이 트윗들 가운데 3,350,007개에 이용자들의 위치정보가 태그되어(geotagged) 있어서 연구자들은 다음과 같은 질문을 할 수 있었다: "핵 관련 트윗의 양이 이러한 트윗이 발원하는 국가의 핵발전소의 수와 관련 있는가?"(p. 5).

더 현실적인 이유를 들자면, 여러분의 시간과 다른 자원에 한계가 있기 때문이다. 표집 프레임(sampling frame), 즉 선택될 기회가 있는 사람들의 집합을 반드시 만드는 것이 상례이다. 사실상, 표집 프레임은 여러분이 관심을 가지고 있고, 또 참여자들이 선택되는 이용 가능한 모집단의 목록이다. 모집단과 표집 프레임 간의 작지만 중요한 차이에 유의하라: 모집단은 연구자가 관심을 가지고 있는 속성이나 특성을 지니고 있는 모든 단위들인 반면, 표집 프레임은 연구자가 관심을 가지고 있는 속성이나 특성을 지니고 있는 이용 가능한 단위들의 목록이다. 표집 프레임과 모집단이 정확히 같은 경우는 상당히 드물다(<그림 6.1> 참조).

더 큰 집단, 즉 모집단의 일부, 즉 부분집합인 표본을 선택하는 방법은 몇 가지가 있다. 표본이 선택되는 방식에 상관없이, 연구자들은 전체 모집단을 대표하는 정보로 사용되는 결론을 도출하기 위해 표본으로부터 데이터를 수집한다.

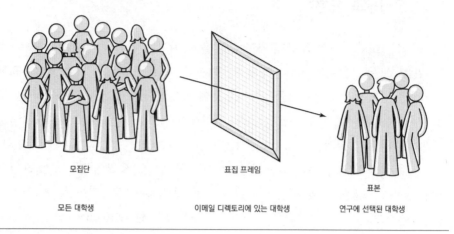

모집단	표집 프레임	표본
모든 대학생	이메일 디렉토리에 있는 대학생	연구에 선택된 대학생

〈그림 6.1〉 모집단에서 표본 만들어내기

1) 모집단 확인하기

연구자들은 간단하게 살펴볼 어떤 참여자들이나 어떤 요소들(예, 트윗)의 집합을 선택한다고 안이하게 생각하기 쉽다. 그러나 그렇게 하면 어떤 다른 사람 집단과 관련되어 있거나, 즉 어떤 다른 사람 집단을 대표하거나 혹은 다른 요소들의 집합에 적용될 가능성이 없는 연구결과가 나올 것이다. 심지어 가장 야심찬 연구 프로젝트도 모든 가능한 차원을 망라해 일반화할 수 있도록 설계될 수는 없다. 연구자는 어떤 차원이나 차원들이 연구문제나 가설에 답하는 데 가장 의미 있거나 관련 있는지 반드시 선택해야 한다(Katzer, Cook, & Crouch, 1978).

표본이 선택되기 전에 모집단이 반드시 확인되어야 한다. 연구자들은 연구문제나 가설을 토대로 참여자나 요소들이 가지고 있거나 포함하고 있기를 원하는 특성을 확인함으로써 시작한다. 모집단의 모든 구성원들 사이에는 적어도 하나의 공통된 특성이 반드시 존재해야 한다(Jaeger, 1990). 예를 들면, 어떤 모집단의 공통된 특성은 직장에서 일을 하고 직장 커뮤니케이션을 위해 이메일을 사용하는 성인, 여름 스포츠 프로그램을 코치하는 10대, 혹은 가족 대화를 포함하는 텔레비전 프로그램일 수 있을 것이다. 표본의 모든 구성원이나 요소가 연구자가 관심을 가지고 있는 모집단을 반영하는지를 확실히 하기 위해 반드시 주의를 기울여야 한다. 바꾸어 말하면, 표본은 연구자로 하여금 그 모집단에 관심을 가지게 만든 동일한 공통된 특성을 반드시 포함하고 있어야 한다. 따라서 연구자가 관심을 가지고 있는 모집단은 본질적으로 연구자가 답하고 싶어 하는 가설이나 연구문제와 연관되어 있다.

예를 들면, 페일러, 비비, 하우저 및 모텟(Faylor, Beebe, Houser, & Mottet, 2008)은 고용인들이 트레이너를 어떻게 평가하는지 조사하고 싶었다. 거의 모든 조직이 고용인들에게 훈련(예, 신입직원 오리엔테이션, 직무 기술, 혹은 일반적인 작업 기술)을 제공한다. 그러나 일반적으로 훈련에 관한 문헌들은 훈련 참여자로 고용인이 아닌 학생을 사용했는데, 분명 훈련을 필요로 할 고용인들은 훈련과 트레이너에 대한 동기 부여나 평가가 다를 가능성이 있다. 그래서 이 연구에서 관심의 대상인 모집단은 직장에서 훈련받은 경험이 있는 고용인들이었다. 이 집단에 속해 있는 개인들의 공통된 특성은 그들이 동일한 조직에 있는 고용인들이며 트레이너를 평가할 수 있는 훈련을 받은 경험이 있다는 것이었다. 따라서 이 참여자들은 이 연구팀이 찾고 있던 데이터를 제공할 수 있었다.

일반적으로 어떤 연구에서 광범위하게 정의된 모집단의 모든 구성원을 사용하는 것은 불가능하다. 예를 들어, 대학교에 다니는 모든 학생을 확인하고 목록화하는 것은 거의 불가능할 것이다. 따라서 연구자들은 그들의 모집단을 좀 더 좁게 정의한다. 대학생의 경우, 3개 사립 대학교에 다니는 2학년 모집단을 확인하거나 전체 대학교의 여학생 클럽의 여성 모집단을 확인하는 것이 더 합리적일 수도 있다. 연구자는 어떤 차원이 더 중요한지 결정해야 할 것이다. 학년과 대학의 유형 차원(즉, 사립 대학교에 다니는 2학년)이 더 중요한가? 아니면 성별과 여학생 클럽 회원 차원이 더 중요한가? 연구자는 연구문제나 가설을 토대로 반드시 이러한 결정을 내려야 한다. 연구자는 연구결과를 사립 대학교 2학년 학생이나 여학생 클럽의 여성들에게 일반화하기를 원하는가? 비록 연구가 실제로 표본을 구성하는 참여자들이나 요소들을 상대로 이루어지기는 하지만, 모집단을 확인하는 것은 연구자의 1차적인 관심사여야 한다.

상상할 수 있다시피 이용 가능성과 접근(access) 또한 어떤 개인이 어떤 특정한 모집단의 구성원으로 간주될 수 있는지에 영향을 미친다. 데이터를 수집하는 방식(예, 대면, 온라인 설문조사, 종이 설문지, 실험실 실험, 전화 설문조사)이 누가 참여자가 될 수 있는지에 영향을 미친다. 왜냐하면 전화를 가지고 있는 모든 사람이 다 확인되지 않는 번호로 걸려오는 전화를 받지는 않을 것이며, 이메일을 사용하는 모든 사람이 다 설문조사 참여 요청에 응하지는 않을 것이며, 모든 사람이 다 시간을 내어 실험실을 방문하지는 않을 것이기 때문이다.

여기서 말하고자 하는 요지는 연구 프로젝트의 모집단을 정의하는 것은 반드시 첫 번째 단계가 되어야 하며, 표본을 확인하고 선택하려 시도하기 전에 반드시 이루어야 한다는 것이다. 제한된 접근이나 이용 가능성으로 인한 문제에도 불구하고, 연구자는 모집단을 연구 프로젝트에 가장 중요한 차원에서 반드시 정의하고 대표성 있는 표집을 보장할 수 있는 방법을 찾아야 한다.

2) 일반화 가능성 문제 다루기

모집단이 확인되었으면, 모집단의 표본, 즉 부분 집합을 선택해야 한다. 표집을 하는 방법은 다양하며, 각각의 방법은 나름대로의 장단점을 지니고 있다. 그러나 먼저 일반화 가능성 이슈가 다루어질 필요가 있다.

대부분의 커뮤니케이션 연구는 주로 사람에, 즉 그들은 어떻게 커뮤니케이션하는지, 왜 커뮤니케이션하는지, 커뮤니케이션을 어떻게 지각하는지 등에 관심이 있다. 연구 문헌을 검색할 때, 여러분은 여러분이 관심 있는 변인이나 개념을 다루는 하나 이상의 연구를 찾을 가능성이 있다. 예를 들면, 조와 최(Cho & Choi, 2011)는 남성과 여성이 리얼러티 쇼, 드라마 혹은 주간(晝間) 연속 드라마, 코미디 혹은 시트콤, 그리고 토크 쇼의 메시지에 어떻게 영향을 받는지 연구하고 싶었다. 구체적으로 말하면, 이 연구자들은 만약 태닝(tanning) 업소 이용에 대한 메시지가 태닝 업소에서 태닝을 하는 것에 대한 참여자들의 태도나 이런 식으로 태닝을 할 의향에 영향을 미치는지 조사하고 있었다. 조와 최는 미국 중서부 지역에 있는 한 대규모 대학교에 재학 중인 학생들에게 연구 참여를 요청했는데, 490명이 설문조사에 응했다. 그런 다음, 연구자들은 다음 세 가지 이유에서 오직 백인 참여자들의 데이터만 사용했다고 설명했다: ① 연구 문헌들은 백인과 다른 인종 간에는 미디어 이용에 있어 상당한 차이가 존재함을 보여주고 있음; ② 백인과 흑인은 미디어 메시지를 달리 해석함; ③ 백인과 다른 인종은 태닝에 대해 서로 달리 지각할 가능성이 있음.

최종 표본은 365명의 대학생으로 구성되었으며, 이들의 평균 연령은 20세였다. 참여자들은 태닝을 한 이미지가 등장하는 텔레비전 장르를 시청하는 빈도에 관한 척도와 그들의 동료(혹은 친구)가 태닝을 한 남성과 여성이 등장하는 텔레비전 장르를 어느 정도 자주 시청한다고 생각하는지를 묻는 척도를 포함한 몇 가지 척도에 응답했다. 이러한 측도들은 다음 가설을 검정하는 데 사용되었다: "텔레비전의 태닝한 이미지에 대한 자기-보고된 노출은 남성 및 여성 동료의 텔레비전의 태닝한 이미지에 대한 노출에 대한 지각과 긍정적으로 연관되어 있을 것이다"(p. 510). 연구결과는 젊은 여성의 태닝 빈도의 기저에 깔려 있는 사회적 지각 과정이 젊은 남성의 기저에 깔려 있는 사회적 지각 과정보다 더 복잡할 수도 있음을 보여주었다.

이러한 연구결과는 여러분에게 어떻게 적용될까? 여러분은 이 학생들과 나이가 다른가? 지리적 위치가 다른가? 이러한 차이가 문제가 되는가? 물론 학생들의 직계가족의 피부암 발병, 사회경제적 지위 등과 관련한 차이도 존재할 수도 있다.

표본이 선택되는 방식은 연구결과가 다른 사람(이나 사물)에 일반화될 수 있는, 즉 다른 사람(이나 사물)을 대표하는, 정도에 영향을 미친다. 따라서 **일반화 가능성**(generalizability)은 표본으로부터 수집된 데이터를 토대로 도출된 결론이 모집단에 확대 적용될 수 있는 정도를 말한다. 잘 정의된 모집단과 대표성 있는 표본은 일반화 가능성에 대한 우려를 감소시킨다. 이론적으로 말하면, 대표성 있는 참여자 표집은 선택 편향(selection bias)을 제거한다. 대신, 형편없이 정의된 모집단과 대표성이 없는 표본은 일반화 가능성에 대한 우려를 야기한다. 이 경우, 연구자는 발견된 어떤 차이가 정말로 연구로부터 기인한 것인지 확신할 수 없을 것이다. 그 표본이 어떻게 확인되었는지 혹은 그 모집단이 어떻게 정의되었는지를 토대로 그러한 차이가 발생했을 수도 있을 것이다.

연구를 위해 모든 기본적인 면에서 더 큰 집단(즉, 모집단)과 같은 사람, 즉 표본을 선택하는 것은 연구결과의 일반화 가능성을 확고히 하는 데 도움을 준다. 따라서 대표성(representativeness)은 모집단에서 표본을 선택하는 것의 목표이다. 표본이 대표성을 가지고 있다는 것은 표본 내의 모든 요소가 선택되어 연구 프로젝트의 일부로 포함될 동일한 기회를 가졌다는 것이다. 따라서 모집단의 특성은 전체 모집단에서와 동일한 정도로 표본에서도 나타나야 한다. 표본이 대표성이 없다는 것은 모집단의 한 속성이나 특성이 다른 속성이나 특성보다 더 잘 드러나도록 **편향되어**(biased) 있다는 뜻이다. 바꾸어 말하면, 어떤 요소들이 다른 요소들보다 선택될 가능성이 더 높았다는 것이다. 대표성은 무선 표집 (random sampling)을 할 때만 보장될 수 있다. 다음 부분에서는 몇 가지 무선 표집방법에 대해 기술한다.

일단의 사람들에서 얻은 결과를 다른 일단의 사람들에게 확대 적용하는 일 반화 가능성은, 연구자들이 **반복연구**(replication study)를 사용할 때, 즉 동일한 토픽을 조사한 다른 연구를 토대로 연구를 할 때 더 높아진다. 세 가지 유형의 반복연구가 이용 가능하다(Lykken, 2011). 첫째, 이전 연구의 절차를 정확히 그 대로 반복할 수 있다. 이를 **문자 그대로의 반복연구**(literal replication)라고 한다. 이 유형의 반복연구는 드물다. 둘째, **조작적 반복연구**(operational replication)를 이용할 수 있는데, 이 유형의 반복연구에서 연구자는 이전에 사용된 절차를 재구 성한다. 이 유형은 좀 더 흔한 편이다. 마지막으로, **구성적 반복연구**(constructive replication)를 사용할 수 있는데, 이후의 연구들이 동일한 구성개념이나 변인에 초점을 맞추지만, 다른 표집기법, 다른 모집단과 여기에서 추출한 표본, 그리고 다른 연구 절차와 측도를 사용한다. 이 유형의 반복연구는 커뮤니케이션 연구에 서 흔히 볼 수 있으며, 만약 유사하지 않은 조건하에서 유사한 결과가 발견된다 면 강력한 일반화 가능성의 증거를 제공한다. 만약 다른 환경에서 연구 작업을 하고, 다른 모집단을 사용하며, 유사하지만 다른 방법을 사용하는 몇몇 연구자 들이 동일한 결과에 도달한다면, 여러분은 이러한 결과들이 여러분의 모집단에 일반화할 수 있다고 더욱 확신할 수 있다. 반복연구는 강력할 수 있다. 연구자들 이 이전 연구결과를 반복해서 연구할 때, 결과에 대한 그럴 듯한 대안 설명 (alternative plausible explanation)을 제거할 수 있으며, 이것은 다시 연구결과 의 일반화 가능성을 높여준다(Boster, 2002).

따라서 연구자들은 작성된 연구보고서에 그들의 연구결과가 다른 모집단을 대상으로 수행된 이전의 비슷한 연구결과와 비슷한지 혹은 다른지 언급해야 한 다. 그러나 일반화 가능성에 대한 이러한 논거를 사용하기 위해서는 여러분이 연구하고 있는 것에 잘 발전해온 연구 발표 역사가 반드시 담겨져 있어야 한다.

반복연구가 연구를 설계하는 토대로 사용되건 사용되지 않건, 일반화 가능 성은 연구문제나 가설의 원리에 입각한(즉, 이론적인) 토대를 사용함으로써 향 상될 수 있다(Shapiro, 2002). "이론적 지식은 다른 환경에서, 다른 시점에, 그리 고 다른 메시지로 다른 사람들을 대상으로 결과를 예측할 수 있는 훨씬 더 강력한 힘을 우리에게 제공한다"(p. 495). 연구할 적절한 모집단과 표본을 선택하는 것은 중요하다. 그러한 선택을 근원적인 커뮤니케이션 현상을 빈틈없이 조사하는 이론에 기반을 둔 설계로 보완하는 것은 다른 사람(이나 사물)에게 일반화될 수 있는 타당한 연구결과를 만들어낼 수 있는 연구의 능력을 높여준다.

3) 확률 표집

최고의 표집 절차는 모집단을 대표하는 표본, 즉 모델을 만들어낸다. 이러한 절차들을 일컬어 확률 표집 혹은 무선 표집(random sampling)이라고 한다. 각각의 기법은 어떤 방식의 무선 선택을 사용한다. 어떤 표집기법도 완벽하지는 않지만, 연구자들은 다음 단락에 기술된 기법들이 선택된 표본이 연구 목적상 모집단을 충분히 대표함을 보장한다는 데에 동의한다.

확률 표집(probability sampling)은 누구를 혹은 무엇을 표본의 일부로 포함할 것인지를 확인하는 통계적 기초이자 가장 엄격한 방법이다. 확률 표집기법의 특징이자 공통점은 표본에 포함될 어떤 요소의 확률, 즉 기회가 표본 내의 모든 사람 혹은 모든 요소에 알려져 있다는 것이다. 그래서 여러분이 누구인지, 어떤 측정에서 여러분이 어떤 점수를 받는지, 혹은 여러분이 표집 프레임 내에서 어디에 위치하고 있는지에 상관없이, 여러분은 표집 프레임 내에 있는 다른 어떤 사람과도 동일한 선택 기회를 가진다. 선택될 확률이 같을 때, 그것을 **무선 선택**(random selection)이라고 한다. 무선 선택 절차는 편향을 줄이는데, 왜냐하면 연구자가 참여자를 선택하는 절차에 끼어들 수 있는 다른 잠재적인 체계적 선택 편향이 제거되기 때문이다. 즉, 연구자는 표본에 누가 선택될지를 통제할 수 없다.

연구 참여자로 선택될 기회가 모집단의 모든 구성원에게 알려져 있고 선택될 가능성이 영(0)이 아니기 때문에(Vogt, 2016), 표집오차를 계산할 수 있다. 때로 오차의 한계(margin of error)라고도 불리는 **표집오차**(sampling error)는 어떤 측정에서 표본이 모집단의 특성과 다른 정도를 말한다. 연구자는 모집단 내의 모든 요소가 아닌 표본으로부터 데이터를 수집하기 때문에 표집오차는 늘 발생한다. 그러나 표본 크기가 증가해서 표본이 모집단의 더 많은 부분을 차지할 때 표집오차는 줄어든다.

표본 크기, 모집단 크기, 그리고 표집오차는 서로 밀접히 연관되어 있다. 이

95% 신뢰수준
5% 표집오차

모집단 크기	표본 크기	모집단 크기	표본 크기
50	44	260	155
75	63	280	162
100	80	300	169
120	92	400	196
130	97	500	217
140	103	1,000	278
150	108	1,500	306
160	113	2,000	322
170	118	3,000	341
180	123	4,000	351
190	127	5,000	357
200	132	10,000	370
220	140	50,000	381
240	148	100,000 이상	384

출처: The Research Advisors, 2006. 무단 전재 및 재배포 금지.

러한 관계는 이미 다른 학자들에 의해 계산되었으며, <표 6.1>은 그것을 보여주고 있다. 표본 크기는 무선 표집 사용, 모집단의 알려진 크기, 95% **신뢰수준**(confidence level: 표본의 결과로부터 모집단에 대한 결과를 예측하는 데 있어서의 정확성의 정도), 그리고 5% 표집오차를 토대로 한다. 표본 크기가 모집단 크기보다 덜 빠르게 증가함에 주목하라.

다음 예는 표집오차가 연구결과의 일반화 가능성에 어떻게 영향을 미칠 수 있는지 설명해준다. 다가오는 대통령 선거에서 투표할 것인지에 대한 질문을 받은 참여자 가운데 70%가 투표할 것이라고 대답한다. 대부분의 연구자들이 관례적으로 사용하는 1만 명의 모집단과 95%의 신뢰수준을 사용하면, 표본 크기가 370명일 때 표집오차, 즉 오차의 한계는 ±5%이다. 따라서 이 표본의 결과(즉, 70%가 투표할 것이라는 것)를 모집단에 추정할 때, 연구자는 모집단의 65%~75%가 다가오는 대선에서 투표할 것이라고 말할 수 있을 것이다. 표본의 결과, 즉 70%는 표집오차의 크기, 즉 ±5%만큼 조정된다. 이 범위를, 이 경우에는 65%~75%를, **신뢰구간**(confidence interval)이라고 한다.

표집오차는 표본 크기에 좌우된다. 여러분은 방정식을 사용하여 특정한 표본 크기를 계산할 수 있지만, 위의 표는 대부분의 연구 프로젝트의 표본 크기를 정하는 데 도움을 줄 수 있다. 만약 여러분의 모집단 크기가 표에 제안된 수준들 사이에 속한다면, 더 큰 모집단 크기를 선택해서 그에 상응하는 표본 크기를 사용하면 된다. 만약 표본 크기에 대한 질문이나 의문이 있다면, 더 작은 표본 크기보다 더 큰 표본 크기를 사용하는 것이 항상 최상의 방법이다.

선택된 표본의 대표성을 보장하기 위해 확률 표집을 사용하기는 하지만, 선택된 어떤 하나의 표본이 그것의 모집단을 대표한다는 보장은 없다(Kerlinger, 1986). 어떤 모집단에서 선택된 각각의 표본은 제각기 다르며(unique), 많은 표본들은 동일한 모집단에서 선택될 동일한 기회를 가진다. 과학자들은 무작위로 추출된 표본이 모집단을 대표한다는 원칙에 의존한다. 다음 단락에 기술된 흔히 볼 수 있는 네 가지 확률 표집기법, 즉 단순 무선 표집, 체계적 표집, 층화 표집 및 군집 표집 가운데 하나를 사용하여 연구자들은 그들의 표본이 관심을 가진 모집단을 대표할 수 있는 가능성을 높일 수 있다.

단순 무선 표집 단순 무선 표집(simple random sampling)에서는 모든 사람이 연구에 참여하기 위해 선택될 동일한 기회를 가진다. 개인들은 한 번에 1명씩 독립적으로 선택된다. 무선 표본을 선택하는 가장 쉬운 방법은 표집 프레임을 순서대로 배열한 다음, 각각의 요소에 1부터 시작하여 번호를 부여한다. 그런 다음, 요구되는 표본 크기를 결정한 후, 난수표를 사용하여 표본에서 여러분이 원하는 사람의 수와 동일한 일단의 수를 생성한다. 선택되거나 생성된 난수들을 이용해 생성된 난수와 일치하는 번호가 매겨진 개인들을 그냥 선택하면 된다. 난수표와 난수 생성기는 www.joannkeyton.com/research-methods[47]에서 이용 가능하다.

송과 이브랜드(Song & Eveland, 2015)는 이 기법을 사용해 온라인 토론 네트워크에 대한 그들의 연구에 필요한 잠재적인 참여자들을 확인했다. 대학이 제

---

47) 우리말로 된 난수 생성 사이트로는 https://ko.calcprofi.com/onlain-nansu-balsaeng-gi.html 이 있다(역자 주).

공한 학생 조직 목록을 사용하여 연구자들은 회원 규모가 15명에서 30명 사이인 총 215개의 학생 집단에서 44개의 학생 집단을 무작위로 추출했다. 26개 집단은 참여하는 데 동의했지만, 한 집단의 구성원들은 조사를 끝까지 마치지 못했다.

단순 무선 표집은 표집을 선택하는 가장 간단하고 빠른 기법이긴 하지만, 모든 상황에서 사용될 수 있는 것은 아니다(Barker & Barker, 1989). 만약 모집단 내에 모집단을 대표할 중요한 하부 집단이 존재한다면, 단순 무선 표집이 사용되어서는 안 된다. 왜냐하면 이 기법은 연구 프로젝트에 중요할 수도 있는 모집단 내의 차이점들을 포착해낼 수 없기 때문이다. 그리고 만약 완전하고 정확한 표집 프레임을 생성할 수 없다면, 단순 무선 표집은 사용될 수 없다. 만약 표본이 완전한 명단이 존재하지 않는 큰 모집단에서 추출되어야 한다면[예, 30세 이상의 모든 여성, 알코올 중독자 갱생회(Alcoholics Anonymous)의 모든 회원], 이것이 흔히 문제가 된다.

체계적 표집 두 번째 유형의 무선 표집은 **체계적 표집**(systematic sampling)이다. 체계적 표본을 선택하기 위해서는 모집단 개체의 수, 즉 표집 프레임을 정해서 표집 프레임 내의 각 개체에 고유의 숫자를 부여할 필요가 있다. 이제 표본에 선택될 개체의 수를 정해보자. 모집단의 수를 표본의 수로 나누면 표집 간격이 나온다(예, 모집단 크기 3,600을 표본 크기 351로 나누면 10.26이 나오기 때문에 매 열 번째 사람을 뽑으면 됨). 명단의 앞에서 열 번째 이내에 있는 한 사람을 무작위로 선택해 첫 번째 표본을 정한 다음, 매 열 번째 사람을 뽑으면 된다. 만약 표집 프레임이 무작위로 구성되어 있다면, 체계적 표집은 진정한 무선 표본을 생성한다. 그러나 모든 표집 프레임이 다 무선화되어(randomized) 있지는 않다. 이메일 목록이나 채용 명부와 같은 많은 표집 프레임이 어떤 반복적인 주기에 맞춰 정리되어 있다(예, 거주자들은 도로명 주소별로 알파벳 순서에 따라 정리되어 있고, 각 부서의 관리자는 시간제 근로자들 앞에 나열되어 있음). 이와 같은 경우, 여러분은 그 주기가 얼마나 자주 발생하는지 신중하게 분석할 필요가 있을 것이다. 체계적 표본을 찾아내기 위해 생성된 임의의 수가 이러한 주기를 극복할 수 있는지 확인해보라. 만약 표집 프레임 목록이 이러한 주기를 무용지물로 만든다면, 난수표를 이용하거나 난수 생성 프로그램을 이용하여 표본에 포함될 첫 번째 표본을 선택하라.

이 기법의 분명한 장점은 간단하고 편향되어 있지 않으며, 기술을 거의 혹은 전혀 필요로 하지 않는다는 점이다. 모집단의 요소들이 무작위로 목록화되어 있을 때, 이 기법은 특히 효과적이다(Barker & Barker, 1989).

표본에 참여할 사람들을 확인하기 위해 체계적인 무선 표집 절차가 사용되지만, 연구 참여자가 평가할 자극을 선택하기 위해 체계적인 무선 표집 절차가 사용되기도 한다. 예를 들어, 오스틴 등(Austin et al., 2002)은 이 절차를 사용해 젊은 성인을 주 독자층으로 하는 72종의 인기 있는 소비자 잡지에 실린 광고를 선택했다. 먼저, 모든 주류 광고에 쪽지를 붙였다. 그런 다음, 잡지들을 잡지명의 알파벳순으로 배열했다. 다음으로, 이 연구팀은 매 세 번째 주류 광고를 선택했다. 그 결과, 이 연구팀은 그들이 관심을 가지고 있는 모집단을 주 독자층으로 하는 같은 달에 출간된 인기 있는 소비자 잡지에서 체계적이면서도 무선적인 방식으로 모두 40개의 주류 광고를 추출했다.

층화 무선 표집 세 번째 유형의 무선 표집은 **층화 무선 표집**(stratified random sampling)이다. 층화 표집에서는 연구자가 관심을 가지고 있는 하부 집단들, 즉 동질적인 집단들에 따라 모집단이 나누어진다. 그런 다음, 전체 모집단에서 차지하는 하부 집단의 비율에 따라 요소들이 각각의 동질적인 하부 집단에서 무작위로 선택된다. 연구자가 필요로 하는 층화 정보를 가진 사람들이나 요소들의 목록이 이용 가능하기 때문에 이 기법이 가능하다. 이 표집기법은 연구자의 관심의 대상인 각 하부 집단에 대한 대표성을 보장해준다. 이 표집기법의 목적은 먼저 동질적인 하부 집단을 생성한 다음, 하부 집단 각각에서 각 하부 집단의 비율에 따라 표본을 무작위로 추출하는 것이다.

김과 니더데프(Kim & Niederdeppe, 2013)는 독감 유행 기간 동안 위생행위에 대한 학생들의 신념을 조사하는 연구에서 층화 무선 표집 절차를 사용해 그들의 연구에 참여를 요청할 학생들을 선택했다. 대학 학적과가 제공한 전체 학생의 이메일 주소가 적혀 있는 목록에서 "표본이 각 학년 코호트(cohort)[48]에 있는 학생들을 확실하게 대표할 수 있도록 각 학년의 학생들이 전체 학생에게 차지하는 비율에 맞게 각 학년의 학생들을 무작위로 선택했다"(p. 210). 그러나

---

48) 특정 기간 내에 태어나거나 결혼한 사람들의 집단처럼 통계상의 인자(因子)를 공유(共有)하는 집단을 말한다(역자 주).

　　연구자들이 연구과정에 대한 결정을 내릴 때, 특히 연구 참여자를 선택할 때 윤리적인 문제가 야기된다. 커뮤니케이션 연구는 자주 학부생들을 대상으로 실시된다. 연구문제나 가설이 학부생들과 직접적으로 연관되어 있을 때는 때때로 이것이 정당화된다. 그러나 모든 대학생이 다 동일한 것은 아니다. 국립교육통계센터(National Center for Education Statistics)에 따르면, 대학과 대학교에 등록되어 있는 2,160만 명의 학생들 가운데 740만 명이 2년제 대학에 다니고 있다고 한다. 이 학생들은 시간제로 학교를 다니면서 학교에 다니는 동안 전일제 혹은 시간제로 일할 가능성이 더 높다. 두 번째 이슈는 학생들의 나이다. 전통적인 대학생 나이는 일반적으로 18세에서 25세 사이이다. 그러나 25세를 초과하는 학생 수도 300만 명이 넘는다. 연구 이용자로서 여러분은 '참여자들이 선택된 모집단이, 즉 참여자들이 선택된 방식이, 연구결과나 연구결과의 해석에 차이를 만들어냈는지' 자문해보아야 한다.

이 선택기법이 연구 참여를 '요청할' 학생들을 선택하는 데 사용되었다는 점을 인식하라. 요청을 받은 모든 학생이 다 연구에 참여하지는 않았다.

　　층들 내에 있는 개인이나 사례들은 서로 비슷하지만 다른 층에 있는 사람이나 사례와는 다르다고 여겨질 때 이 기법이 추천된다. 기대한 결과와 관련되어 있다고 여겨지는 층들, 즉 하부 집단들에 따른 표집 프레임이 이용 가능하기 때문에 연구자들은 이 표집기법을 사용한다(Fink, 1995b). 바꾸어 말하면, 그러한 층들은 연구와 관련하여 반드시 정당화되어야 한다.

　　어떤 경우, 연구자들은 체계적 표집기법과 층화 표집기법을 동시에 사용한다. 예를 들면, 류(Liu, 2007)는 케이블 시스템의 특성(즉, 소유권, 기본 서비스의 수, 가입자, 그리고 가구 밀집도)이 케이블 시스템의 다각화에 어떻게 영향을 미치는지 조사하는 연구에서 층화 표집 절차와 체계적 표집 절차를 모두 사용했다. 이 연구자는 미국에서 운영되고 있는 케이블 시스템의 수($N = 6,552$)에서 시작하여 케이블 시스템들을 소유주의 규모(즉, 소유하고 있는 시스템의 수)에 따라 가장 많은 케이블 시스템(990개)에서부터 가장 적은 케이블 시스템(1개)으로 층화했다. 그런 다음, 케이블 시스템을 다시 기본 서비스 가입자 수에 따라 가장 가입자 수가 많은 것에서 가장 적은 것으로 다시 층화했다. 그 결과, 케이블 시스템 목록은 소유자의 규모와 가입자 수별로 구성되었다. 6,552개의 케이블 시스템에서 프로젝트에서 조사될 잠재적인 시스템 목록으로 이동한 류(Liu, 2007)는 체계적 표집을 이용해 327개의 케이블 시스템을 확인했는데, 이 327개의 시스템이 연구 프로젝트의 표본으로 사용되었다.

군집 표집 지금까지 기술한 확률 표집기법은 여러분이 연구하고 싶어 하는 모집단에 대한 완벽한 목록을 가지고 있어야 사용 가능하다는 점에 유의하라. 때로, 특히 모집단이 광범위한 지역에 흩어져 있을 때, 완벽한 목록을 가진다는 것은 어렵거나 불가능할 수 있을 것이다. 이 경우에는 군집 표집이 딜레마를 해결해줄 수 있다. **군집 표집**(cluster sampling)은 2단계 혹은 다단계 과정으로 구성된다. 첫 번째 단계는 여러분이 모집단을 집단별, 즉 군집별로 확인하는 단계이다. 두 번째 단계는 표본을 선택하기 위해 각 군집 내에서 단순 무선 표집을 사용하는 단계이다. 이 표집기법에는 강점과 약점이 내재해 있다. 이 기법은 모집단의 다양성을 포착해내지만, 동시에 표집오차가 커진다. 군집 표집은 대개 모집단의 전체 목록을 개발하거나 구입하기 위해 기다리는 것(물론 때로 이것은 불가능함)보다 비용이 더 적게 들고 더 쉽기 때문에 사용된다. 연구자는 커진 표집오차를 표본 크기를 늘림으로써 늘 벌충할 수 있다.

모집단의 전체 목록이 존재하지 않기 때문에 그것을 확보하는 것이 불가능할 때 군집 표집이 이상적이다. 장기요양 시설 안내책자에 실린 사진을 살펴본 바이오키-와그너(Baiocchi-Wagner, 2012)의 연구는 매우 분명한 군집 표집의 예를 보여준다. 물론 그와 같은 목록은 존재하지 않는다. 이것을 극복하기 위해 이 연구자는 미국 정부의 메디케어 웹사이트를 이용해 1만 5,000명 이상의 메디케이드(Medicaid)[49] 혹은 메디케어(Medicare)[50] 가정을 확인했다. 이 목록은 주별로 군집화되어 있었는데, 주(州)가 첫 번째 군집인 셈이다. 그녀는 각 주의 우편번호를 무작위로 선택해 두 번째 군집을 만들었다. 마지막으로, 그녀는 체계적으로 매 n 번째 장기요양시설에 연락해 우편으로 안내책자를 보내달라고 요청했다. 이러한 군집 표집 절차를 통해 그녀는 "매우 평가가 좋은 시설과 평가가 좋지 않은 시설은 물론 영리시설과 비영리시설, 그리고 도시, 교외지역 및 시골 지역에 있는 시설도 명단에 포함할 수 있었다"(p. 353).

---

49) 미국의 저소득층 의료 보장 제도를 말한다(역자 주).

50) 미국에서 65세 이상 된 사람에 대한 노인 의료 보험 제도를 말한다(역자 주).

지금까지 기술된 표집전략들은 커뮤니케이션 연구에 흔히 사용된다. 어떤 표집전략을 선택할 것인가 하는 것은 실행 가능성(practicality), 실현 가능성(feasibility), 그리고 비용에 달려 있다. 확률 표집은 표본이 모집단을 대표한다고 더 자신 있게 말할 수 있게 해주기 때문에, 확률 표집이 실현 가능하다면 확률 표집을 사용하는 것이 더 낫다.

4) 비확률 표집

　　모든 표본은 그것이 대표하는 모집단에서 무작위로 선택되는 것이 이상적이다. 확률 표집의 대안은 **비확률 표집**(nonprobability sampling), 즉 어떤 형식의 무선 선택에도 의존하지 않는 표집이다. 비확률 표본의 사용이 모집단 대표성과 관련하여 표본을 약화시키기기는 하지만, 어떤 다른 표집기법을 사용해도 결과적으로 적절하고도 적합한 표본이 만들어지지 않을 때, 비확률 표본이 커뮤니케이션 연구에 흔히 사용된다. 비확률 표집은 또한 연구자들이 어떤 모집단 전체에 전반적으로 분포되어 있다고 생각하는 커뮤니케이션 변인을 연구할 때도 사용된다. 비확률 표집은 용이함과 효율성이라는 분명한 이점을 가지고 있는데, 이러한 이점이 연구자들로 하여금 비확률 표집을 사용하도록 유도한다.

　　그러나 연구자들이 어떤 특정한 경험이나 커뮤니케이션 능력을 가지고 있는 연구 참여자들을 원하기 때문에 비확률 표집을 사용하는 경우가 더 일반적이다. 무선 표집은 이러한 참여자들을 찾는 것을 보장해주지 않을 것이다. 마지막으로, 어떤 모집단의 모든 구성원을 확인하거나 모집단이 확인될 수 있다 하더라도 표본을 추출할 실질적인 방법이 없기 때문에 때로는 비확률 표집 이외의 다른 어떤 대안이 존재하지 않는다. 이제 비확률 표집방법들에 대해 살펴보자.

　　편의 표집 표본을 확보할 수 있는 가장 쉬운 방법은 사용하기 편리한 사람들을 선택하는 것이다. **편의 표집**(convenience sampling)에서는 연구자가 잠재적인 응답자를 편리하게 찾아내고 확인할 수 있는 사람들을 선택한다. 이런 식으로 연구 참여자를 찾아내는 동안 연구자들은 자신과 유사한 특성이나 특징을 가지고 있는 개인들을 찾지 않도록 반드시 주의해야 한다. 예를 들어, 만약 여러분이 동창회 지원(支援)에 대한 설문조사를 수행하고자 한다면, 여러분은 무의식적으로 여러분처럼 과거에 모교를 지원한 적이 있는 개인을 선택할 수도 있다.

물론 문제는 이런 식으로 선택된 표본은 편향될 수 있으며, 동창회 지원을 하지 않는 개인이 반드시 표본에 포함되었다고 할 수 없을 것이라는 점이다. 편의 표본은 모든 자격을 갖춘 단위들이 표본에 포함될 동일한 기회를 가진다고 보장할 수 없다. 더욱이 이러한 유형의 표본은 표본이 어느 정도 모집단을 대표하는지 말할 수 없기 때문에 추론하기가 더 어렵다.

　대부분의 연구자는 연구 참여를 수강 의무사항으로 요구하거나 가산점을 주는 것을 통해 연구 참여를 독려함으로써 일단의 학생들에게 즉시 접근할 수 있다. 학부생은 쉽고 효율적으로 접근할 수 있는 대상이다. 둘째, 학생들은 교수들이 연구를 수행한다는 생각을 늘 한다. 학생 표본이 연구자에게 편리하긴 하지만, 참여자들의 선택과 수업 스케줄 덕택에 연구자가 그들을 이용할 수 있게 된다는 점에서 학생 표본은 또한 우연히 얻어지는 표본이기도 하다. 한 조사는 전공이 다르고 학년이 다르면 배양 측도에 달리 응답한다는 것을 보여주었다 (Meltzer, Naab, & Daschmann, 2012). 이것은 커뮤니케이션을 전공하는 학생들에게서만 나타난 문제는 아니다. 심리학 분야도 학부생 편의 표본을 사용하는 것에 대해 동일한 비판을 받았다. 어떤 학자들은 연구에 대학생을 사용하는 것이 학생이 아닌 참여자를 사용하는 것과 어느 정도 다른지를 조사하기도 했다 (Sears, 1986; Wintre, North, & Sugar, 2001).

　불행하게도 그 결과는 분명하지 않다. 따라서 편의 표본 사용에 관한 두 가지 관점이 존재한다. 첫 번째 관점은 연구자들은 확률 표집에 필요한 자원이 이용 가능하지 않을 때만 편의 표본을 사용하라고 제안한다. 두 번째 관점은 만약 연구자가 표본으로부터 얻은 결과를 모집단에 직접 적용하려 시도하지 않는다면 비확률 표집을 사용할 수 있다고 제안한다. 어떤 커뮤니케이션 연구는 예측적이기보다는 기술적이다. 따라서 어떤 연구 설계는 표본으로부터 얻은 결과를 모집단에 추론할 의도가 없다. 이럴 경우, 편의 표본은 덜 문제가 된다 (Stanovich, 1986). 물론 이론에 의해 주도되는 연구 설계는 이러한 비판의 일부를 반박하는 데 도움을 줄 수 있다(Shapiro, 2002).

　자원자 표집 자원자들을 사용하는 것은 또 다른 종류의 비무선(nonrandom) 표집이다. **자원자 표집**(volunteer sampling)에서는 연구자들이 연구 토픽에 관심을 보이거나 연구에 자발적으로 참여하는 개인들에 의존한다. 처음에는 사람들이 여러분의 연구에 참여하고자 자원하는 것이 최고라고 생각할 수도 있다. 참여자 동원이라는 측면에서 그들의 자원으로 인해 연구과정이 더 신속하게 처리될 수도 있다 그러나 어떤 연구자들은 자원자 표본 속의 참여자들은 어떤 종류의 확률 표집을 통해 모집된 참여자들과 다르다고 주장한다. 이것이 어느 정도 사실인지 그리고 이것이 어느 정도 연구결과에 영향을 미치는지는 대개 알려져 있지 않다. 헤이스(Hayes, 2008)는 사람들을 연구 참여자로 사용할 때는 (웹사이트나 텔레비전 프로그램을 표집할 때와 비교해) 그들에게 연구에 참여하도록 강요할 수 없기 때문에 어떤 형태의 자원자 표집이 이루어진다는 점을 우리에게 상기시켜준다.

자원하는 연구 참여자들의 일반화 가능성과 연관된 어떤 문제에도 불구하고 자원자 표집 절차는 연구 프로젝트에 필수적인 특정한 특성을 가진 참여자들을 찾는 데 매우 도움이 될 수도 있다. 예를 들어, 지안, 페티, 러드 및 로슨 (Jian, Pettey, Rudd, & Lawson, 2007)은 두 대규모 대학교의 이메일 목록을 통해 외국 유학생들에게 연락을 취했다. 그 이메일은 수신자들을 온라인 설문조사로 안내했다. 이 연구자들은 이러한 절차를 통해 55개 서로 다른 문화를 대표하는 240명의 유학생을 대상으로 설문조사를 실시했는데, 이는 젠더를 기반으로 하는 문화적 차이가 순응 획득(compliance gaining)[51]에 미치는 영향을 연구하는 데 필수적이었다. 참여자들의 나이는 19세에서 47세 사이였으며, 평균 연령은 27세였고, 여성 참여자보다 남성 참여자가 약간 더 많았다.

선정기준 및 배제기준 세 번째 방식의 비확률 표집은 선정기준과 배제기준을 마련하는 것이다. **선정기준**(inclusion criterion)은 어떤 특정한 특성을 충족하는 사람이나 요소를 확인해준다. 예를 들어, 다양한 건강 상태에 있는 블로거들이 그들의 블로그 게시글에 대한 댓글과 연관된 지지적 커뮤니케이션으로부터 어떻게 사회적 지지를 이끌어내는지 살펴보기 위해 레인즈 및 키팅(Rains & Keating, 2011)은 자신의 건강에 초점을 맞춘 개인 블로그를 작성하는 사람들을 찾았다. 이 선정기준을 충족하기 위해 연구자들은 검색엔진을 사용해 인기 있는 블로그-호스팅(blog-hosting) 웹사이트를 검색했다. 블로그는 또한 영어로 작성

---

51) 누군가가 나를 자신이 원하는 대로 순응하도록 만들기 위해 짜는 언어적 전략을 순응 획득 전략이라고 한다(역자 주).

어떤 연구에 비확률 표본이 사용되었을 때는 언제나 연구가 수행된 방식에 여러분이 만족하는지 확인하고, 연구자가 표집 편향의 잠재적인 원천을 검토했는지 살펴보기 위해 그 연구를 자세하게 읽어보아야 한다. 다음 질문은 여러분이 연구결과를 분석하고 연구결과 수용을 판단하는 데 도움을 줄 수 있다:

- 저자는 어떻게 이론을 제기된 가설이나 연구문제의 토대로 사용하고 있는가?
- 저자는 표집 편향의 잠재적 원천을 검토했는가?
- 연구자는 잠재적 편향을 벌충하거나 제거할 수 있는 절차를 사용했는가?
- (보고되었든 보고되지 않았든) 표집 편향이 연구결과 수용에 영향을 미치는가?
- 연구자는 비확률 표집의 사용을 어떤 방식으로 정당화했는가?

되어 있어야 했으며, 최근에 업데이트되어 있어야 했다. 따라서 표본에 포함되기 위해서는 세 가지 선정기준을 충족해야만 했다. 이러한 선정기준은 다음과 같았다: ① 블로그는 어떤 건강 상태에 대처하고 있는 사람에 의해 작성되어야 하고; ② 그러한 건강 상태에 대한 블로거 개인의 경험에 초점을 맞추고 있어야 하며; ③ 최근 6주 내에 업데이트된 것이어야 함.

이와 달리, **배제기준**(exclusion criterion)은 사람이나 요소가 어떤 특정한 특성을 토대로 하는 여러분의 설문조사나 연구에 참여하는 것을 배제한다. 어떤 연구에서는 선정기준과 배제기준이 모두 사용되어 매우 특정한 특성을 가진 모집단을 대표할 표본의 범위를 좁힌다. 선정기준과 배제기준은 표본의 경계나 한계를 설정한다. 그럼에도 이것은 비확률 표본인데, 왜냐하면 여러분은 사람이나 요소를 사례별로 포함하거나 배제하며, 모집단의 모든 잠재적 구성원이 확인되었음을 보장하지 않기 때문이다.

눈덩이 표집 어떤 경우에는, 특히 연구 토픽이 논란의 여지가 있거나 특정한 참여자들의 모집단을 찾기 어려울 때, 눈덩이 표집이나 **네트워크 표집**(network sampling)이 사용할 수 있는 유일한 종류의 표집이다. 비확률 표집기법 가운데 하나인 **눈덩이 표집**(snowball sampling)에서는 참여자들이 다른 유사한 참여자들을 확인해줌으로써 연구자가 표본을 확보하는 것을 돕는다.

안쿠(Ancu, 2012)는 눈덩이 표집을 사용해 50세 이상의 페이스북 사용자를 찾았다. 이 연령대의 사람들은 안쿠가 찾고 있던 참여자 선정기준에 맞는 유사한 다른 사람을 페이스북 친구로 두고 있을 것이라는 것은 일리가 있다. 이 연령대의 페이스북 사용자들을 찾은 안쿠는 그들에게 설문조사에 응해줄 것을 요청했을 뿐만 아니라 그 설문지를 친구들에게 보내줄 것도 요청했다. 눈덩이 기법을 사용함으로써 안쿠는 표본 크기를 82명으로 늘릴 수 있었다. 따라서 연구자가 더 많은 참여자를 찾을 수 있도록 참여자들이 도와줌에 따라, 즉 설문지를 동일한 인구통계학적 특성을 지니고 있는 다른 사람들에게 전달해줌에 따라, 표본이 눈덩이처럼 커지게 된다.

연구자가 자신의 네트워크에 의존하거나 연구 참여자를 찾는 것을 도와달라고 다른 사람들에게 요청함으로써 눈덩이 표집이 이루어지기도 한다. 예를 들어, 존슨, 카예, 비처드 및 웡(Johnson, Kaye, Bichard, & Wong, 2008)은 연구 목적, 그들의 약력, 그리고 웹 기반 설문조사에 연결되는 링크가 담겨 있는 설명서를 미디어와 정치에 초점을 맞추고 있는 웹사이트, 이메일 주소 목록, 게시판, 그리고 다양한 정치적 이념을 가진 정치에 관심 있는 이용자들을 끌어들일 가능성이 있는 블로그에 보냈다. 게다가 이 연구팀은 참여한 사람들에게 그 설문지를 정치에 관심 있는 그들의 친구에게 전달해줄 것을 요청했다. 이 표집기법을 이용한 결과, 1,399명이 설문조사를 마쳤는데, 이 표본은 교육수준이 높았고(대학을 다닌 적이 있는 사람의 비율이 97.3%), 여성보다 남성(62.6%)이 많았으며, 평균 연간 수입이 6만 4,000달러 이상인 대부분 백인(91.2%)으로 구성되었다. 이 연구팀은 그들의 설문조사 참여자들이 블로그 이용자와 블로그에서 정보를 찾는 사람들에 대한 다른 연구와 매우 유사하다고 기술했다.

의도적 표집 연구자들은 그들이 관심을 가지고 있는 모집단의 전형적인 사례들을 선택하기를 원할 때 의도적 표집을 사용하는데, **의도적 표집**(purposive sampling)은 연구자가 자신의 판단에 의존해 표본에 포함될 사례를 고른다. 의도적 표집은 연구자가 관심을 가지고 있는 모집단의 전형적인 사례들을 알 수 있는 연구자의 능력에 전적으로 의존한다(Selltiz, Jahoda, Deutsch, & Cook, 1959). 이 과정에서 편향을 통제하기 위해 연구자는 모집단의 전형적인 특성이 무엇인지 밝혀내는 데 상당한 시간을 투자해야 한다. 여기서부터 연구자는 표본에 어떤 요소를 포함할지 혹은 포함하지 않을지를 판단하는 어떤 객관적인 기준을 마련할 수 있다.

의도적 표집은 연구자가 민감한 토픽에 관심이 있거나 매우 전문화된 모집단을 찾을 때 흔히 사용된다. 예를 들어, 페트로니오, 리더, 헥트 및 로스-멘도자(Petronio, Reeder, Hecht, & Ros-Mendoza, 1996)는 의도적 표집기법을 사용해 그들의 연구 프로젝트에 참여할 성적 학대를 당한 어린이와 청소년을 찾아냈다. 소속 대학교의 인간 연구대상자 심사위원회의 승인을 받은 후 이 연구팀은 게이트키퍼(gatekeeper)를 통해 적절한 참여자를 찾았다. 성적 학대를 당한 어린이 및 청소년을 담당하는 한 사회복지사가 그녀의 돌봄을 받고 있는 아이들 가운데 이미 동료, 가족, 혹은 친구에게 그들의 학대 경험을 자발적으로 공개한 바 있는 아이들을 확인해주었다.

잠재적 연구 참여자는 두 가지 조건을 충족해야 했다. 첫째, 그들은 성적 학대의 피해자여야 했으며, 둘째, 그들은 반드시 이러한 정보를 다른 사람에게 이미 공개한 바 있어야 했다. 이러한 어린이와 청소년들이 이 연구의 모집단이었다. 표본을 선택하기 위해 그 사회복지사는 그 어린이들의 부모에게 연락했고, 그런 다음 연구팀원이 부모들을 만나 연구의 성격을 설명했다. 각 어린이의 부모로부터 연구 참여 허락을 받았다. 분명 이러한 유형의 표본을 확보하는 데 따르는 어려움과 제한으로 인해 이 연구팀은 의도적 표집을 사용해야 할 뿐만 아니라 게이트키퍼의 도움도 필요했다. 연구자들이 독특한 경험을 한 사람들 가운데 연구자와 그러한 경험에 대해 이야기를 나눌 용의가 있는 연구 참여자를 찾고자 했기 때문에 의도적 표집이 필요했다.

할당 표집 할당 표집(quota sampling)에서는 연구자들이 목표량(target), 즉 할당량(quota)을 사용해 하부 집단의 특성에 맞는 사람이나 요소들을 찾는다. 연구자가 각 하부 집단의 할당량을 맞추면, 데이터 수집이 끝난다. 연구자들은 다음과 같은 단계들을 사용해 할당 표본을 선택한다. 층화 표집에서처럼 모집단이 서로 중복되지 않는 하부 집단들로 나누어진다.[52] 하부 집단들은 반드시 상호배

---

52) 부연 설명을 하자면, 할당 표집은 층화 표집과 유사한데 마지막 단계에서 표본 추출이 비무선적으로 이루어진다는 점에서 근본적인 차이가 있다. 즉, 표본을 무작위로 선택하

타적이어야 한다. 즉, 어떤 사람이나 요소는 하나의 하부 집단에만 속해 있어야한다는 것이다. 하부 집단에 속해 있는 요소의 수는 전체 모집단에서 그 하부 집단이 차지하는 비율로 계산된다. 표본 크기가 결정된 후, 각 하부 집단에 속해있는 사례들이나 요소들의 비율이 채워야 할 사례나 요소의 목표량이 된다.

예를 들면, 웹스터와 린(Webster & Lin, 2002)은 웹사이트와 웹사이트 이용자의 표본을 한정하는 방법을 찾아야 했다. 먼저 그들은 모집단을 닐슨/넷레이팅스(Nielsen/NetRatings)가 발표하는 상위 200개의 웹사이트로 제한했다. 분석단위를 웹사이트 쌍(pair)으로 밝힌 연구자들은 사이트의 콘텐트(비슷한 혹은다른; 예, 뉴스 사이트는 오락 사이트와 다름)와 구조(비슷한 혹은 다른; 예, 동일한 웹사이트 도메인을 가진 웹사이트)를 토대로 사이트들을 비교해야 했다. 네 가지 유형의 웹사이트 쌍을 나타내는 2×2 행렬이 만들어졌다: 유사한 콘텐트와 유사한 구조; 다른 콘텐트와 다른 구조; 유사한 콘텐트와 다른 구조; 혹은 다른 콘텐트와 유사한 구조. 이 연구팀은 웹 이용 통계를 사용해 이러한 조건들과 각 조건당 20개 할당량을 충족하는 웹사이트 쌍을 선택할 수 있었다.

5) 표본 크기

사용하는 표집기법에 상관없이, 표본 크기는 또한 반드시 표본을 선택하기 전에 결정되어야 한다. **표본 크기**(sample size)는 정확하고 신뢰할 수 있는 결과를 얻기 위해 여러분이 관찰하거나 데이터를 수집할 사람 수를 말한다(Fink, 1995b). 이 숫자는 여러분이 참여를 요청하는 사람의 수나 참여를 신청하는 사람의 수보다 작을 것이라는 점에 주목하라. 연구자들은 필요로 하는 표본 크기가 확실히 채워지게 하기 위해 흔히 과대 표집을 한다(oversample). 표본 크기를 고려할 때 실제적이면서도 이론적인 이슈들이 반드시 다루어져야 한다. 실제적인 이슈로, 더 큰 표본을 얻는 데는 더 많은 시간이 걸릴 수 있고, 관리하는 데도 더 많은 비용이 들 수 있다. 분석단위가, 예를 들어 부부 커플 혹은 한 팀일 때 이것은 특히 사실이다. 결혼한 개인을 찾는 데 걸리는 시간보다 참여할 용의가 있는 커플을 찾는 데 더 오랜 시간이 걸릴 것이다. 마찬가지로, 예를 들

는 것이 아니라 연구자의 의도가 반영된 가운데 선택한다는 것이다. 따라서 각 사례가 추출될 확률이 다르며 추출될 확률도 정확히 알 수 없기 때문에 연구결과에 대한 통계 적 추론을 할 수 없다(역자 주).

어 이사회 구성원인 개인을 찾는 데 걸리는 시간보다 이사회와 같은 집단을 찾는데 더 오랜 시간이 필요할 것인데, 왜냐하면 모든 구성원이 참여하는 데 동의해야 하기 때문이다. 만약 여러분이 텔레비전 광고나 잡지 광고를 표집하고 있다면, 더 많은 정보를 찾고 더 많은 정보를 코딩하는 것 역시 더 많은 시간을 필요로 할 것이다.

여러분이 모든 사람이나 거의 모든 사람으로부터 여러분의 연구문제나 가설에 의해 다뤄지게 될 데이터를 수집할 수 있는 경우는 드물기 때문에, 어떤 연구에 필요한 표본 크기를 밝히는 것은 중요하다. 그러나 적절한 표본 크기를 갖지 못하는 것은 유의적이지 않는 통계적 결과를 초래할 수 있다. 반대로, 수확 체감(diminishing returns)의 법칙이 작동하는 지점도 있다. 즉, 더 많은 데이터를 수집하는 것이 거의 이득을 제공하지 않을 수도 있다는 것이다. 이론적으로는 표본의 모집단에 비해 표본 크기가 더 크면, 오차나 편향이 연구에 끼어들 여지가 더 적어진다. 따라서 비율적으로 모집단을 더 많이 대표하는 표본은 더 정확한 데이터로 이어진다(Kerlinger, 1986). 확률 표집을 할 때 특히 더 그러하다. 간단히 말해, 더 큰 표본은 무선화(randomization)[53]가 이루어질 기회를 더 높여준다.

다음 원칙들은 여러분이 연구 프로젝트를 위해 표본 크기를 선택하는 데 도움을 줄 수 있다(Barker & Barker, 1989; Fowler, 1993). 첫째, 모집단 크기를 평가하라. 다음으로, 전체 모집단 내의 하부 집단을 살펴보라. 하부 집단 가운데 가장 작은 것을 골라, 이 하부 집단의 적절한 표본을 제공하는 데 필요한 표본 크기를 평가하라. 여러분이 하고 있는 것은 여러분이 관심을 가지고 있는 모집단 내에서 가장 작은 하부 집단에 허용될 수 있는 최소한의 표본 크기를 찾는 것이다. 그러나 여러분이 관심을 가지고 있는 하부 집단의 수가 많을수록, 각 하부 집단의 대표성을 보장하기 위해 표본 크기는 반드시 더 커야 한다는 점을 인식하라.

표본 크기는 얼마나 커야 하는가에 대한 결정적인 대답은 좀처럼 존재하지 않지만, <표 6.1>은 대부분의 연구자가 표본 크기를 선택하기 위한 용도로 받

---

53) 엄밀히 말해, 무선화란 무선 표집(random sampling)과 무선 할당(random assignment: 각기 다른 처치(혹은 무처치)에 피험자들을 무작위로 할당하는 것) 모두 의미하는 말이다(역자 주).

아들일 수 있는 지침을 제공한다. 여러분이 표본 크기를 결정할 때, 모집단을 대표할 수 있는 표본의 능력에 대해 숙고해보라. 여러분이 확률 표집기법을 사용하건 비확률 표집기법을 사용하건, 이것은 표본 크기를 선택하는 주된 기준이다.

연구자가 어떻게 표본을 선택하거나 표본 크기를 정하는지에 상관없이, 연구자는 작성되는 보고서에서 표본 선택과 표본 크기 이슈 모두를 정당화할 책임이 있다. 모든 표집 결정은 주관적이고 전략적이며, 또한 대부분의 표집 결정은 어떤 종류의 편향을 야기한다. 따라서 연구자는 연구 논문의 연구방법 부분에서 표집 결정에 대해 기술하고 설명해야 한다.

6) 표집에 관한 결론

연구를 수행하는 연구자로서 혹은 연구보고서를 읽는 이용자로서 여러분은 연구보고서에서 이용할 수 있어야 하는 표집 이슈에 대한 다섯 가지 정보를 연구보고서에 포함하거나 그러한 정보에 유의해야 한다. 만약 다음 질문들에 대해 "그렇다"라고 대답할 수 있다면, 표본이 모집단을 대표하고 모집단에 일반화될 수 있는 정도를 나타내는 **모집단 타당도**(population validity)가 존재한다(Lowry, 1979):

- 모집단, 즉 조사 중인 사람이나 사물의 집합체가 정의되어 있는가?
- 표집 프레임이 확인되어 있는가?
- 표집 절차가 상세히 기술되어 있는가? 표집 절차의 유형(확률 표집, 비확률 표집)이 기술되어 있는가?
- 응답 완료율(completion rate), 참여율(participation rate), 혹은 회수율(return rate)이 구체적으로 명시되어 있는가?
- 모집단과 표본의 지리적 지역이 기술되어 있는가?

연구 모집단을 확인하고 표본을 선택할 때, 누구도 연구 프로젝트에 참여하도록 강요할 수 없고 강요되어서도 안 된다는 점을 기억하라. 이 윤리적 원칙은 연구자가 표집 프레임을 찾아내거나 표본을 선택하는 과정에서 경험하는 어려움, 시간, 혹은 비용과 상관없이 변함없이 적용된다. 많은 커뮤니케이션 연구 프로젝트의 경우, 여러분이 바라는 특성을 지니고 있는 충분한 수의 참여자를 찾는 것은 문제가 되지 않는다. 그러나 좀 더 전문적인 유형의 사람이나 경험을 필요로 하는 연구 프로젝트의 경우, 여러분의 기준을 충족하는 잠재적인 참여자를 찾아 참여를 요청했는데 참여를 거부하는 것을 볼 때 여러분은 좌절감을 느낄 수 있다. 잠재적 참여자와 상호작용할 때, 정중함과 존중이 가장 고려되어야 할 점이다. 어떤 사람이 여러분의 연구 프로젝트 참여 요청을 거절할 수도 있지만, 아마도 여러분이 그들의 거절을 존중하고 받아들인다면 그 사람은 나중에 그와 같은 요청을 받을 때는 참여를 고려해볼 수도 있을 것이다.

요약

1. 모집단이란 연구자가 관심을 가지고 있는 속성이나 특성을 지니고 있는 모든 단위(사람이나 사물)를 말한다.
2. 표본, 즉 부분집합은 확률 혹은 비확률 표집을 통해 선택된다.
3. 일반화 가능성은 표본으로부터 얻은 결론이 모집단에 확대 적용될 수 있는 정도이다.
4. 표집오차란 표본이 모집단의 특성과 다른 정도를 말한다.
5. 모든 사람 혹은 요소가 선택될 동일한 기회를 가지기 때문에, 확률 표집은 선택된 표본이 모집단을 충분히 대표한다는 것을 보장한다.
6. 단순 무선 표본에서는 모든 사람이나 요소가 연구에 선택될 동일한 기회를 갖는다.
7. 체계적 표집에서는 매 n번째, 예를 들어 매 14번째 요소가 표본에 선택된다.
8. 층화 무선 표본은 무선 기법이 사용되기 전에 먼저 구성원들을 연구자가 관심을 가지고 있는 범주별로 묶는다.

9. 모집단의 모든 요소 구성원들을 확인할 수 없을 때 군집 표집이 사용되며 두 단계로 이루어진다: ① 모집단이 집단별로 확인된다; ② 집단들 내에서 무선 표집이 이루어진다.

10. 비확률 표집은 무선 표집에 의존하지 않기 때문에 표본의 모집단 대표성을 약화시키지만, 다른 어떤 표집기법이 적절하고도 적합한 표집으로 이어지지 않을 때 사용된다.

11. 비확률 표집의 종류에는 편의 표집, 자원자 표집, 선정기준 및 배제기준, 눈덩이 표집, 네트워크 표집, 의도적 표집, 그리고 할당 표집이 있다.

12. 표본 크기는 모집단 크기와 연구자가 용인할 용의가 있는 오차 수준으로부터 추정된다.

핵심어

군집 표집	네트워크 표집
눈덩이 표집	단순 무선 표집
모집단	모집단 타당도
무선	반복연구
배제기준	비확률 표집
선정기준	센서스
신뢰구간	신뢰수준
의도적 표집	일반화 가능성
자원자 표집	체계적 표집
층화 무선 표집	편의 표집
편향된	표본
표본 크기	표집
표집오차	표집 프레임
할당 표집	확률 표집

7장 양적 연구 설계

>> **챕터 체크리스트**

이 장을 읽고 난 후 여러분이 할 수 있어야 하는 것들:

1. 가설을 검정하고 연구문제에 답하는 데 적합한 연구 설계를 선택하고 개발하기.
2. 연구결과와 관련한 각 설계 유형의 강점과 제한점을 이해하고 특정 설계를 선택한 이유 들기.
3. 실험 설계가 준실험 설계 및 기술 설계보다 이로운 점 설명하기.
4. 참여자들을 처치집단과 통제집단에 무선 할당하는 것을 용이하게 하기.
5. 이론적 기반에 따라 독립변인 조작하기.
6. 독립변인 조작 점검 수행하기.
7. 인과관계와 관련하여 실험 및 준실험 설계로부터 얻은 결과 해석하기.
8. 기술연구 설계로부터 얻은 결과를 적절하게 해석하기.
9. 온라인 설문조사 소프트웨어 사용의 적절성 고려하기.
10. 연구를 수행할 때 연구자 효과 및 절차상의 편향을 제한할 수 있는 연구 프로토콜 개발하기.

양적 연구 설계에는 세 가지 유형이 있다: 실험 설계, 준실험 설계, 그리고 기술(記述) 설계. 이러한 유형들은 다음 두 특성에 대해 근본적으로 다르다: 독립변인의 조작과 참여자들의 처치 혹은 조건에 대한 무선 할당(Pedhazur & Schmelkin, 1991). 양적 연구 설계들의 서로 다른 첫 번째 특성인 독립변인의 **조작**(manipulation)은 독립변인이 참여자들에게 제시되는 방식을 연구자가 의도적으로 바꾸거나 변화시킬 때 이루어진다. 이러한 근본적인 특성은 연구가 고전적인 실험 프레임워크 속에서 이루어질 때 충족된다. 독립변인의 조작은 준실험연구 설계에서도 일어나지만, 기술 설계에서는 일어나지 않는다.

양적 연구 설계들의 서로 다른 두 번째 특성인 참여자들의 처치 혹은 조건에 대한 **무선 할당**(random assignment)은 실험 설계에서만 볼 수 있다. 실험 참여자들이 선택된 후, 연구자는 참여자들을 적어도 두 집단 가운데 하나에 무작위로 할당한다. 한 집단은 통제집단(control group)인데, 이 집단은 처치집단(treatment group)이 평가되는 기준 역할을 한다. 통제집단은 두 가지 방식으로 사용될 수 있다. 첫째, 통제집단은 아무런 처치를 받지 않을 수 있다. 예를 들어, 퍼블릭 스피치 지도의 효과성을 평가하는 한 연구에서 통제집단은 어떤 종류의 지도도 받지 않을 것이다. 둘째, 통제집단은 기준 처치(standard treatment)를 받을 수 있다. 바로 위의 연구에서 통제집단은 퍼블릭 스피치에 관한 통상적인 대면 교실 강의를 들을 것이다. 어느 경우든, 통제집단은 실험집단(experimental group), 즉 처치집단을 위한 비교의 기준이다. 위의 예에서 첫 번째 처치집단은 동일한 정보를 퍼블릭 스피치에 관한 상호작용적인 대면 강의에서 얻을 것이고, 두 번째 처치집단은 동일한 정보를 퍼블릭 스피치에 대한 자기-주도적 온라인 강의에서 얻을 것이다.

다른 집단들은 각각 서로 다른 처치 혹은 서로 다른 수준의 독립변인에 노출되기 때문에 실험집단, 즉 처치집단으로 불린다. 준실험 설계와 기술 설계에는 이러한 특성이 없다. <그림 7.1>은 이러한 두 가지 특성이 세 가지 양적 연구 설계에서 어떻게 다른지를 보여주고 있다.

	실험 설계	준실험 설계	기술 설계
독립변인의 조작	존재: 연구자가 통제	존재: 자연스러운 차이	부재
참여자들의 조건에 대한 무선 할당	존재	부재	부재

〈그림 7.1〉 세 가지 유형의 양적 연구 설계

처음에 물상과학(physical science)[54] 연구를 위해 개발된 실험 설계는 커뮤니케이션과 관련된 모든 학문 분야(교육학, 경영학, 심리학, 그리고 사회학)에서 찾아볼 수 있다. 실험 프레임워크의 본질적인 특성은 널리 인정되고 있기 때문에 준실험 유형 및 기술 유형의 연구를 평가하는 기준이 되었다. 이 장에서는 이 세 가지 종류의 양적 연구 설계에 대해 살펴보고, 관련된 커뮤니케이션 연구 사례를 제시한다.

1. 실험 프레임워크

원인이 궁금할 때 연구자들은 흔히 실험연구에 의지하는데, **실험연구**(experimental research)는 커뮤니케이션학을 포함한 사회과학에서 오랜 전통을 지니고 있다. 이 유형의 연구는 매우 흔히 연구자에 의해 통제되는 실험실이나 다른 모의실험 환경에서 수행된다. 연구자들은 인위적인 실험실이 아닌 현장, 즉 자연적으로 발생하는 환경 속에서 실험을 수행할 수도 있다. 이러한 유형의 실험은 실제 현상에서 파생된 커뮤니케이션 문제를 연구하는 커뮤니케이션 학자들에게 매우 인기 있다.

흔히 물상과학과 연관되어 있는 **실험**에 대한 전통적인 정의는 실험을 다음과 같이 묘사하곤 했다: 통제집단 혹은 처치집단에 무작위로 할당되는 선택된 참여자 표본을 대상으로 수행되는 통제된 실험실 상황에서의 독립변인의 조작. **실험**에 대한 좀 더 광의적인 정의로, 커뮤니케이션 현상 연구에 더 적절한 정의는 정의된 절차에 의해 그리고 정의된 조건에서 이루어지는 측정 및 관찰의 기록이다. 그런 다음, 이러한 절차에 의해 수집되거나 생성되는 데이터는 변인들 간의 유의적인 차이와 관계의 존재를 판단하기 위한 적합한 통계적 검정에 의해 검토된다.

연구자가 인과관계를 판단하기를 원할 때 실험연구가 선택된다. 바꾸어 말하면, 연구자는 첫 번째 변인, 즉 독립변인이 두 번째 변인, 즉 종속변인을 야기했다고 주장하는 가설을 개발한다. 실험연구는 연구자로 하여금 이론을 토대로

---

54) '생명 체계를 다루는지'에 따라 자연과학은 크게 '물상과학'과 '생명과학'(biological science)으로 나누어진다. 그중 물상과학은 '비생명 체계'를 연구한다. 물상과학도 크게 물리학, 화학, 지구과학, 천문학으로 나눌 수 있다. 지구과학과 천문학을 별개로 하여, 물상과학, 생물(또는 생명)과학, 지구 및 우주과학으로 나누는 경우도 있다(출처: 나무위키)(역자 주).

개발된 가설을 평가할 수 있게 해준다. 이 경우, 이전 연구의 결과들은 새로운 질문을 만들어내며, 연구자는 '왜?' 그리고 '어떻게?'라는 질문에 답하고 싶어 한다. 연구자가 새로운 방법이나 기법을 검정하고 싶어 할 때도 실험연구가 선택된다. 강의실에 잠재적으로 적용될 수 있다고 여겨지는 지도 기법의 경우 특히 그러하다. 실험을 수행함으로써 연구자는 그러한 기법들 사이에 차이가 존재하는지 보기 위해 하나의 기법을 다른 기법과 비교 검정해볼 수 있다. 또 어떤 경우에는 어떤 현상이 발생하는 특정 조건을 살펴보기 위해 실험이 이루어지기도 한다. 실험 조건을 바꿈으로써 연구자들은 어떤 실험 조건이, 예를 들어, 화자들을 긴장하게 만들 가능성이 가장 높은지 확인할 수 있다.

실험연구의 목적은 무엇이 사람들의 행동, 감정, 혹은 태도를 변하게 하는지를 분명히 밝히거나 설명하는 것이다. 원인을 밝히는 것이 목적이기 때문에 특정한 특성이 반드시 충족되어야 한다. 첫째, 실험연구 설계는 하나의 요소가 다른 요소에 앞서 발생함으로써 시간적 구성요소를 반드시 포함하고 있어야 한다. 어떤 것이 다른 어떤 것의 원인이 되기 위해서는 그러한 원인이 되는 주체(causal agent)가 행동, 감정, 혹은 태도의 변화에 반드시 선행해야 한다. 이렇듯 실험은 한 변인, 즉 독립변인이 다른 한 변인, 즉 종속변인에 미치는 영향을 검정하기 위해 독립변인을 통제한다. 둘째, 실험연구에는 적어도 두 집단 간의 비교가 존재한다. 마지막으로, 모든 상호작용이 연구자의 통제와 관찰하에서 이루어지면서, 전체 실험이 제한된 시간 내에, 좀처럼 1시간을 넘지 않게 수행된다.

실험이라는 단어가 사용될 때, 대부분의 사람은 실험실 실험을 생각한다. 실험실 실험(laboratory experiment)을 정의하는 1차적인 특징은 조사가 이루어지고 데이터가 수집되는 환경을 연구자가 조직한다는 것이다(Weaver, 2008). 실험실 환경에서 연구를 수행하는 데는 몇 가지 목적이 있다. 첫째, 그것은 참여자들의 일상적이고도 통상적인 상호작용으로부터 연구과정을 물리적으로 분리한다. 이러한 분리를 통해 연구자는 참여자들이 노출되는 것과 노출되지 않는 것을 더 잘 통제할 수 있다. 이런 식으로 노출을 제한하고 통제함으로써 연구자는 조사에 중요하지 않은 가외 변인(extraneous variable)과 가외적인 영향을 제거하고자 한다(Kerlinger, 1986). 둘째, 커뮤니케이션을 실험실에서 살펴봄으로써 연구자는 이론적 관계를 한정시켜 살펴볼 수 있는데, 이것을 현장에서 하는 것은 더 어려운 일이다.

진실과 거짓을 구별하기 위해 사람들이 어떻게 정신적 지름길(mental shortcut)[55]에 의존하는지에 대한 버군, 블레어 및 스트롬(Burgoon, Blair, & Strom, 2008)의 연구는 실험실 환경이 가외적 영향을 어떻게 통제하는지 보여준다. 이 연구를 준비하기 위해 또 하나의 연구 참여자들이 도둑 혹은 무고한 방관자 역할에 무작위로 할당되었다. 도둑 역할에 할당된 참여자들은 미리 정한 날짜에 강의실에서 지갑을 훔친 다음, 그 도둑질에 대해 인터뷰를 하는 동안 그러한 행위에 대한 거짓 진술을 하도록 요청받았다. 무고한 방관자 역할을 할당받은 참여자들에게는 그들의 강의실에 도둑질이 발생할 것이라고만 말해준 다음, 인터뷰를 하는 동안 진실 되게 응답해줄 것을 요청했다. 이러한 인터뷰들은 주연구의 자극물(stimulus)로 사용되었다. 그런 다음, 주연구의 참여자들이 컴퓨터실에 들어와 컴퓨터 앞에 앉았다. 그들은 지갑을 훔친 것으로 의심받고 있는 피면접자를 보거나, 듣거나, 혹은 그러한 피면접자에 대한 글을 읽게 될 것이라고 그들에게 말해주었다. 또한 그 피면접자는 자신의 무죄를 주장할 것이라고 그들에게 말해주었다. 이 연구자들은 참여자들에게 그 피면접자가 무죄라는 것에 대해 진실을 말하고 있는지 아니면 거짓말을 하고 있는지 그들이 판단해야 한다고 말했다.

실험실 실험이 아니라면 연구자들은 어떻게 진실을 말하는 사람과 거짓을 말하는 사람을 세심하게 구분해낼 수 있을까? 연구자들은 어떻게 그러한 진실 혹은 거짓의 결과를 세심하게 연구할 수 있을까?

이러한 연구 목표를 충족시키기 위해 이 연구팀은 2개의 실험실 실험을 고안해냈는데, 하나는 진실과 거짓에 대한 실제 사례를 만들어내기 위한 것이었고, 다른 하나는 그러한 진실을 말하는 메시지와 거짓을 말하는 메시지의 영향을 검정하기 위한 것이었다. 실험실 환경에서 작업을 하고, 또한 첫 번째 연구에서 얻은 인터뷰를 사용함으로써 이 연구팀은 진실을 말하는 메시지의 내용과 거짓을 말하는 메시지의 내용을 통제할 수 있었다. 실험실 내에 있는 것이 상호작용 환경을 통제했다. 따라서 이 연구의 결과는 (진실을 말하거나 거짓을 말하는 사람에 대한 익숙함, 지갑을 훔치는 각기 다른 동기, 다양한 물건을 훔치는 것과 같

---

55) 휴리스틱(heuristic)이라 불리기도 하는 정신적 지름길이란 인간이 문제를 풀고 새로운 개념을 배우는 것을 도와주는 효율적인 정신적 과정을 말한다. 이러한 과정은 의식적이건 무의식적이건 뇌로 들어오는 정보의 일부를 무시함으로써 문제를 덜 복잡하게 만들어준다(역자 주).

은) 어떤 다른 영향이 아닌 이 연구의 조건에서 기인하는 것으로 가정할 수 있다.

많은 대학교와 커뮤니케이션학과가 커뮤니케이션 실험 장비를 갖춘 방을 가지고 있다. 어떤 실험실은 단방향 거울(one-way mirror)이 갖추어져 있어서 참여자들은 연구자를 볼 수 없지만 연구자는 실험실에서 무슨 일이 일어나고 있는지 볼 수 있다. 어떤 실험실은 정교한 녹음 및 녹화 장비 그리고 인터넷 및 기타 통신 기술을 갖추고 있다. 어떤 실험실은 외견상 비교적 무미건조해 보이지만, 어떤 실험실은 거실, 대기실, 혹은 컴퓨터실과 같은 편안한 상호작용 환경을 조성하게끔 설계되어 있다. 이러한 종류의 실험실 환경이 없는 연구자들은 흔히 기존 강의실을 연구용 실험실로 임시 개조해서 사용한다.

연구자들은 조작화와 무선 할당을 사용해 연구를 설계·수행하고, 증거를 평가하며, 그런 다음 일어난 일에 대해 인과적 설명을 한다. 실험 설계는 계획적이고, 표준화되어 있으며, 많은 학문 분야에서 연구 프로토콜로 사용된다. 실험 설계의 강점은 실험 설계가 연구자들에게 제공하는 통제에 있는데, 이것은 다시 연구자들에게 그들이 관찰하고 기록하는 변화들에 대한 대안 설명(alternative/rival explanation)을 제거할 수 있도록 도와준다. 다음 부분은 커뮤니케이션 연구에 흔히 사용되는 몇몇 실험 설계에 대해 기술한다.

1) 고전적 실험

연구자들은 그들이 인과관계를 부여하는 데 도움을 줄 수 있는 기법으로 고전적인, 즉 진정한 실험 유형을 고안해냈다. 많은 연구자는 실험이 인과관계를 검정하는 가장 강력한 연구 유형이라고 생각한다. 이 설계의 이러한 분명한 논리는 연구자들이 발견되는 결과를 두고 이루어질 수 있는 다른 많은 설명을 제거하는 데 도움을 준다. 가장 단순한 형태인 실험은 하나의 독립변인이 하나의 종속변인에 미치는 영향을 검정하기 위해 설계될 것이다. 그러나 연구되는 커뮤니케이션 이슈들의 사회적 유의성과 실용적 유의성은 좀처럼 그리 단순하게 표현될 수 없다.

고전적 실험(classical experiment)에서는 연구자가 참여자들을 처치집단이나 통제집단에 무작위로 할당함으로써 독립변인의 처치나 조작을 통제한다. **처치**(treatment), 즉 조작은 연구자가 연구 참여자들에게 제시하는 자극의 종류나 자극의 양 혹은 수준을 변화시키는 방법 가운데 하나이다. 고전적인 실험 프레임워크 속에서 연구를 하려면 이러한 기본적인 특성이 반드시 충족되어야 한다.

　　연구자는 실험을 통해 두 가지 유형의 가설을 검정할 수 있는데, 하나는 차이를 예측하는 가설이고, 다른 하나는 관계를 예측하는 가설이다. 가설은 변인들 자체가 아닌 변인들 간의 차이와 관계를 검정한다는 4장의 내용을 상기하라 (Kerlinger, 1986). 첫 번째 유형의 가설, 즉 차이 가설을 검정하기 위해 실험은 독립변인이 시간적으로 종속변인에 선행하도록 설계된다. 따라서 차이 가설은 독립변인의 차이가 종속변인의 차이, 즉 결과를 야기할 것이라고 예측한다. 두 번째 유형의 가설, 즉 관계 가설을 검정하기 위해 실험은 두 변인, 즉 독립변인과 종속변인이 서로 가까운 시점에 발생하도록 설계된다. 관계 가설은 두 변인이 독립변인의 값이 종속변인의 값의 변화를 야기하는 어떤 종류의 관계 속에서 함께 존재한다고 예측한다. 이러한 가설들에 대한 통계적 검정은 각각 10장과 11장을 참조하기 바란다.

　　연구자는 또한 실험에서 변인들의 순서도 통제한다. 만약 한 요소, 즉 독립변인이 다른 한 요소, 즉 종속변인보다 나중에 발생한다면, 독립변인은 종속변인의 원인으로 간주될 수 없다(Selltiz, Jahoda, Deutsch, & Cook, 1959). 간단히 말해, 독립변인이 종속변인에 선행하거나 두 변인이 서로 가까운 시점에 발생하는 경우에만 독립변인이 종속변인의 변화의 원인으로 간주될 수 있다.

　　이러한 수준의 통제를 통해 실험은 인과관계를 입증하기 위해 설계된다. 그럼에도 실험은 어떤 효과가 발생하는 이유에 대한 완벽한 설명을 제공하지 못할 수도 있다. 연구자들은 이론적 토대에 의존해 연구에 사용되는 변인과 개발할 가설의 기반을 제공한다는 점을 기억하라. 따라서 실험이 인과관계를 반영하기 위해서는 원인, 즉 독립변인이 반드시 결과, 즉 종속변인에 선행해야 한다. 두 변인 간의 시간적 격차는 단지 몇 분에서부터 몇 년에 이르기까지 매우 다를 수 있다. 종속변인 또한 반드시 변할 수 있어야 한다. 어떤 변인은 실험에서 변할 수 없다. 예를 들면, 여러분의 성별은 연구자의 개입에 의해 변하지 않을 것이다. 그러나 공중관계 캠페인에 대한 여러분의 태도는 변할 수 있다. 마지막으로, 변인들 사이의 인과관계는 반드시 이론적 개연성(theoretical plausibility)을 지니고 있어야 한다. 바꾸어 말하면, 인과적 결과에 대한 추정된 원인이 반드시 이치에 맞아야 한다는 것이다(de Vaus, 2001).

참여자들의 무선 할당 연구자가 둘 이상의 집단을 비교하고자 하는 어떤 실험에서 기본이 되는 원칙은 집단 속의 사람들이 처치 앞에서 동등해야 한다는 것이다. 동등하기 위해서는 참여자들이 독립변인을 나타내는 처치집단이나 통제집단에 **무작위로 할당되어야**(randomly assigned) 한다. 이것은 각 참여자가 두 집단 가운데 어느 하나에 할당될 동일한 기회를 가짐을 의미한다. 적절한 모집단에서 무작위로 표본을 선택하는 것과 참여자들을 처치집단과 통제집단에 무작위로 할당하는 것은 같지 않다. 이 두 절차는 함께 처치가 적용되기 전에 존재하는 집단 내 사람들 간의 어떤 실제의 차이를 제거하는 데 도움을 준다. 따라서 연구자는 처치가 적용된 후의 결과는 독립변인에 의해 야기된다고 주장할 수 있다.

예를 들어, 팔레스타인과 이스라엘 간의 갈등에 대한 비디오 게임의 롤 플레잉(role playing)의 효과를 검정하기 위해 미국 대학생들이 모집되었다(Alhabash & Wise, 2012). 학생 참여자들은 두 가지 역할, 즉 팔레스타인 대통령 역할이나 이스라엘 총리 역할에 무작위로 할당되었다. 따라서 **국적 할당**(nationality assignment)은 2개의 조건을 가졌으며 이것이 독립변인이었다. 참여자들은 약 20분 동안 게임을 했다. 이 연구의 경우, 두 가지 역할 가운데 한 역할을 하는 것이 게임의 구조나 내용에 대한 어떤 것을 바꾸지 않는다는 것을 알 필요가 있다. 학생들은 미국 대학교에 소속되어 있었기 때문에, 연구자들은 참여자들이 맡은 역할의 국적은 팔레스타인 사람과 이스라엘 사람에 대한 태도에 서로 다른 영향을 미칠 것이라는 가설을 제기했다.

연구자들이 검정한 가설은 다음과 같았다: "팔레스타인 대통령 역할을 하는 참여자들은 이스라엘 총리 역할을 하는 참여자들과 비교할 때 이스라엘 사람에 대해 호의적이지 않은 태도 변화를 보일 것이며, 이스라엘 총리 역할을 하는 참여자들은 이스라엘 사람들에 대해 어떤 주목할 만한 태도 변화를 보이지 않을 것이다"(Alhabash & Wise, 2012, p. 364). **국민에 대한 태도**(national attitude)는 종속변인으로, 학생들은 이스라엘 사람과 팔레스타인 사람 모두를 동일한 7개의 특성에 관해 평가했다(예, 공감; 국민 집단의 평화 의향에 대한 신념).

이 실험에서 참여자들은 무작위로 선택되었을 뿐만 아니라 서로 다른 조건에 무작위로 할당되었다. 이 절차들[56]은 처치집단과 통제집단의 사람들이 비교

---

56) 이 두 절차를 합쳐 무선화(randomization)라고 한다(역자 주).

적 유사할 가능성을 극대화한다. 따라서 집단 간의 종속변인에 관한 어떤 차이는 개인 참여자의 차이가 아닌 독립변인의 조작에 의해 야기되었다고 말할 수 있다. 고전적 실험의 이러한 측면들은 연구자들로 하여금 그러한 결과에 대한 다른 대안적 설명을 더 확실하게 제거할 수 있게 해준다(Sapsford & Jupp, 1996).

처치집단과 통제집단 만들기 처치집단(treatment group)은 연구자가 조사하는 데 관심이 있는 참여자 집단이다. 이와 달리, 만약 어떤 참여자가 **통제집단**(control group)에 할당되면, 어떠한 처치나 기준 처치도 제공받지 않는다. 실험 프레임워크에서 처치집단과 통제집단을 만드는 것은 독립변인을 조작할 수 있는 기회를 제공한다. 여기서 처치, 즉 조건을 구성하는 것이 이론에 의해 주도된다는 점에 주목할 필요가 있는데(Boruch, 1998), 물론 어떤 처치나 다 그런 것은 아닐 것이다.

거짓을 감지하는 것에 대한 버군, 블레어 및 스트롬(Burgoon, Blair, & Strom, 2008)의 연구로 다시 돌아가면, 이 연구팀은 광범위한 문헌검토와 진실 편향에 관한 이전 연구 분석을 토대로 가설을 설정했다. 이를 통해 이 연구자들은 다음과 같은 가설을 제시했다: "관찰자들은 그들이 판단하는 진실한 자극과 거짓된 자극의 기준 비율보다 더 많은 메시지를 진실한 것으로 판단하는 방향으로 실수를 범할 것이다"(p. 576). 즉, 다른 사람이 진실과 거짓을 말하는 것을 관찰하는 사람은 다른 사람이 진실을 말하고 있다고 믿을 가능성이 더 높다는 것이다. 메시지의 유형(진실 혹은 거짓)은 연구팀에 의해 조작된 독립변인이었다. 지갑을 훔친 사람들에게 지갑을 훔치지 않았다고 거짓말을 하라고 일러주었다. 지갑을 훔치지 않은 사람들에게는 진실을 말하라고 일러주었다. 이 경우, 통제집단은 지갑을 훔치지 않은 사람들일 것이고, 처치집단은 지갑을 훔쳤지만 그렇게 하지 않았다고 거짓말을 하는 사람들일 것이다. 피면접자들의 진실성에 대한 참여자들의 평가를 비교함으로써 이 연구팀은 위 가설을 뒷받침하는 증거를 제공했다. 즉, 사람들이 그들의 행위에 대해 거짓 진술을 할 때, 다른 사람들은 그들이 진실을 말하고 있다고 믿을 가능성이 더 높다는 것이다. 보다시피 이 연구팀이 선택한 독립변인의 조건들은 연구자들이 관심을 가지고 있는 이론과 불가분하게 연결되어 있었다.

어떤 커뮤니케이션 실험에서는 통제집단 없이 다수의 처치집단이 사용된다. 이들 집단의 참여자들은 어떤 형태의 자극이나 처치를 받지만, 때로는 이들 가운데 한 집단이 통제집단으로 간주된다. 대개 좀 더 표준적이거나, 일반적이거나, 혹은 전통적인 형태의 자극을 받는 집단이 통제집단 역할을 한다. 또 어떤 경우에는 처치집단들이 서로 통제집단 역할을 해서 연구자는 순수한 통제집단을 사용하지 않고 연구를 진행한다.

잭컵, 로싱 및 피터슨(Jackob, Roessing, & Petersen, 2011)은 서로 다른 음성 표현(vocal presentation)과 몸짓 사용이 발표의 설득력에 어떻게 영향을 미치는지에 대한 조사에서 위의 경우처럼 처치집단을 사용하는 사례를 보여준다. 이 연구자들은 그들의 실험에서 한 발표자가 세계화에 관한 발표를 하는 동안 음성 강조(vocal emphasis)와 몸짓이 각기 다르도록 조작한 3편의 동영상을 찍어 세 처치집단에게 보여주었다. 첫 번째 처치집단의 참여자들은 전문 발표자가 음성 강조와 몸짓을 사용하지 않고 발표하는 것을 보았다. 두 번째 처치집단은 동일 발표자가 몸짓은 사용하지 않고 음성 강조만 사용하여 동일한 발표를 하는 것을 보았다. 세 번째 처치집단은 동일한 발표자가 음성 강조도 사용하고 몸짓도 사용하면서 동일한 발표를 하는 것을 보았다. 따라서 음성 강조도 독립변인이었고, 몸짓 사용도 독립변인이었다.

이 연구자들은 왜 3개의 처치집단을 선택했는가? 정교화 가능성 모델(elaboration likelihood model)과 휴리스틱 체계 모델(heuristic systematic model) 같은 두 이중 처리(dual processing) 이론은 2개의 각기 다른 설득 과정이 존재한다고 제안한다. 하나의 설득 과정은 제기되는 주장을 숙고할 수 있는 수신자의 능력과 발표 내용의 질에 초점을 맞출 수 있는 수신자의 능력을 토대로 한다. 따라서 화자(話者)의 비음성적 요소는 발표를 평가하는 데 덜 중요하다. 이와 달리, 또 어떤 수신자들은 발표자의 매력이나 발표자의 비음성적 요소 사용을 토대로 정보를 처리하고 화자를 판단한다. 음성 강조와 몸짓을 조작함으로써 이 연구팀은 발표 수행을 통제할 수 있었다.

참여자들은 그들 조건에 제공된 동영상을 본 후 종속변인, 즉 지각된 화자의 발표 수행(예, 생동감, 활기참), 지각된 주장의 특성(예, 사실적 정확성, 완벽성), 그리고 지각된 화자의 특성(예, 공신력, 역량)을 평가하는 등간척도에 응답했다.

여러분은 참여자들에 . . .을 해주도록 요청할 것인가?

실험 설계의 윤리적 이슈는 주로 참여자들이 할당되는 처치 조건과 통제 조건을 개발하는 데 초점이 맞추어진다. 다음 시나리오를 위해 조작을 만들어내는 것에 대해 윤리적 거부감을 보이는 이유는 무엇인가? 예를 들어, 첫 번째 사례에서 여러분이 상담의 효과성을 의심하면서도 약혼한 커플을 상담을 받는 처치집단에 고의로 할당하는 것은 윤리적인가?

- 곧 결혼할 커플들에게 각기 다른 종류의 관계 유지 상담을 테스트하는 것?
- 유방암에 걸린 여성들을 두 가지 커뮤니케이션 전략이 이론적으로 타당한지 알지도 못한 채 그들의 건강 문제를 논의하는 그러한 두 가지 전략 가운데 하나에 할당하는 것?
- 간호사들이 다루기 어려운 환자들을 다루는 데 사용할 각기 다른 설득적 호소(persuasive appeal)를 설계하는 것?
- 텔레비전 시청자들에게 어린이 자선단체 기부를 요청하기 위한 감정 이입적인 호소가 담겨 있는 각기 다른 시각적 전략을 검정하는 것?

따라서 연구자들은 이론을 토대로 처치집단들을 선택한다. 연구자들은 처치집단들이 그냥 서로 다르다는 것만으로 실험의 토대가 되는 과학적 전통을 지키는 것이 아니라, 처치집단을 선택하는 의미 있는 이유를 반드시 가지고 있어야 한다. 연구자들은 처치나 자극을 주지 않음으로써 통제집단을 만들어낸다. 전통적인 통제집단을 갖는 것이 의미가 없는 경우에는, 다수의 처치집단들이 서로에 대한 통제집단 역할을 하게 하거나 또는 연구자가 한 처치집단을 다른 처치집단들을 평가하는 기준으로 지정할 수도 있다.

조작 점검 독립변인을 조작할 때 연구자는 **조작 점검**(manipulation check)을 수행해야 한다. 이 검사, 즉 점검은 참여자들이 실제로 독립변인을 연구자가 의도한 여러 방식으로 고려하는지 확인해준다. 이 점검은 가설에 대한 통계적 분석이 이루어지기 전에 수행된다. 이것이 왜 필요한가? 첫째, 연구자들은 참여자들이 각기 다른 처치에 민감하게 반응했는지 확인할 필요가 있다. 둘째, 연구자들은 참여자들이 지각한 처치들의 차이가 연구자가 의도한 차이와 일치했는지 확인할 필요가 있다. 이러한 정보가 없다면, 연구자는 실제로 종속변인의 차이가 독립변인의 차이에서 기인하지 않았는데도 독립변인의 차이에서 기인했다고 가정할 수도 있을 것이다.

웨스터먼과 웨스터먼(Westerman & Westerman, 2013)은 학생들과 직장이 있는 성인들에 대한 연구에서 참여자들이 작업 프로젝트에 대한 피드백에 어떻게 응답하는지 살펴보기 위해 참여자들을 네 가지 메시지 조건 가운데 하나에 할당했다. 2개의 독립변인, 즉 긍정적이거나 부정적인 유인가(誘因價)와 사적인 혹은 공적인 전달을 조합해 4개의 조건을 만들어냈다: 긍정적 유인가/사적 전달, 긍정적 유인가/공적 전달, 부정적 유인가/사적 전달, 그리고 부정적 유인가/공적 전달. 조작 점검 결과, 참여자들은 긍정적 메시지를 더 긍정적으로 보는 반면, 부정적인 메시지는 더 부정적으로 지각하는 것으로 나타났다. 마찬가지로 참여자들은 이메일을 통한 전달은 더 사적인 것으로 지각한 반면, 회사 웹사이트를 통한 전달은 더 공적으로 지각했다.

연구 설계에 공모자가 포함될 때 또 다른 유형의 조작 점검이 이루어져야 한다. 집단 논의에 참여한 사람들에게 다른 구성원의 비언어적 단서가 어떻게 영향을 미치는지 알아보기 위해 밴 스월(Van Swol, 2003)은 공모자가 있다는 사실을 모르는 1명의 참여자와 함께 참여자로 위장한 2명의 공모자를 사용했다. 한 제약회사의 매니저 역할을 하게 한 이 3명은 콜레스테롤(cholesterol) 수치를 낮추기 위해 개발된 약 가운데 어떤 약을 시장에 판매할 것인지를 결정해야 했다. 논의가 이루어지는 동안 단지 1명의 공모자만이 공모 사실을 모르는 참여자의 비언어적 행동[자세, 손짓, 얼굴 표정, 적응행동(adaptor),[57] 그리고 머리 움직임]을 똑같이 따라했다. 공모자들의 행동을 평가하기 위해 연구자가 공모자에게 그렇게 하도록 지시했다는 것과 이 연구의 가설을 모르는 2명의 코더가 집단

---

57) 적응행동이란 흔히 낮은 수준의 개인적 자각에서 일어나는 비언어적 커뮤니케이션으로, 특정한 커뮤니케이션 상황에 적응하면서 개인적 욕구를 충족시키기 위해 이루어지는 행동으로 여겨질 수 있다. 적응행동에는 머리카락을 꼬거나, 펜을 톡톡 치거나, 안경을 밀어 올리거나, 몸을 곧추세우거나, 다리를 꼬는 등의 행동이 포함된다. 이러한 행동을 하는 사람은 낮은 자각 수준에서 이러한 행동을 하기 때문에 스스로 잘 깨닫지 못할 수도 있는 데 반해, 때로 오히려 관찰자가 이러한 행동을 더 의식할 수도 있다. 따라서 적응행동은 어떤 사람이 어떤 특정한 커뮤니케이션 상황을 어떻게 느끼고 있는지에 대한 단서를 무의식중에 보여주는 역할을 할 수도 있다(역자 주).

논의 장면이 담겨 있는 비디오테이프를 본 후 공모자들의 미소 짓는 행동, 친근감, 설득력, 다변성(talkativeness), 그리고 공모자들이 참여자를 좋아하는 것처럼 보이는 정도를 평가했다. 통계적 검정 결과, 공모자들의 행동은 이러한 차원들에 대해 유의적으로 다르지 않은 것으로 나타나, 공모자들이 한 사람을 흉내내는 행동에 관한 것을 제외하고는 서로 다르게 행동하지 않았음을 보여주었다. 조작 점검은 조작된 변인이 사용되는 어떤 가설에 대한 통계적 검정이 이루어지기 전에 수행되어야 한다.

2) 실험 설계의 유형

몇 가지 유형의 실험 설계가 참여자들의 무선 할당 및 연구자에 의한 독립변인 조작 통제라는 기준을 충족한다. 여기서는 커뮤니케이션 연구에 흔히 사용되는 세 가지 기본 설계, 즉 사후조사 설계, 사전조사-사후조사 설계, 그리고 요인 설계에 대해 기술한다. 더 복잡한 실험 설계도 존재한다(예, Campbell & Stanley, 1963; de Vaus, 2001 참조). 그러나 이 세 가지 기본 설계로 시작하는 것이 복잡한 설계를 이해할 수 있는 여러분의 능력을 향상시켜줄 것인데, 왜냐하면 더 복잡한 설계는 여기서 제시되는 기본 설계에서 배태된 변형이기 때문이다.

사후조사 설계 표본을 무작위로 처치집단과 통제집단에 할당한 다음, 연구자는 참여자들이 독립변인에 노출되는 동안 혹은 노출된 후 종속변인을 측정할 필요가 있다. 이러한 유형의 연구 설계, 즉 **사후조사**(posttest only) 혹은 단일 비교(simple comparison) 설계는 연구자들로 하여금 발견된 어떤 유의적인 차이가 나타난 것은 처치집단이 어떤 다른 자극을 받았거나 혹은 처치집단이 통제집단의 참여자들은 받지 않은 자극을 받았기 때문이라는 결론을 내릴 수 있게 해준다. 따라서 이 유형의 설계는 다음과 같은 질문에 대답해준다: "처치집단들의 차이는 자극의 서로 다른 조작에 따른 것인가?" 혹은 "두 집단의 차이는 자극이 단지 한 집단에게만 제시된 후 생긴 것인가?"

이 연구 설계는 커뮤니케이션 연구에서 꽤 흔히 볼 수 있다. <그림 7.2>에 나와 있는 사후조사 설계의 예에서 리와 첸(Lee & Chen, 2013)은 실험실 실험에 참가할 14세에서 20세 사이의 10대들을 모집했다. 이 참여자들 가운데 18명은 적정 음주자로 자기-범주화했고(self-categorize), 45명은 폭음자로 자기-범주화

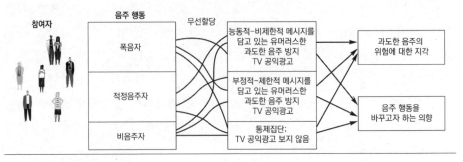

<図림 7.2> 사후조사 설계

했으며, 22명은 술을 마시지 않는다고 말했다. 첫 단계로 참여자들은 위험 행동에 대한 설문조사에 응답했다. 다음으로, 참여자들은 다음 세 집단 가운데 하나에 무작위로 할당되었다: ① 능동적-비제한적(proactive-nonrestrictive) 메시지(예, "책임감 있게 술을 마셔라")로 특징지어지는 유머러스한 과도한 음주 방지 텔레비전 공익광고 시청 집단; ② 부정적-제한적(negative-restrictive) 슬로건(예, "패자가 되지 마라. 술을 마시지 마라")으로 특징지어지는 유머러스한 과도한 음주 방지 텔레비전 공익광고 시청 집단; ③ 둘 가운데 어떤 광고도 보지 않는 통제집단. 따라서 이 사후조사 실험에는 텔레비전 공익광고가 주목을 끌고 과도한 음주를 막기 위해 유머를 사용한 방식을 조작한 각기 다른 공익광고를 본 두 처치집단과 하나의 통제집단이 있었다. 마지막으로, 모든 참여자는 과도한 음주의 위험에 대한 지각과 그들의 음주 행동을 바꾸고자 하는 의향을 묻는 설문조사에 응했다. 서로 다른 공익광고를 보여준 두 조건에 노출된 참여자들은 또한 공익광고에 대한 그들의 관심이 어느 정도인지, 공익광고가 얼마나 유머러스하다고 생각하는지, 그리고 과도한 음주의 위험을 강조한 공익광고의 효과성에 대한 그들의 지각은 어떠한지를 묻는 항목에도 응답했다.

따라서 두 독립변인은 조작되었다. 첫째, 연구자들은 공익광고의 유형을 조작하고, 참여자들을 두 처치집단 가운데 하나에 무작위로 할당했다. 둘째, 참여자들은 그들의 음주 상태를 폭음자, 적정 음주자, 혹은 비음주자로 자기-범주화했다. 종속변인은 공익광고에 대한 관심(예시 항목: "이 공익광고는 정말 나의 관심을 끌었다"), 공익광고에 대한 지각된 유머(예시 항목: "나는 이 공익광고에 사용된 유머를 즐겼다"), 과도한 음주에 대한 위험 지각(예시 항목: "나는 나 자신이 알코올 중독자가 될 위험이 있다고 생각한다"), 그리고 음주 행동을 바꾸고자 하는 의향(예시 항목: "나는 내가 과도하게 술을 마신다는 사실을 정말 바꾸고 싶다"). 이러한 유형의 실험을 설계했을 때, 이 연구팀은 공익광고가 10대들의 과도한 음주의 위험에 대한 지각과 그들의 음주 행동을 바꾸고자 하는 의향에 어떻게 영향을 미치는지 알고 싶어 했다. 이러한 유형의 실험연구의 목적은 두 처치집단 참여자들과 통제집단 참여자들의 종속변인에 관한 점수의 차이를 찾아냄으로써 인과관계를 입증하는 것이다.

사전조사-사후조사 설계 사후조사 설계에 한 단계를 추가함으로써 연구자는 **사전조사-사후조사**(pretest-posttest) 실험을 설계할 수 있다. 이 설계에서 연구자는 처치집단이 자극물에 노출되기 전에 종속변인을 측정한다. 자극물이 주어진 후, 종속변인이 동일한 참여자들을 대상으로 정확히 똑같은 방식으로 다시 측정한다. 일부 연구보고서에는 연구자들이 이러한 측정을 시간 1(Time 1)과 시간 2(Time 2)로 언급한다. 시간 1은 어떤 자극물이 처치집단에 주어지기 전의 측정이고, 시간 2는 자극물이 주어진 후의 측정이다.

사전조사, 즉 시간 1을 추가한 측정을 통해 연구자들은 첫 번째 측정과 두 번째 측정 사이의 종속변인의 변화의 정도를 판단할 수 있으며, 처치의 영향에 대해 더 확정적인 평가를 할 수 있다. 많은 연구자가 이 실험 설계가 더 강력하다는 데 동의하지만, 한 가지 주의사항도 존재한다. 시간 1과 시간 2에서 똑같은 방식으로 측정이 이루어지기 때문에, 특히 데이터가 질문지를 통해 수집될 때 참여자들이 측정에 지나치게 민감해질 위험이 어느 정도 도사리고 있다. 두 가지 다른 효과가 발생할 수 있다. 첫째, 참여자들이 시간 2에 시간 1에서 응답했던 대로 응답하고자 할 수도 있다. 바꾸어 말하면, 참여자들이 어떤 변화가 일어났음에도 일관되고자 노력할 수도 있다는 것이다. 둘째, 참여자들은 연구자가 차이를 찾고 있다고 가정하고, 시간 2에서는 시간 1에서와 확실하게 다르게 대답하고자 노력할 수도 있다. 어느 경우든, 참여자들의 그러한 동기 부여나 기대는 연구 설계를 교란할(confound) 수 있다.

사전조사-사후조사 설계의 예로, 이얼과 컨컬(Eyal & Kunkel, 2008)은 실험에 참여할 대학 1학년생들을 모집했다. 첫 번째 단계로 참여자들은 설문지에 응답했는데, 설문지에는 혼전 성관계에 대한 태도 측도가 포함되어 있었다. 적어도 하루 뒤에 참여자들은 두 종류의 시청 세션 가운데 하나에 무작위로 할당되었다. 각 세션에는 젊은 성인에게 인기 있던 1시간짜리 텔레비전 드라마들[⟨베벌리 힐즈 90210⟩(*Beverly Hills 90210*), ⟨도슨즈 크리크⟩(*Dawson's Creek*), ⟨파티 오브 파이브⟩(*Party of Five*)]의 두 에피소드가 포함되어 있었다. 모든 TV 프로그램에는 성관계를 하는 젊은 성인에 대한 묘사가 포함되어 있었으며, 또한 TV 프로그램은 등장인물이 경험하는 정서적 결과도 묘사했다. 긍정적인 조건에 할당된 참여자들에게 보여준 한 TV 프로그램은 한 등장인물이 관계에 대해 새로운 결론에 이르게 되는 것으로 끝이 났고, 다른 한 프로그램은 성적인 만남이 등장인물들 간의 열정을 다시 불붙게 하여 그들의 관계를 향상했다는 점을 생생하게 표현했다. 부정적인 조건에 할당된 참여자들에게 보여준 한 프로그램은 자신이 다른 등장인물과 너무 빨리 친밀해지게 된 것을 깨닫고는 이제 자신의 행동을 후회하는 한 등장인물을 묘사하며, 이들은 관계를 끝낸다. 부정적 조건에 할당된 참여자들에게 보여준 두 번째 프로그램에서는 자신의 여자친구와 성관계를 갖지 않았다고 고백한 한 등장인물이 여자친구의 룸메이트와 예기치 않은 로맨틱한 순간을 갖게 된다. 여자친구의 룸메이트와 성관계를 가진 후, 그는 죄책감을 느끼며 자신의 행동과 그것이 미칠 영향 때문에 속상해한다. TV 프로그램을 시청한 직후, 참여자들은 혼전 성관계에 대한 태도 측도에 응답했다. 2주 뒤 참여자들은 다시 동일한 측도에 응답했다.

이 연구 설계를 사용하여 먼저 사전조사 점수와 직후에 실시한 사후조사 점수를 비교하고, 그런 다음 사전조사 점수와 2주 뒤에 실시한 추적 사후조사 점수를 비교함으로써, 이 연구자들은 혼전 성관계에 대한 참여자들의 태도 변화를 비교할 수 있었다. 이 사전조사-사후조사 실험 설계는 <그림 7.3>에 나타나 있다. 이 유형의 실험 설계의 목적은 두 종류의 시청집단 사이의 태도의 차이를 찾아냄으로써 사전조사와 직후 사후조사 사이의 태도 변화와 사전조사와 2주 후 추적 사후조사 사이의 태도 변화의 인과관계를 입증하는 것이다. 이 연구자들은 부정적인 결과 조건의 TV 프로그램을 시청한 참여자들이 시청 직후와 시청 2주 뒤 모두에서 혼전 성관계에 대해 더 부정적인 태도를 보였다는 것을 알게 되었다. 긍정적 결과 조건의 TV 프로그램을 시청한 참여자들의 경우, 혼전 성관계에 대한 그들의 태도에 변화가 없었기 때문에 아무런 영향도 나타나지 않았다.

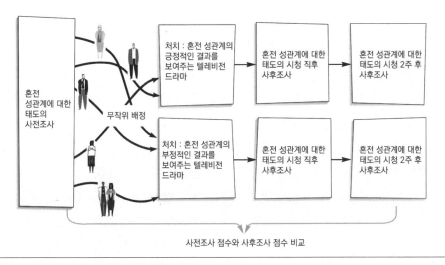

요인 설계 요인 설계(factorial design) 실험에서는 처치집단들이 2개 이상의 독립변인을 토대로 한다. 연구자들은 이 유형의 연구 설계를 사용하여 단지 하나의 독립변인으로만 적절하게 검정될 수 없는 복잡한 인과관계를 조사한다. 요인 설계는 연구자로 하여금 각 독립변인의 결과를 검정할 수 있게 한다. 게다가 연구자는 **상호작용효과**(interaction effect), 즉 독립변인들이 어떻게 결합해서 (즉, 2개 이상의 독립변인이 공동으로) 종속변인에 영향을 미칠 수 있는지 검정할 수 있다.

하나 이상의 독립변인에 관심이 있지만, 무선 할당은 단지 하나의 독립변인에 대해서만 필요하다. 참여자들의 개인적 속성상의 자연적인 변동이 다른 독립변인에 대한 할당이 이루어지게 할 수도 있기 때문이다. 참여자들의 성별이 연구자가 관심을 가지고 있는 독립변인 가운데 하나인 커뮤니케이션 연구에서 이것은 꽤 흔히 볼 수 있다. 분명 연구자는 참여자들에게 성별을 무작위로 할당할 수는 없다. 따라서 연구자는 이 독립변인에 관한 참여자들의 자연적인 변동에 의존해야만 한다. 그러나 그런 다음 연구자는 참여자들을 다른 독립변인에 관한 처치집단들 가운데 하나나 통제집단에 반드시 무작위로 할당해야 한다.

요인 설계는 연구자들로 하여금 두 독립변인이 함께 일으키는 공동 효과도 검정할 수 있게 해줄 뿐만 아니라, 각 독립변인의 처치 효과를 별도로 검정할 수 있게도 해준다. 한 독립변인이 혼자서 일으키는 단순한 영향을 **주효과**(main effect)라 부른다. 바꾸어 말하면, 한 독립변인의 영향은 다른 독립변인의 영향을 고려하지 않고 검토된다.

스팩, 보드, 크라이튼, 코스트카 및 아이보리(Spack, Board, Crighton, Kostka, & Ivory, 2012)는 요인 설계를 사용해 두 독립변인(주장의 유형과 이미지의 존재)이 가공의 세탁용 세제의 제품 포장이 환경오염을 일으킨다는 주장에 대한 참여자들의 지각에 미치는 효과를 살펴보았다. 이 연구자들은 참여자들을 6개 조건 가운데 하나에 무작위로 할당한 후 그들을 소집단으로 나누어 실험실로 데려간 다음, 1분 40초 동안 한 세제 용기를 보게 했다. 제품 레이블(product label) 디자인은 6개 조건 모두에서 동일했지만, 각 조건은 레이블 문구와 제품 실(product seal) 이미지의 조합이 서로 달랐다. 이 절차는 2개의 독립변인을 통제했다: 레이블 문구 속의 주장의 유형과 "그린 실 보증"(Green Seal Certified)이라는 문구가 있는 이미지 있음 혹은 없음. 독립변인, 즉 요인이 2개이기 때문에 <그림 7.4>에서 보는 바와 같이 참여자들은 6개(2 x 3) 처치 조건 가운데 하나에 할당되었다.

이 경우, 요인 설계는 연구자들로 하여금 각 독립변인의 주효과를 검정할 수 있게 한다. 바꾸어 말하면, 주장에 대한 참여자들의 지각이 제품의 **친환경성**

실 이미지

주장의 유형		있음	없음
	강함	1 실 이미지 & 강한 주장	4 실 이미지 없음 & 강한 주장
	약함	2 실 이미지 & 약한 주장	5 실 이미지 없음 & 약한 주장
	주장 없음	3 실 이미지 & 주장 없음	6 실 이미지 없음 & 주장 없음

〈그림 7.4〉 요인 설계의 주효과와 상호작용효과

(greenness)에 대한 지각과 구입 의향에 어떻게 영향을 미치는가? <그림 7.4>는 주장(강함, 약함, 혹은 주장 없음)을 바탕으로 한 유의적인 차이가 가로 열들 사이의 차이로 나타날 것임을 보여준다. 박스 1과 4에 있는 참여자들의 점수는 서로 비슷하겠지만, 박스 2와 5에 있는 참여자들의 점수와는 다를 것이다. 반면 박스 3과 6에 있는 참여자들의 점수는 비슷하며, 박스 1과 4 그리고 박스 2와 5에 있는 참여자들의 점수와는 다를 것이다.

이 설계는 또한 연구자들로 하여금 레이블의 존재가 미치는 주효과도 검정할 수 있게 해준다. 여기서 문제는 "실 이미지에 대한 참여자들의 지각이 제품의 친환경성에 대한 그들의 지각과 구매 의향에 어떻게 영향을 미쳤는가?" 하는 것일 것이다. <그림 7.4>는 유의적인 차이가 세로 행들 간에도 나타날 것임을 보여준다. 박스 1, 2 및 3에 있는 참여자들의 점수는 서로 비슷하겠지만, 박스 4, 5 및 6에 있는 참여자들의 점수와는 다를 것이다.

상호작용효과에 대한 검정은 "강한 주장이 담겨 있는 레이블이 없는 세제 제품을 보는 것은 약한 주장이 담긴 친환경 실 이미지가 있는 세제 제품을 볼 때와 다른 제품의 친환경성에 대한 지각과 구매 의향을 야기했는가?"라는 질문에 대답할 수 있을 것이다. 만약 상호작용효과가 존재한다면, 표의 가로 열들 간이나 세로 행들 간에는 차이가 없지만, 표의 칸들 간에는 차이가 있을 것이다. 이 연구의 결과는 상호작용효과를 보여주었다. 참여자들의 제품의 친환경성 점수는 실 이미지가 없는 경우를 제외하고 주장 없음에서 약한 주장 그리고 강한 주장 조건으로 갈수록 높아졌다. 이러한 것을 일컬어 상호작용효과라고 하는데, 왜냐하면 그러한 차이는 오로지 주장의 강도에만 좌우되거나 오로지 실 이미지의 존재에만 좌우되지 않기 때문이다. 그러나 참여자들의 제품 구매 의향과 관련해서는 실 이미지의 존재에 대한 주효과만이 유의적이었다. 제품 레이블상의 주장의 강도는 참여자들의 구매 의향에 영향을 미치지 않았다.

요인 설계는 각 독립변인이 적어도 2개의 수준은 가지고 있는 최소한 2개의 독립변인을 필요로 한다. 그러나 요인 설계는 각 요인당 필요하고도 실행 가능할 만큼 많은 수준을 가진 몇 개의 요인을 포함하는 것으로 확장될 수 있다. 일반적으로 4개 이하의 독립변인은 하나의 요인 설계 안에 들어간다. 마찬가지로 한 독립변인당 4개 이상의 수준은 좀처럼 고려되지 않는다. 요인 설계가 두 변인 이상으로 확대될 때, 상호작용의 수도 마찬가지로 증가한다.

3) 종단적 설계

지금까지 기술한 유형의 실험이 종속변인을 여러 차례 측정할 수 있도록 설계될 때, 그러한 설계를 일컬어 **종단적**(longitudinal) 설계라고 한다. 연구자들은 학술지 논문의 논의 부분에서 그들의 연구의 한계를 논의할 때 흔히 종단적 실험 설계의 필요성을 촉구한다.

어떤 설계가 종단적인 설계로 간주되기 위해서는 측정들 간에 얼마나 긴 시간이 필요한가? 그것은 연구 중인 커뮤니케이션 현상의 속성에 따라 다르다. 바꾸어 말하면, 토픽에 따라 상대적이라는 것이다. 측정 지점들 간에 수일, 수주, 때로는 심지어 수년이 소요될 수도 있을 것이다. 커뮤니케이션 학자들은 흔히 메시지 설계 전략의 영향을 검정해주는 종단적 실험 설계를 사용하여 어떤 전략이 참여자들의 태도와 행동을 변화시키는 데 더 효과적인지 확인한다. 예를 들어, 해링턴 등(Harrington et al., 2003)은 서로 다른 종류의 약물 방지 공익광고의 누적적인 효과성을 조사하기 위해 4주에 걸쳐 진행되는 사전조사-사후조사 실험실 실험을 설계했다. 참여 학생들은 한 대학교의 학생명부에서 무작위로 표집되었다. 텔레비전의 유사한 메시지에 대한 참여자들의 반복 노출 유형을 시뮬레이션하기 위해 참여자들은 실험실에 와서 4주 동안 1주일에 두 차례 그 공익광고를 시청했다. 참여자들이 무작위로 할당되는 조건에 따라, 참여자들은 약물 사용 반대에 대한 많은 주장이 담겨 있는 고감각가(high sensation value)[58]의 약물 방지 메시지, 약물 사용 반대에 대한 주장이 거의 없는 고감각가의 약물 방지 메시지, 약물 사용 반대에 대한 많은 주장이 담겨 있는 저감각가(low sensation value)의 약물 방지 메시지, 약물 사용 반대에 대한 주장이 거의 없는 저감각가의 약물 방지 메시지를 각각 시청했다. 연구를 이런 식으로 설계함으로써 이 연구팀은 참여자들이 보통 공익광고에 노출되는 방식과 서로 다른 메시지 전략이 약물 사용에 대한 태도와 행동에 영향을 미치는 방식을 시뮬레이션할 수 있었다.

종단적 설계는 또한 훈련이나 지도가 효과적인 정도를 판단하는 데도 특히 도움이 된다. 한 연구(Byrne, 2009)에서 156명의 4학년 및 5학년 학생이 10주에 걸쳐 조사에 참여했다. 이 연구는 2개의 미디어 리터러시 개입물(media literacy

---

58) 감각 추구(sensation seeking)는 모험 추구(risk taking), 경험 추구, 통제를 벗어나려는 경향, 무료함에 대한 민감성 등으로 설명되며, 이러한 성향은 흡연과 음주의 시작과 지속, 음주 운전, 폭음 등과 밀접하게 연관된다(역자 주).

intervention)을 평가하기 위해 설계되었는데, 둘 다 미디어 폭력의 부정적인 효과를 방지하기 위한 것이었다. 학생들은 세 집단 가운데 하나에 무작위로 할당되었다. 두 처치집단은 모두 미디어의 폭력과 실제 세계의 폭력, 미디어의 효과, 부정적인 영향을 피하는 법, 그리고 폭력을 사용하는 등장인물을 비판적으로 평가하는 방식에 대한 정보가 포함되어 있는 미디어 리터러시 수업을 들었다. 이 수업은 PG[59]-등급의 폭력 영화 자료화면을 이용해 개발되었다. 게다가 한 처치집단은 또한 그들이 배운 것에 대한 글쓰기 활동도 수행했고, 그런 다음 그들이 쓴 내용을 소리 내어 읽는 장면을 녹화했다. 통제집단은 지도를 받지 않은 대신, 영화산업의 일자리에 대한 수업을 들었으며 그들이 어떤 장면의 내용을 글로 쓰고, 그것을 연기하고, 연기한 것을 녹화하는 짧은 미디어 제작 실습을 수행했다. 종속변인인 공격성을 사용할 용의(willingness)는 1, 2, 4 및 10주차에 측정되었다. 연구를 이런 식으로 설계함으로써 이 연구팀은 2개의 서로 다른 지도 모델에 대한 참여자들의 반응을 정확하게 조사했다. 이 연구팀은 이러한 종단적 설계를 통해 2개의 서로 다른 개입물의 단기적 효과는 물론 장기적 효과도 살펴볼 수 있었다. 이 연구의 결과는 글쓰기와 소리 내어 읽기 활동이 포함된 처치집단의 어린이들의 공격성 사용 용의가 줄었음을 보여주었다. 이러한 결과에도 불구하고 두 처치집단의 공격성 수준은 통제집단의 공격성 수준보다 유의적으로 더 낮지 않았다. 이러한 연구결과는 미디어 리터러시 지도에 폭력적인 영화 자료화면을 사용하는 것에 의문을 제기한다.

4) 실험연구의 강점

실험연구의 주된 장점은 연구자들이 종속변인의 변화를 관찰하기 위해 독립변인을 조작할 수 있다는 것이다. 연구자가 독립변인 조작을 통제하고 그리고 참여자들이 처치집단과 통제집단에 무작위로 할당되기 때문에, 독립변인의 변동이 발견되는 어떤 유의미한 차이의 원인으로 가정된다(de Vaus, 2001). 실험연구의 다른 주요 장점은 설계와 변인 조작에 대한 연구자의 통제로 극단적인 조건에 대한 검정과 다수의 반복연구가 가능하다는 점이다. 조작화와 측정기법이 미리 결정되며, 연구자는 각 참여자나 각 참여자 집단에 정확히 동일한 방법으

---

59) 'Parental Guidance'의 약자로, 이 영화등급은 전체 관람가이지만, 폭력성이 존재하므로 어린이(일반적으로 10세 미만)의 경우 보호자의 지도가 요구되는 영화를 의미한다(역자 주).

로 절차와 방법을 반복해볼 수 있다. 이것은 정확성으로 이어진다(Kerlinger, 1986). 조금 덜 분명한 이점으로는 실험실 실험이 고정적일 때, 실험연구는 비용 효과적이며 연구자에게 더 편리하다. 실험실 실험이 어떤 특정한 실험용으로 확보되어 갖추어지면, 연구자는 그것을 반복적으로 사용한다. 어떤 실험의 모든 참여자들이 동시에 검사를 받을 수 있는 경우는 거의 없다.

5) 실험연구의 한계

실험연구는 강점에도 불구하고 몇 가지 한계점도 가지고 있다. 모든 커뮤니케이션학이 실험 설계 유형들 가운데 하나를 사용해 수행될 수 있는 것은 아니다. 어떤 경우에는 한 집단의 참여자들을 어떤 자극에 노출되게 하는 것이 부정적이거나 해로울 수 있기 때문에 그러한 연구를 수행하는 것이 부도덕하거나 비윤리적일 것이다(de Vaus, 2001). 또한 법적 기준으로 인해 실험연구가 불가능할 수도 있을 것이다. 따라서 도덕적, 윤리적, 법적 이슈로 인해 연구자는 참여자들을 어떤 범주에 할당할 수 없거나 독립변인을 조작할 수 없다. 또 어떤 경우에는 독립변인의 성질들이 참여자들에게 고정되어 있기 때문에 독립변인을 조작하는 것이 불가능하다. 예를 들면, 성별, 사회경제적 계층, 나이 같은 변인은 조작될 수 없다. 이러한 특성과 속성은 참여자들 내부에 고정되어 있기 때문에, 연구자가 그것을 통제할 수 없다. 따라서 첫 번째 한계점은 실험연구는 설계의 특성상 모든 상황에 사용하는 것이 부적절하거나 불가능할 것이라는 점이다.

두 번째 중요한 한계점은 엄격한 설계에도 불구하고 실험 설계는 처치 요인 이외의 어떤 요인도 유의적인 결과를 불러일으킬 수 없다는 점을 보장할 수 없다는 점이다(Sapsford & Jupp, 1996). 연구자들은 그들이 아는 변인의 영향은 통제하거나 최소화할 수 있다. 그러나 연구자들은 그들이 완벽하게 통제에 성공했는지 결코 알 수 없으며, 또한 그들이 알지 못하는 변인의 영향을 분명 통제할 수 없다.

셋째, 실험실 실험은 연구자의 독립변인 조작에 의존한다. 어떤 경우, 그와 같은 순수한 조작이 현실에는 존재하지 않을 수도 있다. 따라서 참여자들은 실험실 실험의 인위성뿐만 아니라 잠재적으로 인위적인 독립변인 조작에 반발할 수도 있다.

실험연구의 또 다른 한계점은 그것의 강점 가운데 하나에서 비롯된다. 실험

연구는 연구자들로 하여금 몇 가지 변인이나 변인들의 조합을 한꺼번에 검정할 수 있게 해주기 때문에 환영받는다. 변인들이 실험실에서 조작되고 측정될 수 있지만, 이러한 활동이 그러한 변인들이 자연스러운 커뮤니케이션 상황에서 존재하고 상호작용하는 방식과 항상 같지는 않다.

실험연구에 대해 가장 자주 제기되는 불만은 실험 설계에는 실재감이 결여되어 있다는 것이다. 삭막한 실험실이나 이용 가능한 강의실 혹은 참여자들에게 낯선 어떤 다른 환경에서 연구를 수행하는 것은 참여자들이 응답하거나 반응하는 방식에 영향을 미칠 수 있을 것이며, 그것은 더 자연스러운 주변 환경이나 환경 속에서 참여자들이 행동하는 방식과 다를 수도 있다. 일반적으로 실험연구, 특히 실험실에서 수행되는 실험연구는 매일매일 커뮤니케이션 행동이 이루어지는 환경 속에서보다 덜 복잡한 커뮤니케이션 행동을 조사하고 있을 수도 있다(Miller, 1970). 그러나 어떤 학자들은 실험실 실험이 자연스러운 상호작용을 다시 만들어내려 시도해서는 안 된다고 말한다. 오히려 실제 세계에 존재하는 모든 교란변인(confounding variable)[60]을 줄이거나 없애기 위해 인위성이 필요하다는 것이다(Pedhazur & Schmelkin, 1991).

2. 준실험 설계

위에서 언급한 제한점들 때문에 때로 연구자들은 독립변인 내의 자연적인 변동에 의존한다. **준실험**(quasi-experiment), 즉 자연적인 실험(natural experiment)이라 불리는 이 대안적인 유형의 연구 설계는 독립변인 내의 어떤 변동이 자연스럽게 존재하기 때문에 가능하다. 바꾸어 말하면, 참여자들이 처치집단과 통제집단에 무작위로 할당되지 않는다는 것이다. 이러한 할당 기회가 결여되어 있기 때문에 독립변인의 변동은 연구자의 통제나 지시를 받지 않는다. 독립변인의 자연적인 변동이 독립변인의 조작을 대체할 수 있기만 하다면, 사후조사, 사전조사—

---

60) 변인 Z가 변인 X와 변인 Y 모두에 영향을 미치는 상황에서 X와 Y사이에도 인과관계가 존재할 때 변인 Z를 교란변인이라고 한다. 따라서 교란변인의 존재는 X와 Y사이의 인과관계의 크기를 실제보다 크거나 작은 것으로 보이게 한다. 이에 반해, 변인 X와 Y사이에는 실제로는 인과관계가 없으나 변인 Z가 X와 Y 두 변인 모두에 영향을 미침으로 인해 X와 Y 사이에 마치 인관관계가 있는 것처럼 보이게 하는 경우도 있는데, 이때 변인 Z를 허위변인(spurious variable)이라고 한다(역자 주).

사후조사 및 요인 설계의 세 가지 기본 설계가 여전히 사용될 수 있다.

종단적 설계 역시 준실험과 통합될 수 있다. 종단적 설계의 두드러진 특징은 종속변인을 여러 차례 측정하는 것이라는 점을 상기하라. 브랜채그(Brandtzaeg, 2012)의 소셜 네트워킹 사이트(SNS: social networking site) 사용에 대한 종단적 연구는 종단적 준실험 설계의 한 예다. 이 프로젝트의 전반적인 목적은 SNS를 사용하는 사람과 사용하지 않는 사람 간의 차이뿐만 아니라, SNS 사용에서 비롯되는 사회적 영향을 입증하는 것이었다. 이 예에서는 이 연구에 참여시키기 위해 3년에 걸쳐 모집한 SNS 사용자들에 초점을 맞춰보자. 첫해에는 2,000명이 참여했고, 두 번째 해에는 1,371명, 그리고 마지막 해에는 708명이 참여했다. 종단적 설계는 긴 참여기간에 걸쳐 상당수의 참여자를 잃을 가능성이 있음(잃을 것으로 기대됨)을 이 연구는 분명하게 보여준다.

브랜채그(2012)는 SNS 사용이 사용자의 절친과의 대면 접촉을 촉진하고 시간이 흐름에 따라 SNS 사용이 증가할 것으로 예측했다. 따라서 이 연구에서는 시간(이 경우에는 해)이 독립변인이다. 시간은 변하지만, 연구자는 그것을 통제하지 못한다. 즉, 시간은 자연적인 변동을 보인다. 이 연구의 또 다른 가설은 SNS 사용자들의 오프라인 지인(知人)의 수가 시간이 흐름에 따라 증가할 것으로 예측했다. 그러나 또 다른 가설은 SNS 사용자들 사이의 외로움은 첫해에 비해 둘째 해에 감소할 것으로 예측했다. 매년, 즉 웨이브(wave)마다 참여자들은 설문조사에 응답했다. 이 연구자가 찾아낸 것은 무엇인가? SNS 사용자들은 시간이 흐르면서 대면 상호작용이 증가한다고 응답하지는 않았지만, 그들의 지인 수가 증가했음을 보여주었으며, 또한 외로움도 증가했다고 응답했다. 따라서 이 종단적 연구는 SNS 사용의 사회적 영향들 간에 차이가 있음을 보여주었다. SNS 사용자들은 긍정적 영향(더 많은 지인)과 부정적 영향(더 적은 절친과의 상호작용, 더 많은 외로움)을 동시에 보고했다. 그러나 SNS를 사용하지 않는 참여자와 비교했을 때, SNS 사용자는 더 많은 대면 상호작용과 더 많은 지인 수를 보고했다. 이 경우 SNS 사용(예, 아니오) 역시 자연적인 변동을 보이는 독립변인이었다.

두 독립변인 모두(SNS 사용과 시간) 연구자가 참여자들을 처치나 조건에 할당한 것이 아닌 자연적인 변동을 토대로 했기 때문에, 이 연구는 준실험 설계의 특징을 잘 보여준다. <그림 7.5>는 이러한 종단적 준실험 설계를 보여주고 있다.

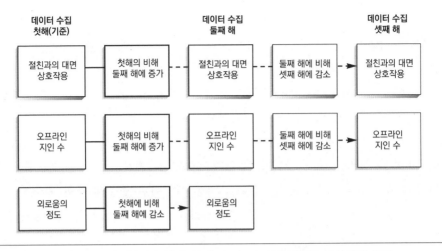

데이터 수집 첫해(기준)		데이터 수집 둘째 해		데이터 수집 셋째 해
절친과의 대면 상호작용	첫해의 비해 둘째 해에 증가	절친과의 대면 상호작용	둘째 해에 비해 셋째 해에 감소	절친과의 대면 상호작용
오프라인 지인 수	첫해의 비해 둘째 해에 증가	오프라인 지인 수	둘째 해에 비해 셋째 해에 감소	오프라인 지인 수
외로움의 정도	첫해에 비해 둘째 해에 감소	외로움의 정도		

〈그림 7.5〉 종단적 준실험 설계를 통해 살펴보는 SNS 사용자들의 가설화된 차이

연구방법의 효율성을 연구하는 학자들마다 준실험을 지지하는 정도에 차이가 있다. 물론 주된 제한점은 독립변인 조작에 대한 연구자의 통제 결여에서 비롯된다. 자연적 변동이 이러한 조작을 대체할 수 있다고 말하지만, 조작의 질, 즉 순도(純度)에 대한 어느 정도의 우려가 존재한다. 예를 들면, 커뮤니케이션 연구에서는 흔히 성별이 독립변인으로 사용되는데, 이것은 분명 연구자의 통제권 밖에 놓여 있다. 따라서 커뮤니케이션 연구자들은 여성 혹은 남성으로 자기 신원을 확인해주는 개인에 의존한다. 이러한 자기-신원확인(self-identification)은 성별과 관련하여 참여자를 분류하는 데 사용된다. 이것은 단순해보이지만, 여기에는 문제점들이 내재한다. 우리는 여성과 남성 간에는 분명한 차이가 존재한다고 주장할 수 있지만, 여성들 사이에도 그리고 남성들 사이에도 차이가 존재할 수 있다. 이러한 범주 내의 차이는 연구자들이 찾아내는 그 어떠한 결과도 혼란스럽게 할 수 있다. 이 문제를 다음과 같이 생각해보라: 여성과 남성이 신체적 성과 관련하여 다르다는 이유만으로 여성과 남성이, 여성적인, 남성적인, 혹은 중성적인 스타일로 커뮤니케이션하는 것과 같이, 젠더의 커뮤니케이션 측면에 대해서도 명백하게 다르다고 말할 수 있는 것은 아니다.

따라서 준실험 설계를 사용하는 연구자의 목적은 독립변인에서 나타나기를 바라는 차이에 대한 명확성을 만들어내고 전달하는 것이다. 게다가 클라크와 새

디쉬(Clark & Shadish, 2011)는 가능하다면 준실험 설계가 장기간에 걸친 관찰 (혹은 데이터 수집)을 포함하고 이분법적인 독립변인(예, 생물학적 성)에만 의존하지 않기를 권고한다. 많은 준실험연구에서 연구자들은 참여자들이 설문지에서 성별 항목에 어떻게 응답하는지에 따라 그들을 처치집단에 할당한다.

본질적으로 참여자들이 스스로를 여성 혹은 남성으로 분류함으로써 그들이 속할 독립변인의 범주로 스스로 선택해서 들어가는 것이다. 이러한 자기-선택 (self-selection)이 흔히 이루어지는 다른 변인으로는 결혼 상태, 소속 정당, 인종 혹은 민족성, 그리고 대학 학년 등이 있다. 연구자들이 자기-선택과 연관된 문제를 결코 완벽하게 극복할 수는 없지만, 사용되는 어떤 범주에 대한 완전하고도 완벽한 기술을 제공하고 또한 범주들이 망라적이고, 상호배타적이며, 등등한지를 분명히 함으로써 잠재적 오류를 줄일 수는 있다.

처치집단이 자연적 변동을 토대로 할 때, 어떤 연구자는 이것을 비동등 비교집단(nonequivalent comparison group)이라 부르는데, 참여자들이 무작위로 할당되지 않아 처치집단들이 동등하지 않기 때문이다. 따라서 연구자들이 기존의 자연적 변동을 사용해 참여자들을 처치집단에 할당하는 방식은 신중하게 고려되어야 한다. 신중을 기하는 목적은 가능한 한 동등한 집단들을 사용하는 것이며, 이러한 목적의 달성 여부는 주로 연구자가 선택하는 절차에 좌우된다.

인종관계 프로그램에 참여하는 것의 영향을 조사한 한 연구는 준실험이 자연적 변동에 의존하는 또 다른 예를 보여준다(Muthuswamy, Levine, & Gazel, 2006). 미시건 주립대학교(Michigan State University)는 1996년부터 인종관계 프로그램을 사용해왔다. 이 프로그램은 문화적 배경이 서로 다른 학생들로 구성된 다인종 공동체를 형성함으로써 학생들 사이의 통합을 촉진하고자 마련된 것이다. 이 프로그램에 참여하는 학생들은 논란이 되는 이슈에 관해 솔직하게 토론하며 우정을 촉진하고 다인종 통합체 경험을 만들어내고 일궈나가기 위해 운동과 경험을 통해 상호작용한다. 이 연구팀은 데이터를 수집하기 최소 2년 전에 이 프로그램에 참여한 학생들, 데이터를 수집하기 2주 전에 이 프로그램에 참여한 학생들, 그리고 이 프로그램에 참여한 적이 없는 학생들을 모집했다. 따라서 이 독립변인(즉. 프로그램 참여 정도)의 변동은 자연스럽게 존재했다.

이 연구에서는 가장 오랜 경험을 가진 학생 집단이 처치집단으로 간주된 반면, 막 참여한 학생들은 기준 통제집단으로 간주되었다. 왜 그런가? 저자들의 다음 상황을 상상해보라: 여러분의 커뮤니케이션 수업 가운데 한 수업의 과제를 하면서 여러분은 여러분이 관심을 갖는 바로 그 구성개념을 다루고 있는 학술지 논문 1편을 찾게 된다. 여러분은 몇 개의 전자 데이터베이스를 사용해 여러분이 찾은 논문과 비슷한 논문을 검색해보지만 더 찾지 못한다. 그래서 이 1편의 논문으로 여러분은 과제를 하기 시작한다. 이 연구에 사용된 가설과 준실험 설계에 대해 읽으면서, 다음과 같은 몇 가지 질문이 생긴다:

- 이 연구가 비록 여러분이 관심을 갖는 바로 그 변인들을 살펴보고 있긴 하지만, 이 연구의 설계 방식에는 이 연구의 가치를 떨어뜨릴 수 있는 어떤 요소는 없는가?
- 이 연구자의 연구 절차는 독립변인의 자연적 변동을 어느 정도 통제했는가?
- 보고된 연구 절차는 충분히 자세하고 만족할 만한가?
- 연구결과에 대해 이 연구자가 제시하는 것 이외의 다른 설명이 있을 수 있는가?
- 1편의 연구가 비록 실험연구라 할지라도 1편의 연구결과로 충분한가?

설명에 따르면, 자발적으로 참여하는 프로그램이자 화제가 된 프로그램이었기 때문에, 이 프로그램은 처음부터 비참여자와 다른 참여자들을 끌어들일 가능성이 있다. 따라서 이 프로그램이 아닌 자기-선택이 어떤 잠재적 차이를 설명할 가능성이 있었고, 이는 내적 타당도를 위협한다. 이 연구자들은 자기-선택을 제거할 수 없었기 때문에, 이 프로그램에 참여하지 않기로 선택한 학생들로 구성된 통제집단 외에 새롭게 참여한 이 기준 통제집단이 포함되었다. 모두 세 집단의 학생들이 인종관계에 대한 태도를 측정하는 설문지(예시 항목: "다양성은 높이 평가되어야 한다")에 응답했다.

그러나 이 연구의 결과는 기존의 차이에서 비롯된 것인가 아니면 학생들이 이 프로그램에 참여했기 때문에 발생한 것인가라는 질문은 여전히 남아 있다. 이러한 질문에 답하기 위해 이 연구자들은 학생들이 어떻게 달랐거나 유사했는지에 대한 더 면밀한 조사를 수행했다. 연구 논문 독자들에게 이러한 차이점과 유사점을 세심하게 설명한 후, 이 연구팀은 강력한 주장과 인종관계 프로그램의 효과가 기존 회원과 새로운 회원 모두에게 긍정적이었음을 입증하는 데이터를 제시한다. 그러나 전반적으로 이 프로그램에 더 오랫동안 참여했던 학생들이 인정 관계에 대해 더 긍정적인 태도를 가지고 있었다.

1) 현장실험

이름이 시사하듯이 **현장실험**(field experiment)은 연구자가 독립변인의 조작과 참여자들의 무선 할당을 통제한다는 점에서 실험과 비슷하다. 그러나 연구 환경이 실제 그대로이고 자연스럽다. 현장실험은 오로지 실험에만 사용되는 실험실 환경에 와달라는 요청을 참여자들에게 하지 않는다. 오히려 연구는 참여자들이 이미 익숙해져 있는 환경 속에서 수행된다. 이로 인해 현장실험은 또 다른 장점을 갖게 된다. 즉, 현장실험은 복잡하며 상황이 전개되고 있는 상호작용 사건을 관찰하고 평가하는 데 더 적합하다. 그러나 현장실험에서 연구자들은 그들이 실험실 실험에서 가질 수 있는 정도의 통제력은 갖지 못한다.

분명 연구자들이 실험에서 자연적인 환경으로 이동함에 따라 어느 정도의 통제력은 잃게 된다. 연구자들은 실험실에서는 거의 모든 외적인 간섭(예, 연구 과정을 방해하는 사람, 방해가 되는 소음)은 통제할 수 있지만, 현장에서는 연구가 이루어지고 있는 환경에 대한 관리 권한이 없기 때문에 외적인 간섭을 통제할 수 있는 가능성이 더 줄어들 것이다. 통제력은 어느 정도 잃게 되지만, 현실감은 증가한다(Kerlinger, 1986). 현실감이 증가할 때, 연구결과의 일반화 가능성은 더 높아진다.

현장실험은 맥락 속의 커뮤니케이션, 특히 미디어 효과나 정치 캠페인 효과를 연구하는 데 특별히 효과적이다. 예를 들면, 쇼와 김펠(Shaw & Gimpel, 2013)은 현장실험을 사용해 현(現) 주지사가 그의 재선 캠페인에 직접 등장하는 것의 효과성을 살펴보았다. 일반적인 통념으로는 후보의 등장이 긍정적인 효과를 불러일으킨다고 하지만, 이 연구자들은 후보의 등장이 지역 뉴스 미디어의 주목을 끌 뿐만 아니라 선거 캠페인 자원봉사자 수를 증가시키는지 검정하기 위해 현장실험을 설계했다. 이 연구팀은 현 주지사의 캠페인 일정을 사용하여 주지사의 공개석상 등장 전후의 지역 신문 및 텔레비전 뉴스 보도를 검색했다. 따라서 공개적인 캠페인 등장이 독립변인이었는데, 이 연구팀은 주지사가 공개적으로 등장한 도시를 독립변인의 한 범주로, 그리고 통제 도시(주지사가 그날 공개적으로 등장하지 않은 도시)를 독립변인의 두 번째 범주로 사용했다. 뉴스 기사의 수가 종속변인이었다. 대부분의 지역 신문과 텔레비전 방송국은 현 주지사가 어떤 도시를 방문하기 전에는 이 재선 후보자에 초점을 맞추지 않았다. 그러나 그가 방문한 후에는 "방문의 여파로" 지역 뉴스 보도가 "흘러넘쳤다"(p. 144). 따라서 이 연구팀은 캠페인을 위한 방문이 뉴스 보도를 이끌어내는 데 도움이 된다는 결론을 내렸다. 별도의 가설의 종속변인인 자원봉사자 수에서도 유사한 결과가 나타났다. 가설의 예측대로, 자원봉사자 수가 캠페인 등장 이전에는 2.6명이었다가 등장 후에는 6.8명으로 늘어났다.

분명 이 연구에서 제기된 연구문제들이 실험실 실험에서는 조사될 수 없었다. 현장실험의 결과들이 이 정치인의 캠페인 방문의 결과를 입증하는 데 도움을 주기 때문에 현장실험을 사용하는 것이 현실성 있는 방법이었다. 이 후보자가 모습을 드러낸 도시의 뉴스 보도와 같은 날 이 후보자가 모습을 드러내지 않은 도시의 뉴스 보도를 비교할 수 있도록 이 프로젝트를 설계함으로써 이 연구팀은 이 후보자의 방문의 효과성을 평가할 수 있었다. 따라서 이러한 캠페인 전략은 연구자의 간섭 없이 자연적인 환경 속에서 조사되었다. 따라서 연구자 방해(research intrusion)가 최소화되었기 때문에 이러한 연구 설계를 통해 얻은 결과의 일반화 가능성은 높다.

2) 준실험연구 설계의 강점과 한계

준실험 설계의 분명한 강점은 커뮤니케이션 학자들이 흔히 관심을 가지는 변동이 자연스럽게 존재한다는 것이다. 따라서 준실험연구 설계는 실험이 할 수 없는 방식으로 실제 세계를 다룰 수 있으며, 실제로 연구자가 이러한 조건을 실험실에서 다시 만들어내는 것은 어렵거나, 불가능하거나, 비윤리적일 수 있을 것이다. 준실험 설계는 무선 할당을 통해 연구자가 통제하는 차이가 아닌 자연스럽게 존재하는 차이를 기반으로 한다.

그러나 무선 할당의 부재는 다음과 같은 문제를 야기한다: 조사되는 집단들이 동등한가? 충분한 생각 끝에 신중하게 이루어지는 연구 설계와 잠재적으로 연구결과를 교란할 수 있는 다른 변인들에 관한 데이터를 수집하는 연구 설계는 그러한 우려를 완화하는 데 도움을 줄 수도 있다. 따라서 연구자들은 준실험 설계를 통해 원인과 결과를 추론하지는 못하지만, 잘 설계되고 이론에 기반한 준실험연구는 연구자들로 하여금 대안적 해석이 타당하지 않다는 것을 보여줄 수 있게 한다.

3. 기술 설계

때로는 **횡단적 설계**(cross-sectional design) 혹은 **비실험 설계**(non-experimental design)라 불리는 **기술 설계**(descriptive design)는 실험연구 설계 및 준실험연구 설계와 세 가지 면에서 근본적으로 다르다. 비록 연구는 여전히 체계이지만, 연구자는 독립변인에 대해 직접적인 통제도 할 수 없고 참여자들이 무작위로 할당되지도 않는다. 게다가 데이터는 시간적 순서를 판단할 수 없는 방식으로 수집된다. 이러한 차이에도 불구하고, 연구의 논리는 기본적으로 동일해서, 연구자들은 독립변인과 종속변인 간에 존재하는 차이나 관계를 입증하기를 원한다.

기술 설계의 이러한 차이는 인과관계를 보장할 수 있는 정도를 감소시킨다. 연구자의 통제력이 더 적기 때문에, 독립변인으로 선택된 변인 이외의 변인이 종속변인의 변화의 원인일 수도 있다(Kerlinger, 1986). 이러한 특성으로 인해 독립변인이 종속변인의 원인이라는 추론을 하기가 어렵다(Pedhazur & Schmelkin, 1991). 이러한 이슈로 인해 어떤 연구자들은 **독립변인 및 종속변인**이라는 용어 대신 **예측변인**(predictor variable) 및 **기준변인**(criterion variable)이라는 용어를 사용한다. 이러한 용어들은 인과관계를 암시하지 않기 때문에 이러한 용어를 사용하는 것이 더 적절하다. 그럼에도 독립변인과 종속변인으로 부르는 전통은 매우 강하며, 많은 연구자들은 그들의 연구 설계가 비실험 설계일 때도 독립변인과 종속변인이라는 용어를 사용한다. 어떤 연구자들은 실험연구가 늘 다른 연구 설계보다 우월하다고 생각하지만(Kerlinger, 1986), 기술연구는 어떤 개입이나 고안된 조건에 의존하지 않은 채 자연스럽게 발생하는 커뮤니케이션 현상에 대한 그림을 그려낼 수 있다(Bickman, Rog, & Hedrick, 1998).

연구자들이 어떤 종속변인상에 범주별 차이가 존재함을 입증하고자 할 때 한 유형의 기술적 커뮤니케이션 연구를 하게 된다. 연구자가 이 유형의 연구로부터 얻은 결과에 대한 해석을 차이에 대한 기술로 한정할 때, 기술 설계는 나중에 독립변인과 종속변인 간의 관계에 대한 이론적 설명을 개발하는 데 사용될 수도 있는 변인들을 성공적으로 찾아낼 수 있다. 그러나 연구자들이 그들이 찾는 차이를 설명하고자 한다면 그것은 기술연구의 한계를 넘는 것이다.

예를 들어, "연구 참여자들은 매우 사적인 정보의 공개와 비공개를 무엇 탓으로 돌리는가?"(Derlega, Winstead, Mathews, & Braitman, 2008, p. 117)라는 연구문제에 대한 답을 찾는 것은 기술적인 대답을 찾는 문제이다. 그러나 참여자들이 공개하거나 비공개하는 이유를 아는 것이 개인 정보의 공개가 관계 커뮤니케이션에 어떻게 영향을 미치는지를 설명해주지는 않는다.

이 기술연구에서 200명 이상의 대학생이 그들이 민감하다고 생각하는 그들 자신에 대한 사적인 것에 대해 기술했다. 그런 다음 이 연구자들은 이러한 개인 정보를 어머니, 아버지, 동성 친구, 혹은 데이트 파트너에게 공개하는 혹은 공개하지 않는 이유를 그들에게 물었다. 참여자들은 어떤 조건에 무작위로 할당되지도 않았고 연구자들이 어떤 변인을 조작하지도 않았다. 대신, 참여자들은 민감한 정보를 공개하거나 혹은 공개하지 않기로 한 그들의 결정에 대해 이야기했다. 그리고 대부분의 기술연구에서처럼, 자기-보고식 질문지를 통해 데이터가 동시에 수집되었다. 데이터를 분석한 결과, 중요한 타자(significant others)에게 민감한 정보를 공개하는 11개의 이유와 중요한 타자에게 공개하지 않는 12개의 이유가 확인되었다. 이 연구보고서는 기술(記述)을 뛰어넘는 모험을 감행하지는 않는다. 그러나 이 연구자들은 이러한 연구결과가 프라이버시 이론(theories of privacy)[61] 및 사회적 교환 이론(social exchange theory)[62]과 일치한다는 의견을 제시한다. 이 연구팀은 또한 이러한 이론들이 자기-공개에 대한 의사결정을 설명할 때 관계의 유형을 통합할 필요가 있다고 제안한다.

---

[61] 프라이버시 이론으로는 올트먼(Altman, 1975)의 이론과 웨스틴(Westin, 1967)의 이론 그리고 올트먼의 이론을 확장한 피트로니오(Petronio, 2002)의 커뮤니케이션 프라이버시 관리 이론(CPM: communication privacy management theory) 등이 있다. 올트먼은 프라이버시 조절 메커니즘(privacy regulation mechanism)에 근본적인 보편원리가 존재한다고 보고, 개인 공간의 확보와 영역성이 프라이버시 획득을 위한 중요한 메커니즘을 통해 얻은 프라이버시와 비교하여 그 정도가 일치될 때가 최적의 프라이버시 상태이고, 달성된 프라이버시의 결과가 원하는 프라이버시보다 훨씬 높을 때는 고립이 발생하며, 바람직한 프라이버시 수준에 비하여 더 적게 달성되었을 때는 혼잡상태 발생한다고 보았다. 또 웨스틴은 프라이버시 유형을 다른 사람들의 관찰로부터 벗어나 자유로운 상태의 독거(solitude), 다른 사람과 함께 있지만 외부 세계로부터 자유로운 친밀(intimacy), 군중 속에 묻혀 있지만 불분명한 상태인 익명(anonymity), 그리고 원하지 않는 간섭을 통제하기 위해 심리적 경계를 확보하고 예비(reserve)하는 상태로 구분하면서 사회적 측면에서 해석하면 독거상태/익명상태는 개인이 요구하는 프라이버시 상태이고 친밀상태/예비상태는 집단이 요구하는 프라이버시 상태로 보았다(역자 주).

[62] 두 당사자 간의 상호작용에서 사회적 행동을 연구하는 사회학적·심리적 이론으로, 위험과 이익을 결정하기 위해 비용·편익 분석을 수행한다. 이 이론은 경제적 관계를 포함하며, 각 당사자가 상대방이 가치 있게 여기는 재화가 있을 때 상호작용이 발생한다고 본다(출처: 위키피디아)(역자 주).

또 다른 예로 로잰과 디블(Rosaen & Dibble, 2008)은 다음 연구문제를 조사했다: "사회적 현실감(social realism)[63]과 의사사회적 상호작용(parasocial interaction)[64] 간에는 관계가 있는가?"(p. 149). 이 연구자들은 5세에서 12세 사이의 어린이들에게 그들이 좋아하는 텔레비전 캐릭터를 확인해줄 것을 요청했다. 70명이 넘는 캐릭터가 확인되었다: 리지 맥과이어(Lizzie McGuire)[65]와 스폰지밥 스퀘어팬츠(SpongeBob SquarePants)[66]가 가장 자주 언급되었다. 또한 어린이들은 의사사회적 상호작용에 관한 설문지에도 응답했다. "나는 스폰지밥 스퀘어팬츠를 내 생일파티에 초대하고 싶다"는 연구자들이 의사사회적 상호작용, 즉 시청자들이 미디어 캐릭터와 형성하는 가상의 관계를 어떻게 측정했는지를 보여주는 문항의 예이다. 사회적 현실감을 측정하기 위해 3명의 코더가 각 캐릭터의 등장과 행동에 대한 코딩 판단을 내렸다. 바꾸어 말하면, 3명의 코더가 캐릭터가 실제 사람처럼 보였는지 그리고 캐릭터가 실제 사람처럼 행동했는지를 판단했다. 이 연구자들은 통계적 검정을 통해 그들의 연구문제에 답했는데, 그들은 사회적 현실감과 의사사회적 상호작용 간에 관계가 있음을 확인했다. 두 변인 간의 상관관계는 양(+)의 낮은 상관관계였지만 유의적이었다. 따라서 캐릭터의 사회적 현실감이 더 강할 때, 의사사회적 상호작용도 더 높았다.

"두 변인 사이에 상관관계가 있음을 확인하는 것이 한 변인이 다른 변인의 원인임을 말해주지는 않지만, 그것은 인과적 설명이 가능함을 의미한다"(de Vaus, 2001, p. 178). 따라서 캐릭터의 사회적 현실감이 어린이들로 하여금 그 캐릭터와 의사사회적 상호작용을 하게 만들었다거나 어떤 미디어 캐릭터와의 의사사회적 상호작용이 그 캐릭터를 실제 인물처럼 보이게 만들었다고 주장하는 것은 부적절할 것이다. 연구 논문의 논의 부분에서 로잰과 디블(2008)은 그들의 연구결과의 성격을 살펴본다. 이 연구자들은 발견된 두 변인 간의 관계의

---

63) 미디어가 묘사하는 내용이 실제로 발생할 수 있는 정도를 말한다(역자 주).

64) 수용자가 미디어 연기자들이나 그들이 묘사하는 등장인물들과의 사이에서 만들어나가는 의사적 관계(quasi-relationship)를 의미하는데, 이는 수용자들이 자신의 동료집단과의 사이에서 만들어나가는 관계와 유사하다(역자 주).

65) 2001년부터 2004년까지 디즈니 채널에서 선풍적인 인기를 끌어 영화로까지 제작되었던 TV 시리즈물로, 힐러리 더프(Hilary Duff)가 리지 맥과이어 역을 맡았다(역자 주).

66) 니켈로디언을 위해 해양 생물학자이자 애니메이터인 스티븐 힐런버그가 만든 미국의 TV 애니메이션 시리즈 작품으로, 허구의 수중 도시인 비키니 바텀(Bikini Bottom)에서 주연 캐릭터와 그의 친구들의 일상이나 모험에 관한 애니메이션이다(출처: 위키백과)(역자 주).

강도가 약하다는 것과 이 연구가 "어린이들이 자신들이 좋아하는 캐릭터로 선택하는 것에 대해 직접적으로 다루지는"(p. 151) 않았다는 것을 인정한다. 이러한 유형의 연구 설계는 관계나 차이가 왜 발생하는지 설명할 수는 없지만, 그러한 관계나 차이가 발생하는 것을 기술할 수는 있다.

1) 기술연구 설계의 강점과 한계

커뮤니케이션 연구에 존재하는 연구 이슈들 가운데 일부는 단순히 실험 설계나 준실험 설계에 적합하지 않다. 그래서 기술연구는 분명 장점을 가지고 있다. 가장 분명한 장점은 기술연구는 매우 흔히 더 실제적인 환경 속에서 연구자가 연구결과를 일반화하기를 원하는 사람들과 더 유사한 참여자를 상대로 수행된다는 것이다. 어떤 토픽에 대한 상황 판단을 제공하기 위해 탐색적 방식의 기술연구가 사용될 수 있다는 점 역시 중요하다(Henry, 1998).

여러분은 실험연구와 기술연구의 차이, 즉 기술연구가 독립변인을 통제할 수 없고 참여자들을 무작위로 할당할 수 힘이 결여되어 있다는 것이 기술연구 설계의 근본적인 두 가지 한계점을 야기한다는 것을 이미 알고 있다. 이 두 약점은 세 번째 한계점으로 이어지는데, 세 번째 한계점은 연구결과를 부적절하게 해석할 수 있는 위험이다. 유의적인 결과가 나오면, 연구결과에 대한 다른 설명이 존재할 가능성이 있음에도, 연구자들은 이것을 의미 있으면서도 실재적인 것으로 받아들이려는 의욕이 앞선다. 따라서 기술연구 설계는 연구자들이 몇 가지 대안적인 가설을 설명으로 제안하고 각각의 가설을 검정할 때 더 효과적일 수 있다. 하나의 가설이 지지되고 다른 가설들이 지지되지 않을 때 그 유의적인 가설의 결과는 강화된다(Kerlinger, 1986).

4. 온라인 조사

모든 유형의 실험 설계를 수행할 때 내재하는 문제들 가운데 일부는 참여자들을 실험실이나 다른 통제된 환경에 데려오는 대신에 온라인에서 연구를 수행함으로써 극복될 수 있다. 일반적으로 온라인 조사, 즉 웹 기반 조사는 실험, 준실험 및 기술 설계용으로 개발될 수 있으며, 또한 종단적 측면과 요인 측면을 포함할 수 있다. 물론 온라인 조사는 현장실험으로도 설계될 수 있는데, 온라인 행동이 조사되고 있는 자연적인 환경이라면 가능하다.

어떤 연구자들은 그들의 대학교가 제공하는 소프트웨어를 사용하며[예, 퀄트릭스(Qualtrics™)], 또 어떤 연구자들은 일반에 공개되어 있는 소프트웨어[예, 서베이몽키(SurveyMonkey™)]를 사용한다. 이 소프트웨어 프로그램들은 여러분의 연구 설계를 대면 환경에서 웹으로 이동할 수 있도록 도와줄 수 있다. 어떤 특별한 경우에는 여러분 자신의 웹사이트와 온라인 실험을 설계하기 위한 프로그래밍 기술이 필요하기도 하다. 그러나 일반적으로 방금 언급한 것과 같은 소프트웨어 프로그램을 이용하면 여러분은 여러분의 연구를 위해 템플리트(template), 즉 견본을 선택하거나 설계하기만 하면 되며, 이 프로그램들은 참여자들에게 질문과 응답을 제시하는 표준 옵션(예, 라이커트형 척도, 범주 척도 선택)을 제공한다.

온라인 실험용 소프트웨어는 참여자들이 이전 항목에 어떻게 답변했는지를 토대로 어떤 특정한 일단의 항목에 응답해주기를 원하는 연구 설계에 매우 유용할 수 있다. 여러분은 **건너뛰기 논리**(skip logic)[67]로 알려진 기법을 사용해, 예를 들면 폭력장면이 포함되어 있는 텔레비전 프로그램을 시청했다고 응답하는 참여자들을 설문지 문항에 '폭력적인'이라는 형용사가 포함되어 있는 문항을 읽고 응답하게 할 수 있다. 반면에 시트콤을 시청했다고 응답하는 참여자들은 문항에 '재미있는'이라는 형용사가 포함되어 있는 문항을 읽고 답하게 할 수 있다. 건너뛰기 논리는 연구 설계와 가설을 토대로 맞춤화되며, 여러분이 소프트웨어 프로그램을 시작할 때 여러분이 정하는 규칙에 의해 통제된다.

한과 브라질(Han & Brazeal, 2015)은 온라인 실험을 사용해 다음 가설을 검정했다: "온라인상의 예의 바른 논의에 노출될 때 참여자들은 자신들의 담론에서 그러한 예의 바름을 본받을 것이다"(p. 22). 온라인 뉴스 읽기의 현실감(realism)을 높이기 위해 이 연구자들은 CNN.com에서 뉴스 기사를 선택했다. 그런 다음, 일반적으로 인정되는 예의 바른 정치 담론에 대한 정의에 따라, 이 연구자들은 여러 뉴스 사이트의 댓글을 검색했다. 예의 바른 담론의 예에는 상대를 존중하고 예의 바른 반대 의견 제시가 포함된 반면, 예의 바르지 않은 댓

---

67) 건너뛰기 논리는 응답자들이 어떤 질문에 어떻게 대답하는지를 토대로 응답자들이 설문지의 다음 질문 문항들 가운데 어떤 특정한 문항으로 이동하게 해주는 논리 구조를 말한다(역자 주).

글에는 무례한 댓글과 욕설하기가 포함되었다. 예의 바른 조건과 예의 바르지 않은 조건에 있는 온라인 뉴스 기사와 댓글을 읽은 후, 참여자들은 그들 자신의 댓글을 적었다. 흥미롭게도 연구자들은 예의 바른 담론에 노출된 참여자들이 그들의 담론을 그대로 흉내 낸다는 사실을 확인했다. 그러나 예의 바르지 않는 담론에 노출된 참여자들도 예의 바른 댓글을 달았다. 따라서 예의 바른 담론에 대한 가설은 지지된 반면, 예의 바르지 않은 담론에 대한 가설은 기각되었다. 이 연구자들이 온라인의 정치 담론을 살펴보는 데 관심이 있었다는 점을 감안할 때, 온라인 연구 설계를 사용하는 것은 이치상 이러한 준실험연구에 적합하다.

온라인 실험은 더 다양한 모집단에 더 잘 도달할 수 있는 것과 같은 몇 가지 이점이 있다(Iyengar, 2011). 온라인 실험은 또한 문자로 된 자극물이나 청각 및 시각적 자극물을 제시하는 데 효율적이며 효과적인데, 왜냐하면 이러한 자극물들은 온라인 환경에 쉽게 포함될 수 있기 때문이다. 참여자들은 자극물을 읽거나, 듣거나, 볼 수 있으며, 그런 다음 자극물을 평가하기 위한 문항으로 직접 이동할 수 있다. 과거에는 실험실에서 몇 명의 사람을 통해 관리했던 실험 조작을 지금은 웹 기반 설문조사와 그 밖의 기술로 인해 참여자 스스로 관리할 수 있다. 온라인 실험으로 이동하는 것이 흥미진진하기는 하지만, 온라인 실험이 모든 문제를 해결해주지는 않는다. 온라인 이용자들은 다른 인구통계학적 집단보다 어떤 인구통계학적 집단을 더 잘 대표하기 때문에 표집은 여전히 문제가 된다(Iyengar, 2011). 만약 여러분의 실험연구를 온라인에서 수행하고자 한다면, 여러분이 원하는 모집단과 표본에 도달하기 위해 여러분의 연구를 어떻게 홍보할 것인가에 대해 곰곰이 생각해보아야 할 필요가 있다.

5. 연구자 효과와 절차적 편향

실험, 준실험, 혹은 기술연구 설계가 제공하는 통제의 정도와 무관하게, 연구자 혹은 연구팀의 다른 팀원은 연구 참여자들과의 상호작용을 통해 연구과정에 편향과 오류를 야기할 수 있다. 연구자는 연구가 진행되는 동안 참여자들의 행동에 영향을 미치거나 데이터 자체에 영향을 미칠 수 있다. 모든 유형의 양적 연구 설계(실험, 준실험 및 기술 설계)가 연구자나 연구보조원에게 연구과정을 수행하거나 촉진할 것을 요구하기 때문에 모든 유형의 연구 설계가 연구자 효과

(researcher effect)의 영향을 받기 쉽다.

연구자와 연구 참여자가 사회 환경 속에서 상호작용하는 것을 쉽게 볼 수 있다. 연구자가 누구인지(예, 나이, 성별, 그리고 인종이나 민족성) 그리고 연구자가 참여자나 연구팀의 다른 팀원에 어떻게 소통하는지가 참여자들의 응답에 영향을 미칠 수 있다. 여러분이 따뜻하고 다정한 연구자를 만날 때 연구 참여자로서의 여러분의 반응과 적대적이고 거부감이 드는 연구자를 만날 때 여러분의 반응의 차이를 상상해보라. 실험 세션이 시작되기 전에 2명의 연구보조원이 연구 절차를 둘러싸고 다투는 것을 듣는다면 여러분은 어떻게 응답할까? 마찬가지로 연구자가 보여주는 경험이나 전문성의 정도도 연구 참여자의 자극물에 대한 응답에 영향을 줄 수 있다.

연구자의 기대 역시 참여자들의 응답에 원치 않은 효과를 야기할 수 있다 (Abelson, 1995). 연구자들은 연구를 수행하기 전에 가설을 개발한다는 사실을 기억하라. 그 결과, 연구자들은 자기도 모르게 참여자들에게 가설의 예측을 지지하는 방향으로 응답하도록 부추길 수도 있다. 참여자들은 심지어 미묘한 비언어적 단서를 지각할 수도 있으며, 그 결과 그러한 단서가 그들의 응답과 측정에 영향을 미칠 수도 있다. 이러한 편향들 각각은 준실험 설계와 현장 설계에서도 마찬가지로 발생할 수 있다.

연구자 기대를 극복하는 한 가지 방법은 연구를 설계한 연구자 이외의 다른 사람이 가설이나 참여자들에게 할당된 조건에 대해 아무것도 모르는 상태에서 실험을 수행하는 것이다(Abelson, 1995). 이렇게 할 때, 연구보고서에 연구 촉진자나 연구보조원이 가설이나 실험의 조건을 **가렸다고**(blind), 즉 알지 못했다고, 적게 된다.

연구자와 아는 사이인 사람들을 참여자로 사용할 때도 기대 편향(expectancy bias)이 발생한다. 이러한 편향은 연구자가 자신이 잘 아는 학생 모집단에 관한 연구를 수행하거나 잠재적 참여자들과의 친근감으로 인해 현장에 쉽게 접근할 수 있는 현장 상황에서 연구를 수행할 때 발생할 수 있다. 비록 연구자가 학생들을 알지는 못하지만, 같은 학과나 대학교에 있는 학생들은 그 연구자에 관해서 간접적으로 들어서 알고 있거나 그 연구자에 대해 어느 정도 알고 있을 가능성이 높다. 연구자와 연구 참여자 간의 이러한 종류의 안면(顔面)은 연구 참여자가 반응을 보이거나 응답을 하는 방식에 영향을 미칠 수 있다. 연구 참여자로서 여러분은 만약 연구자가 여러분의 지도교수라면 알게 혹은 모르게 여러분의 행동을 바꿀 것인가? 만약 여러분이 다음 학기 그 교수의 수업을 들을 것이라면? 만약 연구자가 학과장이라면?

연구 참여자로서 학생들은 또한 연구 절차에 대한 참여자들의 지각과 해석을 기반으로 하는 편향을 야기하는 상황인 **요구 특성**(demand characteristics)[68]에도 민감하다. 학생, 특히 연구방법과 커뮤니케이션 이론에 대한 지식이 있는 학생은 연구자가 찾고 있는 것, 즉 요구를 넘겨짚은 다음 그것을 충족하는 대답을 제공하려 노력할 수도 있다.

요구 특성은 또한 연구 토픽이 어떤 사회적으로 바람직한 (혹은 바람직하지 않은) 요소를 가지고 있을 때도 야기된다. 예를 들면, 성희롱, 데이트 강간(date rape), 혹은 기만행위와 같은 토픽에 관한 연구를 수행할 때, 연구자들은 참여자들이 정직하게 대답하도록 북돋우는 절차를 개발할 필요가 있다. 연구 절차가 참여자들로 하여금 그들이 이러한 사회적으로 바람직하지 않은 행위의 피해자나 가해자로 식별될 수 있다는 인식을 갖지 않도록 할 때, 정직한 대답을 이끌어낼 수 있다.

이러한 효과에 대응하기 위해서 연구자들은 연구의 각 절차적 단계를 상세하게 열거하는 **연구 프로토콜**(research protocol)을 작성한다. 만약 연구가 대면적으로 수행된다면, 데이터를 수집하기 전에 연구 참여자와 비슷한 사람들을 상대로 프로토콜을 연습해보고 그것의 효과성을 평가해보아야 한다. 온라인 조사의 경우, 온라인 조사 환경을 만들기 전에 프로토콜이 개발되어야 한다. 그런 다음, 연구 참여자와 비슷한 사람들이 그 온라인 조사가 여러분이 기대한 대로 참여자들에게 자극과 질문이 확실하게 제시되는지 테스트해보아야 한다. 둘 가운데 어느 경우든, 연구 설계를 사전검사해본 결과, 프로토콜을 일부 수정한다면, 그러한 변경 내용을 반드시 기록해두라. 저자의 웹사이트(www.joannkeyton.com/research-methods)의 7장 부분에서 연구 프로토콜의 예를 찾아볼 수 있다. 연구자와 연구자의 보조원이 참여자들과 어떻게 상호작용하는지 그리고 연구 절차를 어떻게 관리하는지를 표준화해놓게 되면 더 큰 통제력을 갖게 될 것이다.

---

68) 부연 설명하면, 요구 특성이란 연구 참여자의 반응에 영향을 주는 특정한 요인 또는 그로 인해 참여자가 연구자의 의도에 맞추어 반응하려고 하는 경향을 말한다(역자 주).

6. 연구 설계 비교

　수량화될 수 있는 커뮤니케이션 현상들 사이의 관계나 차이를 조사하기 위해서는 실험연구 설계가 가장 효과적이다. 그러나 많은 경우 실험연구 설계가 불가능하거나 실험연구 설계를 실행할 수 없다. 따라서 연구자들은 그들의 양적 연구를 위해 준실험 설계와 기술 설계를 이용한다.

　이상적으로 말하면, 연구보고서의 저자들은 항상 그들이 사용한 연구 설계를 명쾌하게 기술하고, 왜 그 설계가 선택되었는지 설명하며, 그런 다음 그 설계를 거명하며 밝힐 것이다. <그림 7.6>은 이러한 이슈들이 명시되어 있지 않을 때 연구보고서의 연구방법 부분을 여러분이 어떻게 해독해야 할지 도와줄 수 있다.

　양적 연구 설계의 유형을 확인한 후, 그 다음 단계는 측정된 것이 무엇인지 확인하는 것이다. 여러분은 연구가설과 연구문제에 포함된 각 변인의 구체적인

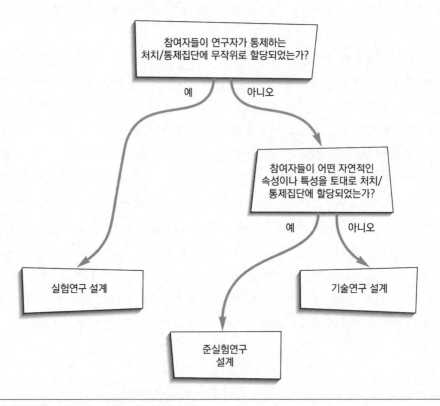

〈그림 7.6〉 이 연구는 어떻게 설계되었나?

조작화를 확인할 수 있어야 한다. 이 정보는 연구보고서의 연구방법 부분에 포함되어 있어야 한다. 마지막으로 여러분은 연구 절차들이, 특히 측정의 시간적 순서와 관련하여, 어떻게 수행되었는지 검토해야 한다.

이러한 이슈들을 독자적으로 점검함으로써 여러분은 연구자가 제시하는 결과를 비판적으로 평가하고 여러분 자신의 결론을 도출할 수 있다. 연구자가 커뮤니케이션 현상과 상황 그리고 참여자들에게 적합할 뿐만 아니라 가설과 연구문제에 답하는 데 효과적인 설계를 사용한 것이 만족스러워야 한다. 연구 설계와 이루어진 선택의 함의를 잘 이해한다면, 여러분은 연구자의 해석에 대해 독자적인 평가를 내릴 수 있다.

≫ 요약

1. 양적 연구 설계에는 3개의 범주가 존재한다: 실험 설계, 준실험 설계, 그리고 기술 설계.

2. 실험연구는 변인들 사이의 인과관계를 입증하기 위해 사용되며, 매우 흔히 실험실에서 수행된다.

3. 실험에서 연구자는 참여자들을 처치집단 혹은 통제집단에 무작위로 할당함으로써 독립변인의 조작을 통제한다; 이것은 어떤 처치가 적용되거나 적용을 차단하기 전에 처치집단과 통제집단이 동등하다는 것을 보장한다.

4. 조작 점검은 연구자가 의도한 대로 참여자들이 독립변인의 변동을 지각했다는 것을 보장하기 위해 수행되어야 한다.

5. 사후조사 설계에서 종속변인은 참여자들이 자극에 노출된 후에 단지 한 번만 측정된다.

6. 사전조사-사후조사 설계에서는 처치집단의 참여자들만이 자극에 노출된다; 종속변인은 처치집단이 자극에 노출된 후 모든 참여자를 대상으로 측정된다.

7. 요인 설계에서 처치집단은 2개 이상의 독립변인을 토대로 구성되며, 무선 할당은 변인들 가운데 하나에 관해서만 이루어진다.

8. 종단적 설계에서 종속변인이 여러 차례 측정되는 시간적 간격은 연구

중인 커뮤니케이션 현상과 연구의 이론적 기반을 토대로 한다.

9. 준실험 설계에서 연구자는 독립변인상에 존재하는 자연적 변동을 이용해 참여자들을 처치 조건과 통제 조건에 할당한다.

10. 현장실험은 자연적 상황에서 수행되는 준실험연구 설계의 한 유형이다.

11. 기술 설계는 참여자들의 무선 할당이나 연구자의 독립변인 조작을 사용하지 않는다; 이러한 통제가 결여되어 있기 때문에 이 연구 설계는 인과관계를 입증할 수 없다.

12. 커뮤니케이션 현상이 실험 설계나 준실험 설계에 적합하지 않을 때, 커뮤니케이션 연구자들은 기술 설계를 흔히 사용한다.

13. 특히 어떤 조건이나 조작이 어떤 특정한 문자적 자극, 청각적 자극, 혹은 시각적 자극을 보거나 듣는 참여자에 의존할 때, 온라인 설문조사 소프트웨어가 효과적으로 사용될 수 있다.

14. 모든 연구 설계는 연구자 효과나 절차적 모순으로 인한 편향을 일으킬 수 있다.

핵심어

고전적 실험	기술 설계
무선 할당	비실험 설계
사후조사	사전조사-사후조사
상호작용효과	실험
실험연구	연구 프로토콜
요인 설계	조작
조작 점검	종단적 설계
주효과	준실험
처치	처치집단
통제집단	현장실험
횡단적 설계	

8장 설문조사

>> **챕터 체크리스트**

이 장을 읽고 난 후 여러분이 할 수 있어야 하는 것들:

1. 연구문제에 답하거나 가설을 검정하기 위한 설문조사나 설문지 조사 설계하기.
2. 설문조사의 목적에 가장 알맞은 설문조사 방식(자기-보고, 대면, 전화, 혹은 온라인) 선택하기.
3. 적절한 설문지 문항 및 응답 세트 선택 혹은 개발하기.
4. 개방형 및 폐쇄형 질문 적절하게 사용하기.
5. 잘 정리되고 읽기 쉬운 설문조사 디자인하기.
6. 데이터 수집방법 사전검사하기.
7. 정직하고 윤리적인 방식으로 데이터 수집하기.
8. 데이터를 완전하고 적절하게 분석하기.
9. 데이터나 표본의 한계를 과장하지 않는 결론 도출하기.
10. 다른 사람들에게 적절한 방식으로 데이터 제시하기.

설문조사와 설문지 조사는 커뮤니케이션 현상에 대한 데이터를 수집하는 가장 일반적인 양적 방법이다. 여러분은 아마 학교에서 어떤 연구 프로젝트의 일부인 설문지에 응답해본 적이 있을 것이다. 혹은 어쩌면 지역이나 전국 뉴스 기관이 실시하는 정치 여론조사(혹은 설문조사) 대상에 뽑혔을 수도 있다.

설문조사와 설문지 조사는 사람들이 행하는 것(예, 사람들은 1주일에 얼마나 자주 온라인에서 전국 뉴스를 읽는가?)에 대한 정보를 확보하고, 사람들이 그들의 행동에 영향을 미친다고 믿는 것(예, 텔레비전 정치 광고는 정치 후보자에 대한 견해에 어떻게 영향을 미치는가?)을 확인하며, 응답자들의 태도나 특성(예, 사람들의 관계 불확실성 수준이나 리더십 스타일)을 확인하기 위한 뛰어난 방법론적 도구이다.

1. 설문조사란 무엇인가?

설문조사(survey)는 정보를 수집하는 하나의 체계이다. 연구자들은 질문을 하거나 참여자들에게 자극 진술문(stimuli statement)에 응답하게 함으로써 지식, 태도, 혹은 행동을 기술하거나, 비교하거나, 설명하는 데 사용될 수 있는 데이터를 수집할 수 있다(Fink, 1995b). 설문지 조사(questionnaire) 혹은 여론조사(poll)로도 알려진 설문조사는 아마도 거의 모든 커뮤니케이션 개념이나 토픽에 대한 정보를 수집하기 위해 가장 흔히 사용되는 (그리고 아마도 오용되는) 방법론적 도구일 것이다. 일반적으로 설문조사 형식으로 질문을 하는 목적은 많은 사람들에 걸쳐 비교할 수 있는 정보를 얻음으로써 표본으로부터 얻은 데이터를 선택된 응답자들이 속해 있는 모집단에 일반화하는 데 있다.

전화 설문조사, 대면 설문조사, 혹은 온라인 설문조사와 같이 설문지 조사가 데이터 수집의 유일한 방법일 때는 **설문조사**라는 용어를 사용하는 것이 적절하다. 설문조사처럼 여론조사도 설문지를 통해서만 데이터를 수집하고, 일반적으로 국가적 혹은 사회적 관심사를 다루며, 국가 혹은 주(州) 전체에서 표집한 표본을 대상으로 실시된다. 이러한 경우, 설문지는 단 하나의 혹은 주된 데이터 수집방법이며 일종의 기술연구 설계로 간주된다. 그러나 **설문지 조사**는 많은 연구 설계에서 다른 데이터 수집방법과 함께 사용될 수 있으며, 실험실과 현장에서 실험, 준실험 및 기술연구 설계에 자주 사용된다.

설문지 조사이건, 설문조사이건, 혹은 여론조사이건, 이러한 양적 데이터 수집방법에는 네 가지 공통점이 있다. 첫째, 각각은 고정된 설계(fixed design)에 속한다. 즉, 설문지 조사 설계, 설문조사 설계, 혹은 여론조사 설계는 변하지 않고 표준화되어 있다. 모든 참여자들은 동일한 질문을 받으며 동일한 척도나 범주 상에 응답하도록 요청받는다. 둘째, 이 세 가지 데이터 수집방법은 모두 연구자들이 많은 사람으로부터 데이터를 수집할 수 있도록 돕는다. 셋째, 확인된 모집단에서 추출한 사람들로 구성된 표본으로부터 데이터가 수집된다. 마지막으로, 데이터가 **횡단적**(cross-sectional)이다. 즉, 비록 며칠 혹은 몇 주에 걸쳐 데이터를 수집하지만, 모든 데이터는 같은 시기에 수집된 것처럼 취급된다.

1) 설문조사의 유형

설문조사에는 여러 유형이 있다. 설문조사의 유형에 상관없이, 모든 설문조사는 타당하고 신뢰할 수 있는 결론이 더 큰 모집단에 일반화될 수 있도록 설문조사를 설계하고 수행하는 것이 목적이다(Bracken, Jeffres, Neuendorf, & Atkin, 2009). 물론 각 설문조사는 나름대로의 장단점을 지니고 있다.

자기-보고 가장 흔히 사용되는 설문조사 형식은 서면 형식의 자기-기입식 설문조사이다. **자기-기입식 설문조사**(self-administered survey)에서는 사람들이 스스로 읽고 응답한다. 흔히 **자기-보고**(self-report)로 불리는 이러한 방식의 설문조사는 조사가 이루어지는 장소 현장에서 이루어지거나, 직장이나 집으로 보낸 편지 혹은 이메일을 통해 이루어지거나, 혹은 온라인 설문조사 소프트웨어를 통해 이루어질 수 있다. 참여자에게 자기-보고의 장점은 설문조사를 응답자 자신의 페이스에 맞게 익명으로 끝마칠 수 있다는 것이다.

설문조사를 완료하는 것이 계획보다 더 길어질 수도 있다는 점에서 이러한 장점이 연구자들에게는 단점을 야기하기도 한다. 실험실 상황에서는 흔히 조사 세션 간에 시간이 정해져 있다. 천천히 읽는 사람은 참여자들이 이 부분의 조사 과정을 끝마치는 데 허용된 20분보다 더 긴 시간을 사용할 수도 있어서 집단 전체나 다음 순서의 참여자들이 대기해야 할 수도 있을 것이다. 만약 설문조사가 온라인으로 전달된다면, 사람들이 다른 활동으로 인해 주의력이 분산될 수도 있어서 설문조사를 끝내지 못하거나 제출하지 못할 수도 있다. 또 하나의 단점은 어떤 응답자들은 지시문이나 질문을 해석하는 데 어려움을 겪을 수도 있다는 것이다. 물어볼 수 있는 사람이 없다면, 그러한 응답자들은 스스로 해석할 수밖에 없다. 이러한 단점을 극복하는 한 가지 방법은 설문조사 지시문을 구체적으로 작성하는 것이다.

대면 면접 하나의 대안으로 어떤 연구자들은 면접자를 사용해 일대일 면접, 즉 대면 면접을 통해 질문-응답 과정을 촉진한다. 일대일 면접의 장점은 데이터 수집자가 응답자와 개인적인 신뢰 관계를 만들 수 있다는 것인데, 이러한 관계 형성은 참여자들로 하여금 민감한 토픽에 대한 질문에 대답할 가능성을 더 높여준다. 그러나 면접자의 존재가 **사회적 바람직함 응답**(social desirability response), 즉 참여자가 면접자가 호의를 보일 것이라고 믿는 대답을 할 가능성을 야기할 수도 있다. 대면 형식에서 위협적인 질문의 효과를 최소화하는 한 가지 방법은 "우리는 많은 사람이 그들이 10대일 때[69] 약물 사용을 시도하는 것을 알고 있습니다"와 같은 한정어 문구(qualifier phrase)가 포함되어 있는 말문을 여는 질문(open question)으로 시작한 다음, 다음과 같이 이어가는 것이다: "다음의 일단의 질문은 10대로서의 여러분의 약물 경험에 대한 것입니다. 필자는 여러분이 다음 척도를 사용하여 각각의 질문에 응답하는 것에 대해 감사드립니다." 대면 형식에서는 참여자들에게 연구 설계의 일부인 익명성이나 비밀 유지에 대해 상기시켜주는 것 또한 중요하다.

전화 설문조사 특히 정치적 이슈와 후보 선호도에 대한 여론조사의 경우, 전화를 통한 설문조사 데이터 수집이 널리 사용된다. 예를 들어, 퓨 리서치 센터(Pew Research Center, n.d.)의 설명을 살펴보자. 일반적으로 전화 여론조사 참여자들은 무작위 전화걸기(RDD: random-digit dialing)를 통해 선택된다. 이 경우에는 사람이 아닌 전화번호가 표집 단위이다. 일반적으로 연구자들은 전화번호 프레임, 즉 특정한 전화국번과 연결되어 있는 특정한 지역번호(예, 910-555-xxxx) 내의 많은 전화번호 집합을 선택한다. 이 방법을 통해 오래된 전화번호부에 의존함으로써 야기되는 문제와 일반전화에서 휴대전화로의 이동으로 인해 야기되는 문제를 극복할 수 있다. 만약 여러분이 설문조사에서 이러한 유형의 데이터 수집을 사용하기를 원한다면, 모든 발신자, 즉 면접자가 그들이 누구인지, 무엇에 대한 연구인지, 누가 연구를 수행하고 있는지, 그리고 정보를 수집하는 목적은 무엇인지를 알려주는 표준화된 소개문을 반드시 사용하게 하라. 많은 미국 가정이 그들의 전화번호를 전국 수신거부 전화번호 목록(do-not-call registry)[70]에 올려놓았다는 점을 감안할 때 여러분 자신과 여러분이 전화를 거

---

69) 위 문장에서는 '그들이 10대일 때'가 한정어 문구에 해당한다(역자 주).

는 이유를 제시하는 것은 중요하다. 연구 목적의 요청되지 않은 전화는 여기에서 제외된다(Gwartney, 2007). 그러나 그것이 여러분의 전화가 환영받을 것임을 의미하는 것은 아니다. 연구 목적의 전화를 텔레마케팅 전화와 구별되게 하는 것은 여러분이 해야 할 일이다.

발신자들은 또한 올바른 사람, 올바른 가구, 혹은 올바른 전화번호에 전화를 걸었는지 확인하고, 전화 면접의 어떤 조건(예, 비밀 유지)을 말한 다음, 계속해도 좋을지 허락을 구해야 한다(Frey & Oishi, 1995). 이러한 종류의 소개를 사용하면 여러분의 전화 설문조사가 제품이나 서비스를 소개하고 판매하기 위한 수단으로 짧은 설문조사를 사용하는 전화 발신자들과 구별되게 해줄 것이다. 그러나 학술적 연구를 위해 전화 설문조사를 사용하는 경우는 계속해서 줄고 있다. 휴대폰의 증가, 차단 기술, 그리고 이용자들이 모르는 발신자를 차단할 수 있는 기회는 전화 설문조사를 통한 데이터 수집의 장벽으로 작용하고 있다.

온라인 설문조사 온라인 설문조사(online survey) 혹은 **웹 설문조사**(web survey)가 연구자와 참여자 모두에게 편리하기 때문에 인기를 얻고 있다. 온라인 설문조사는 또한 비용 효율적이고, 지리적 제한을 받지 않으며, 컬러, 그래픽 및 멀티미디어 자극물을 포함할 수 있다. 디지털 미디어가 사용되기 때문에, 설문조사 응답이 (통상 스프레드시트에 다운로드할 수 있는) 데이터베이스에 효율적으로 수집되며 관리된다. 퀄트릭(Qualtrics™), 서베이몽키(SurveyMonkey™) 및 퀘스천 프로(Question Pro™)와 같은 온라인 설문조사 프로그램은 전문가가 만든 것처럼 보이는 설문조사를 디자인하는 것이 비교적 쉽다는 점에서 독특한 장점을 지니고 있다. 더욱이 이 프로그램들은 자동으로 응답자들을 설문지의 어떤 부분으로 보내거나 이전 질문에 대한 그들의 응답을 토대로 질문을 건너뛰게 하는 옵션을 제공한다. **건너뛰기 논리**로 알려진 이러한 사용하기 쉬운 도구를 이용해 연구자들은 참여자들의 응답을 토대로 설문조사를 맞춤화할 수 있다. 예를 들어, 여러분의 설문조사는 여러분 대학의 학생들로부터 퍼블릭 스피치 불안에 대한 응답을 포착하고자 한다. 여러분은 "당신은 퍼블릭 스피치 훈련을 정식으로 받아본 적이 있습니까?"라는 질문을 할 수도 있을 것이다. 선택할 수 있는 응답은 "예" 혹은 "아니오"이다. 만약 어떤 응답자가 "예"라고 응답하면, 여러분은

---

70) 텔레마케팅 전화를 차단하기 위해 수신을 거부하는 전화번호를 등록해놓은 목록(역자 주).

그 응답자를 자신의 퍼블릭 스피치 훈련을 기술하거나 평가하는 부분으로 보낼 수 있다. 마찬가지로 여러분은 퍼블릭 스피치 훈련을 받은 적이 없는 응답자에 대해서는 자동으로 이러한 질문들을 건너뛰게끔 프로그램을 설정할 수 있다.

온라인 설문조사 프로그램이 효과적이긴 하지만, 무료 버전은 흔히 질문할 수 있는 문항의 수와 수용할 수 있는 응답자의 수에 제한이 있다. 온라인 설문조사를 참여자들에게 전달하는 가장 흔히 사용되는 방법은 설문조사로 연결되는 링크가 포함되어 있는 이메일을 보내는 것이다. 만약 연구자가 잠재적인 참여자들의 이메일 주소에 합법적으로 접근할 수 있다면, 이 방법이 가장 효과적이다. 또는 연구자가 다른 웹사이트나 온라인 전단지에 설문조사의 고유 URL을 광고하는 방법도 있다. 이 경우에는 설문조사가 응답자에게 가는 것이 아니라 응답자가 설문조사로 오는데, 이것은 다른 설문조사 연구 설계에서 볼 수 있는 전형적인 패턴이다. 만약 표본이 온라인 설문조사 연구 설계를 위해 특별히 모집된다면, 연구자는 이 특정한 집단의 사람들에게 비밀번호를 제공할 수 있다.

여러분의 표본이 지리적으로 흩어져 있다면, 온라인 설문조사가 데이터를 수집하는 효과적인 기법이다. 데이터 수집 및 관리의 향상된 효율성과 효과성도 또 다른 장점이다. 데이터는 이미 통계적 분석에 쉽게 사용될 수 있는 형식으로 처리되어 있을 것이다. 여러분이 어떤 온라인 설문조사 옵션을 선택하는지에 상관없이, 표본이 여러분이 관심을 가지고 있는 모집단을 얼마나 잘 대표하는가라는 문제는 늘 관심사항이다. 온라인 설문조사를 사용하는 것은 연구자와 응답자 간의 물리적 거리를 만들어내기 때문에 누가, 언제, 그리고 어떻게 응답하는지에 대한 통제력이 더 낮을 수밖에 없다. 온라인에서 데이터를 수집하는 것이 더 효율적인 것처럼 보일 수도 있지만, 연구자들은 그럼에도 반드시 여러 가지 과제를 해결해야 한다.

온라인 설문조사의 한 가지 문제는 질이 낮은 데이터가 수집될 가능성이다. 예를 들면, 온라인 설문조사에 응하는 응답자들은 질문에 답하거나 문항에 응답할 때 재빨리 인지적 지름길(cognitive shortcut)[71]을 사용할 가능성이 더 높음을 증거들은 보여준다. 대면 설문조사와 웹 설문조사를 통해 대학 신입생들의

---

71) 인간은 불확실한 상황에서 판단을 내릴 때 확률이나 효용 극대화 이론을 동원하여 복잡한 계산을 하는 것이 아니라 경험법칙에 비추어 어림짐작과 같은 인지적 지름길을 선택하는 경향이 있고, 이러한 지름길은 인지적 오류, 즉 편향으로 이어지기 쉽다(역자 주).

응답을 비교한 연구는 웹 설문조사의 경우 더 많은 응답자들이 '모르겠다'라는 대답을 할 뿐만 아니라 **무응답률**(nonresponse rate)도 더 높음을 보여주었다. 더욱이 웹 설문조사의 응답자들은 이용 가능한 응답 대안들을 더 적게 사용할 가능성이 더 높았는데(Heerwegh & Loosveldt, 2008), 이는 더 적은 변동으로 이어진다. ① 잠재적인 응답자들에게 연락할 때 이메일에만 의존하지 않고, ② 비록 초대장의 길이가 길어지더라도, 완전하고 설득력 있는 이메일 초대장을 만들고, ③ 초대장 중간이 아닌 끝에 설문조사로 연결되는 링크를 위치시키고, ④ 설문조사를 마치는 데 걸리는 시간을 과대평가하지 않으며, ⑤ 잠재적 참여자들이 친숙감과 권위가 있는 이메일이라고 느낄 수 있도록 제목 라인을 사용함으로써, 온라인 설문조사에 대한 참여자들의 응답이 향상될 수 있음을 연구들은 보여주었다(Kaplowitz, Lupi, Couper, & Thorp, 2012).

대부분의 온라인 설문조사 소프트웨어는 설문조사 완료시간, 즉 응답자가 설문조사를 마치는 데 걸리는 시간을 계산해낼 수 있다. 연구자들은 설문조사 완료시간을 보고하고 분석에서 완료시간을 하나의 변인으로 고려할 것을 말호트라(Malhotra, 2008)는 권고한다. 온라인 설문조사 완료시간을 줄이는 한 가지 방법은 응답자 안내 오디오를 포함하는 것이다. 이렇게 하면 더 질 높은 데이터로 이어질 수도 있다. 더 질 높은 데이터를 얻는 또 다른 방법은 응답자들에게 문항 제시 순서를 무작위로 배열하는 것이다.

대부분의 사람들이 컴퓨터 스크린뿐만 아니라 아이패드(iPad)와 스마트폰 같은 모바일 디지털 기기 상의 정보를 읽는 데 익숙해지고 있기 때문에, 온라인 설문조사의 디자인이 고려되어 한다. 온라인 설문조사 디자인은 일반적으로 다음 세 가지 요소로 구성된다(De Bruijne & Wignant, 2014; Norman, Friedman, Norman, & Stevenson, 2001; Sue & Ritter, 2012). 첫 번째 것은 환영 화면이다. 이것은 설문조사를 잠재 참여자에게 소개할 뿐만 아니라, 토픽과 연구 수행자에 대한 간단한 기술과 함께 진행방법에 대한 명확한 지시사항도 제공한다. 소속 대학교의 IRB가 참여자 동의를 요구한다면, 그 다음 화면은 동의 진술문이 될 것이다. 소개 자료에 이어 그 다음 부분은 참여자들이 대답할 폐쇄형 혹은 개방형 질문을 보여준다. 질문은 응답자가 상하로 움직이며 볼 수 있는 하나의 긴 형식으로 제공될 수 있는데, 연구 결과, 특히 스마트폰으로 이루어지는 설문조사의 경우, 이 방법을 사용할 때 참여자들이 더 빨리 설문조사를 끝내는 것으로 나타났다. 혹은 하나의 섹션이나 하나의 하부 스케일(subscale)과 같이, 유사한 문항들로 구성된 각각의 문항군을 별도의 화면에 제시하면서 응답자에게 설문조사의 다음 페이지로 넘어가려면 '다음'을 클릭하라고 요구할 수 있다.

문항을 제시하는 여러 각기 다른 양식을 HTML을 사용하여 만들거나 설문조사 소프트웨어 프로그램 메뉴에서 선택할 수 있다. 여기에는 라이커트형 문항이나 의미분별척도가 포함되어 있는데, 연구 결과, 5점 혹은 7점 응답척도를 사용할 때 응답자들이 설문조사를 더 빨리 끝내는 것으로 나타났다. 흔히 이러한 유형의 문항들은 왼쪽 행에는 문항이 나열되고 오른쪽 행에는 각 질문에 대한 응답척도가 제시되는 행렬표 형식으로 제시된다. 이러한 디자인은 응답자가 화면을 상하로 움직여야 하는 횟수를 줄여준다. 온라인 설문조사는 모든 화면에 걸쳐 몇 개의 질문을 해야 하는가? 참여자들은 더 긴 설문조사를 회피하는 경향이 있기 때문에, 럼스던(Lumsden, 2007)은 60개를 넘기지 말 것을 제안한다.

설계 확인   모든 여론조사는 동일한가?

여러분은 아마도 전국 뉴스 미디어가 여론조사 결과를 이용하는 것에 주목한 적이 있을 것이다. 뉴스 프로그램은 흔히 논란이 되는 이슈(예, 총기 규제, 낙태, 잠재적인 세금 인상)에 관한 뉴스 취재의 결론부에 2개 이상의 응답 옵션이 있는 질문을 할 것이다. 시청자들은 그들이 선호하는 응답을 문자로 보내는 방법을 안내 받는다. 예를 들어, "예"라는 문자를 보내는 것은 여러분이 더 강한 총기 규제를 지지한다는 의미이고, "아니오"라고 문자를 보내는 것은 지지하지 않는다는 의미이다. 이러한 종류의 즉석 여론조사는 더 전통적인 무선 표집에 의한 여론조사와 어떻게 다른가? 이러한 질문에 대한 답을 조사한 최근 연구는 없다. 그러나 문자 여론조사 결과는 무작위 전화 설문조사 결과와 상당히 다를 가능성이 있다. 왜 그런가? 첫째, 선택 편향(selection bias)이 작용한다. 여러분이 그 이슈에 대해 확고한 생각을 가지고 있지 않다면, 여러분은 시간을 내서 여러분의 응답을 문자로 보낼 것 같지 않다. 둘째, 연구자들이나 여론조사회사가 수행하는 여론조사는 더 잘 설계되고 어떤 특정 텔레비전 방송 프로그램 시청자들보다 더 많은 모집단을 찾을 가능성이 있다. 만약 여러분이 이러한 여론조사 가운데 하나의 결과를 듣거나 본다면, 그 여론조사가 어떻게 수행되었는지에 대한 기술(記述)을 주의를 기울여 들어야 한다.

온라인 설문조사에서 선택할 수 있는 또 다른 디자인 요소로 컬러 사용이 있는데, 컬러 사용은 내비게이션(navigation)을 도울 수 있다. 컬러를 선택할 때는 가독성(readability)이 가장 중요한 기준이 된다. 일반적으로 글씨 색과 배경 색 간에는 높은 대비가 있어야 한다. 배경은 밝은데 글씨 색이 어두우면 읽기가 가장 쉽다(Sue & Ritter, 2012). 폰트와 폰트의 크기도 고려되어야 한다.

설계의 유형은 응답자들이 질문을 이해하는 방식에 영향을 미친다. 퇴펄, 다스 및 반 소에스트(Toepoel, Das, & Van Soest, 2008)는 응답자들은 "각 문항을 세심하게 읽는 대신 가까이 있는 문항들을 그것들의 의미에 대한 단서로 사용하는 것 같다"(p. 989)라고 설명한다. 온라인 설문조사를 디자인할 때 연구자는 다음 둘 가운데 하나를 선택해야 한다: 응답자들이 더 세심하게 읽을 수 있도록 문항들을 무선화할 것인지 아니면 문항들을 더 잘 이해할 수 있도록 무리지어 놓을 것인지. 물론 여러분이 어떤 디자인을 선택하느냐 하는 것은 질문의 단어 사용과 토픽에 좌우된다.

설문조사 유형 비교하기 여러분이 설문조사 데이터를 수집하는 방식이 설문조사 결과에 영향을 미칠까? 미친다. 그렇지만 어떤 설문조사 방법이 효과적인지에 대해서는 답하기가 쉽지 않다. 여러분은 도달하고자 하는 모집단과 의미 있는 표본을 확보하는 최상의 방법을 반드시 세심하게 고려해야 한다. 또한 여러분은 여러분이 찾는 정보의 종류뿐만 아니라 연구문제나 가설의 토픽도 반드시 고려해야 한다. 연구 결과, 연구자가 참여자들을 초대하는 방식이 차이를 불러일으킬 수 있는 것으로 드러났다. 디 블루이진과 와이난트(De Bruijne & Wijnant, 2014)는 설문조사를 이메일로 초대할 때보다 문자 메시지로 초대할 때 응답률이 더 높고, 응답 또한 더 빠르다고 보고한다. 나아가 잠재 응답자들은 온라인과 모바일 기술을 선호한다고 가정하기 쉽다. 그러나 항상 그렇지는 않다. 설문조사 응답자들이 각기 다른 설문조사 방법을 어떻게 평가했는지 비교한 한 연구에서 참여자들은 온라인 설문조사와 우편 설문조사보다 아이패드를 사용하는 것을 선호했지만, 아이패드 응답률은 대면 설문조사의 응답률과 비슷한 것으로 나타났다(Davis, Thompson, & Schweizer, 2012).

분명 각 유형의 설문조사는 장점과 단점을 지니고 있다. <표 8.1>은 각 유형의 설문조사의 장단점을 요약해놓았다(Fowler, 2009; Robson, 2011;

| 표 8.1 설문조사 유형들 간의 비교 |

설문조사 유형	장점	단점
자기-기입식 설문조사	• 시각적 정보를 쉽게 제시할 수 있음 • 복잡하거나 긴 응답 세트에 최적 • 응답자가 면접자와 정보를 공유할 필요가 없음	• 응답자의 읽기 및 쓰기 기량이 좋아야 함 • 연구자가 응답자의 질문에 답할 수 없음 • 개방형 질문을 사용한다면, 1~2개의 질문으로 제한됨
대면 설문조사	• 참여 독려와 관계 형성에 효과적 • 응답을 살펴볼 수 있음 • 비언어적 단서 포착 가능 • 아마도 긴 설문조사에 최적	• 인원과 시간 면에서 비용이 많이 듦 • 면접자가 반드시 훈련되어야 함 • 지리적으로 흩어져 있는 표본에 실용적이지 않음 • 면접자 편향 혹은 오류
전화 설문조사	• 비용 및 시간 효율적 • 무작위 전화걸기로 무선 표집 가능 • 지리적 거리에 관계없이 사용 가능 • 우편 설문조사보다 응답률 좋음	• 무응답률 혹은 거부율이 높을 수 있음 • 토픽에 더 관심이 높은 사람들이 응답할 가능성이 더 높음 • 긴 설문조사에 적합하지 않음 • 민감하거나 사적인 토픽에 적절하지 않음
온라인 설문조사	• 비용 효과적 • 시간 효율적 • 응답자가 데이터를 빨리 반송할 수 있음 • 시각적 정보를 쉽게 제시할 수 있음 • 설문조사 프로그램이 이전 문항에 대한 응답을 토대로 응답자가 쉽게 문항을 건너뛰거나 설문지의 다른 부분으로 분기해갈 수 있게 해줌	• 모집단과 표본을 확인하기 어려움 • 최초 응답자들의 인구통계학적 속성과 동일한 속성에 치우친 표본을 얻기 쉬움 • 컴퓨터 보안에 대한 우려 • 웹페이지를 만들 수 있는 기량을 가지고 있어야 하거나 설문조사 소프트웨어 서비스를 구입해야 할 필요가 있음 • 정확한 이메일 주소를 가지고 있어야 함
우편 설문조사	• 많은 인원이 필요하지 않음 • 지리적으로 흩어져 있는 표본에 접근하기 쉬움 • 응답자들이 충분히 생각하고 답변을 시간을 가질 수 있음	• 무응답률이 높을 수 있음 • 우편 비용 • 정확한 우편 주소 필요 • 설문조사를 반송 받는 시간 지체

출처: Fowler, F. J., Jr. (2009). *Survey research methods* (4th ed.). Thousand Oaks, CA: Sage.

Szolnoki & Hoffman, 2013). 이러한 이슈들이 여러분의 설문조사 설계의 일부로서 고려되어야 한다. 여기서 한 가지 주의가 요구된다: 어쩌면 여러분은 한 유형의 설문조사 방법론의 한계를 다른 유형의 장점으로 상쇄하는 것이 좋겠다고 생각하고 있을지도 모르겠다. 예를 들어, 한 연구 프로젝트에서 자기-보고, 전화 및 온라인 방법을 사용하여 동일한 질문을 하는 것이 논리적인 것처럼 보일 수도 있지만, 사람들은 각기 다른 유형의 설문조사에 대해 각기 달리 반응한다 (Weijters, Schillewaert, & Geuens, 2008). 따라서 여러분은 다른 방법을 사용하여 한 방법의 한계를 최소화하는 것이 아니라 더 많은 오류와 편향을 야기할 수도 있다.

2. 설문조사 설계하기

설문조사가 가장 효과적이기 위해서는 다음과 같은 특성을 지니고 있어야 한다(Fink, 1995b). 첫째, 설문조사는 견고한 연구 설계의 일부로 사용되어야 한다. 둘째, 설문조사의 질문 혹은 문항은 간단명료해야 한다. 셋째, 설문조사 응답자들, 즉 표본은 연구문제나 가설을 감안할 때 적절한 절차에 의해 모집단을 대표하는 사람들로 선택되어야 한다. 넷째, 설문조사는 신뢰할 수 있으면서도 타당해야 한다. 다섯째, 설문조사 질문에 대한 참여자들의 응답은 제기된 질문의 맥락 속에서 분석되어야 한다. 여섯째, 설문조사 결과는 정확하고 윤리적으로 보고되어야 한다. 여기에는 데이터가 맥락을 벗어나 사용되어서는 안 된다는 점도 포함된다.

연구 프로젝트의 설계 초기 단계에 개발된 연구문제나 가설은 여러분을 설문조사 개발로 이끌어줄 것이다. 일반적으로 연구자들은 연구 목적과 연관되어 있는 개념의 복잡성이나 깊이를 포착하는 데 도움을 얻기 위해 다수의 문항을 사용한다. 물론 만약 여러분이 하나의 설문조사에 다수의 목표를 가지고 있거나 하나의 설문조사가 몇 개의 변인에 대한 데이터를 포착해야 할 필요가 있다면, 그 설문조사는 각각의 목표나 각각의 변인을 위한 다수의 문항을 필요로 할 가능성이 있다. 여러분의 설문조사 목표를 개발하기 위해 여러분의 정보 필요성 (information needs)을 규정하라.

예를 들면, 연구자들은 10대의 흡연 위험에 관한 미디어 캠페인을 구성하고 표적 수용자들을 겨냥하는 방법을 알고 싶어 한다. 이 경우에는 다수의 목표가 존재한다. 한 가지 목표는 10대들이 어떤 미디어를 사용하는지 알아내는 것이다. 또 다른 목표는 이러한 미디어들에 담겨 있는 정보 메시지를 (오락 메시지에 비해) 어느 정도 듣고 주의를 기울이는지 판단하는 것이다. 세 번째 목표는 10대들이 흡연과 연관된 위험에 대해 알고 있는 것(과 알지 못하는 것)을 알아내는 것이 될 수 있을 것이다. 따라서 이 사례를 위해 개발된 설문조사에는 다수의 문항과 섹션이 포함되어 있을 것이다. 설문조사 문항은 연구문제나 가설이 개발된 이후에만 설계될 수 있다.

1) 기존 설문조사 평가하기

커뮤니케이션 연구자들에게는 다행히도 채택할 수 있는 기존의 많은 설문지가 존재한다. 2009년에 출간된 R. B. 루빈(Rubin), A. M. 루빈, E. E. 그레이엄(Graham), E. M. 퍼스(Perse), 그리고 D. R. 세이볼드(Seibold) 편저의 『커뮤니케이션 연구 척도 II: 자료집』(*Communication Research Measures II: A Sourcebook*)은 문화 횡단적 및 문화 간 커뮤니케이션, 가족 커뮤니케이션, 집단 커뮤니케이션, 건강 커뮤니케이션, 대인 커뮤니케이션, 교육 커뮤니케이션, 조직 커뮤니케이션 및 매스 커뮤니케이션 맥락에서 커뮤니케이션 구성개념들을 측정하는 척도들을 모아놓은 책이다. 이 책은 척도 자체를 제공하는 것 외에 척도의 배경, 타당도 및 신뢰도에 대해서도 기술하며, 또한 주요 출처 인용도 제공한다. 이러한 척도들은 연구자들에게 이용 가능하며 척도 저자들로부터 추가적인 허락을 받지 않고 연구에 사용할 수도 있다. 여러분은 또한 일부 학술지 논문에서도 척도와 질문지를 찾을 수 있다.

많은 경우 이러한 설문지들은 정확히 그것들이 설계된 그대로 사용될 수 있지만, 어떤 맥락에서는 그것들이 효과적으로 사용되기 위해 최소한의 변화가 필요할 수도 있다. 어떤 종류의 변경이 적절한가? 설문조사가 응답자 모집단에 적합하게 하기 위해 사용하는 단어를 약간 바꾸는 것이 필요할 수도 있다. 그러나 심지어 이런 종류의 변경도 신중을 요한다. 대부분의 설문지는 성인 수용자용으로 개발되어 있는데, 10대와 어린이들을 위해 문항을 바꾸는 것이, 예를 들면, 설문지의 원래 의도뿐만 아니라 그 척도의 타당도와 신뢰도도 상당히 바꿔놓을 수 있다. 마찬가지로 영어로 개발된 설문지를 다른 언어로 번역하는 것도 유사한 어려움을 야기할 수 있다.

부적절하며 가능하다면 피해야 할 변경이 존재하는가? 어떤 도구는 길어서 문항들 가운데 일부만 사용하고 싶은 경우가 있다. 저작권 제한에 따라 이러한 종류의 변경이 금지되어 있을 수도 있다. 사용하고자 하는 도구에 저작권이 없다 하더라도, 여러분은 그 척도의 저자에게 연락해서 여러분의 특정한 목적상 설문조사 문항의 일부만을 선택하는 것에 대한 조언을 구해야 한다. 기존 설문지나 척도의 무언가를 바꾸거나 변경할 경우, 변경이 이루어진 후 그 설문지를 예비검사를 하거나 사전검사를 해야 할 필요가 있다는 것을 알아야 한다(여기에 대해서는 이 장 후반부에서 더 자세하게 다루기로 함).

이러한 경고에도 불구하고, 여러분 자신의 설문지나 척도를 만들기보다는 가능하다면 다른 연구에서 가져온 설문지나 척도를 그대로 사용하거나 맞게 조정해서 사용할 것을 권고한다(Bourque & Fielder, 1995). 이러한 척도들은 폭넓은 검정, 개선, 그리고 경쟁을 거쳐 선별된 것들이다. 이러한 척도나 설문지를 사용함으로써 여러분의 연구결과를 다른 연구자들의 연구결과와 비교해볼 수 있는 기회를 가질 수 있다. 더욱이 다른 연구자의 연구를 기반으로 하는 것은 여러분 자신의 연구의 명료성을 극대화하는 한 가지 방법이다. 어디에서 그 도구를 가져왔는지 자세히 기록하고 그 설문지의 저자 출처를 밝히는 것을 잊지 마라.

2) 자신의 설문지 만들기

만약 적절한 설문조사 도구나 설문지를 찾을 수 없다면, 여러분 자신이 직접 그것을 개발해야 할 것이다. 무엇을 포함해야 할지 알아보기 위해 적절한 연구 문헌검토부터 시작하라. 예를 들어, 한 학생은 자신의 논문을 위해 최고 경영진(CEO, 사장, 부사장, 그리고 조직의 CEO나 사장에게 직접 보고하는 위치에 있는 자들)의 커뮤니케이션 역량을 조사하고자 했다. 이러한 문헌을 살펴보면서 이 학생은 최고 경영진에 대한 연구가 거의 없을 뿐만 아니라, 이러한 것들 가운데 그들의 커뮤니케이션 역량을 직접 살펴본 문헌이 전무하다는 것을 알게 되었다. 이 학생에게는 몇 가지 선택지가 있었다. 이 학생은 기존의 커뮤니케이션 역량 설문지 가운데 하나를 사용할 수 있었을 것이다. 이 학생은 그러한 옵션들을 검토한 결과, 자신의 응답자들이 이러한 조직 수준에서의 커뮤니케이션 역량으로 여겨지는 행동(예, 특정한 리더십과 의사결정 커뮤니케이션 행동)에 대해 응답해주기를 원했기 때문에 기존 설문지가 자신의 연구에 비해 너무 포괄적이고 일반적이라고 판단했다.

최고 경영진에 대한 보고서들을 읽으면서 이 학생은 이러한 위치에 있는 경영진에 대해 긍정적이거나 역량이 있다고 기술되는 행동 목록을 작성했다. 이 학생은 그 목록을 토대로 응답자들이 얼마나 자주 각각의 특정한 행동을 했는지 판단해줄 것을 요청하는 설문지를 개발했다. 따라서 이 학생은 기존 문헌을 토대로 경영진의 커뮤니케이션 역량에 대한 설문지를 개발했다. 이 학생은 그 설문지를 논문의 일부로 사용하기 전에 응답자들이 각 문항을 이해하는지, 그리고 문항들이 자신이 원했던 유형의 반응을 이끌어내는지를 확인하기 위해 소수의 경영진을 대상으로 하는 예비조사를 실시해야 했다.

3) 설문조사 문항 설계하기

설문조사 혹은 설문지 조사가 얼마나 좋은지는 그것에 포함되어 있는 문항들의 수준을 넘어서지 못한다. 어떤 설문조사 질문이 좋은 질문인가? 좋은 질문은 그것에 대한 대답으로, 우리가 기술하고 싶어 하는 것에 대한 신뢰할 수 있으면서도 타당한 측도를 제공한다(Fowler, 2009). 그와 같은 결과를 얻기 위해서는 설문조사 문항이나 질문은 간단명료해야 한다. 문항이 정확하고 모호하지 않을 때 그것은 간단명료한, 즉 구체적인 문항이다. 각 문항은 하나의 완전한 생각을 표현하고 있는 평서문이나 의문문 형식이어야 한다. 그러한 평서문 혹은 의문문은 응답자가 대답하는 방법을 선택할 수 있게끔 그리고 대답하는 방법을 알 수 있게끔 작성되어야 한다. 연구 결과, 더 짧은 설문조사 문항이 더 긴 설문조사 문항보다 나은 것으로 나타났다. 왜 그럴까? 설문조사 문항이 너무 길면, 그 길이로 인해 참여자들이 문항 전체를 이해하는 데 방해를 받을 가능성이 있기 때문이다(Alwin & Beattie, 2016).

어떤 경우에는 개방형 질문이 폐쇄형 질문보다 낫다. 두 형식의 질문에 대해서는 이 장 후반부에서 다루기로 한다. 어떤 형식의 질문을 여러분이 선택하는가에 관계없이, 여러분이 설문조사나 설문지 문항에 어떤 단어를 사용하는가 하는 것은 여러분이 원하는 정보를 얻는 데 매우 중요하다. 심지어 단어 사용의 작은 변화도 참여자의 응답에 큰 차이를 만들어낼 수 있다. 따라서 여러분은 설문조사 문항을 작성할 때 몇 가지 이슈를 고려해야 한다(Fink, 1995a; Fowler, 2009; Robson, 2011). 첫째, 응답자들이 질문에 사용된 용어를 반드시 이해할 수 있어야 한다. 데이터에 대한 여러분의 해석은 응답자들이 질문에 얼마나 쉽고 정확하게 대답할 수 있는지에 달려 있을 것이기 때문에, 여러분은 응답자들의 읽고 쓰는 능력과 언어 능숙도(language-proficiency) 수준을 고려할 필요가 있다. 둘째, 각 설문조사 문항은 목적을 가지고 있어야 한다. 만약 응답자들이 질문의 목적을 확인하는 데 어려움을 겪을 것으로 생각한다면, 그 질문의 도입부에 그러한 정보를 물어보는 이유에 대한 합리적인 설명을 제공하라.

세 번째와 네 번째 이슈는 서로 관련되어 있다. 셋째, 모든 응답자가 여러분의 질문에 대답하는 데 필요한 정보에 접근할 수 있어야 한다. 응답자들이 그렇게 하기 위한 지식이나 능력이 부족하다면, 여러분은 그들이 질문에 답하기를 원치 않을 것이다. 예를 들어, 응답자들은 그들이 살고 있는 마을의 정확한 범죄율 수치를 알고 있을 것 같지는 않다. 그러나 그들은 범죄 피해자로서의 그들 자신의 상태에 대해 대답하거나 범죄에 대한 그들의 인식에 대한 질문에는 응답할 수 있을 것이다. 네 번째 이슈는 사회적 바람직함(social desirability) 이슈이다. 응답자들은 틀림없이 그 질문이 필요로 하는 대답을 하려 할 것이기 때문에, 그들이 사회적으로 바람직한 대답을 해야 한다는 압박감을 느끼게 해서는 안 된다. 예를 들어, 성희롱에 관한 연구에서 "여러분은 현재 여러분이 일하고 있는 곳에서 누군가를 성희롱 해본 적이 있습니까?"라는 질문에 대한 사회적으로 바람직한 대답은 "아니오"이다. 그들이 실제로 다른 직원을 성적으로 희롱했다고 자발적으로 말할 가능성은 없다. 여러분도 알다시피 응답자들에게 질문하는 방식에 상관없이, 어떤 종류의 질문은 여러분이 관심을 가지고 있는 종류의 결과가 나오지 않게 할 수도 있다.

다음 이슈들은 실제적인 것들이다. 다섯째, 약어 사용을 피하라. 대신, 적어도 약어가 처음 사용되는 시점에는 약어와 생략하지 않은 명칭이나 용어를 함께 사용하라. 예를 들어, 성희롱에 관한 데이터를 수집할 때, 질문 속에 고평위나 EEOC라는 약어가 포함될 수도 있을 것이다. 응답자들이 고평위가 고용평등위원회를, 그리고 EEOC가 Equal Employment Opportunity Commission(고용평등위원회)을 나타낸다는 것을 안다고 가정하지 말고, 다음과 같이 전체 명칭을 먼저 쓴 다음, 괄호 안에 약어를 사용하라: "여러분은 고용평등위원회(이하 '고평위')의 성희롱에 대한 지침을 읽어본 적이 있습니까?" 혹은 "여러분은 Equal Employment Opportunity Commission(EEOC)의 성희롱에 대한 지침을 읽어본 적이 있습니까?" 여섯째, 속어 표현이나 전문어 사용을 피하라. 이와 같은 표현은 빨리 변하며 하부 집단에 따라 다르게 사용된다. 일곱째, 짧은 질문이 긴 질문보다 낫다. 여덟째, 질문은 일관되게 주어져야 한다. 동일한 구성개념을 측정하는 다수의 문항들의 지시문과 응답 세트는 동일해야 한다.

응답자들은 세심한 주의를 기울이며 질문이나 진술문에 단어가 사용되는 방식으로부터 의미를 추론한다는 점을 기억하라. 따라서 대화 규범뿐만 아니라 이러한 이슈들도 고려하는 것이 여러분이 바라는 종류의 응답을 끌어내는 질문과 진술문을 작성하는 데 도움을 줄 것이다(Dillman, Smyth, & Christian, 2009; Schwarz, Groves, & Schuman, 1998). 잠재적인 응답자들과 동일한 특성을 지니고 있는 사람들을 대상으로 설문조사 문항을 사전검사해보는 것이 여러분의 질문이 의미 있는지 그리고 이해할 수 있는지 확인해보는 데 도움이 될 수 있다.

폐쇄형 질문 질문 형식에는 두 가지가 있다. 첫 번째 것은 폐쇄형 질문이다. 응답자들이 질문을 요청받은(혹은 진술문을 받은) 다음, 응답 세트에서 대답을 고른다면, 그 질문은 **폐쇄형**(closed)이다. "예" 혹은 "아니오"라는 간단한 대답을 요구하는 질문도 폐쇄형 질문이다. 마찬가지로, 특정한 정보를 요구하는 질문도 폐쇄형 질문이다. 예를 들어, "당신은 몇 살입니까?"라는 질문 역시 폐쇄형 질문인데, 왜냐하면 단순히 "나는 23살입니다"라고 대답하는 것이 그 질문에 대한 대답이기 때문이다. 폐쇄형 질문에는 어떤 다른 설명이나 기술이 필요하지 않다. 폐쇄형 질문은 설문조사와 설문지 조사에서 가장 자주 사용되는 형식의 질문인데, 왜냐하면 이 형식의 질문에 대한 응답에 수치를 할당할 수 있기 때문이다.

폐쇄형 질문은 또한 태도나 지각을 포착하는 데 이상적이다. 일반적으로 구성개념들[예, 상호작용 관여(interaction involvement),[72] 커뮤니케이션 적응력(communication adaptability)[73]]을 측정하는 데는 다수의 문항이 필요하다. 이

---

72) 자각(awareness)과 대응성(responsiveness)의 측면으로 구성되어 있는 상호작용 관여는 대인 커뮤니케이션을 자기, 타인, 그리고 상황이라는 요소들을 포함하는 상호거래적인 관계로 설명한다(역자 주).

73) 커뮤니케이션 적응력이란 상황의 특정한 필요성이나 어떤 특정한 시기의 관계를 토대로

러한 종류의 척도상에는 표준화된 응답 세트가 질문이나 문항에 제공된다. 예를 들어. 관계 유지(relational maintenance)[74] 척도(Stafford, Dainton, & Haas, 2000)의 각 문항은 7점 라이커트형 척도로 짝지어져 있다. 참여자들은 각 문항 (예, "나는 내 파트너에 대한 사랑을 보여준다")을 읽은 다음 제공된 응답 세트 (예, '1 = 매우 동의하지 않는다'에서 '7 = 매우 동의한다')에서 하나의 응답을 선택한다. 각 응답에는 수치가 할당되어 있으며, 척도 내 모든 항목에 대한 응답에 할당된 수치를 모두 합하여 하나의 점수가 만들어진다. 그러한 수치와 점수는 통계적 검정에 사용될 수 있다.

많은 커뮤니케이션 구성개념이 척도로 조작화되어 있다. 여러분 자신의 척도를 개발하기에 앞서 연구 문헌이나 루빈 등(Rubin et al., 2009)의 척도 모음집을 먼저 확인하라.

여러분이 기존 척도를 사용하든 여러분 자신의 척도를 만들든, 자극 진술문이나 자극 질문은 응답자들이 그들의 응답을 맥락화하고 여러분이 무엇을 찾고 있는지 이해하는 데 도움을 줘야 한다. 예를 들어, 가족 커뮤니케이션 표준 도구 (Family Communication Standards Instrument)의 자극 진술문은 다음과 같다:

> 사람들마다 가족 구성원은 서로 소통해야 하는 방식에 대해 서로 다른 신념을 가지고 있습니다. 가족 구성원들은 어떤 때는 그러한 기준에 부응하지만, 또 어떤 때는 부응하지 않을 수도 있습니다. 이 설문지를 위해 당신이 좋은 가족 커뮤니케이션이라고 간주하는 것에 대해 생각해보기 바랍니다. 그런 다음, 다음 각 항목에 대해 그것이 좋은 가족 커뮤니케이션을 반영하는 정도의 측면에서 응답해주기 바랍니다. 이것은 좋은 가족 커뮤니케이션을 위해 행해져야 하는 것에 대한 당신의 신념을 나타내는 것이지, 여러분 자신의 가족이 항상 이러한 기대에 부응했다는 것을 반드시 의미하는 것은 아니라는 점을 잊지 말기 바랍니다(Graham, 2009, p. 152).

보다시피 자극 진술문은 응답자들이 그들이 대답할 질문의 유형에 주목하게 하고 설문지를 완성하는 데 필요한 전반적인 설명을 제공한다. 만약 여러분이 설문조사를 통해 몇 가지 구성개념을 측정한다면, 여러분은 설문조사 전체에

자신의 커뮤니케이션을 조정하려는 자발성과 능력을 말한다(역자 주).
74) 관계를 유지하기 위해 관계 파트너들이 보여주는 다양한 행동을 말한다(역자 주).

대한 전반적인 설명뿐만 아니라 각 섹션별로 별도의 자극 진술문도 필요하다.

폐쇄형 질문용 응답 세트 폐쇄형 질문용 응답 세트에는 여러 가지가 있다. 그 가운데 하나는 **명목형** 혹은 **범주형** 응답 세트이다. 이것은 세트 속의 응답들에 수치에 해당하는 값이 없음을 의미한다. 직장에서의 커뮤니케이션 선택에 대한 설문조사에서 연구자는 다음과 같이 묻는다:

당신은 어디에 해당합니까?(해당하는 박스에 체크하시오):

☐ 사무직원
☐ 유지보수팀원
☐ 관리팀원
☐ 생산팀원

응답자들은 스스로를 명명하거나 범주화하도록 요청받고 있다. 대답에는 자연수치[75]가 포함되어 있지 않다. 바꾸어 말하면, 하나의 대답이 다른 대답보다 더 높거나 더 낮은 값을 지니고 있지 않다. 따라서 이러한 유형의 질문은 각 범주의 빈도를 계산하는 데만 사용될 수 있다.

5장에서 설명한 대로 명목형 혹은 범주형 응답은 흔히 응답자들에 대한 인구통계학적 정보(예, 나이, 성별, 결혼 상태, 고용 상태, 사회경제적 지위, 교육, 수입, 직업, 종교, 인종 및 민족 배경)를 얻기 위해 사용되며, 이러한 응답 세트를 개발할 때 특별히 고려할 점이 있다. 응답 세트의 옵션들은 망라적이고, 상호 배타적이며, 동등해야 한다. **망라적**이라 함은 모든 가능한 선택이 표시됨을 의미한다. **상호배타적**이라 함은 응답 세트에서 응답자가 선택할 정답이나 최상의 답이 하나뿐임을 의미한다. 만약 응답자가 자신의 대답으로 표시할 수 있는 선택이 2개가 있다면 그 응답 세트는 상호배타적이지 않다. **동등함**이란 응답 선택항들이 서로 대등함을 의미한다.

직장에서의 커뮤니케이션 선택에 대한 앞의 예에서, 언뜻 보기에는 모든 직원이 그들을 가장 잘 나타내는 응답을 선택할 수 있을 것처럼 보인다. 그러나

---

75) 자연수(自然數: natural number)는 수를 셀 때나 순서를 매길 때 사용되는 수이다(역자 주).

엔지니어들은 그들이 어디에 해당하는지 알지 못할 수도 있을 것이다. 감독 책임이 있는 엔지니어는 관리팀원인가 아니면 생산팀원인가? 따라서 각각의 응답이 직무 기능에 대한 선택이기 때문에 동등한 것처럼 보이기는 하지만, 망라적이지도 않고 상호배타적이지도 않기 때문에 이 응답 세트는 만족스럽지 않다.

연구자들은 흔히 그들이 고려하거나 확인하지 못한 응답을 포착하거나 단지 소수의 응답자들에게 해당할 것이라고 믿는 범주를 포함하기 위해 '기타'라는 응답을 추가한다. 이 전략에 지나치게 자주 의존하게 되면 해석할 수 없는 데이터를 얻게 될 것이다. 망라적이고, 상호배타적이며, 동등한 응답 세트를 개발하려면 맥락과 모집단에 대해 생각해보라. 다른 폐쇄형 질문 설문조사 문항의 응답 세트를 살펴보면 여러분 자신의 것을 개발하는 데 도움을 받을 수 있을 것이다. 그러나 너무 많은 인구통계학적 문항을 포함하는 것에 대해서는 조심할 필요가 있다. 어떤 응답자는 이것을 민감한 질문으로 간주하고, 이러한 문항에 답변하지 않을 수도 있다. 여러분의 연구문제에 답하거나 가설을 검정하는 데 필요한 인구통계학적 정보만을 묻는 것이 가장 좋다. 만약 인구통계학적 데이터를 수집할 필요가 있다면, 이러한 데이터를 설문조사의 맨 마지막에 수집하는 것을 고려해보라.

라이커트형 척도 폐쇄형 질문과 응답 세트를 제시하는 가장 흔한 방식은 **라이커트형 척도**를 통한 방식이다. 이 다문항 척도는 응답자들에게 다음(혹은 다음과 유사한) 선택지를 제시하면서 설문지 문항에 응답해줄 것을 요청한다: 매우 동의한다, 동의한다, 중립, 동의하지 않는다, 매우 동의하지 않는다. 사실만을 놓고 보자면, 단일 문항도 라이커트 척도이고 어떤 구성개념에 대한 척도를 포함하는 다문항도 라이커트 척도이다(Uebersax, 2006). 데이터를 통계 처리하기 위해 수치들이 각각의 응답 선택지들에 할당된다. 수치들은 등간수준의 데이터로 간주되기 때문에, 일단의 질문에 대한 응답을 더해서 그 변인에 대한 총점을 구할 수 있다.

대부분의 설문조사 응답 세트는 5점 척도를 응답 선택지로 가지고 있다. 때로는 응답 세트가 7점 척도로 확장되기도 한다. 예를 들어, 7점 척도는 '항상, 매우 자주, 자주, 때때로, 드물게, 매우 드물게, 전혀'와 같은 응답 세트를 가질 수 있다. 통상, 가장 긍정적인 평가를 나타내는 응답 선택지가 가장 큰 수치를 가진다. 가장 흔히 사용되는 라이커트형 응답척도의 경우, 숫자 5는 일반적으로 '매우 자주' 혹은 '전적으로 동의한다'에 주어진다.

그러나 특히 척도가 민감한 항목이나 부정적인 단어를 사용한 항목을 측정할 경우(예, "나는 나의 가족 구성원들과 싸운다"), 여러분은 수치를 빼고 단어 앵커(word anchor)만을 사용하길 원할 수도 있다. 만약 단어 앵커들이 가장 강한 것에서부터 가장 약한 것으로 논리적 순서대로 배열되어 있다면, 응답자들은 숫자 앵커가 필요 없다. 실제로 어떤 설문조사 전문가는 숫자 레이블(label)을 포함하는 특별하고도 의도적인 목적이 없다면 숫자 레이블을 뺄 것을 권고한다 (Dillman et al., 2009). 응답자들이 정직한 대답을 제공하겠다는 동기 부여가 낮을 수도 있는 문항을 다루는 또 다른 방법은 응답 세트의 순서를 바꾸는 것이다. 다음 예에서 형식 A보다 형식 B가 권장되는데(Barnette, 2000), 왜냐하면 질문이 긍정형이면서 직설적으로 진술되어 있기 때문이다. 만약 어떤 척도가 형식 B와 같은 몇 개의 문항을 가지고 있다면, 이러한 문항들은 함께 묶어 응답자가 질문마다 다른 응답 세트들 사이를 왔다 갔다 하지 않도록 해야 한다.

형식 A(추천하지 않음)

나는 내 부모와 이야기를 나누는 것을 좋아하지 않는다.

매우 동의하지 않는다   동의하지 않는다   중립   동의한다   매우 동의한다

형식 B(추천함)

나는 내 부모와 이야기를 나누는 것을 좋아한다.

매우 동의한다   동의한다   중립   동의하지 않는다   매우 동의하지 않는다

라이커트형 응답 세트는 일반적으로 응답 옵션의 수가 홀수이며, '동의하기도 하고 동의하지 않기도 한다'(agree and disagree)나 '모르겠다'(undecided)와 같은 중간 혹은 중립 응답을 제시한다. 이것은 때로 응답자의 신념이나 대답을 정확하게 포착해주기도 하지만, 많은 응답자는 해당 질문에 대한 충분한 정보를 가지고 있지 못하거나 어떤 의견을 가지고 있지 않을 때 이 중간 범주를 사용할

| 표 8.2 5점 라이커트형 척도용 응답 세트 대안들

설문조사 문항 유형	응답 세트 대안의 예				
빈도	매우 자주	꽤 자주	이따금	드물게	전혀 없음
	항상	대개	때때로	드물게	전혀 없음
감정	매우 긍정적	대체로 긍정적	모르겠음	대체로 부정적	매우 부정적
평가	탁월함	아주 좋음	좋음	그저 그럼	나쁨
만족도	전적으로 만족	대체로 만족	모르겠음	대체로 불만족	전적으로 불만족
동의	전적으로 동의	대체로 동의	모르겠음	대체로 부동의	전적으로 부동의
정확성 혹은 추천	전적으로 사실	어느 정도 사실	모르겠음	어느 정도 사실 아님	전적으로 사실 아님
비교	다른 사람(것)들보다 훨씬 더함	다른 사람(것)들보다 다소 더함	다른 사람(것)들과 비슷함	다른 사람(것)들보다 다소 덜함	다른 사람(것)들보다 훨씬 덜함

것이다. <표 8.2>는 여러분이 각기 다른 유형의 폐쇄형 질문에 대한 적절하고 의미 있는 응답 세트를 찾아내는 데 도움을 줄 수 있다.

　　이러한 응답 세트들이 어떻게 균형을 이루고 있는지 주목하라(Fink, 1995a). 바꾸어 말하면, 양 끝점이 서로 정반대라는 것이다. 또한 선택지 간의 간격이 대략 같다는 점에도 주목하라. 중립 범주를 사용함으로써 여러분이 의도한 바와 다른 데이터를 얻을 수도 있고, 혹은 응답자들이 그 질문에 답하지 않는 것에 대한 변명으로 중립 선택지를 사용할 수도 있다는 점을 기억하라. 따라서 중립 범주가 타당한 응답이 될 수 있을 때만 그것을 중간점으로 사용하라. '의견 없음'이나 '모르겠음'을 중립 선택지로 사용하는 것에 주의하라. 의견이 없는 것과 부분적으로는 찬성하고 부분적으로는 반대하는 의견을 가지고 있는 것은 서로 다르다. 그러나 '의견 없음'이나 '모르겠음'이라는 응답이 여러분의 설문지나 설문조사 토픽에 적절할 때는 이러한 선택지를 사용하라(Schwarz et al., 1998).

　　마지막으로, 단어 선택지를 신중하게 선택하라. 왜냐하면 여러분은 분명히 대개(usually), 때때로(sometimes), 그리고 드물게(seldom)를 서로 구분할 수도 있지만, 이 척도를 사용하는 다른 사람들은 이 세 단어를 서로에 대한 동의어로 볼 수도 있기 때문이다.

의미분별척도 폐쇄형 질문에 흔히 사용되는 또 하나의 응답 세트로 **의미분별 척도**(semantic differential scale)가 있다(Osgood, Suci, & Tannenbaum, 1957). 각 질문이나 문항에 대해 정반대되는 단어들, 즉 양극성(bipolar) 형용사들이 양 끝에 앵커로 제시되고, 그 사이에 숫자가 있는 척도가 응답자에게 제시된다. 다음 예를 살펴보라. 짝을 이루고 있는 형용사들이 서로 정반대임에 주목하라. 단어 앵커들 사이에 연속적으로 나열되어 있는 7개의 숫자는 응답자가 한쪽 혹은 다른 한쪽 앵커에 동의하는 정도를 나타낸다.

우호적이지 않은	1	2	3	4	5	6	7	우호적인
만족하지 않는	1	2	3	4	5	6	7	만족하는

첫 번째 예에서, 만약 어떤 응답자가 7에 동그라미를 친다면, 이 응답자는 자신이 대답할 대상인 그 사람이 우호적임을 나타내고 있는 것이다. 만약 어떤 응답자가 3에 동그라미 표시를 한다면, 이 응답자는 평가 대상인 사람이 우호적이기보다는 좀 더 우호적이지 않음을 나타내고 있는 것이다. 숫자 4가 가리키고 있는 척도의 중간점은 평가 대상자가 우호적인지 우호적이지 않는지 응답자가 확신하지 못할 경우에 사용된다. 두 번째 예에서, 응답자들이 7, 6, 혹은 5에 동그라미를 친다면, 그들은 그들이 수행한 어떤 특정한 커뮤니케이션 행동에 대해 어떤 만족한 수준을 나타내는 것이다.

연속선의 양끝에만 단어 앵커가 있는 것에 주목하라. 이것은 응답자들로 하여금 그들이 자극이나 대상(예, 대상물, 커뮤니케이션 행위나 과정, 자기 자신이나 다른 사람, 혹은 심지어 어떤 추상적인 개념)에 대해 갖는 의미를 선택할 수 있게 한다. 하나의 연속선과 서로 짝을 이루는 상반되는 형용사들은 응답자들의 평가를 포착하며, 자극이나 대상에 대한 태도나 선유성향(predisposition)[76]을

---

76) 수용자 개인의 경험과 학습을 통해 살아오는 과정 속에서 형성된 취향, 신념, 사상, 이념 등을 말한다(역자 주).

측정하기 위해 흔히 사용된다.

4) 개방형 질문

두 번째 질문 형식은 개방형 질문이다. 응답자가 자기 자신의 말로 어떤 질문에 응답한다면, 그 질문은 **개방형 질문**(open question)이다. 이 질문 형식을 통해 여러분은 여러분 자신의 관점이 아닌 응답자 관점의 데이터를 얻는다 (Fink, 1995a). 개방형 질문에 대한 응답은 통계적 검정에 사용하기 위해 숫자 형식으로 옮기기가 어렵다. 이런 이유로 개방형 질문이 사용되는 경우는 드물며, 흔히 폐쇄형 질문이 끝난 후 설문조사 말미에 사용된다.

여러분이 조사하고 있는 토픽이 비교적 새로운 것일 때, 개방형 질문이 특히 도움이 된다. 예를 들어, 어떤 연구자가 응답자들이 후보를 선택하기 위한 정보를 얻기 위해 웹사이트를 사용하는지 그리고 사용한다면 어느 정도 사용하는지 알고 싶어 한다고 해보자. 이 연구자가 폐쇄형 질문을 통해 컴퓨터 이용가능성 및 웹 사용에 대해 물은 후에 제시하는 개방형 질문은 웹사이트가 얼마나 영향력 있는지 알 수 있는 좋은 방법이 될 수 있을 것이다. <표 8.3>의 예들을 살펴보라.

개방형 질문은 다수의 응답을 만들어낼 것이다. 따라서 참여자들의 응답은 서로 비교할 수 없을 수도 있다. 예를 들면, 한 응답자는 자신이 자주 방문하는 웹사이트의 URL을 제공할 수 있는 한편, 다른 응답자는 후보자가 속한 정당이 후원하는 웹사이트와 후보자와 후보자의 견해를 기술하는 비공식적인 웹 페이

▍표 8.3 **전화 혹은 대면 면접을 위한 개방형 및 폐쇄형 질문의 예**

질문 형식	예
폐쇄형	당신은 인터넷을 이용할 수 있습니까?
폐쇄형	(만약 응답자의 대답이 "예"이면) 당신은 구글을 이용해 온라인 검색을 합니까?
개방형	(만약 응답자의 대답이 "예"이면) 당신은 온라인에서 무엇을 찾습니까?
폐쇄형	당신은 정치 후보자나 정당에 대한 정보를 찾아본 적이 있습니까?
개방형	(만약 응답자의 대답이 "예"이면) 그러한 사이트에 있는 어떤 정보가 도움이 됩니까? 혹은 정치 정보를 담고 있는 사이트의 어떤 점이 마음이 듭니까?

지를 구분하는 데 어려움이 있음을 인정한다. 여러분도 상상할 수 있듯이 개방형 질문에 대한 응답은 흔히 비교하고 해석하기가 어렵다. 만약 여러분이 설문조사 설계에 개방형 질문을 반드시 사용해야 한다 하더라도, 자주 사용하지는 않는 것이 좋다.

개방형 질문은 사람들이 응답하는 방식에 의존한다. 따라서 연구자들은 적절한 대답을 구성하는 요소들이 무엇인지 고려해서 그러한 요청사항을 질문에 포함할 필요가 있다. 좋은 개방형 질문은 모든 응답자들에게 동일 방식으로 전달되는 질문이다. 간단히 말해, 만약 적절한 대답을 구성하는 요소가 무엇인지에 대한 지각이 응답자마다 다르다면, 그들의 대답은 여러분이 측정하고자 하는 것과 아무 관련이 없는 이유로 서로 달라질 것이다. 예를 들어, 학생들이 그들의 대학교와 동질감을 표시하는 방식에 관한 연구에서 한 연구자는 "당신은 노쓰 캐롤라이나 주립대학교(North Carolina State University)를 어떻게 기술할 것입니까?"라고 묻고 싶었다. "그것은 공립대학교입니다," "그것은 내가 학위를 받을 곳입니다," "좋은 공과대학이 있는 곳입니다," "그것은 전통이 있는 학교입니다; 내 어머니와 아버지도 그 대학을 졸업했습니다"와 같은 대답이 나올 수 있을 것이다. 이러한 모든 대답과 다른 대답이 나올 수 있고 모두 합당한 대답이다. 그러나 "노쓰 캐롤라이나 대학교 학생으로서 당신은 앞으로 입학할 학생들에게 여러분의 대학을 어떻게 기술하겠습니까?"라고 질문을 던지는 것이 더 좋은데, 왜냐하면 이 질문이 그 연구자가 찾고 있던 종류의 대답을 더 잘 구체화하고 있기 때문이다.

다른 개방형 질문에서 참여자들은 그들이 경험했던 에피소드나 과거의 상호작용을 떠올려달라는 요청을 받는다. 연구자들은 **회상 단서**(recall cue)를 사용해 그들이 관심을 가지고 있는 이슈에 대한 참여자들의 주목을 이끌어 내거나 그들의 주목을 어떤 특정 종류의 상호작용으로 제한한다. 예를 들어, 만약 여러분의 연구가 친밀한 친구관계를 조사하고 있다면, 회상 단서를 다음과 같이 제시할 수 있을 것이다: "가장 친한 친구에 대해 생각하면서 다음 각 질문에 대해 간략한 응답을 작성해주세요." 혹은 만약 여러분이 여행자들의 현지 관습에 대한 이해를 조사하고 있었다면, 회상 단서를 다음과 같이 제시할 수 있을 것이다: "당신이 어딘가로 여행을 떠났는데 현지 언어를 말하지 못했던 경우에 대해 생각해보기 바랍니다. 그 여행을 떠올리면서 당신이 현지 관습을 이해하지 못했을 때 어떤 느낌을 받았는지에 대해 적어주기 바랍니다." 개방형 설문조사 응답에는 늘 회상 단서가 필요하지만, 또한 폐쇄형 질문으로 이루어진 질문지의 시작 부분에서 회상 단서를 사용하는 것도 유용할 수 있다.

회상 단서는 매우 구체적이어야 하며, 응답자들이 제시하는 대답을 제한해야 한다. 여러분이 회상 단서를 포함할 필요가 있을 때, 설문조사를 실행하기 전에 시험적으로 사용해보라. 회상 단서는 응답자들이 무슨 일이 일어났는지, 그것이 어디에서 일어났는지, 그리고 누가 관여되어 있는지 언급할 때 효과적이다. 고등학교 졸업 후 어디에서 살았는지를 기억해내는 것과 같이, 자료가 본래부터 시간적 혹은 역사적 순서를 포함하고 있지 않다면, 참여자들에게 가장 최근의 사건으로 시작해달라고 요청하는 회상 단서가 일반적으로 더 효과적이다(Schwarz et al., 1998). 회상하는 데는 약간의 시간이 필요할 수도 있기 때문에, 만약 여러분이 대면 설문조사나 전화 설문조사에게 회상 단서를 사용한다면, 참여자들에게 응답하는 데 충분한 시간을 주라.

만약 여러분이 (전화나 대면 방식에 의한) 상호작용적 방식에 개방형 질문을 사용하고 있다면, 응답자들이 말하는 방식 그대로 그들이 말하는 모든 것을 포착하라. 응답자가 말하고 있는 동안 응답을 코딩하거나 축약해서 적으려 하지 마라. 모든 데이터가 수집된 후에 코딩 절차에 들어가는 것이 가장 좋다. 만약 여러분이 서면 설문조사나 온라인 설문조사에 개방형 질문을 사용하고 있다면, 응답자들이 응답을 적는 데 필요하다고 생각하는 공간보다 더 넓은 공간을 제공하라. 여러분은 참여자들이 응답란의 크기에 한정해 응답하기를 원치 않을 것이다. 오히려 여러분은 그들이 가능한 한 많이 그리고 자세하게 적어주길 원할 것이다.

5) 개방형 질문과 폐쇄형 질문 선택하기

설문조사 설계 이슈를 요약하자면, 다음과 같은 경우에는 개방형 질문을 사용하는 것이 좋다:

① 응답자들 자신의 말로 직접 표현하는 것이 중요하여 여러분이 응답자들이 말하는 것을 인용할 수 있기를 원할 때.
② 응답자들이 자발적으로 그들 자신의 말로 질문에 답하고자 하고, 또 답할 수 있을 때.

③ 알려진 응답 선택지 세트가 없을 때.

④ 여러분이 기꺼이 응답한 말의 내용을 분석하고자 할 때.

다음과 같은 경우에는 폐쇄형 질문을 사용하는 것이 좋다:

① 응답 세트가 제대로 된 것이라는 데 대한 합의가 있을 때.

② 데이터에 대한 통계적 분석과 보고가 바람직하거나 필요할 때.

여러분의 선택과 상관없이, 다음과 같은 경고를 유념하라. 응답자들은 폐쇄형 응답 형식 속의 의견을 지지하는 것이 더 쉽다. 만약 여러분이 개방형 응답 형식에 의존한다면, 자진해서 의견을 제시하지 않을 수도 있다. 반면에 만약 여러분의 응답 세트가 어떤 잠재적인 응답을 빼먹은 채 작성되어 있다면, 그 의견은 결코 보고되지 않을 것이다(Schwarz & Hippler, 1991). 여러분도 알다시피 두 응답 세트 형식 모두 데이터 수집에 대해 분명하고도 깊은 함의를 가지고 있다.

3. 설문조사의 흐름 디자인하기

여러분이 기존의 설문지나 측도를 사용하건 여러분 자신의 것을 만들건, 설문조사는 반드시 연구 참여자들에게 논리적이고 명확하게 제시되게끔 디자인되어야 한다. 다음과 같은 원칙들이 여러분이 그러한 설문조사를 디자인하는 데 도움을 줄 수 있다.

첫째, 설문조사와 그것의 각 섹션은 간략하고도 분명한 일단의 지시문을 필요로 한다(Nardi, 2006). 첫 번째 지시문은 설문조사의 전반적인 맥락을 설명해야 한다. 만약 여러분이 직장에서의 커뮤니케이션에 대한 데이터를 수집하고 있다면, 지시문에는 "설문조사에 응답할 때, 당신의 현재 혹은 가장 최근의 직장 경험을 생각해주시기 바랍니다" 혹은 "설문조사에 응답할 때, 당신이 직장에서 커뮤니케이션하는 방식에 초점을 맞추어주기 바랍니다"와 같은 내용이 포함될 수도 있을 것이다. 참여자들이 읽을 동의서 양식이나 동의문에도 설문조사에 대한 이러한 기본적인 기술이 포함되겠지만, 이러한 정보는 설문조사에 대한 전반적인 지시문에도 되풀이해서 제시되어야 한다.

전반적인 지시문 외에도, 설문조사의 각 섹션은 지시문을 필요로 한다. 참여자들이 설문조사를 살펴봄으로써 여러분이 그들에게 해주기를 원하는 것을 그들이 이해할 것이라고 기대하지 마라. 지시문은 다음과 같이 명확해야 한다: "응답 선택지에 동그라미를 쳐서 각 질문에 답해주세요" 혹은 "이 섹션에서는 다음 각 진술문에 동의하거나 동의하지 않는 정도를 선택함으로써 각 질문에 답해주세요."

설문조사 연구에서는 인구통계학적 정보를 요구하는 것을 흔히 볼 수 있다. 여러분의 연구문제나 가설은 이런 종류의 정보에 의존할 수도 있다. 그러나 너무 많은 인구통계학적 정보 요청을 포함하는 것에 대해서는 신중해야 한다. 이러한 정보를 아는 것이 흥미로울 수도 있지만, 여러분의 연구문제나 가설에 답하는 데 필요한 데이터만을 요청하라. 일반적으로 인구통계학적 정보는 설문조사 말미에 물어볼 것을 권고한다(Nardi, 2006).

물론 설문조사는 연구자가 참여해준 것에 대해 고마움을 표시하는 것으로 끝나야 한다. 연구자들은 흔히 여기에 그들의 연락 정보도 남긴다. 만약 설문조사 결과지를 반송해야 한다면, 완전한 정보, 지시문, 그리고 반송 기한을 제시하라.

1) 설문조사의 디자인

응답자들이 답해주기를 원하는 질문 목록과 설문조사는 동일한 것이 아니다(Dillman et al., 2009). 설문조사를 응답자들에게 전달하는 방식과 상관없이, 설문조사 디자인은 반드시 명확하고 복잡하지 않아야 한다. 왜 그런가? 설문조사가 응답자들에게 어떻게 보이는가 하는 것이 그들로 하여금 응답하도록 동기화할 수 있기 때문이다. 만약 여러분이 대면 면접을 사용하고 있다면, 여러분이 질문을 참여자들에게 쉽게 읽어주고, 또한 그들의 대답을 적을 수 있도록 설문조사가 명확하고 복잡하지 않아야 한다. 잘 디자인된 설문조사는 또한 무응답도 줄여준다.

설문조사 디자인에 대해 생각해보는 한 가지 방법은 잠재 응답자들과 대화를 해보는 것이다(Dillman et al., 2009). 질문과 질문 섹션은 논리적인 순서대로 되어 있어야 한다. 또한 조사 참여자들에게 현저한(salient), 즉 흥미롭고도 중요한 질문으로 설문조사를 시작하는 것이 가장 좋다. 설문조사를 통해 제시되는 시각적 표현은 매력적이고 일관적이어야 한다. 단순히 컬러나 회색 음영을 사용하는 것만으로도 응답자들이 설문조사를 진행하면서 이동해나가는 데 도움을 줄 수 있다.

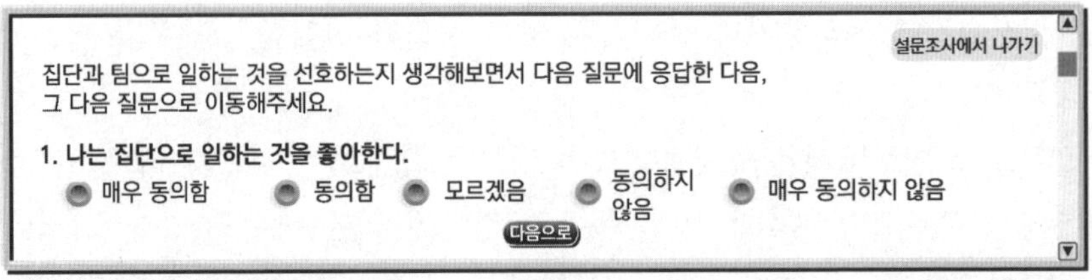

(a) 하나의 질문만 있는 스크린

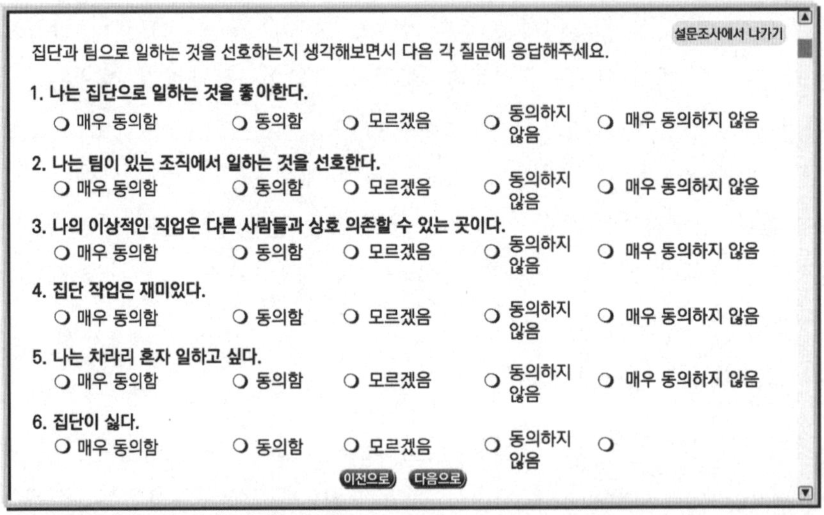

(b) 응답 세트가 있는 다수의 질문이 있는 스크린

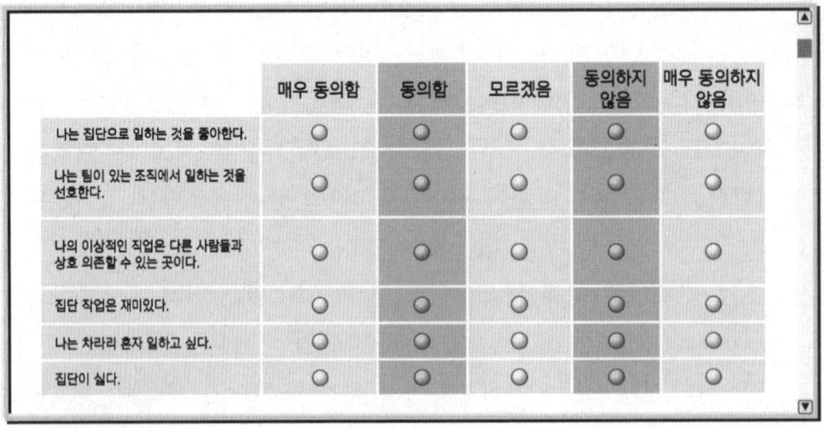

(c) 행렬표 양식의 스크린

〈그림 8.1〉 온라인 설문조사의 세 가지 디자인

설문조사 소프트웨어가 효과적인 디자인에 도움을 줄 수 있지만, 온라인 설문조사에 지나치게 많은 시각적 멋을 추가하는 것에 대해서는 조심할 필요가 있다. 한 페이지에 너무 많은 시각적 요소를 집어넣거나 너무 많은 수평선을 포함하는 것은 응답자들이 질문에 답하는 데 필요한 주의력을 분산시킬 것이다. 설문조사 소프트웨어는 질문이나 문항을 제시하는 여러 가지 방식을 제공한다. 행렬표 양식(<그림 8.1> 참조)은 필요한 공간을 줄여줄 수도 있지만, 동시에 참여자들이 응답하기 가장 어려운 양식이기도 하다. 딜먼 등(Dillman et al., 2009)은 다음과 같이 기술하고 있다: "최근에 우리가 본 한 설문조사는 단 하나의 스크린에 19개 문항이 있었으며, 각 문항은 1(형편없음)에서 10(탁월함)에 이르는 척도상에 평가하도록 되어 있었다. 하나의 스크린에 190개의 라디오 버튼이 있는 것이다!"(p. 180).

4. 설문조사 사전검사하기

여러분도 알다시피 연구자는 기존 설문지를 찾아내서 그것을 사용하든 새로운 설문지를 만들어 사용하든 상당한 시간과 에너지를 소비할 수 있다. 이러한 에너지가 낭비되어서는 안 된다. 따라서 도구를 사전검사하는 것은 좋은 생각이다. 때로는 **예비검사**(pilot testing)라고도 불리는 **사전검사**(pretesting)는 데이터 수집이 실제로 시작되기 전에 연구자가 모집단을 구성하고 있는 사람들과 비슷한 소규모 참여자 집단을 대상으로 설문조사를 시도해보는 것을 말한다. 이러한 유형의 사전검사는 실험이나 준실험연구 설계의 일부인 사전조사와 다름에 주의하라. 연구자가 설문조사를 사전검사할 때는 데이터가 수집되지 않는다.

설문조사를 사전검사하는 데는 네 가지 접근방식이 존재한다: 인지적, 전통적, 행동 코딩 및 전문가 패널(Presser & Blair, 1994; Presser et al., 2004). 사전검사에 대한 인지적 접근방식은 복수의 해석을 불러일으킬 수 있는 질문을 찾아내는 데 도움을 준다. 예를 들면, 여러분의 설문조사는 "당신은 자기 집을 소유하고 있습니까?"라는 질문과 '예' 혹은 '아니오'라는 응답 세트를 포함하고 있다고 해보자. 이것은 단순하고 간단명료한 질문인 것처럼 보인다. 연구자들은 설문조사에 참여하는 사람들이 이 질문에 대답할 수 있을 것이라고 기대할 가능성이 있다. **인지적 사전검사**(cognitive pretesting)를 통해서 여러분은 "당신은 자기 집을 소유하고 있습니까?"라는 질문에 대해 물어볼 수 있을 것이다. 어떤 참여자가 이 질문에 '예'라고 대답할 때, 이 대답은 이 응답자가 살고 있는 집을 개인적으로 소유하고 있음을 의미하는가 아니면 누군가와 함께 소유하고 있음을 의미하는가? '예'라고 대답할 때, 이 응답자는 집을 대출금 없이 전적으로 소유하고 있음을 의미하는가 아니면 주택 담보 대출금이 있음을 의미하는가? '예'라고 대답할 때, 이 참여자는 단독주택이나 콘도, 고층 아파트, 혹은 2세대 가옥을 의미하는가? 만약 이러한 차이가 여러분의 설문조사에 중요하다면, 여러분은 그 질문을 더 구체적으로 바꾸어 표현할 필요가 있을 것이다. 따라서 인지적 사전검사를 통해 연구자는 의미론적 문제, 즉 질문이 쉽게 이해되는 정도에 영향을 미치는 문제를 검사해볼 수 있다. 또 다른 예로, 만약 여러분이 사람들의 네트워크의 넓이에 대한 예측변인으로 사람들의 소셜 네트워크를 조사하고 그들의 거주 형태(living arrangement)를 살펴본다면, 거주 형태를 구체적으로 구별하는 것이 여러분의 결과 해석에 영향을 미칠 수 있다.

인지적 사전검사는 연구에 참여할 사람들과 비슷한 사람과 대면 방식으로 하는 것이 가장 좋다. 대면 방식을 통해 연구자는 사람들이 질문에 답하고자 할 때 그들의 비언어적 표현을 지켜볼 수 있다. 사람들이 질문이 의미하는 바에 대해 어떻게 생각하는지 알아보기 위해 탐색용 질문과 후속 질문이 사용될 수 있다. 분명, 인지적 사전검사는 연구자가 질문을 하고 정확히 연구자가 원하는 종류의

윤리적 이슈 참여해주시겠습니까?

설문조사 연구는 사람들이 그들에게 제시되는 질문에 기꺼이 응답하고 대답하는 정도에 의존한다. 참여자들에게 치우치는 이러한 자기-선택 편향은 이것과 선택된 모든 표본으로부터 응답을 얻으려는 연구자들의 바람과 긴장을 야기한다. 분명 연구자들은 사람들이 참여하거나 응답하도록 요구하거나, 위협하거나, 강요할 수 없다. 따라서 설문조사 연구의 과학적 필요성과 부분적으로나 전적으로 참여를 거절할 수 있는 사람들의 권리 사이에 긴장이 존재한다. 여러분의 참여를 거절하게 만드는 설문조사 토픽이 존재하는가? 연구자나 면접자의 어떤 말이나 행동이 여러분의 마음을 바꾸게 하는가? 최소한 세 가지 민감한 설문조사 토픽에 대해 생각해보라. 여러분은 참여 가능성을 높이기 위해 설문조사와 설문조사 관리를 어떻게 설계할 것인가?

데이터를 얻을 때까지 질문의 표현을 바꿀 수 있게 해준다는 장점을 가지고 있다.

두 번째 종류의 사전검사는 **전통적 사전검사**(conventional pretest)이다. 전통적 사전검사에서는 연구자가 모집단에 있는 사람들과 유사한 몇몇 사람들을 선택한다. 본 연구에서 설문조사가 이루어지는 것과 똑같이 설문조사가 이루어진다. 이러한 사전검사를 통해 연구자는 설문조사 과정에 대해 깊이 생각해볼 수 있고, 또 설문조사를 표본들에게 제공하거나 보내기 전에 설문조사 관리를 바꿀 수 있다. 전통적 사전검사는 면접자, 즉 설문조사 관리자의 경험은 얻을 수 있지만, 설문조사에 참여하는 사람들의 관점에 대한 정보를 얻지는 못한다.

엘리스(Ellis, 2000)는 교사들의 확증(confirmation) 행동에 대한 학생들의 지각을 평가하는 설문지를 개발했는데, 이 전략을 사용해 설문지가 연구 표본들에게 사용되기 전에 24명의 학생 집단을 상대로 설문지를 사전검사했다.

세 번째 종류의 사전검사는 **행동 코딩**(behavior coding)인데, 이것은 설문조사가 대면 형식으로 수행될 때만 사용된다. 행동 코딩 사전검사의 핵심 개념은 제3자로 하여금 면접자와 응답자 간의 상호작용을 모니터하게 하자는 것이다. 모니터 요원은 설문조사 과정 밖에 있는 사람이며, 따라서 문제를 확인하는 데 더 객관적이다. 모니터 요원은 상호작용이 일어날 때 그것을 관찰한다. 이것은 모니터 요원이 한 번에 단지 소수의 문제만을 찾아낼 수 있음을 의미한다. 모니터 요원은 면접자와 응답자 모두의 관점에서 문제를 찾아낼 수 있다. 여기에는 면접자가 여러 참여자들을 거치면서 문제를 읽어주는 방식을 바꾸는지, 어떤 응답자에게는 추가적 대답을 듣기 위해 탐색용 질문을 하면서 어떤 응답자에게는 그렇지 하지 않는지, 응답자들이 명확히 해줄 것을 요구하는지, 응답자들이 코딩할 수 없거나 예기치 않는 대답을 하는지 등이 포함된다. 행동 코딩을 사용하는 또 다른 방법은 면접자가 질문을 전달할 때 일관적인지 하는 것뿐만 아니라, 참여자가 응답을 생각해낸 후 전달하기까지 어느 정도 시간이 걸리는지를 판단할 수 있도록 면접을 영상 혹은 음성 녹화하는 것이다.

네 번째 종류의 사전검사는 **전문가 패널**(expert panel)을 사용하는 것이다. 이 유형의 사전검사에서는 연구방법론이나 설문조사 내용 전문가들이 설문지 전체를 함께 읽고 그들이 해당 설문조사의 잠재적 문제로 보는 것들에 대해 논의한다. 이들은 전문가이기 때문에 이러한 유형의 사전검사는 질문에 단어가 사용된 방식의 의미론적 문제와 면접자의 관리 기법뿐만 아니라, 설문조사가 끝난 후의 데이터 분석의 잠재적인 문제도 지적할 수 있다. 예를 들면, 뮬러와 리(Mueller & Lee, 2002)는 직장 경험이 있는 커뮤니케이션학과 대학원생을 이용해 지도자 행동과 커뮤니케이션 만족에 관한 설문지를 검토할 전문가 패널을 구성했다. 이 연구자들은 패널에게 분명하지 않은 단어 사용을 확인하고, 응답하기 쉬운 정도를 평가하며, 설문조사를 마치는 데 걸리는 시간을 알려줄 것을 요청했다. 전문가 패널의 피드백을 토대로 이 연구자들은 일부 용어와 응답자들이 설문지에 대답을 표시하는 방법을 명확하게 했다. 그런 다음, 수정된 설문조사를 사용해 정규직 직원들로부터 데이터를 수집했다. 여러분을 기꺼이 도와줄 전문가를 찾는 데 시간이 많이 걸리고 때로는 어려움도 따르지만, 전문가 패널로 사전검사를 하는 것은 설문조사 관리상의 문제를 확인하는 가장 생산적인 방법이다.

사전검사가 끝나면, 최종 수정이 이루어진다. 설문지를 복사하기 전에, 마지막으로 한번 교정을 보라. 설문조사 말미에 응답자들에게 설문 참여에 대한 감사 인사가 빠지지 않았는지 확인하라. 만약 여러분이 설문조사 데이터를 직접 수집한다면, 응답자에게 시간을 내서 협조해준 데 대해 고마움을 표시하라. 만약 응답자들이 우편이나 이메일로 설문조사 결과지를 반송해야 할 추가적인 절차가 남아 있다면, 구체적인 지시문과 합리적인 반송 기한을 제시하라. 또한 우편 설문조사의 경우 응답률을 높이기 위해 반송 주소와 반송 우표를 사용하는 것도 고려하라.

5. 설문조사의 표집 이슈

연구자들이 설문조사를 사용할 때는 6장에서 제시된 표집 이슈 외에 설문조사에 독특하게 나타나는 몇몇 이슈도 반드시 고려해야 한다.

1) 응답률

흔히 볼 수 있는 오류는 표본 크기와 응답률을 혼동하는 것이다. 이 둘은 다르다. **응답률**(response rate), 즉 회수율(return rate)이란 표본으로 뽑혀 참여를 요청받은 사람들 가운데서 응답을 하는 사람의 비율을 말한다. 응답률을 계산하는 쉬운 방법은 응답한 사람의 수를 표본의 일원으로 확인된 응답자의 수로 나누는 것이다. 예를 들면, 만약 여러분의 설문조사의 표본 크기가 잠재적으로 300명이었는데 이 가운데 175명이 응답했다면, 여러분 설문조사의 응답률은 58.33%(175 ÷ 300 = 0.5833)이다.

연구자들은 높은 응답률을 바라지만, 응답률에는 기준이 없으며 응답률은 설문조사 기법, 여러분의 설문조사 토픽이 흥미를 불러일으키는 정도, 그리고 여러분이 추구하고 있는 응답자의 유형에 따라 다르다. 수용 가능한 응답률을 어떻게 알 수 있을까? 한 연구는 2000년에서 2005년 사이에 경영학 학술지와 행동과학 학술지에 게재된 463편의 연구를 분석했다(Heerwegh & Loosveldt, 2008). 모든 유형의 설문조사를 통틀어 이들 연구의 평균 응답률은 52.7%(SD = 20.4)였다. 이것은 이들 연구 가운데 약 68%(정확하게는 68.26%)의 응답률이 32.3%에서 73.1% 사이에 있음을 의미한다. 그러나 응답률은 여러 요인에 의해 차이가 생김을 기억하라. 후나커와 캐리얀(Hoonakker & Carayon, 2009)이 조사한 바에 따르면, 우편 설문조사의 응답률(52.4%)이 가장 높았고, 웹 설문조사(50.5%)와 이메일 설문조사(32.8%)가 그 뒤를 이었다. 가능할 경우, 참여자들에게 보내는 이메일 초대장에 개인의 이름을 적어서 보내면 응답률이 더 높아진다고 한다(Heerwegh, 2005).

커뮤니케이션 연구자들이 흔히 사용하는 한 가지 기법은 학생들로 하여금 설문지를 돌리게 하는 것이다. 연구자들은 학생들에게 그들이 찾는 참여자의 유형에 관한 지시문을 제공한다. 캐싱(Kassing, 2009)은 학생들을 사용해 자신의 연구에 필요한 정규직을 가지고 있는 성인들을 찾아냈다. 240부의 설문지를 돌렸고, 60%가 회수되었다. 쉘던(Sheldon, 2009)은 외국인 학생을 자신의 연구에 참여시키기 위해 한 대학에 등록되어 있던 1,433명의 외국인 학생에게 이메일을 보냈다. 이메일에는 온라인 설문지로 연결되는 링크가 포함되어 있었다. 172명의 학생이 설문지에 응답해, 응답률은 12%였다. 만약 응답률이 낮을 것으로 생각한다면, 여러분은 과대표집(oversampling)하는 방법을 선택할 수 있을 것이다. 표본 크기를 늘림으로써 여러분은 또한 응답률을 늘릴 수도 있겠지만, 이것을 보장할 수는 없다.

불행하게도 모든 설문조사는 **무응답**(nonresponse), 즉 표본에 포함되어 있는 사람들로부터의 데이터 확보 실패를 겪을 것이다. 또 다른 문제도 존재하는 데, 어떤 설문지가 사용할 수 없는 형태로 반송되는 경우이다. 이러한 경우들은 대부분 참여자들이 설문에 끝까지 응하지 않아서 발생한다. 때로 참여자들은 제공된 응답 범주를 사용하는 대신 글로 소견을 적는다. 응답률을 계산할 때는 반드시 사용 가능한 설문지를 반송한 응답자의 수를 사용해야 한다.

6. 설문조사의 신뢰도와 타당도

설문지 조사와 설문조사에 가장 흔히 사용되는 종류의 신뢰도는 내적 신뢰도인데, 왜냐하면 다수의 문항이 하나의 구성개념을 측정하기 위해 사용되기 때문이다. 5장의 내용을 상기하면, **신뢰도**는 일관성을 의미한다. 예를 들어, 커뮤니케이션 적응력 척도(Communicative Adaptability Scale)는 30개의 문항을 포함하고 있다. 이 척도는 다음 6개 하부 구성개념으로 이루어져 있고, 각 하부 구성개념은 5개의 항목으로 구성되어 있다: 사회적 평정심(social composure), 사회적 확증(social confirmation), 사회적 경험(social experience), 적절한 공개(appropriate disclosure), 명료성(articulation) 및 재치(wit).

내적 신뢰도는 5개 항목으로 이루어진 각각의 세트가 해당 하부 구성개념을 일관되게 측정하는 정도이다. 크론바크 알파(Cronbach's alpha)라 불리는 내적 신뢰도 계수는 0에서 1까지의 값으로 표현되는데, 0은 5개의 항목이 내적 일관성이 전혀 없음을 나타내고, 1은 응답자들이 특정 하부 구성개념에 대한 5개의 질문 각각에 비슷한 방식으로 대답했음을 나타낸다. 완벽한 내적 신뢰도는 드물다. 일반적으로 커뮤니케이션 연구에서는 내적 신뢰도가 0.7 이상이면 적절하고 수용할 수 있는 것으로 간주된다. 이 정도의 신뢰도는 대부분의 경우 응답자들이 특정 구성개념 내의 대부분의 항목에 동일하거나 유사한 응답을 했음을 의미한다. 통계 프로그램들은 크론바크 알파를 사용하여 어떤 척도나 하부척도의 내적 신뢰도를 계산할 수 있다.

타당도는 정확성, 즉 설문조사나 설문지 조사가 그것이 측정하려고 하는 것을 평가하는 것을 의미한다는 점도 상기하라. 설문조사는 높은 **내용 타당도**(content validity)를 가지고 있어야 한다. 이것은 설문조사 도구나 문항이 그것이 측정하고자 한 것을 철저하고도 적절하게 측정함을 의미한다. 예를 들어, 부부 갈등이라는 구성개념을 조사하는 설문지는 가사 책임(household responsibility)

과 자녀양육 책임을 둘러싼 다툼에 대한 문항뿐만 아니라 남편과 아내 사이의 긴장 야기에 미치는 제3자(예, 시댁이나 처가 식구)의 영향에 대한 문항도 포함해야 한다. 설문조사 문항들에 대한 가장 기본적인 형태의 타당도는 **액면 타당도**(face validity)이다. 액면 타당도를 확실히 하는 좋은 방법은 스스로에게 "이 문항(혹은 문항들)이 적절한 언어로 필요로 하는 모든 질문을 하고 있는가?"라고 물어보는 것이다. 예를 들면, 성희롱을 측정할 때, 연구자는 성적 농담이나 부적절한 신체 접촉과 같은 성희롱과 자주 연관되는 행위들을 다루는 문항들을 포함함으로써 액면 타당도를 얻을 수 있을 것이다.

설문조사와 관련하여 **구성개념 타당도**(construct validity)는 설문조사가 실제로 어떤 특성을 가지고 있는 사람과 가지고 있지 않은 사람을 구분할 때 확립된다. 연구자들은 설문조사를 사용하여 커뮤니케이션 행동의 수준이나 유형을 밝혀내거나 확인한다. 예를 들어, 어떤 설문조사는 응답자들의 미디어 이용에 대해 물어볼 수도 있을 것이다. 이 설문조사가 미디어를 많이 이용하는 사람과 적게 이용하는 사람을 구분할 경우, 이 설문조사는 구성개념 타당도를 지니고 있다.

7. 설문조사 데이터 분석하기와 보고하기

설문조사나 설문지 조사를 통해 데이터가 수집되고 나면, 데이터는 반드시 해석되어야 한다. 연구자들은 많은 사람들로 구성된 표본으로부터 설문조사 데이터를 수집하기 때문에 그 결과를 표본이 추출된 모집단에 일반화할 수 있다. 이것은 중요한 포인트이다! 연구자는 어떤 개인이나 심지어 개인들의 집합에 관심을 가져서는 안 된다. 바꾸어 말하면, 모든 참여자들의 데이터가 결합되어 모집단에 대한 그림을 그려낸다.

데이터를 수집하는 유일한 방법으로서 설문지 조사나 설문조사를 사용하는 것의 약점 가운데 하나는 생성된 데이터가 대체로 기술적(記述的)이며 변인들 간의 관계를 기술만 할 수 있다는 것이다(11장에서 변인들 간의 관계에 대한 하나의 검정으로서 상관관계를 참조하라). 모든 변인에 관한 데이터가 하나의 시점에 수집되기 때문에, 한 변인이 다른 한 변인의 변화를 야기했음을 입증하기가 어렵다(Schwarz et al., 1998).

이러한 약점을 극복하는 한 가지 방법은 패널 설문조사 설계를 사용하는 것이다. **패널 설문조사**(panel survey)는 종단적 연구 설계이다. 설문조사 기법을 통해 데이터가 하나의 시점 이상에 수집된다. 이 경우, 사람들로 구성된 표본이 일정 기간에 걸쳐 반복해서 측정된다. 만약 동일한 사람들이 각 설문조사, 즉 웨이브(wave)에 참여한다면, 이 패널은 고정 패널(fixed panel)이다. 동일한 사람들 가운데 일부만 참여하고, 새로운 참여자가 추가된다면, 이 패널은 회전 패널(rotating panel)이다(Peng, Zhu, Tong, & Jiang, 2012 참조). 그럼에도 문제는 존재한다. 그러한 문제들 가운데 하나는 설문조사 변인들과 연관된 어떤 이유(예, 첫 번째 웨이브에서 결혼한 커플로 참여했지만 두 번째 웨이브 전에 이혼하는 경우)로 패널 설문조사를 떠나는 참여자들이다. 시점 1에서 어떤 변인을 측정하는 것이 시점 2에서 그 변인이 측정되는 방식에 변화를 야기한다는 일부 증거도 존재한다(Schwarz et al., 1998).

패널 설문조사를 통해 연구자들이 인과적 추론을 도출하고 일정 기간에 걸친 변화를 평가할 수는 있지만(Eveland & Morey, 2011), 패널 설문조사 역시 측정 오차뿐만 아니라 실제적인 문제에 시달린다. 예를 들어, 피터와 발켄버그(Peter & Valkenburg, 2009)는 노골적으로 성적인 인터넷 내용물에 장기간 노출되는 것이 청소년기 이후의 성적 만족에 어떻게 영향을 미치는지 알아보기 위해 설계된 패널 설문조사를 사용했다. 동일 표본을 대상으로 세 웨이브의 설문조사가 실시되었다, 첫 번째 웨이브는 2006년 5월과 6월에, 두 번째 웨이브는 2006년 11월과 12월에, 그리고 마지막 웨이브는 2007년 5월과 6월에 있었다. 첫 번째 웨이브에서는 2,341명이 응답했고 세 번째 웨이브에서는 1,052명이 응답해, 54%가 세 차례의 설문조사 모두에 응답했다. 이 연구와 다른 연구들에서 발생하는 패널 결손(panel attrition)은 표본 크기를 줄일 뿐만 아니라, 무응답은 무작위로 이루어지는 것이 아니기 때문에 대표성 또한 감소시킨다(Eveland & Morey, 2011).

커뮤니케이션 학자들은 이론을 기반으로 개발된 모델을 토대로 데이터를 검정해봄으로써 이러한 약점도 극복할 수 있다. 예를 들어, 피터와 발켄버그(2009)의 연구는 연구 문헌과 잘 발달된 이론을 토대로 가설을 제기하고 검정했다.

일반적으로 설문조사, 설문지 조사, 그리고 여론조사에서 가장 전형적인 질문 유형인 폐쇄형 질문을 통해 생성된 데이터는 전통적인 통계 도구를 사용해 해석할 수 있다. 이러한 데이터는 9장에 설명되어 있는 기술통계를 사용하여 체계화되고 기술될 수 있다. 이러한 도구들은 연구자가 기본 보고서를 작성하고 데이터를 설명하는 데 도움을 준다. 차이와 관계(각각 10장과 11장 참조)를 검정해주는 통계 도구를 사용하여 더 복잡한 해석을 할 수도 있다. 12장에 기술되듯이 개방형 질문에 대한 반응은 먼저 범주화하거나 내용분석이 이루어져야 한다. 이것이 이루어진 다음, 빈도 계산을 통해 데이터를 체계화하여 보고한다.

일단 분석이 되면, 분석결과는 연구보고서로 작성된다. 13장은 양적 연구보고서 작성법에 대해 자세히 기술한다. 만약 설문조사 데이터가 응답자들에게 제공될 것이라면, 도표, 표, 그리고 그래프가 이러한 데이터를 제시하는 효과적인 방법이다. 설문조사 데이터를 그래픽 형태로 보여줌으로써, 대부분의 사람들이 조사나 통계에 대한 배경지식이 없이도 그러한 정보를 이해할 수 있을 것이다. 만약 여러분이 데이터를 스프레드시트나 통계 프로그램에 입력했다면, 거기서 이용할 수 있는 그래픽 기능을 사용하여 다양한 시각적 표현을 만들 수 있을 것이다.

데이터의 사용과 상관없이, 데이터와 데이터의 결과가 맥락에서 벗어나거나 혹은 응답자들이나 설문조사나 설문지 조사의 맥락에 대한 기술 없이 보고되어서는 안 된다. 만약 여러분이 그래픽을 사용했다면, 데이터 보고에는 다른 사람들이 직접 그러한 데이터를 한눈에 해석할 수 있도록 적절하게 레이블을 표시해주어야 한다. 이것이 여러분이 데이터를 먼저 해석하는 것을 삼가야 함을 의미하지는 않는다. 오히려 누가 데이터에 대한 보고서를 읽거나 사용하건, 그 사람 역시 독자적으로 여러분이 도출한 것과 같은 결론에 도달할 수 있어야 한다. 데이터나 데이터의 결과를 여러분의 필요에 맞추게끔 강요하거나 설문조사의 목적에 부합하지 않을 때 부합하게끔 강요하는 것은 비윤리적이다.

》 요약

1. 설문조사와 설문지 조사는 커뮤니케이션 연구에 사용되는 가장 흔히 볼 수 있는 양적 방법이다.
2. 흔히 자기-기입식 설문조사는 편지, 웹, 혹은 이메일 통해 서면 형태로 전달되거나 혹은 면접자가 대면 질문을 하거나 전화로 질문을 할 수 있다.

3. 연구문제나 가설이 설문조사나 설문지 조사 설계를 이끈다.

4. 어떤 경우에는 기존의 확립된 설문지가 사용될 수 있고, 그렇지 않을 경우에는 연구자가 설문지를 개발해야 한다.

5. 회상 단서, 즉 자극 진술문은 참여자의 반응을 유도하거나 제한하는 데 필요하다.

6. 개방형 질문은 응답자로 하여금 자신의 말로 질문이나 진술문에 응답할 수 있게 한다.

7. 폐쇄형 질문은 표준화된 응답 세트가 완비되어 있어서, 응답자들은 연구자가 제공한 응답들 가운데서 선택하면 된다.

8. 많은 폐쇄형 질문은 응답자들이 5점 혹은 7점 라이커트형 응답 척도를 사용해 적절하게 응답할 수 있게 하며, 반드시 망라적일 뿐만 아니라 상호배타적이어야 한다.

9. 설문조사의 외관은 응답자들이 대답을 할 것인가와 어떻게 대답할 것인가에 영향을 미칠 수 있기 때문에 복잡하지 않고 읽기 쉬워야 하며, 또한 응답자들에게 어떻게 응답해야 할지 그리고 어디에 표시해야 할지를 분명하게 말해주어야 한다.

10. 어떤 연구 프로젝트에 설문조사를 사용하기 전에 예비 검사, 즉 사전 검사가 이루어져야 한다.

11. 응답률, 즉 참여해달라는 연락을 받은 후 응답을 한 사람 수를 참여를 수락한 사람 수로 나눈 비율과 표본 크기를 혼동해서는 안 된다.

12. 설문조사에 매우 중요한 신뢰도의 한 측면은 내적 신뢰도, 즉 다수의 질문이나 문항이 일관되게 동일한 구성개념을 측정하는 정도이다.

13. 데이터가 수집된 후, 연구자는 어떤 개인의 응답에 초점을 맞추는 것이 아니라 그 데이터 전체를 반드시 분석하고 해석해야 한다.

14. 설문조사 데이터는 하나의 시점에 수집되는데, 설문조사 데이터가 수집되기 전에 이론적 모델이 개발되어 있지 않다면, 이것은 데이터의 예측 능력을 약화시킨다.

개방형 질문	라이커트형 척도
무응답률	사전검사
사회적 바람직함 응답	설문조사
설문지 조사	예비검사
온라인 설문조사	웹 설문조사
응답률	의미분별척도
인지적 사전검사	자기-기입식 설문조사
자기-보고	전통적 사전검사
전문가 패널	패널 설문조사
폐쇄형 질문	행동 코딩
회상 단서	횡단적

9 장 기술통계, 유의수준, 그리고 가설 검정

이 장을 읽고 난 후 여러분이 할 수 있어야 하는 것들:

1. 정규곡선의 개념 설명하기.
2. 데이터의 분포로 데이터를 평가하고 데이터의 분포를 정규곡선과 비교하기.
3. 데이터세트 내의 각 변인에 대한 빈도 분포 및 빈도 다각형 만들기.
4. 데이트세트 내의 각 변인에 대한 평균, 중앙값, 그리고 최빈값 계산하고 해석하기.
5. 데이터세트 내의 각 변인에 대한 범위와 표준편차 계산하기.
6. 어떤 변인의 점수들의 평균과 표준편차 간의 관계 설명하기.
7. 명목 데이터를 요약 기술하기 위해 빈도 및 백분율 사용하기.
8. 기술통계 정확하게 계산하기.
9. 기술통계 정확하게 보고하기.
10. 연구 프로젝트에 사용되는 각 통계적 검정에 대한 적절한 유의수준 선택하기.
11. 정해진 유의수준을 토대로 가설에 대한 결정 내리기.
12. 표집기법, 유의수준, 그리고 가설 검정 간의 관계 설명하기.
13. 대립가설이 채택될 때와 귀무가설이 유지될 때 확인하기.

숫자는 연구자들이 **데이터**(data), 즉 커뮤니케이션 현상에 대한 정보를 수집하기 위해 사용할 수 있는 하나의 도구일 뿐이다. 숫자의 가장 기본적인 기능은 양적 커뮤니케이션 연구에 사용되는 변인의 질, 강도, 가치, 혹은 정도를 포착하는 것이다. 숫자는 본질적인 가치를 가지고 있지 않다는 측정에 관한 5장의 내용을 상기하라. 정확히 말하면, 숫자의 가치는 그 숫자가 수집된 맥락 속에서만 의미 있고 해석될 수 있다. 또한 각 변인은 반드시 조작화되어야 한다는 것, 즉 연구자들은 무슨 데이터가 어떻게 수집되는지를 반드시 구체화해야 한다는 점을 상기하라. 이러한 과정들은 연구자들로 하여금 조사되고 있는 내용과 조사되고 있지 않는 내용을 정확히 보여줄 수 있도록 도와주기 때문에 학술적 연구에 매우 중요하다.

이 장은 기술통계 외에 양적 커뮤니케이션 연구에 매우 중요한 두 개념인 통계적 유의성과 가설 검정에 대해서도 설명한다. 이러한 과학적 전통은 양적 연구 설계를 사용하는 커뮤니케이션 연구자들 사이에 매우 강하게 유지되고 있을 뿐만 아니라 매우 널리 받아들여지고 있어서, 흔히 설문조사와 같은 다른 유형의 양적 커뮤니케이션 연구에도 그대로 적용되거나 조정되어 적용된다. 우선, 데이터가 기술통계에 어떻게 사용되는지부터 살펴보자.

1. 숫자에서 통계로

각 참여자로부터 수집된 숫자 데이터, 즉 **원 데이터**(raw data)는 **데이터세트**(dataset), 즉 각 참여자 표본에 대한 원 데이터를 동일한 변인별로 모아놓은 것이다. <그림 9.1>은 데이터세트의 일례를 보여준다. 이 데이터세트에는 첫째 세로 행을 제외한 세로 행들은 이 연구의 변인들을 나타내는 한편, 가로 열들은 개인들의 응답을 나타낸다. 이 데이터세트에는 8개의 변인(*train*에서 *beh3* 까지)과 15명의 참여자의 응답이 존재한다. 이 데이터세트의 숫자들을 사용해 연구자들은 **기술통계**(descriptive statistics)라 불리는 또 다른 숫자들의 세트를 계산하는데, 기술통계는 각 변인과 데이터세트 전반에 대한 필수적인 기본 정보를 전달한다.

<그림 9.1>의 데이터를 살펴보라. 연구자는 원 데이터로부터 데이트세트 내의 각 변인을 요약해서 대표하는 4개의 숫자를 계산해낼 수 있다. **평균**(mean), **표준편차**(standard deviation), **범위**(range), 그리고 **사례 수**(number of cases)는 각 변인을 요약한 해석을 제공하는 데 흔히 사용된다. 이 장에서는 이들 각각에 대해 상세하게 논의한다.

참여자 식별번호 → 변수명

id	train	tolerate	livesup	type1	type2	beh1	beh2	beh3
703	1	0	5	3	3	0	0	1
704	1	0	3	3	3	0	0	1
706	1	0	4	1	2	0	0	1
707	1	0	2	3	3	1	0	1
708	1	0	4	3	3	1	0	1
709	1	0	4	1	4	1	0	1
710	1	0	3	1	2	1	0	1
711	1	0	4	3	3	1	0	1
712	1	0	2	1	2	1	0	1
713	1	0	3	3	0	1	0	1
714	1	0	3	0	2	0	0	1
715	1	0	4	3	2	1	0	1
716	1	0	4	1	2	1	0	1
717	1	0	5	3	3	1	0	1
901	1	0	4	1	2	0	0	1

원 데이터

변인 *livesup*의 기술통계:
N (즉 사례 수) = 15
평균 = 3.6 (총합 54 ÷ 사례 수 15)
표준편차 = 0.91
범위 = 2에서 5, 즉 3

〈그림 9.1〉데이터세트의 예

숫자는 기술적인, 즉 요약해주는 기능 외에, 연구되고 있는 변인들 사이의 관계에 대한 정보를 제공하고 연구자들이 표본에 대한 데이터를 살펴봄으로써 모집단에 대한 결론을 도출하는 데 도움을 주기 위해 더 복잡한 방식으로도 사용된다. 이러한 용도로 숫자들이 사용되는 것을 **추론통계**(inferential statistics)라고 하는데, 추론통계, 즉 통계적 검정의 몇 가지 유형에 대해서는 10장과 11장에서 다루어진다.

가설이나 연구문제가 어떤 종류의 통계적 검정을 요구하는지에 상관없이, 연구자들은 연구 참여자와 조사·연구되고 있는 각 변인에 대한 기본 정보를 반드시 해석하고 보고해야 한다. 연구자들이 데이터를 수집하고 해석하는 도구로서 숫자를 어떻게 사용하는지를 기본적으로 이해하는 것은 여러분이 연구자의 결론을 독자적으로 평가하는 것을 도와줄 수 있다.

그러나 그러한 요약 기술통계에 대해 다루기에 앞서, 우리는 정규곡선의 속성을 소개할 필요가 있다. 기술통계와 기술통계의 해석은 정규곡선과 불가분하게 연결되어 있다.

2. 정규곡선

한 변인에 관한 한 개인의 점수를 분석하거나 해석하는 것은 의미가 없다. 그 점수를 비교할 다른 데이터가 없다면, 연구자는 고립된 데이터 포인트(data point)에 머물러 있게 될 것이다. 개별 점수들을 해석하고 보고하는 것은 실용적이지도 않고 의미도 없다.

하나의 변인에 관한 많은 사람들로부터 수집된 데이터를 비교하는 것이 더 흥미롭고 더 유용하다. 예를 들어, 한 표본에 속해 있는 사람들의 리더십 평가 점수를 아는 것은 그 표본 내의 한 사람의 점수와 다른 사람의 점수를 비교해서 살펴볼 수 있는 기회와 점수 세트 전체를 살펴볼 수 있는 기회를 제공한다. 과학자들은 오랜 시간과 여러 학문 분야에 걸쳐 자연적인 원천들로부터 데이터를 수집해 온 결과, 데이터세트들의 빈도 분포가 어떤 특정한 모양을 가지는 경향이 있음을 발견했다(Jaeger, 1990). 이 모양은 정규곡선이며, 정규분포(normal distribution)는 통계학의 주요 원칙 가운데 하나이다. 정규곡선이 커뮤니케이션 현상 측정 시에 나타날 가능성은 적지만(Hayes, 2005), 정규분포는 가설 검정과 추론통계의 토대로 사용된다.

정규곡선(normal curve), 즉 종형 곡선(bell curve)은 점수들이나 다른 수치들의 이론적 분포이다. <그림 9.2>는 정규곡선을 보여주고 있다. 사례의 대다수가 가운데의 가장 높은 점 부근에 분포되어 있으며, 분포의 중앙에서 멀어질수록 사례 수는 계속적으로 줄어든다. 즉, 이 이론적 분포에서는 더 많은 응답이 극단적으로 높거나 극단적으로 낮은 값이 아닌 평균이나 평균 가까이에 분포한다. 정규곡선은 독특한 종 모양과 대칭성(곡선의 한쪽 절반은 다른 쪽 절반과 정확히 대칭)으로 인해 쉽게 알아볼 수 있다.

수평축은 한 변인의 모든 가능한 값들을 나타내는 한편, 수직축은 그러한 값들이 발생하는 상대적인 빈도를 나타낸다. 정규곡선(이것은 이론적 모델임을 기억하라)에서는 평균(평균 점수), 중앙값(분포의 한가운데에 있는 점수), 그리

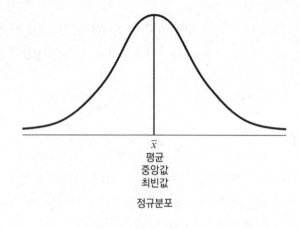

평균
중앙값
최빈값

정규분포

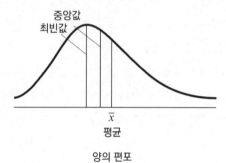

중앙값
최빈값

$\bar{x}$
평균

양의 편포

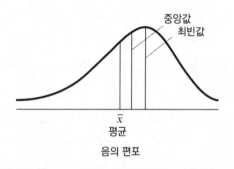

중앙값
최빈값

$\bar{x}$
평균

음의 편포

〈그림 9.2〉 점수들의 분포

고 최빈값(가장 자주 발생하는 점수)이 모두 동일한 값이며, 이 곡선을 정확히 반으로 나눈다. 어떤 변인의 데이터가 진정한 정규곡선을 나타낼 가능성은 매우 낮지만, 과학자들은 그들의 데이터의 정규성(normality)과 그들의 데이터의 분포가 정규곡선에서 벗어난 정도를 찾는다.

1) 편포

점수들의 분포가 정규곡선을 이루지 않을 때, 그것을 **편포**(片脯; skewed distribution)라 부른다. 이 곡선은 한쪽이 다른 한쪽과 대칭을 이루지 않는 좌우 비대칭이다. 따라서 평균, 중앙값, 그리고 최빈값이 같은 점에 있지 않다. 비대 칭도(skewness) 혹은 왜도(歪度), 즉 데이터의 분포가 한쪽이나 다른 한쪽으로 몰려 있는 정도는 점수들의 변동성(variability), 즉 산포(dispersion)를 직접적으로 반영한다.

양(+)의 비대칭 곡선(positively skewed 혹은 right-skewed curve)[77]은 분 포의 오른쪽 면에는 점수들이 거의 없는 분포를 나타낸다(<그림 9.2> 참조). 따라서 매우 높은 점수가 매우 적은데, 오른쪽을 가리키고 있는 긴 꼬리가 이것 을 보여준다. 양의 비대칭 곡선에서는 대부분의 점수가 곡선의 왼쪽 면, 즉 평균 아래쪽에 몰려 있다. 예를 들어, 커뮤니케이션 기량을 연마하는 데 매우 초점을 맞추고 있는 커뮤니케이션학과 학생들은 커뮤니케이션 불안(communication apprehension) 점수가 양의 편포를 이루고 있을 가능성이 있을 것이다. 왜 그런 가? 커뮤니케이션학과의 커리큘럼은 각 학과목이 커뮤니케이션 기량이나 수행 요소를 포함할 것을 요구한다. 학생들은 커뮤니케이션학과 수업을 들으면서 커 뮤니케이션을 하는 데 좀 더 편해지기 때문에 그들의 커뮤니케이션 불안은 상당 히 감소한다. 따라서 커뮤니케이션학과에는 커뮤니케이션 불안 점수가 매우 높 은 학생이 거의 없다.

이와 달리, **음(-)의 비대칭 곡선**(negatively skewed 혹은 left-skewed curve)은 분포의 왼쪽 면에 점수들이 거의 없는 분포를 나타낸다(<그림 9.2> 참조). 따라서 이 곡선에서는 매우 낮은 점수가 거의 없는데, 왼쪽을 가리키고 있 는 긴 꼬리가 이것을 보여준다. 음의 비대칭 곡선에서는 대부분의 점수가 곡선의 오른쪽, 즉 평균 위쪽에 몰려 있다. 커뮤니케이션학과 학생들의 예를 다시 들어보

---

77) 연봉 데이터를 예로 들면, 일반적인 회사의 경우 많은 사원이 비교적 적은 연봉을 받지만, 점점 더 적은 사람이 매우 많은 연봉을 받아 오른쪽으로 갈수록 빈도가 낮아지면서 꼬리가 길어지는 분포를 보인다. 이 경우, 소수의 고액 연봉자들이 평균을 끌어올려 최빈값 < 중 앙값 < 평균이 된다. 따라서 평균이 중앙값보다 크면 데이터는 오른쪽으로 길게 늘어지게 되어 왜도가 0보다 큰 양수가 되므로 이러한 분포를 '양의 비대칭' 분포라 부른다(출처: http://blog.naver.com/PostView.nhn?blogId=istech7&logNo=50154573592&redirect= Dlog&widgetTypeCall=true)(역자 주).

면, 이 학생 표본은 또한 커뮤니케이션 역량(communication competence) 점수가 음의 편포를 이룰 가능성이 있다. 각 수업을 통해 커뮤니케이션 기량이나 수행 요소를 갖춤에 따라 학생들은 그들의 상호작용에 더 능숙해진다. 따라서 이 학과에는 커뮤니케이션 역량 점수가 매우 낮은 학생들이 매우 적다.

비대칭 곡선상의 평균, 중앙값, 그리고 최빈값의 상대적 위치에 주목하라. 평균은 기울어진 면(즉, 긴 꼬리가 있는 면) 쪽으로 당겨진다.[78] 따라서 양의 편포에서는 평균이 항상 세 중심 경향성(central tendency) 측도 가운데 가장 큰 값을 가질 것이고, 음의 편포에서는 항상 가장 작은 값을 가질 것이다. 분포가 비대칭을 이룰 때는 중앙값이 평균보다 더 나은 중심 경향성 측도이다.

2) 데이터의 분포

데이터를 수집할 때 언제나 첫 번째 단계는 여러분이 수집한 양적 데이터로 이루어진 데이터세트 내의 각 변인의 빈도 분포를 밝히는 것이어야 한다.

빈도 분포를 만드는 것은 간단하다. 점수들을 내림차순으로 나열한 다음, 각 점수가 발생하는 횟수를 확인하라(<그림 9.3>). 이 단계들이 끝나면, 여러분은 분포의 정규성을 잘 이해하기 위해 빈도 분포 다각형(frequency distribution polygon)을 만들 수 있다. 이러한 종류의 다이어그램에는 수평축 상에 해당 변인이 가질 수 있는 점수의 범위가 표시된다. 그러한 점수들이 발생하는 빈도는 수직축상에 표시된다. 정의된 수평축과 수직축으로 이루어진 공간에 각 데이터 포인트를 발생빈도에 따라 표시하라. 이제 여러분이 표시한 각 점들을 선으로 연결하라. 여러분은 <그림 9.3>에 나타나 있는 이 데이터세트에 대한 빈도 분포 다각형을 어떻게 해석할 것인가? 즉, 이것은 양의 비대칭인가 아니면 음의 비대칭인가?

---

78) 소수의 매우 높은 값이 평균을 끌어 올리거나, 반대로 소수의 매우 낮은 값이 평균을 끌어 내리기 때문이다(역자 주).

수집된 상태의 데이터	내림차순으로 정리된 데이터	점수 x	빈도 f
73	83	83	1
82	82	82	1
76	81	81	1
75	80	80	2
83	80	79	3
79	79	78	4
77	79	77	4
76	79	76	4
69	78	75	3
78	78	74	3
71	78	73	1
78	78	72	1
80	77	71	1
77	77	70	1
74	77	69	1
81	77		
74	76		
79	76		
80	76		
78	76		
78	75		
77	75		
77	75		
74	74		
76	74		
79	74		
75	73		
76	72		
70	71		
72	70		
75	69		

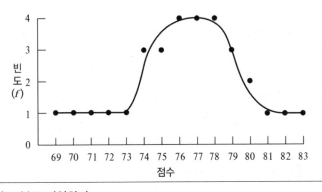

〈그림 9.3〉 빈도 분포 파악하기

3. 기술통계

기술통계(descriptive statistics)는 표본에 대한 정보를 제공하는 숫자들, 즉 변인들에 대한 정보를 제공하는 숫자들이다. 기술통계는 단순히 발견된 것을 기술한다. 이러한 정보를 가짐으로써 연구자와 연구보고서 이용자는 데이터가 의미하는 바에 대한 가치 판단(value judgment)을 내리거나 추론을 할 수 있다.

연구자들은 각 양적 변인의 데이터를 세 가지 방식으로 기술한다: 사례 혹은 데이터 포인트의 수, 중심 경향성, 그리고 산포 혹은 변동성. 이러한 각각의 기술(記述)은 점수의 빈도에 대한 정보를 제공한다. 사례 수는 단순히 데이터가 수집된 출처의 수를 가리킨다. 중심 경향성(central tendency) 측도들은 대다수의 참여자가 어떤 변인에 어떻게 응답했는지를 기술한다. 산포는 중심 경향성 점, 즉 평균으로부터 얼마나 떨어져 있는지를 기술한다. 이러한 각각의 개념은 다음 부분에서 기술한다. <그림 9.4>는 기술통계에서 흔히 사용되는 약어를 보여준다.

기술통계는 한 양적 변인의 모든 사례를 요약하고 체계화하는 표준화된 방법과 절차를 제공한다. 조사연구에서 기술통계는 각 변인에 대해 계산된다. 이 단계가 끝나면, 연구자들은 이 정보를 이용해 변인들 간의 차이와 관계를 평가한다.

측정에 관한 5장에서 데이터는 네 가지 수준, 즉 명목수준, 서열수준, 등간수준, 비율수준에서 수집될 수 있다고 한 것을 상기하라. 평균과 중앙값을 계산하기 위해서는 데이터가 반드시 등간 혹은 비율수준에서 수집되어야 한다. 물론 사례 수와 최빈값은 어떤 수준의 데이터에 대해서도 계산될 수 있다.

사례 수	n	N
빈도	f	
평균	M	$\overline{X}$
중앙값	Mdn	
최빈값	Mo	
표준편차	sd	SD

〈그림 9.4〉 기술통계를 나타내는 데 사용되는 기호

1) 사례 수

일반적으로 **사례 수**(number of cases), 즉 데이터 포인트(data point)가 많을수록 그 데이터를 더 신뢰할 수 있다. 연구 이용자들이 이러한 판단을 내릴 수 있는 한 가지 방법은 작성된 연구보고서의 연구방법이나 연구결과 부분에 있는 정보를 찾아보는 것이다. 데이터가 보고되는 사례 수는 문자 n 혹은 N(예, N = 231)으로 표시된다. 학술지마다 스타일의 차이는 있지만, 일반적으로 N은 표본의 총수를 나타내는 반면, n은 하위 표본, 즉 표본에서 다시 추출된 사례 집단의 수를 나타낸다.

사례 수가 항상 사람 수가 아닐 수도 있다는 점을 기억하라. 사례는 사람이 아닌 말하기 차례(speaking turn), 주장, 갈등 에피소드, 혹은 광고 등 연구자가 연구문제나 가설에서 확인한 사실상 어떠한 종류의 커뮤니케이션 현상의 수일 수도 있다.

2) 중심 경향성 측도

중심 경향성(central tendency) 측도(測度; measure)는 데이터를 요약해주는 주된 형식이다. 가장 흔히 보는 요약 가운데 하나가 평균값이다. 하나의 숫자, 즉 평균값이 한 변인에 관한 데이터의 표본을 대표할 수 있다. 바꾸어 말하면, 이 하나의 숫자는 한 변인에 관한 모든 점수를 요약해주는 역할을 한다. 연구보고서는 수집된 데이터를 모든 변인에 관한 모든 사례에 대해 수집된 데이터를 보고하지 않는다. 대신 연구자들은 각 변인에 대한 요약 통계를 보고한다. 그러나 통계에는 몇 가지 종류의 중심 경향성 측도가 존재한다. 우리는 연구보고서에 이 가운데 어떤 것을 사용하고 있는지 반드시 구체적으로 밝혀야 한다.

평균 산술 **평균**(arithmetic mean), 혹은 단순히 평균은 가장 흔히 사용되는 중심 경향성 측도이다. 흔히 **평균값**(average)[79]이라고도 불리는 평균은 한 변인

---

79) mean과 average 모두 평균을 뜻하지만 두 단어를 구별하기 위해 average는 평균값이라고 번역했다. 일반적으로 수학에서는 average라는 용어를 쓰고 통계학에서는 mean이라는 용어를 쓴다. mean에는 arithmetic mean, harmonic mean, geometric mean 등이 있는데 이 가운데 arithmetic mean, 즉 다 더해서 나누는 것이 average라고 한다(출처: https://blog.usejournal.com/average-vs-mean-534b1ac85401)(역자 주).

에 관한 점수 모두를 더한 다음 그 변인의 사례 수 N으로 나눈 값이다. 기술통계와 다른 통계에서 평균은 소수점 이하 두 자리까지 계산되어야 한다. 모든 점수가 더해지기 때문에 평균은 이용 가능한 모든 개별 점수에 의존한다. 한 점수가 변하면, 평균 또한 변할 것이다. 평균은 분포에서 극단적으로 높은 값이나 극단적으로 낮은 값에 가장 민감하며, 가장 흔히 보고되는 중심 경향성 측도이다.

중앙값 또 하나의 중심 경향성 측도는 **중앙값**(median)이다. 중앙값은 한 변인에 관한 모든 점수의 중앙이다. 중앙값을 계산하기 위해서는 데이터(즉, 점수들)가 반드시 내림차 혹은 오름차순으로 정렬되어야 한다. 만약 사례 수가 홀수라면, 중앙값은 정확히 분포의 한가운데 있는 점수가 된다. 만약 사례 수가 짝수라면, 중앙값은 가장 작은 수와 가장 큰 수의 가운데 지점에 있는 수를 계산해 내면 되는데, 이 지점에는 실제로 숫자가 존재하지 않는다. 그래서 가운데 지점의 바로 위에 있는 점수와 바로 아래에 있는 점수를 더한 다음, 2로 나누어서 중앙값을 구한다. 중앙값은 점수들의 평균과 같을 수도 있고 같지 않을 수도 있다. 중앙값은 늘 한가운데에 있기 때문에 데이터세트 내의 점수들은 중앙값에 영향을 미치지 않는 채 바뀔 수 있다.

<그림 9.5>를 살펴보자. 내림차순으로 정렬된 숫자들에서 76과 75 사이의 선에 주목하라. 이 선은 이 데이터세트의 한가운데 점이다. 중앙값을 "76과 75 사이"라고 보고할 수 없기 때문에 연구자는 두 점수를 더한 후(76 + 75 = 151), 그 합을 2로 나누어(151/2 = 75.5) 이 데이터세트의 중앙값인 75.5를 구한다.

최빈값 세 번째 중심 경향성 측도는 **최빈값**(mode)이다. 최빈값은 어떤 데이터세트에서 가장 자주 등장하는 점수이다. 만약 데이터세트가 크다면 데이터세트가 이봉(bimodal) 혹은 다봉(multimodal) 형태가 되는데, 이는 가장 빈번히 발생하는 점수가 하나 이상임을 의미한다. 실제로 대부분의 점수 분포는 이봉이거나 다봉이어서, 연구자가 이후의 통계적 계산에서 최빈값을 평균값을 대표하는 것으로 사용하는 것이 불가능하다.

<그림 9.5>의 데이터세트를 살펴보면, 78이라는 점수가 가장 자주 등장하는 것을 볼 수 있다. 따라서 78이 이 데이터세트의 최빈값이다.

원래 순서로 된 데이터	내림차순으로 정렬된 데이터
73	83
83	83
75	80
83	80
79	79
69	78
78	78
71	78
62	78
78	76
80	75
74	75
73	74
80	73
78	73
56	71
78	69
64	64
76	62
75	56

데이터세트에 대한 기술통계:
평균 = 74.25
표준편차 = 7.00
중앙값 = 75.5 (두 중간 점수인 76과 75의 평균)
최빈값 = 78
범위 = 27, 56에서 83까지
$N = 20$

〈그림 9.5〉 커뮤니케이션 역량 측도 데이터

만약 점수들의 분포가 정규분포라면, 즉 완벽하게 대칭이라면 평균, 중앙값, 그리고 최빈값이 동일한 수일 것이다. 그러나 데이터는 좀처럼 이처럼 완벽하지 않다. 점수들의 분포는 다소 비대칭적일 가능성이 훨씬 더 높다. 따라서 평균, 중앙값, 그리고 최빈값은 서로 다를 것이다.

대부분의 연구자는 어떤 변인에 대한 데이터를 기술할 때 평균을 보고하고 사용한다. 만약 비교적 정규분포에 가깝다면 그것은 적절한 선택이다. 그러나 일단의 점수가 편포를 이루고 있다면, 중앙값이 분포의 중앙을 더 잘 반영하기 때문에 중앙값을 보고하고 이후의 계산에서 중앙값을 사용하는 것이 더 나을 수도 있다. 점수들의 변동성을 계산하는 것은 평균이 가장 적절한지 중앙값이 가장 적절한지를 여러분이 판단하는 것을 도와줄 수 있다. 최빈값을 보고하는 경우는 드물다. 최빈값이 보고될 때, 평균이나 중앙값 역시 함께 보고된다.

3) 산포 측도

데이터의 분포를 완전하게 기술하기 위해서는 산포, 즉 변동성 측도 역시 필요하다. 두 분포가 동일한 평균값을 가질 수 있지만, 점수들이 흩어져 있는 정도(spread)는 서로 다를 수 있다. 중심 경향성 측도가 사용될 때는 언제나 산포 측도 역시 보고되어야 한다. 가장 흔히 보고되는 두 산포 측도는 범위와 표준편차인데, 이 둘은 데이터세트의 변동에 대한 정보를 제공한다.

범위 범위(range)는 가장 단순한 산포 측도로, 가장 큰 점수에서 가장 작은 점수를 뺀 값이다. 일반적으로 범위는 설문지상의 높은 점수와 낮은 점수를 보고하는 데 사용된다. 예를 들어, <그림 9.5>의 데이터의 경우, 27이라는 범위는 가장 높은 점수 83에서 가장 낮은 점수 56을 뺀 값이다. 가장 높은 점수와 가장 낮은 점수 사이에 있는 어떤 값의 변화가 범위에 아무런 영향을 미치지 않을 것이기 때문에 범위는 정교하지 못한 산포 측도이다.

범위는 또한 연구 참여자들의 인구통계학적 특성을 기술하는 데도 사용될 수 있다. 그러나 이 경우에는 가장 높은 값에서 가장 낮은 값을 빼지 않는다. 대신, 연구자는 그냥 가장 높은 값과 가장 낮은 값을 보고한다. 예를 들어, 헤세와 미켈슨(Hesse & Mikkelson, 2017)은 그들의 참여자들을 다음과 같이 기술하고 있다:

> 총 401명이 이 연구에 참여했는데, 이 가운데 남성은 213명, 여성은 188명이었다. 표본의 나이는 18세에서 72세 사이로, 평균 연령은 31.67세($SD = 10.10$)였다(p. 26).

어떤 학자들은 여기서 참여자들의 나이의 범위를 54세(72 − 18 = 54)로 보고할 수도 있을 것이다. 그러나 가장 작은 값과 가장 큰 값의 차이만을 보고하는 것은 연령 연속선의 어떤 부분이 참여자들을 대표하는지 우리에게 말해주지 않는다. 헤세와 미켈슨의 예에서처럼 가장 작은 값과 가장 큰 값을 보고하는 것이 더 효과적이다.

표준편차 범위가 보고된다 하더라도 점수들이 서로 얼마나 붙어 있는지 혹은 얼마나 서로 멀리 떨어져 있는지 판단하는 것은 불가능하다. 따라서 연구자들은 **표준편차**(standard deviation)를 사용하여 데이터세트의 변동성을 계산해서 보여준다. 표준편차를 계산하는 공식은 www.joannkeyton.com/research-methods의 9장 부분에 있는 링크에서 이용 가능하다. 물론 여러분은 스프레드시트나 통계 소프트웨어 프로그램을 사용해 표준편차를 계산할 수 있다. 평균 점수를 보고할 때마다 표준편차 역시 함께 보고해야 한다. 실제로 평균만 보고해서는 해석이 불가능하다. 예를 들어, 표준편차가 클수록, 점수들이 평균에서 멀리 떨어져 있는 정도가 더 심하다. 반대로 표준편차가 작다면, 이것은 점수들이 서로 매우 비슷해서 가까이 붙어 있음을 의미한다. 혹은 표준편차가 0이면, 모든 점수들이 같다는 의미이다.

<그림 9.6>의 정규곡선 아래쪽 수평선 밑에 있는 마커(marker)에 주목하라. 가운데 마커는 평균이 위치하는 지점이다. 이제 평균의 양쪽으로 곡선이 볼록하다가 오목하게 바뀌는 지점에 주목하라. 이 두 지점은 변곡점으로, 이곳에서 그은 수직선과 만나는 곳에 있는 마커가 +1 표준편차와 -1 표준편차가 위치하는 곳이다. 평균 오른쪽의 수직선들과 만나는 점은 각각 +1, +2, +3 표준편차가 위치하는 지점이고, 평균 왼쪽의 수직선들과 만나는 점은 각각 -1, -2, -3 표준편차가 위치하는 지점이다. 수직선들 간의 거리는 동일하다.

여러분의 데이터가 측정하고 있는 것이나 여러분의 데이터세트 내의 점수들의 범위에 상관없이, 정규곡선과 이러한 일단의 기준은 항상 동일하다. 이것은 이론적 정규곡선의 속성이다. 점수의 분포가 더 정규적일수록 이러한 속성, 즉 규칙이 더 적용된다. 분포가 덜 정규적일수록 이러한 규칙이 덜 적용된다. 비교 근거로서 정규곡선과 일단의 점수들의 표준편차를 사용하여, 어떤 변인의 점수들의 분포가 정규곡선과 비교될 수 있다. 따라서 연구자들은 이론적 정규곡선을 사용하여 그들이 확보한 데이터의 분포를 평가한다. 분포가 정규분포가 아닐 때, 연구자들은 정규분포가 아닌 것에 대한 약간의 설명을 제공해야 한다.

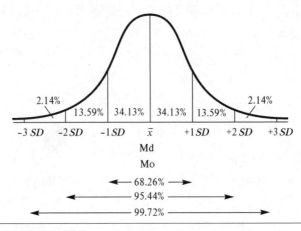

<그림 9.6> 정규곡선의 표준편차

+1 표준편차와 −1 표준편차 사이의 곡선의 영역은 "평균의 1 표준편차 이내"(within one standard deviation of the mean)와 "평균 위 1 표준편차와 평균 아래 1 표준편차"(one standard deviation above and below the mean)를 포함해 다양한 방식으로 표시된다. 이론적 정규곡선에 따르면, 하나의 데이터세트 내에 있는 사례의 68.26%가 +1 표준편차에서 −1 표준편차 이내에 들어 있다(<그림 9.6> 참조).

+1 표준편차에서 −1 표준편차 이내에 들어 있는 한 데이터세트 내의 점수들의 범위는 단순히 평균에서 1 표준편차를 뺀 값에서 평균에 1 표준편차를 더한 값 사이가 된다. 연구자들이 전형적인 참여자 혹은 전형적인 점수를 언급할 때, 그들은 이 영역 내에 있는 점수 범위를 말하고 있는 것이다. 예를 들어, 만약 여러분의 어떤 커뮤니케이션 불안 측정값이 이 표준편차들 이내에 들었다면, 여러분은 평균적인 사람, 즉 어느 방향이든(즉, + 쪽이든 − 쪽이든) 불안의 정도가 이례적이지 않은 사람으로 간주될 것이다.

<그림 9.5>에 사용된 일단의 점수들(M = 74.25; SD = 7.00)의 경우, +1 표준편차와 −1 표준편차 이내에 있는 점수들의 범위는 다음과 같을 것이다:

M = 74.25에 표준편차 7.00을 더하면 81.25가 되는데, 이 점수는 평균에서 +1 표준편차만큼 떨어져 있는 점수이다.

$M = 74.25$에서 표준편차 7.00을 빼면 67.25가 되는데, 이 점수는 평균에서 -1 표준편차만큼 떨어져 있는 점수이다.

따라서 이 경우 67과 81 사이의 점수들은 -1 표준편차에서 $+1$ 표준편차 이내에 있을 것이며, 이 표본의 전형으로 간주될 것이다. 확인을 위해 67에서 81까지의 값을 가진 점수들의 빈도를 세어보라. 빈도는 15이고 20개 가운데 15개이니 점수들 가운데 75%에 해당한다. 점수들의 분포가 정규분포일 때, 사례들 가운데 약 68%가 이 두 값 사이에 놓여 있어야 한다. 나머지 사례들은 이 값의 위쪽과 아래쪽에 있다.

어떤 점수가 분포상에서 바깥쪽으로 더 멀리 있을수록 그 점수는 더 극단적이다. -2 표준편차와 $+2$ 표준편차 사이의 영역에는 데이터세트 내 점수들의 95.44%가 들어 있을 것이다. -3 표준편차와 $+3$ 표준편차 사이의 영역에는 데이터세트 내 점수들의 99.72%가 들어 있을 것이다. 정규곡선은 수평축에 닿지 않는다는 사실에 주목하라. 정규곡선은 수평축에 닿는 것이 아니라 오른쪽과 왼쪽으로 무한대로 확장된다. 정규곡선은 이론적인 곡선이기 때문에 가장 극단적인 사례들, 심지어 -3 표준편차나 $+3$ 표준편차 밖에 위치하는 사례들도 반드시 고려해야 한다.

4. 기술통계의 적용

평균, 중앙값, 그리고 표준편차를 연구보고서의 연구방법 부분에 보고하는 한 가지 이유는 독자들이 데이터의 정규성을 평가할 수 있게 하기 위해서이다. 기술적 조사 결과들은 독자들로 하여금 데이터로부터 도출된 결론을 해석할 수 있도록 도와준다(Levine, Weber, Park, & Hullett, 2008). 다음 연구보고서 발췌문은 연구자들(Liu & Roloff, 2016)이 이러한 정보를 보고하는 한 가지 방식을 특징적으로 보여주고 있다:

참여자들은 그들이 경험한 억제(withholding)에 대한 후회의 정도를 묻는 질문에 응답했다. 이전 연구(Zeelenberg & Pieters, 2004)에서 가져온 척도를 개조해 경험한 후회의 수준을 평가했다($\alpha = 0.92$). 사람들은 거슬리는 것에 대해 파트너에게 말하지 않은 것을 얼마나 후회하는지(1 = 전혀 후회하지 않음; 7 = 매우 후회함), 억제하기로 한 그들의 선택을 얼마나 후회하는지(1 = 전혀 후회하지 않음; 7 = 매우 후회함), 그리고 억제하기로 한 그들의 결정을 얼마나 나쁜 것으로 판단하는지(1 = 전혀 나쁘지 않음; 7 = 매우 나쁨)를 보여주었다. 참여자들은 평균적으로 약간 후회한다고(M = 3.42, SD = 1.55) 응답했지만 후회의 수준이 높지는 않았다(p. 78).

이러한 정보로 인해 평균과 표준편차가 그들의 후회의 정도를 나타내는 점수의 정규성을 보여주는지 해석할 수 있다. 이 경우, 이 변인은 양(+)의 편포를 가지고 있음을, 즉 매우 높은 점수가 매우 적음을 쉽게 알 수 있다.

이와 달리, 점수의 분포가 정규분포인 것처럼 보일 때, 연구자들은 이것을 "점수의 분포가 정규분포에 가깝다"라거나 "점수의 분포가 정규분포인 것처럼 보인다"와 같은 문구로 나타낸다.

빈도와 백분율 또한 명목 데이터에 대한 요약을 제공하는 데 흔히 사용된다. 이들 각각에 대한 예들은 이것들의 유용성을 보여줄 것이다.

윤리적 이슈 계산 실수

여러분 혼자서 데이터를 수집하건 다른 사람의 도움을 받아 수집하건, 스프레드시트로 계산을 하건 통계 프로그램으로 계산을 하건, 그리고 데이터를 혼자서 해석을 하건 전문가의 도움을 받아 해석을 하건, 데이터를 보고하는 연구자로서 여러분은 데이터 수집의 모든 측면에 대해 궁극적인 책임을 진다. 왜냐하면 연구자는 연구보고서의 저자이기 때문이다. 따라서 데이터 수집 절차와 입력되는 데이터의 타당도, 그리고 결과를 재확인하는 것은 모두 다른 누구도 아닌 연구자의 책임이다. 재확인하는 시간을 갖지 않고 실수를 확인하고도 바로잡지 않는 것은 과학적 기준을 윤리적으로 위반하는 것이다. 사람들은 그들이 읽는 것이 정확할 것으로 믿는다. 실제로 사람들은 보고된 결과를 다른 사람을 돕거나 그들 자신의 커뮤니케이션 행동을 바꾸기 위한 커뮤니케이션 훈련 프로그램을 개발하는 데 사용할 수도 있다. 연구자들의 (과거, 현재, 그리고 미래의) 공신력은 이용자들이 그들이 읽는 것을 믿는 정도에 달려 있다. 만약 여러분이 어떤 프로젝트를 위한 데이터를 수집하고 있다면, 여러분은 모든 것을 재확인해야 한다.

---

1) 빈도

빈도(frequency)는 흔히 사용되는 기술통계로, 어떤 변인의 어떤 특정한 값이 발생하는 횟수이다. 커뮤니케이션 연구자들은 커뮤니케이션 사건의 발생에 관해 보고하기 위해 흔히 빈도 데이터를 사용한다. 이러한 유형의 데이터는 실제로 명목수준의 데이터인데, 왜냐하면 연구자는 발생 여부, 즉 이 커뮤니케이션 현상이 발생했는지 발생하지 않았는지에 대한 결정을 내리고 있기 때문이다.

예를 들어, 김, 김 및 성(Kim, Kim, & Sung, 2014)은 「포천」(*Fortune*) 100대 기업이 그들의 페이스북 페이지에서 어떤 상호작용 전략을 사용하는지에 대해 조사했다. <표 9.1>이 보여주듯이 가장 자주 사용되는 전략은 이용자들의 일반적인 행동적 조치를 촉발하는 메시지였다. 예를 들어, 어떤 회사의 페이스북 페이지는 "그것에 대해 더 배워보자!"로 연결되는 버튼을 포함시켰다. 클릭을 하면 페이스북 이용자들은 그 제품에 대해 더 많은 정보가 담겨 있는 페이지로 연결되었다. <표 9.1>은 이 연구팀이 살펴본 1,486개의 기업 페이스북 게시글 가운데 655개, 즉 44.1%가 일반적인 행동적 조치 전략을 사용했음을 보여주고 있다.

이 표는 연구자들이 알아낸 것에 대한 기본적인 기술적(記述的) 정보를 제공한다. 1,486개의 페이스북 사이트를 살펴본 결과, 이 내용분석 연구는 6개의 서로 다른 상호작용 전략이 제시되어 사용되고 있는 것을 확인했다. *n*, 즉 해당 전략을 사용하고 있는 사이트의 수 혹은 빈도와 백분율 모두가 보고되어 있다.

▌표 9.1 페이스북 기업 페이지에 사용된 상호작용적 구성요소의 수와 백분율

	n	%
1. 팬들의 피드백/의견을 구하는 메시지	390	26.2
2. 라이브 채팅/가상 온라인 기회를 제공하는 메시지	39	2.6
3. 팬들의 특정한 행동 기반 참여를 구하는 메시지	160	10.8
4. 팬들의 일반적인 행동적 조치를 촉발하는 메시지	655	44.1
5. 계절/명절 인사에 대한 메시지	66	4.4
6. 팬들의 일상생활/개인생활에 대한 메시지	160	10.8
총	1.486	100.0

출처: Kim, S., Kim, S-Y., & Sung, K. H. (2014). Fortune 100 companies' Facebook strategies: Corporate ability versus social responsibility. *Journal of Communication Management, 18*, 343-362. doi:10.1108/JCOM-01-2012-0006

<표 9.1>의 빈도를 살펴보면 어떤 상호작용 전략이 가장 적게 사용되었는지도 알 수 있다. 이 연구에서 이용자들이 채팅을 하게 하거나 회사 대표와 가상 상호 작용을 할 수 있게 해준 페이스북 페이지($n = 39$, 2.6%)가 덜 자주 사용된 것으로 나타났다. 백분율을 살펴봄으로써 이 연구자들은 기업 페이스북 페이지들이 어떤 상호작용 전략을 포함하고 있을 가능성이 더 높은지를 보여주고 있다.

2) 백분율

우리는 매우 흔히 **백분율**(percentage)을 100 가운데 일부를 나타내는 수라고 생각한다. 그러나 모든 변인이 다 100을 토대나 기반으로 사용하지는 않는다. 따라서 백분율을 비교의 기준(어떤 숫자도 될 수 있음)과 이 기준과 비교되는 두 번째 수 간의 비교로 기술하는 것이 더 정확하다. <표 9.1>에 보고되어 있는 빈도와 백분율 예를 다시 살펴보자. 상호작용 구성요소가 사용된 횟수는 제일 오른쪽 행에 있는 백분율의 토대이다.

백분율은 또한 참여자들의 속성이나 그들의 커뮤니케이션 행동 특성을 기술하는 데도 자주 사용된다. 부모가 10대 자녀(예, 8~14세)가 온라인에서 정보를 공개하는 것을 어떻게 매개하는지를 살펴본 연구(Wonsun, Jisu, & Faber, 2012)는 다음과 같이 백분율을 보고하고 있다:

> 10대 자녀 표본은 201명의 소년(52.8%)과 177명의 소녀(46.5%)로 구성되어 있다. 3명은 자신의 젠더를 밝히지 않았다. 10명 가운데 9명(89.8%)의 10대가 집에서 사용할 수 있는 컴퓨터를 가지고 있으며, 그러한 컴퓨터 가운데 98%가 인터넷에 연결되어 있다고 대답했다. 약 33%의 컴퓨터가 10대의 방에, 그리고 49%가 부모의 방이나 거실에 있었다. 이들 10대의 57%가 그들 자신의 개인 웹사이트를 가지고 있었다(p. 641).

이 연구 참여자들에게서 얻은 데이터를 백분율 형식으로 나타냄으로써 연구자들은 독자들로 하여금 이 연구에 참여한 10대들이 온라인 기술에 접근한 정도와 그들의 기술이 사적 용도로 사용된 정도를 쉽게 파악할 수 있게 해주고 있다. 그러한 정보로 인해 독자들은 이 표본이 이 연구에 어느 정도 관련성이 있고 적절한지 평가할 수 있다.

5. 숫자 처리하기

연구에서는 손으로 통계를 계산하는 것이 일반적으로 불가능할 정도로 많은 데이터가 수집된다. 그러나 작은 데이터세트의 경우는 계산기에 제곱근 구하기 기능이 있는 한 계산기로 필요한 계산을 직접 수행할 수 있을 것이다. 제곱근 구하기 기능은 $\sqrt{}$ 기호로 표시되어 있다 .

중간 정도 혹은 큰 데이터세트의 경우는 (엑셀과 같은) 스프레드시트(spreadsheet) 프로그램이나 (SAS 혹은 SPSS 같은) 통계 프로그램을 사용할 필요가 있을 것이다. 스프레드시트 프로그램은 간단한 데이터 분석 프로젝트에 딱 좋으며 사용하기도 쉽다. 특별히 통계 용도로 설계된 프로그램은 통계와 프로그래밍에 대한 더 전문적인 지식을 필요로 한다.

그러나 통계 계산을 도와주는 어떤 소프트웨어 프로그램을 사용하는 것에 대한 한 가지 경고는 프로그램들이 검정 통계량(test statistic)[80]을 계산해주긴 하지만, 프로그램에게 적절한 검정을 요구하고 결과를 적절하게 해석하는 것은 여러분이라는 것이다. 마찬가지로 프로그램에게 어떤 데이터가 검정에 포함시킬지를 지시하는 것 또한 여러분이다. 만약 여러분이 잘못된 검정을 지정하거나 그러한 검정에 잘못된 데이터를 사용하라고 지시하더라도, 소프트웨어 프로그램은 그럼에도 계산을 해서 결과를 제공할 것이다. 그러나 그것은 잘못된 결과이거나 해석이 불가능한 결과일 것이다! 만약 여러분이 이러한 프로그램들 가운데 어떤 것을 사용할 것이라면, 여러분은 스프레드시트나 통계 프로그램을 어떻게 설정하고, 어떻게 데이터를 입력하며, 어떻게 적절하게 통계적 검정을 수행하고 해석하는지에 관한 기본적인 교육이 필요하다.

명백한 장점에도 불구하고, 스프레드시트나 통계 소프트웨어의 사용은 안전성에 대한 잘못된 인식을 심어줄 수 있다. 만약 여러분이 이러한 프로그램을 사용해 데이터를 입력하고 통계적 연산을 한다면 고려해야 할 다섯 가지 이슈가 있다(Pedhazur & Schmelkin, 1991). 첫째, 컴퓨터가 고장날 수 있다. 프로그램이 갑자기 멈출 수 있다. 여러분의 데이터를 하나의 저장장치에 있는 하나의 파일에만 저장하지 마라. 둘째, 결과는 입력된 데이터보다 더 좋을 수는 없다. 스

---

80) 검정을 하려면, 즉 귀무가설이 맞거나 틀린 것을 증명하려면 어떤 증거가 있어야 한다. 이 증거에 해당하는 숫자를 검정 통계량이라고 한다(역자 주).

연구보고서를 읽을 때, 연구방법 부분이나 표에 있는 각 변인에 대한 기술통계를 찾아보라. 여기서 여러분은 다음과 같은 것들을 찾아내야 한다:

① 이 변인의 사례 수
② 평균 혹은 중앙값
③ 표준편차
④ 가능한 점수의 범위나 확보한 점수의 범위

비록 연구자가 데이터의 정규성에 대한 기술을 빼먹었다 하더라도, 이 정보만 있으면 여러분은 데이터의 정규성을 판단할 수 있다.

프레드시트나 통계 패키지가 연산 오류의 수를 줄일 수도 있지만, 데이터 입력 오류는 여전히 발생할 수 있다. 잘못된 값을 입력하거나 값을 빼먹는 것과 같은 오류는 흔히 발생한다. 여러분의 결론과 해석은 데이터의 타당도에 좌우되기 때문에, 입력한 모든 데이터를 재확인하는 것이 현명하다.

셋째, 연구자들, 심지어 경험이 많은 연구자들도 그들이 컴퓨터에서 할 수 있다고 알고 있는 통계적 절차에 그들의 사고(思考)를 제한하는 경향이 있다. 연구자들은 늘 이 점을 명심할 필요가 있으며, 정기적으로 그들의 통계 지식과 전문성을 늘릴 필요가 있다. 넷째, 연산의 힘은 풍부한 분석을 가능하게 한다. 모든 통계를 다 돌려봄으로써 "무슨 일이 일어날지 보자"는 유혹에 빠지지 마라. 오히려 여러분의 연구문제와 가설에 의해 기법과 통계가 선택되어야 한다. 마지막으로, 연구자로서 여러분은 비록 다른 누군가가 여러분의 통계 프로그래밍을 해준다고 하더라도 그 결과와 해석에 책임을 져야 한다.

양적 연구의 경우, 기술통계는 단순히 데이터를 기술한다. 그런 다음, 가설과 연구문제에 대한 답을 제공하기 위해 연구자는 유의수준을 설정한다.

6. 유의수준

유의수준(significance level)은 가설을 채택하거나 기각하는 하나의 기준이며 확률에 기반을 두고 있다. 확률은 연구자가 어떤 특정한 통계적 검정에서 허용하는 오차의 범위를 나타내는 과학 용어이다. 그러나 여러분은 덜 과학적인 의미에서의 확률 개념에도 익숙하다. 여러분은 어떤 사건이 일어날 확률의 정도를 토대로 여러분 인생에서 수많은 결정을 내려왔다. 여러분은 비구름이 몰려오고 있는데도 바닷가로 차를 몰고 가본 적 있는가? 목적지까지 가기에 충분한 연료가 있다고 도박해본 적 있는가? 어머니나 아버지 가운데 누가 여러분에게 돈을 줄 가능성이 있는지를 근거로 어머니나 아버지에게 돈을 요구해본 적 있는가? 이러한 결정과 이것과 유사한 결정을 내렸을 때, 여러분은 여러분의 비공식적인 확률의 규칙을 근거로 그러한 행동을 하고 있었던 셈이다. 바꾸어 말하면, 여러분은 이러한 결정들을 내릴 때 어느 정도의 위험, 즉 오차를 감수했다. 아마도 비가 내리지 않겠지만, 비가 내리면 언제? 지난번 연료 계기판의 바늘이 연료 없음에 가까이 있었을 때, 여러분은 아무 문제없이 50마일을 더 운전했다. 그리고 어머니는 대개 "알았어"라고 말했기 때문에 여러분은 아버지보다 어머니에게 부탁하는 것이 더 낫다는 것을 알았다.

과학적 연구에서 **확률**(probability)은 "만약 연구가 실제로 여러 차례 반복된다면 무슨 일이 일어날 것인지"에 대한 추정치로, "연구자에게 결과가 얼마나 잘못될 수 있는지 알려준다"(Katzer, Cook, & Crouch, 1978, p. 60). 바꾸어 말하면, 확률은 결과의 타당도에 대한 산출이다. 연구자들은 동일한 설문조사나 실험을 여러 차례 수행하는 것을 택할 수 있겠지만, 데이터의 표본에 대한 통계적 검정의 확률, 즉 유의성을 산출하는 것이 과학자들이 이 이슈를 다루는 용인된 방식이 되었다. 그 결과, 확률수준은 어떤 표본에서 얻은 데이터가 그 표본이 추출된 모집단에서 얻은 데이터를 반영하는 정도에 대한 추정치를 제공한다.

어쩌면 여러분은 "어떤 연구의 결과는 왜 타당하지 않을까?"라고 생각할 것이다. 어떤 경우, 연구자들은 표본, 즉 그들의 특정한 연구에 참여한 사람들로부터 모집단, 즉 표본이 추출된 더 큰 집단으로의 추론을 기대하고 있다. 표본에서 얻은 결론을 받아들이고, 그러한 결론이 모집단에게도 적용 가능하다고 가정하는 것을 **모집단 추론**(population inference)이라고 한다. 커뮤니케이션 분야에서 더 흔히 볼 수 있는 연구는 어떤 이론의 예측을 검정하고자 하는 연구이다 (Hayes, 2005). 바꾸어 말하면, 데이터가 연구자가 그 이론으로부터 도출한 예측과 일치하는가 하는 것이다. 만약 일치한다면, 연구자는 그 이론이 유사한 상황에서도 통할 가능성이 있다고 주장할 수 있다. 이것은 **과정 추론**(process inference)으로 알려져 있다. 사회과학자들은 각 통계적 검정을 위해 계산된 확률수준을 토대로 이러한 추론을 한다. 검정 통계량을 계산하기에 앞서 각 통계적 검정을 위해 정해지는 **확률수준**(probability level), 즉 유의수준(significance level)은 연구자가 기꺼이 받아들이고자 하는 오차의 수준이다. 여러분은 연구보고서에서 문자 p[81]라는 기호로 나타나 있거나 **알파수준**(alpha level)이라 언급되어 있는 것을 보게 될 것이다. 만약 통계적 검정의 확률수준이 허용될 수 (acceptable) 있다면, 즉 학문의 전통의 범위 내에 있다면, 그러한 결과는 우연이 아닌 실제로 여겨지며, 그리고 그러한 추론은 타당한 것으로 추정된다. 만약 확률수준이 허용될 수 없다면, 어떤 결론도 도출될 수 없다(Boster, 2002).

일반적으로 0.05의 확률수준이 커뮤니케이션학의 기준으로 받아들여진다. 이것은 타당해 보이는 100개의 결과 가운데 5개가 실제로 우연에 의한 것일 것임을 의미한다. 어떤 통계적 검정의 확률수준이 0.05 이하일 때, 그 결과는 실제이며 통계적으로 유의적인(statistically significant) 것으로 분류된다. 기준을 0.05 확률수준으로 설정하는 것은 임의적이긴 하지만, 일반적으로 커뮤니케이션 연구자들은 이 기준을 채택한다(0.01과 0.001도 흔히 사용되는 기준임). 그러나 여러분은 0.05 확률수준을 선택하는 것이 수학적, 통계적, 혹은 실체적 이론을 토대로 하지 않았다는 점에 유의해야 한다(Henkel, 1976).

만약 어떤 통계적 검정의 확률수준이 0.05보다 크다면(예, $p = 0.15$, $p = 0.21$), 그 결과는 유의적이지 않은(nonsignificant) 것으로 분류된다. 이것은 그러한 차이가 우연이나 무선 오차(random error)에 의해 쉽게 야기될 수 있음을 의미한다. 무엇이 허용될 수 없는 확률수준, 즉 0.05보다 큰 확률수준을 야기하는가? 높은 확률수준을 야기하는 원인은 여러 가지이다.

어떤 구성개념을 측정하고자 하는 설문조사나 설문지 조사의 문항들이 형편없이 작성되어 참여자들이 그러한 문항에 일관되게 응답하지 못할 수도 있다. 실험을 수행하는 연구자나 연구보조원 역시 허용될 수 없는 확률수준을 야기하

---

81) 이 p는 'probability'의 p로, p값을 '유의 확률'이라고 부르기도 한다(역자 주).

는 편향을 불러일으킬 수 있다. 예를 들면, 남성 참여자들이 여성 참여자들과 달리 다뤄질 수도 있다. 연구보조원이 무의식적으로 자신이 알고 있는 참여자에게는 미소를 짓고 자신의 잘 알지 못하는 참여자는 무시할 수도 있다. 혹은 연구의 기반이 된 이론이 정확하지 않거나 그 이론이 적절하거나 적합하게 검정되지 않았을 수도 있다(Hayes, 2005). 유의수준을 0.05에 설정하는 것이 임의적이라는 점을 기억할 필요가 있다. 확률수준을, 예를 들면 0.01로 설정하면서 더 엄격한 수준으로 올리는 데는 타당한 이유가 있을 수 있다. AIDS와 콘돔 사용에 대해 이야기하는 메시지 전략의 효과성에 대한 연구에서 릴과 톰슨(Reel & Thompson, 1994)은 확률수준을 < 0.01로 설정했다. 왜 그랬는가? 연구결과가 AIDS 교육에 직접적인 영향을 미치기 때문에 확률수준을 더 엄격하게 할 필요가 있었다. 따라서 이 연구자들은 그들이 얻는 결과에 대한 확실성을 더 높여야만 했다. 사람들의 건강이 위험에 처할 수 있기 때문에, 그들은 연구에서 밝혀진 효과성이 우연이나 무선 오차로 인한 것일 수 있을 때 그것을 효과적인 전략이라고 추천하길 원치 않을 것이다.

확률수준을 0.10이라는 더 관대한 수준에 설정할 타당한 이유는 좀처럼 존재하지 않는다. 만약 어떤 연구자가 더 높은 확률수준을 설정한다면, 이 연구자는 연구결과가 실제로는 어떤 주장을 지지하지 않음에도 그것을 지지하는 기회를 더 많이 허용하게 될 것이다.

통계적 유의성을 갖는 것이 무언가를 증명하는 것이라고 믿고 싶어 하기 쉽다. 그러나 통계적 유의성을 갖는 것이 결과의 **사회적 유의성**(social significance)을 보장하는 것은 아니라는 점을 인식하라(Selltiz, Jahoda, Deutsch, & Cook, 1959). 매우 큰 표본을 사용하면 적용에 거의 관련성이 없는 통계적으로 유의적인 차이를 만들어낼 수 있다. 또한 연구자가 통계적 결과를 어떻게 해석하는지가 연구자가 선택하는 유의성 수준만큼이나 중요하다는 점을 인식하라. 연구과정은 객관적이기보다는 주관적이다. 따라서 통계적 유의성은 항상 반드시 사회적 유의성과 실제적 유의성, 즉 결과가 일상생활에 실제로 어떻게 적용되거나 사용될 수 있는가라는 점에서 해석되어야 한다(Kirk, 1996). 통계적 유의성은 또한 반드시 모집단이 어떻게 정의되었는지 그리고 표본은 어떻게 선택되었는지와 관련하여 해석되어야 한다.

7. 가설 검정

가설은 2개 이상의 변인 간의 기대 관계나 기대 차이를 진술한다는 4장의 내용을 상기하라. 또한 과학적 전통에 따라 학술지 논문을 작성할 때는 대립가설을 사용하는 것이 유리한 반면, 엄밀히 말하면 통계적으로 검정되는 것은 다름 아닌 귀무가설이라는 점을 상기하라. 가설 검정(hypothesis testing)은 두 가지 과학적 기법, 즉 유의성 검정과 표집(6장 참조)에 의존한다.

귀무가설을 검정하는 것은 본질적으로 의사결정 행위이다. 여러분은 대립가설을 채택하는가, 아니면 귀무가설을 유지하는가? 대부분의 연구자들은 가설 검정 전통에 의존하는데, 왜냐하면 무선 표집 및 유의성 검정과 함께 가설 검정을 사용하면 추가로 주목할 가치가 있는 가설 및 결과들을 그렇지 않은 가설 및 결과들과 효과적으로 분리할 수 있기 때문이다(Harlow, 1997). 그러나 유의수준의 경우와 마찬가지로 이러한 전통이 절대적인 것은 아니다.

연구자들은 대립가설, 즉 그들이 생각하기에 변인들이 어떻게 서로 관련되어 있거나 혹은 서로 다르다는 주장을 개발한다. 그러나 가설 검정에서 귀무가설에 대한 믿음은 귀무가설에 대한 주장이 비합리적임을 보여주는 충분한 증거가 존재할 때까지 계속된다. 이러한 결정은 연구자가 연구를 수행하기 전에 대개 0.05로 정하는 유의수준과 검정 통계량 계산에 의해 생성된 유의수준 간의 비교를 토대로 한다. 만약 통계적 검정을 위해 산출된 유의수준이 0.05 이하라면, 대립가설은 채택된다. 그러나 통계적 검정을 위해 산출된 유의수준이 0.05보다 크다면, 귀무가설이 유지되어, 검정된 변인들 간의 관계나 차이에 대한 어떠한 결론도 도출될 수 없다.

가설 검정 과정에서 두 가지 유형의 오류가 발생할 수 있다. 1종 오류와 2종 오류로 알려진 이러한 오류들은 귀무가설을 채택하거나 기각하는 결정을 내릴 때의 오류를 나타낸다. **1종 오류**(Type I error; α 오류)는 귀무가설이 참임에도 귀무가설이 기각될 때 발생한다.[82] 1종 오류의 수준은 연구자가 통계적 검정을 위한 유의수준을 선택할 때 연구자에 의해 설정되거나 통제된다. 흔히 알파수준(alpha level)이라 불리는데, 알파수준은 앞에서 기술한 유의수준과 같다.

---

82) 즉, 1종 오류는 변인들 간에 관계나 차이가 '없는데도' 관계나 차이가 '있다고' 하는 오류를 말하고, 2종 오류는 반대로 변인들 간에 관계나 차이가 '있는데도' '없다고' 하는 오류를 말한다(역자 주).

따라서 유의수준이 0.05에 설정된다면, 귀무가설이 참임에도 귀무가설을 기각할[83] 5%의 가능성이 존재한다. 이것은 여러분이 대립가설, 즉 연구가설의 전제가 실제로 유효하지 않을 때 그것의 전체를 채택할 약간의 위험이 있음을 의미한다. 0.05 알파수준을 달리 해석하면, 이 유의수준에서는 참인 귀무가설을 유지할 확률이 95%라는 의미이다. 가설을 검정할 때는 언제나 이러한 유형의 오류가 어느 정도 발생할 것이라는 점을 인식하라.

이와 달리, **2종 오류**(Type II error; β 오류)는 정반대의 경우에 발생한다. 이 경우에는 연구자가 설정한 유의수준이 충족되지 않는다. 따라서 동시에 연구자들은 귀무가설을 기각하지 못한다. 즉, 귀무가설을 채택하고 대립가설은 기각한다. 2종 오류는 대립가설이 참임에도 그것을 기각할 때 발생한다. 연구자가 2종 오류의 수준을 통제할 수 있는 한 가지 방법은 표본 크기를 늘리는 것이다.

<표 9.2>는 여러분이 1종 오류와 2종 오류의 관계를 이해하는 데 도움을 준다. 검정되는 각각의 가설에 대해 네 가지 결과가 발생할 수 있다. 분명, 연구의 목적은 좋은 결정을 내리는 것이다. 그러나 연구과정은 완벽하지 않으며, 여러 곳에서 오류와 편향이 발생할 수 있다. 예를 들면, 표본을 선택할 때와 측정할 때 오류가 발생할 수 있다. 가설 검정을 통해 연구자는 일부 오류를 통제할 수 있다. 1종 오류는 적절한 유의수준을 설정할 때 통제될 수 있다. 2종 오류는 표본 크기를 늘림으로써 통제될 수 있다.

여러분은 연구 문헌에서 가설에 대한 두 종류의 결정(<표 9.2>의 결정 1과 결정 2) 모두를 발견할 것이다. 각각의 예를 살펴보면, 가설에 대한 이러한 결정 규칙을 어떤 연구 상황에 적용하는 데 도움이 될 것이다. 예를 들어, 한 연구(Schrodt, 2009)의 목적은 가족 커뮤니케이션 환경이 가족 건강성(family strength)을 길러주는지 검정하는 것이었다. 이 연구자는 기본적으로 문제 해결과 긴장 완화 목적에서 감정을 공개적으로 표현하는 것을 특징으로 하는 환경을 조성하는 가족이 가족 구성원들로 하여금 서로에게 헌신하게 하고 가족을 하나로 만드는 데 영향을 미칠 것으로 예측했다.

그러한 상호작용을 살펴보기 위해 미국 중서부 지역에 거주하는 초혼 가족의 젊은 성인 자녀 426명($M = 19.54$, $SD = 1.31$, 범위 18에서 24)을 설문조사에 초대했다. 이 설문조사에는 가족 커뮤니케이션 환경 및 가족 건강성 측도들

---

83) 즉, 연구가설을 채택함(역자 주).

표 9.2 1종 오류와 2종 오류의 관계

	실제로 귀무가설은 참이다.	실제로 귀무가설은 거짓이다.
연구자는 유의수준을 사용해 귀무가설을 기각한다.	1종 오류—귀무가설이 참임에도 귀무가설이 기각된다. 즉, 연구자는 어떤 차이나 관계가 존재하지 않음에도 그런 차이나 관계가 존재한다고 주장한다.	결정 1—귀무가설이 거짓일 때 (혹은 대립가설이 받아들여질 때), 귀무가설이 기각된다. 즉, 연구자는 어떤 차이나 관계가 존재한다고 주장하며 그러한 차이나 관계가 확인된다.
연구자는 유의수준을 사용해 귀무가설을 유지한다.	결정 2—귀무가설이 참일 때, 귀무가설이 유지된다(혹은 연구자는 귀무가설을 기각하지 못한다). 즉, 연구자는 어떤 차이나 관계를 주장하지 않으며, 그런 차이나 관계가 확인되지 않는다.	2종 오류—귀무가설이 거짓임에도 귀무가설이 유지된다. 즉, 연구자는 실제로 존재하는 차이나 관계를 주장하지 못한다.

이 포함되었다. 예를 들면, 첫 번째 척도에는 "가족이 무언가에 대해 이야기할 때 나의 부모는 흔히 내 의견을 묻는다"라는 항목이 포함되어 있었고, 두 번째 척도에는 "우리는 하나의 가족으로서 비슷한 신념과 가치를 공유한다"라는 항목이 포함되어 있었다. 문헌을 토대로 슈로트(Schrodt, 2009)는 "가족 표현성 (family expressiveness)은 가족 건강성과 정적으로 연관되어 있다"(p. 175)는 가설을 제시했다. 이 기술연구의 결과는 이 가설을 지지했다. 슈로트는 "이 연구의 결과는 가족 표현성은 가족 건강성과 강한, 정적인 연관성을 가지고 있음을 보여준다"(p. 181)라고 적고 있다. <표 9.2>의 결정 1처럼 이러한 결정들은 연구보고서에 다음과 같은 방식으로 제시된다:

- 가설이 지지된다.
- 대립가설이 채택되었다.
- 이 가설에 대한 지지가 확인되었다.
- 연구결과가 통계적으로 유의적이었다.
- 연구결과는 이 예측을 지지한다.
- 연구결과는 이 가설을 지지한다.
- 가설이 확증되었다.

기본적으로 이 연구자는 대립가설을 통해 어떤 차이나 관계가 있음을 주장했으며 연구가 바로 그러한 차이나 관계를 찾는 데 성공했다고 말하고 있다. 많은 연구자가 "귀무가설을 기각한다"와 같은 문구를 사용하지 않는데, 그 이유는 엄밀히 말해서 귀무가설은 그것이 참일 가능성이 늘 어느 정도 존재하므로 결코 기각될 수 없기 때문이다. 바로 이러한 문제를 해결하는 데에 유의수준이 사용될 수 있다. 연구자들이 결코 0.00이 아닌 대개 0.05에 알파수준을 설정한다는 점을 기억하라. 따라서 우리는 귀무가설의 진실성에 대해 결코 절대적으로 확신할 수 없다.

이제 <표 9.2>의 결정 2를 살펴보자. 비록 연구자들이 귀무가설을 통계적으로 검정하고 있기는 하지만, 그들은 일반적으로 연구가설, 즉 대립가설에 관심이 있다는 것을 상기하라. 연구자들이 귀무가설을 확증하기를 원하는 것은 이례적인 경우이다. 그래서 연구결과가 대립가설을 지지하지 않을 때, 연구자들은 결정 2를 어떻게 기술하는가?

한 연구(Richards & Nelson, 2012)는 알코올 중독자의 자녀가 건강 자기-효능감(health self-efficacy), 즉 건강 관련 목적을 달성할 수 있다는 자신의 능력에 대한 신념이 알코올 중독자가 아닌 부모를 둔 자녀와 다른지 살펴보았다. 알코올 중독자 부모를 둔 자녀의 커뮤니케이션 관련 이슈를 살펴본 연구는 소수에 지나지 않았다. 그러나 부모의 알코올 중독이 자녀에게 영향을 미친다는 것을 보여주는 증거는 있다. 연구들은 건강 자기-효능감이 질병 관리뿐만 아니라 가족 관련 건강 결과에도 중요하다는 사실을 입증한 바 있다. 따라서 연구자들이 자신을 알코올 중독자의 자녀로 동일시하는 학생과 그렇지 않은 학생 간에는 건강 자기-효능감의 차이가 존재할 것이라는 가설을 제시한다는 것은 일리가 있다. 300명이 넘는 대학생들이 이 연구에 참여했다. 참여자들의 평균 연령은 20.76세였다. "당신은 부모의 음주에 대한 걱정으로 아프다고 느꼈거나, 울었거나, 마음이 편치 않았던 적이 있습니까?"와 같은 문항을 포함해 30개 문항으로 이루어진 척도를 사용하여 자신을 알코올 중독자의 자녀로 동일시한 참여자들을 확인했다. 만약 참여자들이 30개의 질문 가운데 6개 이상에 그렇다고 응답했다면, 그들은 알코올 중독자의 자녀로 분류되었다. 건강 자기-효능감은 5개 항목(예, "나는 내 건강에 긍정적인 영향을 미칠 자신이 있다")으로 조작화되었다. 그러나 이 가설은 지지되지 않았다. 건강 자기-효능감 점수는 알코올 중독자 부모를 둔 학생들과 그렇지 않은 학생들 사이에 차이가 없었다. <표 9.2>의 결정 2와 같은 이러한 결정은 연구보고서에서 다음과 같은 방식으로 제시된다:

- (대립)가설은 지지되지 않았다.
- 연구결과는 통계적으로 유의적이지 않았다.
- 귀무가설이 채택되었다.
- 연구결과는 (대립)가설을 지지하지 못했다.
- (대립)가설에 대한 어떠한 지지도 드러나지 않았다.
- (대립)가설이 기각되었다.

기본적으로 연구자는 대립가설이 어떤 차이나 관계를 주장했으며 연구결과가 제안한 차이나 관계를 확증할 수 없었다고 말하고 있다. 따라서 귀무가설은 유지된다.

유의수준과 가설 검정의 이러한 원칙들이 연구문제에 어떻게 적용되는가? 가설 수립을 위해 어떤 입장이나 주장을 개발하는 데 필요한 이전 증거가 충분하지 않을 때 연구문제가 사용된다는 점을 상기하라. 연구문제가 사용될 때, 연구자는 연구문제에 답하기 위해 연구결과를 사용한다. 가설은 "그렇습니다. 당신이 옳습니다"나 "아닙니다. 당신은 틀렸습니다"와 같은 유형의 결정으로 반드시 응답되어야 할 주장을 하는 반면, 연구문제는 더 다양한 방식으로 대답될 수 있는 질문을 제기한다. 따라서 비록 연구자들이 연구문제와 연관된 통계적 검정을 위해 유의수준을 설정하지만, 연구문제는 채택하거나 기각할 수 없다.

8. 맺음말

과학적 전통에 대해 배우는 데 따르는 어려움 가운데 하나는 이 장에서 다룬 원칙들이 그저 전통이라는 점을 인식하는 것이다. 결과에 대한 정확한 해석을 보장하거나 모든 경우에 정당화될 수 있는 절대적이거나 객관적인 일단의 연구 절차는 존재하지 않는다(Abelson, 1997). 실제로 유의수준을 설정하고 가설을 검정하는 데 사용되는 전통에 대해 많은 학문 분야의 과학자들이 여러 가지 문제를 제기해왔다(Boster, 2002; Harlow, Mulaik, & Steiger, 1997; Judd,

McClelland, & Culhane, 1995; Levine, Weber, Hullett, Park, & Lindsey, 2008; Vermeulen et al., 2015).

과학적 전통의 사용을 받아들이지만, 그럼에도 연구자들의 주관적 해석을 존중하는 한 가지 방법은 이러한 전통을 절대적인 의사결정자가 아닌 해석의 도구로 간주하는 것이다. 이러한 전통은 양자택일의 결정을 지나치게 강조하는 강한 언어(예, 귀무가설을 기각하지 못한다, 대립가설을 채택한다)에 호소한다. 과학적 전통이 연구자에게 지시하는 것이 아닌, 연구자의 판단을 도와야 한다는 것이 좀 더 현대적인 관점이라 할 수 있다(Abelson, 1995).

》 요약

1. 숫자는 연구자들이 데이터를 수집하기 위해 사용하는 많은 도구 가운데 하나이다.
2. 연구자들은 수집한 원 데이터를 토대로 데이터세트 전반에 대한 기본적인 요약 데이터를 전달하는 기술통계를 산출한다.
3. 정규곡선은 대다수의 사례가 분포의 중앙에서 정점을 이루면서 곡선의 중앙에서 멀어짐에 따라 사례가 점진적으로 더욱 줄어드는 이론적 분포이다.
4. 정규분포에서는 한쪽 면이 다른 한쪽 면을 정확히 반영하기 때문에 곡선이 대칭을 이룬다.
5. 양의 혹은 음의 편포에서는 곡선이 비대칭이다.
6. 빈도 분포와 빈도 분포 다각형은 한 변인에 대한 일단의 점수를 분석하는 첫 번째 단계이다.
7. 기술통계(사례 수, 중심 경향성 및 산포)는 한 변인의 데이터세트에 대한 요약 정보이다.
8. 사례 수는 데이터 포인트의 수이다.
9. 중심 경향성 측도(평균, 중앙값, 혹은 최빈값)는 평균적인 혹은 전형적인 데이터를 반영한다.
10. 산포 측도(범위와 표준편차)는 데이터의 변동성에 대한 기술을 제공한다.
11. 연구자들은 데이터를 기술하기 위해 빈도와 백분율도 사용한다.

12. 비록 어떤 전문가가 연구과정의 결과와 결과 해석에 도움을 준다 하더라도, 결과와 결과 해석에 책임져야 할 사람은 연구자이다.

13. 유의수준은 연구 프로젝트에 사용되는 각각의 통계적 검정을 위해 설정된다; 일반적으로 0.05 확률수준이 커뮤니케이션 연구의 표준으로 받아들여진다.

14. 가설 검정은 확률 표집기법과 정해진 유의수준을 토대로 한다.

15. 관례상 연구자들은 대립가설에 관심이 있지만, 귀무가설을 통계적으로 검정한다.

16. 가설 검정은 의사결정 행위, 즉 대립가설을 받아들이거나 귀무가설을 유지하는 것이다.

17. 1종 오류와 2종 오류는 연구자들이 그 반대의 경우가 참임에도 결과를 채택하거나 기각할 때 발생한다.

핵심어	
과정 추론	기술통계
데이터	데이터세트
모집단 추론	백분율
범위	빈도
사례 수	사회적 유의성
알파수준	양의 비대칭 곡선
원 데이터	유의수준
음의 비대칭 곡선	2종 오류
1종 오류	정규곡선
중심 경향성	중앙값
최빈값	추론통계
편포	평균
평균값	표준편차
확률	확률수준

10장 차이 검정

챕터 체크리스트

이 장을 읽고 난 후 여러분이 할 수 있어야 하는 것들:

1. 기술통계와 추론통계의 차이 설명하기.
2. 네 가지 분석단계를 사용해 연구 설계 및 통계 결과 평가하기.
3. 가설 혹은 연구문제 개발하기 및 차이에 대한 적합한 통계적 검정(카이-제곱, t-검정, ANOVA) 선택하기.
4. 카이-제곱, t-검정 및 ANOVA의 가정 및 기능 구별하기.
5. 카이-제곱, t-검정 및 ANOVA 결과로부터 얻어진 연구결과 해석하기.

연구 설계가 실험 설계이든, 준실험 설계이든, 기술 설계이든, 많은 연구자는 차이를 살펴보기 위해 연구를 개발한다. 일부 가설과 연구문제는 데이터가 명목 혹은 범주 데이터인 독립변인, 즉 예측변인을 포함하고 있다는 이전 장들의 내용을 상기하라. 이런 경우에 커뮤니케이션 연구자들은 독립 혹은 예측변인의 차이가 종속변인의 차이를 초래할 것이라는 가설을 설정할 수 있다. 이때 연구자들은 종속변인과의 관계 속에서 독립변인의 집단이나 범주 간 차이를 찾고 있다.

공중관계 위기 후에 조직이 발표하는 성명을 사람들이 어떻게 평가하는가에 대한 연구에서 이와 정(Lee & Chung, 2012)은 적극적인 책임이 담긴 사과 성명이 소극적 책임이 담긴 사과 성명보다 공중의 분노(public anger)를 누그러뜨릴 가능성이 더 높다는 가설을 설정했다. 여기서 독립변인은 조직의 사과 성명의 유형, 즉 조직이 분명히 문제에 대한 책임을 질 것이라는 사과 성명 혹은 조직이 문제에 대해 우려는 표명하지만 직접적인 책임은 없다는 사과 성명일 것이다. 참여자들은 두 가지 조건 가운데 하나에 무작위로 할당되었는데, 그들은 어떤 조직의 공중관계에 대한 기사를 읽은 다음, 그 조직의 두 가지 버전의 사과 성명 가운데 하나를 읽었다. 종속변인은 조직에 대한 분노였는데, 분노는 그들이 조직에 화를 내거나(angry), 미친 듯이 화를 내거나(mad), 짜증을 내거나(irritated), 언짢아하거나(annoyed), 격노한(outraged) 정도로 측정되었다. 이 연구의 가설은 조직에 대한 참여자들의 분노는 그들이 읽은 사과 성명에 따라 다를 것이라는 것이다. 바꾸어 말하면, 참여자들이 어떤 집단에 할당되었는가에 따라 분노의 정도가 다를 것이라는 것이다. 참여자들이 무작위로 할당된 집단, 혹은 조건이 그들이 조직에 대해 화가 난 정도를 말하는 데 차이를 불러일으키는가?

또 다른 예는 참여자들이 주류 온라인 뉴스원과 독립 온라인 뉴스원의 공신력을 지각했는지, 지각했다면 어떻게 지각했는지를 조사한 연구이다(Chung, Nam, & Stefanone, 2012). 이 연구의 가설은 다음과 같았다: "온라인 뉴스원들 사이에는 공신력 평가에 차이가 있을 것이다"(p. 174). 차이에 대한 통계적 검정은 주류 온라인 뉴스원과 독립 온라인 뉴스원(독립변인인 온라인 뉴스원의 종류)에 대한 참여자들의 공신력에 대한 지각(종속변인)이 서로 다른지 물을 것이다. 이 두 예들 가운데 어느 경우에도 우리는 종속변인의 평균 점수들이 독립변인의 범주에 따라 서로 다른지 여부를 알아보기 위해 데이터세트 내의 점수들을 살펴볼 수 있을 것이다. 그러나 평균 점수들에 단순한 차이가 존재한다는 것을 아는 것으로는 충분하지 않다. 오히려 연구자들은 그러한 차이가 실제 차이를 만들어낼 만큼 충분히 큰지, 즉 그러한 차이가 통계적으로 유의적인지 묻기 위해 추론통계를 사용한다. 바꾸어 말하면, 관찰된 차이가 우연으로 인해 발생할 수도 있는 차이보다 더 큰가? 세 가지 종류의 차이 검정, 즉 카이-제곱(chi-square), t-검정(t-test), 그리고 분산분석(ANOVA: analysis of variance)에 대해 논의하기에 앞서 간단하게 추론통계에 대해 먼저 설명하는 것이 적절할 것 같다.

1. 추론통계

9장에서 기술한 기술통계와는 반대로, **추론통계**(inferential statistics)는 표본을 살펴봄으로써 모집단에 대한 결론을 도출하기 위해 사용된다. 더 기본적인 수준에서 말하자면, 추론통계는 연구자들이 가설을 검정하고 연구문제에 답하는 것과 연구결과로부터 의미를 도출하는 것을 도와준다. 이러한 단계들이 끝나면, 통계적 검정에서 표본으로부터 얻은 연구결과는 모집단에 대해 추론하는 데 사용될 수 있다. 표본을 검정함으로써 통계적으로 유의적임이 확인된 결과는 그 표본이 추출된 모집단에 대해서도 유효한 것으로 가정된다. 이와 같은 추론을 할 수 있는 능력은 확률의 원리(principle of probability)를 토대로 한다. 연구자들은 그들이 수행하는 각각의 통계적 검정에 유의수준을 설정한다는 9장의 내용을 상기하라. 확률이론을 그들의 검정의 토대로 사용함으로써 연구자들은 그들이 확인하는 차이가 우연에 의한 것이 아닌 실제일 가능성이 어느 정도인지 평가할 수 있다.

추론통계는 세 가지 가정을 수반한다. 첫 번째 가정은 표본이 추출되는 모집단이 종속변인에 관해 정규분포를 이룬다는 것이다. 종속변인이 커뮤니케이션 역량이라고 해보자. 만약 모집단이 정규분포를 이루고 있고 또 표본이 무작위로 선택된다면, 이 표본의 커뮤니케이션 역량 점수들 역시 정규분포를 이루는 것으로 기대할 수 있을 것이다. 정규분포인지 알지 못하거나 정규분포를 가정할 수 없다면, 통계적 검정은 차이에 대한 근사치만을 제공할 수 있다.

두 번째 가정은 참여자들이 더 큰 모집단에서 무작위로 표집된다는 것이다. 무선 표집에서 각 개인은 모집단 내의 다른 사람과 연구 참여자로 선택될 동일한 기회를 갖는다.

세 번째 가정은 참여자들은 독립변인의 범주나 집단에 무작위로 할당된다는 것이다. 참여자들이 처치집단이나 통제집단 가운데 어느 하나에 할당될 동일한 기회를 가질 때 무선 할당이 이루어진다는 것을 상기하라. 무선 할당은 집단들이 서로 유사하다는 것을 연구자들이 보장하는 데 도움이 된다. 바꾸어 말하면, 무선 할당 절차는 편향을 줄이기 위해 사용된다. 참여자들이 처치집단이나 통제집단에 무작위로 할당될 때, 이들 집단 사이에 발견되는 차이는 독립변인의 처치 효과로 인한 것으로 가정된다. 특히 자연스럽게 발생하는 집단이 독립변인으로 사용되는 커뮤니케이션 연구에서는 이러한 가정이 흔히 위배된다.

많은 연구자가 그들의 연구 설계가 추론통계의 근간이 되는 기본 가정들, 즉 확률의 원리, 정규분포, 무선 표집, 그리고 무선 할당을 충족하지 않을 때도 카이-제곱, t-검정, 그리고 ANOVA를 사용한다. 일반적으로 이러한 가정을 충족시키려면 모든 커뮤니케이션학이 실험 설계를 기반으로 해야 하는데, 어떤 커뮤니케이션 현상을 연구할 때 이것은 불가능하거나 현실성이 없다. 어떤 학자들(de Vaus, 2001; Lacy & Riffe, 1993)은 그러한 가정들이 충족될 수 없을 때 추론통계를 사용하는 것은 용납할 수 없다고 주장한다. 또 어떤 학자들은, 이러한 가정들을 충족하지 못하는 준실험 설계와 기술연구 설계에서 추론통계를 사용하는 많은 발표 논문들로 인해, 좀 더 자유로운 견해를 가지고 있다. 언급한 모든 조건이 충족되지 않음에도, 만약 학자들이 그들의 연구를 이론에 기반을 두고 설계하고 적합한 데이터를 수집한다면, 추론통계는 어떤 특정한 데이터세트에 대한 정보를 제공할 수 있다는 것이다(Tabachnick & Fidell, 2007). 그러나 그와 같은 경우에 연구자들은 그들의 결과를 지나치게 일반화하지 않도록 주의해야 한다. 추론통계는 수집된 표본 데이터 전체에 걸쳐 점수들의 패턴을 살펴본다는 것을 기억하는 것 또한 중요하다. 이러한 더 전체론적인 수준에서 데이터를 검토하는 것은 연구자로 하여금 표본으로부터 모집단을 추론하거나 이론적 예측을 검정할 수 있게 해준다. 따라서 어떤 발견된 유의적인 차이는 개인들 간의 차이가 아니라, 개인의 집단들 간의 차이이다.

1) 대립가설과 귀무가설

추론통계는 대립가설, 즉 연구가설은 참이고 귀무가설은 거짓일 가능성을 검정한다. 차이를 검정할 때 대립가설, 즉 연구가설은 차이가 발견될 것이라고 예측하는 반면, 귀무가설은 아무런 차이도 없다고 예측할 것이다. 유의수준을 (일반적으로 0.05에) 설정함으로써, 연구자는 이러한 결정을 내릴 기준을 갖는다. 만약 0.05 수준이 달성된다면(즉, p가 0.05 이하라면), 연구자는 귀무가설을 기각하고 대립가설을 채택한다. 만약 0.05 유의수준이 달성되지 않으면, 귀무가설이 유지된다. 귀무가설(예, 아무런 차이가 존재하지 않는다는 것)은 연구가설을 채택하기 위한 충분한 통계적 지지가 존재할 때까지 유지된다는 9장의 내용을 상기하라.

2) 자유도

자유도(degrees of freedom)는 과학적 전통이 오류로 인한 변동을 처리하는 방식이다. 약어 df로 표시되는 자유도는 통계적 검정 내에서 얼마나 많은 값이 바뀌는지(vary) 명시한다. 바꾸어 말하면, 과학자들은 결코 오류가 전혀 없이 데이터를 수집할 수 없다는 것을 인정한다. 수집된 각각의 데이터는 바뀔 수 있다. 즉, 우리가 설명할 수 없는 오류를 수반할 수 있다. 통계적 연산에 자유도를 포함하는 것은 이러한 오류를 설명하는 데 도움을 준다.

자유도는 또 달리 통계적 검정 내에서의 변동의 폭으로 볼 수 있다(Kerlinger, 1986). 명목변인, 즉 범주변인의 경우, 자유도는 해당 변인의 범주의 수에서 1을 뺀 값이라는 것이 일반적인 규칙이다. 따라서 만약 어떤 변인이 참여자들이 선택할 수 있는 범주의 수가 6개라면, 이 변인과 연관된 자유도는 5 (df = 범주의 수 − 1)다. 즉, 참여자들은 선택한 하나의 범주 외에 5개의 다른 옵션을 선택할 수 있는 기회를 가졌다.

자유도의 개념은 이해하기 어려울 수 있지만(그리고 그와 같은 설명은 분명 기초 통계학의 범위를 넘어서지만), 각각의 통계적 검정에는 자유도 계산방법에 대한 분명한 규칙이 존재한다. 각 검정이 논의될 때 이러한 규칙에 대해 설명할 것이다.

3) 네 가지 분석단계

추론통계 검정의 경우, 연구자가 수행하는 통계적 분석에는 네 가지 주요 단계가 존재한다(Simon, 1969). 첫 번째 분석단계는 차이나 관계가 존재하는지 밝히기 위해 통계적 검정을 적용하는 단계이다. 이 장은 (독립변인의 데이터가 범주, 즉 명목 데이터일 때 사용되는) 차이에 대한 통계적 검정에 대해 기술한다. 관계에 대한 통계적 검정은 11장에서 기술한다. 이 단계에서 연구자는 가설이나 연구문제가 시사해주는 적합한 통계적 검정을 선택한다. 가설과 통계적 검정은 반드시 상응해야 한다. 만약 가설이 차이에 대해 추정한다면, 차이를 포착하기로 되어 있는 통계적 검정이 반드시 사용되어야 한다. 더욱이 어떤 통계적 검정이 사용되느냐는 연구자가 수집하는 (명목 혹은 연속수준의 데이터와 같은) 데이터의 유형에 좌우될 것이다.

두 번째 분석단계는 차이나 관계의 유형의 특성을 기술하는 단계이다. 때때로 데이터에 나타나는 차이가 연구자가 예측한 차이가 아닐 수도 있다. 예를 들면, 웡과 하우스홀더(Wong & Householder, 2008)는 한 시트콤[〈프렌즈〉(*Friends*)]이나 범죄 드라마[〈법과 질서〉(*Law & Order*)]의 짧은 세그먼트를 보여줌으로써 참여자들이 행복하거나 슬픈 기분에 젖어들도록 유도했다. 그 다음에는 참여자들에게 한 남자가 흡연으로 인해 수술대 위에서 죽어가는 모습을 생생하게 보여주는 금연 공익광고를 보여주었다. 이 연구자들은 구체적으로 "긍정적인 기분에 젖어 있는 사람들은 부정적인 기분에 젖어 있는 사람들보다 이 금연 공익광고에 대해 덜 긍정적인 태도를 보여줄 것이다"(p. 406)라는 가설을 제시했다. 그러나 통계적 검정을 실시한 결과, 정반대의 결과가 확인되었다. 즉, 긍정적 기분에 젖어들도록 유도된 참여자들이 부정적인 기분에 젖도록 유도된 참여자들보다 그 공익광고에 대해 더 긍정적인 태도를 나타냈다. 따라서 연구자들은 그들이 확인한 차이가 실제로 그들이 예측한 차이인지 반드시 확인해야 한다.

세 번째 분석단계는 차이나 관계의 통계적 중요성을 평가하는 단계이다. 사용되는 각각의 통계적 검정에 대해 확률수준, 즉 유의수준이 설정된다는 9장의 내용을 상기하라. 어떤 차이가 존재하고 그것이 기대된 차이인지 여부를 아는 것으로는 충분하지 않다. 연구자는 반드시 한 단계 더 나아가야 한다. 대개 0.05에 설정된 유의수준을 사용함으로써 연구자는 자신이 찾은 차이의 크기가 우연이 아닌 실제로 받아들일 수 있는지를 판단할 수 있다. 반대로 만약 확률수준이 일정한 기준에 이르지 않는다면, 확인된 차이는 통계적으로 유의적이지 않으며, 따라서 어떤 결론도 도출될 수 없다.

마지막으로, 연구자들은 검정된 데이터가 미래에도 적용되기를 원한다. 따라서 네 번째 분석단계는 관찰된 차이나 관계의 중요성을 평가한 다음, 그러한 결과를 일반화하는 단계이다. 이러한 평가를 내리기 위해 연구자들은 연구과정의 모든 단계를 반드시 평가해야 한다:

- 표본은 어떻게 확보되었는가?
- 참여자들은 무작위로 선택되었는가?
- 참여자들은 처치집단이나 통제집단에 무작위로 할당되었는가?
- 표본은 연구자들이 관심을 가지고 있는 모집단을 어느 정도 대표하는가?

- 연구 설계는 가설과 연구문제에 적합했는가?
- 데이터는 신뢰할 수 있고 타당한 방식으로 수집되었는가?

이러한 질문을 하고, 이러한 질문에 답함으로써 연구자들은 그들이 표본의 결과를 모집단에 일반화할 수 있는 정도를 판단할 수 있다.

이러한 네 단계 각각은 반드시 수행되는 각각의 통계적 검정에 대해 완료되어야 한다. 그러나 심지어 가장 효과적으로 설계된 연구라 하더라도 표본으로부터 얻은 결과가 모집단에서 발생하는 것을 반영할 거라는 보장은 없다는 점을 인식하라(Simon, 1969).

실험연구 설계의 가정들이 위배될 때 이러한 분석단계들은 어떻게 적용되는가? 이 네 단계는 이상적인 실행으로 간주되어야 하며, 준실험 및 기술연구 설계에 대해서도 마찬가지로 지켜져야 한다. 분명 후자의 경우, 네 단계가 매우 위태로워지기 때문에 연구자들은 반드시 최대한의 주의를 기울여야 한다.

2. 카이-제곱

연구자들은 범주들 사이의 차이가 통계적으로 유의적인지 판단하고자 할 때 카이-제곱(chi-square), 즉 χ^2을 통계적 검정으로 선택한다. 따라서 카이-제곱은 하나 이상의 변인의 데이터가 명목, 즉 범주 데이터일 때 적합한 검정이다. 원칙적으로 카이-제곱은 발생한 범주 간의 차이가 우연에 의해 발생하는 것과 동일한지 여부를 알아보기 위해 데이터를 살펴본다. 연구자들은 **관찰빈도**(observed frequency), 즉 해당 범주가 실제로 나타나는 횟수를 **기대빈도**(expected frequency), 즉 해당 범주가 나타날 것으로 기대된 횟수와 비교한다. 만약 관찰빈도가 정확히 기대빈도와 일치한다면, χ^2은 0이다. 관찰빈도와 기대빈도 간의 차이가 더 클수록, χ^2값도 더 커진다. 그리고 χ^2값이 더 클수록, 그러한 차이가 통계적으로 유의적일 가능성이 더 높다.

연구자들은 수집된 데이터로부터 관찰빈도를 확보하지만, 기대빈도는 어떻게 얻는가? 일반적으로 연구자들은 어떤 변인의 각 범주의 빈도가 같음을 지정하는 무차이 모델(no differences model)에 의거해 기대빈도를 구한다. 이 모델에서 기대빈도는 해당 변인의 관찰빈도를 그 변인의 범주의 수, 즉 칸 수로 나

늚으로써 구한다. 이렇게 하면 각 칸, 즉 범주의 기대빈도값이 동일해진다. 무차이 모델의 한 대안으로, 연구자들은 다른 범주보다 한 범주에 가중치를 부여하는 기대빈도를 설정하는 발표된 연구 문헌을 사용할 수 있다.

명목변인은 수치를 갖지 않는다는 5장의 내용을 상기하라. 그런데 카이-제곱에서는 각 범주의 빈도가 수치로 사용된다. 일례로 명목변인인 성별의 경우, 남성과 여성의 빈도는 각각 57과 83이었다. 각각의 수는 참여자들이 자신을 여성 혹은 남성으로 확인해준 횟수, 즉 빈도를 나타낸다. 이러한 값들을 사용해 카이-제곱을 계산한다. 두 가지 유형의 카이-제곱, 즉 1차원 카이-제곱과 분할표는 모두 빈도 데이터에 의존한다. 이제부터 이들 각각에 대해 자세히 살펴보기로 한다.

1) 1차원 카이-제곱

1차원 혹은 **일방향 카이-제곱**(one-dimensional or one-way chi-square)은 사례들이 한 범주변인, 즉 명목변인의 범주들에 분포되어 있는 방식의 차이가 유의적인지 판단하기 위한 통계적 검정이다. 이 경우, 연구자는 카이-제곱을 통해 "발견된 차이가 실제인가 아니면 우연에 의한 것인가?"라는 질문을 검정할 수 있다.

조직 내 반대의견(organizational dissent), 즉 고용인의 불만족이 텔레비전에 묘사되는 방식을 살펴본 연구에서 가너, 킨스키, 두타 및 댄커(Garner, Kinsky, Duta, & Danker, 2012)는 "텔레비전에 묘사되는 조직 내 반대의견은 동료들에 대해서보다 상사들을 향해 표출될 것이다"(p. 613)라는 가설을 제시했다. 이 가설은 단순히 한 종류의 조직 내 반대의견 표출의 대상자가 다른 종류의 대상자보다 더 자주 발견될 것이라고 말하고 있다. 전통에 따라 귀무가설은 언급되지 않았다. 만약 언급된다면, "조직 내 반대의견은 상사와 동료를 향해 동일하게 표출될 것이다"와 비슷한 것이 될 것이다.

이 연구를 위해 연구자들은 네 종류의 잠재적인 조직 내 반대의견 표출 대상자들을 확인했다: 상사, 동료, 부하직원, 그리고 기타. 이 연구팀은 99편의 드라마와 46편의 코미디를 통틀어 146개의 조직 내 반대의견 사례를 확인했다. 다음으로, 그들은 그러한 반대의견 표출이 누구를 향했는지 코딩했다. 그러나 어떤 등장인물이 조직 내 반대의견 표출의 대상자였는지를 네 가지 범주로 코딩하고 각 범주의 빈도를 계산하는 것이 조직 내 반대의견 메시지를 들을 가능성이 가장 높은 유형의 등장인물들 간에 통계적으로 유의한 차이가 있음을 밝혀주지는 않을 것이다. 이러한 차이는 우연에 의해 발생할 수도 있을 것이다. 카이-제곱은 관찰빈도와 기대빈도를 비교함으로써 빈도의 차이가 실제임을 입증하는 데 사용된다.

귀무가설은 모든 유형의 등장인물이 똑같은 양의 조직 내 반대의견을 들을 것이라고 진술하기 때문에, 네 유형의 반대의견 표출 대상자에 대한 기대빈도는 같아야 한다. 이 귀무가설이 유지되기 위해서는 이 가설을 위해 코딩된 146개의 조직 내 반대의견 표출 사례들이 상사, 동료, 부하직원 및 기타 반대의견 표출 대상 사이에 반드시 동일하게 분포되어야 한다. 각각의 조직 내 반대의견 표출 대상은 각각 약 36.5회 반대의견 표출을 들었어야 했다. 그러나 이 데이터의 빈도와 백분율을 보여주고 있는 <표 10.1>을 살펴보라. 텔레비전 등장인물들이 그들의 반대의견을 네 범주에 걸쳐 동일하게 표출하지 않았다는 것을 알 수 있다. 관찰빈도가 기대빈도 36.5와 같지 않았다.

이 경우, 카이-제곱은 통계적으로 유의했으며, 따라서 연구가설은 채택되었다. 텔레비전에 묘사된 조직 내 반대의견은 동료보다 상사를 향해 더 자주 표출되었다. 146개의 조직 내 반대의견 묘사 사례 가운데 82.2%가 상사를 향했고, 동료에게 12.3%, 그리고 부하직원과 기타에게 각각 2.7%가 향했다. 통계적으로 유의한 카이-제곱은 텔레비전에 묘사된 조직 내 반대의견 메시지 대상의 분포가 우연에 의해 발생한 것이 아님을 입증해준다.

이제 이러한 카이-제곱을 이 학술지 논문 저자들이 어떻게 보고했는지 살펴보자. 가너와 동료들(2012)이 제안한 가설은 지지되었다($\chi^2 = 258.27$, $df = 3$, $p < 0.001$). 카이-제곱 검정 결과, 카이-제곱값 258.28이 산출되었다. df, 즉

▌표 10.1 조직 내 반대의견 메시지 빈도표

상사	동료	부하직원	기타 반대의견 표출 대상
82.2%	12.3%	2.7%	2.7%
$n = 120$	$n = 18$	$n = 4$	$n = 4$

출처: Garner, J. T., Kinsky, E., S., Duta, A. C., & Danker, J. (2012). Deviating from the script: A content analysis of organizational dissent as portrayed on primetime television. *Communication Quarterly*, *60*, 608-623. doi:10.1080/01463373.2012.725001

자유도 3은 4개의 코딩 범주가 사용되었음을 나타낸다. 1차원 카이-제곱의 경우, df는 범주의 수에서 1을 뺀 값과 같다(이 경우, $4 - 1 = 3$). 여러분은 보고된 유의수준 $p < 0.001$을 통해 이 카이-제곱값이 통계적으로 유의하다는 것을 안다. 이것은 산출된 카이-제곱값의 유의수준이 일반적으로 설정되는 기준인 0.05보다 더 낮은 0.001보다도 더 작음을 의미한다. 따라서 이 연구자들은 (조직 내의 반대의견 메시지는 네 유형의 수용자들에게 동일하게 표출될 것이라는) 귀무가설을 기각하고 (조직 내 반대의견은 동료보다 상사에게 더 자주 표출될 것이라는) 연구가설을 채택할 수 있었다.

그러나 여러분은 유의한 χ^2값을 확보하는 것만으로는 연구가설에 대한 전적인 지지를 제공하는 데 충분하지 않다는 점에 유의해야 한다. 카이-제곱값은 유의적인 차이가 존재한다는 것만 말해줄 수 있을 뿐이지, 어디에서 그러한 차이가 발생했는지는 연구자들에게 말해줄 수 없다. 이 경우, 유의적인 차이는 네 유형의 잠재적인 반대의견 메시지 수용자 가운데 어떤 수용자들 사이에서도 잠재적으로 발생할 수 있을 것이다. 카이-제곱을 사용할 때, 연구자들은 유의적인 차이가 실제로 그들이 예측한 차이인지 판단하기 위해 빈도와 백분율을 반드시 시각적으로 세심하게 살펴보아야 한다.

2) 분할분석

방금 제시한 카이-제곱은 분명 꽤 간단하다. 위의 연구자들은 단지 하나의 명목변인에 관한 빈도 분포를 살펴보고 있었다. 카이-제곱은 또한 두 명목변인 간의 연관성을 살펴보는 데도 사용될 수 있다. 이 경우, 참여자들은 서로 관련되어 있는 두 변인상에 분류된다. 이 통계는 **분할분석**(contingency analysis) 혹은 **2차원 카이-제곱**(two way chi-square 혹은 two-dimensional chi-square)으로 알려져 있다. 2개의 명목변인이 가로 열이 하나의 명목변인을, 세로 행이 다른 하나의 명목변인을 나타내는 표에 배열되어 있다. 이러한 유형의 표에 빈도 데이터를 표시하는 것을 일컬어 **분할표**(contingency table)라고 한다. 이렇게 배열하면 한 변인의 빈도가 다른 변인의 빈도에 의해 어떻게 결정되는지, 즉 다른 변인의 빈도와 어떻게 관련되어 있는지 쉽게 볼 수 있다.

2차원 카이-제곱의 가장 단순한 형태는 각각 2개의 수준을 가지고 있는 2개의 명목변인으로 구성되어 있을 것이다. 이것은 2×2 카이-제곱일 것이다.

1. 연구가설이나 연구문제를 확인하라. 관련된 귀무가설, 즉 차이가 없다는 진술문을 개발하라.

2. 연구방법 부분에 제시된 정보를 토대로 카이-제곱 가설의 각 변인이 명목, 즉 범주 수준인지 확인하라. 각 변인의 범주들 혹은 집단들을 확인하라.

3. 연구결과 부분에서 특정한 검정 결과를 찾아라. 여러분은 반드시 χ^2과 유의수준, 즉 p를 찾아야 한다.

4. 만약 χ^2의 p가 0.05 이하이면, 카이-제곱 검정에서의 차이를 채택하라. 확인된 차이는 통계적으로 유의적이다. 확인된 차이가 가설에 의해 예측된 차이인지 판단하라.

5. 만약 χ^2의 p가 0.05보다 크면, 귀무가설을 유지하라. 보고된 어떤 차이도 우연에 의한 것이거나 통계적으로 유의하다고 할 정도로 충분히 다르지 않다.

6. 논의 부분에서 카이-제곱에 대한 연구자의 해석을 찾아라. 통계적으로 유의적인 결과가 어느 정도 실제적이거나 연구되고 있는 이슈와 관련되어 있는가? 독자적으로 여러분 자신의 결론에 도달하라. 여러분은 연구자의 해석에 동의하는가 아니면 동의하지 않는가?

그러나 실제로는 대부분의 명목변인이 2개 이상의 범주를 가지고 있기 때문에, 이 카이-제곱 디자인은 자주 사용되지 않는다. 다수의 범주를 가지고 있는 두 변인에 대한 분할분석이 더 자주 사용된다. 카이-제곱값을 구하기 위해서는 (가로 열과 세로 행이 만나는) 각 칸에 빈도를 표시하는 것 외에 각 칸의 기대빈도도 반드시 계산해야 한다. 기대빈도를 보고하는 논문은 거의 없지만, 기대빈도는 카이-제곱값 계산에 반드시 필요한 구성요소이다.

한과 커민스(Hahn & Cummins, 2017)는 이러한 종류의 분할분석, 즉 카이-제곱을 사용해 참여자들의 팬십(fanship)[84]의 수준이 미식축구에 대한 지식의 수준에 따라 다른지 다르면 어떻게 다른지 판단했다(<표 10.2> 참조). "주관적인 스포츠 팬십과 주어진 스포츠에 대한 객관적 지식 간에는 어떤 관계가 있는

---

84) 팬십이란 어떤 사람이 무언가에 관심 있는 것에 동일시하는 정도를 말한다. 이에 비해, 팬덤(fandom)은 유사한 관심사를 공유하는 다른 사람들과 자신을 동일시하는 것을 말한다(역자 주).

가?"(p. 4)가 연구문제였다. 팬십이 첫 번째 명목변인으로, 참여자들은 대학 대항 미식축구(intercollegiate football)에 대한 관심이나 애정이 낮은 참여자, 중간 정도인 참여자, 혹은 높은 참여자로 범주화되었다. 두 번째 명목변인은 객관적 지식으로, 이 변인 역시 낮은, 중간 정도의, 혹은 높은 지식으로 분류되었다. 이 3 × 3 카이-제곱(세 수준의 팬십과 세 수준의 미식축구에 대한 지식)은 유의적이었다[$\chi^2(4) = 39.63$, $p < 0.001$]. 따라서 이 연구자들은 다음과 같은 결론을 내릴 수 있었다: "가장 열렬한 대학 미식축구 팬들로 특징지어지는 많은 사람들은 또한 미식축구에 대한 지식 수준도 가장 높았다. 그럼에도 카이-제곱 검정은 미식축구에 대한 지식 수준은 높지만 애정은 거의 없는 사람도 적지만 존재함을 보여주었다($n = 4$). 마찬가지로 소수의 사람들은 미식축구에 대해 대단한 관심을 보였지만 미식축구에 대한 객관적인 지식은 거의 없는 사람도 있었다($n = 6$)"(p. 9). 따라서 위 연구문제에 대한 답은 두 구성개념이 관련되어 있지만, 그럼에도 서로 다른 개념이라는 것이다. 연구 이용자로서 여러분은 유의수준, 즉 p를 살펴봄으로써 이 카이-제곱이 유의적이라고 말할 수 있다. p가 0.05 이하일 때, 그것은 유의적인 것으로 간주되며, 따라서 대립가설이 채택된다.

분할분석의 경우, 자유도(df)는 분할표의 열과 행의 수에 좌우된다. 구체적으로 말하면, 자유도는 열의 수에서 1을 뺀 값을 행의 수에서 1을 뺀 값과 곱한 값[(열의 수 − 1) × (행의 수 − 1)]이다. <표 10.2>의 예에서 미식축구에 대한 팬십을 나타내는 행의 수에서 1을 뺀 값(3 − 1 = 2)과 미식축구에 대한 지식 수준을 나타내는 열의 수에서 1을 뺀 값(3 − 1 = 2)을 곱하면(2 × 2 = 4) 자유도는 4가 된다($df = 4$).

▌표 10.2 대학 미식축구 팬십 및 대학 미식축구에 대한 지식 범주들에 대한 분할표

대학 미식축구에 대한 지식 수준	대학 미식축구에 대한 팬십 수준		
	낮음	중간	높음
낮음	29_a	16_b	6_b
중간	17_a	25_a	14_a
높음	4_a	11_a	27_b

주: 아래첨자를 공유하고 있지 않은 빈도는 세로 행 비율에서 $p < 0.05$ 수준에서 유의적으로 다름.
출처: Hahn, D. A., & Cummins, R. G. (2017). Differentiating objective sport knowledge versus subjective sport fanship via a test of exemplification in sport media. *Communication & Sport*. doi:10.1177/2167479517695090

3) 카이-제곱의 한계

　명목 데이터로 된 변인에 국한되는 것 외에, 카이-제곱은 다른 한계도 지니고 있다. 첫 번째 한계는 카이-제곱은 빈도에 대한 검정이라는 점이다. 그 결과, 어떤 칸의 관찰빈도가 0이거나 어떤 칸의 기대빈도가 5 미만일 때, 카이-제곱 검정은 정확하지 않을 수도 있다. 두 번째 한계는 카이-제곱이 검정할 수 있는 변인의 수에 있다. 카이-제곱이 단지 2개의 변인만을 검정할 수 있는 것은 아니지만, 3개 이상의 변인을 대상으로 하는 카이-제곱 결과는 해석하기가 매우 어려울 수 있다(Kerlinger, 1986). 3개 이상의 명목수준 변인을 동시에 검토할 필요가 있을 때는 더 정교한 통계적 검정인 로그-선형 분석(log-linear analysis)[85]이 가능하다.

　마지막으로, 설계상의 주된 한계점으로는 이 검정이 인과관계를 직접 판단할 수 없다는 것이다. 한 변인의 범주화가 다른 변인의 범주화를 야기했다고 말하는 것은 부적절할 것이다. 그러나 분할표 분석에서 변인들에 대한 논리적 해석은 연구자가 데이터에 대한 인과적 진술을 하는 데 도움을 줄 수 있다. 그렇기는 하지만 가장 진정한 의미에서 변인들은 독립변인도 아니고 종속변인도 아니기 때문에 인과성은 확실하지 않다.

　그 결과, 연구자와 이용자 모두 카이-검정 분석으로 얻은 연구결과를 지나치게 확대하기 쉽다. 연구보고서의 논의 및 함의 부분에서 지나치게 일반화하는 것을 매우 흔히 볼 수 있다. 분명, 연구자들이, 참여자들이 추출된 모집단에 대한 결론을 도출하기 위해 카이-제곱으로부터 얻은 연구결과를 사용하는 정도에는 제한이 있다. 그러나 이것이 카이-제곱 분석으로부터 얻은 연구결과가 아무런 효용성이 없음을 의미하는 것은 아니다.

---

85) 3개 이상의 범주 변인 간의 관계 탐구하는 다원 빈도 분석(다원 교차 분석)으로, 그 필요성이 매우 높음에도 불구하고 수학적이나 개념적으로 너무 복잡하고 대부분의 문헌에서도 일반적인 연구자들이 이해할 수 있는 개념 정립이나 분석절차 등이 잘 제시되지 않고 있어 널리 시행되지 않고 있다(역자 주).

3. t-검정

기호 *t*로 표시되는 **t-검정**(*t*-test)은 독립변인의 두 집단이 연속수준의 한 종속변인에 관해 차이가 있을 것으로 기대하는 가설을 검정하는 데 사용된다. 첫째, 참여자나 요소들이 독립변인의 두 수준 가운데 하나로 범주화된다. 둘째, 모든 참여자에 대해 종속변인이 측정된다. 그런 다음, 한 집단의 종속변인 점수를 다른 집단의 종속변인 점수와 비교한다.

실험연구 설계에서 *t*-검정은 두 표본의 평균과 분포를 토대로 두 모집단의 평균의 차이의 유의성을 검정하기 위해 사용된다. 그러나 *t*-검정은 또한 준실험 설계와 기술연구 설계에도 자주 사용된다.

t-검정에서 독립변인은 반드시 단지 두 집단으로 구성되는 명목변인이어야 한다. 단지 하나의 독립변인만 검정될 수 있다. 예를 들어, 성별은 통상 여성과 남성, 두 집단으로 조작화되기 때문에 독립변인이 될 수 있을 것이다. *t*-검정은 또한 하나의 종속변인으로 제한된다. 종속변인은 반드시 등간 혹은 비율척도로 된 연속수준의 데이터여야 한다.

이 장의 앞부분에서 소개한 네 분석단계를 다시 언급하자면, *t*-검정은 "표본의 평균들이 서로 다른가?"라고 묻는다. 만약 이 질문에 대한 답이 "예"라면, 앞에서 제시한 대로 연구자는 다른 세 가지 분석단계를 반드시 계속 진행해야 한다. 연구자는 그 차이가 예측된 방향인지 여부를 반드시 판단해야 한다. *t*-검정의 통계적 유의성이 반드시 결정되어야 한다. 마지막으로, 그러한 차이는 그것이 무엇을 의미하는지 혹은 그것이 어떻게 적용될 수 있는지의 측면에서 반드시 해석되어야 한다.

1) 일반적인 *t*-검정 유형

커뮤니케이션 연구에 흔히 사용되는 *t*-검정의 유형이 몇 가지 있다. 첫 번째 유형은 독립적인 두 표본의 평균 간의 차이를 조사한다. 연구자들은 서로 다른 두 집단의 사람들의 종속변인의 평균 점수를 비교하고 싶어 하기 때문에 이 유형의 *t*-검정이 흔히 사용된다.

독립표본 t-검정(independent sample *t*-test)의 경우, 독립변인의 두 범주 각각에 대해 표본 크기에 따라 자유도가 계산된다. 따라서 만약 100개 사례에 대해 t-검정이 계산된다면, 그 가운데 50개는 독립변인의 한 범주에 할당되고 50개는 독립변인의 다른 범주에 할당되어, 자유도를 계산하는 등식은 $df = (n_1) + (n_2) - 2$가 될 것이다. 이 경우, 계산을 하면 $df = (50 + 50 - 2) = 98$이 된다.

예를 들어, 프리스비와 부쓰-버터필드(Frisby & Booth-Butterfield, 2012)는 결혼 파트너가 어떻게 작업(flirting)을 거는지를 살펴본 연구에서 다음과 같은 연구문제를 제시했다: "작업을 거는 행동, 작업을 거는 동기, 그리고 관계 유지 행동을 보고하는 데 있어 남성과 여성은 어떻게 다른가?"(p. 470). 본질적으로 이러한 종류의 연구문제는 결혼한 여성과 결혼한 남성 간의 일련의 비교를 요구한다. 관계 유지 행동 가운데 하나로 남성과 여성이 파트너에 대한 지속적인 관심을 증명하기 위해 사용하는 행동인 확신(assurance)[86]에 대해 살펴보자. 이 연구자들은 독립표본 t-검정을 사용해 여성($M = 43.71$)이 남성($M = 39.39$)보다 그들의 결혼 파트너에게 더 많은 확신을 사용한다는 사실을 확인했다. 이러한 차이는 유의적이었다[$t(156) = 3.69$, $p < 0.05$]. 확신의 사용은 종속변인이다. 참여자들은 독립변인의 한 범주나 다른 범주에 속해 있기 때문에, 표본들은 독립적이다. 참여자는 독립변인의 두 범주 모두로 자신의 성별을 밝힐 수 없다.

두 번째 유형의 t-검정은 쌍 혹은 짝을 이룬 2개의 점수를 비교하기 때문에 **쌍비교**(paired comparison) 혹은 **쌍표본 t-검정**(paired samples t-test)이라고 알려져 있다. 이 경우, 종속변인의 점수들이 독립적이지 않다. 한 참여자가 비교될 수 있는 2개의 점수를 제공한다. 예를 들면, 인터넷을 통한 부정(不貞)[87]을 조사한 한 연구(Docan-Morgan & Docan, 2007)는 쌍표본 t-검정을 사용해 "만약 존재한다면, 어떤 종류의 인터넷을 통한 부정이 다른 것들보다 더 심각한 것으로 간주되는가?"(p. 321)라는 연구문제에 답했다. 참여자들은 두 종류의 인터넷을 통한 부정에 대해 응답했다. 첫 번째 유형은 농담하기, 한동안 만나지 못했던 옛 친구와 이야기 나누기, 한담나누기 및 기타 친밀하지 않은 행위와 같은 피상적/비공식적 행위였다. 두 번째 유형은 사랑 고백하기, 만날 계획 짜기 및 기타 성적 혹은 정서적 친밀감 행위와 같은 주목을 끄는/목적 지향적인 행위였다. 쌍표본 t-검정의 결과는 두 유형의 행위 간에 통계적으로 유의한 차이가 존재함을 보여주었다. 피상적/비공식적 행위($M = 1.68$)는 주목을 끄는/목적 지향

---

86) 확신은 파트너에 대한 헌신을 보여주고, 충실함을 강조하며, 파트너에 대한 지지를 제공하는 행동을 포함한다(역자 주).

87) 결혼한 사람이 정조를 지키지 않는 것을 말한다(역자 주).

적인 행위(M = 3.74)보다 덜 심각하다는 평가를 받았다[$t(199)$ = -32.46, p < 0.001].

쌍표본 t-검정의 경우, 자유도는 전체 사례 수에 대해 계산된다. 따라서 만약 t-검정이 50 쌍의 사례에 대해 계산된다면, 자유도를 계산하는 등식 $df = (n - 1)$에 따라 자유도는 49(50 - 1)가 된다.

요약하면, t-검정은 유의적인 차이를 찾기 위해 데이터를 살펴본다. 종속변인의 평균과 표준편차가 독립변인의 두 집단 모두에 대해 계산된다. 이 검정은 두 세트의 기술통계 간의 차이가 통계적으로 서로 다른지 판단하기 위해 그 둘을 비교한다. 통계적 검정이 없다면, 여러분은 두 평균을 비교해서 하나가 다른 하나보다 더 크거나 더 작다고 해석할 수 있다. 그러나 여러분은 그러한 차이가

설계 확인 t-검정 해석하기

1. 연구가설이나 연구문제를 확인하라. 가설이나 연구문제가 방향성이 있는가 아니면 방향성이 없는가? 관련된 귀무가설, 즉 차이가 없다는 진술문을 개발하라.

2. 연구방법 부분에 제시되어 있는 정보를 토대로 t-검정 가설의 독립변인이 명목, 즉 범주 수준인지 확인하라. 이 변인의 두 범주 혹은 집단을 확인하라. 종속변인이 연속수준 데이터(등간 혹은 비율데이터)인지 확인하라.

3. 연구결과 부분에서 구체적인 검정 결과를 찾아라. 여러분은 t값과 유의수준, 즉 p를 반드시 확인해야 한다. 또한 독립변인의 각 범주 혹은 집단에 대한 종속변인의 평균 점수를 찾아라.

4. 만약 t값과 연관되어 있는 p가 0.05 이하이면, 이 t-검정에서의 차이를 채택하라. 확인된 차이는 통계적으로 유의적이다. 확인된 차이가 가설에 의해 예측된 차이인지 판단하라.

5. 만약 t값과 연관되어 있는 p가 0.05보다 크면, 귀무가설을 유지하라. 보고된 어떠한 차이도 우연에 의한 것이거나 통계적으로 유의적이라고 할 만큼 충분히 다르지 않다.

6. 논의 부분에서 t-검정에 대한 연구자의 해석을 찾아라. 통계적으로 유의적인 결과가 어느 정도 실제적이거나 연구되고 있는 이슈와 관련되어 있는가? 독자적으로 여러분 자신의 결론을 도출하라. 여러분은 연구자의 해석에 동의하는가 아니면 동의하지 않는가?

실제인지 아니면 단순히 우연에 의한 것인지는 알지 못할 것이다.

　　이러한 원칙들을 전제로, t-검정은 가설이나 연구문제가 이 검정이 찾아내고자 의도하는 차이를 구체적으로 명시하는 정도에 의해 더욱 구별될 수 있다. 양측 t-검정(two-tailed t-test)은 가설이나 연구문제에 차이가 구체적으로 명시되지 않을 때 사용되고, 단측 t-검정(one-tailed t-test)은 차이가 구체적으로 확인될 때 사용된다. 다음 부분은 이 둘 모두에 대해 기술한다.

2) 양측 t-검정

　　연구자가 양 방향 가운데 어느 방향으로의 차이이든 받아들여질 수 있는지에 대한 연구문제를 묻거나 가설을 진술할 때는 그것을 검정하기 위해서는 **양측검정**(two-tailed test)이 필요하다. 이러한 형식의 가설이나 연구문제를 사용하여 데이터를 검토할 때는 어떤 집단의 종속변인의 점수가 더 큰지 혹은 더 작은지가 문제되지 않을 것이다. 연구자들은 어떤 차이가 존재한다고 추정하지만 그러한 차이의 방향을 예측할 수 없을 때 양측 t-검정을 사용한다.

　　예를 들어, 시청자들이 PPL(product placement), 즉 영화나 TV 프로그램에 유명 상표의 제품을 노출시키는 행위(예, 어떤 등장인물이 어떤 인기 있는 소다수를 마시거나 스낵을 먹을 때)에 어떤 반응을 보이는지를 조사하는 연구에서 연구자들은 "PPL의 윤리적 측면에 대한 태도가 인구통계학적 특성에 따라 어떻게 다른가?"라는 연구문제를 제기했다(Sung, de Gregorio, & Jung, 2009, p. 262). 비록 이러한 행위가 널리 펴져 있긴 하지만, 학생이 아닌 영화 관객을 대상으로 한 연구는 거의 존재하지 않는다. 이 연구자들은 성별(여성이나 남성)을 인구통계학적 특성으로 고려할 때 여성이나 남성이 영화 속에 유명 상표의 제품을 비윤리적으로 지각할지 여부를 예측할 수 없었다. 따라서 양측 t-검정이 사용되었다. 그들은 3,000명이 넘는 성인으로부터 수집한 데이터를 사용해 통계적으로 유의적인 차이를 확인했다($p < 0.01$). 남성 응답자들($M = 2.58$, $SD = 0.86$)은 여성 응답자들($M = 2.47$, $SD = 0.81$)보다 PPL이 비윤리적 행위라고 생각하는 정도가 더 강했다. 그러나 비록 그러한 차이가 통계적으로 유의적이긴 하지만, 남성과 여성의 평균 점수가 영화 속의 PPL에 대한 태도가 중립적임을 나타내고 있음에 주목하라.

3) 단측 *t*-검정

만약 연구문제나 가설에 어떤 특정한 차이가 밝혀져 있다면, **단측 검정**(one-tailed test)이라 불리는 방향성 있는 *t*-검정이 필요하다. 예를 들어, 초리 및 치치릴로(Chory & Cicchirillo, 2008)는 남성이 여성보다 더 자주 비디오 게임을 한다고 말할 것이라는 가설을 제시했다. 가설을 이런 식으로 진술하는 것은 한 집단, 즉 남성이 다른 집단, 즉 여성보다 비디오 게임을 더 많이 할 것이라고 추정하는 것이다. 이러한 명백히 진술된, 즉 기대된 차이는 단측 *t*-검정을 요구한다. 단측 *t*-검정 분석 결과는 남성과 여성의 비디오 게임 빈도 간에 통계적으로 유의적인 차이를 보여주었다[$t(155) = 5.53$, $p < 0.001$]. 즉, 남성은 평균 주당 6.63회($SD = 9.64$) 게임을 한 반면, 여성은 평균 주당 0.64회($SD = 2.18$) 게임을 했다. 유의수준, 즉 *p*가 기준인 0.05보다 작기 때문에 *t* 값은 유의적이다. 위 가설의 방향을 감안할 때, 이 *t*-검정은 남성이 여성보다 비디오 게임을 더 자주 한다는 것을 확증해준다.

그러나 잠시 *t* 통계량[88]이 5.53이 아니고 −5.53이었다고 가정해보자. *t* 통계량을 해석하는 데는 절댓값 |5.53|이 사용되기 때문에, 음의 *t* 값은 집단 간 차이의 유의성에 대해 아무런 영향을 미치지 않는다. *t*-검정은 여전히 유의적이지만, 그러한 차이의 결과는 반대 방향으로 나타날 수 있을 것이다. 어떤 집단의 종속변인의 점수가 더 큰지 분명히 알기 위해서는 두 집단 모두의 종속변인의 평균 점수를 찾아보라.

4) *t*-검정의 한계

t-검정의 주된 한계는 그것이 독립변인의 두 집단 혹은 범주에 따른 한 종속변인의 차이를 살펴보고자 하는 것이라는 점이다. 따라서 연구자들은 *t*-검정을 사용해 더 복잡한 커뮤니케이션 현상을 살펴볼 수는 없다. 이 한계와 관련된 몇몇 이슈를 보려면 "두 범주가 충분히 대표적인가?"라는 제목의 윤리적 이슈를 참조하라.

---

88) 통계량(statistic)은 표본의 특성을 나타내는 값을 말하고, 모수(parameter)는 모집단의 특성을 나타내는 값을 말한다(역자 주).

4. 분산분석

분산분석(analysis of variance)[89]은 일반적으로 **ANOVA**라는 약어로 불린다. 이 통계적 검정은 2개 이상의 집단(독립변인)이 종속변인에 미치는 영향을 비교하며 기호 F로 나타낸다. **분산**(variance)은 종속변인의 점수들의 산포도(dispersion), 즉 분포가 흩어져 있는 정도를 말한다. 분산이 더 클수록 점수들은 평균에서 더 벗어나 있다. 반대로 분산이 더 작을수록 점수들은 평균에 더 가까이 있다. ANOVA는 독립변인의 범주들이 종속변인의 분산을 설명할 수 있는 정도를 살펴본다.

t-검정의 경우와 마찬가지로 독립변인은 반드시 명목 데이터여야 하며, 종속변인은 반드시 연속수준의 데이터여야 한다. 그러나 ANOVA는 두 가지 면에서 t-검정을 확장하고 있다. 첫째, ANOVA는 3개 이상의 범주를 가진 독립변인을 수용할 수 있다. 둘째, 이 검정은 2개 이상의 독립변인을 수용할 수 있다. 따라서 t-검정과 ANOVA의 차이는 검정될 수 있는 독립변인의 범주의 수와 검정될 수 있는 독립변인의 수다.

연구자들은 하나의 독립변인과 하나의 종속변인을 검정하는 것이 커뮤니케이션 현상의 복잡성을 포착할 수 없다는 점에 오랫동안 주목해왔다. 연구자들은 또한 변인들이 늘 독립적으로 움직이지 않는 것에도 주목해왔다(Kerlinger, 1986). t-검정을 사용하는 것으로 제한된다는 것은 연구자들이 한 번에 단지 하나의 독립변인만을 검정할 수 있고, 따라서 대부분의 커뮤니케이션 현상의 복잡성을 검정할 수 없음을 의미할 것이다. 가장 단순한 형식의 ANOVA는 3개 이상의 범주 수준(예, 대학교 학년: 1학년, 2학년, 3학년, 4학년)을 가진 하나의 독립변인을 검정할 수 있다. 좀 더 복잡한 형식의 ANOVA는 2개 이상의 독립변인을 동시에 검정할 수 있다. 이러한 ANOVA들을 일컬어 각각 일원 ANOVA와 이원 ANOVA라고 한다.

1) ANOVA의 기초

ANOVA는 차이를 검정할 때 더 큰 복잡성을 다룰 수 있기 때문에 몇몇 다른 기본적 이슈들이 반드시 다루어져야 한다. 다음 부분에서는 계획 혹은 비계

---

89) 표준편차의 제곱의 합을 데이터 포인트의 수로 나눈 것이 분산이다(역자 주).

t-검정을 사용하는 것은 단순한 비교를 위해서는 좋은 통계적 선택이다. 그러나 2개의 범주가 사람들의 특성이나 속성을 충분히 대표할 수 있는가? 잠시 손잡이성 (handedness), 즉 오른손 혹은 왼손을 잘 쓰는 정도가 사람들이 어떻게 손인사와 악수를 하는가와 관련하여 여러분이 연구하고 싶어 하는 사람들의 특성이라고 가정해보자 (Provins, 1997 참조). 독립변인은 손잡이성이 될 것이고, 따라서 오른손 혹은 왼손이 2개의 범주가 될 것이다. 종속변인은 악수하기 위해 오른손을 내미는 것의 편안함이 될 것이다. 만약 독립변인이 두 범주 수준으로 제한된다면, *t*-검정이 적합한 통계적 검정인가? 오른손잡이성과 왼손잡이성 외에 중요할 수 있는 다른 어떤 손잡이성은 없는가? 정말로 양손을 다 잘 쓰는 사람을 고려해보았는가? 성별(여성, 남성), 결혼 지위(기혼, 미혼), 혹은 위계적 지위(우월적, 종속적)는 어떤가? 두 범주 수준이 이것들을 독립변인으로서 정확하게 대표하는가? 어떤 특성상의 차이 모두는 아니지만 대부분을 포착하는 이와 같은 단지 두 범주만 가진 변인을 사용할 때 연구자가 다뤄야 할 필요가 있는 윤리적 이슈는 무엇인가?

───

획 비교, 집단 간 및 집단 내 분석, 자유도, 집단 간 및 집단 내 설계와 같은 이슈들에 대해 기술한다.

어떤 종류의 ANOVA이건 연구자는 ANOVA를 통해 사람들의 종속변인의 점수를 그들이 속해 있는 독립변인의 집단이나 범주에 따라 비교할 수 있다. 이러한 비교는 계획될 수도 있고 계획되지 않을 수도 있다. **계획 비교**(planned comparison)는 연구가설에 나타나 있는 집단들 사이의 비교이다. 이러한 비교는 데이터가 수집되기 전에 정해져 있다. 이와 달리, **사후 비교**(post hoc comparison)라 불리는 비계획 비교(unplanned comparison)는 연구자가 유의적인 ANOVA가 존재하는 것을 알고 난 이후에 수행된다. 사후 비교는 연구가설에서 예측되지 않은 것이다. 따라서 사후 비교가 사용될 때 그것은 탐색적 비교로 간주된다. 유의적인 *F* 값을 확인한 후에 연구자가 어떤 통계적으로 유의적인 차이나 차이들이 존재한다는 것을 알게 되는 것이다. 그럴 경우에 연구자는 반드시 사후 비교를 사용해 독립변인의 어떤 집단 혹은 범주들 사이에 어떤 차이가 존재하는지 확인해야 한다.

ANOVA는 독립변인의 집단들 간의 차이를 찾는 것으로 흔히 언급되지만,

ANOVA는 실제로 평균 간의 차이를 검정한다. 차이가 확인될 때, **집단 간 분산**(between-groups variance)이 존재한다. 그 집단들은 서로가 충분히 구분될 정도의 차이를 가지고 있다. 집단 간 분산이 유의적이기 위해서는 **집단 내 분산**(within-groups variance), 즉 어떤 범주나 수준 내의 개체들의 변동보다 더 커야 한다.[90] 이러한 두 종류의 분산 간의 차이는 엄마들이 자녀들과 각기 다른 맥락에서 노는 동안 자녀들과 갖는 커뮤니케이션의 양과 스타일을 조사한 나싼슨과 라스무선(Nathanson & Rasmussen, 2011)의 연구에서 설명될 수 있다. 이들의 가설은 "엄마들은 자녀와 장난감을 가지고 놀거나 TV를 보면서 놀 때보다 책을 읽으면서 놀 때 (책을 읽는 데 요구되는 커뮤니케이션을 뛰어넘어) 더 자주 커뮤니케이션할 것이다"(p. 470)였다. 따라서 세 가지 엄마-자녀 오락 맥락이 명목수준의 독립변인의 조건이었다: 텔레비전 보기, 책 읽기, 그리고 장난감 가지고 놀기. 연속수준의 종속변인은 엄마의 자녀와의 커뮤니케이션이다. 각기 다른 놀이 상황에서 엄마의 커뮤니케이션 빈도의 변동이 집단 간 분산이 될 것이다. 이것이 이 연구자들이 검정하는 데 관심을 가지고 있는 분산이다. 이와 달리 어떤 한 놀이 상황(예, 텔레비전 보기)에서 엄마와 자녀와의 커뮤니케이션의 변동은 집단 내 분산이 될 것이다.

ANOVA의 경우, 참여자의 수와 각 독립변인에 대해 자유도가 계산된다. 먼저, 총분산(total variance)의 자유도는 참여자 수로 계산되는데, 참여자 수에서 1을 뺀 값(즉, $n - 1$)이다.[91] 다음으로, 집단 간 자유도는 독립변인 내의 범주의 수를 토대로 한다. 범주의 수에서 1을 뺀 값이 집단 간 자유도이며 각 독립변인에 대해 계산된다. 따라서 독립변인인 성별의 자유도는 1[2(여성 및 남성의 두 범주) - 1]이다. 방금 언급한 엄마의 커뮤니케이션에 대한 연구처럼 3개의 범주 수준을 가진 독립변인의 자유도는 2가 될 것이다.

마지막으로, 집단 내 자유도는 참여자 수와 집단 간 자유도를 기반으로 한다. 집단 내 자유도를 계산하기 위해서는 몇 단계를 거쳐야 한다. 참여자가 200명이고 범주 수준이 3개인 하나의 독립변인을 포함하고 있는 ANOVA 연구 설계의 경우, 집단 내 자유도는 다음과 같이 계산된다. 첫째, 총분산의 자유도를

---

90) 집단 간 분산과 집단 내 분산을 더한 값을 총분산(total variance)라고 하고, 집단 간 분산을 집단 내 분산으로 나눈 비(比)가 F값이다(역자 주).

91) 바로 앞 문장의 내용 가운데 참여자 수를 토대로 한 자유도에 대한 설명이 원서에 빠져 있어, 이 문장은 역자가 추가했다(역자 주).

구한다. 즉, 참여자 수에서 1을 뺀다($n - 1$). 둘째, 집단 간 자유도를 계산한다. 범주 수준이 3개인 하나의 독립변인을 가진 이 ANOVA의 경우, 집단 간 자유도는 2(범주의 수 − 1)이다. 셋째, 총분산의 자유도에서 집단 간 자유도를 뺀 197(199 − 2)이 집단 내 자유도이다.

F 검정용 데이터를 제공하는 참여자의 수 n = 200

1. 총분산의 자유도 = $n - 1$ 200 − 1 = 199
2. 집단 간 자유도 = 범주의 수 − 1   3 − 1 = 2
3. 집단 내 자유도 = 총분산의 자유도 − 집단 간 자유도   199 − 2 = 197

집단 간 자유도와 집단 내 자유도 모두 F 값과 함께 보고된다. 먼저 집단 간 자유도가 보고되고, 이어 집단 내 자유도가 보고된다. 따라서 $F(2,197)$이라는 표기는 이 독립변인이 3개의 범주 수준을 가지고 있음을 나타낸다. 이 표기는 또한 200명의 참여자로부터 얻은 데이터가 이 ANOVA에 포함되었음을 나타낸다.

연구자는 집단 간 차이가 존재하는지 여부와 그러한 차이가 통계적으로 유의적인지, 즉 우연에 의한 것이 아닌지를 판단하기 위해 반드시 F 통계량(F statistic)을 계산해야 한다. 연구자가 서로 다를 가능성이 있는 각 집단의 평균을 간단하게 비교할 수 있긴 하지만, F 검정은 정확하며 또한 각 집단의 종속변인의 점수의 평균과 변동(표준편차)을 고려한다.

F는 실제로 독립변인의 범주들이 종속변인의 점수들의 변동을 얼마나 잘 설명하는지를 보여주는 측도이다. 만약 범주들이 아무런 변동을 설명하지 못한다면, F는 0이다. 독립변인의 범주들이 종속변인의 변동을 더 잘 설명할수록 F는 더 커진다. F 통계량이 통계적으로 유의적일 때, 연구자들은 집단 간 평균의 차이를 실제의 차이로 해석할 수 있다. 바꾸어 말하면, 그러한 차이는 우연에 의한 것이 아니다. 만약 F 통계량이 유의적이지 않다면, 귀무가설이 유지되어 집단 평균들 간에 아무런 차이가 없음을 나타낸다.

귀무가설에 대해 두 가지 대립가설이 존재한다. 첫째, 연구가설은 어떤 한 집단(의 평균)이 다른 한 집단(의 평균)보다 더 높거나 더 낮을 것임을 시사하는 집단 간의 특정한 차이를 예측할 수 있을 것이다. 이것은 방향성이 있는 가설이며, 계획 비교는 F 검정에 포함되어 있을 것이다. 예를 들어, 비셀과 메서스미쓰(Bisel & Messersmith, 2012)는 훈련이 설득력 있는 사과문을 만들 수 있는 참여자들의 능력에 영향을 미치는지 그리고 미친다면 어떻게 미치는지 조사했다. 참여자들은 무작위로 훈련을 받거나(처치집단) 훈련을 받지 않는(통제집단) 조건에 할당되었다. 훈련 세션에는 강의와 서면 자료가 모두 포함되었는데, 강의와 서면 자료는 근무 환경에 대한 조직의 사과(organizational apology)의 네 가지 구성요소[92]에 초점을 맞추었다. 가설은 다음과 같이 예측했다: "조직의 사과 훈련을 받는 참여자들이 훈련을 받지 않는 참여자들보다 용서 감정을 불러일으키는 데 있어 더 설득력 있는 사과문을 만들 것이다"(p. 435). 이 가설에는 독립변인의 두 조건, 즉 훈련을 받는 참여자들과 훈련을 받지 않는 참여자들이 존재한다. 따라서 훈련을 받은 참여자들은 훈련을 받지 않은 참여자들보다 훈련으로 인해 더 설득력 있는 사과문을 만들 수 있을 것으로 예측되었다.

둘째, 연구가설은 집단 간의 차이를 예측할 수 있겠지만, 어떤 집단이 더 효과적인 사과문을 작성할지는 구체적으로 명시할 수는 없을 것이다. 이것은 방향성이 없는 가설이다. 만약 전반적인 ANOVA가 유의적이라면, 사후 비교가 요구될 것이다. 이전 연구를 사용하면, 가설은 다음과 같이 방향성이 없는 형식으로 재진술될 수 있을 것이다: 훈련 조건을 토대로 할 때, 조직의 사과문의 설득력에는 차이가 있을 것이다. 이런 형식으로 진술될 때는 어떤 집단이 더 잘 할 것인지 예측할 수 없다. 이 경우, 두 집단 간 비교는, F 통계량이 유의적이라는 것이 입증될 경우에만, 사후적으로 산출될 것이다.

ANOVA에는 또한 두 가지 서로 다른 설계, 즉 집단 간 설계와 집단 내 설계가 존재한다. **집단 간 설계**(between-subjects design)에서는 각 참여자가 단지 한 집단이나 범주에서, 즉 단지 하나의 조건하에서만 측정된다. 이 ANOVA 설계를 집단 간 설계라고 부르는 이유는 연구자가 연구에 참여하는 사람들 전체에 걸쳐 나타나는 차이를 살펴보고 싶을 때 사용하기 때문이다. 앞서 기술한 연구는 집단 간 설계인데, 왜냐하면 참여자들은 두 가지 조건 가운데 하나에 있었고 또한 조직의 사과문을 만드는 데 있어서의 그들의 효과성이 비교되기로 되어 있었기 때문이다. 집단 간 비교는 독립변인에 대해서만, 즉 훈련을 받았거나 받지 않은 것에 대해서만 이루어졌다. 따라서 참여자들의 종속변인의 점수들은 서

---

92) 조직 사과의 네 가지 구성요소란 인정(acknowledge), 해명(explanation), 후회와 겸허함의 표현(expression of remorse and humility), 그리고 배상(reparation)을 말한다(역자 주).

로 독립적이다.

이와 달리, **집단 내 설계**(within-subject design)는 각 참여자를 대개 서로 다른 수준이나 서로 다른 조건에 대해 한 번 이상 측정한다. 연구자들은 흔히 **반복 측정**(repeated measure)이라는 용어를 사용해 집단 내 설계를 기술한다. 집단 내 설계는 참여자들의 훈련 받기 전 점수와 훈련 받은 후 점수 간의 차이를 비교하는 데 사용될 수 있다. 혹은 집단 내 설계는 참여자들의 몇 가지 미디어[예, 페이스북, 유튜브(YouTube) 및 트위터] 이용 빈도를 검정하는 데 사용될 수 있을 것이다. 집단 내 설계의 핵심은 각 참여자가 독립변인의 각 범주에 관한 데이터를 제공한다는 것이다.

2) 일원 분산분석

일원 분산분석(one-way analysis of variance), 즉 **일원 ANOVA**는 하나의 독립변인 상의 범주의 차이를 토대로 한 종속변인의 유의적인 차이를 검정한다. 이 검정의 경우, 하나의 독립변인은 명목, 즉 범주 수준에서 측정된다. 독립변인에는 적어도 2개의 범주는 존재해야 하지만, 더 많을 수 있다. 단지 하나의 독립변인만이 검정되기 때문에 집단 간 설계가 반드시 사용되어야 한다.

F 검정은 독립변인의 각 집단, 범주, 혹은 수준에 대한 종속변인의 평균과 표준편차를 비교함으로써 그러한 분포들을 살펴본다. 만약 집단 간 차이가 집단 내 차이보다 크면, 그 ANOVA는 유의적이다. 이 경우, 연구자는 귀무가설을 기각하고 연구가설을 채택할 것이다.

ANOVA는 원래 만들어질 때 대략 같은 크기의 집단을 비교하기 위해 설계되었다. 많은 비교가 자연적으로 발생하는 집단들 사이에서 이루어지는 커뮤니케이션 연구에서 이러한 가정을 지키는 것은 흔히 불가능하며 실행할 수도 없다. ANOVA를 계산하는 데 사용되는 컴퓨터 프로그램들은 프로그램상의 조정을 통해 이 문제를 극복할 수 있다. 대부분의 통계 소프트웨어 패키지에는 같은 크기의 집단을 비교하기 위한 (보통 ANOVA라 불리는) 하나의 통계적 검정과 같지 않은 크기의 집단을 비교하기 위한 [보통 일반 선형 모델(general linear model)이라 불리는] 또 하나의 통계적 검정이 존재할 것이다.

여러분은 한번쯤은 여러분 자신과 가족 구성원을 위한 주치의를 선택하라는 요청을 받을 가능성이 있다. 여러분이 그러한 선택을 할 때 어떤 종류의 정보가 도움이 될까? 페롤과 실크(Perrault & Silk, 2016)는 어떤 종류의 정보가 가장 도움이 될지를 판단하는 데 도움을 주기 위해 온라인 실험을 수행했다. 이 연구자들은 문자만으로 된 의사의 약력보다 영상을 포함하고 있는 온라인 약력이 불확실성을 훨씬 더 줄여줄 것이라는 가설을 제시했다. 이 일원 ANOVA에서는 미디어 종류(문자 혹은 영상)가 독립변인이다. 불확실성은 종속변인이다. 300명이 넘는 어머니들이 이 온라인 연구에 참여했는데, 참여자들은 문자만 있는 조건이나 영상도 있는 조건에 무작위로 할당되었다. 유의적인 결과가 나왔는데[$F(1,317)$ = 17.07, $p < 0.001$], 영상 약력(M = 4.11, SD = 1.10)이 문자만으로 된 약력(M = 3.58, SD = 1.17)보다 상당히 더 큰 불확실성 감소로 이어졌다.

3) 이원 분산분석

이원 분산분석(one-way analysis of variance), 즉 이원 ANOVA에는 2개의 범주수준의 독립변인과 하나의 연속수준의 종속변인이 존재한다. 두 독립변인의 효과 혹은 영향을 검정하면서, ANOVA는 종속변인의 분포에 대한 각 독립변인의 상대적 기여, 즉 주효과(main effect)를 판단할 수 있다. 뿐만 아니라 ANOVA는 상호작용효과(interaction effect), 즉 두 독립변인이 동시에 미칠 수 있는 결합된 영향도 검정할 수 있다.

예를 들어, 코헨(Cohen, 2010)은 어떤 종류의 메시지가 사람들로 하여금 장기기증카드에 서명하게 함으로써 장기기증자가 되도록 촉진하는지를 살펴보는 연구를 설계했다. 이 연구팀은 준실험연구를 설계해 참여자들을 2개 버전의 장기기증에 관한 인간적 흥미 위주의 뉴스 기사(human interest news story)에 노출시켰다. 첫 번째 변인인 기사의 프레임을 조작하기 위해 첫 번째 버전의 뉴스 시사는 치명적인 병에 걸린 사람이 장기 기증과 이식을 받지 못하면 어떻게 사망하는지 보여주었다. 두 번째 뉴스 기사의 프레임은 치명적인 병에 걸린 사람이 장기 기증과 이식이 적시에 이루어져 생존하는 것으로 제시되었다. 따라서 첫 번째 독립변인은 뉴스 기사의 손실(loss) 혹은 획득(gain) 프레임이었으며, 따라서 참여자들은 이 두 조건 가운데 하나에 무작위로 할당되었다. 두 번째 독립변인은 장기기증자에 되는 것에 대해 참여자들이 느끼는 모호함(ambivalence)[93])의 정도

---

93) 여기서 모호함이란 장기 기증자가 되는 것에 편익(benefit)과 위험(risk)이 동시에 존재함을 지각하는 정도를 말한다(역자 주).

였는데, 이것은 참여자들의 설문지 응답으로 측정되었다. 이 연구의 하나의 가설은 모호함의 수준이 획득 프레임보다 손실 프레임의 상대적 효과[94]를 조절할 (moderate)[95] 것이라고 예측했다.

두 독립변인, 즉 2개 수준(손실 혹은 획득)을 가진 메시지 프레임과 모호함의 수준(높은 혹은 낮음)이 연속수준의 종속변인인 장기 기증 자발성(willingness to donate)에 미치는 효과를 검정하기 위해 이원 ANOVA가 사용되었다(<표 10.3> 참조). 이 연구팀은 이원 ANOVA로 각 독립변인의 주효과와 예측된 상호작용효과를 검정할 수 있었다. 한 독립변인이 종속변인의 점수에 영향을 미칠 때 주효과가 발생하며, 이 효과는 다른 독립변인의 영향을 받지 않는다. 바꾸어 말하면, 참여자들의 장기기증 자발성은 그들이 읽은 메시지 유형, 즉 하나의 주효과로 인한 것인가? 아니면 장기기증 자발성의 차이는 장기기증자가 되는 것에 대한 모호함의 수준, 즉 또 다른 주효과로 인한 것인가? 이원 ANOVA에는 2개의 독립변인이 사용되기 때문에 연구자들은 또한 상호작용효과도 검정할 수 있다. 한 주효과의 결과가 다른 주효과의 결과를 인정하지 않고서는 해석될 수 없을 때 상호작용효과가 발생한다.

F 통계량은 모호함의 주효과를 보여주었다[$F(1,145) = 6.96$, $p < 0.05$, $eta^2 = 0.05$]. 이것은 장기기증자가 되는 것에 대한 모호함이 낮은 사람들($M = 3.48$)이 모호함이 높은 사람들($M = 2.89$)보다 장기기증자가 되고자 하는 더 높은 자발성을 드러내 보인 것으로 해석된다. 즉, 종속변인인 장기기증자가 되고자 하는 자발성 점수는 모호함이 높은 집단의 사람들보다 모호함이 낮은 집단의 사람들에게서 더 높았다. 메시지 프레임의 주효과는 나타나지 않았다[F

---

94) 코헨(2010)은 이 연구의 다른 가설에서 손실 프레임에 노출된 참여자들이 획득 프레임에 노출된 참여자들보다 장기 기증자가 되고자 하는 자발성이 더 높을 것이라고 예측했다(역자 주).

95) 조절변인(moderator 혹은 moderating variable)은 상호작용효과를 갖게 하는 독립변인이다. 상호작용효과는 독립변인 A가 종속변인 y에 미치는 영향력이 독립변인 B에 따라서 달라지는 경우를 말한다. 예를 들어, 교수방법(A와 B)에 따라 학업성취도가 달라진다면 이를 '주효과'라고 하며, 교수방법이 학업성취도에 미치는 영향력이 성별에 따라 달라진다고 할 때 이를 '상호작용효과'(조절효과)라고 한다. 교수방법 A는 남학생에게 더 효과적이고 교수방법 B는 여학생에게 더 효과적이라면 교수방법과 성별은 학업성취도에 대해 상호작용효과가 있다고 말할 수 있다(출처: https://m.blog.naver. com/PostView.nhn?blogId =statistics7&logNo=140136351030&proxyReferer=https%3A%2F%2Fwww.google.com%2F)(역자 주).

| 표 10.3 **장기기증 연구에 대한 이원 ANOVA**

메시지 프레임	모호함 수준	
	높은 모호함	낮은 모호함
손실	장기 기증에 대한 모호함 수준이 높은 참여자들이 환자가 장기 기증과 이식을 받지 못하면 사망할 것이라는 뉴스 기사를 읽음.	장기 기증에 대한 모호함 수준이 낮은 참여자들이 환자가 장기 기증과 이식을 받지 못하면 사망할 것이라는 뉴스 기사를 읽음.
획득	장기 기증에 대한 모호함 수준이 높은 참여자들이 환자가 장기 기증과 이식을 받으면 생존할 것이라는 뉴스 기사를 읽음.	장기 기증에 대한 모호함 수준이 낮은 참여자들이 환자가 장기 기증과 이식을 받으면 생존할 것이라는 뉴스 기사를 읽음.

$(1,145) = 1.44$, $p = 0.23$]. 바꾸어 말하면, 장기기증자가 되고자 하는 참여자들의 자발성은 그들이 읽은 뉴스 기사의 영향을 받지 않았다. 위 가설에 답하자면, 메시지를 프레이밍하는 유형과 모호함 수준 간의 상호작용은 존재하지 않았다 [$F(1,145) = 0.308$, $p = 0.58$]. 만약 유의적인 상호작용이 존재했더라면, 어떠한 유의적인 주효과도 무시될 것이다.[96] 여러분은 이 예에서 모호함의 주효과의 eta^2 값이 0.05임을 알아챘을 것이다.[97] **에타 제곱**(eta squared), 즉 η^2은 독립변인인 장기기증자가 되는 것에 대한 모호함의 수준의 범주와 연관된 종속변인인 장기기증자가 되고자 하는 자발성의 분산의 비율에 대한 평가이다. 이 기호는 연관성(association)의 정도를 나타내는데, 이 경우 연관성이 작다. F 검정은 통계적으로 유의적인 차이가 존재하는지를 나타내는 반면, η^2는 연구자로 하여금 이러한 통계적 차이가 실제적으로나 사회적으로 의미가 있는지 판단할 수 있게 한다. 물론 그것은 가설이나 연구문제 그리고 연구의 상황에 달려 있다.

---

96) 일원 분산분석에서는 주효과를 보고자 하지만, 이원 분산분석의 관심은 두 처치변인의 상호작용효과이다. 위의 예에서는 상호작용효과가 유의적이지 않았기 때문에 유의적인 주효과를 보고했다(역자 주).

97) 에타 제곱값은 0~1의 값을 갖는데, 값이 클수록 집단을 나눈 요인이 집단의 평균을 다르게 만드는 요인으로서 더 크게 기여했음을 보여준다(역자 주).

4) 요인 분산분석

ANOVA는 이원 설계에 국한되지 않는다. 더 정확히 말하면, ANOVA는 3개 혹은 심지어 4개의 독립변인을 가진 훨씬 더 복합한 요인 설계(factorial design)에도 사용될 수 있다. 요인 설계는 최소한 2개 수준을 가진 최소한 2개의 범주수준 독립변인을 포함한다. 흔히 요인 설계는 3개 이상의 독립변인을 가지고 있다. 예를 들면, $2 \times 2 \times 2$ 요인 설계는 3개의 독립변인이 각각 2개의 범주를 가지고 있음을 나타낸다. 또 다른 예로, $3 \times 2 \times 2$ 요인 설계 역시 3개의 독립변

설계 확인　　F 해석하기

1. 연구가설이나 연구문제를 확인하라. 가설이나 연구문제가 독립변인의 범주들 사이의 계획 비교를 포함하고 있는가? 관련된 귀무가설, 즉 차이가 없다는 진술문을 개발하라.

2. 연구방법 부분에 제시되어 있는 정보를 토대로 각 독립변인이 명목, 즉 범주수준인지 확인하라. 각 변인의 범주 혹은 집단의 수를 확인하라. 종속변인이 연속수준 데이터(등간 혹은 비율수준)인지 확인하라.

3. 연구결과 부분에서 구체적인 검정 결과를 찾아라. 여러분은 F 값과 유의수준, 즉 p를 반드시 확인해야 한다. 또한 각 독립변인의 각 범주 혹은 집단에 대한 종속변인의 평균 점수를 찾아라.

4. 만약 F 값과 연관되어 있는 p가 0.05 이하이면, 대립가설을 채택하라. 확인된 차이는 통계적으로 유의적이다. 확인된 차이가 가설에 의해 예측된 차이인지 판단하라. 만약 계획 비교가 가설에 따라 이루어진 것이 아니라면, 연구자는 어떤 사후 비교를 검정하였는가?

5. 만약 F 값과 연관되어 있는 p가 0.05보다 크면, 귀무가설을 유지하라. 보고된 어떠한 차이도 우연에 의한 것이거나 통계적으로 유의적이라고 할 만큼 충분히 다르지 않다.

6. 논의 부분에서 F에 대한 연구자의 해석을 찾아라. 통계적으로 유의적인 결과가 어느 정도 실제적이거나 연구되고 있는 이슈와 관련되어 있는가? 독자적으로 여러분 자신의 결론을 도출하라. 여러분은 연구자의 해석에 동의하는가 아니면 동의하지 않는가?

인을 포함하고 있음을 나타낸다. 첫 번째 변인은 3개의 범주, 그리고 두 번째와 세 번째 변인은 각각 2개의 범주를 가지고 있다. 독립변인의 수나 변인의 범주의 수와 상관없이, 종속변인의 수는 여전히 하나이다.

이러한 복잡한 ANOVA는 또 하나의 이슈를 다룬다. 즉, 명목 데이터로 이루어진 다수의 독립변인을 가진 복잡한 설계에서 연구자들은 흔히 통계적 검정으로 ANOVA보다 회귀분석(regression analysis)을 선택할 것이다. 회귀분석은 전통적으로 연속수준의 독립변인이 연속수준의 종속변인에 미치는 영향을 살펴보는 용도로 사용되지만, 명목수준의 독립변인도 수용할 수 있다. 어떤 통계학자는 회귀 검정이 더 포괄적이며, 또한 실험연구 설계와 기술연구 설계에 공히 적용될 수 있기 때문에, 회귀분석이 ANOVA보다 선호된다고 주장한다(Hayes, 2005; Pedhazur & Schmelkin, 1991). 회귀분석에 대해서는 11장에서 더 자세하게 기술하기로 한다.

5) 분산분석의 한계

ANOVA의 분명한 한계는 명목, 즉 범주 데이터로 된 독립변인을 검정하는 것으로 제한되어 있다는 것이다. 다른 한계점은 복잡성에서 찾을 수 있다. 연구자들이 3~4개의 독립변인을 사용할 때, 확인된 차이가 유의적일 수 있지만 그것을 해석하기가 혼란스럽고 어려울 수 있다.

5. 통계적 도움 요청하기

이 장에서 제시된 통계들은 집단이나 범주 간의 차이를 검정하는 데 적합하다. <그림 10.1>은 여러분이 연구문제나 가설에 있는 변인의 수와 유형을 확인함으로써 적합한 차이 검정을 판단하는 데 도움을 줄 수 있다. 카이-제곱, t-검정, 그리고 ANOVA에 대한 기본적인 이해는 여러분이 연구 문헌을 해석하는 데 도움을 줌으로써 연구결과가 여러분에게 더 의미 있게 해줄 것이다.

원 데이터를 입력한 후, 여러분은 반드시 어떤 데이터를 검정에 사용할지 그리고 어떤 통계를 사용할지 반드시 선택해야 한다. t-검정과 ANOVA의 경우, 스프레드시트나 통계 프로그램이 통계량, 유의수준, 즉 p, 그리고 자유도를 계

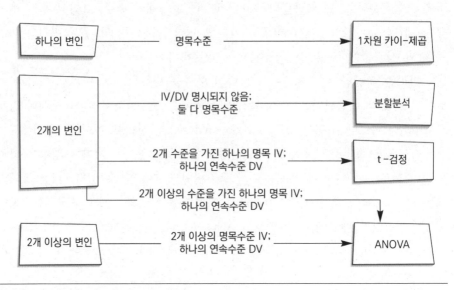

| 하나의 변인 | 명목수준 | 1차원 카이-제곱 |

<그림 10.1> 차이에 대한 적합한 통계적 검정 확인하기

주: IV = 독립변인; DV = 종속변인

산해줄 것이며 또한 독립변인의 각 범주에 대한 평균 점수와 표준편차도 계산해 줄 것이다.

그러나 기술된 각각의 검정에 대한 많은 변형이 존재하기 때문에, 이러한 통계와 기타 통계의 사용은 주관적이다. 필자는 여러분이 통계 전문성을 갖춘 사람에게 여러분의 연구 계획을 살펴봐 주도록 요청할 것과 연구과정에서 혼란스러울 때(예, 가설을 만들 때, 데이터 수집방법과 절차를 개발할 때, 통계 프로그램이나 스프레드시트를 사용할 때, 통계적 검정을 해석할 때) 도움을 구할 것을 강력하게 제안한다. 연구자들은 일반적으로 받아들여지는 일련의 연구과정의 단계와 통계 사용을 따르는 경향이 있긴 하지만, 심지어 교수들도 전문가의 조언을 통해 도움을 받는다. 대부분의 대학에는 학생과 교수들이 그들의 연구 활동에 도움이 필요할 때 이용할 수 있는 통계 전문가를 두고 있고 워크숍도 열린다.

1. 카이-제곱, *t*-검정, 그리고 ANOVA는 차이에 대한 통계적 검정이다.

2. 추론통계의 기능은 표본을 살펴봄으로써 모집단에 대한 결론을 도출하는 것이다.

3. 추론통계는 다음과 같은 몇 가지 가정에 의존한다: 유의수준을 설정할 때 확률 사용, 모집단과 표본의 정규분포, 그리고 참여자들의 집단에 대한 무선 할당.

4. 이러한 가정을 충족하는 것이 항상 가능하지 않을 수도 있다; 따라서 어떤 학자들은 실험 설계를 사용하지 않을 때도 이러한 차이 검정을 사용한다.

5. 다음의 네 가지 분석단계는 연구자들이 차이에 대한 통계적 해석을 통해 연구자들을 돕는다: ① 차이가 존재하는지 판단하기 위해 통계적 검정 수행하기; ② 확인된 차이가 기대한 대로의 차이인지 기대하지 않은 차이인지 밝히기; ③ 차이의 통계적 유의성 평가하기; ④ 확인된 차이를 표본이 추출된 모집단과 관련하여 해석하기.

6. 1차원 카이-제곱은 하나의 명목수준의 변인의 범주들 내에서 통계적으로 유의적인 차이를 찾는다; 분할분석은 2개 이상의 명목수준의 변인들 간의 범주의 차이를 찾는다.

7. *t*-검정은 하나의 연속수준의 종속변인에 대해 독립변인의 두 집단 간의 차이가 발견될 것을 기대하는 가설을 검정하는 데 사용된다.

8. *t*-검정에는 확인된 어떤 차이도 받아들여지는 양측 검정과 연구문제나 가설에 의해 차이의 방향이 명시되는 단측 검정이 있다.

9. 분산분석, 즉 ANOVA는 독립변인의 2개 이상의 집단이 종속변인에 미치는 영향을 비교한다.

10. ANOVA를 사용할 때 고려하는 설계로는 계획 비교 혹은 사후 비교와 집단 간 및 집단 내 설계가 있다.

11. 일원 ANOVA는 하나의 독립변인의 범주들의 차이를 토대로 한 연속수준의 종속변인 내의 유의적인 차이를 검정한다.

12. 이원 ANOVA는 범주 수준의 두 독립변인이 하나의 연속수준의 종속변인에 미치는 효과를 검정한다.

13. 이원 ANOVA에서는 주효과와 상호작용효과가 모두 가능하다.
14. 요인 ANOVA는 3개 혹은 4개의 독립변인을 수용할 수 있다.

핵심어	
계획 비교	관찰빈도
기대빈도	단측 t-검정
독립 표본 t-검정	반복 측도
분산	분산분석
분할분석	분할표
사후 비교	쌍비교 t-검정
ANOVA	양방향 ANOVA
양방향 카이-제곱	양측 t-검정
에타 제곱	2차원 카이-제곱
일원 ANOVA	일방향 카이-제곱
1차원 카이-제곱	자유도
집단 내 분산	집단 내 설계
집단 간 분산	집단 간 설계
추론통계	t-검정
카이-제곱	

11장 관계 검정

이 장을 읽고 난 후 여러분이 할 수 있어야 하는 것들:

1. 차이 검정과 관계 검정의 차이 설명하기.
2. 연구 설계 및 통계 결과 해석을 위해 네 가지 분석단계 사용하기.
3. 연구 프로젝트가 충족하는 추론통계의 가정과 충족하지 못하는 가정 알기.
4. 가설이나 연구문제 개발하기와 관계에 대한 적합한 통계적 검정(상관 분석 혹은 회귀분석) 선택하기.
5. 상관분석과 회귀분석의 가정 및 기능 구별하기.
6. 상관분석 및 회귀분석의 결과로 나온 연구결과 해석하기.
7. 관계 검정으로서 구조방정식 모델링 확인하기.

통계적으로 유의적인 차이를 찾는 것 외에, 연구자들은 또한 변인 사이에 통계적으로 유의적인 관계를 찾는 데에도 관심이 있다. 연속수준의 변인 사이의 관계를 살펴보기 위한 세 가지 통계적 검정이 존재한다: 상관분석(correlation analysis), 회귀분석(regression analysis), 그리고 구조방정식 모델링(structural equation modeling). 이 장은 먼저 상관과 회귀에 대해 자세히 살펴본 다음, 구조방정식 모델링을 소개한다.

상관분석은 두 연속수준의 변인 간의 관계 유형을 기술하는 통계적 검정으로, 관계 검정 가운데 가장 단순하다. 상관관계 검정은 두 변인의 점수가 함께 증가하는지 아니면 감소하는지, 혹은 한 점수는 증가하는 반면 다른 점수는 감소하는지 여러분이 판단할 수 있게 해준다. 상관관계 검정은 또한 두 변인 간에 아무런 관계가 없는지 여부도 여러분이 판단할 수 있게 해준다.

예를 들어, 포스터와 쏘슨(Foster & Thorson, 2016)은 페이스북상의 관계 친밀도(relational closeness)를 조사했다. 문헌을 토대로 그들은 다음과 같은 가설로 두 구성개념 간의 관계를 예측했다: "관계 친밀도와 개인의 페이스북 관계 유지 전략(즉, 사회관계망 접촉, 응답 추구, 그리고 관계 확신) 사용 간에는 양(+)의 상관관계가 있을 것이다"(p. 79). 귀무가설, 즉 관계가 없다는 진술문은 다음과 같을 것이다: 관계 친밀도와 페이스북 관계 유지 전략 간에는 아무런 관계가 없을 것이다. 다른 연구에서는 연구자들이 연구문제를 사용해 변인들이 어떻게 관련되어 있을 것이라 예측하지 않고 관계를 살펴본다. 위의 연구의 가설을 연구문제 형식으로 바꾸면 다음과 같을 것이다: 관계 친밀도와 페이스북 관계 유지 전략 간에는 관계가 존재할까? 가설이 제기되든 연구문제가 주어지든, 살펴볼 관계는 간단명료하게도 두 변인만이 포함되어 있을 뿐이다. 이러한 유형의 관계를 검정하는 데는 상관분석이 사용된다.

물론 모든 관계가 다 이렇게 간단한 것은 아니다. 어떤 커뮤니케이션 현상은 더 복잡하며, 연구자들은 단순히 두 변인 간의 관계 이상을 살펴보는 가설과 연구문제를 개발할 필요가 있다. 3개 이상의 독립변인이 하나의 종속변인에 영향을 미치는 것으로 가설이 설정되는 것을 흔히 볼 수 있는데, 이와 같은 경우에는 회귀분석을 사용하는 것이 적절하다. 비록 상관분석은 관계의 속성을 기술하는 것에 제한되지만, 회귀분석은 연구자들이 연속수준의 변인 간의 인과적인 관계나 예측적인 관계를 살펴볼 수 있게 해준다.

회귀분석이 다룰 수 있는 복잡성의 유형의 예로, 키널리와 브린커호프(Kinnaly & Brinkerhoff, 2013)는 다음 가설을 검정하기 위한 연구를 설계했다: "공영 라디오 방송국에 기부하고자 하는 참여자들의 의향은 ① 기부에 대한 태도, ② 주관적 규범(subjective norm), 그리고 ③ 지각된 행동 통제(perceived behavioral control)의 양의 함수(positive function)이다"(p. 5). 세 독립변인, 즉 청취자의 기부에 대한 태도, 기부자가 동료와 가족 구성원이 기부에 대한 긍정적이거나 부정적인 태도를 갖고 있다고 생각하는 정도를 나타내는 주관적 규범, 그리고 기부를 하겠다는 행동 통제(즉, 기부 행동 수행의 용이성에 대한 지각, 확신, 자기-효능감)에 관한 참여자들의 점수가 참여자들의 기부 의향을 예측하는 데 사용되었다. 연구자들은 다중 회귀분석을 사용해 세 독립변인 가운데 어떤 변인이 종속변인에 상대적으로 가장 큰 영향을 미쳤는지 검정할 수 있었다.

회귀분석을 사용하면 각 변인 고유의 영향을 확인할 수 있을 것이다.

회귀분석 가운데 가장 단순한 형태의 관계 검정은 **선형적** 관계(linear relationship)를 찾는다. 이것은 한 변인의 한 단위(one-unit) 변화가 다른 변인의 일정한 변화와 연관되어 있음을 의미한다. 이러한 논의는 통계학의 기초이기 때문에 여기서 기술하는 예와 방법은 2개 이상의 연속수준 변인들에 대한 관계 검정에 제한한다. 이렇게 논의를 제한하는 것이 여러분이 통계적 검정의 기본 원리를 파악하는 데 도움이 될 것이다. 그러나 여러 종류의 상관분석 및 회귀분석이 범주 변인도 다룰 수 있다는 점을 인식하라. 또한 모든 관계가 다 선형적이지는 않다. 어떤 관계는 **곡선적**(curvilinear)이어서, U-형 곡선(볼록형과 오목형 모두)을 나타낸다. 회귀분석은 곡선적 관계를 검정하는 데 유용할 수 있지만, 그것에 대한 논의는 이 장의 범위를 벗어난다.

연구자들은 왜 이러한 패턴이나 관계를 찾아내기 위해 통계에 의존해야 하는가? 통계적 검정이 없다면 연구자들은 원 데이터의 패턴을 시각적으로 살펴볼 수밖에 없을 텐데, 이것은 데이터세트와 관련된 변인의 수에 따라, 파악해내기 어려울 수 있다. 설사 어떤 패턴을 찾았다 하더라도, 어떤 관계가 존재하다고 확신하기에는 충분하지 않다. 연구자들은 "관계가 실제의 관계라고 할 수 있을 정도로 충분히 강한가, 즉 통계적으로 유의적인가?"라는 질문을 하기 위해 통계를 사용한다. 바꾸어 말하면, 데이터에서 관찰된 관계가 우연에 의해 발생할 수도 있는 관계보다 더 강한가? 이 장에서 다루는 세 가지 통계적 검정은 공통의 논리를 공유한다.

설계 확인 세부사항에 주목하기

상관분석이나 회귀분석은 연구자가 주장할 수 있는 관계에 대한 통계적 모델이나 기본 가정 이상의 의미를 지닐 수 없다. 따라서 상관분석이나 회귀분석을 선택하는 것은 이론이나 이전 연구결과를 토대로 해야 한다. 스프레드시트와 통계 프로그램은 일단의 변수 사이의 관계는 물론 심지어 무의미한 관계도 밝혀낼 수 있다. 여러분이 연구보고서를 읽을 때, 저자들은 그들이 가장 적합한 일단의 변인을 선택했다는 것을 여러분에게 설득할 수 있어야 한다. 이용자로서 여러분은 항상 관계가 검정된 변인들이 의미가 있는지 스스로 질문해야 한다.

---

1. 기본 가정

그러나 이러한 검정들에 대해 기술하기에 앞서 우리는 추론통계에 대한 논의, 대립가설과 귀무가설, 자유도, 그리고 10장에서 소개한 네 가지 분석단계로 되돌아갈 필요가 있다. 차이에 대한 통계적 검정에서처럼, 관계 검정도 표본을 살펴봄으로써 모집단에 대한 결론을 도출하기 위해 사용된다. 표본으로부터 얻은 결과가 그것의 모집단에도 유효하다고 주장할 때, 연구자는 반드시 네 가지 가정을 충족시켜야 한다. 차이 검정에서와 마찬가지로, 연구자들은 확인된 관계가 실제의 관계인지 우연에 의한 것이 아닐 가능성은 어느 정도인지 평가하기 위해 그들이 수행하는 각각의 통계적 검정에 대한 유의수준을 정한다. 둘째, 데이터에 대한 가정이 반드시 충족되어야 한다. 데이터는 정규분포를 이룬 모집단에서 얻은 것으로 가정된다. 그렇지 않을 경우, 통계적 검정은 단지 관계에 대한 근사치만 제공할 수 있을 뿐이다.

관계 검정에서 매우 중요한 세 번째 가정은 적합한 변인들이 선택되어 검정되어야 한다는 것이다. 따라서 연구자는 반드시 이론적 모델을 사용해 어떤 변인이 가설에 포함되어야 할지 명시하고, 어떤 변인이 다른 변인에 영향을 주는지 명시해야 한다. 마지막으로, 연구 프로젝트에 참여하는 사람들은 확률 표집을 통해 선택되어야 한다. 통계적 검정은 이러한 이상적인 원칙을 토대로 개발되었다는 10장의 내용을 상기하라. 가능한 한 연구 프로젝트의 연구 설계 단계에서 이러한 가정들이 다루어져야 하고, 또한 충족되어야 한다. 그러나 모든 연구가 다 이러한 가정들을 충족하는 것은 아니다. 차이에 대한 통계적 검정의 한계와 주의사항에서처럼, 이러한 가정을 위반하는 것은 연구자들이 연구결과를 과도하게 확대 해석하지 않도록 주의할 필요가 있음을 의미한다.

관계 검정은 연구 프로젝트에 참여한 어느 한 사람의 점수와는 관련이 없다는 점을 기억하라. 어느 한 사람에 대한 변인들의 관계를 조사하거나 보고하는 것은 적절하지 않을 것이다. 오히려 관심의 대상은 표본 전체에 걸친 점수들의 패턴이다. 위에 나열한 기본 가정들이 충족될 때, 이러한 전체론적 차원에서 데이터를 살펴봄으로써 연구자는 표본으로부터 모집단을 추론하거나 이론적 예측을 검정할 수 있다. 따라서 확인된 어떤 유의적인 관계는 어떤 특정 참여자에게 유의한 것이 아니라, 참여자들이 선택된 모집단 혹은 유사한 상황에 대한 데이터를 제공하는 참여자들의 모집단을 나타낸다.

1) 대립가설과 귀무가설

차이 검정처럼 관계 검정도 대립가설이 참이고 귀무가설이 거짓일 가능성을 검정한다. 대립가설, 즉 연구가설은 어떤 관계가 발견될 것이라고 예측하는 반면, 귀무가설은 아무런 관계도 분명히 드러나지 않을 것으로 예측할 것이다. 이러한 결정을 내리는 기준을 제공하기 위해 유의수준은 대개 0.05로 정해진다. 만약 0.05 수준(혹은 이보다 낮은 수준)이 얻어지면, 연구자는 귀무가설을 기각하고 대립가설을 채택한다. 만약 0.05 유의수준이 얻어지지 않으면, 귀무가설이 유지된다.

2) 자유도

차이에 대한 통계적 검정에서처럼, 상관분석과 회귀분석도 자유도 계산을 필요로 한다. 약어 df로 나타내는 자유도는 한 번의 통계적 검정 내에서 얼마나 많은 값들이 바뀌는지를 구체적으로 보여준다. 마찬가지로 각각의 통계적 검정을 위해 자유도를 계산하는 분명한 규칙이 있다. 이러한 규칙은 다음 부분에서 설명하기로 한다.

3) 네 가지 분석단계

10장에서 소개한 네 가지 분석단계가 관계에 대한 통계적 검정에도 적용될 수 있다. 첫째, 관계에 대한 통계적 검정은 변인들 사이에 어떤 관계가 존재하는지 판단하는 데 적용된다. 여기서 연구자는 가설이나 연구문제에 암시되어 있는 적합한 통계적 검정, 즉 상관분석이나 회귀분석을 선택한다. 가설과 통계적 검정은 반드시 대응을 이뤄야 한다.

두 번째 분석단계는 확인된 관계 유형의 특성을 기술하는 단계이다. 때로는 데이터에 나타나 있는 관계가 예측된 관계가 아닐 수도 있다. 따라서 연구자와 이용자는 확인된 관계가 실제로 예측된 관계인지 반드시 확인해야 한다.

세 번째 분석단계는 관계의 통계적 중요성을 평가하는 단계이다. 연구자들은 일반적으로 0.05 유의수준에서 확인된 관계의 강도와 방향이 임의에 의한 것이 아닌 실제로 받아들여질 수 있는지 판단한다. 만약 확률수준이 충족되지 않으면, 확인된 어떤 관계도 유의하지 않으며, 따라서 어떤 결론도 도출될 수 없다.

마지막으로, 연구자는 검정된 데이터를 뛰어넘어 미래로 나아가고 싶어 한다. 따라서 이 네 번째 단계는 표본에서 관찰된 관계의 중요성을 평가한 다음, 그러한 결과를 일반화하는 단계이다. 마찬가지로 연구자는 연구과정에서 다음의 모든 단계를 반드시 평가해야 한다:

- 표본은 어떻게 확보되었는가?
- 참여자들은 확률 표집을 통해 선택되었는가?
- 표본은 연구자가 관심을 가지고 있는 모집단을 어느 정도 대표하는가?
- 연구 설계는 가설과 연구문제에 적합했는가?
- 데이터는 신뢰할 수 있으면서도 타당한 방법으로 수집되었는가?

연구자들은 이러한 질문을 제기하고 이러한 질문에 대답함으로써 그들이 표본의 결과로부터 모집단에 일반화할 수 있는 정도를 판단할 수 있다.

2. 상관분석

피어슨 적률 상관계수(Pearson product-moment correlation coefficient)로도 알려진 **상관관계**(correlation)는 기호 r로 표시된다. 상관분석은 두 연속수준의 변인 간의 선형적 관계를 살펴보는 통계적 검정이다. 일반적으로 상관분석은 두 변인 간의 관계 유형에 대한 다음과 같은 질문 가운데 하나에 답할 수 있다:

- 두 변인 모두의 점수가 증가하는가?
- 두 변인 모두의 점수가 감소하는가?
- 한 점수가 증가하는 동안 다른 점수는 감소하는가?

상관계수는 두 변인이 관련되어 있는 정도를 나타낸다. 상관분석을 통계적 검정으로 사용하기 위해서는 각 참여자가 반드시 별개의 두 변인에 관한 측정값을 제공해야 한다. 즉, 한 변인에 관한 데이터가 다른 변인에 관한 데이터와 반드시 짝을 이뤄야 한다. 상관분석이 살펴보는 것은 모든 참여자들에 걸쳐 있는 두 변인 간의 관계의 패턴이다. 만약 상관계수가 통계적으로 유의적이라면, 두 변인 간에 어떤 종류의 관계가 존재한다. 만약 상관계수가 유의적이지 않다면, 두 변인 간의 관계에 대해 어떤 결론도 도출될 수 없다.

상관분석에서의 자유도는 검정되는 변인의 수를 토대로 한다. 상관분석은 두 변인, X와 Y 간의 관계를 검정한다. 따라서 상관분석의 자유도는 $df = n - 2$로 계산되는데, 여기서 n은 개별 데이터 포인트가 아니라 데이터 짝의 수를 나타낸다. 두 연속수준의 변인에 관한 점수를 제공하는 100명의 참여자를 대상으로 하는 연구의 경우, df는 98($n - 2$, 즉 $100 - 2 = 98$)이다.

상관분석이 인과관계를 판단할 수는 없다. 비록 상관계수가 유의적이라 하더라도, 상관분석은 두 변인의 인과관계에 대한 어떠한 정보도 제공하지 않는다. 첫 번째 변인이 두 번째 변인의 원인일 수도 있고, 반대로 두 번째 변인이 첫 번째 변인의 원인일 수도 있을 것이다. 그러나 가장 중요한 점은 제3의 변인이 두 변인 모두의 원인일 수 있다는 것이다.

두 변인이 통계적으로 상관관계에 있지만 인과적으로 연결되어 있지 않을 때, 제3의 변인이 허위적 관계를 야기한다. **허위적 상관관계**(spurious correlation) 혹은 **허위적 관계**(spurious relationship)는 제3의 변인(확인될 때도 있고 확인되지 않을 때도 있음)이 검정되는 두 변인 모두에 영향을 주고 있는 관계이다. 상관계수가 제3의 변인의 존재를 검정해주지는 않는다.

1) 상관계수 해석하기

상관계수, 즉 r값이 계산된 후, 이것을 해석하기 위해서는 두 단계가 필요하다. 첫 번째 단계는 관계의 방향을 다룬다.[98] 두 번째 단계는 관계의 강도를 다룬다. 이러한 두 해석 단계가 함께 어떻게 작동하는지 보려면 <그림 11.1>을 살펴보라.

관계는 양의 관계일 수도 있고 음의 관계일 수도 있다. 양의 관계에서는 한 변인의 값이 증가하면 다른 변인의 값도 증가한다. 반대로 한 변인의 값이 감소하면 다른 변인의 값도 감소하는 경우에도 마찬가지로 양의 관계이다. 둘 가운데 어느 경우이든, 양의 관계의 배경이 되는 원칙은 그러한 관계가 선형적이며

---

98) 여기서 관계의 방향은 관계가 양($+$)인지 혹은 음($-$)인지를 말하는 것이지, $X \rightarrow Y$ 혹은 $Y \rightarrow X$를 말하는 것이 아니다(역자 주).

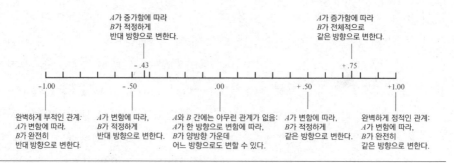

〈그림 11.1〉 상관관계 척도

두 변인 모두 같은 방향으로 변한다는 것이다. 양의 상관계수는 양수로 표시되는데, 어떤 연구자는 양의 성질인 관계를 강조하기 위해 + 기호를 붙이기도 한다. 따라서 0.79와 +0.79 모두 같은 양의 상관관계를 나타낸다.

음의 관계에서도 그러한 관계는 여전히 선형적이지만, 두 변인은 서로 반대 방향으로 변한다. 따라서 한 변인의 값이 증가하면 다른 변인의 값은 감소한다. 음의 상관계수는 음수(예, -0.79)로 표시된다.

따라서 상관계수의 방향은 두 변인이 서로에 관해 어떻게 변하는지 보여준다. r 앞에 붙어 있는 양 혹은 음의 부호는 상관관계가 양인지 혹은 음인지를 보여주는 방향 표시기호이다.

두 번째 해석 단계는 상관관계의 강도, 규모, 혹은 크기에 대한 해석 단계이다. 해석의 원칙은 간단하다. 상관계수 r의 절댓값이 더 클수록, 두 변인 간의 관계는 더 강하다. 상관계수의 값의 범위는 -1에서 +1 사이이다. 만약 여러분은 상관관계를 계산했는데 그 값이 -1보다 작거나 1보다 크면, r의 계산에 오류가 있다.

이 단계에서 상관관계의 절댓값을 해석할 때는 r값의 양 혹은 음의 부호는 무시된다. 완전한 선형적 관계는 +1 혹은 -1의 r값을 가질 것이다. 완전한 선형적 관계에서는 한 변인이 한 단위씩 증가할 때마다, 다른 변인 역시 한 단위씩 증가하거나 한 단위씩 감소할 것이다. 이러한 완전한 상관관계는 극단적인 경우로 커뮤니케이션 연구에서는 좀처럼 보기 어렵다. 상관계수의 또 다른 극단적인 경우는 0이다. 이 경우에는 두 변인 간에 아무런 관계가 존재하지 않는다. 바꾸어 말하면, 두 분포 간에는 어떠한 패턴도 파악되지 않는다.

실제로는 r값의 해석은 주관적이다. 방금 기술한 극단적인 값들을 제외하고 상관관계의 크기 해석은 연구되고 있는 것에 따라 달라진다. 그러나 연구자들은 어떤 일반적인 규칙을 사용해 해석을 시작한다. 다른 사회과학자들과 같이 커뮤니케이션 학자들도 일반적으로 상관계수의 크기나 강도를 해석하는 다음과 같은 규칙을 따른다(Guilford, 1956; Hayes, 2005; Williams, 1968):

< 0.30	약한 상관; 근소한 관계
0.30 ~ 0.70	적정한 상관; 상당한 관계
> 0.70	강한 상관; 매우 믿을 만한 관계[99]

이러한 규칙은 상관관계가 양이든 음이든 간에 적용된다. 따라서 +0.63의 상관관계는 −0.63의 상관관계와 그 강도가 같다.

그러나 이것은 규칙이며 또한 규칙에는 흔히 예외가 있음을 인식하라. 예를 들어, 통계적으로 유의적인 상관계수가 실제적인 관련성이 거의 없을 수도 있다. 어떤 상관계수가 큰지 혹은 작은지를 말하는 유일한 방법은 동일한 변인에 대한 유사한 측도들의 전형이 어떤지를 아는 것이다(Jaeger, 1990). 따라서 관계의 실제적인 중요성은 반드시 통계적으로 유의적인 r을 확보하는 것뿐만 아니라 학술 문헌을 읽음으로써 판단되어야 한다.

마지막으로, 하나의 r값과 다른 r값을 비교할 때, 그것들의 상대적인 크기를 비교하는 것은 부적절하다. 상관계수 0.40은 상관계수 0.20의 2배가 아니다 (Williams, 1968). r값은 단순히 하나의 지수이지, 그 자체가 측정값은 아니다.

공유 분산의 크기 이러한 해석 문제로 인해 연구자들은 r^2을 사용해 두 변인이 공통적으로 가지고 있는 분산, 즉 공유 분산(shared variance)[100]의 비율[101]

---

99) 관계 강도 해석을 좀 더 세밀하게 하면 다음과 같다: < 0.20 = 근소한 상관 혹은 거의 무시할 수 있는 관계; 0.20~0.40 = 낮은 상관 혹은 확실하지만 약한 관계; 0.40~0.70 = 적정한 상관 혹은 상당한 관계; 0.90~1 = 매우 높은 상관 혹은 매우 믿을 만한 관계(역자 주).

100) 공유 분산은 공분산(covariance), 공통 분산(common variance), 혹은 설명되는 분산 (variance accounted for)이라고도 한다(역자 주).

101) 비율이라 함은 공유 분산, 즉 공분산을 총분산(pooled variance, combined variance, composite variance, or overall variance)으로 나누었다는 의미이다(역자 주).

r 상관계수	r^2 설명되는 분산의 크기
0.2 혹은 −0.2	0.04
0.3 혹은 −0.3	0.09
0.4 혹은 −0.4	0.16
0.5 혹은 −0.5	0.25
0.6 혹은 −0.6	0.36
0.7 혹은 −0.7	0.49
0.8 혹은 −0.8	0.64
0.9 혹은 −0.9	0.81

을 나타낸다. r을 r^2로 변환함으로써 서로 다른 관련된 변인들을 비교할 수 있다. **결정계수**(coefficient of determination)로도 알려진 r^2는 r값을 그냥 제곱한 것이다. 연구 이용자들이 스스로 쉽게 r^2을 계산할 수 있기 때문에 연구자들은 흔히 이 값을 보고하지 않는다. <표 11.1>을 보라. r값이 작을 경우, 설명되는 분산(variance accounted for)의 크기가 얼마나 작은지에 주목하라. 대신, r이 클 때는 설명되는 분산의 크기도 r값에 더 가까워진다.

상관관계가 하나의 통계적 결과로 제시될 때, 여러분은 늘 마음속으로 r^2을 계산해야 한다. 왜 그래야 하는가? 상관관계, 즉 r이 0.4일 때, 그것은 적정한 양의 관계로 해석될 수 있다. 그러나 이 r값이 단지 총분산의 16%만 설명한다는 것을 안다면, 여러분은 이 상관관계가 두 변인 간의 총분산의 84%는 설명하지 못한다는 것을 반드시 인정해야 한다. 간단히 말하면, 검정되는 변인들이 아닌 다른 변인들이 그 관계에 영향을 주고 있다는 것이다. 따라서 연구자와 이용자 모두 상관계수를 해석할 때 조심해야 하며, 상관관계와 인과관계를 혼동해서는 안 된다.

양의 상관계수와 음의 상관계수 모두 같은 값의 r^2을 갖는다는 것에 주목하라. 양의 상관계수 +0.63과 마찬가지로 음의 상관계수 −0.63도 총분산 가운데 약 40%(0.3969에서 반올림)의 분산을 설명할 것이다. <그림 11.2>의 벤(Venn) 다이어그램은 각기 다른 크기의 상관관계를 보여준다. 음영 처리가 된 두 원이 겹치는 부분이 설명되는 분산, 즉 두 변인 간의 공유 분산을 나타낸다.

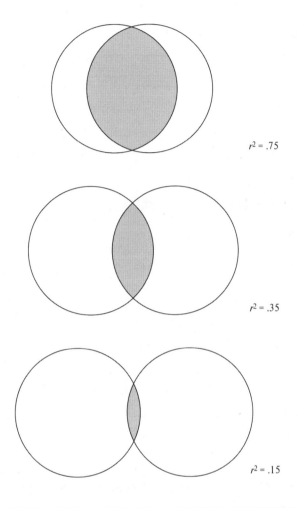

$r^2 = .75$

$r^2 = .35$

$r^2 = .15$

〈그림 11.2〉 상관관계에서 공유 분산의 크기를 보여주는 벤 다이어그램

데이터 좌표로 나타내기 연구자로서 여러분은 먼저 선형적 관계가 변인 간에 존재하는지 확인하기 위해 데이터를 스캐터그램(scattergram), 즉 산점도 위에 좌표로 나타내야 한다. 만약 두 변인 간의 관계가 선형적이지 않다면 상관분석은 적합한 검정이 아니다. 여러분은 두 변인의 데이터를 그래프, 즉 스캐터그램 위에 좌표로 표시할 수 있다. 여러분은 엑셀(Excel) 스프레드시트 프로그램을 이용해 이것을 할 수 있다: 데이터에 하이라이트 표시를 하고 스캐터(scatter) 기능을 선택하라; 스프레드시트에 입력된 데이터는 자동으로 스캐터그램으로 변

환된다. 통계 소프트웨어 역시 이와 동일한 기능을 제공할 수 있다.

선형성(linearity)을 확인하기 위해 데이터 포인트들의 중간을 가로지르는 하나의 직선을 하나 그어라. 만약 그 직선이 데이터와 **적합하다면**(fit), 두 변인 간의 관계에 어느 정도 선형성이 존재하는 것이며, 따라서 여러분은 계속해서 상관계수를 계산하고 해석할 수 있다. 만약 데이터 포인트들 사이에 하나의 직선을 그을 수 없다면, 두 변인 간의 관계는 곡선적일 가능성이 있으며, 따라서 상관분석은 적합한 검정이 아니다. 어떤 통계 소프트웨어 패키지는 두 변인 간의 관계에 적합한 선을 그려낼 수 있다.

2) 상관분석의 예

상관분석은 두 변인 간의 관계에 대한 기술적(記述的) 정보를 제공한다. 예를 들어, 존슨(Johnson, 2013)은 다음과 같은 가설로 두 변인의 관계를 예측했다: "지각된 교수자의 명확성(teacher clarity)[102]은 보고된 수업 중 문자 보내기와 음(−)의 상관관계가 있을 것이다"(p. 58). 48개 전공을 대표하는 300명이 넘는 학부생들을 대상으로 한 설문조사에서 이 연구자는 학생들에게 수업 중 참여를 요청한 수업의 교수자에 대해 생각해볼 것을 요청했다. 이 설문조사엔 다음 네 변인과 관련된 문항들이 포함되었다: 교수자 명료성(10개 문항). 학생의 교수자에 대한 커뮤니케이션 만족도(8개 문항), 강의실 분위기(18개 문항), 그리고 수업 중 문자 보내기(2개 문항).

존슨(2013)은 이 변인들 가운데 첫 번째와 네 번째 변인에 대한 점수를 사용하여 예측된 관계가 이 표본에 대해 참인지를 검정하기 위해 상관분석을 했다. 자신의 논문의 연구결과 부분에서 존슨은 연구결과를 다음과 같이 보고했다: "교수자 명료성과 문자 보내기 간의 음의 상관관계를 예측한 가설 H1a가 지지되었다($r = -0.35$)"(p. 60).

이 논문에 있는 표를 보면, 우리는 -0.35인 r값이 유의적이었다는($p < 0.01$) 것을 알 수 있다. 간단히 말해서, 학생들이 교수자의 커뮤니케이션 명료성이 높다고 지각할수록 수업 중에 문자를 덜 자주 보낸다는 것이다. 존슨(2013)은 논의 부분에서 이러한 관계의 함의를 다음과 같이 제시하고 있다:

---

[102] 교수자의 수업과 관련한 전반적인 명료성(예, 분명하고 정확한 수업 내용이나 과제 제시)을 말한다(역자 주).

강의실에서 문자 보내기는 학생들의 참여와 교수자-학생 관계를 잠재적으로 손상시킨다. 문자 보내기와 ... 교수자 명료성 간의 상관관계(H1a)는 ... 교수자의 행동과 강의실에서의 관계가 학생들의 문자 보내기에 영향을 미침을 시사한다(p. 61).

이와 같은 상관분석의 사용은 꽤 간단명료하다. 이 연구자는 두 연속수준의 구성개념 간의 상관관계에 대한 가설을 제시했고; 가설로 제시한 유의적인 부적 상관관계를 확인했고; 연구 논문의 결과 부분에서 그러한 통계적 검정 결과를 보고했으며; 논문의 논의 부분에서 연구결과와 연구결과의 함의를 기술했다.

학생-교수자 커뮤니케이션이라는 동일한 토픽에 관한 또 다른 상관분석의 예에서 시모츠-다리올, 맨슨 및 마이어스(Shimotsu-Dariol, Mansson, & Myers, 2012)는 학생들의 학업 경쟁력(academic competitiveness)을 포함하는 몇몇 구성개념들 간의 관계에 대한 가설을 제시했다. 다음은 그러한 가설들 가운데 일부이다(p. 312):

H2: 학생들의 자기-보고된 학업 경쟁력은 교수자와 강의실 밖에서 이루어진 커뮤니케이션과 정적으로 관련되어 있을 것이다.
H3: 학생들의 자기-보고된 학업 경쟁력은 그들의 수업 참여와 정적으로 관련되어 있을 것이다.

이 연구자들은 학업 경쟁력을 학생들이 이전의 자기 자신은 물론 다른 학생들보다 더 좋은 성적을 거두기 위해 노력할 때 일어나는 행동으로 기술하고 있다. 학업 경쟁력 척도는 "때때로 나는 시험을 내가 지적(知的)으로 다른 학생들보다 더 우수하다는 것을 증명할 기회로 본다"와 "학업 경쟁은 나를 훨씬 더 뛰어나게 잘 하도록 고무한다"와 같은 18개 문항으로 구성되어 있다. 연구 참여자들은 이들 문항에 대해 1(매우 동의하지 않음)에서 7(매우 동의함)에 이르는 7점 라이커트 척도상에 자기-보고식 응답을 했다.

이 연구자들은 논문의 연구결과 부분에 그들이 확인한 내용을 보고했다. 이 연구자들이 예측한 대로, 학생들의 자기-보고된 학업 경쟁력은 강의실 밖에서의 교수자와의 커뮤니케이션($r = 0.18$, $p < 0.01$) 및 수업 중 커뮤니케이션($r = 0.17$, $p < 0.05$)과 정적으로 관련되어 있었다. 두 관계 모두 양의 관계여서 한

표 11.2 학생-교수자 커뮤니케이션 연구의 상관관계 행렬표

변인	M	SD	α	1	2	3	4	5	6	7	8
1. 학업 경쟁력	68.81	13.28	.80	–							
2. 관계 동기	14.51	5.03	.87	.19***	–						
3. 기능 동기	22.39	4.92	.86	-.12	.14*	–					
4. 변명 동기	14.41	5.58	.86	.21***	.32***	.18***	–				
5. 참여 동기	14.64	5.35	.87	.33***	.56***	.21***	.46***	–			
6. 환심사기 동기	14.01	5.20	.88	.35***	.60***	.10	.49***	.74***	–		
7. 수업 외 소통	24.48	5.73	.75	.18***	.50***	.20*	.23***	.44***	.36***	–	
8. 수업 참여	14.70	4.22	.87	.17*	.45***	.24***	.24***	.51***	.41***	.34***	–

주. *p < 0.05 **p < 0.01 ***p < 0.001.
출처: Shimotsu-Dariol, S., Mansson, D. H., & Myers, S. A. (2012). Students' academic competitiveness and their involvement in the learning process. *Communication Research Reports*, *29*, 310–319. doi:10.1080/08824096.2012.723643

변인이 증가하면 다른 변인 또한 증가한다는 데 주목하라. 또한 그러한 관계의 강도에도 주목하라. 비록 관계가 정적이긴 하지만, 강도는 약하다. <표 11.2>는 **상관관계 행렬표**(correlation matrix)이다. 이 표는 이 연구의 세 가설을 검정하기 위해 사용된 r 통계량을 보여주고 있다. 이 표는 또한 세 변인의 평균, 표준편차, 그리고 내적 신뢰도(α)도 보여주고 있다.

상관관계가 이와 같은 표에 표시될 때, 모든 변인이 다른 모든 변인과 어떻게 상호 관련되어 있는지 볼 수 있기 때문에 이것을 상관관계 행렬표라고 부른다. 변인명에 번호가 붙어 있고, 가로 열 상단과 세로 행 제일 왼쪽에 같은 순서로 배열되어 있다. 이 표에서 여러분은 어떤 두 변인을 선택해서 그들 간의 상관관계를 확인할 수 있다.

예를 들어, <표 11.2>의 맨 왼쪽 행에서 수업 외 소통이라는 변인을 찾은 다음 그 열을 따라 가다가 열 상단에 학업 경쟁력을 나타내는 1이 표시되어 있는 행과 만나는 지점에서 멈춰라. 이 칸에서 여러분은 두 변인 간의 상관관계 r를 나타내는 숫자 0.18을 확인할 수 있다. 이번에는 맨 왼쪽 행의 수업 참여 변인과 열 상단의 수업 외 소통을 나타내는 7이 만나는 칸에서 두 변인의 상관관계 *r*을 나타내는 숫자 0.34를 확인할 수 있을 것이다. 또한 표 하단에 있는 주에 모든 상관관계의 유의수준이 제시되어 있는 것에도 주목하라.

여러분은 아마도 이 행렬표가 완전히 채워지지 않았다는 점, 즉 표의 오른쪽 상단 삼각형 부분에는 숫자들이 표시되어 있지 않다는 점을 알아챘을 것이다. 오른쪽 상단의 삼각형 부분에 담길 정보는 정확히 왼쪽 하단의 삼각형 안에 표시되어 있는 정보와 중복되기 때문에 비워둔 것이다. 즉, 수업 참여와 수업 외 소통 간의 상관관계나 수업 외 소통과 수업 참여 간의 상관관계는 동일하기 때문에 반복해서 나타낼 필요가 없다는 것이다. 마지막으로, 표의 첫 세 행에 표시되어 있는 각 변인의 평균, 표준편차 및 크론바크 알파에 주목하라. 이 추가적인 정보를 통해 여러분은 변인들과 변인들 서로 간의 관계를 완전하게 해석할 수 있다.

3) 상관분석의 한계

상관분석은 두 변인의 관계를 찾는 것으로 제한되며, 두 변인의 관계가 선형적인 것으로 추정된다는 점 또한 또 하나의 한계점이다. 이런 한계점들은 가설 및 연구문제의 개발을 심각하게 제한한다.

그러나 주된 한계점은 상관관계로부터 이루어질 수 있는 추론의 정도이다. 이 장의 시작 부분에 기술한 모든 가정이 충족된다 하더라도, 상관관계가 반드시 인과관계와 같은 것은 아니다(Hayes, 2005; Vogt & Johnson, 2011). 상관계수의 강도와 방향이 한 변인이 다른 변인의 증가 혹은 감소를 야기했을 가능성을 말해주지는 않는다. 정확히 말하면, 인과관계는 두 변인을 검정하는 데 사용된 이론적 토대로부터 더 직접적으로 추론될 것이다.

두 변인이 인과적으로 연결되어 있다고 알려져 있을 때, 상관계수는 그러한 연결에 대한 어느 정도의 증거를 제공할 수 있다. 그럼에도 "통계가 인과성을 규명해주는 것이 아니다; 인과성은 관계의 논리에 좌우된다"는 것을 기억해야 할 필요가 있다(Hoover & Donovan, 1995, p. 118). 이러한 논리는 이론, 이전 연구, 그리고 일련의 사건들에 대한 실제적 지식으로부터 얻은 증거를 제시함으로써 확립된다. 연구자이자 이용자로서 여러분은 상관관계에 대한 결과를 인과성의 증거로 과도하게 확대 해석하지 않도록 주의해야 한다. 두 변인 간의 관계의 인과적 측면에 대한 해석은 상관계수의 크기가 아닌, 문헌검토에 제시된 근거를 토대로 해야 한다.

설계 확인　　상관관계 해석하기

1. 연구가설이나 연구문제를 확인하라. 관련된 귀무가설, 즉 차이가 없다는 진술문을 개발하라.
2. 연구방법 부분에 제시되어 있는 정보를 토대로, 상관관계 가설에 있는 각 변인이 연속수준에서 측정되는지 확인하라.
3. 연구결과 부분에서 구체적인 검정 결과를 찾아라. 여러분은 r과 유의수준, 즉 p를 반드시 확인해야 한다.
4. 만약 r의 p가 0.05 이하이면, 상관관계 검정에서 확인된 관계를 채택하라. 확인된 관계는 통계적으로 유의적이다. 확인된 관계가 가설에 의해 예측된 관계인지 판단하라.
5. 만약 r의 p가 0.05보다 크면 귀무가설을 유지하라. 보고된 어떠한 관계도 우연에 의한 것이거나 변인들이 통계적으로 유의적이라고 할 만큼 충분히 관련되어 있지 않다.
6. 논의 부분에서 상관관계에 대한 연구자의 해석을 찾아라. 통계적으로 유의적인 결과가 어느 정도 실제적이거나 연구되고 있는 이슈와 관련되어 있는가? 독자적으로 여러분 자신의 결론을 도출하라. 여러분은 연구자의 해석에 동의하는가 아니면 동의하지 않는가?

---

3. 회귀분석

상관분석은 두 변인 간의 관계를 기술하는 반면, 연속수준의 변인들 사이의 관계를 예측하는 것은 회귀분석(regression analysis)[103]이 해야 할 일이다. **회귀분석**(실제로는 다른 변인들을 앎으로써 어떤 변인을 예측하는 일단의 통계적 기법)은 연구자들로 하여금 많은 유형의 연구문제와 가설 그리고 서로 다른 유형의 데이터를 다룰 수 있게 해주는 매우 유연한 통계적 절차이다. 회귀분석은 몇 연속수준의 예측변인, 즉 독립변인이 하나의 연속수준의 기준변인, 즉 종속변인에 미치는 영향을 평가하기 위해 가장 흔히 사용된다. 그러나 회귀분석의 개념을 이해하기 위해서 우리는 단지 2개의 변인만을 가지고 있는 단순 선형 회귀(simple linear regression) 모델로 시작할 것이다. 한 변인은 독립변인 역할을 할 것이고, 다른 한 변인은 종속변인 역할을 할 것이다. 두 변인 모두 연속수준에서 측정된다.

회귀분석은 인과성을 검정하기 위해 사용되긴 하지만 반드시 실험연구 설계에 의존하지는 않는다는 점은 여기서 언급할 만한 가치가 있다. 회귀분석은 자연스럽게 발생하는 변인 간의 관계를 검정하는 데 특히 적합하다. 바꾸어 말하면, 연구자들은 어떤 것도 조작하지 않는다는 것이다. 회귀분석의 바로 이러한 특징은 커뮤니케이션 연구자들에게 특히 이로운데, 왜냐하면 회귀분석은 연구자들로 하여금 실험적으로 조작될 수 없는 변인을 조사할 수 있게 해주기 때문이다.

예를 들어, 귀인 확신(attributional confidence),[104] 즉 다른 사람의 행동을 예측할 수 있는 능력에 사회적 지지(social support)와 정서적 지지(emotional support)가 미치는 영향을 연구하기 위해 애브기스(Avtgis, 2003)는 형제가 있

---

103) '회귀'(regression)라는 용어는 1885년에 프랜시스 골턴(Francis Galton) 경이 한 연구에서 처음으로 사용하였는데, 이 연구에서 골턴은 자손들이 부모의 키에 따르지 않고 오히려 평균에 따르는 경향이 있다는 것을 증명하였다. 즉, 자손들이 "평균을 향하여 회귀(regression towards mediocrity)"한다는 것이다. 그러나 그가 당시 생각했던 "평균으로의 회귀"(regression to the mean)라는 것은 오늘날의 회귀분석과는 거리가 있다고 한다(역자 주).

104) 귀인 확신이란 "사람들이 다른 사람들이 어떻게 행동할 것인가를 이해하고 예측할 수 있는 정도"(Gelfand, Kuhn, & Radhakrishnan, 1996, p. 58)를 말한다. 귀인 확신 개념은 사람들로 하여금 다른 사람들의 행동을 이해하고, 설명하며, 예측하기 위해 다른 사람들의 행동을 판단할 수 있게 해주는 귀인과정 개념에서 비롯된다. 따라서 더 높은 귀인 확신은 다른 사람들의 행동에 대한 더 적은 대안적 설명에서 비롯된다고 할 수 있다(역자 주).

는 남성들에게 이러한 변인들과 이들의 관계에 관한 지각을 포착하기 위한 설문지에 응답해줄 것을 요청했다. 여러분이 상상할 수 있듯이, 실험 설계에서 한 형제의 다른 형제에 대한 지각을 조작하는 것은 비현실적이며 윤리적으로 어려울 것이다. 따라서 "사회적 지지와 정서적 지지 각각이 형제간 관계의 귀인 확신에 어떻게 기여하는가?"(p. 343)라는 연구문제에 대한 답은 기술연구 설계에서 회귀분석을 사용하여 찾았다. 커뮤니케이션 학자들이 관심을 가지는 많은 개념이 실험 설계를 통해 조작하기 어려울 것이다. 따라서 회귀분석은 자연적으로 발생하는 현상 검정을 위한 매력적인 대안이다.

상관분석에서처럼 "설명되는 분산"이라는 문구가 회귀분석과 연관해서 자주 사용된다. 연구자들은 예측변인에 의해 설명되는 기준변인의 분산의 비율을 기술할 때 이 문구를 사용한다. 여러분은 연구보고서에서 회귀분석을 해석하는 여러 가지 방식을 찾을 수 있을 텐데, 연구자들은 다음과 같은 표현을 사용한다:

- 회귀로 인한 분산의 비율
- 독립변인에 의해 예측된 분산의 비율
- 독립변인에 의해 설명되는(accounted for 혹은 explained) 분산의 비율

이러한 표현은 연구자의 선호에 의해 선택되나, 이러한 선택은 연구 맥락, 연구 프로젝트의 설계, 그리고 회귀 모델의 이론적 기반을 토대로 해야 한다 (Pedhazur & Schmelkin, 1991).

1) 선형 회귀분석

선형 회귀(linear regression)는 회귀분석의 한 유형으로, 이 가운데 하나의 종속변인, 즉 기준변인의 값들이 하나의 독립변인, 즉 예측변인에 의해 변하는 정도를 분석하는 것을 **단순 회귀**(simple regression)라고 한다. 지나치게 전문적이지 않은 이 통계기법은 **회귀선**(regression line), 즉 스캐터그램에서 독립변인과 종속변인(혹은 예측변인과 기준변인) 간의 관계를 가장 잘 요약해주는 데이터 포인트들을 지나는 선을 찾는다. 두 변인 간에 완벽한 일대일 관계가 존재하지 않는다면,[105] 회귀선은 단지 하나의 최적선(line of best fit)을 보여줄 뿐이다. 최적 회귀선은 이 선과 데이터 포인트들의 거리를 최소화하는 선이다(Cader, 1996).

회귀선의 적합도가 더 좋을수록 상관관계는 더 높다. 회귀분석에서 상관계수는 기호 R로[106] 표시된다. 상관분석에서처럼 R을 제곱한 것, 즉 결정계수는 독립변 인에 의해 설명되는 종속변인의 분산의 비율을 제공하며, R^2으로 표시한다.

R값의 범위는 -1에서 0을 거쳐 $+1$까지이다. 값이 0에 가까우면 예측변 인과 기준변인 사이의 관계가 매우 약함을 나타낸다. R값이 $+1$ 혹은 -1에 가 까울수록 두 변인 간의 관계가 더 강함을 나타낸다. 연구자들은 결정계수 R^2을 더 의미 있는 것으로 간주한다. R^2값 0.48은 종속변인의 분산의 48%가 독립변 인에 의해 설명됨을, 혹은 결정됨을 나타낸다.

대부분의 경우, 회귀 모델에 포함되어 있는 독립(예측)변인들은 동일한 측 정단위를 기반으로 하고 있지 않을 것이다. 심지어 변인들의 모든 측도가 라이 커트형 척도('매우 동의함'에서부터 '매우 동의하지 않음'까지) 5점 응답 세트를 기반으로 할 때도, 변인들은 각기 다른 수의 항목들로 구성될 가능성이 있어서, 평균 점수들을 직접 비교하는 것이 문제가 된다. 통계 소프트웨어는 각 변인의 측정값 각각을 Z점수(표준점수)로 변환한 후 회귀분석을 실시한다. 이렇게 함으 로써 변인들이 좀 더 쉽게 비교될 수 있다. 변인들의 원래 측정 척도에도 불구 하고, 변동성이 매우 높은 변인은 표준편차가 클 것이다. 반대로' 변동성이 낮은 변인은 훨씬 더 적은 표준편차를 가질 것이다.

이러한 표준화된 점수를 일컬어 **베타계수**(beta coefficient)[107]라고 하며, **베타가중치**(beta weight)라고도 알려져 있다. 베타계수, 즉 β가 클수록, 그 변인 의 변동성은 더 크다. 따라서 β는 독립변인이 종속변인에 미치는 효과로 해석될 수 있다. 상관계수의 경우처럼 베타계수도 $+1$에서 -1 사이에 걸쳐 있다. 베타 계수 $+1$은 예측변인의 1 표준편차만큼의 변화는 기준변인의 1 표준편차만큼의 변화와 연관이 있으며, 또한 그러한 변화들이 모두 같은 방향으로 일어남을 나 타낸다. 물론 베타계수가 -1이면, 그러한 변화들은 서로 반대 방향으로 일어날

---

105) 이러한 특정한 상황에서는 2개의 회귀선이 존재할 수 있다. 변인 X와 Y가 완벽한 일대일 대응을 이루고 있어 인과적 효과에 관해 서로의 위치를 맞바꿀 수 있다면, 즉 X가 독립변 인일 수도 Y가 독립변인일 수도 있다면 2개의 회귀선 Y의 X에 관한 회귀선과 X의 Y에 관한 회귀선이 존재한다. 둘 다 타당한 회귀선이긴 하지만, 우리는 주어진 환경에서 적합한 회귀선이 무엇인지 판단하여 반드시 하나의 회귀식을 선택해야 한다(출처: https://www. brainkart.com/article/Why-are-There-Two-Regression-Lines-_39254/)(역자 주).

106) 학자들에 따라 소문자 r로 나타내기도 한다(역자 주).

107) '표준화된 회귀계수'(standardized regression coefficient)라고 부르기도 한다(역자 주).

것이다.

요약하면, 여러분은 가설이나 연구문제가 회귀분석을 통해 검정된 연구보고서를 읽을 때 몇 가지 기호나 기술을 찾아볼 필요가 있다. R, R^2, 그리고 β를 확인하라. 이 장의 후반부에 제시되어 있는 예들을 살펴보면 왜 그래야 하는지 더 분명하게 알 수 있을 것이다.

2) 다중 회귀분석

물론 대부분의 커뮤니케이션 현상은 하나의 독립변인과 하나의 종속변인을 가지고 있는 단순 회귀 모델에 의해 검정될 수 있는 것보다 더 복잡하다. 따라서 우리는 다중 회귀가 필요하다. **다중 회귀**(multiple regression)를 통해 연구자는 하나의 종속변인과 다수의 독립변인 각각과의 관계는 물론 하나의 종속변인과 독립변인 전체와의 유의적인 관계를 검정할 수 있다. 다중 회귀는 **다중 상관계수**(multiple correlational coefficient) R로 상징된다. 다중 회귀는 커뮤니케이션 문헌에서 가장 흔히 볼 수 있는 회귀분석 유형이다. 상관계수처럼 다중 상관계수도 변인들 사이의 관계의 강도를 보여주는 지수이다.

다중 회귀분석의 경우, 통계 소프트웨어는 연구자들이 흔히 선호하는 **조정 R^2**(adjusted R^2)을 제공하는데, 조정되지 않은 R^2은 설명되는 분산에 대한 부적절하게 높은 추정치가 될 수 있기 때문이다(Wright, 1997).[108]

이론적으로 검정될 독립변인, 즉 예측변인의 수에는 제한이 없다. 그러나 실제적으로 커뮤니케이션 학자들은 하나의 회귀 모델에서 좀처럼 5개 이상의 예측변인을 검정하지 않는다. 우리는 다수의 독립변인을 검정할 수 있는 능력을 또 다른 일단의 벤 다이어그램을 통해 살펴볼 수 있다(<그림 11.3>). 다이어그램 I은 3개의 예측변인(A, B 및 C)이 서로 상관관계를 맺고 있으며, 또 3개의 독립변인이 하나의 집단으로 함께 기준변인에 영향을 미치고 있음을 보여주고 있다. 다이어그램 II는 예측변인 A는 예측변인 B 및 C와 상관관계가 없으

---

108) 결정계수는 독립변인의 수가 많아질수록 그 값이 커지게 된다. 따라서 종속변인의 변동을 별로 설명해 주지 못하는 변인이 모형에 추가된다고 하더라도 결정계수 값이 커질 수 있다. 이러한 문제를 보정한 것이 조정된 결정계수이다. 표본 크기와 독립변인의 수를 고려하여 계산된다. 단순 회귀를 하는 경우에는 일반 결정계수를 사용하면 되지만, 다중 회귀분석을 수행하는 경우에는 조정된 결정계수를 함께 고려하는 것이 좋다(역자 주).

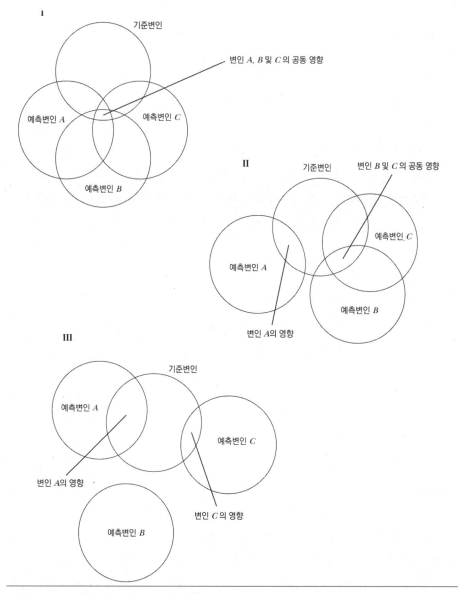

I

기준변인

변인 *A*, *B* 및 *C*의 공동 영향

예측변인 *A*

예측변인 *C*

예측변인 *B*

II

기준변인

변인 *B* 및 *C*의 공동 영향

예측변인 *A*

예측변인 *C*

예측변인 *B*

변인 *A*의 영향

III

기준변인

예측변인 *A*

예측변인 *C*

변인 *A*의 영향

변인 *C*의 영향

예측변인 *B*

〈그림 11.3〉 다중 회귀의 벤 다이어그램

며, *B*와 *C*는 서로 상관관계를 맺고 있음을 보여주고 있다. 이 다이어그램은 *B* 및 *C*가 공동으로 기준변인에 영향을 미치는 것과 별도로 *A*가 기준변인에 영향을 미치고 있음을 보여주고 있다. 마지막으로, 다이어그램 III은 예측변인 B는 기준변인에 아무런 영향을 미치지 않는 데 반해, A와 C가 기준변인에 영향을 미치는 정도를 보여주고 있다. 이 다이어그램은 또한 예측변인들이 서로 관련되어 있지 않지만, 그럼에도 기준변인에 영향을 미침을 보여주고 있다.

다이어그램상의 중복(overlap)의 크기, 즉 예측변인들이 기준변인에 영향을 미치는 정도를 살펴봄으로써, 여러분은 예측변인들이 개별적으로 혹은 서로 결합하여 설명하는 분산의 크기를 추정할 수 있다. 이런 식으로 회귀 관계를 다이어그램으로 나타냄으로써, 여러분은 각 변인이 회귀 관계에 대해 갖는 상대적 중요성에 대한 감을 잡을 수 있어야 한다.

회귀분석의 자유도, 즉 df를 계산하기 위해서는 먼저 완전한 다중 회귀식(multiple regression equation)에 포함되어 있는 독립변인의 수를 확인한다. 만약 예측변인이 3개라면, 첫 번째 자유도는 3이다. 그런 다음, 공식 $n - k - 1$을 사용하는데, 여기서 n은 관찰 표본의 수이고 k는 회귀분석에 포함된 독립변인의 수이다. 따라서 관찰 표본의 수가 200개이고 회귀식에 3개의 예측변인이 있다면, 두 번째 자유도는 196(200 − 3 − 1)이다. 연구결과 부분에서 df는 F 다음에 (3,196)로 표시된다.

다중 회귀 해석하기 다중 회귀를 통해 연구자는 기준변인에 미치는 예측변인들의 개별적 영향과 공동 영향 모두를 검정할 수 있기 때문에, 다중 회귀를 해석하는 것은 다소 까다로울 수 있다. 첫째, 계산된 F비(F ratio)는 다중 회귀의 결정계수, 즉 다중 상관 결정계수(multiple correlation coefficient of determination) R^2이 유의한지 여부를 나타낸다. 만약 F의 유의수준 p가 0.05 이하라면, 변인들 사이의 관계 가운데 적어도 하나는 유의적이다.

연구자들은 베타계수, 즉 β에 의존해 각 예측변인의 상대적 기여도를 해석한다. 그러나 이러한 해석이 절대적이지는 않는데, 왜냐하면 독립변인들은 흔히 서로 상관관계를 맺고 있기 때문이다. 이상적인 예측 상황은 독립변인들과 종속변인 간의 상관관계는 높고 또 독립변인들 간의 상관관계는 낮을 때이다(Kerlinger, 1986). 따라서 독립변인들 사이의 상관관계가 더 클수록 각 독립변인 고유의 기여도를 밝히기가 더 어렵다.

또한 독립변인들이 같은 회귀 모델 내의 종속변인에 정적으로는 물론 부적으로도 영향을 미칠 때 다중 회귀의 해석은 더 어려워진다. 따라서 한 독립변인의 경우에는 이것의 증가가 종속변인의 증가와 관련되어 있는 반면, 다른 독립 변인의 경우에는 이것의 감소가 종속변인의 증가와 관련되어 있을 수도 있다. 다중 회귀 해석의 이러한 특성을 소개한 이상, β값에 따라 개별 독립변인의 영향을 해석할 경우 그러한 해석에 대한 책임은 궁극적으로 연구자에게 있다는 것을 알아야 할 것이다.

3) 회귀분석의 예

페이와 클라인(Fay & Kline, 2011)은 직장 동료들 간의 비공식적인 커뮤니케이션(informal communication)이 재택근무를 하는, 즉 사무실에서 일하는 것이 아닌 집에서 일하는 노동자들의 조직 헌신(organizational commitment)과 직무 만족(job satisfaction에 어떻게 영향을 미치는지 살펴보았다. 그들은 몇 가지 연구문제와 가설을 제기했다. 다음의 첫 번째 연구에 초점을 맞추어보자(p. 150):

RQ1: 비공식적인 커뮤니케이션 행위와 비공식적인 커뮤니케이션 만족이 직장 동료에 대한 호감도(liking)를 어느 정도 예측하는가?

측정 오차를 없애기 위해 이 연구자들은 다중 회귀를 선택해 두 독립변인 (비공식적인 커뮤니케이션 행위와 비공식적인 커뮤니케이션 만족)이 종속변인 (동료직원에 대한 호감도)에 미치는 영향을 동시에 검정했다. 비공식적인 커뮤니케이션의 예로는 개인으로서 서로에 대해 더 잘 알기 위해 이야기를 나누고, 전문지식을 제공하며, 다른 동료에 대해 불평하는 것과 같은 동료들 간의 커뮤니케이션 행위를 들 수 있다.

이 연구자들은 그들의 연구결과를 다음과 같이 보고하고 있다:

이 회귀식은 통계적으로 유의적이었다[$F(4,93) = 6.38$, $p < 0.01$, $R = 0.46$, 조정 $R^2 = 0.18$]. 비공식적인 커뮤니케이션 만족이 유일하게 유의적인 예측변인으로 단독으로 동료직원에 대한 호감도의 분산 가운데 14%를 설명했다(p. 155).

이 연구자들이 여러분에게 회귀 모델의 검정 결과를 어떻게 제공하는지 눈여겨보라. 먼저, F값이 제시된다. 두 독립변인이 종속변인에 미치는 영향에 대한 전반적인 검정이 통계적으로 유의적이었으며 분산의 18%를 설명했다. 회귀 모델 검정이 유의적일 때, 그것은 연구자에게 그러한 결과에 어떤 독립변인이 기여했는지 살펴보라는 신호를 보내는 것이다. 이 경우, 이 연구자들은 두 독립변인 가운데 단지 하나, 즉 비공식적인 커뮤니케이션 만족이 유의적인 예측변인이었다고 진술한다. 즉, 비공식적인 커뮤니케이션 만족의 베타가중치, 즉 β는 통계적으로 유의적이지만, 비공식적인 커뮤니케이션 행위의 베타가중치는 통계적으로 유의적이지 않았다는 것이다. 따라서 이 회귀 모델 검정 결과는 다음과 같이 해석될 수 있었다: 동료직원에 대한 호감도는 비공식적인 커뮤니케이션 만족에 영향을 받는다.

회귀에 대한 또 다른 예에서, 영, 켈시 및 랭캐스터(Young, Kelsey, & Lancaster, 2011)는 다중 회귀를 사용해 교수자의 이메일을 학생들이 어떻게 지각하는지에 대한 그들의 연구문제에 답했다. 그들은 다음과 같은 연구문제를 제기했다: "교수자의 이메일 커뮤니케이션(빈도 및 친근성 수준 포함)에 대한 학생들의 지각과 이메일을 통해 교수자와 연락을 취하는 그들 자신의 이유는 학생-교수자 관계 발전의 측면에서 앞으로 보상을 받을 것이라는 학생들의 지각을 어느 정도 예측하는가?"(p. 376). 학부생들로부터 수업 외 소통으로 이메일을 사용한 교수자들 가운데 한 사람에 대한 데이터를 수집했다. 이 연구의 독립변인은 크게 3개였다. 첫 번째 독립변인은 교수자의 이메일 소통빈도였다. 두 번째 독립변인은 교수자가 보낸 이메일의 친근성(immediacy)에 대한 학생들의 지각이었다(예, "교수자가 내게 보낸 메시지에는 유머가 담겨 있다" 그리고 "교수자는 내게 보낸 이메일에서 개인 정보를 자기-공개한다"). 세 번째 독립변인은 교수자에게 이메일을 보내는 학생들의 이유(사적 이유, 절차적 이유 및 효율성)였다(예, "교수자를 더 잘 알기 위해," "과제물에 관한 지도를 요청하기 위해," 그리고 "전화를 통하거나 직접 말하는 것을 피하기 위해"). 종속변인은 학생-교수자 관계 발전의 가치였다("이메일을 통한 교수자와의 상호작용을 토대로 학생-교수자 관계를 지속하는 것이 긍정적일 것으로 나는 생각한다"). 이 연구팀은 이 연구문제에 대한 회귀 검정 결과를 다음과 같이 보고하고 있다:

교수자-기반 변인(대량 이메일에 대한 지각된 빈도, 개인적으로 보낸 이메일에 대한 지각된 빈도 및 이메일 내용에 대한 지각된 친근성)과 학생-기반 변인(개인적/사회적 이유, 절차적 이유, 그리고 효율성 이유와 같은 학생들이 교수자에게 이메일을 보낸 이유) 그룹은 분산의 30%를 설명했으며, 4개의 변인이 학생-교수자 관계의 발전에 보상을 가져다줄 것이라는 지각에 대한 유의적인 예측변인으로 드러났다. ... 연구결과는 학생들이 교수자가 수강생 전체에게 이메일을 보낼 때, 학생들이 교수자가 보낸 이메일이 친근하다고 지각할 때, 학생들이 절차적/명료화 이유에서 이메일을 보낼 때, 그리고 학생들이 교수자에게 단순히 효율성의 수단으로 이메일을 보내지 않을 때, 이러한 요인들은 학생-교수자 관계 발전에 대한 학생들의 긍정적인 예측된 결과 가치를 증가시키는 것으로 나타났다(p. 381).

이 다중 회귀 모델은 통계적으로 유의적이었다[$F(6,321) = 24.15$, $p <$ 0.001]. 이 회귀 모델에서 독립변인들의 조합은 종속변인의 분산의 30%(조정 $R^2 = 0.30$)를 설명했다. 이 연구자들은 표를 통해 각각의 독립변인이 종속변인에 어떻게 영향을 미쳤는지 구체적으로 보고하고 있다. 6개의 독립변인 가운데 4개가 학생-교수자 관계 발전에 대한 가치를 예측하는 데 있어 통계적으로 유의적이었다. 관계의 강도 순으로 보면, 교수자 이메일의 친근성(조정 $R^2 = 0.51$)로 가장 높았고, 이어서 교수자 이메일 빈도(조정 $R^2 = 0.14$), 교수자에게 이메일을 보내는 학생들의 효율성 이유(조정 $R^2 = -0.13$), 그리고 교수자에게 이메일을 보내는 학생들의 절차적 이유(조정 $R^2 = 0.11$) 순이었다.

회귀는 다수의 독립 혹은 예측변인이 하나의 종속 혹은 기준변인에 미치는 영향을 검정한다. 만약 전반적인 F 통계량이 유의적이면, 각각의 예측변인이 기준변인에 어느 정도 영향을 미치는지 살펴보아야 한다. 어떤 통계적 검정에서와 마찬가지로, 예측변인들에 의해 설명되는 분산의 정도를 반드시 살펴보라. 비록 전반적인 F 통계량이 유의적이라 하더라도, 그것이 모든 예측변인이 다 유의적으로 기준변인을 예측하는 데 기여한다는 것을 보장해주지는 않을 것이다. 통계적 유의성이 고려될 수도 있지만, 실제적 유의성 혹은 사회적 유의성 또한 결과를 해석하는 데 중요하다.

다중 회귀 해석하기

1. 연구가설이나 연구문제를 확인하라. 관련된 귀무가설, 즉 차이가 없다는 진술문을 개발하라.

2. 연구방법 부분에 제시되어 있는 정보를 토대로, 회귀 가설에 있는 각 변인이 연속수준에서 측정되는지 확인하라.

3. 연구결과 부분에서 구체적인 검정 결과를 찾아라. 여러분은 F, R^2, 그리고 유의수준, 즉 를 반드시 확인해야 한다. 또한 β도 찾아라.

4. 만약 F의 p가 0.05 이하이면, 회귀 검정에서 확인된 관계를 채택하라. 확인된 관계는 통계적으로 유의적이다. 확인된 관계가 가설에 의해 예측된 관계인지 판단하라.

5. 만약 F의 p가 0.05보다 크면, 귀무가설을 유지하라. 보고된 어떠한 관계도 우연에 의한 것이거나 변인들이 통계적으로 유의적이라고 할 만큼 충분히 관련되어 있지 않다.

6. 개별적인 기여, 즉 각 독립변인이 종속변인에 미치는 영향을 나타내는 베타가중치를 살펴보라.

7. 논의 부분에서 회귀 결과에 대한 연구자의 해석을 찾아라. 통계적으로 유의적인 결과가 어느 정도 실제적이거나 연구되고 있는 이슈와 관련되어 있는가? 여러분은 설명된 개별 분산과 공통 분산에 대한 연구자의 해석에 동의하는가? 독자적으로 여러분 자신의 결론을 도출하라.

다른 종류의 다중 회귀 다중 회귀는 유연하고도 정교한 검정이며, 많은 다른 종류의 회귀분석이 있지만, 이것들에 대한 기술은 이러한 입문적 성격의 장에서 다룰 범위를 넘어선다. 여기서의 논의는 연속수준의 변인에 초점을 맞추었지만, 회귀는 명목변인도 수용할 수 있다. 또한 이 장에서는 선형적 관계에 초점을 맞추었지만, 다중 회귀는 곡선적 관계도 찾아낼 수 있다.

커뮤니케이션 연구에서는 **위계적 회귀**(hierarchical regression)가 흔히 사용된다. 위계적 회귀는 연구자로 하여금 변인들이 종속변인에 영향을 미치는 것으로 추정되는 순서나 순차에 따라 독립변인을 투입할 수 있게 해준다. 변인들이 그룹으로 나누어지며 세트(set) 혹은 블록(block)으로 불린다. 하나의 블록은 하나의 단일 변인일 수 있지만, 몇 개의 관련된 변인들로 구성되는 것이 더 일반적이다. 연구자들은 변인들 사이의 이론적 연계성에 의존해 어떤 변인들의 블록이 첫 번째인지, 두 번째인지 등등을 판단한다. 아마 여러분은 변인들의 블록이 왜 사용되는지 궁금할 것이다. 다음 예는 그것을 설명하는 데 도움을 줄 수 있다.

말라홉스키와 딜로우(Malachowski & Dillow, 2011)는 위계적 회귀를 사용하여 3개의 독립변인 블록이 교차 성별(즉, 여성-남성) 친구관계의 관계적 만족에 미치는 효과를 살펴보았다. 이 연구의 세 가설 가운데 첫 번째 가설에 초점을 맞추어보자: "관계 불확실성(relational uncertainty), 연애 의도(romantic intent), 그리고 매력(attraction)은 교차 성별 친구관계의 관계 유지 행동(maintenance behavior)의 정적인 예측변인일 것이다"(p. 359). 설문조사를 사용하여 결코 연인관계로 연관된 적이 없었던 사람과 교차 성별 친구관계를 가진 적이 있던 352명으로부터 데이터가 수집되었다. 참여자들은 어떤 특정한 교차 성별 친구관계에 대해 응답했으며, 이러한 관계가 유지된 기간은 1개월에서 8년 사이였다.

친구관계 유지 기간이 첫 번째 블록으로 투입되었고, 교차 성별 파트너에 대한 육체적 매력과 사회적 매력이 두 번째 블록으로 투입되었으며, 연애 의도가 세 번째 블록, 그리고 관계 불확실성이 마지막 네 번째 블록이었다. 이러한 블록들에 있는 변인들은 독립변인이다. 종속변인은 관계 유지 행동이었다. 이 종속변인은 참여자들이 그들의 교차 성별 파트너와의 관계를 어떻게 유지했는지를 기술한 34개 문항으로 조작화되었다. 이들 문항은 일상적 접촉, 정서적 지지와 긍정성(positivity), 관계적 대화(relational talk), 도구적 지지(instrumental support), 소셜 네트워킹, 반사회적 행동, 유머와 가십, 이러한 관계 속에서 연인관계에 대한 대화, 작업걸기(flirtation), 그리고 부정성(negativity) 혹은 비판피하기를 다루었다. 이 연구자들은 이러한 통계적 검정 결과를 다음과 같이 보고하고 있다:

> F 검정 결과, 단지 단계 4(즉, 관계 불확실성)만이 유의적이었다. 그러나 이러한 결과를 더 자세히 살펴보면, 단지 사회적 매력[(β = .13), t = 2.30, p < 0.05]과 관계 불확실성[(β = -.32), t = -5.01, p < 0.001]이 관계적 대화를 통한 관계 유지 행동의 유의적인 예측변인임을 알 수 있다 (p. 362).

▌표 11.3 관계 만족 연구의 위계적 회귀분석 표

변인	F	$\triangle R^2$	β	t
단계 1	0.03	0.00		
친구관계 유지기간			0.01	0.17
단계 2	2.48	0.02		
육체적 매력			0.02	0.40
사회적 매력			0.13	2.30*
단계 3	2.15	0.00		
연애 의도			0.07	1.08
단계 4	6.85**	0.07		
관계 불확실성			−0.32	−5.01**

주: *p < 0.05; **p < 0.001.

<표 11.3>을 보라. 각 회귀 모델(혹은 블록)에 있는 변인들의 베타가중치 β에 주목하라. 또한 $\triangle R^2$에도 주목하라. R^2은 독립변인들에 의해 예측된 종속변인의 변동성의 비율에 대한 측도임을 상기하라. $\triangle R^2$, 즉 증분 결정계수는 추가적인 예측변인 블록이 회귀식에 추가될 때의 R^2값의 증가분이다. 따라서 이 연구자들은 학술지 논문의 논의 부분에서 다음과 같이 결론 내린다: "사회적 매력은 관계적 대화의 사용, 일상적 접촉 및 활동, 그리고 정서적 지지를 통한 교차 성별 친구관계 유지 행동을 증가시킨 반면, 관계 불확실성은 이러한 관계 유지 행동을 감소시켰다"(Malachowski & Dillow, 2011, p. 365).

단계적 회귀(stepwise regression)는 어떤 순차나 순서대로 독립변인들이 투입된다는(enter) 점에서 위계적 회귀와 유사하다. 그러나 단계적 회귀의 경우는 변인의 순서가 연구자가 아닌 통계 프로그램(본질적으로, 컴퓨터)에 의해 결정된다. 일반적으로 투입(entry) 단계들은 독립변인이 종속변인에 미치는 영향의 정도를 토대로 한다.

4) 회귀분석의 한계

회귀는 변인들 사이의 상관관계를 토대로 하기 때문에, 심지어 유의적인 관계가 확인될 때도, 그러한 관계가 인과관계의 증거라고 명백히 주장하는 것은 부적절하다. 검정된 가설과 연구문제에 의해 어떤 비대칭성 혹은 일방성(asymmetry)[109]이 규명된다 하더라도, 확인된 유의적인 관계는 연구자가 확인될 것이라고 가설을 설정한 것 혹은 확인될 것으로 기대한 것과 일치한다고 표현하는 것이 흔히 더 적절하다. 절대적인 인과관계를 시사하는 것은 결과를 지나치게 확대 해석하는 것이 될 것이다. 그러나 회귀는 하나 이상의 독립(예측)변인이 종속(기준)변인의 분산을 설명하는지를 판단하는 데 탁월한 통계적 도구이다.

과학자들은 회귀를 사용해 변인들 사이의 인과적 연결고리에 대한 그들의 신념을 계속해서 굳혀간다. 인과관계는 결코 한 번의 연구로 증명되지 않는다. 더 정확히 말하자면, 장기간에 걸쳐 실천적 추론(practical reasoning)[110]과 결합된 일관된 결과들이 인과적 연결고리를 규명하는 데 필요한 누적된 증거와 논리를 제공한다.

4. 구조방정식 모델링

다중 회귀는 다수의 독립변인이 하나의 종속변인에 어떻게 영향을 미치는지를 규명함으로써 커뮤니케이션 연구자들이 그들의 분석의 복잡성을 확장할 수 있게 해준다는 점을 상기하라. 커뮤니케이션 연구자들이 다수의 독립변인과 다수의 종속변인 사이의 유의적인 연관성을 검정하고자 할 때, 그들은 흔히 **구조방정식 모델링**(SEM: structural equation modeling)을 사용한다. 이 통계는 연구자들로 하여금 어떤 이론적 모델(즉, 독립변인들과 종속변인들 사이의 가설화된 연관성)이 수집된 그것들에 대한 데이터와 통계적으로 다른지 여부를 검정할

---

109) 인과성은 독립변인, 즉 원인에서 종속변인, 즉 결과로의 일방성이 있는 이러한 일방성을 비대칭성이라고 한다(역자 주).

110) 매일의 일상적이고 기대하지 않은 문제를 해결하기 위해서 필요한 복잡한 사고과정으로, 다양한 정보를 바탕으로 하여 무엇을 믿고 행할지 결정하기 위해 의사결정 능력, 비판적 사고력, 창의성 및 도덕성이 요구되는 고등 사고 과정이다(역자 주).

수 있게 해준다. 만약 그 이론적 모델이 수집된 데이터와 통계적으로 다르다면, 연구자의 모델은 수정할 필요가 있다. 그러면 모델들은 처음에 어디에서 나오는가? 이상적으로 말하면, SEM을 사용하는 연구자들은 그들의 이론적 모델을 이론과 이전 연구를 토대로 구체화한다.

SEM에서 연구자들은 그들의 이론적 모델이 그들이 수집한 데이터와 유사한지 판단하기 위해 다양한 모델 적합도(model fit)를 계산한다. 가장 기본적인 적합도 검정은 카이-제곱 통계량이다(10장 참조). 그러나 모델이 변인들 사이의 상관관계가 강한 큰 표본 크기를 상대로 검정될 때, 대안적인 적합도 지수가 필요하다. 적합도 지수(fit index)는 어떤 이론적 모델이 연구자가 수집한 데이터와 얼마나 비슷한지 수치로 나타내준다. 많이 쓰이는 모델 적합도 지수는 **근사치 오차 평균 제곱근**(RMSEA: root mean square error of approximation)이다. 모델의 RMSEA가 0.05보다 작으면 그 모델은 아주 적합한 모델인 반면, RMSEA가 0.10보다 크면 적합도가 나쁘다고 해석하는 것이 일반적인 규칙이다.

SEM에서 어떤 변인이 다른 변인에 의해 발생된다고 가설화될 때, 그 변인을 **내생변인**(endogenous variable)이라 부르는데, 이것은 다중 회귀의 기준변인과 유사하다. 반대로, 모델에서 다른 변인에 의해 발생되지 않는 변인은 **외생변인**(exogenous variable)이라고 하는데, 이것은 다중 회귀의 예측변인과 유사하다. 연구자가 이론적 모델에 구체적으로 나타낼 수 있는 외생변인과 내생변인의 수에는 제한이 없다. 그러나 이론적 모델의 복잡성이 증가함에 따라, 연구자의 데이터세트의 크기 또한 반드시 커져야 한다. SEM의 또 다른 독특한 측면, 즉 이 책에 제시된 다른 통계적 분석과 다른 점은 SEM은 커뮤니케이션 연구자들로 하여금 이론적 모델에 $X \rightarrow Y \rightarrow Z$와 같은 다수의 경로(path)를 모델에 만들어 넣을 수 있게 한다는 점이다. 이 이론적 모델에서 Y와 Z는 내생변인인 반면, X는 외생변인이다.

단순 및 다중 선형 회귀와 유사하게, 분석가는 β, 즉 베타계수를 계산함으로써 SEM 내 변인들 사이의 연관성의 강도를 판단할 수 있다. 추가적으로, 분석가는 R^2 통계량을 사용하여 내생변인의 분산이 외생변인의 분산에 의해 얼마나 설명되는지 판단할 수 있다.

1) 구조방정식 모델링의 예

SEM을 사용한 커뮤니케이션 연구의 한 예에서 타이스와 나블럭(Theiss & Knobloch, 2013)은 미군(美軍)들이 해외 근무에서 복귀하자마자 마주하게 되는 관계 혼란(relational turbulence)에 대해 더 잘 이해하고 싶었다. 학자들의 문헌을 토대로, 이 연구자들은 6개의 가설과 하나의 연구문제로 구성된 이론적 모델을 제안했다(<그림 11.4a> 참조). 그런 다음, 이들은 연인이 있으면서 최근 6개월 이내에 미국으로 복귀한 미군들을 대상으로 설문조사를 실시했다. 이 설문조사에는 관계 불확실성, 파트너로부터의 추론, 자기-개방성 및 파트너 개방성과 공격성, 그리고 친애와 지배 같은 측도들이 포함되었다. 이 모델은 **자기-불확실성**(self-uncertainty)에서 시작하며, 연구자들이 이 외생변인이 **관계 불확실성**(relationship uncertainty)이라는 내생변인에 정적인 영향을 미칠 것이라고 예측했다는 점을 알 수 있다. 한 단계 더 나아가, **관계 불확실성** 또한 **자기-개방성**(self-openness)과 **파트너 개방성**뿐만 아니라 **자기-공격성**(self-aggressiveness)과 **파트너 공격성**에도 영향을 미친다고 제안하고 있는 점에 주목하라(즉, $X \rightarrow Y \rightarrow Z$). 이들의 모델은 수집된 데이터와 적합하지 않았다($\chi^2 = 5.45$, CFI = 0.92,[111] RMSEA = 0.14). <그림 11.4b>에서 **관계 불확실성**과 **파트너로부터의 추론**(interference from partners) 사이와 **친애**(affiliation)[112]와 **지배**(dominance) 사이에 있는 점선으로 된 화살표에 주목하라. 점선으로 된 화살표는 둘 사이에 합리적인 연관성이 있음을 나타내며 이론에 의해 뒷받침된다. 이 경로를 추가한 수정된 모델은 적합하다($\chi^2 = 2.59$, CFI = 0.97, RMSEA = 0.09). 이 모델을 자세히 살펴보면 어떤 연관은 정적인 반면, 어떤 연관은 부적임을 알 수 있을 것이다. <그림 11.4b>의 이러저러한 연관들은 여러분이 상관관계를 해석할 때와 같이 해석하라. RMSEA = 0.09는 수정된 모델이 연구자들이 제안한 모델보다 데이터에 적합함을 시사한다. RMSEA 점수는 모델이 데이터에 얼마나 잘 맞는지를 보여주는 것으로 더 낮을수록 더 좋다.

---

111) comparative fit index의 약자로, 모델의 복잡성 영향과 표본의 크기의 영향을 가장 적게 받는 적합도 지수이다. 0.9 이상이면서 1에 가까울수록 적합성이 좋은 것으로 해석한다 (역자 주).

112) 다른 사람과 긍정적이고, 애정적인 관계를 만들고, 그 사람과의 관계를 유지하고, 회복하고자 하는 특성'인 사회적 욕구를 친애 욕구(affiliation need)라고 한다(역자 주).

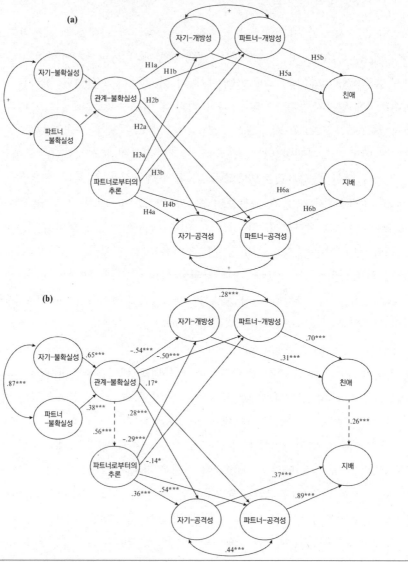

〈그림 11.4〉 (a) 예측 모델 (b) 최종 모델

출처: Theiss, J. A., & Knobloch, L. K. (2013). A relational turbulence model of military service members' relational communication during reintegration. *Journal of Communication*, *63*, 1109–1129. doi:10.1111/jcom.1205. Copyright © 2013 International Communication Association. Reproduced with permission of Blackwell Publishing Ltd.

2) 다른 형식의 구조방정식 모델링

다른 종류의 SEM도 있다. 학술지 논문에서 여러분은 확인적 요인분석 (CFA: confirmatory factor analysis), 경로분석(path analysis), 잠재 복합(latent composite) SEM, 그리고 하이브리드(hybrid) SEM을 볼 수 있을 것이다. 이러한 변형들은 특정한 분석에 사용되지만, 앞에서 기술한 SEM의 기본적인 특성과 동일한 기본적인 특성을 가지고 있다.

5. 통계 이용 시 주의할 점

이 장에 제시된 통계는 연구자로 하여금 변인들 사이의 관계를 검정할 수 있게 한다. <그림 11.5>는 연구문제나 가설에 있는 변인들의 수와 종류를 확인함으로써 관계에 대한 적합한 검정을 결정하도록 도와줄 수 있다. 상관과 회귀에 대한 기본적인 내용을 이해하는 것은 여러분이 연구 문헌에 제시되어 있는 연구결과를 이해하고 연구결과를 여러분에게 더 의미 있게 만드는 데 도움을 줄 수 있다. 스프레드시트와 통계 프로그램의 도움을 받아 이러한 검정을 사용함으로써 여러분은 또한 데이터를 수집하고 해석할 수 있다. 그러나 차이에 대한 통계적 검정의 경우에서와 마찬가지로, 이러한 통계적 검정의 사용은 주관적이며, 또한 기술된 각각의 검정에는 수많은 변형이 존재한다. 따라서 10장의 마지막

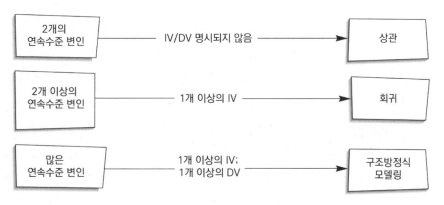

〈그림 11.5〉 관계에 대한 적합한 통계적 검정 확인하기
주: IV = 독립변인; DV = 종속변인

부분에 나와 있는 조언이 여기서도 유효하다.

만약 여러분이 연구자 역할을 맡고 있다면, 여러분이 통계 전문성을 갖추고 있는 사람에게 여러분의 연구 계획을 훑어봐 주도록 요청하고, 또한 통계의 사용을 포함하고 있는 연구과정의 어떤 시점에서건(예, 가설을 만들고, 연구방법과 데이터 수집 절차를 결정하고, 통계 프로그램 혹은 스프레드시트를 사용하며, 통계적 검정을 해석할 때) 도움을 구하라고 필자는 강력하게 제안한다. 통계 전문가는 여러분이 통계를 적절하고 타당한 방식으로 사용하는 것을 도와줄 수 있다. 질문이 있을 때는 언제나 전문가의 조언을 구하라. 여러분의 연구 활동에 대한 도움이 필요할 때 여러분의 교수자나 대학의 통계 전문가에게 자문을 구하라.

통계적 도움을 구하는 것에 대한 이러한 일반적인 권고를 넘어, 다음의 세 가지 질문은 여러분이 통계 사용을 평가하는 데 도움을 줄 수 있다(Katzer, Cook, & Crouch, 1978). 첫째, 연구결과는 통계적으로 해석할 만한 가치가 있는가? 여러분은 "쓰레기를 넣으면, 쓰레기가 나온다"(garbage in, garbage out) 라는 말을 들어봤을 것이다. 통계와 관련해서 이 말은 어떤 통계적 검정이나 절차가 아무리 정교해도 만약 데이터가 가치가 없는 것이라면(예, 모호하거나 의심스러운 방식으로 수집된 데이터), 어떤 결과도 심지어 그것이 유의적이라 하더라도 가치가 없다. 정교한 통계적 검정은 나쁜 데이터세트의 문제를 극복할 수 없다. 즉, 의미 없는 데이터에 대해 의미를 제공할 수 없다. 통계는 하나의 도구이지, 만병통치약이 아니다.

만약 여러분이 통계의 사용을 찬성한다면, 다음 질문을 해보라: 연구결과는 통계적으로 유의적인가? 적합한 통계적 절차가 선택되었고 적합하게 사용되었는가? 만약 그렇지 않다면, 검정의 통계적 유의성은 문제가 된다. 만약 연구결과가 유의적이지 않다면, 그러한 결과가 나온 여러 가지 이유가 있을 것이라는 점도 기억하라. 하나의 원인 혹은 관계에 대한 유의적이지 않는 결과가 또 다른 인과적 요인이나 관계가 유효하다는 것을 암시하지는 않는다. 오히려 유의적이지 않은 결과는 검정된 원인이나 결과가 이러한 특정한 검사로 검증될 수 없음을 의미한다. 만약 여러분이 적합한 통계적 검정이 효과적으로 사용되었다고 생각한다면, 조사과정의 여러 단계(예, 표본 추출 방식, 변인이 조작화된 방식, 혹은 데이터가 수집된 방식)에서 오류가 발생했을 수도 있을 것이다. 그리고 여러분은 반드시 연구자가 추정한 가정이 잘못되었거나 근거가 충분하지 않았을 가능성을 무시해서는 안 된다.

　세 번째 질문은 좀 더 개인적이다: 연구결과가 여러분에게 의미가 있는가? 통계적 유의성이 항상 사회적 유의성과 같은 것은 아니다. 따라서 연구 이용자인 여러분은 연구결과가 여러분이 그러한 정보를 사용하게 될 맥락에서 의미와 유용성을 지니고 있는지 반드시 판단해야 한다.

1. 다음 가정들이 충족되는 정도가 검정을 통해 얻은 결과가 표본으로부터 모집단에 일반화될 수 있는 정도를 결정한다: ① 검정의 유의수준은 확률이론을 토대로 한다; ② 데이터는 정규분포를 이루고 있는 모집단에서 나오는 것으로 가정된다; ③ 검정에 적절한 변인들이 포함되어 있다; ④ 연구 프로젝트에 참여하는 사람들은 확률 표집을 통해 선택되어야 한다.

2. 상관은 두 변인이 관련되어 있는 정도에 대한 간단한 기술이다.

3. 인과성은 상관관계로 반드시 규명될 수 있는 것이 아니다.

4. 상관계수는 상관의 방향과 상관의 강도 혹은 규모에 대해 반드시 해석되어야 한다.

5. 상관분석에서 연구자들은 두 변인 간에 공유 분산의 크기를 기술하기 위해 r^2에 의존한다.

6. 회귀는 상관의 연장이다; 그러나 다중 회귀는 다수의 독립변인, 즉 예측 변인이 하나의 종속변인, 즉 기준변인에 미치는 영향을 검정할 수 있다.

7. 회귀는 자연스럽게 발생하는 변인들 사이의 관계를 검정하기 때문에 커뮤니케이션 연구에 특히 적합하다.

8. R^2은 독립변인들 개개에 의해 설명되거나 독립변인들 공동으로 설명되는 종속변인의 분산의 크기에 대한 정보를 제공한다.

9. 베타가중치, 즉 β는 각 독립변인이 종속변인에 미치는 영향의 방향과 강도에 대한 정보를 제공한다.

10. 구조방정식 모델링(SEM)은 연구자들로 하여금 어떤 이론적 모델(즉, 다수의 독립변인과 다수의 종속변인 사이의 가설화된 연관)이 그들이

수집한 데이터와 통계적으로 다른지 여부를 검정할 수 있게 한다; 만약 이론적 모델이 수집된 데이터와 통계적으로 다르다면, 연구자의 모델은 수정될 필요가 있다.

핵심어

결정계수	곡선적
구조방정식 모델링(SEM)	근사치 오차 평균 제곱근(RMSEA)
내생변인	다중 상관계수
다중 회귀	단계적 회귀분석
단순 회귀	베타계수
베타가중치	선형적
선형 회귀	상관분석
상관관계 행렬표	외생변인
위계적 회귀분석	피어슨 적률상관계수
허위적 상관관계	회귀분석
회귀선	

12장 양적 텍스트 분석

>> **챕터 체크리스트**

이 장을 읽고 난 후 여러분이 할 수 있어야 하는 것들:
 1. 내용분석에서 현재적 내용과 잠재적 내용 구별하기.
 2. 내용분석 수행을 위한 기본 절차 설명하기.
 3. 상호작용분석의 적합한 사용 확인하기.
 4. 상호작용분석을 사용하는 연구 수행을 위한 기본 절차 설명하기.
 5. 범주체계의 적합성 및 적절성 평가하기.
 6. 코딩하고 분석하기에 적합한 텍스트 혹은 메시지 확인하기.
 7. 신뢰할 수 있게 분석단위 확인하기.
 8. 신뢰할 수 있게 코딩 체계 적용하기.
 9. 코딩 체계의 타당도 평가하기.
 10. 연구문제와 가설과 관련하여 코딩 결과의 유용성 평가하기.

조사할 수 있는 커뮤니케이션 현상과 맥락이 다양함에도 불구하고, 대부분의 연구자들은 메시지나 메시지 내용에 대한 연구가 커뮤니케이션학의 중심이라는 데 동의할 것이다. 그 결과, 메시지 내용을 구성하는 것, 즉 메시지의 텍스트는 폭넓게 정의된다. 어떤 커뮤니케이션 학자들은 **내용**(content)과 **텍스트**(text)라는 용어를 정책팀의 상호작용, 커플의 대화, 혹은 화자(話者)의 공개 발표에서 발생하는 담론과 같은 구어 담론(spoken discourse)을 가리키는 것으로만 사용한다. 또 어떤 학자들은 연구자가 분석 작업을 할 수 있는 어떤 형태로 포착될 수 있는 어떠한 종류의 담론(문어적, 구어적, 혹은 시각적)도 포함시키면서 내용과 텍스트라는 용어를 더 폭넓게 사용한다.

이 장에 제시되는 메시지를 코딩하고 분석하는 방법들, 즉 내용분석과 상호작용분석은 연구자들이 내용을 분석할 수 있는 두 가지 방법이다. 이러한 방법들은 연구자들에게 메시지 내용, 즉 참여자들이 상호작용에서 실제로 말하는 것을 분석할 수 있는 기회를 제공한다. 이에 반해, 실험, 준실험, 혹은 기술연구 프로젝트로 설계되는 커뮤니케이션 연구는 흔히 참여자들의 자신의 상호작용에 대한 지각에 의존한다. 이러한 차이는, 특히 커뮤니케이터 자신의 말이나 사람들 사이의 상호작용이 조사에 매우 중요할 때, 연구의 실제적 유의성에 매우 중요할 수 있다.

내용분석은 메시지 내용을 분석하는 가장 기본적인 방법이다. 내용분석은 연구자들에게 사람들이 말하는 것을 살펴보는 양적인 방법을 제공하는 것 외에 참여자들이 상호작용 상황을 회상하면서 설명하는 내용 속에 나타나는 주제, 참여자들이 가상적인 상호작용 상황에서 말할 수도 있을 것이라고 생각하는 내용, 그리고 매개 커뮤니케이션(예, 노래 가사, 정치광고)을 살펴보는 데도 사용될 수 있다. 상호작용분석도 내용분석처럼 커뮤니케이션을 범주로 코딩하는 양적 방법이다. 그러나 상호작용분석은 둘 이상의 사람들 간의 지속적인 커뮤니케이션을 살펴보는 것으로 제한되며, 또한 상호작용분석의 초점은 대화적 요소의 흐름의 특징이나 기능을 확인하는 데 맞추어진다.

1. 내용분석

내용분석(content analysis)은 하나의 완전한 텍스트나 일단의 메시지 내에서 어떤 확인 가능한 요소의 발생을 측정하기 위해 데이터 수집방법과 분석기법을 하나의 연구 설계로 통합한다. 누엔도르프(Neuendorf, 2002)는 내용분석을 "메시지를 요약해주는 메시지에 대한 양적 분석으로, 과학적 방법에 의존하며 측정될 수도 있는 변인의 종류나 메시지가 만들어지거나 제시되는 맥락에 제한이 없다"(p. 10)라고 정의한다. 따라서 내용분석은 다음과 같은 연구문제에 답할 수 있다: 텔레비전 광고에 노인이 얼마나 자주 등장하는가? 어린이들은 텔레비전을 시청하면서 얼마나 많은 폭력에 노출되는가? 직장에서 고용인들은 서로 어떤 종류의 갈등을 겪는가? 내용분석은 이러한 각각의 질문과 이와 유사한 다른 질문들에 답할 수 있다. 하나의 기법으로서 내용분석은 메시지가 사용되는 맥락에서 메시지의 특정한 특성을 확인함으로써 연구자들이 추론하는 것을 돕는다(Krippendorff, 2013).

내용분석은 객관적이고 체계적이어야 하며 일반성(generality)[113] 요건을 충족해야 한다는 데 연구자들은 동의한다(Berleson, 1952; Holsti, 1969). 내용분석은 내용 자체, 즉 **현재적(顯在的) 내용**(manifest content)의 특성을 기술하기 위해 사용될 수 있다. 또는 내용분석은 **내재적 내용**(latent content), 즉 커뮤니케이터의 속성이나 커뮤니케이터에게 미치는 효과에 대해 무언가를 암시하는 내용에 대한 해석을 연구하는 데도 사용될 수 있다. 다음 예를 살펴보면 그 차이를 명확히 하는 데 도움이 될 것이다.

랩(rap) 뮤직 비디오의 젠더 및 인종 왜곡(distortion)에 대한 연구(Conrad, Dixon, & Zhang, 2009)에서 코더들은 주연과 조연 등장인물과 그러한 등장인물 가운데 누군가가 어떤 종류의 무기를 소지하고 다니는지 살펴보았다(현재적 내용). 또한 코더들은 나이, 인종, 성별과 같은 등장인물의 인구통계학적 특성도 판단해 코딩했다(내재적 내용). 주연 및 조연 등장인물의 존재 혹은 부재는 데이터 내에 물리적으로 존재하고, 셀 수 있으며, 쉽게 확인할 수 있기 때문에 현재적 내용이라 할 수 있다(Gray & Densten, 1998). 그러나 등장인물의 나이, 인종 및 성별에 대한 코딩 판단을 내리는 것은, 특히 분장과 특수효과가 자주 사용되는 뮤직 비디오 형식에서는, 더 주관적이다. 따라서 코더들은 그들이 말한 것이나 그들이 행동하는 방식을 통해 추정할 수밖에 없다. 또한 코더들은 기존 문헌들이 제시하는 대로(예, 물질주의, 폭력, 사랑, 문화 표현) 랩 및 힙-합(hip-hop) 비디오에서 확인되는 공통 주제에 대한 또 다른 코딩 결정도 내렸다. 이러한 내재적 내용 결정은 비디오에서 등장인물이 행동하는 방식과 묘사되는 스토리를 토대로 내려졌다. 따라서 연구자들은 표면적(현재적) 내용뿐만 아니라 내용에 대한 해석(내재적 내용) 모두를 사용해 그들의 연구문제와 가설에 답했다.

처음에는 내용분석을 현재적 내용을 코딩하는 것으로 제한하는 것이 더 쉬워보일 수도 있지만, 그러한 내용의 내재적 가치가 함께 분석되지 않는다면 그

---

113) 과학적 연구의 목적은 개별적 특성이나 현상을 분석하기보다는 현상 속에 내재해 있는 일반적 특성, 즉 전체 집단에 적용할 수 있는 일반적 이해를 추구한다. 일반성의 범위가 넓을수록 훌륭한 과학적 연구로 간주되며, 통계적 분석에서 유의성을 고려하는 것도 일반성과 관련 있다(역자 주).

온라인 데이터가 빠르게 증가함에 따라, 내용분석은 미디어 메시지를 살펴보는 데 흔히 사용된다. 온라인 뉴스 기사, 트윗, 페이스북 상태 업데이트, 그리고 제품 및 서비스 리뷰(review)는 빅 데이터(big data)로 알려져 있는 "엄청난 양의 인간의 활동에 의해 생성되는 정보와 인간의 활동에 대한 정보"의 몇몇 종류에 지나지 않는다(Lewis, Zamith, & Hermida, 2013, p. 34). 스크립트와 소프트웨어를 사용하여 연구자들은 수천 가지의 데이터를 쉽게 수집하고 포착할 수 있다. 이로 인해 연구자가 내용분석에서 하는 일은 더 쉬워져야 한다. 동의하는가? 그러나 루이스 등(Lewis et al., 2013)은 가장 신뢰할 수 있고 타당한 연구결과를 가져다주는 것은 바로 컴퓨터를 이용하는 방법과 수작업으로 하는 방법을 결합하는 것이라고 주장한다. 이 연구자들은 컴퓨터, 소프트웨어, 그리고 스크립트가 속성상 구조적인 온라인 데이터를 동결하거나(freeze)[114] 포획하는(trap) 것을 도울 수 있지만, 그러한 데이터에 의미를 제공하는 내재적 내용을 포착하기 위해서는 수작업 코딩이 요구된다고 주장한다. 즉, "맥락상의 미묘한 의미 차이에 대해 민감하게 반응하는"(p. 41) 데는 컴퓨터가 아닌 인간이 더 뛰어나다는 것이다. 여러분이 내용분석을 사용하는 연구들을 읽을 때, 스스로에게 다음과 같은 질문을 해보라: 온라인 데이터를 수집하는 방법이 그러한 데이터가 해석되는 방식에 장애가 되지는 않는가? 그 연구의 저자들은 분석되는 내용의 현재적 특성과 내재적 특성을 어떻게 다루고 있는가?

것이 늘 흥미롭지는 않을 것이며, 어쩌면 정말로 아무런 의미도 없을 것이다. 만약 연구자들이 내재적 내용을 다룬다면, 그들은 텍스트에서 확인되는 행동, 태도, 의미 및 가치가 그러한 텍스트를 만드는 사람들의 행동, 태도 및 가치를 반영한다고 가정하고 있는 것이다. 따라서 내용분석은 사람들에 대해 추론하는 간접적인 방법이다(Berger, 1998).

그러나 그와 같은 추론이 가치를 지니기 위해서 내용분석은 반드시 객관적이어야 한다. 즉, 각 단계가 반드시 구체적으로 명시된 규칙과 절차에 따라 수행되어야 한다. 이 점 때문에 내용분석은 문학비평이나 수사비평과 구별된다. 코

---

114) 동결된 객체는 더 이상 변경될 수 없다. 즉, 동결된 객체는 새로운 속성을 추가하거나 존재하는 속성을 제거하는 것을 방지하며, 존재하는 속성의 불변성, 설정 가능성(configurability), 작성 가능성이 변경되는 것을 방지하고, 존재하는 속성의 값이 변경되는 것도 방지한다. 또한, 동결 객체는 그 프로토타입이 변경되는 것도 방지한다(역자 주).

딩이 이루어지기 전에 확립된 객관적인 규칙과 절차가 있다는 것은 코더의 주관적 분석을 줄일 수 있게 도와준다. 만약 코딩이 객관적이라면, 다른 코더가 동일한 데이터에 동일한 절차를 사용할 때 유사한 결론에 도달할 수 있어야 한다 (Holsti, 1969).

마찬가지로 내용분석은 내용을 확인하는 것은 물론 내용을 해석할 때도 반드시 체계적이어야 한다(Kaid & Wadsworth, 1989. 바꾸어 말하면, 코딩에 포함되어야 하거나 제외되어야 하는 것이 체계적으로 결정되어야 하는데, 이것은 연구자들이 연구문제나 가설을 지지하는 요소만 포함시키는 것을 더 어렵게 한다.

마지막으로, **일반성**(generality)은 연구결과가 반드시 이론적 관련성을 가지고 있어야 함을 의미한다(Holsti, 1969).[115] 간단히 말해서, 코딩의 결과가 텍스트의 다른 속성과 관련이 없거나 메시지 송신자나 수신자의 특성과 관련이 없다면, 내용을 찾아내기 위해 텍스트를 코딩하는 것이 거의 가치가 없다. 따라서 단순히 기법이 적용될 수 있다는 이유로 연구자들은 어떤 것의 내용을 코딩하지 않을 것이다. 오히려 내용분석으로 인해 생기는 결과가 이론을 확인하거나, 확장하거나, 혹은 이론에 문제를 제기하는 충분히 흥미로운 연구문제나 가설에 답할 수 있기 때문에 내용분석이 사용된다.

절차상, 내용분석의 바탕이 되는 중심 아이디어는 텍스트의 크기나 메시지의 수와 관계없이 의미는 더 적은 범주로 분류될 수 있다는 것이다(Weber, 1990). 따라서 내용분석은 연구자들이 참여자들의 커뮤니케이션 행동이나 커뮤니케이션에 대한 지각을 나타내기 위해 숫자와 통계학을 사용하는 것과 매우 유사한 방식으로 사용되는 데이터 축소기법(data reduction technique)[116]의 한 종류이다. 여기서의 가정은 함께 분류되는 요소들은 유사한 의미를 가지고 있다는 것이다.

내용분석이 데이터 축소기법 역할을 어떻게 하는지 보여주는 예를 살펴보는 것이 이것을 명확히 하는 데 도움이 될 것이다. 어린이들에게 인기 있는 디즈니 만화영화에 포함되어 있는 친사회적인 행동(prosocial behavior)의 특성에

---

115) 홀스티가 말하는 일반성은, 내용분석은 반드시 속성상 '기술적이고 편협한 것 이상'이어야 한다는 점과 연구결과가 '다른 데이터 및 다른 커뮤니케이션 현상'과 반드시 이론적으로 관련되어야 함을 의미한다(역자 주).

116) 수많은 데이터 대신에 그 데이터를 표현할 수 있는 작은 형태로 표현하여 기존의 데이터를 대신하는 기법을 말한다(역자 주).

어떤 내용이 분석될 수 있는가?

분석될 수 있는 적절한 내용이란 어떤 것인가? 문자 그대로, 글이나 디지털 형식과 같은 어떤 영구적인 형태로 포착될 수 있는 어떤 메시지도, 즉 메시지의 어떠한 측면도 내용분석될 수 있다. 메시지는 신문, 소셜 미디어 사이트, 혹은 TV의 광고와 같이 자연스럽게 존재하거나 혹은 연구자의 요청에 대한 응답으로 만들어질 수도 있다. 분석될 수 있는 내용으로는 다음과 같은 것들이 있다(Holsti, Loomba, & North, 1968; Neuendorf, 2002; Scheufele, 2017):

- 메시지원, 메시지 송신자, 혹은 메시지 수신자
- 메시지의 기능 혹은 종류
- 메시지 채널
- 메시지의 암시적 혹은 명시적 내용
- 메시지 효과
- 비언어적 단서 혹은 행동
- 소리
- 시각적 이미지(그림, 사진)
- 웹페이지
- 문자 메시지 혹은 트윗
- 토픽

통상적으로 연구는 이러한 요소들 가운데 하나, 어쩌면 둘에 초점을 맞춘다. 어떤 것이 분석되느냐에 관계없이, 내용분석은 연구자가 가설이나 연구문제가 포함된 잘 개발된 연구 설계를 가지고 있을 때 가장 좋은 결과를 얻는다.

대한 연구에서 이 연구팀(Padilla-Walker, Coyne, Fraser, & Stockdale, 2013)은 2011년 이후 월트 디즈니(Walt Disney)와 디즈니/픽사(Disney/Pixar)가 제작한 모두 61편(혹은 5,128분의 상영시간)의 만화영화를 확인했다. 친사회적 행동을 "단순히 사회성(sociability)이나 협력을 넘어, 다른 사람을 이롭게 할 의도를 가진 어떤 자발적인 행동"(p. 397)으로 조작화한 이 연구팀은 5,530개의 친사회적 행동을 확인했다. 그런 다음, 이 연구팀은 이러한 행동을 신체적인 것(51.16%)

혹은 언어적인 것(48.86%)으로 코딩했다. 다음으로, 연구 문헌을 토대로 친사회적 행동의 동기를 다음과 같이 6개의 범주로 코딩했다: 공적(public), 정서적(emotional), 절박한(dire), 익명의(anonymous), 이타적(altruistic), 그리고 불평(compliant). 따라서 5,000분이 넘는 영화에서 확인된 데이터가 두 단계로, 즉 처음의 2개 행동 범주와 그 다음의 6개 범주의 동기화 유형으로 축소되었는데, 이것들은 연구문제에 답하기 위해 의미 있게 분석될 수 있었다.

연구자들은 내용분석을 사용해 코딩된 각 요소의 빈도수를 계산하는데, 그렇게 함으로써 빈도들 간의 비교가 가능하다. 그러나 내용분석을 단순한 빈도 분석으로 제한하는 것은 어떤 흥미로운 결과를 희석시킬 것이며, 어쩌면 발생 빈도를 부당하게 강조하게 될 것이다. 이것을 고려해보라: 단지 어떤 요소가 여러 차례 발생한다는 이유만으로 그것이 더 적게 언급된 하나의 필수적인 요소보다 반드시 더 큰 가치를 지녔다고 할 수 있는가? 연구자는 내용을 코딩함으로써 생성되는 빈도수를 사용하는 것 외에 그러한 빈도와 연구를 뒷받침하는 이론적 명제와의 관련성도 다루어야 한다.

1) 내용분석 과정

연구자가 내용분석 연구 설계를 필요로 하는 가설이나 연구문제를 확인한 후, 내용분석이 이루어지는 단계들은 어떠한 탄탄한 양적 연구 설계의 경우와도 동일하다. 즉, 연구자는 문제를 확인하고, 이론과 연구를 검토하며, 그런 다음 연구문제나 가설을 최종 확정해야 한다. 다음으로, 내용분석에서만 볼 수 있는 것으로 다음과 같은 과정이 계속된다: ① 분석할 텍스트나 메시지 선택하기; ② 텍스트나 메시지를 분석할 범주와 단위 선택하기; ③ 코딩 시 의견 차이를 해결할 절차 마련하기; ④ 모든 메시지를 다 분석할 수 없을 경우 분석할 표본 선택하기; ⑤ 메시지 코딩하기; ⑥ 코딩 해석하기; 그리고 ⑦ 연구문제나 가설과 관련하여 연구결과 보고하기(Kaid & Wadsworth, 1989; Riffe, Lacy, & Fico, 1998; Scheufele, 2017; Thayer, Evans, McBride, Queen, & Spyridakis, 2007). 내용분석을 하는 과정 동안 연구자는 내용상의 결정(예, 무엇을 어떻게 코딩해야 하는지)뿐만 아니라 절차상의 결정(예, 코더들이 텍스트 선택을 어떻게 기록할지 그리고 코딩을 어떻게 해석할지)도 내려야 할 것이다(Hargittai & Karr, 2009).

무엇을 코딩할지 선택하기 첫째, 연구자는 가설이나 연구문제가 적용되는 메시지의 전집(universe)을 반드시 확인해야 한다. 둘째, 연구자는 '내가 관심을 가지고 있는 메시지가 존재하는지' 반드시 확인해봐야 한다. 만약 존재하지 않는다면, 그러한 메시지가 반드시 만들어져야 한다. 텍스트나 메시지가 이용 가능하다면, 다음으로 '모집단에 있는 모든 메시지를 코딩할 필요가 있는지' 확인해야 한다. 어떤 경우에는 그렇게 할 것이고, 또 어떤 경우에는 데이터가 너무 많아서 실제적으로 각 메시지나 각각의 데이터를 코딩할 수 없을 것이다. 따라서 코딩할 텍스트나 메시지를 합리적이고 실행 가능한 표본 크기로 반드시 줄여야 한다. 동시에 표본은 반드시 표본 추출의 토대가 되는 모집단을 반드시 대표해야 한다.

표본 크기를 줄이는 첫 번째 기법은 관심이 있는 요소를 가려내기 위해 데이터세트를 추리는 것이다. 예를 들어, 만약 연구문제에 답하기 위해 주장을 코딩해야 한다면, 주장이 아닌 진술이나 메시지는 코딩할 필요가 없다. 만약 이러한 방법을 통해 코딩할 메시지의 수가 적당한 크기(예, 500개 이하)로 준다면, 연구자는 모든 주장을 코딩하면 된다. 그러나 예를 들어 다른 모든 요소를 제거한 후에도 5,000개가 넘는 주장이 존재한다고 가정해보자. 이제 연구자는 체계적 표집이나 층화 표집과 같은 확률 혹은 무선 표집기법(6장 참조)에 사용해 표본 크기를 줄일 수 있다.

체계적 표집의 예로 그림과 앤드세이저(Grimm & Andsager, 2011)가 수행한 내용분석을 들 수 있다. 이들은 캘리포니아 주에서 발행되는 신문이 보도한 증명서가 없는 이민자들의 공공 서비스 접근을 제한하기 위해 제안된 이민 관련 법에 대한 기사를 분석했다. 이 제안된 법안은 미국 전역에서 수많은 항의 집회를 촉발했고, 이러한 집회가 일어난 직후 그 법안은 위원회에서 폐기되었다. 분석에 사용할 뉴스 기사 표본을 구성하기 위해 이 연구자들은 발행부수, 발행 지역, 그리고 신문이 발행되는 지역의 인종 다양성을 토대로 일단의 신문을 선택했고, 카운티(county)당 하나의 신문을 포함시켰다. 다음으로, 이 연구자들은 체계적 표집을 사용해 그러한 신문들에 게재된 뉴스 기사에서 표본을 무작위로 추출했다. 이 연구자들은 이러한 절차를 다음과 같이 기술하고 있다:

> 각 신문의 뉴스 기사를 연도순으로 정리했다. 난수 발생기를 사용해 하나
> 의 기사를 무작위로 선택한 다음, 포함된 신문 전체를 대표하는 표본 크기

를 확보하기 위해 그 후 매 세 번째 기사를 뽑아 코딩했다. 이렇게 해서 뽑힌 기사의 수는 280개였다(p. 776).

여러분은 구매하려고 생각하고 있는 제품의 온라인 리뷰를 읽어본 적이 있는가? 한 내용분석 연구는 그러한 리뷰의 어떤 특성이 구매자에게 유용한지 살펴보았다. 온라인 쇼핑의 유행으로 인해 온라인 리뷰의 수는 엄청나다. 윌렘슨, 니전스, 브로너 및 드 리더(Willemsen, Neijens, Bronner, & de Ridder, 2011)는 층화 표집을 사용해 카메라, DVD 플레이어, 러닝 슈즈(running shoes) 및 자외선 차단제에 대한 적정 수의 리뷰를 확인했다. 첫째, 이 연구팀은 다른 사람에 의해 '유용함'이라고 표시된 아마존.콤(Amazon.com)의 제품에 대한 4년간의 온라인 리뷰를 확인했다. 그 결과, 4만 2,700개의 리뷰가 확인되었다. 그 다음 단계는 대표성 있는 표본을 찾는 것이었다. 이 연구팀은 제품 종류별로 층화한 다음, 두 종류의 제품군인 경험재(experience goods)와 탐색재(search goods)에 각각 200개씩 모두 400개의 리뷰를 선택했다(탐색재인 카메라와 DVD 플레이어는 구체적이고도 기능적인 제품 속성으로 인해 구매 전에 제품을 평가할 수 있는 반면, 경험재인 러닝 슈즈와 자외선 차단제는 무형의 이점으로 인해 구입해서 경험해보기 전에는 제품을 평가할 수 없음). 층화 표집을 통해 이 연구자들은 모집단을 관리할 수 있고 코딩할 수 있는 크기로 줄이는 동시에 리뷰가 수집된 네 제품 각각을 대표할 수 있는 표본을 얻을 수 있었다.

여러분도 알 수 있듯이 어떤 모집단, 특히 미디어 및 온라인 콘텐트는 첫째 확인하기 어렵고, 둘째 관리할 수 있는 대표성 있는 표본으로 줄이기가 어려울 수 있다. 왜 그런가? 관심을 가지고 있는 모집단을 규정하기가 어렵고, 또한 일반적으로 모집단이 계속해서 변하기 때문이다. 이 경우에는 내용분석 연구 설계에 비확률 표집을 사용하는 것이 가장 논리적이다. 여기서 연구자는 반드시 코딩할 단위의 수를 체계적으로 줄일 수 있는 방식으로 표본을 선택할 수 있도록 내용분석 연구를 설계해야 한다. 여러 체계적 단계를 취함으로써 연구자는 관련된 텍스트의 모집단을 줄일 수 있다. 다음 연구는 그와 같은 표집 절차를 보여주는 좋은 예다.

헐리와 스버리(Hurley & Tewksbury, 2012)는 인터넷상의 암 관련 뉴스를 연구했다. 여러분도 알다시피 인터넷상의 콘텐트는 계속해서 변하며, 또한 어떤 검색엔진이 사용되는지 그리고 검색자가 이전에 그 검색엔진을 어떻게 사용했는지에 따라 검색자에 맞춤화된다. 이 연구자들은 표본을 생성하기 위해 '암'이라는 검색어를 사용하여 다음과 같은 단계를 밟았다:

① 보고된 데이터를 토대로 방문자가 가장 많은 4개의 뉴스 웹사이트를 사용했다.

② 연속 4개월분(3월에서 6월)을 검색했다.

③ 요일별로 층화하여 각각의 달에서 7일을 무작위로 선택했다.

④ 연구팀은 표집된 각 날짜에 대해 6시간 간격으로 각 뉴스 웹사이트에서 4차례의 검색을 수행했다.

⑤ 각 검색에서 얻은 첫 세 페이지가 표본에 포함되었다. 이를 통해 각각의 검색에서 30개의 기사가 얻어졌다.

⑥ 마지막으로, 30개의 기사 세트에서 10개의 기사가 무작위로 선택되었다.

이러한 연구 절차를 통해 각 시기와 각 웹사이트를 대표하는 1,120개의 암 관련 뉴스 기사 표본이 만들어졌다. 이런 식으로 검색을 설계함으로써 24시간 뉴스 사이클이 모두 포함되었다. 마지막으로 검색을 첫 30개의 뉴스 기사로 제한함으로써 가장 읽힐 가능성이 높은 기사가 표본에 포함되었다.

내용분석에 데이터로 사용되는 다른 유형의 콘텐츠 역시 표집과 관련하여 어떤 나름대로의 독특한 어려움을 수반한다. 예를 들어, 영업사원과 고객 간의 상호작용, 특히 고객이 옵션들 가운데 결정을 내리는 것을 영업사원이 돕고 있을 때의 상호작용처럼 분석될 하나의 단위가 상당히 길 수도 있다. 이러한 유형의 긴 상호작용 교환에서는 일반적으로 시작, 중간, 그리고 끝이 존재한다. 특정 종류의 진술은 상호작용의 끝 부분이 아닌 시작 부분에서 나타날 수도 있고(예, 고객이 원하는 것을 알아내기 위한 질문), 또 그 반대의 경우도 있을 수 있다(예, 고객이 선택하도록 설득하기 위한 시도). 집단 토론은 또 하나의 특별한 경우이다. 시작 부분에서는 정보가 구성원들 사이에 공유되고, 중간 부분에는 증거가 제시될 가능성이 있으며, 끝 부분에는 해결책 선택을 위한 주장이 더 자주 등장한다. 따라서 데이터에 주기가 있는 데이터세트의 경우에는(예, 일요 신문은 주중에 발행되는 다른 신문과 다른 섹션을 가지고 있음; 공중관계나 정치 캠페인에서는 이슈나 언어가 변할 수도 있음) 무선 표집이 데이터세트에 불리하게 가중치를 부여할 수도 있다. 층화 무선 표집이 최선의 선택일 수도 있는데, 층화 표집을 할 경우 코딩하기 위한 선택된 데이터가 전체 데이터세트에 대해 층별로 비례가 이루어진다(Riffe et al., 1998).

내용 범주 개발하기 내용 범주는 연구자가 유용한 구분을 짓는 수단이며, 흔히 이전 연구를 토대로 한다. 동시에 범주는 연구문제나 가설이 검토하기를 요구하는 현상을 반드시 대표해야 한다(Kaid & Wadsworth, 1989). 어떤 범주체계는 연구자로 하여금 말한 **내용**을 내용분석할 것을 요구할 수도 있을 것이다. 또 어떤 범주체계는 메시지가 전달된 (혹은 시각화된) **방식**을 내용분석할 것을 요구할 수도 있을 것이다. 설문조사연구의 질문에 대한 응답에서와 마찬가지로 내용 범주는 반드시 망라적이고, 동등하며, 상호배타적이어야 한다. 따라서 범주들은 모든 가능한 발생을 반드시 포함해야 하며, 동일한 유형이어야 한다. 더욱이 하나의 단위가 다수의 범주로 코딩될 수 있어서는 안 된다. 그러나 상호 배타성 기준에는 드물지만 예외가 존재한다.

한 범주가 '기타'로 처리되어 있는 코딩 체계는 흔히 볼 수 있다. 이 범주는 통상 특정한 범주들 가운데 하나에 코딩될 수 없는 요소들을 나타낸다. 따라서 본질적으로 **기타** 범주는 분류 체계의 실패를 반영한다(Kumar, 1996). **기타** 범주를 사용하는 것은 매우 흔히 범주체계가 마땅히 개발되어야 하는 대로 개발되지 않았음을 대개 의미한다(Krippendorff, 2013). 일반적인 규칙으로, 만약 코딩된 요소들이 5%가 넘게 **기타** 범주에 속한다면, 그 범주체계는 수정될 필요가 있거나 코딩절차가 재검토될 필요가 있다.

예를 들어, 노화에 관한 기억할 만한 메시지의 유인가나 톤(tone)을 코딩하면서 할러데이(Holladay, 2002)는 처음에 이러한 변인에 대한 코딩 범주를 긍정적, 부정적, 혹은 중립적으로 개념화했다. 그러나 데이터를 코딩하면서 긍정적인 요소와 부정적인 요소 모두를 포함한 메시지를 코딩하기 위해 네 번째 범주가 추가되었다. 코딩 단위가 전체 메시지였기 때문에, 코더들은 긍정적이면서도 부정적인 톤을 모두 가지고 있는 길고 복잡한 메시지를 찾아낼 수 있었다.

이와 달리, 지속적인 비교(constant comparison)의 근거 이론적(grounded theory)[117) 접근법으로 알려져 있는 것 내의 데이터에서 내용 범주가 나올 수도 있다(Glaser & Strauss, 1967; Strauss & Corbin, 1998). 관련 범주들이 데이터에서 직접 나온다. LGBT[118] 권리 및 결론 이슈를 둘러싼 미국의 보수 복음주의 개신교 목사들의 설교에 등장하는 주제에 관한 스토크스와 슈(Stokes & Schewe, 2016)의 연구가 그러한 경우이다(https://www.sermoncentral.com/ 참조). 이 연구자들은 성서 구절, LGBT 언급, 결혼, 정치, 그리고 사회적 이슈라는 6개 주제로 시작했다. 이러한 주제들은 매우 광범위했기 때문에, 이 연구자들은 귀납적으로 6개 주제 가운데 5개에서 하부 주제를 만들어냈다. 예를 들어, 성서 구절이라는 폭넓은 주제는 구약과 신약으로 나누어졌다. LGBT 언급이라는 광범위한 주제는 긍정적 묘사, 부정적 묘사 및 중립적 묘사로 코딩되었다.

내용분석을 하다보면 범주들을 합쳐서 줄여야 할 경우가 있을 수도 있다. 일례로 크룩, 글로와츠키, 수란, 해리스 및 번하트(Crook, Glowacki, Suran, Harris, & Bernhardt, 2016)는 에볼라(Ebola)[119]를 확산시키는 수단으로서의 하부구조 범주와 에볼라 확산으로 이어지는 지역적/지리적 특성을 합쳐서 환경이라는 새로운 주제로 줄일 필요가 있음을 확인했다.

분석단위 분석단위(unit of analysis)는 코딩되고 셀 수 있는 분리된 개별적인 것을 말한다. 분석단위는 관찰 가능하고 측정 가능한 단위로, 분석될 수 있는 요소들로 텍스트를 분해하는 표준적인 방식을 제공한다. 표준단위나 균일한 단위가 없다면 비교가 불가능하거나 의미 없기 때문에 내용분석에 결함이 생길 것이다.

어떤 경우에는 분석단위가 분명하다. 흔히 이것들은 웹사이트와 같은 물리적 단위이다. 예를 들어, 하위츠, 몬터규 및 워텔라(Hurwitz, Montague &

---

117) 근거 이론은 이론의 귀납적-질적 생산을 목적으로 하는 귀납적-질적 연구방법 및 그 결과로 도출된 이론을 의미한다. 다른 귀납적-질적 연구방법들이 연구 대상에 대한 심층적인 기술(thick description)을 목적으로 하는 데 반하여, 근거 이론적 연구방법은 질적인 코딩을 통해 간명성(simplicity)과 일반성(generality)을 갖춘 중범위(mid-level)의 이론을 생성하는 것을 주된 목적으로 한다는 점에서 구분된다. 이론의 생성을 위한 코딩절차에 있어서 연구자 및 연구 대상의 주관의 개입과 이로 인한 연구결과의 신뢰성과 타당성의 문제 때문에 근거 이론적 방법에서의 코딩은 연구자와 연구 대상 간의 끊임없는 상호작용을 통한 학습을 통해 끊임없이 수정되고 보완되어 연구가 종결될 때까지 반복되는 비일회적인 것으로 원리화된다(출처: 온라인행정학전자사전)(역자 주).

118) lesbian, gay, bisexual, 그리고 transgender의 약어(역자 주).

119) 고열과 내출혈을 일으키는 열대 전염병 바이러스(역자 주).

Wartella, 2017)는 어린이에게 영양가가 높고 광고하기에도 적절한 것으로 밝혀진 음식 및 음료 브랜드 웹사이트를 살펴보았다. 웹사이트가 가지고 있는 링크, 동영상, 혹은 게임의 수에 관계없이, 웹사이트가 분석단위였다.

또 어떤 경우에는 분석단위가 상호작용의 맥락에 좌우된다. 예를 들어, 여성 젠더 고정관념에 대한 연구에서 분석단위는 광고의 여성 등장인물의 시각적 이미지였다. "코딩되기 위해서는 (의인화된 동물을 포함한) 여성 등장인물이 반드시 광고에서 중요한 역할을 해야 하며, 또한 광고에 여성의 신체 외형을 보여주는 적어도 하나의 중요한 이미지가 포함되어 있어야 한다. 어떤 등장인물이 광고에서 중요하게 여겨지느냐의 여부는 그 등장인물과 광고되는 제품과 상호작용 및 그 등장인물의 시각적 가용성(visual availability)을 토대로 결정되었다"(Kim, Ahn, & Lee, 2016, p. 33).

커뮤니케이션 연구에서 볼 수 있는 몇몇 전형적인 분석단위로는 다음과 같은 것들이 있다:

- 단어 혹은 구(句). 예를 들어, 크레스먼, 칼리스터, 로빈슨 및 니어(Cressman, Callister, Robinson, & Near, 2009)는 FCC가 방송에 사용을 금지하는 7개의 단어(seven dirty words)를 찾기 위해 인기 있는 10대 영화를 분석했다.
- 완전한 생각이나 문장. 가장 흔히 사용되는 이 분석단위를 사용한 예로, 이메일을 통해 노인과 어린이 간의 관계를 발전시키기 위해 질문이 어떻게 사용되었는지 살펴본 연구가 있다(Pratt, Wiseman, Cody, & Wendt, 1999). 보통 질문은 문장 끝의 물음표를 통해 쉽게 확인된다. 그러나 이메일에서는 속도가 중요하지 문법적 정확성은 중요하지 않기 때문에 물음표가 항상 표시되지는 않는다. 따라서 이 연구팀은 정보 요청과 답신에 대한 은연중의 압력이 있었는지 확인하기 위해 이메일을 더 면밀히 평가해야만 했다.
- 주제, 즉 어떤 주제에 대한 단일한 주장. 예를 들어, 헤프너 및 윌슨 (Hefner & Wilson, 2013)은 로맨스의 이상(理想)의 네 부분[즉, 사랑은 모든 것을 쟁취한다, 파트너의 이상화,[120] 소울 메이트(soul mate)/유일

---

120) 이상화(idealization)란 정서적으로 의지(의존)하는 대상이 특별한 능력과 가치를 가지고 있다고 믿는 것으로 자신이 애착을 갖고 의존을 하는 대상은 전지전능하고, 무한한 자비

한 사람, 혹은 첫눈에 반한 사랑]에 대한 증거로 로맨틱 코미디 영화의 주
제를 코딩했다.

- 문단 혹은 짧은 텍스트 전체. 이것을 분석단위로 사용한 예로는 설문조사
끝부분에 제시된 개방형 질문에 대한 고용인들의 서면 응답을 코딩한 키
튼과 스미쓰(Keyton & Smith, 2009)의 연구가 있다.
- 전체 기사. 믹스(Meeks, 2013)는 남성 및 여성 정치 후보자에 대한 신문
기사를 코딩했다.
- 등장인물 혹은 화자. 예를 들어, 릭(Ricke, 2012)은 TV 프로그램 〈패밀리
가이〉(*Family Guy*)에서 경멸적인 메시지를 주고받은 등장인물들을 내용
분석했다.
- 사진. 예를 들어, 바이오키-와그너(Baiocchi-Wagner, 2012)는 장기요양시
설에 대한 브로셔(brochure)의 사진을 코딩했다. 이러한 시설 거주자의
사진이 확인되었고 나이, 성별, 정서(예, 그들은 스스로 즐기는 것처럼 보
였는가?), 그리고 포즈(거주자만 혹은 거주자와 다른 사람이 함께)에 대해
코딩했다.
- 광고. 로버츠(Roberts, 2013)는 대통령 후보 캠페인에 사용된 웹 전용 영
상 광고와 텔레비전 광고를 살펴보았다.
- 텔레비전 프로그램, 영화, 혹은 장면. R-등급 버전과 NC-17 등급[121] 버전
모두를 가지고 있던 영화들의 차이를 연구하기 위해, 밴던보쉬, 버브로섬
및 에거몬트(Vandenbosch, Vervloessem, & Eggermont, 2013)는 음악
텔레비전 채널에서 방송된 뮤직 비디오와 프로그램의 장면들을 분석했다.
- 텔레비전용으로 제작된 영상 메시지(예, TV 인터뷰 혹은 토론)와 온라인
시청용으로 제작된 영상(예, 웹 뮤직 비디오 혹은 판촉용 비디오)(De
Lara, Garcia-Avilés, & Revuelta, 2017).

현재 디지털 방식으로 캡처될 수 있는 문자 텍스트나 시각적 텍스트가 강
조되고 있고 또한 상호작용이 쉽게 녹음 혹은 녹화될 수 있기 때문에, 이미 논

심을 가지고 있다고 믿는 것을 말한다(출처: https://m.blog.naver.com/PostView.nhn?
blogId=highlove7133&logNo=221526907210&proxyReferer=https%3A%2F%2Fwww.go
ogle.com%2F)(역자 주).

121) R은 'Restricted'의 그리고 NC-17은 'No Children Under 17 Admitted'를 나타낸다(역자 주).

의된 단위화 단계와 범주화 단계 이전에 하나의 추가적인 단계가 필요할 수도 있다. 상호작용의 연속적인 흐름이 코딩되고 분석단위가 자연적이기보다는(예, 단어, 문장, 질문) 이론에 기반을 두고 만들어질 때(예, 영화 속의 폭력장면, 대화의 토픽, 갈등 에피소드), 코더들은 분석단위가 요구하는 상호작용이 존재하는지 반드시 먼저 확인해야 한다(Krippendorff, 2013). 어떤 단위가 선택되는지에 관계없이, 그러한 단위는 연구과정 내내 일관되게 유지된다. 예를 들어, 선택된 단위가 완전한 문장이라면, 단지 완전한 문장들만이 단위화되고 코딩된다. 연구자는 완전한 문장을 구성하고 있는 단어나 구를 분석할 수 없을 것이다. 따라서 일단 단위가 결정되면, 그것은 코딩과 분석 과정을 통해서뿐만 아니라 연구결과 제시에서도 일관되게 유지된다(Kripendorff, 2013).

무엇을 코딩해야 할 것에 대한 결정을 내리는 것 외에, 내용분석을 수행하는 연구자들은 코딩된 내용을 어떻게 수량화할 것인지도 반드시 정해야 한다. 단순히 코딩된 것들의 빈도를 계산할 수 있는데, 이것은 이러한 유형의 데이터를 분석하는 가장 흔한 방법이다. 그러나 다른 것도 가능하다. 예를 들면, 시간(초와 분) 혹은 길이(센티와 페이지)로 미디어 메시지를 수량화할 수도 있을 것이다. 두 수량화 단위 모두에 수반되는 가정을 인식하라. 이러한 단위를 사용하는 연구자는 빈도, 상호작용의 길이, 그리고 메시지의 크기가 관심, 초점, 강도, 가치, 중요성 등을 나타내는 타당한 지표라고 가정하고 있다. 마지막으로, 분석단위가 확인된 후에 코더들은 또한 그러한 단위의 등급을 매길 수도 있다. 예를 들어, 경찰-시민 상호작용에 대한 연구에서 코더들은 경찰관의 시민 존중과 공손함을 **전혀 존중하지 않고 공손하지 않음**을 나타내는 0점과 **매우 존중하며 공손함**을 나타내는 10점을 앵커로 하는 라이커트형 문항에 등급을 매겨줄 것을 요청받았다.

코더 훈련시키기 내용을 코딩하는 것은 체계적이고 객관적이어야 하기 때문에, 코딩 체계를 개발하는 연구자를 포함해 모든 코더가 반드시 훈련을 받아야 한다. 연구는 훈련이 코더들 사이의 일치도를 높일 수 있음을 보여주었다. 그러나 일치도를 높이기 위해서는 단순히 코딩 범주에 대한 논의 이상의 훈련이 반드시 필요하다(Kaid & Wadsworth, 1989).

Example of Content Analysis Codebook

A. Season (Write In)

B. Episode (Write In)

C. Scene
   1. A scene is marked:
      i. Every time a new character enters the frame
      ii. Every time a character leaves the frame
      iii. Every time the setting changes

D. Aggressor [who was the aggressor of the violence]
   1. Male (=1)
   2. Female (=2)
   3. Animal (=3)
   4. Multiple (=4)
   5. Cannot Determine/Unknown [We cannot see] (=5)
   6. Spontaneous (=6)

E. Recipient [who was the recipient of the violence]
   1. Male (=1)
   2. Female (=2)
   3. Animal (=3)
   4. Multiple (=4)
   5. Cannot Determine/Unknown [We cannot see] (=5)
   6. No Recipient/Phantom Recipient (=6)
   7. Spontaneous (=7)

F. Aggressor Race [Physical Violence]
   1. White (=1)
   2. Black (=2)
   3. Asian (=3)
   4. Hispanic (=4)
   5. Multiple (=5)
   6. Cannot Determine (=6)

G. Recipient Race [Physical Violence]
   1. White (=1)
   2. Black (=2)
   3. Asian (=3)
   4. Hispanic (=4)
   5. Multiple (=5)
   6. Cannot Determine (=6)

H. Aggressor Age [Physical Violence]
   1. Young (=1)
   2. Middle Aged (=2)
   3. Older (=3)
   4. Multiple Aggressors (=4)
   5. Cannot Determine (=5)

I. Recipient Age [Physical Violence]
   1. Young (=1)
   2. Middle Aged (=2)
   3. Older (=3)
   4. Multiple Recipients (=4)
   5. Cannot Determine (=5)

J. Aggressor Sexual Orientation [Physical Violence]
   1. Straight (=1)
   2. Gay (=2)
   3. Cannot Determine (=3)

K. Recipient Sexual Orientation [Physical Violence]
   1. Straight (=1)
   2. Gay (=2)
   3. No Receiver (=4)
   4. Cannot Determine (=3)

L. Aggressor Disabled? [Physical Violence]
   1. Yes (=1)
   2. No (=2)
   3. Cannot Determine (=3)

M. Recipient Disabled? [Physical Violence]
   1. Yes (=1)
   2. No (=2)
   3. Cannot Determine (=3)

N. Reciprocal [was the violence reciprocated by the recipient?]
   1. Yes (=1)
   2. No (=2)

O. Type of Violence
   1. Punch (=1)
   2. Kick (=2)
   3. Slap (=3)
   4. Poke (=4)
   5. Pushing (=5)
   6. Forcibly Holding (=6)
   7. Grabbing (=7)
   8. Shaking (=8)
   9. Throwing (=9)
   10. Cannot Determine (=11)
   11. Various types of violence (=12)
   12. Other (=10)

P. Aggressor [Language]
   1. Male (=1)
   2. Female (=2)
   3. Animal (=3)
   4. Multiple (=4)
   5. Cannot Determine/Unknown [We cannot see] (=5)
   6. Spontaneous (=6)

Q. Recipient [Language]
   1. Male (=1)
   2. Female (=2)
   3. Animal (=3)
   4. Multiple (=4)
   5. Cannot Determine/Unknown [We cannot see] (=5)
   6. No Recipient/Phantom Recipient (=6)
   7. Spontaneous (=7)

R. Aggressor Race [Language]
   1. White (=1)
   2. Black (=2)
   3. Asian (=3)
   4. Hispanic (=4)
   5. Multiple (=5)
   6. Cannot Determine (=6)

S. Recipient Race [Language]
   1. White (=1)
   2. Black (=2)
   3. Asian (=3)
   4. Hispanic (=4)
   5. Multiple (=5)
   6. Cannot Determine (=6)

T. Aggressor Age [Language]
   1. Young (=1)
   2. Middle Aged (=2)
   3. Older (=3)
   4. Multiple Aggressors (=4)
   5. Cannot Determine (=5)

U. Recipient Age [Language]
   1. Young (=1)
   2. Middle Aged (=2)
   3. Older (=3)
   4. Multiple Recipients (=4)
   5. Cannot Determine (=5)

V. Aggressor Sexual Orientation [Language]
   1. Straight (=1)
   2. Gay (=2)
   3. Cannot Determine (=3)

W. Recipient Sexual Orientation [Language]
   1. Straight (=1)
   2. Gay (=2)
   3. No Receiver (=4)
   4. Cannot Determine (=3)

X. Aggressor Disabled? [Language]
   1. Yes (=1)
   2. No (=2)
   3. Cannot Determine (=3)

Y. Recipient Disabled? [Language]
   1. Yes (=1)
   2. No (=2)
   3. Cannot Determine (=3)

Z. Reciprocal [was the violence reciprocated by the recipient?]
   1. Yes (=1)
   2. No (=2)

AA. Language Type
   1. Hate Speech (=1)
   2. Sexist Speech (=2)
   3. Homophobic Speech (=3)
   4. Racist Speech (=4)
   5. Religious Intolerant (=5)
   6. Disability Intolerant (=6)
   7. Overtly Sexual (=7)
   8. Multiple Types of Aggressive Language (=8)
   9. Other (=9)

SOURCE: LaChrystal Ricke, "Codebook for Family Guy Content Analysis." Used with permission of the author.

〈그림 12.1〉 〈패밀리 가이〉 내용분석용 코드북

출처: LaChrystal Ricke, "Codebook for Family Guy Content Analysis." 저자의 허락을 받고 사용함.

코딩 체계는 모든 코더가 동일한 범주체계로 훈련을 받고 언제든 다시 코딩작업을 시작할 수 있도록 문서로 작성되어야 한다. 많은 연구자가 코딩 내용, 코딩 단위, 그리고 코딩 규칙을 밝히기 위해 코드북(codebook)을 준비한다. 훈련의 일부로 코더들은 일반적으로 코딩해야 하는 것과 비슷한 텍스트나 메시지로 연습을 한다. 코더들 사이에 충분한 정도의 신뢰도가 확립된 후, 그들은 개별적으로 코딩 작업을 한다.

릭(2012)의 성인용 시트콤인 〈패밀리 가이〉에 대한 내용분석용 코드북(〈그림 12.1〉)을 보라. 각 범주와 범주 내의 코드들이 어떻게 망라적이고, 상호배타적이며, 동등한지 주목하라. 코드북이 이러한 종류의 정확성을 갖추고 있어야, 코더들이 코딩을 할 때 높은 신뢰도에 이를 가능성이 더 높다.

코딩 신뢰도 내용분석과 관련한 몇 가지 신뢰도 이슈가 존재한다. 내용분석에서 신뢰도는 **평가자 간 신뢰도**(interrater reliability), **평가자 간 일치도**(interrater agreement), 혹은 **코더 간 신뢰도**(intercoder reliability)이며, 평가자 간 신뢰도는 반드시 2개의 서로 다른 세트의 코딩 결정에 대해 계산되어야 한다. 첫 번째 신뢰도는 **단위화 신뢰도**(unitizing reliability), 즉 둘 이상의 관찰자가 커뮤니케이션 행위가 일어났고 상호작용의 흐름 속에서 그 행위를 확인할 수 있다는 데 동의하는 정도이다(Krippendorff, 2013). 바꾸어 말하면, 코더들이 무엇이 코딩되어야 하는가에 동의하는가라는 것이다. 단위는 구, 문장, 혹은 완전한 생각처럼 작을 수도 있고, 긴 대화나 뉴스 기사처럼 클 수도 있다. 본질적으로 단위화는 평가자들에게 그들이 코딩할 것의 시작과 끝을 확인할 것을 요구한다. 만약 코딩될 단위가 문장이라면, 동의가 이루어지는 것이 큰 문제가 되지 않을 것이다. 완전한 문장처럼 자연스런 단위는 그것의 시작과 끝을 표시하는 표준화된 식별자를 가지고 있다. 그러나 만약 텍스트가 자연스럽게 발생하는 대화이고 화자가 완전한 문장으로 말을 하지 않는다면, 코딩될 단위를 확인하는 것이 훨씬 더 어려워진다. 주제나 스토리와 같은 코딩 단위는 더 추상적이며, 이러한 단위를 찾아내도록 코더를 훈련시키는 데는 일반적으로 더 많은 시간이 필요할 것이다. 코딩될 단위가 확인되면, 각 코더는 독자적으로 그 단위를 어떤 범주로 분류할지 결정한다. 코더들이 같은 범주를 더 자주 선택할수록 그들의 코딩 신뢰도 혹은 **범주화 신뢰도**(categorizing reliability)는 더 높아진다. 이것이 반드시 확립되어야 할 두 번째 종류의 평가자 간 신뢰도이다.

내용을 코딩할 때 코더 간 혹은 평가자 간 신뢰도를 결정하는 몇 가지 공식이 존재한다. 2명의 코더를 사용할 때 커뮤니케이션 연구에서는 흔히 **스캇의 파이**(Scott's *pi*)[122]가 사용되는데, 왜냐하면 스캇의 파이는 코딩 체계의 범주 수뿐만 아니라 각 범주의 가능한 빈도도 설명해주기 때문이다. 단위화 신뢰도와 코더 간 신뢰도를 계산하는 공식과 절차는 인터넷상의 통계 관련 사이트에서 확인할 수 있다.

코더 간 신뢰도를 계산하는 것은 꽤 간단한 데 비해, 코더 간 신뢰도의 허용 수준을 확인하는 것은 훨씬 더 주관적이다. 일반적으로 연구자들은 반드시 연구문제나 가설 그리고 코딩 맥락을 토대로 이러한 판단을 내려야 한다. 범주의 수가 증가하거나 코딩 과정이 더 복잡해질수록 더 낮은 수준의 신뢰도가 허용될 수 있다. 일반적으로 코더 간 신뢰도가 0.90 이상이면 거의 언제나 허용될 수 있고, 0.80 이상이면 대부분의 경우 허용될 수 있다. 코더 간 신뢰도가 0.70 이상이면 일부 탐색적 연구에서 적절한 수준이며, 허용될 수 있는 코딩 결정의 하한선으로 여겨진다(Lombard, Snyder-Duch, & Bracken, 2002). 코더 간 신뢰도와 그것을 얻기 위해 사용한 절차는 연구보고서에 보고되어야 한다.

예를 들어, 일련의 주간 업무회의에 대한 연구에서 벡과 키튼(Beck & Keyton, 2009)은 메시지가 회의에서 어떻게 기능하는지 살펴보고자 했다. 회의는 녹음 및 녹화되었다. 2명의 코더가 트랜스크립트를 토대로 완전한 생각 단위를 각자 확인했다. 그런 다음, 코더들은 그들의 결정을 비교했다. 그들의 일치도는 단위화 신뢰도를 기준으로 했고, 그 값은 0.92였다. 커뮤니케이션 연구에서 이 정도의 코더 신뢰도는 일반적으로 허용될 수 있다.

그 다음 단계로, 두 코더는 각각의 생각 단위를 가장 잘 묘사하는 12개의 메시지 기능에 따라 생각 단위들을 각자 분류했다. 평가를 비교한 결과, 이 연구

---

122) 스캇의 파이와 코헨의 카파 모두 공식은 같다: 코더 간 신뢰도 = (관찰 일치율 − 기대 일치율) / (1 − 기대 일치율). 그러나 기대 일치율을 계산하는 방식에 있어 차이가 있다. 두 코더 간 신뢰도를 계산하는 방식은 각각 https://en.wikipedia.org/wiki/Scott%27s_Pidhk와 https://en.wikipedia.org/wiki/Cohen%27s_kappa를 참조하기 바란다. 그리고 스캇의 파이는 계산에 컴퓨터를 본격적으로 사용하기 전에 코더 간 신뢰도를 계산하는 방식이어서 범주의 수가 적은 변인에 사용하는 데는 적절하지만, 범주의 수가 많다면 실용적이지 않다. 범주의 수가 많은 변인을 코딩할 때는 계산방식이 비교적 간단한 코헨의 카파를 사용하는 것이 낫다[출처: 윤영민. (2019). 『미디어 내용분석 입문』 커뮤니케이션북스]. 또한 스카의 파이와 코헨의 카파는 모두 명목척도로 된 변인의 코딩에 대한 신뢰도용으로만 사용된다. 따라서 서열, 등간 및 비율척도로 된 변인의 코딩 신뢰도는 크리펜돌프의 알파(Krippendorff's alpha)를 사용한다(물론 명목척도로 변인의 코딩 신뢰도도 가능함). 알파를 수작업으로 계산하기는 비교적 어려워 잘 사용되지 않다가 최근에는 http://dfreelon.org/utils/recalfront/와 같은 사이트를 통해 계산이 이용 가능해지면서 점차 많이 사용되고 있다(역자 주).

연구자는 내용분석을 어떻게 수행했는가?

1. 연구자는 코딩 단위를 어떻게 정의했는가?
2. 연구자는 단위들을 코딩할 범주를 어떻게 정의했는가? 범주들은 망라적이고, 상호배타적이며, 동등한가?
3. 코딩 체계가 연구문제나 가설에 답하기 위해 사용되기 전에 테스트되었는가?
4. 코더들을 훈련시키기 위해 어떤 조치가 취해졌는가? 코더 훈련은 적절했는가?
5. 코더들은 신뢰할 수 있었는가?
6. 코딩은 어떻게 수행되었는가?
7. 코딩 체계는 연구문제나 가설에 의해 제시된 이슈와 얼마나 잘 관련되었는가?
8. 연구자의 코딩 결과 해석에 여러분은 동의하는가?

팀은 범주 데이터에 대한 평가자 간 신뢰도 측도인 **코헨의 카파**(Cohen's kappa)를 계산했다. 크론바크 알파와 같이 이 신뢰도 측도의 범위는 완벽한 일치(1.0)에서부터 우연에 의해 기대되는 것보다 더 나을 바가 없는 일치(0.0) 사이에 있다. 메시지 기능 코딩에 대해 범주화 신뢰도를 계산한 결과, 코헨의 카파 값은 0.90이었다. 허용될 수 있는 코딩 신뢰도가 나왔기 때문에, 트랜스크립트의 나머지 부분도 코딩될 수 있었다.

코더 간 신뢰도에 대한 또 다른 예를 살펴보자. 멀론과 헤이스(Malone & Hayes, 2012)는 직장에서의 뒤통수치기(backstabbing)에 대한 고용인들의 지각을 살펴보았다. 이 연구자들은 참여자들에게 설문조사에 응답해줄 것을 요청했고, 이에 참여자들은 3개의 개방형 질문에 응답했다. 예를 들어, 참여자들은 "그들이 '뒤통수를 맞았다'고 느꼈을 때 직장에서 일어난 일을 상세하게"(p. 203) 적어줄 것을 요청받았다. 이러한 개방형 응답은 2명의 코더에 의해 코딩되었는데, 코딩한 결과 8개 유형의 직장에서의 뒤통수치기와 13개 유형의 뒤통수치기 동기 그리고 20개 유형의 뒤통수치기에 대한 대응이 확인되었다. 각 코더가 독자적으로 반응을 코딩한 후, **스캇의 파이**(Holsti, 1969)가 코딩 신뢰도 지표로 사용되었고, 코더 간 신뢰도는 0.95였다.

타당도 내용분석에서 **타당도**는 코딩되는 텍스트나 메시지에 대한 코딩 체계의 적합성과 적절성을 일컫는다. 연구자들은 동일하거나 유사한 이슈에 관한 이전 연구들을 살펴보고, 그들의 코딩 체계를 이론에 토대를 둠으로써 그들의 코딩 체계의 타당도를 높인다(Potter & Levine-Donnerstein, 1999). 어떤 범주형 코딩 체계이든 최소한 액면 타당도(face validity)는 반드시 가지고 있어야 한다. 그러나 액면 타당도는 측정되는 것의 정확성이나 신뢰성을 확립하기에는 전반적으로 약하다는 점을 상기하라. 코딩의 결과를 다른 외적 측도와 비교함으로써 내용 코딩 체계가 구성개념 타당도(construct validity)가 있는지 검토될 때 내용분석은 가장 타당한 결과를 산출한다(Weber, 1990). 5장으로 돌아가 구성개념 타당도의 이슈를 재검토해보라.

크리펜돌프(Krippendorff, 2013)는 또한 내용분석을 사용하는 연구자들은 **의미론적 타당도**(semantic validity)에도 관심을 가질 것을 권고한다. 즉, 코딩되는 내용의 분석적 범주들이 어떤 특정한 맥락에서 사람들에게 어느 정도 의미를 가지는지에 관심을 기울여야 한다는 것이다. 메시지와 상징에 대한 내용 코딩은 외연적 의미(denotative meaning)와 내포적 의미(connotative meaning) 모두에 좌우된다. 의미론적 타당도를 고려하는 것은 연구자들에게 텍스트가 선택된 맥락 내에서 내용을 코딩하고 코딩한 것을 해석할 것을 상기시켜준다.

2) 코딩 결과 해석하기

코딩이 끝난 후, 연구자는 코딩된 것을 반드시 해석해야 한다. 다른 어떤 연구방법과 마찬가지로, 내용분석도 반드시 최초의 연구문제나 가설과 관련되어야 하고, 데이터가 선택된 맥락으로 돌아가서 해석되어야 한다. 연구자들은 코딩된 데이터를 몇 가지 방식으로 분석할 수 있다. 가장 간단하고 가장 흔히 사용되는 분석방법은 범주의 발생 빈도를 구하는 것이다. 그러나 여기서의 근본적인 가정은 빈도는 중요성이나 가치의 측도로 해석될 수 있다는 것을 기억하라. 밀접히 관련되어 있지만 더 복잡한 해석 접근법은 범주 적용의 차이를 구하는 것이다. 이러한 해석 프레임을 사용하는 연구자들은 흔히 카이-제곱을 사용해 범주의 빈도에 유의한 차이가 존재하는지 여부를 판단한다(10장 참조).

커뮤니케이션 현상의 추이, 패턴, 그리고 구조 역시 내용분석을 통해 밝힐 수 있다(Krippendorff, 2013). 이러한 유형의 분석은 어떤 요소가 다른 요소에 선행 혹은 후행하는지를 확인하고자 한다. 이들 각각에 대한 예를 살펴보자.

연구자들이 추이를 찾을 때, 그들은 데이터가 오랜 기간에 걸쳐 어떻게 움직이거나 변하는지 살핀다. 예를 들어, 롤링, 존스 및 쉬츠(Rowling, Jones, & Sheets, 2011)는 아부 그라이브(Abu Ghraib) 교도소 스캔들을 둘러싼 미국의 정치적 담론과 뉴스 담론을 살펴보았다. 이 사건이 제시되는 방식이 시간이 흐르면서 그리고 이 사건에 대한 이전 기사에 대한 반응에 따라 어떻게 변하는지 살펴보기 위해, 이 연구자들은 세 차례 내용분석을 실시했다. 첫 번째, 그들은 백악관과 미군 당국에 의한 스피치, 인터뷰, 기자회견, 그리고 보도자료를 코딩했다. 두 번째 내용분석에서 이 연구팀은 미국 상하원의 민주당 의원과 공화당 의원의 성명서를 코딩했다. 마지막으로, 이 연구팀은 CBS 뉴스(CBS News)와 「워싱턴 포스트」(*Washington Post*)의 아부 그라이브에 대한 뉴스 보도를 코딩했다. 따라서 분석단위는 메시지의 출처였으며, 출처들은 출처의 유형과 그 사건에 대한 주장의 유형에 대해 코딩되었다. 출처의 유형은 다음과 같이 분류되었다: ① 미국 정부 및 군 관리; ② 미국 학계, 씽크 탱크(think tank) 회원, 비정부기구 구성원 및 전 정부 및 군 관리; ③ 기소된 자들; ④ 미국 뉴스 미디어 및 미국 시민; 그리고 ⑤ 다른 나라 출신의 억류자, 정부 관리, 전문가, 미디어 및 시민과 같은 외국 출처. 주장의 출처도 주장이 행정부의 메시지와 일치하는지, 행정부의 메시지에 이의를 제기하는지, 아니면 이 둘이 뒤섞여 있는지/중립인지로 코딩되었다. 이러한 서로 다른 출처들이 아부 그라이브 사건을 어떻게 기술하고 설명했는지 혹은 아부 그라이브 사건에 대해 어떻게 논평했는지 살펴본 이 연구팀은 백악관과 공식적인 출처에서 나온 뉴스가 그들의 메시지를 국가 정체성 보호라는 프레임으로 구성함으로써 그 사건의 확산을 봉쇄하고자 시도했음을 보여줄 수 있었다. 이 연구팀은 또한 민주당 의원들은 국가 정체성 프레임에 이의를 제기했음도 보여줄 수 있었다. 그러나 국가 정체성 프레임은 언론에 의해 반복됐다. 즉, 언론이 국가 정체성 프레임을 그대로 따라했다. 그들의 학술지 논문의 결론부에서 이 연구팀은 그들의 연구가 "언론이 그들의 보도를 정부의 커뮤니케이션에 동조하는 복잡한 과정을 분명하게 보여주는데, 이는 정치적 프레임의 출처와 내용 모두가 언론에서 어떤 프레임을 분명하게 드러내 보일지를 결정하는 데 정말 중요함을 시사한다"(p. 1058)고 주장한다. 이 내용분석은 어떤 중요한 뉴스 사건이 먼저 어떻게 제시되는지, 그것이 어떻게 이의 제기를 당하는지, 그리고 뉴스 출처가 그 사건을 제시함에 있어 어떻게 행정부에 의한 프레이밍(framing)에 의존하는지 보여준다.

3) 컴퓨터와 내용분석

대부분의 과정에서와 같이, 컴퓨터와 내용분석 소프트웨어 프로그램은 매우 유용한 도구이다. 내용분석 연구를 수행하는 어떤 연구자들은 간단한 스프레드시트를 사용해 내용과 코딩을 기록한다. 워드 문서 프로그램의 검색 혹은 찾기 기능도 도움이 될 수 있다. 예를 들어, 만약 여러분의 분석단위가 개별 단위(예, 단어나 구)이고 여러분이 살펴볼 메시지나 텍스트의 양이 많다면, 워드 프로세싱 프로그램의 검색 혹은 찾기 기능은 확인 과정의 속도를 높여줄 수 있을 것이다. 어떤 연구자들은 더 정교한 소프트웨어 프로그램을 그들의 코딩 및 분석 보조수단으로 사용한다. 그러나 이러한 프로그램들이 있다고 해서 연구자들이 코딩 및 해석 과정을 모두 컴퓨터에 맡길 수는 없다. 컴퓨터가 기계적인 과

윤리적 이슈 　내용의 맥락 무시하기

내용분석은 다수의 메시지에서 주제를 찾아내는 유용한 방법이다. 표본은 일반적으로 수백 개 이상이기 때문에 연구자는 범주체계, 각 범주에 대한 몇 가지 예, 그리고 각 범주의 주제의 빈도와 백분율을 통상 제시한다. 따라서 이용자는 연구자들이 연구 참여자들이 그들에게 제공한 맥락을 벗어나서 연구결과를 해석하고 있지 않다는 것을 반드시 신뢰해야 한다. 예를 들어, 어떤 연구자는 참여자들에게 그들이 비윤리적인 커뮤니케이션 행위라고 간주하는 것에 대해 간략하게 기술해줄 것을 요구한다. 이 연구자는 이러한 기술을 토대로, 예를 들면 자기 자신을 표현하는 데 있어서 부정직함, 누군가를 보호하기 위해 사소한 거짓말하기, 공손하기 위해 사소한 거짓말하기 등과 같은 몇 가지 주제를 확인한다. 이 연구자가 이러한 결과를 참여자들이 **저지른** 비윤리적인 커뮤니케이션 행위로 해석하는 것은 비윤리적인 일일 것이다. 그것들은 참여자들이 비윤리적이라고 **간주하**는 커뮤니케이션 행위일 뿐이다. 참여자들은 이러한 주제들에 대해 썼다는 것이 그들이 그러한 행위를 저질렀음을 의미하는 것은 아니기 때문이다. 내용분석을 사용하는 연구자들은 그들의 연구결과를 추론하고 싶어 하지만, 참여자들이 그러한 기술을 하면서 사용한 맥락성(contextuality)을 반드시 유지해야 한다.

정은 빨리 처리할 수 있지만, 그들이 할 수 있는 일에는 한계가 있다.

더욱이 컴퓨터가 있다고 해서 코딩 체계 개발 필요성이 줄어들지는 않을 것이다. 실제로 모든 판단이 여러분에 의해 소프트웨어 프로그램에 짜 넣어져야 하기 때문에 컴퓨터를 사용하게 되면 여러분은 어쩔 수 없이 코딩 단위를 더 명확하게 확인해야 할 것이다. 그 결과, 연구자가 반드시 필요한 기본적인 작업을 하는 한, 코딩 신뢰도는 증가할 것이다. 범주와 가정이 정해지면, 컴퓨터는 일률적으로 그것을 반복해서 사용할 수 있다. 이것은 분명 인간 코더보다 나은 점이 될 수 있을 것이다. 그러나 만약 범주와 가정이 프로그램에 실수로 잘못 짜 넣어진다면, 얻어진 결과도 그것과 동일한 실수를 포함하고 있을 것이라는 점을 인식하라.

4) 내용분석 연구의 강점

분명, 내용분석 연구의 강점은 데이터가 커뮤니케이터에 밀착되어 있다는 점이다. 어떤 경우에는 연구자가 개입하기 전에 커뮤니케이터가 자연스럽게 텍스트나 메시지를 생성한다. 문자 텍스트는 또한 도서관(예, 잡지, 신문, 책)과 온라인(예, 채팅룸 토론방, 웹페이지, 보관된 자료)에서 이용 가능하다. 가정에 있는 기기를 사용하여 (연구 목적으로) 방송 프로그램을 녹음 및 녹화하거나, 혹은 연구자들이 사람들을 연구에 참여시켜 코딩할 텍스트나 메시지를 만들어 내거나 개발할 수도 있다. 어느 경우든, 커뮤니케이터가 스스로 코딩될 텍스트나 메시지를 생성한다. 이러한 커뮤니케이터와 데이터 간의 밀착성으로 인해, 연구자는 생성된 메시지가 타당하고 대표성 있다는 것과 이러한 텍스트와 메시지에 대한 범주 분석을 통해 도출된 추론 역시 타당하다는 점을 쉽게 주장할 수 있다.

내용분석방법은 또한 비간섭적이다(unobtrusive). 텍스트나 메시지를 포착한 후 연구자들은 참여자들이 모르는 상태에서 메시지를 분석할 수 있다. 어떤 공개적으로 이용 가능한 텍스트는 그 메시지를 만든 사람에게 알리지 않고, 혹은 그 메시지를 만든 사람의 승인 없이 사용할 수 있다. 따라서 연구자는 어떤 사람의 텍스트를 그 사람을 만나거나 인터뷰하지 않고도 연구할 수 있다. 마지막으로, 이 방법은 어떤 구조를 가진 텍스트나 메시지에도 적용 가능하다. 이러한 이점은 내용분석이 어떠한 형식으로 되어 있건 거의 모든 종류의 메시지에 사용될 있게 해주기 때문에 연구의 범위를 넓혀준다.

5) 내용분석 연구의 한계

이러한 강점에도 불구하고 내용분석은 한계도 가지고 있다. 첫째, 만약 텍스트나 메시지가 포착될 수 없다면, 내용은 코딩될 수 없다. 둘째, 코딩 체계가 너무 적거나 너무 많은 범주를 포함할 수 있어서, 텍스트나 메시지의 미묘한 의미 차이가 드러날 가능성을 줄인다.

2. 상호작용분석

내용분석처럼 **상호작용분석**(interaction analysis)도 커뮤니케이션을 범주로 코딩한다는 점에서 체계적이다. 그러나 상호작용분석은 둘 이상의 사람들 간의 **지속적인**(ongoing) 커뮤니케이션 내용을 코딩한다. 따라서 상호작용분석의 초점은 대화 요소(conversational element)의 흐름의 언어적 혹은 비언어적 특징이나 기능을 확인하는 것이다. 상호작용분석은 체계적인 것 외에 순차적(sequential)이기도 하다(Bakeman & Gottman, 1997). 상호작용을 코딩하기 위해 일단의 표준 규칙을 사용하는 연구자들은 메시지의 의도와 기능을 분석하고, 메시지의 효과를 판단하며, 오랜 시간에 걸친 서로 간의 관계를 찾기 위해 메시지를 살펴보는 것을 포함하는 더 복잡한 분석을 수행할 수 있다. 그렇게 할 수 있는 이유는 무엇인가? 왜냐하면 메시지들이 발생한 순서대로 포착되기 때문이다.

가장 효과적인 코딩 체계는 이론을 토대로 한 코딩 체계이다. 코딩 체계를 개발하는 데는 많은 시간과 에너지가 필요하며, 연구자들(즉, 코딩 체계 등을 처음 만든 사람들)이 만든 코딩 체계로 작업을 하고, 그것을 다른 종류의 상호작용에 적용하며, 서로 다른 연구문제를 제기함에 따라, 코딩 체계는 대개 시간이 흐르면서 더 다듬어지고 수정된다. 따라서 학자들은 대부분 상호작용 코딩 체계는 늘 개발 중이라는 데 동의할 것이다.

여러분은 특히 대인 커뮤니케이션과 집단 커뮤니케이션 연구를 위한 연구 프로젝트에 몇몇 상호작용분석 코딩 체계를 사용할 수 있다. 예를 들어, 시미노프와 스텝(Siminoff & Step, 2011)은 의료기관에서 발생하는 의사와 환자 간의 양자 상호작용(dyadic interaction)을 분석했다. 시미노프 커뮤니케이션 내용 및 정서 프로그램(SCCAP: Siminoff Communication Content and Affect Program)

┃ 표 12.1 상호작용분석 코딩 결과

IPA 코드	회의 1	회의 4	회의 5	회의 7
긍정적 사회정서적	141(17.6%)	61(11.1%)	104(15.5%)	71(9.0%)
1. 연대감 보이기/친한 듯 보이기	38	30	23	23
2. 긴장 완화 보이기/극적으로 보이기	22	11	7	3
3. 동의하기	81	20	74	45
시도된 답변 과업	518(64.5%)	403(73.3%)	443(66.0%)	628(79.2%)
4. 제안하기	31	13	17	19
5. 의견 제시하기	87	22	54	98
6. 오리엔테이션/정보 제공하기	400	368	372	511
질문 과업	102(12.7%)	80(14.6%)	98(14.6%)	85(10.7%)
7. 오리엔테이션/정보 요청하기	95	78	98	82
8. 의견 요청하기	5	1	0	3
9. 제안 요청하기	2	1	0	0
부정적 사회정서적	42(5.2%)	6(1.1%)	26(3.9%)	9(1.1%)
10. 동의하지 않기	25	4	22	9
11. 긴장 완화 보이기/극적으로 보이기	17	2	4	0
12. 적대감 보이기/안 친한 듯 보이기	0	0	0	0
총 생각 단위	803	550	671	793
말하기 순서	437	349	434	355
회의 시간(단위 분)	65	60	55	80
분(分)당 생각 단위	12.4	9.2	12.2	9.9
분당 말하기 차례	6.7	5.8	7.9	4.4
회의 참여자 수	15	14	7	11
트랜스크립트 페이지 수	40	30	28	28

출처: Beck, S. J., & Keyton, J. (2014). Facilitating social support: Member-leader communication in a breast cancer support group. *Cancer Nursing*, *37*, E36-E43. doi:10.1097/NCC.0b013e3182813829

은 의료기관에서 이루어지는 대화의 관계적 측면과 설득적 측면을 코딩하는 데 신뢰도와 타당도가 있음을 보여주었다. 상호작용분석은 또한 집단 구성원들 사이에 발생하는 상호작용의 복잡성을 연구하는 용도로도 좋은 선택일 수 있다. 베일스(Bales, 1950)의 상호작용 과정 분석(IPA: Interaction Process Analysis)은 집단 상호작용의 과업 요소와 관계 요소를 연구하는 데 오랫동안 사용되어왔다. 이 코딩 체계는 집단 구성원들의 대화에서 상호작용이 수행하는 기능을 토대로 상호작용을 과업적 상호작용 혹은 관계적 상호작용으로 구분한다(Keyton, 1997 참조). IPA는 또한 이 장의 후반부에 예로도 사용된다(<표 12.1> 및 <표 12.2> 참조). 집단 및 팀 커뮤니케이션을 위한 또 따른 코딩 체계는 갈등에 초점을 맞추고 있다. 풀과 도보쉬(Poole & Dobosh, 2010)는 집단 작업 관계 코딩 체계(GWRCS: Group Working Relationships Coding System)를 사용해 피의자의 유무죄와 평결에 대한 결정을 내리는 배심원들의 상호작용에서 발생하는 갈등과정을 코딩했다. 여러분도 상상할 수 있듯이 배심원들이 그와 같은 중요하고도 중대한 결정을 내릴 때 갈등이 발생할 가능성이 있다. GWRCS는 연구자들로 하여금 갈등의 패턴을 확인하고 배심원들이 그들의 갈등 과정을 어떻게 관리했는지 추적할 수 있게 해준다. 세 번째 코딩 체계는 대화 주장 코딩 체계(Conversational Argument Coding Scheme)(Canary & Seibold, 2010; Meyers & Brashers, 2010; Seibold, Lemus, & Kang, 2010)로, 이것은 집단 의사결정에서의 주장의 구조를 코딩하기 위해 개발되었다.

1) 코딩을 위해 상호작용 수집하기 및 준비하기

상호작용을 코딩할 때 연구자들은 대화를 경청해야 하고, 대화가 어떻게 구조화되어 있는지 그리고 각 단위의 상호작용이 있기 전과 후에 일어나는 것과 비교해 의미가 어떻게 생성되는지 판단해야 한다. 연구자들이 단위화 과정과 상호작용에 대한 코딩을 시작하기 전에 녹음 혹은 녹화된 상호작용에 대한 트랜스크립트 사본을 만들면 이러한 종류의 코딩 복잡성을 다루기가 더 쉽다. 앞에서 기술된 내용분석 절차의 경우와 마찬가지로, 코딩될 데이터는 반드시 먼저 단위화되어야 한다. 이것은 2명 이상의 심사자(judge)가 독자적으로 코딩될 분석단위를 확인함을 의미한다. 단위화 신뢰도는 심사자들이 대화를 단위화하는 방식에서 얼마나 일관성이 있는지 판단하기 위해 계산된다. 그들의 선택에 대한 불일치는 범주별로 상호작용을 코딩하기 전에 반드시 해결되어야 된다. 분명히, 심사자 혹은 코더들은 이 단계의 분석이 시작되기 전에 분석단위 구성에 대해 반드시 훈련이 되어 있어야 한다. 흔히 심사자들은 연구 프로젝트에 사용될 데이터와 유사한 대화를 이용해 훈련을 받지, 데이터의 일부로 훈련을 받지는 않는다.

상호작용분석에서 가장 자주 사용되는 분석단위 가운데 하나는 완전한 생각이다. 이것은 완전한 생각이나 생각의 변화 역할을 하는 어떤 진술이 하나의 단위로 간주됨을 의미한다. 이것은 좀 더 미시적 수준에서 단어나 구를 코딩하는 것과 좀 더 거시적 수준에서 완전한 말하기 차례(speaking turn)나 발화(utterance)[123]를 코딩하는 것의 중간 수준이다. 완전한 생각이 어떻게 포착되고 코딩되는지를 이해하기 위해 벡과 키튼(2014)에서 가져온 <표 12.2>의 예들을 살펴보라.

┃표 12.2 **상호작용분석 코딩의 예**

화자	생각 단위		IPA 코드
구성원 1	278	아주 좋아.	5
	279	고마워 …	1
	280	나는 그와 같은 정보를 원하는 새 멤버 누구에게나 그것을 넘겨줄 수 있어.	6
구성원 2	281	그들을 들어오길 매우 열망할 거야.	6
구성원-리더	282	하이.	1
	283	잘 지냈어[리베카]?	7
리베카	284	잘 지냈어.	5
	285	고마워.	1
	286	너희들 모두를 보니 좋아.	5
	287	좀 우울했거든.	6

출처: Beck, S. J., & Keyton, J. (2014). Facilitating social support: Member-leader communication in a breast cancer support group. *Cancer Nursing*, *37*, E36-E43. doi:10.1097/NCC.0b013e3182813829

---

123) 대화에 참여하는 사람들이 발화 행위를 하는 것을 '화자 차례 혹은 순서'(speaker turn)라고 하고, 대화 참여자가 발언권을 가지고 말하는 하나 이상의 문장으로 구성된 구문과 완전한 문장의 형식을 갖추지는 않았지만 그것이 나타나는 맥락에서 유의미한 그 어떤 구문도 발화라고 한다(역자 주).

2) 상호작용 코딩하기

단위화에서와 같이, 코더들은 연구 프로젝트를 위한 특정 코딩 체계에 대해 반드시 훈련을 받아야 한다. 예를 들어, 마이어스와 동료들(Meyers et al., 1991)은 각 2명으로 구성된 2쌍의 코더들이 5주에 걸쳐 40시간 이상의 훈련 및 연습 코딩 세션을 통해 훈련을 받았다고 보고했다. 4명의 코더는 그들의 코딩 일치도가 80%에 이를 때까지 연습했다. 그런 다음, 각 쌍의 코더들은 각자 절반의 트랜스크립트를 코딩했다. 코더들은 주로 트랜스크립트 사본을 토대로 작업을 했지만, 언제든 녹화된 집단 상호작용 장면을 참고할 수 있었다. 이러한 훈련을 받았음에도 독자적인 트랜스크립트 코딩 결과는 코더들 간의 차이를 보여주었다. 이러한 차이를 줄이기 위해 두 팀은 의견을 교환했고, 차이가 발생한 각 사례마다 차이가 발생한 이유를 명확히 했다. 또 다시 코더 간 코딩 신뢰도를 계산했다. 코더 간 불일치가 발생한 경우에는 코더들의 코딩 선택이 일치할 때까지 의견을 나누었다. 연구 프로젝트마다 구체적인 사항에는 차이가 있을 수도 있지만, 여기에 기술된 절차들은 꽤 일반적인 절차들이다.

3) 코딩 결과 분석 및 해석하기

상호작용에 대한 코딩이 이루어지고 나면 이제는 코딩을 분석할 시간이다. 또 다시 연구자들은 연구의 토대가 되는 연구문제나 가설로 되돌아간다. IPA를 연구방법으로 사용하는 많은 연구에서 기본적인 연구문제는 집단 토론 전반에 걸쳐 행위들이 어떻게 분포되어 있는가라는 것이다. <표 12.1>에서 연구자들이 이러한 종류의 질문에 답하기 위해 빈도수와 백분율을 어떻게 사용하고 있는지 살펴보라. 따라서 연구자들은 주장이 집단 의사결정에서 사용되는 방식을 알아내기 위해 집단 대화를 살펴보고 있었던 것이다.

흔히 볼 수 있는 유형의 분석으로, 연구자들은 각 코딩 범주에 대한 빈도 분석을 수행한다. 빈도 분석을 할 때 연구자들은 원 데이터를 요약하며, 이제 이러한 결과를 문헌검토에서 제시된 이론적 입장을 배경으로 분석할 수 있다. 그러나 연구자들은 또한 단순한 빈도 분석으로는 밝혀낼 수 없는 패턴의 증거를 찾기 위해 코딩된 트랜스크립트도 살펴본다.

코딩된 상호작용 단위에 대한 더 정교한 분석도 가능하다. 예를 들어, 키튼과 벡(Keyton & Beck, 2009)은 베일스(1950)의 IPA를 사용해 유방암 지원단체의 5차례 회의에서 이루어진 대화에서 각각의 완전한 생각을 코딩했다. 다음으로, 이 연구자들은 '관계적'으로 코딩된 생각 단위 전에 있었던 '과업적' 생각 단위와 후에 있었던 '과업적' 생각 단위의 각 사례를 확인했다. 한 유형의 관계 지향적 생각 단위인 동의(agreement)가 다섯 번의 회의에서 135차례로 가장 자주 확인되었다. 과업 지향적 생각 단위들 사이에 동의가 표시된 사례들을 좀 더 자세히 살펴보면, 이러한 지원단체의 회의에서 동의가 세 가지 방식으로 사용된 것을 알 수 있다. 지원단체에 의한 동의 행위는 ① 다른 화자의 정보를 확증해주고, ② 대화의 방향을 알려주며, ③ 다른 구성원에 대한 신원 확인을 표시할 때 사용되었다. 동일한 지원단체 대화에 대한 다른 분석에서(<표 12.2> 참조), 벡과 키튼(2014)은 IPA를 사용하여 지원단체의 리더가 단체 구성원들이 찾고 있던 사회적 지지를 제공하기 위해 단체 구성원들 사이의 대화를 어떻게 촉진했는지 자세하게 확인했다. 말하기 차례별 분석(turn-by-turn analysis)은 사회적 지지가 조언처럼 주어지는 것이 아니라, 상호작용적임을 보여주었다. 예를 들어, <표 12.2>에서 구성원-리더가 어떻게 질문을 사용하여 집단 토론의 초점을 바꾸는지에 주목하라. 그렇게 하는 것은 구성원-리더가 관심을 표현하거나 집단에게 질문을 할 수 있게 한다. 이러한 종류의 질문은 다른 유방암 관련 정보나 더 어려운 구성원에게로 대화의 방향을 바꿔준다.

4) 상호작용분석의 강점

상호작용분석의 분명한 강점은 대화 요소들을 범주로 분류할 때 코딩되고 있는 요소들 앞에 있는 요소와 뒤에 있는 요소가 고려된다는 점이다. 따라서 대부분의 상호작용 코딩 체계는 어떤 범주가 대화의 맥락과 전체 대화에서 차지하는 상대적인 위치를 상당히 강조한다. 상호작용 코딩 체계는 사실상 어떤 커뮤니케이션 현상을 위해서도 개발될 수 있지만, 커뮤니케이션 학자들은 커뮤니케이션에 대한 우리의 이해에 기본적으로 필요한 몇몇 코딩 체계를 계속해서 사용하고 또 발전시켜왔다. 이러한 종류의 학문적 발전은 특정한 연구 프로젝트를 위해 새로운 코딩 체계를 개발하게 되면 놓칠 수 있는 이론적 통찰력을 촉진한다.

5) 상호작용분석의 한계

물론 상호작용분석도 코딩 체계가 타당하고 살펴보고 있는 커뮤니케이션 현상을 대표하는 정도로 제한된다. 따라서 코딩 체계의 개발은 상호작용분석의 결과의 성공에 매우 중요하다.

대화를 코딩될 수 있는 요소로 단위화하는 것은 일반적으로 내용분석보다 상호작용분석에서 더 큰 문제가 된다. 왜냐하면 상호작용분석은 대화의 지속적인 흐름에 전적으로 의존하는데, 이러한 흐름이 항상 깔끔하게 잘 정돈되지는 않기 때문이다. 따라서 연구자들은 반드시 코더들이 단위를 일관성 있게 선택하고 확인하도록 훈련해야 한다. 다른 한계점으로는 상호작용분석은 더 힘든 과정이기 때문에 일반적으로 코딩 시간이 더 길어진다는 점이다.

3. 설계 고려사항

여러분의 연구 설계가 내용분석을 요구하든 상호작용분석을 요구하든, 효과적인 연구를 설계하기 위해서는 몇 가지 기준을 지키는 것이 중요하다(Waitzkin, 1993). 첫째, 방법과 의미 간에 균형을 이뤄야 한다. 타당도와 신뢰도를 확인하는 절차가 당연히 사용되어야 하지만, 이러한 절차와 데이터 코딩 및 분석을 위해 사용되는 절차들이 텍스트의 의미를 압도하거나 왜곡해서는 안 된다. 둘째, 만약 모든 텍스트나 내용이 코딩될 수 없다면, 텍스트는 분석의 대표성을 담보해줄 수 있는 종류의 표집 절차를 통해 선택되어야 한다. 셋째, 선택된 텍스트는 연구자들이 연구결과에 대해 질문을 제기하거나 연구결과를 기반으로 삼을 수 있도록 다른 연구자들에게도 이용 가능해야 한다. 넷째, 만약 음성 데이터나 영상 데이터에 대한 트랜스크립트를 만들 필요가 있다면, 음성 형식이나 영상 형식을 문자 형식으로 바꾸는 표준화된 규칙이 개발되어 적용되어야 하며, 트랜스크립트를 만드는 과정의 신뢰도도 평가되어야 한다. 다섯째, 텍스트를 해석하는 절차가 미리 그리고 텍스트의 내용 및 구조뿐만 아니라 연구문제나 가설을 고려해서 결정되어야 한다. 가장 중요한 점은 해석 절차가 분석의 토대를 제공하는 이론이나 관점에 부합되게 설계되어야 한다는 것이다.

만약 여러분이 내용을 분석하기 위해 양적 방법들 가운데 하나를 사용한다면, 여러분은 다음과 같은 세 가지 일반적인 제한점을 고려할 필요가 있다 (Street, 1993; Waitzkin, 1993). 첫째, 텍스트의 코드를 수량화하는 것은 담론의 복잡성을 포착할 수 없다. 코딩 체계가 내용을 얼마나 범주별로 잘 분리하는지와 관계없이, 대화가 양적으로 코딩될 때 대화에 대한 일부 정보는 사라진다. 둘째, 양적 코딩은 대화의 맥락성을 포착할 수 없다. 실제로 양적 코딩을 할 경우, 텍스트를 가져오거나 포착해온 맥락의 대부분이 유지될 수 없다. 셋째, 상호작용을 범주로 코딩하는 것은 대화에 참여하는 사람들에 의해 해석되는 메시지의 질(예, 의미성, 적합성)을 나타낼 수 없다.

≫ 요약

1. 내용분석과 상호작용분석은 커뮤니케이션 텍스트를 분석하는 두 가지 양적 방법이다.
2. 내용분석은 메시지 내용을 분석하는 가장 기본적인 방법론이다; 내용분석은 텍스트나 일단의 메시지 속의 어떤 식별 가능한 요소의 발생을 밝혀내기 위해 데이터 수집방법과 분석기법을 연구 설계에 통합한다.
3. 범주체계는 연구자로 하여금 텍스트의 현재적 내용과 내재적 내용을 코딩할 수 있게 해준다.
4. 내용분석은 흔히 빈도수와 카이-제곱을 사용해 분석되고 보고된다.
5. 코딩 체계는 기존의 이론이나 다른 발표된 연구결과를 토대로 개발되거나, 혹은 데이터로부터 나타날 수 있다.
6. 사실상 모든 커뮤니케이션 현상이 내용분석될 수 있다; 코딩 가능한 요소들로는 단어나 구, 완전한 생각이나 문장, 주제, 단락이나 짧은 텍스트 전체, 등장인물이나 화자, 커뮤니케이션 행위나 행동, 광고, 전체 텔레비전 프로그램 등이 있다.
7. 적어도 2명의 훈련된 코더가 선택된 내용을 코딩한다; 단위화 결정과 코딩 결정 모두에 대해 평가자 간 신뢰도가 반드시 계산되어야 한다.
8. 내용 코딩에 대한 타당도 이슈는 주로 코딩 체계의 적합성과 적절성에 달려 있다.

9. 내용분석은 발생, 차이, 추이, 패턴, 그리고 기준의 빈도를 확인하는 데 사용될 수 있다.

10. 연구자는 코딩 과정에서 컴퓨터 소프트웨어의 도움을 받을 수 있다.

11. 대인 및 집단 커뮤니케이션에 특히 적합한 상호작용분석은 2명 이상의 사람들 간의 지속적인 대화를 범주로 코딩한다.

12. 상호작용분석은 대화 요소의 흐름의 특징이나 기능에 초점을 맞춘다.

13. 상호작용 요소의 코딩은 요소 자체와 그러한 요소 전후에 일어나는 것을 토대로 한다.

핵심어

내용분석	내재적 내용
단위화 신뢰도	범주화 신뢰도
분석단위	상호작용분석
스캇의 파이	의미론적 타당도
코더 간 신뢰도	코헨의 카파
평가자 간 신뢰도	평가자 간 일치도
현재적 내용	

13장 양적 연구보고서 읽기 및 작성하기

어떤 연구도 연구자가 다른 사람들에게 연구결과를 전달하기 위해 연구보고서를 작성할 때까지는 아직 끝난 것이 아니다. 연구자들이 이전에 발표되거나 출판된 연구에서 아이디어를 가져오는 것처럼, 그들은 다른 사람들이 사용할 수

```
        도입

        문헌검토

            문제 진술

            연구문제 + 가설

        연구방법

            참여자

            연구 절차

            변인

        연구결과

        논의

            연구의 한계

            앞으로의 연구

        참고문헌
```

〈그림 13.1〉 양적 연구보고서의 주요 부분

있도록 연구보고서를 준비할 책임도 있다. 따라서 연구보고서의 전형적인 독자는 여러분과 같은 학생을 포함해 다른 연구자와 학자들이다.

  (커뮤니케이션학, 심리학, 사회학, 경영학과 같은) 인간 행동을 연구하는 학문과 (생물학과 화학 같은) 물질세계를 연구하는 학문은 과학의 전통에 따라 연구결과를 제시하는 동일한 기본 양식을 사용한다. 이 장은 커뮤니케이션 학술지에 발표하기 위해 작성되는 양적 연구논문의 4개의 기본적인 부분, 즉 문헌검토, 연구방법, 연구결과 및 논의 부분에 초점을 맞춘다(〈그림 13.1〉 참조).

1. 문헌검토 부분

  데이터가 수집되고 분석되었기 때문에 이제 여러분이 연구과정을 시작할 때 작성한 **문헌검토**(literature review)로 되돌아갈 시간이다(2장 참조). 연구 프로젝트를 진행해오면서 여러분은 연구보고서의 문헌검토 부분에 포함되어야 할 추가적인 학술지 논문과 북 챕터(book chapter)를 접했을 수도 있다.

시간을 내어 문헌검토를 읽어보고, 필요하다면, 연구보고서의 문헌검토 부분이 여러분이 설계하고 완성한 연구와 확실하게 일치하도록 수정하라. 만약 일치한다면, 여러분은 연구보고서의 다른 부분으로 진행할 준비가 되어 있는 셈이다.

- 문헌검토 부분의 제목이 연구에서 일어났거나 확인한 것을 잘 반영하는가?
- 모든 용어가 문헌검토 부분에서 처음 사용될 때 정의가 되어 있고 증거 자료로 입증되어 있는가?
- 문제 진술문이 여러분의 연구의 사회적 유의성이나 실제적 유의성을 여전히 반영하고 있는가?
- 여러분의 주장을 강화해주는 학술지 논문이나 북 챕터를 추가했는가?

1) 연구문제 및 가설 재검토하기

문헌검토를 마무리할 때가 연구문제와 가설을 제시할 최적의 위치를 되돌아볼 좋은 시간이기도 하다. 연구문제와 가설을 제시하는 두 가지 일반적인 형식이 있다. 첫 번째 형식은 연구문제와 가설의 토대가 되는 문헌이 소개될 때 연구문제와 가설을 제시하는 방법이다. 이 제시 형식에서는 문헌검토가 일반적인 것에서 구체적인 것으로의(broad-to-narrow) 반복적인 구조를 띠면서 각각의 가설이나 연구문제가 각각의 일반적인 것에서 구체화하는 부분이 끝나는 부분에 위치하면서, 연구문제와 가설이 문헌검토 곳곳에 배치된다. 또 다른 형식은 문헌검토에 대한 요약으로 연구문제와 가설을 한꺼번에 제시하는 방법이다.

다시 한 번 상기시켜주는 의미로, 각각의 가설이나 연구문제는 간단한 평서문이나 간단한 의문문 형태로 따로따로 진술되어야 한다. 그리고 각 가설이나 연구문제는 보통 H1, H2, 혹은 RQ1, RQ2 등의 표시와 함께 그와 같이 식별되어야 한다. 이러한 표시 형식은 특정한 연구문제와 가설을 확인하는 것을 돕는 것 외에도, 연구자가 첫 번째 가설을 다시 진술하지 않고도 간단하게 H1이라고 지칭할 수 있기 때문에 연구결과 부분에서 특정 가설이나 연구문제를 단축해서 언급할 수 있게 해준다. 귀무가설은 제공되지 않는다.

2. 연구방법 부분

연구방법 부분은 연구가 어떻게 실행되었는지 기술한다. 연구 절차를 기술함으로써 연구자는 독자들이 연구방법이 연구의 목적을 충족하기에 적합한지 그리고 적절한지 판단할 수 있게 해준다. 최소한, 연구방법 부분은 연구 참여자와 연구 절차에 대한 기술뿐만 아니라 연구에 포함된 각 변인에 대한 기술적(記述的) 정보도 포함해야 한다.

1) 연구 참여자 기술하기

대부분의 발표된 연구보고서는 익명의 형식으로 연구 프로젝트가 진행된 장소와 참여자들에 대해 기술한다. 일부 연구의 토픽이나 초점을 감안할 때, 연구된 모집단, 조직, 혹은 지역의 정치적·역사적·법적·경제적·사회적·문화적 환경이 연구과정과 데이터의 해석에 중요하다는 점을 일부 학자들은 이제 인정하고 있다(Ryan, 1998). 여러분은 참여자나 조직의 신원을 동의 없이 보고해서는 안 되지만, 연구에 참여한 사람들의 연령 범위, 성별 구성, 그리고 국적, 인종, 혹은 민족적 특성은 기술해야 한다. 만약 연구와 결과에 중요한 다른 인구통계학적 특성이 있다면, 그러한 것도 보고되어야 한다. 그러나 이것은 여전히 개인적 혹은 개별 학술지의 편집상 선호도 문제이다.

일반적으로 연구자들은 참여자들의 인구통계학적 정보의 범주들(성별, 민족성, 나이)이 연구의 독립변인일 때에도 그러한 정보를 연구방법 부분에서 보고한다. 키튼 등(Keyton et al., 2013)의 연구에서 인구통계학적 정보가 보고되는 방식에 대한 예를 볼 수 있다:

> 현재 정규직으로 일하고 있거나 비정규직으로 일하고 있는 참여자들을 확보하기 위해 눈덩이 표집과 온라인 설문조사가 사용되었다. 126명의 응답자(여성 = 68.9%, $n = 87$; 남성 = 31.1%, $n = 39$; 평균(M) 연령 = 35.74, $SD = 11.80$)가 전날 일하면서 듣거나 관찰한 직장에서의 언어적 커뮤니케이션 행동을 확인하는 설문조사에 응답했다. 참여자의 90% 이상이 대학 학위를 가지고 있었고, 대부분(81.9%)이 정규직으로 일하고 있었으며, 절반 이상(61.9%)이 다른 고용인들을 지휘하는 위치에 있지 않았다. 응답자들은 현재의 직위에 머물러 있는 기간 면에서 고른 분포를 보여, 1

년 이하가 30.1%, 1~2년이 25.7%, 3~5년이 25.7%, 그리고 6년 이상이 18.6%였다. 응답자들이 현재의 직업에 몸담고 있는 기간은 1년 이하가 11.5%, 1~2년이 20.4%, 3~5년이 20.4%, 그리고 6년 이상이 47.8%였다 (p.158).

이러한 종류의 기술은 참여자들과 그들의 근무 상황을 묘사하는데, 이는 독자들이 연구결과를 특정한 집단이나 유형의 사람들과 관련된 것으로 평가하는 데 도움을 준다.

사람들이 그들의 몸무게를 관리하는 것에 대한 대화에 어떻게 대응하는지에 관한 논문은 참여자들에 대한 각기 다른 특성을 보고함으로써 독자들이 그러한 대화가 발생한 개인적인 상황을 이해하는 데 도움을 주었다. 표본은 다음과 같이 기술되었다(Thompson, Romo, & Dailey, 2013):

> 표본의 남녀 비율은 꽤 균형을 이루고 있으며(남성 = 78, 49.4%; 여성 = 80, 50.6%), 연령은 24세에서 69세 사이였다(M = 39.80, SD = 9.98). 참여자들은 대체로 백인/코카서스계(74.7%)였으며, 아시아 혹은 태평양 제도계(14.6%), 흑인 혹은 아프리카계(3.8%), 히스패닉 혹은 라틴계(1.9%), 그리고 다민족계 혹은 기타 민족(5.1%)에 해당하는 민족성을 지닌 참여자도 포함되어 있었다. 대부분(77.8%) 결혼을 했거나 장기 관계(long-term relationship)에 있었다. 15명은 약혼상태였고, 16명은 데이트를 하고 있었으며, 4명은 현재의 관계 상태를 '기타'로 기술했다. 커플들의 관계 유지 기간은 1.17년에서 45년 사이였다(M = 11.10, SD = 8.89). 가구 수입은 (파트너의 수입과 합쳐서) 2만 달러 미만인 사람(n = 1)도 있었고 10만 달러를 초과하는 사람(n = 40)도 있었다. 수입의 중간값은 8만 달러와 10만 달러 사이였다. 참여자들의 체질량지수[BMI: body mass index = 체중(kg) ÷ 신장$(m)^2$]는 17.71에서 71.32 사이였으며(M = 26.69, SD = 6.81), 65쌍의 파트너의 BMI는 상관관계가 상당히 높았다(r = 0.51, p < 0.001)(p. 37).

이 하부 부분(subsection)에는 또한 참여자들을 선택하기 위해 사용한 표집 기법에 대한 정보도 포함되어야 한다. 또한 연구자들은 여기서 표본 크기도 보고한다. 마지막으로, 이 하부 부분에는 고지된 동의, 비밀, 혹은 익명성에 관한 어떤 구체적인 조건도 제시되어야 한다.

2) 연구 절차 기술하기

연구방법 부분의 두 번째 부분에서 연구자는 연구에서 이루어진 것을 충분히 자세히 기술해야 한다. 연구 설계는 충분하게 기술되어야 한다. 바꾸어 말하면, 이 하부 부분을 읽고 나면 여러분은 연구자가 데이터를 수입하기 위해 무엇을 했는지 알아야 한다. 모든 연구 절차가 그래야 하듯, 연구 설계도 자세하고 투명해야 한다.

어떤 종류의 세부사항이 필요한가? 실험 조건을 만들어내기 위해 사용된 자극은 완전하게 설명될 필요가 있다. 만약 공모자가 사용되었다면, 공모자의 역할이 자세하게 설명되어야 한다. 연구자는 또한 상호작용이 녹음 혹은 녹화되었는지도 언급해야 한다. 만약 데이터를 수집하는 데 다른 장비나 기술이 사용되었다면, 그것에 대해서도 기술해야 한다.

과학적 이상은 연구자들이 연구 절차를 다른 연구자들이 그 연구 설계를 쉽게 반복해서 사용할 수 있도록 충분히 자세하게 기술할 것을 요구한다. 그러나 실제로 그 정도로 자세하게 연구방법 부분을 작성하는 것은 너무 번거로운 일일 것이다. 대부분의 학자들은 연구 설계의 각 측면에 대한 기본 절차를 기술함으로써 좀 더 적정한 접근법을 취한다. 적정한 접근법을 취한다 하더라도 연구 절차의 적절성과 적합성을 평가하기에 충분한 정도의 정보는 독자들에게 제공해야 한다. 만약 여러분이 어떤 연구를 반복연구하기로 결정한다면, 여러분은

설계 확인　여러분은 기본 정보를 가지고 있는가?

연구보고서를 작성하는 연구자나 연구보고서를 읽는 이용자로서 여러분은 다음 구성요소들의 적절성을 확인해야 한다:

1. 도입에 문제 진술문과 그것의 중요성에 대한 어떤 정당한 근거가 포함되어 있는가?
2. 문헌검토 부분에서의 문헌 요약 및 평가가 현 연구에 역사적·과학적 관점을 제공하는가?
3. 연구방법과 연구 절차에 대한 기술이 적절하게 이루어져 있는가?
4. 연구결과 부분의 정보는 연구문제와 가설에 답하고 있는가?
5. 논의 부분에서 특정한 결과를 더 큰 이슈에 일반화하고 있는가?

아마 그 연구자에게 직접 연락을 취할 필요가 있을 것이다. 저자들의 연락 정보는 보통 학술지 논문의 첫 페이지나 마지막 페이지에 제공된다.

3) 변인 기술하기

연구방법 부분의 세 번째 요소는 연구에 사용된 변인 기술에 전적으로 할애된다. 조작화(operationalization), 즉 변인이 관찰되거나 측정되는 구체적인 방식이 각각의 변인에 대해 반드시 제공되어야 한다. 어떤 변인의 조작화는 그 변인을 만들어내고 측정하는 단계나 절차를 구체적으로 명시한다.

기존 설문지를 통해 데이터가 수집될 때, 연구자는 문항 수, 문항 예, 응답 척도의 유형, 독자들이 그 척도를 어디에서 찾을 수 있는지 보여주는 출처 인용을 포함해 그 질문지에 대해 간략하게 기술해야 한다. 질문의 신뢰도와 타당도에 대한 정보도 포함되어야 한다.

만약 질문지가 어떤 연구를 위해 특별히 개발된다면, 연구자들은 그 척도를 만들기 위해 취한 단계들을 기술하고, 그 척도에 대해 예비검사가 이루어졌는지 이루어졌다면 어떻게 이루어졌는지 나타내며, 신뢰도와 타당도 이슈를 다루기 위해 연구자가 취한 조치에 대한 정보를 제공해야 한다. 이 경우, 대부분의 연구자는 연구보고서에 부록 형식으로 전체 도구를 포함시킨다.

만약 데이터가 내용분석이나 상호작용분석을 통해 수집되었다면, 연구자는 범주체계가 어떻게 개발되었고 예비검사는 어떻게 이루어졌는지에 대해 기술해야 할 뿐만 아니라 코더들이 어떻게 훈련받았는지 그리고 코더 간 신뢰도는 어떻게 확립되었는지에 대한 정보도 제공해야 한다. 또한 이러한 기술에서 중요한 것은 코더 간의 불일치가 어떻게 해결되었는지가 될 것이다.

명목변인의 각 범주는 응답자의 백분율로 기술되어야 한다. 연속수준 변인의 경우는 각각 평균, 표준편차, 점수의 범위, 그리고 적절하다면 내적 신뢰도가 기술되어야 한다. 만약 연구에 5~6개의 연속수준 변인이 사용된다면, 연구자는 변인들 사이의 관계를 기술하고 방금 언급한 그러한 기술적(記述的) 정보를 제공하기 위해 상관관계 행렬표를 추가하는 것을 고려해야 한다. 전형적인 상관관계 행렬표를 보려면 <표 11.2>를 다시 참조하라. 일반적으로 연구자들은 행렬표에 가로 열이나 세로 행을 추가해서 각 변인의 평균, 표준편차, 그리고 내적 신뢰도를 포함할 수 있다.

마지막으로, 각 변인에 대해 기술할 때 독립(예측)변인 혹은 종속(기준)변인도 밝혀야 한다. 연구자가 연구에서 변인들의 위치나 순서를 어떻게 정했는지 독자들이 짐작하게 해서는 안 된다.

3. 연구결과 부분

전통적으로 연구결과는 연구문제와 가설의 순서대로 제시된다. **연구결과부분**(results section)에서는 연구결과를 해석은 하지 않고, 있는 그대로의 정보로만 제시한다. 따라서 보고의 정확성이 매우 중요하다. 결과로 사용된 모든 숫자를 재확인해야 한다. 숫자로 된 보고와 숫자를 글로 기술한 내용이 일치해야 한다.

최소한, 각 가설이나 연구문제에 대해 다음과 같은 몇 가지 정보가 제시될 필요가 있다:

- 사용된 통계적 검정
- 검정 결과
- 검정의 유의수준
- 통계적 검정의 결과를 연구가설의 채택 혹은 기각과 연결하거나 통계적 검정의 결과를 연구문제에 대한 답으로 연결하는 작성된 기술

과학적 전통에 따라 연구자들은 또한 결과가 그들의 기대를 지지하지 않는다 하더라도 모든 결과를 보고해야 한다. 만약 어떤 가설이나 연구문제가 제시되었다면, 그것과 연관된 검정의 결과가 반드시 보고되어야 한다. 그렇게 하지 않는 것은 비윤리적인 일이 될 것이다.

맥매너스와 너스바움(McManus & Nussbaum, 2013)이 이러한 지침을 어떻게 따르고 있는지 주목하라.

> H2와 RQ2의 초점은 부모의 모호함에 대한 어린 자녀들의 지각이었다. 결과는 H2를 지지했다: 자녀들은 부모가 부정적인 유인가를 가지고 있는 (negatively valenced) 논의[$t(38) = 17.73$, $p < 0.01$]와 긍정적인 유인가

를 가지고 있는(positively valenced) 토픽[$t(38) = 20.96$, $p < 0.01$]에서 모호함을 사용한다고 지각했다. 그러나 대응표본 t-검정(paired samples t-test)[124]은 부정적인 유인가를 가진 논의와 긍정적인 유인가를 가진 논의에서 자녀들이 지각하는 모호함의 크기에는 차이가 없음을 보여주었다 (RQ2)[$t(38) = 1.74$, $p > 0.05$, $r = 0.74$, $p < 0.01$](p. 207).

1) 표와 그래프 사용하기

숫자로 된 데이터를 아주 자세하게 보여주기 위해 표가 사용된다. 표는 제목으로 잘 식별되어야 하며, 모든 열과 행에 이름이 표시되어야 하며, 모든 약어에 대한 설명이 되어 있어야 한다. 좋은 표는 보고서의 본문에 있는 정보를 반복하는 것이 아닌 보충해주는 표이다. 저자들은 각각의 표를 언급해야 하며, 그것의 중요성도 나타내야 한다. 그러나 본문에서 표의 모든 항목에 대해 논의할 필요는 없다. 표는 빈도와 백분율, 변인들 사이의 상관관계 행렬, 그리고 ANOVA와 회귀분석의 결과와 같은 기술통계를 제시하는 데 흔히 사용된다.

연구보고서에 그림(figure)이 사용되는 경우는 드물지만, 그림을 사용하지 않는다면 중요하거나 복잡한 결과가 간과될 수 있을 때 그림은 유용하다. 그림은 데이터를 그래프(예, 가로 혹은 세로 막대형 그래프)나 다른 도해로 보여줄수 있다. 사진 혹은 도화(圖畫)도 그림에 사용될 수 있다. 표처럼 그림을 해석하는 데 필요한 모든 정보가 그림, 제목, 그리고 주에 포함되어 있어야 한다. 표와 그림은 독자가 논문을 참조하지 않고도 해석할 수 있어야 한다.

4. 논의 부분

작성된 연구보고서의 **논의 부분**(discussion section)에서 연구자들은 문헌검토에서 제기된 연구문제와 가설을 토대로 연구결과를 해석한다. 이 부분에서 연구자는 "이러한 결과들은 무엇을 의미하는가?"라는 질문에 답하기 위해 노력한다. 연구자로서 여러분은 데이터의 함의에 대한 완전하고, 공정하며, 상세한

---

124) 실험 이전의 실험 이후의 집단이 동일한 집단인 경우 사용하는 검정으로, 한 개인이 서로 다른 두 조건에서 짝을 지어 한 쌍이 연구대상이 되는 경우의 분석방법이다. 이때 모집단은 2개가 아닌 1개이다(역자 주).

설명을 제공할 필요가 있다. 이용자로서 여러분은 연구결과를 연구보고서에 써진 것과 관계없이 독자적으로 평가할 필요가 있다.

논의 부분은 저자가 연구결과를 해석하는 장소이다. 해석은 연구결과 부분에 제시된 정보와 연결되어 있긴 하지만, 논의 부분이 단순히 유의적인 결과와 유의적이지 않은 결과를 단순히 재진술하는 것이어서는 안 된다. 오히려 논의 부분은 연구결과가 의미하는 바와 연구결과가 왜 중요하거나 의미 있는지를 보여주는 해석이다. 이 부분에서 제시되는 결론은 문헌검토에서 제시된 이론이나 이전 연구와 연결되어 있어야 한다. 더욱이 저자는 이 연구의 결론이 이론을 확증하는지, 확장하는지, 혹은 이론에 문제를 제기하는지 기술해야 한다. 논의 부분은 또한 연구 설계의 한계와 앞으로의 연구를 위한 제안에 관한 간략한 하부 부분도 포함하고 있다.

여러분이 논의 부분을 읽거나 쓸 때, 다음의 세 질문이 여러분에게 지침이 되어줄 수 있다(Katzer, Cook, & Crouch, 1978). 우리는 처음에는 독자의 관점에서, 그리고 다음에는 연구자의 관점에서 각 질문을 살펴볼 것이다. 첫째, 독자로서 여러분은 저자가 어떻게 그러한 해석이나 요약에 이르게 되었는지 아는가? 진술된 결론을 도출하는 데 어떤 관찰, 측정, 혹은 데이터가 사용되었는지 여러분은 분명히 알아야 한다. 만약 연구자가 그러한 결론에 어떻게 이르게 되었는지 확실하게 알지 못한다면, 여러분은 그 논문의 연구방법 부분을 다시 참조할 필요가 있다. 연구자로서 여러분이 논의 부분을 작성할 때, 여러분은 독자들이 여러분의 결론에 동의하는 데 도움을 줄 어떤 절차적 세부사항이나 기술적 세부사항에 대해 더 자세하게 설명하고 있는지 확인해야 한다.

둘째, 독자로서 여러분은 주어진 결론을 이해하는가? 데이터에 대해 저자가 무시하거나 놓치고 있는 대안적인 해석이 있는가? 데이터에 대한 옳은 단 하나의 해석은 좀처럼 존재하지 않는다. 오히려 저자는 문헌검토에서 확립된 프레임워크를 토대로, 그리고 연구문제나 가설에 대한 답으로 자신의 결론을 내린다. 이용자로서 여러분은 저자를 이러한 특정한 결론으로 이끈 (문헌검토에서부터 가설과 데이터 수집을 거쳐 결과로의) 경로를 따라갈 수 있는가? 연구결과는 문헌검토에서 제시된 이론과 연결되어 있는가? 결과에 대한 해석은 문헌검토에 제시된 다른 연구결과들과 일치하는가? 만약 그렇지 않다면, 이러한 결과들이 왜 다른지에 대해 저자는 충분히 설명하고 있는가?

저자는 논의 부분에서 개발되어 있는 것과 동일한 논리를 사용할 수 있다. 연구자이자 연구보고서의 저자로서 여러분은 본질적으로 데이터가 왜 수집되었고 어떻게 수집되었는지 더 잘 알고 있다는 점을 기억하라. 이러한 요소들은 여러분이 제시하는 결론에 영향을 준다. 여러분의 보고서를 읽고 있는 사람들은 연구 환경에 대해 여러분만큼 잘 알지 못할 거라는 점을 여러분은 반드시 기억해야 한다. 여러분의 해석과 결론이 신뢰받을 수 있도록 충분히 자세한 해석과 결론을 개발하고 기술하라.

셋째, 여러분은 빠진 것이 있을 수 있다는 것을 생각해낼 수 있는가? 연구방법 부분을 다시 읽는 것은 수집된 데이터와 해석된 데이터 간에 있을 수 있는 차이를 확인하는 데 도움이 될 수 있다. 각각의 가설이나 연구문제에 답했는지 확인해보라. 만약 어떤 것을 제외시켰다면, 그렇게 한 이유를 설명했는가? 데이터의 어떤 부분이 다른 데에 보고되었거나 발표되었는가? 연구자이자 연구보고서의 저자로서 양심적인 연구자는 처음부터 가정된 모든 것에 대해 설명할 것이라는 점을 기억하라. 데이터가 의미 없었거나, 변인들이 가설에서 제기한 대로 예측하지 않았거나, 혹은 연구문제들이 여러분의 연구에서 제외되었다면 정직하고 공정하게 설명하라.

1) 결과 해석하기

연구결과가 의미하는 바를 설명하는 것이 항상 간단명료하거나 쉬운 것은 아니다. 그러나 여러분은 연구결과를 반드시 설명해야 한다. 연구결과 부분에서 통계적 검정에 대한 간단한 결론과 기술을 제시했다고 해서 확인된 결과를 설명할 때 그것을 기술할 필요가 없다고 가정해서는 안 된다.

대부분의 연구 프로젝트는 일단의 연구문제나 가설에 답하고자 하며, 이러한 연구문제나 가설에 대한 답이 항상 일관되지는 않는다. 연구자는 각각의 연구문제나 가설에 대한 결과를 반드시 해석해야 할 뿐만 아니라, 그러한 결과 전체를, 즉 연구문제와 가설 전반에 걸친 결과를 반드시 조화시킬 수 있어야 한다.

그렇게 하는 한 가지 방법은 연구의 주된 목적으로 되돌아가는 것이다 (Bouma & Atkinson, 1995). 이 연구가 찾고자 했던 것은 무엇인가? 이 질문에 대한 대답으로 시작하는 것이 연구자가 논의 부분의 틀을 짜는 데 도움이 될 것이다. 만약 연구결과가 연구자가 기대했던 답이라면, 논의 부분을 작성하는 것 여러분이 어떤 연구를 설계한 지 수개월 만에 이제 막 조사를 끝낸 연구자라고 상상해보라. 통계 결과를 살펴보니 몇 가지 놀라운 결과가 나타난다. 차이가 있을 거라고 예측한 한 가설은 유의적이지 않고, 관계가 있을 거라고 예측한 한 가설은 여러분의 기대와는 반대 방향의 관계를 보여준다. 이제 어떻게 할 것인가? 당황하기에 앞서 다음 사항들을 고려해보라:

- 데이터가 정확하게 그리고 요구된 형식으로 입력되었는가?
- 통계 프로그래밍은 정확하고 적절한가?

만약 데이터와 프로그램에 문제가 없다면 여러분에게는 몇 가지 대안이 있다:

- 결과에 대한 대안적인 설명을 고려하라. 여러분의 토픽과 방법론에 대해 여러분이 찾을 수 있는 모든 것을 다시 읽어보라.
- 방법론상의 차이가 다른 결과를 초래할 수 있는 정도를 판단하기 위해 이전 연구들의 연구방법과 절차를 다시 살펴보라.
- 여러분의 연구 토픽과 여러분이 사용한 연구방법론에 대한 경험이 있는 다른 사람과 이야기를 나눠보라. 그들이 유용한 통찰력을 제공해줄 수도 있다.
- 이러한 기대하지 않은 결과가 여러분의 연구의 전반적인 가치와 결론에 미칠 중요성을 판단해보라.

이러한 단계들을 거친 후, 여러분은 계획대로 연구보고서를 계속해서 작성할지 여부를 결정해야 할 것이다. 만약 계속 진행하기로 결정한다면, 이러한 단계들을 거치는 것이 여러분이 기대하지 않은 결과에 대해 좀 더 확신을 가지고 쓸 수 있도록 도움을 줄 것이다. 연구자들은 기대하지 않은 결과를 좋아하지는 않지만, 과학적 과정은 그러한 결과도 용납한다. 비록 여러분이 기대하지 않은 결과가 나온다 하더라도, 결코 결과를 숨기지 마라. 여러분과 다른 학자들은 기대하지 않은 결과에 대한 여러분의 실제 그대로의 솔직한 기술과 평가의 덕을 볼 것이다.

이 더 간단명료할 것이다. 그러나 만약 연구결과가 연구의 주된 목적에 직접적으로 답하지 못하거나 연구결과들이 서로 상충한다면, 연구자는 이러한 불일치나 기대하지 않은 결과들을 반드시 다루어야 한다.

연구결과에 대한 해석의 일부로 연구자는 연구결과가 누구에게 적용되는지의 문제도 다루어야 한다(Bouma & Atkinson, 1995). 가장 엄밀한 의미에서 연구결과는 연구 프로젝트의 일부였던 참여자에게로 제한된다. 그러나 연구자들은 대부분 그들의 연구결과를 더 큰 이슈와 참여자 표본 이외의 사람들에게로 확장하고 싶어 한다. 연구결과는 표본과 관련해서는 확고하게 진술될 수 있지만, 연구자들이 더 넓게 일반화할 때 그러한 일반화는 잠정적인 것이어야 한다.

2) 해석 제시 방식

논의 부분에서 연구결과를 해석하는 몇 가지 형식이 있다. 한 가지 형식은 각 연구문제와 가설의 결과를 그냥 순서대로 해석하는 것이다. 또 다른 형식은 가장 중요한 결과에 대해 먼저 논의한 다음, 이어서 부차적인 결과들에 대한 해석을 계속해나가는 것이다. 마지막 방식은 먼저 연구의 주된 목적에 답한 다음, 각 연구문제와 가설에 대한 세부사항을 제공하는 것이다.

논의 부분이 어떻게 구성되건, 이 부분은 보통 하나의 문단으로 전반적인 결과를 요약하는 것으로 시작한다. 신절과 클크마르(Cingel & Krcmar, 2013)의 연구에서 이러한 종류의 요약의 예를 볼 수 있다:

> 현 표본에 포함되어 있는 매우 어린 아이들은 하루 평균 15분 컴퓨터를 사용하고 있다. 그러나 부모들은 자녀들이 텔레비전과 DVD를 각각 하루 평균 약 1시간 정도로 훨씬 더 많이 사용하고 있다고 말한다. 더욱이 아기들은 미국 소아과 학회(American Academy of Pediatrics)가 권고하는 시기보다 훨씬 이른 생후 6~12개월에 미디어에 처음 노출되며, 18~24개월에는 미디어를 일상생활의 일부로 사용한다(p. 389).

이 하나의 문단은 연구자가 각각의 결과를 더 구체적으로 다루기에 앞서 결과를 전반적으로 요약하고 있다.

논의 부분의 구성방식과 관계없이, 논의 부분의 한결같은 또 다른 특징은 연구자는 연구결과를 문헌검토에서 기술된 문헌과 다시 연결 지어야 한다는 것이다. 이렇게 하는 것은 새로운 결과가 이전의 연구결과와 어떻게 일치하는지 혹은 일치하지 않는지 보여줌으로써 연구 사이클을 완료한다. 일반적으로 연구자들은 논의 부분에서 새로운 출처 인용을 제시하는 것은 피해야 한다.[125]

3) 연구의 한계 제시하기

연구자가 결과나 결과에 대한 해석에 영향을 미칠 수도 있는 어떤 방법론적인 한계를 인정하는 것 또한 관례이다. 때때로 연구자들은 별도의 하부 부분에서 한계를 밝히기도 하고, 또 어떤 경우에는 논의 부분의 끝부분에 한계를 밝히기도 한다.

모든 연구 설계와 모든 방법론은 나름대로의 한계를 지니고 있다. 모든 잠재적 한계를 일일이 다 다루는 것이 이 부분의 핵심은 아니지만, 연구자들은 연구결과와 그러한 결과로부터 도출된 함의에 영향을 미쳤을 가능성이 가장 큰 한계점에 독자들이 주목하게 해야 한다. 흔히 연구의 한계는 표본에 포함된 참여자들의 인구통계학적 특성, 표본 크기, 혹은 연구 설계의 어떤 측면과 연결되어 있다. 한계를 인정함으로써 저자들은 과학적 전통의 일부인 자기-성찰적 비판을 하게 된다.

4) 앞으로의 연구에 대한 제언하기

앞으로의 연구에 대한 제언은 별도의 하부 부분으로 제시될 수도 있고, 논의 부분의 결론으로 제시될 수도 있다. 앞으로의 연구에 대한 하부 부분에서 저자들은 그들이 생각하기에 다음에 연구되어야 할 것이나 그들이 생각하기에 다음의 연구가 어떻게 설계되어야 하는지에 대해 조언을 한다. 이러한 제언은 막연히 "앞으로의 연구가 필요하다"라는 모호한 진술보다는 구체적이어야 한다.

연구보고서의 한계와 앞으로의 연구 모두 중요한 정보이다. 만약 여러분이 여러분의 연구 프로젝트를 설계하는 데 도움을 줄 논문을 검토하고 있다면, 연구보고서나 논문의 이 부분에 세심한 주의를 기울일 필요가 있다. 한계 부분은 여러

---

125) 연구자의 해석이 이전의 다른 연구의 해석을 참조하거나 혹은 다른 연구의 해석과 일관됨을 보여주고자 할 때는 다른 연구 출처를 인용할 수도 있다(역자 주).

분이 이전 연구의 문제점이나 약점을 피할 수 있도록 도움을 줄 수 있다. 앞으로의 연구 부분에 있는 정보는 여러분의 프로젝트에 통찰력과 방향을 제공할 수 있다.

5. 양적 연구보고서 마무리하기

연구보고서의 주요 부분들을 작성한 후, 연구자는 반드시 보고서 원고를 소개하는 데 도움을 주고, 또한 독자들의 흥미를 끌어들일 수 있는 몇 가지 요소를 더 작성해야 한다.

1) 제목

연구자들은 일반적으로 연구보고서 작성을 시작하기 전에 어떤 잠정적인 가제(假題)를 준비한다. 그러나 이제 연구보고서를 본질적으로 마무리하면서 그러한 가제가 여전히 작성된 내용을 대표하는지 여부를 반드시 확인해야 한다. 다음의 지침들은 여러분이 효과적인 제목을 작성하는 데 도움을 줄 것이다:

① 제목은 이론이나 변인을 알아보게 해야 한다.
② 연구의 결과나 결론이 아닌 연구된 것을 제목에 나타내라.
③ 만약 모집단이 중요하다면 제목에 그것을 나타내라(예, 청소년 인터넷 이용자들).

이러한 지침에 따라 제목이 준비됐으면 그것을 좀 더 면밀하게 살펴보라. 제목이 가능한 한 축약되고 간결한가? 일반적으로 제목의 단어 수가 12개를 넘겨서는 안 된다. 제목이 연구문제나 가설과 일관성을 유지하고 있는가? 제목은 독자들에게 여러분이 작성한 것에 대한 프레임워크를 제공하며, 연구의 주된 아이디어를 간략하게 요약하게끔 작성되어야 한다. 그리고 독자들은 제목을 살펴봄으로써 그 연구보고서를 읽을지 말지를 결정하는 경우가 많다. 여러분의 제목이 여러분이 완료한 연구를 잘 반영하는지 확인하라.

2) 제목 페이지

당연히 제목은 제목 페이지(title page)에 표시된다. 제목 외에 저자명, 연락 정보, 그리고 보고서가 작성되거나 제출된 날짜와 같은 다른 정보도 여기에 포함된다. 제목 페이지는 또한 연구과정에 도움을 준 사람이 있음을 알리고, 그 사람에게 고마움을 표하는 자리이기도 하다. 거의 모든 연구자들이 데이터 수집 때 다른 사람들의 도움을 받는다. 만약 누군가가 여러분의 프로젝트에 도움을 주었는데 그 사람이 보고서의 저자에 포함되지 않았다면 제목 페이지 맨 아래쪽에 사사(謝辭) 표기를 통해 그 사람에게 고마움을 표해야 한다는 것이 규칙이다.

3) 초록

초록은 일반적으로 요구된다. 만약 초록이 요구된다면 초록은 연구보고서 원고가 완성된 다음에야 작성될 수 있다. 일반적으로 초록은 77단어에서 250단어 사이로 매우 짧으며, 세 가지 목적을 가지고 있다. 첫째, 초록은 연구의 목표나 전반적인 목적을 진술한다. 둘째, 초록은 연구방법을 간략하게 설명한다. 마지막으로, 초록은 연구결과를 간략하게 요약한다. 초록은 연구 논문을 찾는 사람이 읽을 연구보고서의 맨 첫 번째(이자 어쩌면 유일한) 부분일 가능성이 있기 때문에 연구자들은 세심하게 초록을 작성해야 한다. 초록은 독자의 연구 프로젝트에 그 연구가 잠재적으로 어떤 가치를 지니고 있는지를 알 수 있게끔 도와주어야 한다.

그레이브스, 나이한 및 라이플러(Graves, Nyhan, & Reifler, 2016)는 110단어로 된 그들의 초록에서 연구 동기, 참여자, 그리고 연구 설계에 대해 간략히 기술한 다음, 현장실험 연구결과를 다음과 같이 간략히 설명하고 있다:

미국 정치 저널리즘에서 팩트-체킹(fact-checking)이 왜 그렇게 빠른 속도로 확산되었는가? 기자들을 대상으로 이루어진 첫 번째 현장실험에서 우리는 팩트-체킹에 대한 수용자의 수요를 강조하는 메시지와 팩트-체킹이 저널리즘에서 누리는 신망을 강조하는 메시지로 저널리스트들이 노출되는 메시지에 차이를 주었다. 우리의 조사 결과는 팩트-체킹의 높은 신망과 저널리즘적 가치를 홍보하는 메시지가 팩트-체킹 보도의 확산을 증가시켰음을 보여주고 있다. 이러한 결과는 정치적 팩트-체킹이 무엇보다 저널리즘 내에서의 직업적 동기에 의해 작동되고 있음을 시사하는데, 이것은 우리가 팩트-체킹 행위가 언론계 내에서 확산되는 과정뿐만 아니라 저널리스트들의 그러한 행위에 영향을 주는 요인을 이해하는 데 도움을 준다(p. 102).

4) 참고문헌

참고문헌 목록(reference list)은 연구보고서에 인용된 모든 자료의 저자들의 성(姓)을 알파벳순으로 정리한 목록이다. 이 목록은 독자들이 여러분의 보고서나 논문에서 다른 연구보고서나 논문을 역추적하는 수단이기 때문에 반드시 완벽해야 하고 오류가 없어야 한다. 이 목록에 여러분이 검토하거나 참조했지만 여러분의 연구보고서에 사용되지 않은 자료가 포함되어서는 안 된다. 참고문헌 목록은 반드시 학계 양식을 따라야 한다. 이어서 여러분이 필요로 하는 학계 양식에 대한 정보를 살펴보기로 한다.

6. APA 스타일 사용하기

과학적 전통에 따라 연구자들은 타인의 저작물을 인용하고 연구보고서에 사용된 자료 목록을 제공할 때 사용되는 많은 표준화되어 있는 양식 가운데 하나를 사용해야 한다. 통상적으로 커뮤니케이션학에서 선호되는 양식은 미국심리학회(APA: American Psychological Association) 논문 작성 지침서 양식이다. 그것의 공식 제목은 『미국심리학회 출판 매뉴얼』(*Publication Manual of the American Psychological Association*)(6th ed., 2010)이다. 이 책에도 APA 스타일이 사용되었다.

1) 타인의 저작물 인용하기

타인의 저작물을 인용하는 것은 필수불가결하다. 다른 연구자의 생각이나 결론을 인정하지 않는 것은 비윤리적일 것이다. 여러분은 두 가지 유형의 출처 인용에 익숙할 필요가 있다는 2장과 3장의 내용을 상기하라.

첫 번째 직접 인용이다. 직접 인용은 타인이 써놓은 글귀 그대로 사용하는 것을 말한다. 여러분이 사용하기를 원하는 타인의 구나 문장에 반드시 시작 및 끝 인용부호(쌍따옴표)를 달거나 블록 들여쓰기(block indent)로 표시되어야 한다. 저자 혹은 저자들, 발행연도, 그리고 페이지 번호도 필요하다. 이러한 정보로 여러분의 보고서를 읽는 독자는 참고문헌 목록에 가서 그 자료의 원래 출처를 찾을 수 있다.

두 번째 유형은 간접 인용이다. 간접 인용이란 다른 연구자가 사용한 단어, 구, 그리고 문장을 다른 말로 바꾸어 인용하는 것을 말한다. 이 경우, 인용부호와 페이지 수는 필요하지 않다. 직접 및 간접 인용 모두를 사용하는 방법에 대한 설명 전체를 보려면 2장을 다시 참조하기 바란다. 또한 여러분 대학교의 글쓰기 센터에 추가 자료원이 있는지 확인해보라.

2) 참고문헌 목록 만들기

여러분의 연구 논문의 참고문헌 목록을 만들 준비가 되었다면, 여러분은 참고문헌 작성의 전체 과정에 대한 지침을 제공해주는 몇 가지 자료원을 이용할 수 있다. 당연히 여러분은 도서관이나 글쓰기 센터에 APA 스타일 매뉴얼이 있는지 확인해보야 한다. 여러분 학교의 글쓰기 센터는 참고문헌 목록 작성과 원고 본문 인용 표시를 위한 유인물과 온라인 자료원을 가지고 있을 가능성이 있다.

웹 기반 출처를 인용할 때는 다음과 같은 형식을 사용한다:

저자명.[126] (발행연도, 날짜). 문서 제목. http://URL에서 검색(Retrieved from http://URL)

만약 웹사이트에 날짜가 표시되어 있지 않다면, 괄호 안에 연도를 표시하는 곳에 n.d.를 삽입하라. n.d.라는 부호는 그 웹사이트에 날짜 표시가 없음(not dated)을 나타낸다.

7. 연구보고서 작성 이슈

저작자(writer)가 자신의 노력을 제시하는 방식은 작성된 보고서가 어떻게

---

126) 영어로 저자명의 경우에는 성(姓) 다음에 쉼표를 하고 이름(first name 혹은 first name 과 middle name 모두)의 첫 글자 다음에 마침표를 찍는다(예: Bladwin, T.)(역자 주).

받아들여지는가에 매우 중요하다. 불행하게도 어떤 저작자가 어떤 흔히 볼 수 있는 글쓰기의 문제점을 인식하지 못한다면 이 저작자의 글은 부정적인 주목을 불러일으킬 것이다. 연구보고서 작성에서 흔히 볼 수 있는 몇 가지 문제점들을 살펴보자(Ryan, 1998).

흔히 볼 수 있는 첫 번째 문제점은 부주의함이다. 여러분은 다음 조언을 이전에 들은 적이 있겠지만, 여기서 다시 반복한다: 여러분의 보고서나 논문 원고를 교정하라. 문서 작성 프로그램의 맞춤법이나 철자 확인 기능을 사용하고, 그런 다음 컴퓨터가 찾아내지 못한 문제를 재확인하기 위해 여러분의 원고를 읽어보라. 원고에는 오타, 철자 실수, 문법적 문제 등 오류가 없어야 한다. 이와 같은 오류는 독자들로 하여금 여러분의 연구결과의 공신력을 의심하게 만든다. 결국 만약 여러분이 작성된 원고에 주의를 기울이지 않고 눈에 띄는 실수를 한다면, 독자들은 여러분이 데이터 수집과 해석에 어느 정도 주의를 기울였는지 의심할 것이다.

오류가 없어야 하는 것 외에, 여러분의 연구보고서에 산만하거나, 모호하거나, 혹은 장황한 문구가 포함되어 있지 않아야 한다. 단순한 기본적인 문장이 복잡한 문장보다 더 낫다. 부주의함은 또한 인용과 참고문헌에 포함되는 스타일에까지도 확장될 수 있다. 여러분이 어떤 양식을 따른다는 것이 지닌 함의는 여러분이 연구과정의 다른 측면의 절차도 따를 수 있어야 한다는 것이다.

흔히 볼 수 있는 두 번째 문제점은 구체화되지 않은 가정을 하는 것이다. 작성된 연구보고서는 여러분이 독자와 갖게 될 유일한 대화라는 점을 기억하라. 따라서 여러분의 주요 가정들은 구체화되어야 한다. 독자들이 여러분의 문헌검토, 가설, 그리고 방법론을 토대로 여러분의 가정들을 짜맞출 수 있을 거라고 기대하지 마라. 독자들이 여러분의 관점을 이해할 수 있도록 도와주는 가장 좋은 방법은 여러분의 관점과 그것을 뒷받침하는 프레임워크를 기술하는 것이다.

작성된 연구보고서에서 흔히 볼 수 있는 세 번째 문제점은 저자들이 그들의 연구를 발표된 연구의 맥락 속에 위치시키지 못하는 것이다. 여러분은 여러분의 연구의 토대가 되는 문헌을 기술해야 한다. 만약 특정한 상황이 데이터를 수집하는 기간을 지배했다면, 여러분은 여러분의 연구를 이러한 사건과 관련해서 맥락화해야 한다. 예를 들어, 만약 여러분이 회사 내 스캔들에 대한 고용인의 지각을 조사하고 있는데, 세간의 이목을 끄는 사건이 여러분이 고용인의 지각에 관한 데이터를 수집하기 직전이나 수집하는 동안 뉴스에 대서특필된다면, 여러분은 이 정보를 연구방법 부분에 포함시키고 그것의 영향을 연구결과 해석 부분에서 고려해야 한다.

연구보고서 작성과 관련된 네 번째 문제점은 연구문제와 가설의 명료성 부족이다. 만약 다음 각각의 질문에 대한 여러분의 답이 "예"라면, 여러분은 흔히 볼 수 있는 이 문제를 피하는 데 성공했음을 의미한다:

- 여러분의 연구문제나 가설은 분명한 초점과 연구 방향을 제공하는가?
- 여러분의 가설은 변인들 사이의 관계나 차이를 예측하는가?
- 여러분의 연구문제와 가설은 그러한 관계나 차이가 검정될 방법을 제시하고 있는가?

이러한 질문들은 어떤 연구의 방법론적 접근법이나 연구 설계에 상관없이 연구문제와 가설의 명료성을 테스트하는 기준으로 사용될 수 있다.

흔히 볼 수 있는 다섯 번째 문제점은 모호하고 정의되지 않은 용어의 사용이다. 사전적(辭典的) 정의는 일반적으로 학문적 글에는 적합하지 않다. 모든 개념, 구성개념, 그리고 변인은 이전 연구나 연구를 이끄는 이론적 관점에서 비롯되는 분명한 정의를 가지고 있어야 한다. 이러한 정의들은 문헌검토 부분에 제공되어야 하며, 이것들에 대한 조작화는 연구방법 부분에서 기술되어야 한다.

1) 수정과정

마지막으로, 여러분의 원고를 수정하고 다시 쓰기 위해 준비하라. 여러분이 초고에서 정보를 가장 효과적으로 제시할 가능성은 없다. 효과적인 글쓰기는 정확할 뿐만 아니라 명료해야 하는데, 그것은 다시 쓰기를 통해서 가능하다. 원고를 검토하면서 또한 철자, 마침표, 그리고 문법적 오류가 없는지 확인하라.

여러분은 논문 본문에 있는 모든 인용이 참고문헌 부분에 나열되어 있는지 확인해야 한다. 마찬가지로 참고문헌 목록에 있는 모든 항목은 논문 어딘가에서 확인되어야 한다. 마지막으로, 참고문헌 목록의 모든 항목은 완전한 정보를 가지고 있어야 한다.

수정과정에서 가장 중요한 것은 여러분의 주장의 명료성과 견고함을 꾀하는 것이다. 비록 다른 사람들이 여러분의 토픽이나 방법에 관한 전문가가 아니더라도, 그들에게 여러분의 연구보고서를 읽어봐 줄 것을 요청하라. 그들의 질문에 대답하는 것은 여러분의 보고서를 더 명료하고 더 간결하게 만들어줄 가능성이 있다. 모든 주장은 증거를 토대로 해야 하며, 또한 여러분은 연구결과를 과장하는 주장을 해서는 안 된다.

》 요약

1. 연구는 연구자가 자신의 연구결과를 다른 사람들에게 전달하기 위해 연구보고서를 작성해야 비로소 끝이 난다.

2. 많은 학문 분야의 과학적 전통에 따라, 양적 연구보고서는 다음 네 가지 주요 부분으로 구성된다: 문헌검토, 연구방법 부분, 연구결과 부분, 그리고 논의 부분.

3. 문헌검토는 연구자가 연구 프로젝트를 설계하기 위해 찾아 공부한 문헌들로 구성되어 있다. 문헌검토는 변인, 이슈, 그리고 연구될 토픽에 대한 간단한 역사적 배경을 제공하며, 또한 분석하고 이러한 작업을 하나의 일관된 전체로 통합하기 위해 과거 연구에 대한 단순한 기술을 뛰어넘는다.

4. 문헌검토는 보통 문제 진술문으로 시작하고, 몇 가지 방식으로 구성될 수 있고, 3인칭으로 작성되며, 연구문제와 가설을 제시한다.

5. 연구방법 부분은 연구 수행 방식을 기술하며, 참여자, 연구 절차, 그리고 연구 변인에 대한 기술을 포함한다.

6. 연구결과 부분은 결과를 해석하지 않은 정보 형태로 제시한다.

7. 논의 부분에서는 연구자가 "이러한 결과들은 무엇을 의미하는가?"라는 질문에 답하기 위해 결과에 대한 해석과 함의를 제공한다.

8. 연구자들은 논의 부분에 연구 설계와 방법론의 한계뿐만 아니라 앞으로의 연구를 위한 제언에 관한 하부 부분을 포함한다.

9. 연구보고서를 마무리하기 위해 연구자는 반드시 제목을 작성하고, 제목 페이지를 마무리하고, 초록을 구성하며, 참고문헌 목록을 만들어야 한다.

10. 대부분의 양적 연구보고서는 APA 양식으로 작성된다.

11. 연구자들이 부주의한 정도는 독자들의 공신력 부족에 대한 지각으로 바뀌기 때문에, 연구자들은 자신의 저작물에 매우 세심한 주의를 기울일 필요가 있다.

12. 연구자들은 수정과정에도 시간을 투자할 준비해야 한다.

핵심어

논의 부분	연구결과 부분
연구방법 부분	참고문헌 목록

참고문헌

Abelson, R. P. (1995). *Statistics as principled argument.* Hillsdale, NJ: Erlbaum.

Abelson, R. P. (1997). The significance test ban of 1999. In L. L. Harlow, S. A. Mulaik, & J. H. Steiger (Eds.), *What if there were no significance tests?* (pp. 117-141). Mahwah, NJ: Erlbaum.

Adler, P. A., & Adler, P. (1987). *Membership roles in field research.* Newbury Park, CA: Sage.

Agarwal, V. (2013). Investigating the convergent validity of organizational trust. *Journal of Communication Management, 17,* 24-39. doi:10.1108/1363254131 1300133

Agarwal, V., & Buzzanell, P. M. (2015). Communicative reconstruction of resilience labor: Identity/identification in disaster-relief workers. *Journal of Applied Communication Research, 43,* 408-428. doi:10.1080/00909882.2015.1083602

Alhabash, S., & Wise, K. (2012). PeaceMaker: Changing students' attitudes toward Palestinians and Israelis through video game play. *International Journal of Communication, 6,* 356-380.

Ali, M., & Levine, T. (2008). The language of truthful and deceptive denials and confessions. *Communication Reports, 21,* 82-91. doi:10.1080/08934210802 381862

Alwin, D. F., & Beattie, B. A. (2016). The KISS principle in survey design: Question length and data quality. *Sociological Methodology, 46,* 121-152. doi:10.1177/0081175016641714

American Psychological Association. (2010). *The publication manual of the American Psychological Association* (6th ed.). Washington, DC: Author.

Ancu, M. (2012). Older adults on Facebook: A survey examination of motives and use of social networking by people 50 and older. *Florida Communication Journal, 40,* 1-12.

Andersen, P. A. (1989). Philosophy of science. In P. Emmert & L. L. Barker (Eds.), *Measurement of communication behavior* (pp. 3-17). New York, NY: Longman.

Anderson, J. A. (1996). Thinking qualitatively: Hermeneutics in science. In M.

B. Salwen & D. W. Stacks (Eds.), *An integrated approach to communication theory and research* (pp. 45‒59). Mahwah, NJ: Erlbaum.

Anfara, V. A., Jr., & Mertz, N. T. (Eds.). (2006). *Theoretical frameworks in qualitative research.* Thousand Oaks, CA: Sage.

Atkinson, P., & Hammersley, M. (1994). Ethnography and participant observation. In N. K. Denzin & Y. S. Lincoln (Eds.), *Handbook of qualitative research*(pp. 248‒261). Thousand Oaks, CA: Sage.

Austin, E. W., Miller, A. C., Silva, J., Guerra, P., Geisler, N., Gamboa, L., ···Kuechle, B. (2002). The effects of increased cognitive involvement on college students' interpretations of magazine advertisements for alcohol. *Communication Research, 29,* 155‒179. doi:10.1177/0093650202029002003

Avtgis, T. A. (2003). Male sibling social and emotional support as a function of attributional confidence. *Communication Research Reports, 20,* 341‒347. doi:10.1080/08824090309388833

Bailey, A. H., & Kelly, S. P. (2015). Picture power: Gender versus body language in perceived status. *Journal of Nonverbal Behavior, 39,* 317‒327. doi:10.1007/s10919-015-0212-x

Baiocchi-Wagner, E. A. (2012). Framing the aging experience in care facility brochures: A mixed-method analysis. *Southern Communication Journal, 77,* 349‒368. doi:10.1080/1041794X.2012.679991

Bakeman, R., & Gottman, J. M. (1997). *Observing interaction: An introduction to sequential analysis* (2nd ed.). Cambridge, United Kingdom: Cambridge University Press.

Bales, R. F. (1950). *Interaction process analysis: A method for the study of small groups.* Cambridge, MA: Addison-Wesley.

Ballard, D. I., & Seibold, D. R. (2004). Organizational members' communication and temporal experience: Scale development and validation. *Communication Research, 31,* 135‒172. doi:10.1177/0093650203261504

Ballard, R. L., & Ballard, S. J. (2011). From narrative inheritance to narrative momentum: Past, present, and future stories in an international adoptive family. *Journal of Family Communication, 11,* 69‒84. doi:10.1080/15267431.2011.554618

Barge, J. K., Lee, M., Maddux, K., Nabring, R., & Townsend, B. (2008). Managing dualities in planned change initiatives. *Journal of Applied Communication Research, 36,* 364‒390. doi:10.1080/00909880802129996

Barker, D. A., & Barker, L. L. (1989). Survey research. In P. Emmert & L. L.

Barker (Eds.), *Measurement of communication behavior* (pp. 168-196). New York, NY: Longman.

Barnette, J. J. (2000). Effects of stem and Likert response option reversals on survey internal consistency: If you feel the need, there is a better alternative to using those negatively worded stems. *Educational and Psychological Measurement, 60,* 361-370. doi:10.1177/00131640021970592

Beaulieu, A., & Estalella, A. (2012). Rethinking research ethics for mediated settings. *Information, Communication & Society, 15,* 23-42. doi:10.1080/1369118X.2010.535838

Beck, S. J., & Keyton, J. (2009). Perceiving strategic meeting interaction. *Small Group Research, 40,* 223-246. doi:10.1177/1046496408330084

Beck, S. J., & Keyton, J. (2014). Facilitating social support: Member-leader communication in a breast cancer support group. *Cancer Nursing.*

Berger, A. A. (1998). *Media research techniques* (2nd ed.). Thousand Oaks, CA: Sage.

Berger, A. A. (2011). *Media and communication research methods: An introduction to qualitative and quantitative approaches* (2nd ed.). Thousand Oaks, CA: Sage.

Berleson, B. (1952). *Content analysis in communication research.* New York, NY: Free Press.

Bickman, L., Rog, D. J., & Hedrick, T. E. (1998). Applied research design: A practical approach. In L. Bickman & D. J. Rog (Eds.), *Handbook of applied social research methods* (pp. 5-37). Thousand Oaks, CA: Sage.

Bird, C. M. (2005). How I stopped dreading and learned to love transcription. *Qualitative Inquiry, 11,* 226-248. doi:10.1177/1077800404273413

Bisel, R. S., & Messersmith, A. S. (2012). Organizational and supervisory apology effectiveness: Apology giving in work settings. *Business Communication Quarterly, 75,* 425-448. doi:10.1177/1080569912461171

Bodie, G. D. (2013). Issues in the measurement of listening. *Communication Research Reports, 30,* 76-84. doi:10.1080/08824096. 2012.733981

Boruch, R. F. (1998). Randomized controlled experiments for evaluation and planning. In L. Bickman & D. J. Rog (Eds.), *Handbook of applied social research methods* (pp. 161-191). Thousand Oaks, CA: Sage.

Boster, F. J. (2002). On making progress in communication science. *Human Communication Research, 28,* 473-490. doi:10.1111/j.1468-2958.2002.tb00818.x

Bostrom, R. N. (2003). Theories, data, and communication research. *Communication*

Monographs, 70, 275–294. doi:10.1080/0363775032000179106

Bouma, G. D., & Atkinson, G. B. J. (1995). *A handbook of social science research* (2nd ed.). New York, NY: Oxford University Press.

Bourque, L. B., & Fielder, E. P. (1995). *How to conduct self-administered and mail surveys.* Thousand Oaks, CA: Sage.

Bracken, C. C., Jeffres, L. W., Neuendorf, K. A., & Atkin, D. (2009). Parameter estimation validity and relationship robustness: A comparison of telephone and Internet survey techniques. *Telematics and Informatics, 26*, 144–155. doi:10.1016/j.tele.2008.03.001

Braithwaite, D. O., & Eckstein, N. J. (2003). How people with disabilities communicatively manage assistance: Helping as instrumental social support. *Journal of Applied Communication Research, 31*, 1–26.doi:10.1080/0090988030 5374

Braithwate, D. O., Toller, P. W., Daas, K. L., Durham, W. T., & Jones, A. C. (2008). Centered but not caught in the middle: Stepchildren's perceptions of dialectical contradictions in the communication of co-parents. *Journal of Applied Communication Research, 36*, 33–55. doi:10.1080/00909880701799337

Brandtzaeg, P. B. (2012). Social networking sites: Their uses and social implications: A longitudinal study. *Journal of Computer-Mediated Communication, 17*, 467–488. doi:10.1111/j.1083-6101.2012.01580.x

Brann, M. (2007). Health care providers' confidentiality practices and perceptions: Expanding a typology of confidentiality breaches in health care communication. *Qualitative Research Reports in Communication, 8*, 45–52. doi:10.1080/174594 30701617903

Brooks, W. D. (1970). Perspectives on communication research. In P. Emmert & W. D. Brooks (Eds.), *Methods of research in communication* (pp. 3–8). New York, NY: Houghton Mifflin.

Brown, L., & Durrheim, K. (2009). Different kinds of knowing: Generating qualitative data through mobile interviewing. *Qualitative Inquiry, 15*, 911–930. doi:10.1177/1077800409333440

Brown, M. H., & Kreps, G. L. (1993). Narrative analysis and organizational development. In S. L. Herndon & G. L. Kreps (Eds.), *Qualitative research: Applications in organizational communication* (pp. 47–62). Cresskill, NJ: Hampton Press.

Bryant, E. M., & Sias, P. M. (2011). Sensemaking and relational consequences of peer co-worker deception. *Communication Monographs*, *78*, 115-137. doi:10.1080/03637751.2010.542473

Burgoon, J. K. (1976). The unwillingness-to-communicate scale: Development and validation. *Communication Monographs*, *43*, 60-69. doi:10.1080/0363775760 9375916

Burgoon, J. K., Blair, J. P., & Strom, R. E. (2008). Cognitive biases and nonverbal cue availability in detecting deception. *Human Communication Research*, *34*, 572-599. doi:10.1111/j.1468-2958.2008.00333.x

Bute, J. J., & Jensen, R. E. (2011). Narrative sensemaking and time lapse: Interviews with low-income women about sex education. *Communication Monographs*, *78*, 212-232. doi:10.1080/03637751.2011.564639

Butler, J. A., & Modaff, D. P. (2008). When work is home: Agency, structure, and contradictions. *Management Communication Quarterly*, *22*, 232-257. doi:10. 1177/0893318908323 151

Byrne, S. (2009). Media literacy interventions: What makes them boom or boomerang? *Communication Education*, *58*, 1-14. doi:10.1080/03634520802 226444

Cader, S. (1996). Statistical techniques. In R. Sapsford & V. Jupp (Eds.), *Data collection and analysis* (pp. 225-261). Thousand Oaks, CA: Sage.

Campbell, D., & Stanley, J. (1963). *Experimental and quasi-experimental designs for research.* Chicago, IL: Rand McNally.

Campbell, S. (2008). Perceptions of mobile phone use in public: The roles of individualism, collectivism, and focus of the setting. *Communication Reports*, *21*, 70-81. doi:10.1080/08934210802301506

Canary, D. J., & Seibold, D. R. (2010). Origins and development of the conversational argument coding scheme. *Communication Methods & Measures*, *4*, 7-26. doi:10.1080/19312451003680459

Canary, H. E. (2008). Negotiating disability in families: Constructions and contradictions. *Journal of Applied Communication Research*, *36*, 437-458. doi:10.1080/00909880802101771

Canary, H. E., & Cantu, E. (2012). Making decisions about children's disabilities: Mediation and structuration in cross-system meetings. *Western Journal of Communication*, *76*, 270-297. doi:10.1080/10570314.2011.651252

Cappella, J. N. (1977). Research methodology in communication: Review and commentary. In B. D. Ruben (Ed.), *Communication yearbook 1* (pp. 37-53).

New Brunswick, NJ: Transaction Books.

Carbaugh, D., & Buzzanell, P. M. (2010). Reflections on distinctive qualities in communication research(pp. 106–116). In D. Carbaugh & P. M. Buzzanell (Eds.), *Distinctivequalities in communication research.* New York, NY: Routledge.

Carey, M. A. (1994). The group effect in focus groups: Planning, implementing and interpreting focus group research. In J. Morse (Ed.), *Critical issues in qualitative research methods* (pp. 225–241). Thousand Oaks, CA: Sage.

Carmines, E. G., & Zeller, R. A. (1979). *Reliability and validity assessment.* Beverly Hills, CA: Sage.

Carusi, A., & De Grandis, G. (2012). The ethical work that regulations will not do. *Information, Communication & Society, 15,* 124–141. doi:10.1080/13691 18X.2011.634015

Charmaz, K. (2000). Grounded theory: Objectivist and constructivist methods. In N. K. Denzin & Y. S. Lincoln (Eds.), *Handbook of qualitative research* (2nd ed., pp. 509–535). Thousand Oaks, CA: Sage.

Charmaz, K. (2005). Grounded theory in the 21st century. In N. K. Denzin & Y. S. Lincoln (Eds.), *The SAGE handbook of qualitative research* (3rd ed., pp. 507–535). Thousand Oaks, CA: Sage.

Charmaz, K., & Belgrave, L. L. (2012). Qualitative interviewing and grounded theory analysis. In J. F. Gubrium, J. A. Holstein, A. B. Marvasti, & K. D. McKinney (Eds.), *The SAGE handbook of interview research: The complexity of the craft* (2nd ed., pp. 347–365). Los Angeles, CA: Sage.

Chase, S. E. (2005). Narrative inquiry: Multiple lenses, approaches, voices. In N. K. Denzin & Y. S. Lincoln (Eds.), *The SAGE handbook of qualitative research* (3rd ed., pp. 651–679). Thousand Oaks, CA: Sage.

Chase, S. E. (2013). Narrative inquiry: Still a field in the making. In N. K. Denzin & Y. S. Lincoln (Eds.), *Collecting and interpreting qualitative materials* (pp. 55–83). Los Angeles, CA: Sage.

Cheney, G. (2008). Encountering the ethics of engaged scholarship. *Journal of Applied Communication Research, 36,* 281–288. doi:10.1080/00909880802172293

Chesebro, J. W., & Borisoff, D. J. (2007). What makes qualitative research qualitative? *Qualitative Research Reports in Communication, 8,* 3–14. doi:10.1080/17459430 701617846

Cho, H., & Choi, J. (2011). Television, gender norms, and tanning attitudes and intentions of young men and women. *Communication Studies, 62,* 508–530.

doi:10.1080/10510974.2011.577500

Chory, R. M., & Cicchirillo, V. (2008). The relationship between video game play and trait verbal aggressiveness: An application of the general aggression model. *Communication Research Reports, 24,* 113-119. doi:10.1080/0882409070 1304766

Chung, C. J., Nam, Y., & Stefanone, M. A. (2012). Exploring online news credibility: The relative influence of traditional and technological factors. *Journal of Computer-Mediated Communication, 17,* 171-186. doi:10.1111/j.1083-6101.2 011.01565.x

Cingel, D. P., & Krcmar, M. (2013). Predicting media use in very young children: The role of demographics and parent attitudes. *Communication Studies, 64,* 374-394. doi:10.1080/10510974.2013.770408

Clair, R. P., Chapman, P. A., & Kunkel, A. W. (1996). Narrative approaches to raising consciousness about sexual harassment: From research to pedagogy and back again. *Journal of Applied Communication Research, 24,* 241-259. doi:10.1080/00909889609365455

Clark, M. H., & Shadish, W. R. (2011). Quasiexperimental method. In. N. J. Salkind (Ed.), *Encyclopedia of Measurement and Statistics.* doi:10.4135/9781412952644. n369

Cohen, E. L. (2010). The role of message frame, perceived risk, and ambivalence in individuals' decisions to become organ donors. *Health Communication, 25,* 758-769. doi:10.1080/10410236.2010.521923

Communication Studies 298, California State University, Sacramento. (1997). Fragments of self at the post-modern bar. *Journal of Contemporary Ethnography, 26,* 251-292. doi:10.1177/089124197026003001

Compton, C., & Dougherty, D. S. (2017). Organizing sexuality: Silence and the push-pull process of co-sexuality in the United States workplace. *Journal of Communication, 67,* 874-896. doi:10.1111/jcom.12336

Conlin, L., Billings, A. C., & Averset, L. (2016). Time-shifting vs. appointment viewing: The role of fear of missing out within TV consumption behaviors. *Communication & Society, 29,* 151-164. doi:10.15581/003.29.4.151-164

Conrad, K., Dixon, T. L., & Zhang, Y. (2009). Controversial rap themes, gender portrayals and skin tone distortion: A content analysis of rap music videos. *Journal of Broadcasting & Electronic Media, 53,* 134-156. doi:10.1080/0883815080 2643795

Coopman, S. J., & Meidlinger, K. B. (2000). Power, hierarchy, and change: The stories of a Catholic parish staff. *Management Communication Quarterly, 13,* 567-625. doi:10.1177/0893318900134002

Correa, T., & Pavez, I. (2016). Digital inclusion in rural areas: A qualitative exploration of challenges faced by people from isolated communities. *Journal of Computer-Mediated Communication, 21,* 247-263. doi:10.1111/jcc4.12154

Craig, R. T. (1993). Why are there so many communication theories? *Journal of Communication, 43,* 26-33. doi:10.1111/j.1460-2466.1993.tb01273.x

Craig, R. T. (1999). Communication theory as a field. *Communication Theory, 6,* 119-161. doi:10.1111/j.1468-2885.1999.tb00355.x

Cressman, D. L., Callister, M., Robinson, T., & Near, C. (2009). Swearing in the cinema. *Journal of Children & Media, 3,* 117-135. doi:10.1080/17482790902772257

Creswell, J. W. (1998). *Qualitative inquiry and research design: Choosing among five traditions.* Thousand Oaks, CA: Sage.

Creswell, J. W. (2014). *Research design: Qualitative, quantitative, and mixed methods approaches* (4th ed). Los Angeles, CA: Sage.

Cronbach, L. J. (1951). Coefficient alpha and the internal structure of tests. *Psychometrika, 16,* 297-334. doi:10.1007/BF02310555

Crook, B., Glowacki, E. M., Suran, M., Harris, J. K., & Bernhardt J. M. (2016). Content analysis of a live CDC twitter chat during the 2014 Ebola outbreak. *Communication Research Reports, 33,* 349-355. doi: 10.1080/08824096.2016. 1224171

Cushman, D. P. (1998). Visions of order in human communication theory. In J. S. Trent (Ed.), *Communication: Views from the helm for the 21st century* (pp. 8-12). Boston, MA: Allyn Bacon.

de Vaus, D. A. (2001). *Research design in social research.* Thousand Oaks, CA: Sage.

Dailey, S. L. (2016). I'm new ⋯again: Reconceptualizing the socialization process through rotational programs. *Communication Studies, 67,* 183-208. doi: 10.1080/10510974.2016.1145130

Dainton, M. (2003). Equity and uncertainty in relational maintenance. *Western Journal of Communication, 67,* 164-186. doi:10.1080/10570310309374765

Davis, S. K., Thompson, J. L., & Schweizer, S. E. (2012). Innovations in on-site survey administration: Using an iPad interface at national wildlife refuges and national parks. *Human Dimensions of Wildlife, 17,* 282-294.

De Bruijne, M., & Wijnant, A. (2014). Improving response rates and questionnaire design for mobile web surveys. *Public Opinion Quarterly*, *78*, 951-962. doi:10.10 93/poq/nfu046

De Lara, A., Garcia-Avilés, J. A., & Revuelta, G. (2017). Online video on climate change: A comparison between television and web formats. *Journal of Science Communication*, *16*, 1-32.

Deetz, S. A. (1992). *Democracy in an age of corporate colonization: Developments in communication and the politics of everyday life*. Albany, NY: SUNY Press.

Defenbaugh, N. L. (2008). "Under erasure": The absent ill body in doctor-patient dialogue. *Qualitative Inquiry*, *14*, 1402-1424. doi:10.1177/1077800408322579

Dennis, A. C., & Wood, J. T. (2012). "We're not going to have this conversation, but you get it": Black mother-daughter communication about sexual relations. *Women's Studies in Communication*, *35*, 204-223. doi:10.1080/07491409.2012.72 4525

Dennis, M. R., Kunkel, A., & Keyton, J. (2008). Problematic integration theory, appraisal theory, and the Bosom Buddies Breast Cancer Support Group. *Journal of Applied Communication Research*, *36*, 415-436. doi:10.1080/0090988080209 4315

Denzin, N. K. (1970). *The research act: A theoretical introduction to sociological methods*. Chicago, IL: Aldine.

Denzin, N. K. (1978). *The research act. A theoretical introduction to sociological methods* (2nd ed.). New York, NY: McGraw-Hill.

Denzin, N. K., & Lincoln, Y. S. (1994). Introduction: Entering the field of qualitative research. In N. K. Denzin & Y. S. Lincoln (Eds.), *Handbook of qualitative research* (pp. 1-17). Thousand Oaks, CA: Sage.

Denzin, N. K., & Lincoln, Y. S. (2000). Introduction: The discipline and practice of qualitative research. In N. K. Denzin & Y. S. Lincoln (Eds.), *Handbook of qualitative research* (2nd ed., pp. 1-28). Thousand Oaks, CA: Sage.

Denzin, N. K., & Lincoln, Y. S. (2005). Introduction: The discipline and practice of qualitative research. In N. K. Denzin & Y. S. Lincoln (Eds.), *The SAGE handbook of qualitative research* (3rd ed., pp. 1-32). Thousand Oaks, CA: Sage.

Derlega, V. J., Winstead, B., Mathews, A., & Braitman, S. L. (2008). Why does someone reveal highly personal information? Attributions for and against self-disclosure in close relationships. *Communication Research Reports*, *25*, 115-130.

doi:10.1080/08824090802021756

D'Haenens, L., & Ogan, C. (2013). Internet-using children and digital inequality: A comparison between majority and minority Europeans. *Communications: The European Journal of Communication Research, 38*, 41–60. doi:10.1515/commun-2013-0003

Dillman, D. A., Smyth, J. D, & Christian, L. M. (2009). *Internet, mail, and mixed-mode surveys: The tailored design method* (3rd ed.). Hoboken, NJ: John Wiley.

Dixon, T. L., & Linz, D. G. (1997). Obscenity law and sexually explicit rap music: Understanding the effects of sex, attitudes, and beliefs. *Journal of Applied Communication Research, 25*, 217–241. doi:10.1080/00909889709365477

Docan-Morgan, T., & Docan, C. A. (2007). Internet infidelity: Double standards and the differing views of women and men. *Communication Quarterly, 55*, 317–342. doi:10.1080/01463370701492519

Dohan, D., & Sanchez-Jankowski, M. (1998). Using computers to analyze ethnographic field data: Theoretical and practical considerations. *Annual Review of Sociology, 24*, 477–498. doi:10.1146/annurev.soc.24.1.477

Dougherty, D. S. (2001). Sexual harassment as [dys]functional process: A feminist standpoint analysis. *Journal of Applied Communication Research, 29*, 372–402. doi:10.1080/00909880128116

Dougherty, D. S., & Baiocchi-Wagner, E. A., & McGuire, T. (2011). Managing sexual harassment through enacted stereotypes: An intergroup perspective. *Western Journal of Communication, 75*, 259–281. doi: 10.1080/10570314.2011.571654

Downs, E., Boyson, A., Alley, H., & Bloom, N. R. (2011). iPedagogy: Using multimedia learning theory to identify best practices for MP3 player use in higher education. *Journal of Applied Communication Research, 39*, 184–200. doi:10.1080/00909882.2011.556137

D'Silva, M. U., Smith, S. E., Della, L. J., Potter, D. A., Rajack-Talley, T. A., & Best, L. (2016). Reflexivity and positionality in researching African-American communities: Lessons from the field. *Intercultural Communication Studies, 25*, 94–109.

Duran, R. L. (1983). Communicative adaptability: A measure of social communicative competence. *Communication Quarterly, 31*, 320–326. doi:10.1080/01463378309369521

Dutton, B. (2010). Six principles to guide research ethics in the social sciences.

Retrieved from https://billdutton.me/2010/02/05/principles-to-guide-research-ethics-in-the-social-sciences/

Dutta, S., Dutton, W. H., & Law, G. (2011, August 24).The new Internet world: A global perspective on freedom of expression, privacy, trust and security online. INSEAD WorkingPaper No. 2011/89/TOM. Retrieved August 28, 2017, from https://papers.ssrn.com/sol3/papers.cfm? abstract_id=1916005

Edwards, H. H., & Kreshel, P. J. (2008). An audience interpretation of corporate communication in a cause-related corporate outreach event: The Avon breast cancer 3-day walk. *Journalism & Communication Monographs, 10*, 175-244. doi:10.1177/152263790801000203

Eisner, E. (1991). *The enlightened eye.* New York, NY: Macmillan.

Elgesem, D. (1996). Privacy, respect for persons, and risk. In C. Ess (Ed.), *Philosophical perspectives on computer-mediated communication* (pp. 45-66). Albany: State University of New York Press.

Ellingson, L. L. (2003). Interdisciplinary health care teamwork in the clinic backstage. *Journal of Applied Communication Research, 31*, 93-117. doi:10.1080/009098803 2000064579

Ellingson, L. L. (2009). *Engaging crystallization in qualitative research.* Thousand Oaks, CA: Sage.

Ellingson, L. L. (2012). Interview as embodied communication. In J. F. Gubrium, J. A. Holstein, A. B. Marvasti, & K. D. McKinney (Eds.), *The SAGE handbook of interview research: The complexity of the craft* (2nd ed., pp. 525-539). Los Angeles, CA: Sage.

Ellingson, L. L. (2013). Analysis and representation across the continuum. In N. K. Denzin & Y. S. Lincoln (Eds.), *Collecting and interpreting qualitative materials* (4th ed., pp. 413-445). Los Angeles, CA: Sage.

Ellis, C., & Bochner, A. P. (2000). Autoethnography, personal narrative, reflexivity: Researcher as subject. In N. K. Denzin & Y. S. Lincoln (Eds.), *Handbook of qualitative research* (2nd ed., pp. 733-768). Thousand Oaks, CA: Sage.

Ellis, K. (2000). Perceived teacher confirmation: The development and validation of an instrument and two studies of the relationship to cognitive and affective learning. *Human Communication Research, 26*, 264-291. doi:10.1093/hcr/26.2.264

Elm, M. S. (2009). How do various notions of privacy influence decisions of qualitative Internet research? In A. N. Markham & N. K. Baym (Eds.), *Internet inquiry: Conversations about method* (pp. 69-87). Los Angeles, CA: Sage.

Emerson, R. B., Fretz, R. I., & Shaw, L. L. (1995). *Writing ethnographic field notes.* Chicago, IL: University of Chicago Press.

Emmert, P. (1989). Philosophy of measurement. In P. Emmert & L. L. Barker (Eds.), *Measurement of communication behavior* (pp. 87–116). New York, NY: Longman.

Erbert, L. A., Perez, F. G., & Gareis, E. (2003). Turning points and dialectical interpretations of immigrant experiences in the United States. *Western Journal of Communication, 67,* 113–137. doi:10.1080/10570310309374763

Erickson, F. (1986). Qualitative methods in research on teaching. In M. C. Wittrock (Ed.), *Handbook of research on teaching* (3rd ed., pp. 119–161). New York, NY: Macmillan.

Eveland, W. P., Jr., & Morey, A. C. (2011). Challenges and opportunities of panel designs. In E. P. Bucy & R. L. Holbert (Eds.), *The sourcebook for political communication research: Methods, measures, and analytical techniques* (pp. 19–33). New York, NY: Routledge.

Eyal, K., & Kunkel, D. (2008). The effects of sex in television drama shows on emerging adults'sexual attitudes and moral judgments. *Journal of Broadcasting & Electronic Media, 52,* 161–181. doi:10.1080/08838150801991757

Fairhurst, G. T. (1993). The leader–member exchange patterns of women leaders in industry: A discourse analysis. *Communication Monographs, 60,* 321–351. doi:10.1080/03637759309376316

Favero, L. W., & Heath, R. G. (2012). Generational perspectives in the workplace: Interpreting the discourses that constitute women's struggle to balance work and life. *Journal of Business Communication, 49,* 332–356. doi:10.1177/00219436 12456037

Fay, M. J., & Kline, S. L. (2011). Coworker relationships and informal communication in high–intensity telecommuting. *Journal of Applied Communication Research, 39,* 144–163. doi:10.1080/00909882.2011.556136

Faylor, N. R., Beebe, S., Houser, M. L., & Mottet, T. P. (2008). Perceived differences in instructional communication behaviors between effective and ineffective corporate trainers. *Human Communication, 11,* 149–160.

Feldman, M. S., Bell, J., & Berger, M. T. (2003). *Gaining access: A practical and theoretical guide for qualitative researchers.* Walnut Creek, CA: AltaMira.

Figenschou, T. U., & Thorbjornsrud, K. (2015). Back–stage media–government negotiations: The failures and success of a government pitch. *International*

Journal of Communication, 9, 1947–1965.

Fikkers, K. M., Piotrowski, J. T., & Valkenburg, P. M. (2015). Assessing the reliability and validity of game and TV violence exposure measures. *Communication Research, 44,* 117–143. doi:10.1177/0093650215573863

Fine, M. G. (2009). Women leaders' discursive constructions of leadership. *Women's Studies in Communication, 32,* 180–202. doi:10.1080/07491409.2009.10162386

Fink, A. (1995a). *How to ask survey questions* (Vol. 2). Thousand Oaks, CA: Sage.

Fink, A. (1995b). *The survey handbook* (Vol. 1). Thousand Oaks, CA: Sage.

Fisher, C. B., & Fryberg, D. (1994). Participant partners: College students weigh the costs and benefits of deceptive research. *American Psychologist, 49,* 417–427. doi:10.1037/0003-066X.49.5.417

Fitch, K. L. (1994). Criteria for evidence in qualitative research. *Western Journal of Communication, 58,* 32–38. doi:10.1080/10570319409374481

Fitch, K. L. (2005). Difficult interactions between IRBs and investigators: Applications and solutions. *Journal of Applied Communication Research, 33,* 269–276. doi:10.1080/00909880500149486

Flanagan, J. C. (1954). The critical incident technique. *Psychological Bulletin, 51,* 327–357. doi:10.1037/h0061470

Fontana, A., & Frey, J. H. (2005). The interviews: From neutral stance to political involvement. In N. K. Denzin & Y. S. Lincoln (Eds.), *The SAGE handbook of qualitative research* (3rd ed., pp. 695–727). Thousand Oaks, CA: Sage.

Fossey, E., Harvey, C., McDermott, F., & Davidson, L. (2002). Understanding and evaluating qualitative research. *Australian and New Zealand Journal of Psychiatry, 36,* 717–732.

Foster, E. (2014). Communicating beyond the discipline: Autoethnography and the "n of 1." *Communication Studies, 65,* 446–450. doi:10.1080/10510974.2014.927296

Foster, J. E., & Thorson, A. R. (2016). "I'm too stressed to 'like' your post!": Exploring the connections among Facebook relational maintenance, stress, and closeness. *Iowa Journal of Communication, 48,* 76–95.

Foster, P. (1996). Observational research. In R. Sapsford & V. Jupp (Eds.), *Data collection and analysis* (pp. 57–93). Thousand Oaks, CA: Sage.

Fowler, F. J., Jr. (1993). *Survey research methods* (2nd ed.). Newbury Park, CA: Sage.

Fowler, F. J., Jr. (2009). *Survey research methods* (4th ed.). Thousand Oaks,

CA: Sage.

Frentz, T. S. (2009). Split selves and situated knowledge: The trickster goes titanium. *Qualitative Inquiry, 15,* 820-842. doi:10.1177/1077800408329236

Frey, J. H., & Oishi, S. M. (1995). *How to conduct interviews by telephone and in person.* Thousand Oaks, CA: Sage.

Gallagher, E. B., & Sias, P. M. (2009). The new employee as a source of uncertainty: Veteran employee information seeking about new hires. *Western Journal of Communication, 73,* 23-46. doi:10.1080/10570310802636326

Garcia, A. C., Standlee, A., Bechkoff, J., & Cui, Y. (2009). Ethnographic approaches to the Internet and computer-mediated communication. *Journal of Contemporary Ethnography, 38,* 5-84. doi:10.1177/0891241607310839

Garner, A. C. (1999). Negotiating our positions in culture: Popular adolescent fiction and the self-constructions of women. *Women's Studies in Communication, 22,* 85-111. doi:10.1080/07491409.1999.10162563

Garner, J. T., Kinsky, E. S., Duta, A. C., & Danker, J. (2012). Deviating from the script: A content analysis of organizational dissent as portrayed on primetime television. *Communication Quarterly, 60,* 608-623. doi:10.1080/01463373.2012.725001

Gergen, K. (2009). *An invitation to social construction*(2nd ed.). Los Angeles, CA: Sage.

Giannini, G. A. (2011). Finding support in a field of devastation: Bereaved parents' narratives of communication and recovery. *Western Journal of Communication, 75,* 541-564. doi:10.1080/10570314.2011.608406

Gist, A. N. (2016). Challenging assumptions underlying the metamorphosis phase: Ethnographic analysis of metamorphosis within an unemployment organization. *Qualitative Research Reports in Communication, 17,* 15-26. doi:10.1080/17459435.2015.1088891

Glaser, B. G., & Strauss, A. L. (1967). *The discovery of grounded theory: Strategies for qualitative research.* New York, NY: Aldine.

Goins, M. N. (2011). Playing with dialectics: Black female friendship groups as a homeplace. *Communication Studies, 62,* 531-546. doi:10.1080/10510974.2011.584934

Gold, R. L. (1958). Roles in sociological field observations. *Social Forces, 36,* 217-223. doi:10.2307/2573808

Goodall, H. L., Jr. (2006). *A need to know: The clandestine history of a CIA family.* Walnut Creek, CA: Left Coast Press.

Graham, E. (2009). Family communication standards instrument. In R. B. Rubin, A. M. Rubin, E. E. Graham, E. M. Perse, & D. R. Seibold (Eds.), *Communication research measures II* (pp. 149–153). New York, NY: Routledge.

Graves, L., Nyhan, B., & Reifler, J. (2016). Understanding innovations in journalistic practice: A field experiment examining motivations for fact-checking. *Journal of Communication, 66,* 102–138. doi:10.1111/jcom.12198

Gray, J. H., & Densten, I. L. (1998). Integrating quantitative and qualitative analysis using latent and manifest variables. *Quality & Quantity, 32,* 419–431. doi:10.1023/A:1004357719066

Grimm, J., & Andsager, J. L. (2011). Framing immigration: Geo-ethnic context in California newspapers. *Journalism & Mass Communication Quarterly, 88,* 771–788. doi:10.1177/107769901108800406

Gubrium, J. F., & Holstein, J. A. (2000). Introduction: The discipline and practice of qualitative research. In N. K. Denzin & Y. S. Lincoln (Eds.), *Handbook of qualitative research* (2nd ed., pp. 487–508). Thousand Oaks, CA: Sage.

Guilford, J. P. (1956). *Fundamental statistics in psychology and education.* New York, NY: McGraw-Hill.

Gunn, A. M. (2008). "People's lives are hanging here": Low wage workers share their experience of job loss. *Journal of Contemporary Ethnography, 37,* 679–693. doi:10.1177/0891241608316666

Guthrie, J., & Kunkel, A. (2013). Tell me sweet (and not-so-sweet) little lies: Deception in romantic relationships. *Communication Studies, 64,* 141–157. doi:10.1080/10510974.2012.755637

Gwartney, P. A. (2007). *The telephone interviewer's handbook: How to conduct a standardized conversation.* San Francisco, CA: Jossey-Bass.

Ha, J. H., & Ferguson, M. A. (2015). Perception discrepancy of public relations functions and conflict among disciplines: South Korean public relations versus marketing professionals. *Journal of Public Relations Research, 27,* 1–21. doi:10.1080/1062726X.2014.924838.

Hackman, J. R. (1992). Commentary: Time and transitions. In P. J. Frost & R. E. Stablein (Eds.), *Doing exemplary research* (pp. 73–76). Newbury Park, CA: Sage.

Hahn, D. A., & Cummins, R. G. (2017). Differentiating objective sport knowledge versus subjective sport fanship via a test of exemplification in sport media.

Communication & Sport. Advance online publication. doi:10.1177/216747951769
5090

Hall, J. A., Carter, S., Cody, J. M., & Albright, J. M. (2010). Individual differences
in the communication of romantic interest: Development of the flirting styles
inventory. *Communication Quarterly, 58,* 365-393. doi:10.1080/01463373.2010.
524874

Hamel, S. A. (2009). Exit, voice, and sensemaking following psychological contract
violations. *Journal of Business Communication, 46,* 234-261. doi:10.1177/002194
3608328079

Hammersley, M. (2008). *Questioning qualitative inquiry: Critical essays.* Los
Angeles, CA: Sage.

Hammersley, M., & Traianou, A. (2012). *Ethics in qualitative research.* Los Angeles,
CA: Sage.

Han, S-H., & Brazeal, L. M. (2015). Playing nice: Modeling civility in online political
discussions. *Communication Research Reports, 32,* 20-28. doi10.1080/08
824096.2014.989971

Hargittai, E., & Karr, C. (2009). Wat R U Doin? Studying the thumb generation
using text messaging. In E. Hargittai (Ed.), *Research confidential: Solutions
to problems most social scientists pretend they never have* (pp. 192-216). Ann
Arbor: University of Michigan Press.

Harlow, L. L. (1997). Significance testing introduction and overview. In L. L. Harlow,
S. A. Mulaik, & J. H. Steiger (Eds.), *What if there were no significance tests?*
(pp. 1-17). Mahwah, NJ: Erlbaum.

Harlow, L. L., Mulaik, S. A., & Steiger, J. H. (Eds.). (1997). *What if there were
no significance tests?* Mahwah, NJ: Erlbaum.

Harrington, N. G., Lane, D. R., Donohew, L., Zimmerman, R. S., Norling, G.
R., Jeong-Hyun, A., ···Bevins, C. C. (2003). Persuasive strategies for effective
anti-drug messages. *Communication Monographs, 70,* 16-38. doi:10.1080/0367
75032000104568

Harter, L. M. (2004). Masculinity(s), the agrarian frontier myth, and cooperative
ways of organizing: Contradictions and tensions in the experience and enactment
of democracy. *Journal of Applied Communication Research, 32,* 89-118.
doi:10.1080/0090988042000210016

Harter, L. M. (2009). Narratives as dialogic, contested, and aesthetic performances.
Journal of Applied Communication Research, 37, 140-150. doi:10.1080/00909880

902792255

Harter, L. M., Berquist, B., Titsworth, S., Novak, D., & Brokaw, T. (2005). The structuring of invisibility among the hidden homeless: The politics of space, stigma, and identity construction. *Journal of Applied Communication Research, 33*, 305–327. doi:10.1080/00909880500278079

Hastings, S. O., & Payne, J. J. (2013). Expressions of dissent in email: Qualitative insights into uses and meanings of organizational dissent. *Journal of Business Communication, 50*, 309–331. doi:10.1177/0021943613487071

Hayes, A. F. (2005). *Statistical methods for communication science.* Mahwah, NJ: Erlbaum.

Hayes, A. F. (2008). Sampling, nonrandom. In W. Donsbach (Ed.), *Theinternational encyclopedia of communication.* doi:10.1111/b.9781405131995.2008x

Heerwegh, D. (2005). Effects of personal salutations in e-mail invitations to participate in a web survey. *Public Opinion Quarterly, 69*, 588–598. doi:10.1093/poq/nfi053

Heerwegh, D., & Loosveldt, G. (2008). Face-to-face versus web surveying in a high-Internet-coverage population. *Public Opinion Quarterly, 72*, 836–846. doi:10.1093/poq/nfn045

Hefner, V., & Wilson, B. J. (2013): From love at first sight to soul mate: The influence of romantic ideals in popular films on young people's beliefs about relationships. *Communication Monographs, 80*, 150–175. doi:10.1080/0363775 1.2013.776697

Henkel, R. E. (1976). *Tests of significance.* Beverly Hills, CA: Sage.

Henry, G. T. (1998). Practical sampling. In L. Bickman & D. J. Rog (Eds.), *Handbook of applied social research methods* (pp. 101–126). Thousand Oaks, CA: Sage.

Herndon, S. L. (1993). Using focus group interviews for preliminary investigation. In S. L. Herndon & G. L. Kreps (Eds.), *Qualitative research: Applications in organizational communication* (pp. 39–45). Cresskill, NJ: Hampton Press.

Hesse, C., & Mikkelson, A. C. (2017). Affection deprivation in romantic relationships. *Communication Quarterly, 65*, 20–38. doi:10.1080/01463373.2016.1176942

Hickson, M., III, & Jennings, R. W. (1993). Compatible theory and applied research: Systems theory and triangulation. In S. L. Herndon & G. L. Kreps (Eds.), *Qualitative research: Applications in organizational communication* (pp. 139–157). Cresskill, NJ: Hampton Press.

Holladay, S. J. (2002). "Have fun while you can," "you're only as old as you feel," and "don't ever get old!": An examination of memorable messages about aging. *Journal of Communication, 52,* 681–697. doi:10.1111/j.1460–2466.2002.tb 02568.x

Holsti, O. R. (1969). *Content analysis for the social sciences and humanities.* Reading, MA: Addison–Wesley.

Holsti, O. R., Loomba, J. K., & North, R. C. (1968). Content analysis. In G. Lindzey & E. Aronson (Eds.), *The handbook of social psychology* (Vol. 2, pp. 596–692). Reading, MA: Addison–Wesley.

Hoonakker, P., & Carayon, P. (2009). Questionnaire survey nonresponse: A comparison of postal mail and Internet surveys. International Journal of Human–Computer Interaction, 25, 348–373. doi:10.1080/10447310902864951

Hoover, K., & Donovan, T. (1995). *The elements of social scientific thinking* (6th ed.). New York, NY: St. Martin's Press.

Hopf, T., Ayres, J., Ayres, F., & Baker, B. (1995). Does self–help material work? Testing a manual designed to help trainers construct public speaking apprehension reduction workshops. *Communication Research Reports, 12,* 34–38.

Horan, S. M., & Chory, R. M. (2013). Relational implications of gay and lesbian workplace romances: Understanding trust, deception, and credibility. *Journal of Business Communication, 50,* 170–189. doi:10.1177/0021943612474993

Hurley, R. J., & Tewksbury, D. (2012). News aggregation and content differences in online cancer news. *Journal of Broadcasting & Electronic Media, 56,* 132–149. doi:10.1080/08838151.2011.648681

Hurwitz, L. B., Montague, H., & Wartella, E. (2017). Food marketing to children online: A content analysis of food company websites. *Health Communication, 32,* 366–371. doi:10.1080/10410236.2016.1138386

Israel, M., & Hay, I. (2006). *Research ethics for social scientists.* Thousand Oaks, CA: Sage.

Iyengar, S. (2011). Experimental designs for political communication research: Using new technology and online participant pools to overcome the problem of generalization. In E. P. Bucy & R. L. Holbert (Eds.), *The sourcebook for political communication research: Methods, measures, and analytical techniques* (pp. 129–148). New York, NY: Routledge.

Jackob, N., Roessing, T., & Petersen, T. (2011). The effects of verbal and nonverbal elements in persuasive communication: Findings from two multi–method experiments. *Communications: The European Journal of Communication Research, 36,* 245-271. doi:10.1515/COMM.2011.012

Jaeger, R. M. (1990). *Statistics: A spectator sport*(2nd ed.). Newbury Park, CA: Sage.

James, N., & Busher, H. (2012). Internet interviewing. In J. F. Gubrium, J. A. Holstein, A. B. Marvasti, & K. D. McKinney (Eds.), *The SAGE handbook of interview research: The complexity of the craft* (2nd ed., pp. 177-191). Los Angeles, CA: Sage.

Janesick, V. J. (1994). The dance of qualitative research designs: Metaphor, methodolatry, and meaning. In N. K. Denzin & Y. S. Lincoln (Eds.), *Handbook of qualitative research* (pp. 209-219). Thousand Oaks, CA: Sage.

Janesick, V. J. (1998). *"Stretching" exercises for qualitative researchers.* Thousand Oaks, CA: Sage.

Janesick, V. J. (2000). The choreography of qualitative research design. In N. K. Denzin & Y. S. Lincoln (Eds.), *Handbook of qualitative research* (2nd ed., pp. 379-399). Thousand Oaks, CA: Sage.

Janesick, V. J. (2004). *"Stretching" exercises for qualitative researchers* (2nd ed.). Thousand Oaks, CA: Sage.

Jeffres, L. W., Neuendorf, K., & Atkin, D. J. (2012). Acquiring knowledge from the media in the Internet age. *Communication Quarterly, 60,* 59-79. doi:10.1080/01463373.2012.641835

Jensen, K. B. (2008). Communication theory and philosophy. In W. Donsbach (Ed.), *The international encyclopedia of communication.* doi:10.1111/b.9781405 131995.2008.x

Jian, G. (2008). Identity and technology: Organizational control of knowledge-intensive work. *Qualitative Research Reports in Communication, 9,* 62-71. doi:10.1080/17459430802400365

Jian, G., Pettey, G., Rudd, J., & Lawson, D. (2007). Masculinity/femininity and compliance-gaining in business negotiations: A cross-cultural comparison. *Journal of the Northwest Communication Association, 36,* 93-110. doi:10.1080/17 459430802400365

Johnson, D. I. (2009). Connected classroom climate: A validity study. *Communication Research Reports, 26,* 146-157. doi:10.1080/08824090902861622

Johansson, T. (2011). Fatherhood in transition: Paternity leave and changing masculinities. *Journal of Family Communication, 11,* 165-180. doi:10.1080/15267

431.2011.561137

Johnson, A. J., Becker, J. A., Wigley, S., Haigh, M. M., & Craig, E. A. (2007). Reported argumentativeness and verbal aggressiveness levels: The influence of type of argument. *Communication Studies, 58,* 189–205. doi:10.1080/10510970 701341154

Johnson, D. I. (2013). Student in-class texting behavior: Associations with instructor clarity and classroom relationships. *Communication Research Reports, 30,* 57–62. doi:10.108008824096.2012.723645

Johnson, J. M., & Rowlands, T. (2012). The interpersonal dynamics of in-depth interview. In J. F. Gubrium, J. A. Holstein, A. B. Marvasti, & K. D. McKinney (Eds.), *The SAGE handbook of interview research: The complexity of the craft* (2nd ed., pp. 99–113). Los Angeles, CA: Sage.

Johnson, R. (2014). Hiding in plain sight: Reproducing masculine culture at a video game studio. *Communication, Culture & Critique, 7,* 578–594. doi:10.1111/ cccr.12023

Johnson, T. J., Kaye, B., Bichard, S., & Wong, W. J. (2008). Every blog has its day: Politically-interested Internet users' perceptions of blog credibility. *Journal of Computer-Mediated Communication, 13,* 100–122. doi:10.1111/j.1083–61 01.2007.00388.x

Jones, S. H. (2005). Autoethnography: Making the personal political. In N. K. Denzin & Y. S. Lincoln (Eds.), *The SAGE handbook of qualitative research* (3rd ed., pp. 763–791). Thousand Oaks, CA: Sage.

Jorgensen-Earp, C. R., & Staton, A. Q. (1993). Student metaphors for the college freshman experience. *Communication Education, 42,* 123–141. doi:10.1080/03 634529309378920

Judd, C. M., McClelland, G. H., & Culhane, S. E. (1995). Data analysis: Continuing issues in the everyday analysis of psychological data. In J. T. Spence, J. M. Darley, & D. J. Foss (Eds.), *Annual review of psychology* (Vol. 46, pp. 433–465). Palo Alto, CA: Annual Reviews.

Kaid, L. L., & Wadsworth, A. J. (1989). Content analysis. In P. Emmert & L. L. Barker (Eds.), *Measurement of communication behavior* (pp. 197–217). New York, NY: Longman.

Kaiser, K. (2012). Protecting confidentiality. In J. F. Gubrium, J. A. Holstein, A. B. Marvasti, & K. D. McKinney (Eds.), *The SAGE handbook of interview research: The complexity of the craft* (2nd ed., pp. 457–464). Los Angeles, CA: Sage.

Kamberelis, G., & Dimitriadis, G. (2005). Focus groups: Strategic articulations of pedagogy, politics, and inquiry. In N. K. Denzin & Y. S. Lincoln (Eds.), *The SAGE handbook of qualitative research* (3rd ed., pp. 887-907). Thousand Oaks, CA: Sage.

Kaplan, A. (1964). *The conduct of inquiry.* San Francisco, CA: Chandler.

Kaplowitz, M. D., Lupi, F., Couper, M. P., & Thorp, L. (2012). The effect of invitation design on web survey response rates. *Social Science Computer Review, 30*, 339-349. doi:10.1177/0894439311419084

Kassing, J. W. (2009). Breaking the chain of command. *Journal of Business Communication, 46*, 311-334. doi:10.1177/0021943609333521

Katzer, J., Cook, K. H., & Crouch, W. W. (1978). *Evaluating information: A guide for users of social science research.* Reading, MA: Addison-Wesley.

Keaten, J. A., & Kelly, L. (2008). Emotional intelligence as a mediator of family communication patterns and reticence. *Communication Reports, 21*, 104-116. doi:10.1080/08934210802393008

Kennedy-Lightsey, C. D., Martin, M. M., Thompson, M., Himes, K. L., & Clingerman, B. Z. (2012). Communication privacy management theory: Exploring coordination and ownership between friends. *Communication Quarterly, 60*, 665-680. doi:10.1080/01463373.2012.725004

Kerlinger, F. N. (1986). *Foundations of behavioral research* (3rd ed.). New York, NY: Holt, Rinehart and Winston.

Keyton, J. (1994). Designing a look at women. *The Mid-Atlantic. Almanack, 3*, 126-141.

Keyton, J. (1995). Using SYMLOG as a self-analytical group facilitation technique. In L. R. Frey (Ed.), *Innovations in group facilitation: Applications in natural settings* (pp. 148-174). Cresskill, NJ: Hampton Press.

Keyton, J. (1997). Coding communication in decision-making groups: Assessing effective and ineffective process. In L. R. Frey & J. K. Barge (Eds.), *Managing group life: Communication in decision-making groups* (pp. 236-269). Boston, MA: Houghton Mifflin.

Keyton, J. (2011). *Communication and organizational culture: A key to understanding work experiences* (2nd ed.). Thousand Oaks, CA: Sage.

Keyton, J., Bisel, R. S., & Ozley, R. O. (2009). Recasting the link between applied and theory research: Using applied findings to advance communication theory development. *Communication Theory, 19*, 146-160. doi:10.1111/j.1468-2885.

2009.01339.x

Keyton, J., Caputo, J., Ford, E., Fu, R., Leibowitz, S., Liu, T., ... Ghosh, P. (2013). Investigating verbal workplace communication behaviors. *Journal of Business Communication, 50*, 152–169. doi:10.1177/0021943612474990

Keyton, J., Ford, D. J., & Smith, F. L. (2008). A meso–level communicative model of interorganizational collaboration. *Communication Theory, 18*, 376–406. doi:10.1111/j.1468-2885.2008.00327.x

Keyton, J., & Rhodes, S. C. (1997). Sexual harassment: A matter of individual ethics, legal definitions, or organizational policy? *Journal of Business Ethics, 16*, 129–146. doi:10.1023/A:1017905100869

Keyton, J., & Rhodes, S. C. (1999). Organizational sexual harassment: Translating research into application. *Journal of Applied Communication Research, 27*, 158–173. doi:10.1080/00909889909365532

Keyton, J., & Smith, F. L. (2009). Distrust in leaders: Dimensions, patterns, and emotional intensity. *Journal of Leadership and Organizational Studies, 16*, 6–18. doi:10.1177/1548051809334196

Kibler, R. J. (1970). Basic communication research considerations. In P. Emmert & W. D. Brooks (Eds.), *Methods of research in communication* (pp. 9–49). New York, NY: Houghton Mifflin.

Kim, J. Y., & Kiousis, S. (2012). The role of affect in agenda building for public relations: Implications for public relations outcomes. *Journalism & Mass Communication Quarterly, 89*, 657–676. doi:10.1177/1077699012455387

Kim, H. K., & Niederdeppe, J. (2013). Exploring optimistic bias and the integrative model of behavioral prediction in the context of a campus influenza outbreak. *Journal of Health Communication, 18*, 206–232. doi:10.1080/10810730.2012.688247

Kim, H., Ahn, J., & Lee, D. (2016). Thin female characters in children's television commercials: A content analysis of gender stereotype. *American Communication Journal, 18*(2), 27–44.

Kim, S., Kim, S–Y., & Sung, K. H. (2014). Fortune 100 companies' Facebook strategies: Corporate ability versus social responsibility. *Journal of Communication Management, 18*, 343–362. doi:10.1108/JCOM-01-2012-0006

Kinnally, W., & Brinkerhoff, B. (2013). Improving the drive: A case study for modeling public radio member donations using the theory of planned behavior. *Journal of Radio & Audio Media, 20*, 2–16. doi:10.108 0/19376529.2013.777733

Kirk, R. E. (1996). Practical significance: A concept whose time has come.

Educational and Psychological Measurement, 56, 746–759. doi:10.1177/00131644 96056005002

Kosenko, K., Applewhite, A., Drury, P., & Ash, R. (2016). What facilitates the wait? Lessons learned from successful sexual abstainers. *Western Journal of Communication, 80*, 581–600. doi:10.1080/10570314.2016.1196294

Kranstuber, H., & Kellas, J. K. (2011). "Instead of growing under her heart, I grew in it": The relationship between adoption entrance narratives and adoptees' self-concept. *Communication Quarterly, 59*, 179–199. doi:10.1080/01463373. 2011.563440

Krippendorff, K. (2013). *Content analysis: An introduction to its methodology* (3rd ed.). Thousand Oaks, CA: Sage.

Krueger, R. A., & Casey, M. A. (2000). *Focus groups: A practical guide for applied research* (3rd ed.). Thousand Oaks, CA: Sage.

Kuhn, T., & Poole, M. S. (2000). Do conflict management styles affect group decision making? Evidence from a longitudinal field study. *Human Communication Research, 26*, 558–590. doi:10.1111/j.1468–2958.2000.tb00769.x

Kumar, R. (1996). *Research methodology: A step-by-step guide for beginners.* Thousand Oaks, CA: Sage.

Kvale, S. (1996). *InterViews: An introduction to qualitative research interviewing.* Thousand Oaks, CA: Sage.

Labott, S. M., Johnson, T. P., Fendrich, M., & Feeny, N. C. (2013). Emotional risks to respondents in survey research. *Journal of Empirical Research on Human Research Ethics, 8*, 53–66. doi:10.1525/jer.2013.8.4.53

Lacy, S. R., & Riffe, D. (1993). Sins of omission and commission in mass communication quantitative research. *Journalism Quarterly, 70*, 126–132. doi:10.1177/107769909307000114

Lammers, J. C., & Garcia, M. A. (2009). Exploring the concept of "profession" for organizational communication research: Institutional influences in a veterinary organization. *Management Communication Quarterly, 22*, 357–384. doi:10.1177/0893318908327007

Lange, J. I. (1990). Refusal to compromise: The case of Earth First! *Western Journal of Speech Communication, 54*, 473–494. doi:10.1080/10570319009374356

Lee, S., & Chung, S. (2012). Corporate apology and crisis communication: The effect of responsibility admittance and sympathetic expression on public's anger relief. *Public Relations Review, 38*, 932–934. doi:10.1016/j.pubrev.2012.08.006

Lee, E., & Oh, S. Y. (2012). To personalize or depersonalize? When and how politicians' personalized tweets affect the public's reactions. *Journal of Communication, 62,* 932–949. doi:10.1111/j.1460–2466.2012.01681.x

Lee, M. J., & Chen, Y–C. (2013). Underage drinkers' responses to negative–restrictive versus proactive–nonrestrictive slogans in humorous anti–alcohol abuse messages: Are humorous responsible drinking campaign messages effective? *Journal of Health Communication, 18,* 354–368. doi:10.1080/10810730.2012.727949

Leeman, M. A. (2011). Balancing the benefits and burdens of storytelling among vulnerable people. *Health Communication, 26,* 107–109. doi:10.1080/10410236.2011.527628

Leonardi, P. M., & Jackson, M. H. (2009). Technological grounding: Enrolling technology as a discursive resource to justify cultural change in organizations. *Science, Technology, & Human Values, 34,* 393–418. doi:10.1177/0162243908328771

Levine, T. R., Weber, R., Park, H. S., & Hullett, C. R. (2008). A communication researchers' guide to null hypothesis significance testing and alternatives. *Human Communication Research, 34,* 188–209. doi:10.1111/j.1468–2958.2008.00318.x

Lewis, S. C., Zamith, R., & Hermida, A. (2013). Content analysis in an era of big data: A hybrid approach to computational and manual methods. *Journal of Broadcasting & Electronic Media, 57,* 34–52. doi: 10.1080/08838151.2012.761702

Li, N., Akin, H., Su, L. Y–F., Brossard, D., Xenos, M., & Scheufele, D. A. (2016). Tweeting disaster: Ananalysis of online discourse about nuclear power in the wake of the Fukushima Daiichi nuclear accident. *Journal of Science Communication, 5,* 1–20

Liamputtong, P. (2009). *Qualitative research methods.* (3rd ed.). New York, NY: Oxford University Press.

Liamputtong, P. (2011). *Focus group methodology: Principles and practices.* Los Angeles, CA: Sage.

Lim, T. S., & Bowers, J. (1991). Facework: Solidarity, approbation, and tact. *Human Communication Research, 17,* 415–450. doi:10.1111/j.1468–2958.1991. tb00239.x

Lincoln, Y. S., & Guba, E. G. (1985). *Naturalistic inquiry.* Beverly Hills, CA: Sage.

Lindlof, T. R. (1991). The qualitative study of media audiences. *Journal of Broadcasting & Electronic Media, 35,* 23–42. doi:10.1080/08838159109364100

Lindlof, T. R., & Taylor, B. C. (2002). *Qualitative communication research methods* (2nd ed.). Thousand Oaks, CA: Sage.

Lindlof, T. R., & Taylor, B. C. (2011). *Qualitative communication research methods* (3rd ed.). Los Angeles, CA: Sage.

Liu, E., & Roloff, M. E. (2016). Regret for complaint withholding. *Communication Quarterly, 64*, 72–92. doi: 10.1080/01463373.2015.1103280

Liu, F. (2007). Determinants of cable system product diversification: An investigation of the U.S. cable systems. *The International Journal on Media Management, 9*, 9–18. doi:10.1080/14241270701193391

Lofland, J., & Lofland, L. H. (1995). *Analyzing social settings: A guide to qualitative observation and analysis* (3rd ed.). Belmont, CA: Wadsworth.

Lombard, M., Snyder-Duch, J., & Bracken, C. C. (2002). Content analysis in mass communication: Assessment and reporting of intercoder reliability. *Human Communication Research, 28*, 587–604. doi:10.1111/j.1468-2958.2002. tb00826.x

Longo, D. R., Ge, B., Radina, M. E., Greiner, A., Williams, C. D., Longo, G. S., ... Salas-Lopez, D. (2009). Understanding breast-cancer patients' perceptions: Health information-seeking behavior and passive information receipt. *Journal of Communication in Healthcare, 2*, 184–206. doi:10.1179/cih.2009.2.2.184

Loseke, D. R. (2013). *Methodological thinking: Basic principles of social research design.* Los Angeles, CA: Sage.

Lowry, D. T. (1979). Population validity of communication research: Sampling the samples. *Journalism Quarterly, 55*, 62–68, 76.

Lucas, K. (2011). Socializing messages in blue-collar families: Communicative pathways to social mobility and reproduction. *Western Journal of Communication, 75*, 95–121. doi:10.1080/10570314.2010.536964

Lumsden, J. (2007). Online-questionnaire design guidelines. In R. A. Reynolds, R. Woods, & J. D. Baker (Eds.), *Handbook of research on electronic surveys and measurements* (pp. 44–64). Hershey, PA: Idea Group Reference.

Lundy, L. K., Ruth, A. M., & Park, T. D. (2008). Simply irresistible: Reality TV consumption patterns. *Communication Quarterly, 56*, 208–225. doi:10.1080/0146 3370802026828

Lustig, M. W. (1986). Theorizing about human communication. *Communication Quarterly, 34*, 451–459. doi:10.1080/01463378609369662

Lykken, D. T. (2011). Replication. In M. S. Lewis-Beck, A. Bryman, & T. F. Liao (Eds.), *The SAGE encyclopedia of social science research method.* doi:10.4135/9781412950589

Mabry, L. (2009). Governmental regulation in social science. In D. M. Mertens

& P. E. Ginsberg (Eds.), *The handbook of social research ethics* (pp. 107-120). Los Angeles, CA: Sage.

Madianou, M., Longboan, L., & Ong, J. C. (2015). Finding a voice through humanitarian technologies? Communication technologies and participation in disaster recovery. *International Journal of Communication, 9*, 3020-3038.

Maeda, E., & Hecht, M. L. (2012). Identity search: Interpersonal relationships and relational identities of always-single Japanese women over time. *Western Journal of Communication, 76*, 44-64. doi:10.1080/10570314.2012.637539

Maki, S. M., Booth-Butterfield, M., & McMullen, A. (2012). Does our humor affect us? An examination of a dyad's humor orientation. *Communication Quarterly, 60*, 649-664. doi:10.1080/01463373.2012.725006

Malachowski, C. C., & Dillow, M. R. (2011). An examination of relational uncertainty, romantic intent, and attraction on communicative and relational outcomes in cross-sex friendships. *Communication Research Reports, 28*, 356-368. doi:10.1080/08824096.2011.616245

Malhotra, N. (2008). Completion time and response order effects in web surveys. *Public Opinion Quarterly, 72*, 914-934. doi:10.1093/poq/nfn050

Malone, P., & Hayes, J. (2012). Backstabbing in organizations: Employees' perceptions of incidents, motives, and communicative responses. *Communication Studies, 63*, 194-219. doi:10.1080/10510974.2011.635552

Manning, J. (2014). Construction of values in online and offline dating discourses: Comparing presentational and articulated rhetorics of relationship seeking. *Journal of Computer-Mediated Communication, 19*, 309-324. doi:10.1111/jcc4.12037

Manning, J., & Kunkel, A. (2015). Qualitative approaches to dyadic data analyses in family communication research: An invited essay. *Journal of Family Communication, 15*, 185-192. doi:10.1080/15267431.2015.1043434

Mansson, D. H. (2013). College students' mental health and their received affection from their grandparents. *Communication Research Reports, 30*, 157-168. doi:10.1080/08824096.2012.763028

Manusov, V., Trees, A. R., Reddick, L. A., Rowe, A. M. C., & Easley, J. M. (1998). Explanations and impressions: Investigating attributions and their effects on judgments for friends and strangers. *Communication Studies, 49*, 209-223. doi:10.1080/10510979809368532

Markham, A. N. (1998). *Life online: Researching real experience in virtual space.*

Walnut Creek, CA: AltaMira.

Markham, A. N. (2004). The Internet as research context. In C. Seale, G. Gobo, J. F. Gubrium, & D. Silverman (Eds.), *Qualitative research practice*(pp. 358-374). London, United Kingdom: Sage.

Marshall, C., & Rossman, G. B. (1999). *Designing qualitative research* (3rd ed.). Thousand Oaks, CA: Sage.

Martin, D. M. (2004). Humor in middle management: Women negotiating the paradoxes of organizational life? *Journal of Applied Communication Research*, *32*, 147-170. doi:10.1080/0090988042000210034

Martinson, B. C., Anderson, M. S., & de Vries, R. (2005). Scientists behaving badly. *Nature*, *435*, 737-738. doi:10.1038/435737a

Mason, S. A. (1993). Communication processes in the field research interview setting. In S. L. Herndon & G. L. Kreps (Eds.), *Qualitative research: Applications in organizational communication* (pp. 29-38). Cresskill, NJ: Hampton Press.

Maxwell, J. A. (1996). *Qualitative research design: An interactive approach.* Thousand Oaks, CA: Sage.

Maxwell, J. A. (2005). *Qualitative research design* (2nd ed.). Thousand Oaks, CA: Sage.

Mazer, J. P., & Ledbetter, A. M. (2012). Online communication attitudes as predictors of problematic Internet use and well-being outcomes. *Southern Communication Journal*, *77*, 403-419. doi:10.1080/1041794X.2012.686558

McCracken, G. (1988). *The long interview.* Newbury Park, CA: Sage.

McCroskey, J. C. (2009). Communication apprehension: What we have learned in the last four decades. *Human Communication*, *12*, 179-187.

McCroskey, J. C., Beatty, M. J., Kearney, P., & Plax, T. G. (1985). The content validity of the PRCA-24 as a measure of communication apprehension across communication contexts. *Communication Quarterly*, *33*, 165-173. doi:10.1080/01463378509369595

McCroskey, J. C., Richmond, V. P., Johnson, A. D., & Smith, H. T. (2004). Organizational orientations theory and measurement: Development of measures and preliminary investigations. *Communication Quarterly*, *52*, 1-14. doi:10.1080/01463370409370174

McGee, D. S., & Cegala, D. J. (1998). Patient communication skills training for improved communication competence in the primary care medical consultation. *Journal of Applied Communication Research*, *26*, 412-430. doi:10.1080/00909889

809365517

McKinnon, S. L. (2008). Unsettling resettlement: Problematizing "lost boys of Sudan" resettlement and identity. *Western Journal of Communication, 72,* 397–414. doi:10.1080/10570310802446056

McManus, T. G., & Nussbaum, J. F. (2013). Topic valence and ambiguity in parent-emerging adult child postdivorce discussions. *Communication Studies, 64,* 195–217. doi:10.1080/10510974.2011.646085

Meeks, L. (2013). He wrote, she wrote: Journalist gender, political office, and campaign news. *Journalism & Mass Communication Quarterly, 90,* 58–74. doi:10.1177/1077699012468695

Meltzer, C. E., Naab, T., & Daschmann, G. (2012). All student samples differ: On participant selection in communication science. *Communication Methods & Measures, 6,* 251–262. doi:10.1080/19312458.2012.732625

Meyers, R. A., & Brashers, D. (2010). Extending the conversational argument coding scheme: Argument categories, units, and coding procedures. *Communication Methods & Measures, 4,* 27–45. doi:10.1080/19312451003680467

Meyers, R. A., Seibold, D. R., & Brashers, D. (1991). Argument in initial group decision-making discussions: Refinement of a coding scheme and a descriptive quantitative analysis. *Western Journal of Speech Communication, 55,* 47–68. doi:10.1080/10570319109374370

Miguel, C. (2016). Researching intimacy through social media: A cross-platform approach. MedieKultur: *Journal of Media and Communication Research, 32*(60), 50–69. doi:10.7146/mediekultur.v32i60.22277

Miller, G. R. (1970). Research setting: Laboratory studies. In P. Emmert & W. D. Brooks (Eds.), *Methods of research in communication* (pp. 77–104). New York, NY: Houghton Mifflin.

Miller, G. R., & Nicholson, H. E. (1976). *Communication inquiry: A perspective on a process.* Reading, MA: Addison-Wesley.

Miller, T. (2012). Reconfiguring research relationships: Regulation, new technologies and doing ethical research. In T. Miller, M. Birch, M. Mauthner, & J. Jessop (Eds.), *Ethics in qualitative research* (2nd ed., pp. 29–42). Los Angeles, CA: Sage.

Miller-Day, M. (Ed.). (2011). *Family communication, connections, and health transitions: Going through this together.* New York, NY: Peter Lang.

Miller-Day, M. A. (2004). *Communication among grandmothers, mothers, and adult daughters: A qualitative study of maternal relationships.* Mahwah, NJ: Erlbaum.

Morgan, D. L. (1997). *Focus groups as qualitative research* (2nd ed.). Thousand Oaks, CA: Sage.

Morgan, D. L. (2012). Focus groups and social interaction. In J. F. Gubrium, J. A. Holstein, A. B. Marvasti, & K. D. McKinney (Eds.), *The SAGE handbook of interview research: The complexity of the craft* (2nd ed., pp. 161-176). Los Angeles, CA: Sage.

Morgan, D. L., & Krueger, R. A. (1993). When to use focus groups and why. In D. L. Morgan (Ed.), *Successful focus groups: Advancing the state of the art* (pp. 3-19). Newbury Park, CA: Sage.

Moriarty, C. M., & Harrison, K. (2008). Television exposure and disordered eating among children: A longitudinal panel study. *Journal of Communication, 58,* 361-381.doi:10.1111/j.1460-2466.2008.00389.x

Mostmans, L., Bauwens, J., & Pierson, J. (2014). "I would never post that": Children, moral sensitivity and online disclosure. *Communications, 39,* 347-367. doi:10.1515/commun-2014-0112

Mueller, B. H., & Lee, J. (2002). Leader-member exchange and organizational communication satisfaction in multiple contexts. *The Journal of Business Communication, 39,* 220-244. doi:10.1177/002194360203900204

Muthuswamy, N., Levine, T. R., & Gazel, J. (2006). Interaction-based diversity initiative outcomes: An evaluation of an initiative aimed at bridging the racial divide on a college campus. *Communication Education, 55,* 105-121. doi:10.1080/03634520500489690

Muturi, N., & Mwangi, S. (2011). Older adults' perspectives on HIV/AIDS prevention strategies for rural Kenya. *Health Communication, 26,* 712-723. doi:10.1080/104 10236.2011.563354

Nan, X., & Zhao, X. (2012). When does self-affirmation reduce negative responses to antismoking messages? *Communication Studies, 63,* 482-497. doi:10.1080/105 10974.2011.633151

Nardi, P. M. (2006). *Doing survey research: A guide to quantitative methods* (2nd ed.). Boston, MA: Pearson.

Nathanson, A. I., & Rasmussen, E. E. (2011). TV viewing compared to book reading and toy playing reduces responsive maternal communication with toddlers and preschoolers. *Human Communication Research, 37,* 465-487.

doi:10.1111/j.1468-2958.2011.01413.x

National Commission for the Protection of Human Subjects of Biomedical and Behavioral Research. (1979). *The Belmont report: Ethical principles and guidelines for the protection of human subjects of research.* Retrieved from http://www.hhs.gov/ohrp/humansubjects/guidance/belmont.html

Neuendorf, K. A. (2002). *The content analysis guidebook.* Thousand Oaks, CA: Sage.

Nicotera, A. M. (2017). Paradigms. In C. R. Scott, L. Lewis, J. Barker, J. Keyton, T. Kuhn, & P. Turner (Eds.), *The international encyclopedia of organizational communication*.doi:10.1002/9781118955567

Nir, L. (2012). Public space: How shared news landscapes close gaps in political engagement. *Journal of Broadcasting & Electronic Media, 56,* 578-596. doi:10. 1080/08838151.2012.732145

Norman, K. L., Friedman, Z., Norman, K., & Stevenson, R. (2001). Navigational issues in the design of on-line self-administered questionnaires. *Behavior & Information Technology, 20,* 37-45. doi:10.1080/01449290010021764

Northey, M., Tepperman, L., & Albanese, P. (2012). *Making sense in the social sciences: A student's guide to research and writing* (5th ed.). Don Mills, Canada: Oxford University Press.

Novak, D. R., & Harter, L. M. (2008). "Flipping the scripts" of poverty and panhandling: Organizing democracy by creating connections. *Journal of Applied Communication Research, 36,* 391-414. doi:10.1080/00909880802104890

Ntseane, P. G. (2009). The ethics of the researcher-subject relationship: Experiences from the field. In D. M. Mertens & P. E. Ginsberg (Eds.), *The handbook of social research ethics* (pp. 295-307). Los Angeles, CA: Sage.

O'Keefe, D. J. (2004). The unity of argument across methodological divides. Paper presented at the conference of the International Communication Association, New Orleans, LA.

Oliveira, M. (2013). Multicultural environments and their challenges to crisis communication. *Journal of Business Communication, 50,* 253-277. doi:10.1177/0021943613487070

Oliver, M. B., & Raney, A. A. (2011). Entertainment as pleasurable and meaningful: Identifying hedonic and eudaimonic motivations for entertainment. *Journal of Communication, 61,* 984-1004.doi:10.1111/j.1460-2466.2011.01585.

Osgood, C. E., Suci, C. J., & Tannenbaum, P. H. (1957). *The measurement of meaning*. Urbana: University of Illinois Press.

Owen, W. F. (1984). Interpretive themes in relational communication. *Quarterly Journal of Speech, 70,* 274–287. doi:10.1080/00335638409383697

Pacanowsky, M. E., & O-Donnell-Trujillo, N. (1982). Communication and organizational cultures. *Western Journal of Speech Communication, 46,* 115–130.

Packer, M. (2011). *The science of qualitative research.* New York, NY: Cambridge University Press.

Padilla-Walker, L. M., Coyne, S. M., Fraser, A. M., & Stockdale, L. A. (2013). Is Disney the nicest place on Earth? A content analysis of prosocial behavior in animated Disney films. *Journal of Communication, 63,* 393–412. doi:10.1111/jcom.12022

Paek, H. J., Lambe, J. L., & McLeod, D. M. (2008). Antecedents to support for content restrictions. *Journalism & Mass Communication Quarterly, 85,* 273–290. doi:10.1177/107769900808500204

Paek, H. J., Oh, H. J., & Hove, T. (2012). How media campaigns influence children's physical activity: Expanding the normative mechanisms of the theory of planned behavior. *Journal of Health Communication, 17,* 869–885. doi:10. 1080/10810730.2011.65

Paul, B., & Linz, D. G. (2008). The effects of exposure to virtual child pornography on viewer cognitions and attitudes toward deviant sexual behavior. *Communication Research, 35,* 338. doi:10.1177/0093650207309359

Pazos, P., Chung, J. M., & Micari, M. (2013). Instant messaging as a task-support tool in information technology organizations. *Journal of Business Communication, 50,* 68–86. doi:10.1177/0021943612465181

Pearson, J. C., Child, J. T., DeGreeff, B. L., Semlak, J. L., & Burnett, A. (2011). The influence of biological sex, self-esteem, and communication apprehension on unwillingness to communicate. *Atlantic Journal of Communication, 19,* 216–227. doi:10.1080/15456870.2011.584509

Pedhazur, E. J., & Schmelkin, L. P. (1991). *Measurement, design, and analysis: An integrated approach.* Hillsdale, NJ: Erlbaum.

Peng, T-Q., Zhu, J. J. H., Tong, J-J., & Jiang, S-J. (2012). Predicting Internet non-users' adoption intention and adoption behavior. *Information, Communication, & Society, 15,* 1236–1257. doi:10.1080/1369118X.2011.614628

Perrault, E. K., & Silk, K. J. (2016). The uncertainty reducing capabilities of primary care physicians' video biographies for choosing a new doctor: Is a video worth more than two hundred words? *Health Communication, 31*, 1472-1481. doi:10.1080/10410236.2015.1082457

Peter, J., & Valkenburg, P. M. (2009). Adolescents' exposure to sexually explicit Internet material and sexual satisfaction: A longitudinal study. *Human Communication Research, 35*, 171-194. doi:10.1111/j.1468-2958.2009.01343.x

Petronio, S., & Sargent, J. (2011). Disclosure predicaments arising during the course of patient care: Nurses' privacy management. *Health Communication, 26*, 155-266. doi:10.1080/10410236.2010.549812

Petronio, S., Reeder, H. M., Hecht, M. L., & Ros-Mendoza, T. M. (1996). Disclosure of sexual abuse by children and adolescents. *Journal of Applied Communication Research, 24*, 181-189. doi:10.1080/00909889609365450

Pew Research Center (n.d.). Collecting survey data. Retrieved from http://www.pewresearch.org/methodology/u-s-survey-research/collecting-survey-data/

Phillips, D. C. (1992). *The social scientist's bestiary: A guide to fabled threats to, and defenses of, naturalistic social science.* Oxford, United Kingdom: Pergamon Press.

Phillipsen, G. (1992). *Speaking culturally: Explorations in social communication.* Albany: State University of New York Press.

Pitts, M. J., Fowler, C., Kaplan, M. S., Nussbaum, J., & Becker, J. C. (2009). Dialectical tensions underpinning family farm succession planning. *Journal of Applied Communication Research, 37*,59-79. doi:10.1080/00909880802592631

Ploeger, N. A., Kelley, K. M., & Bisel, R. S. (2011). Hierchical mum effect: A new investigation of organizational ethics. *Southern Communication Journal, 76*, 465-481. doi:10.1080/11111041794x201.500343

Poland, B. D. (1995). Transcription quality as an aspect of rigor in qualitative research. *Qualitative Inquiry, 1*, 290-310. doi:10.1177/107780049500100302

Poole, M. S. (1983). Decision development in small groups II: A study of multiple sequences in decision-making. *Communication Monographs, 50*, 206-232.

Poole, M. S., & McPhee, R. D. (1985). Methodology in interpersonal communication research. In M. L. Knapp & G. R. Miller (Eds.), *Handbook of interpersonal communication* (pp. 100-170). Beverly Hills, CA: Sage.

Poole, M. S., & Roth, J. (1989). Decision development in small groups IV: A typology of decision paths. *Human Communication Research, 15*, 323-356

Poole, M. S., & Dobosh, M. (2010). Exploring conflict management processes in jury deliberations through interaction analysis. *Small Group Research, 41*, 408-426. doi:10.1177/1046496410366310

Porter, A. J. (2012). Emergent organization and responsive technologies in crisis: Creating connections or enabling divides? *Management Communication Quarterly, 27*, 6-33. doi:10.1177/0893318912459042

Potter, W. J. (1996). *An analysis of thinking and research about qualitative methods.* Mahwah, NJ: Erlbaum.

Potter, W. J., & Levine-Donnerstein, D. (1999). Rethinking validity and reliability in content analysis. *Journal of Applied Communication Research, 27*, 258-284. doi:10.1080/00909889909365539

Pratt, L., Wiseman, R. L., Cody, M. J., & Wendt, P. F. (1999). Interrogative strategies and information exchange in computer-mediated communication. *Communication Quarterly, 47*, 46-66. doi:10.1080/01463379909370123

Prentice, C. M. (2008). The assimilation of in-laws: The impact of newcomers on the communication routines of families. *Journal of Applied Communication Research, 36*, 74-97. doi:10.1080/00909880701799311

Prentice, C., & Tyler, J. (2016). That woman who married my brother: The problematic sibling-in-law's influence on adult sibling closeness. *Iowa Journal of Communication, 48*, 130-144.

Presser, S., & Blair, J. (1994). Survey pretesting: Do different methods produce different results? In P. V. Marsden (Ed.), *Sociological methodology* (Vol. 24, pp. 73-104). Washington, DC: American Sociologi-cal Association.

Presser, S., Couper, M. P., Lessler, J. T., Martin, E., Margin, J., Rothgeb, J. M., & Singer E. (2004). Methods for testing and evaluating survey questions. *Public Opinion Quarterly, 68*, 109-130. doi:10.1093/poq/nfh008.

Provins, K. A. (1997). Handedness and speech: A critical reappraisal of the role of genetic and environmental factors in the cerebral lateralization of function. *Psychological Review, 104*, 554-571. doi:10.1037/0033-295X.104.3.554

Pyrczak, F., & Bruce, R. R. (2007). *Writing empirical research reports: A basic guide for students of the social and behavioral sciences* (3rd ed.). Los Angeles, CA: Pyrczak.

Query, J. L., Jr., & Kreps, G. L. (1993). Using the critical incident method to evaluate and enhance organizational effectiveness. In S. L. Herndon & G. L. Kreps (Eds.), *Qualitative research: Applications in organizational communication* (pp. 63-77). Cresskill, NJ: Hampton Press.

Quick, B. L., Fiese, B. H., Anderson, B., Koester, B. D., & Marlin, D. W. (2011). A normative evaluation of shared family mealtime for parents of toddlers and young children. *Health Communication, 26,* 656-666. doi:10.1080/10410236.2011.561920

Rains, S. A., & Keating, D. M. (2011). The social dimension of blogging about health: Health blogging, social support, and well-being. *Communication Monographs, 78,* 511-534. doi:10.1080/03637751.2011.618142

Reel, B. W., & Thompson, T. L. (1994). A test of the effectiveness of strategies for talking about AIDS and condom use. *Journal of Applied Communication Research, 22,* 127-140. doi:10.1080/00909889409365393

Reilly, P., & Trevisan, F. (2016). Researching protest on Facebook: Developing an ethical stance for the study of Northern Irish flag protest pages. *Information, Communication & Society, 19,* 419-435. doi:10.1080/1369118X.2015.1104373

Resnik, D. B. (2015). What is ethics in research & why is it important? Retrieved from https://www.niehs.nih.gov/research/resources/bioethics/whatis/

Richards, S. T., & Nelson, C. L. (2012). Problematic parental drinking and health: Investigating differences in adult children of alcoholics status, health locus of control, and health self-efficacy. *Journal of Communication in Healthcare, 5,* 84-90. doi:10.1179/1753807612Y.0000000006

Ricke, L. D. (2012). Funny or harmful?: Derogatory speech on Fox's Family Guy. *Communication Studies, 63,* 119-135. doi:10.1080/10510974.2011.638412

Riffe, D., Lacy, S., & Fico, F. G. (1998). *Analyzing media messages: Using quantitative content analysis in research.* Mahwah, NJ: Erlbaum.

Riffe, D., Lacy, S., & Fico, F. G. (2014). *Analyzing media messages: Using quantitative content analysis in research* (3rd ed.). New York, NY: Routledge.

Roberto, A. J., Carlyle, K. E., Zimmerman, R. S., Abner, E. L., Cupp, P. K., & Hansen, G. L. (2008). The short-term effects of a computer-based pregnancy, STD, and HIV prevention program. *Communication Quarterly, 56,* 29-48. doi:10.1080/01463370701839255

Roberto, A. J., Meyer, G., Boster, F. J., & Roberto, H. L. (2003). Adolescents' decisions about verbal and physical aggression: An application of the theory of reasoned action. *Human Communication Research, 29,* 135-147. doi:10.1111/j.1468-2958.2003.tb00834.x

Roberts, C. (2013). A functional analysis comparison of web-only advertisements and traditional television advertisements from the 2004 and 2008 presidential campaigns. *Journalism & Mass Communication Quarterly, 90,* 23–38, doi:10.1177/1077699012468741

Robson, C. (2011). *Real world research: A resource for users of social research methods in applied settings* (3rd ed.). Chichester, United Kingdom: Wiley.

Rogan, R. G., & Hammer, M. R. (1994). Crisis negotiations: A preliminary investigation of face work in naturalistic conflict discourse. *Journal of Applied Communication Research, 22,* 216–231. doi:10.1080/00909889409365399

Rold, M. F., Honeycutt, J. M., Grey. S. H., & Fox, A, J. (2011). Emotional management in the aftermath of hurricane Katrina: Coping with tragedy through biblical stories of destruction. *Journal of Communication & Religion, 34,* 128–143.

Romo, L. K. (2011). Money talks: Revealing and concealing financial information in families. *Journal of Family Communication, 11,* 264–281. doi:10.1080/15267 431.2010.544634

Rosa, N. M. B., & Hastings, S. O. (2016). Managers making sense of millennials: Perceptions of a generational cohort. *Qualitative Research Reports in Communication, 17,* 52–59. doi:10.1080/17459435.2015.1088895

Rosaen, S. F., & Dibble, J. L. (2008). Investigating the relationships among child's age, parasocial interactions, and the social realism of favorite television characters. *Communication Research Reports, 25,* 145–154. doi:10.1080/0882409 0802021806

Ross, K. A., & Castle Bell, G. (2017). A culture–centered approach to improving healthy trans–patient–practitioner communication: Recommendations for practitioners communicating with trans individuals. *Health Communication, 32,* 730–740. doi:10.1080/10410236.2016.1172286

Rowling, C. M., Jones, T. M., & Sheets, P. (2011). Some dared call it torture: Cultural resonance, Abu Ghraib, and a selectively echoing press. *Journal of Communication, 61,* 1043–1061. doi:10.1111/j.1460–2466.2011.01600.x

Rubin, A. M., & Perse, E. M. (1994). Measures of mass communication. In R. B. Rubin, P. Palmgreen, & H. E. Sypher (Eds.), *Communication research measures: A sourcebook* (pp. 37–56). New York, NY: Guilford Press.

Rubin, H. J., & Rubin, I. S. (2005). *Qualitative interviewing: The art of hearing data* (2nd ed.). Thousand Oaks, CA: Sage.

Rubin, R. B., Rubin, A. M., Graham, E. E., Perse, E. M., & Seibold, D. R. (2009). *Communication research measures II: A sourcebook.* New York, NY: Routledge.

Russ, T. L. (2012). The relationship between communication apprehension and learning preferences in an organizational setting. *Journal of Business Communication, 49,* 312–321. doi:10.1177/0021943612456035

Ryan, M. (1998). Pitfalls to avoid in conducting and describing scholarly research. *Journalism & Mass Communication Educator, 52*(4), 72–79.

Sagar, S. S., & Jowett, S. (2012). Communicative acts in coach–athlete interactions: When losing competitions and when making mistakes in training. *Western Journal of Communication, 7,* 148–174. doi:10.1080/10570314.2011.651256

Salkind, N. J. (2011). *Statistics for people who (think they) hate statistics* (4th ed.). Los Angeles, CA: Sage.

Sapsford, R., & Abbott, P. (1996). Ethics, politics, and research. In R. Sapsford & V. Jupp (Eds.), *Data collection and analysis* (pp. 317–342). Thousand Oaks, CA: Sage.

Sapsford, R., & Jupp, V. (1996). Validating evidence. In R. Sapsford & V. Jupp (Eds.), *Data collection and analysis* (pp. 1–24). Thousand Oaks, CA: Sage.

Schatzman, L., & Strauss, A. L. (1973). *Field research: Strategies for a natural sociology.* Englewood Cliffs, NJ: Prentice–Hall.

Scheufele, B. (2017). Content analysis, quantitative. In W. Donsbach (Ed.), *The international encyclopedia of communication.* Blackwell. doi:10.1111/b.9781405 131995.2008.x

Schmidt, H. G. (2015). "Still a boys club": Perspectives on female sports and sports reporters in university student newspapers. *Qualitative Research Reports in Communication, 16,* 65–74. doi:10.1080/17459435.2015.1086422.

Schrodt, P. (2009). Family strength and satisfaction as functions of family communication environments. *Communication Quarterly, 57,* 171–186. doi:10.10 80/01463370902881650

Schrodt, P., Baxter, L. A., McBride, C., Braithwaite, D. O., & Fine, M. A. (2006). The divorce decree, communication, and the structuration of coparenting relationships in stepfamilies. *Journal of Social and Personal Relationships, 23,* 741–759. doi:10.1177/0265407506068261

Schultz, N. J., Hoffman, M. R., Fredman, A. J., & Bainbridge, A. L. (2012). The work and life of young professionals: Rationale and strategy for balance. *Qualitative Research Reports in Communication, 13,* 44–52. doi:10.1080/1745943 5.2012.719208

Schwarz, N., Groves, R. M., & Schuman, H. (1998). Survey methods. In D. T. Gilbert, S. T. Fiske, & G. Lindzey (Eds.), *The handbook of social psychology*

(4th ed., Vol. 1, pp. 143-179). New York, NY: McGraw-Hill.

Schwarz, N., & Hippler, H. (1991). Response alternatives: The impact of their choice and presentation order. In P. P. Biemer, R. M. Groves, L. E. Lyberg, N. A. Mathiowetz, & S. Sudman (Eds.), *Measurement errors in surveys* (pp. 41-56). New York, NY: Wiley.

Schwartz, B. M., Landrum, R. E., & Gurung, R. A. F. (2016). *An easy guide to APA style*. Los Angeles, CA: Sage.

Scott, C. R. (2005). Anonymity in applied communication research: Tensions between IRBs, researchers, and human subjects. *Journal of Applied Communication Research, 33*, 242-257. doi:10.1080/00909880500149445

Seamons, V. A., & Canary, H. E. (2017). Contradictions in surgical work teams. *Journal of Applied Communication Research, 45*, 42-60. doi:10.1080/00909882. 2016.1248467

Sears, D. O. (1986). College sophomores in the laboratory: Influences of a narrow data base on social psychology's view of human nature. *Journal of Personality and Social Psychology, 51*, 515-530. doi:10.1037/0022-3514.51.3.515

Seibold, D. R., Lemus, D. R., & Kang, P. (2010). Extending the conversational argument coding scheme in studies of argument quality in group deliberations. *Communication Methods & Measures, 4*, 46-64. doi:10.1080/19312451003680525

Seidman, I. (2013). *Interviewing as qualitative research*(4th ed.). New York, NY: Teachers College Press.

Selltiz, C., Jahoda, M., Deutsch, M., & Cook, S. W. (1959). *Research methods in social relations* (Rev. ed., one vol.). New York, NY: Holt, Rinehart and Winston.

Shapiro, M. A. (2002). Generalizability in communication research. *Human Communication Research, 28*, 491-500. doi:10.1111/j.1468-2958.2002. tb00819.x

Shaw, D. R., & Gimpel, J. G. (2012). What if we randomize the governor's schedule? Evidence on campaign appearance effects from a Texas field experiment. *Political Communication, 29*, 137-159. doi: 10.1080/10584609.2012.671231

Sheldon, P. (2009). Being ill in a foreign country: International students' trust in American physicians. *Journal of Intercultural Communication, 19*. Retrieved February 9, 2018, from https://www.immi.se/intercultural/nr19/pavica.htm

Shimotsu-Dariol, S., Mansson, D. H., Myers, S. A. (2012). Students' academic competitiveness and their involvement in the learning process. *Communication Research Reports, 29*, 310-319. doi:10.1080/08824096.2012.723643

Sieber, J. E. (1992). *Planning ethically responsible research: A guide for students and internal review boards.* Newbury Park, CA: Sage.

Sieber, J. E. (1994). Will the new code help researchers to be more ethical? *Professional Psychology: Research and Practice, 25,* 369–375. doi:1037/0735–7028.25.4.369

Sieber, J. E. (1998). Planning ethically responsible research. In L. Bickman & D. J. Rog (Eds.), *Handbook of applied social research methods* (pp. 127–156). Thousand Oaks, CA: Sage.

Siminoff, L. A., & Step, M. M. (2011). A comprehensive observational coding scheme for analyzing instrumental, affective, and relational communication in health care contexts. *Journal of Health Communication, 16,* 178–187. doi:10.1080/10810730.2010.535109

Simon, J. L. (1969). *Basic research methods in social science.* New York, NY: Random House.

Sirkin, R. M. (1995). *Statistics for the social sciences.* Thousand Oaks, CA: Sage.

Smith, J. M. (2013). Philanthropic identity at work: Employer influences on the charitable giving attitudes and behaviors of employees. *Journal of Business Communication, 50,* 128–151. doi:10.1177/0021943612474989

Smith, F. L., & Keyton, J. (2001). Organizational story-telling: Metaphors for relational power and identity struggles. *Management Communication Quarterly, 15,* 149–182. doi:10.1177/0893318901152001

Smith, F. L. M., & Dougherty, D. S. (2017). Member-created participatory paradoxes in church decision making. *Southern Communication Journal, 82,* 140–151. doi:10.1080/1041794X.2017.1315452

Smith, F. L. M., Coffelt, T. A., Rives, A. P., & Sollitto, M. (2012). The voice of victims: Positive response to a natural disaster crisis. *Qualitative Research Reports in Communication, 13,* 53–62. doi:10.1080 /17459435.2012.719209

Song, H., & Eveland, W. P. (2015). The structure of communication networks matters: How network diversity, centrality, and context influence political ambivalence, participation, and knowledge. *Political Communication, 32,* 83–108. doi:10.1080/10584609.2014.882462.

Spack, J. A., Board, B. E., Crighton, L. M., Kostka, P. M., & Ivory, J. D. (2012). It's easy being green: The effects of argument and imagery on consumer responses to green product packaging. *Environmental Communication: A Journal of Nature and Culture, 6,* 441–458. doi:10.1080/17524032.2012.706231

Spitzberg, B. H. (2006). Preliminary development of a model and measure of computer-mediated communication (CMC) competence. *Journal of Computer-Mediated Communication, 11*(2), 629-666. doi:10.1111/j.1083-610 1.2006. 00030.x/full

Stacks, D. W., & Salwen, M. B. (2009). Integrating theory and research: Starting with questions. In D. W. Stacks & M. B. Salwen (Eds.), *An integrated approach to communication theory and research* (2nd ed., pp. 3-12). New York, NY: Routledge.

Stafford, L., Dainton, M., & Haas, S. (2000). Measuring routine and strategic relational maintenance: Scale revision, sex versus gender roles, and the prediction of relational characteristics. *Communication Monographs, 67,* 306-323. doi:10.1080/03637750009376512

Stake, R. E. (2005). Qualitative case studies. In N. K. Denzin & Y. S. Lincoln (Eds.), *The SAGE handbook of qualitative research* (3rd ed., pp. 443-466). Thousand Oaks, CA: Sage.

Standards for reporting on empirical social science research in AERA publications. (2006). *Educational Researcher, 35*(6), 33-40. doi:10.3102/0013189X 035006033

Stanovich, K. E. (1986). *How to think straight about psychology.* Glenview, IL: Scott Foresman.

Stephens, K. K., & Dailey, S. L. (2012). Situated organizational identification in newcomers: Impacts of preentry organizational exposure. *Management Communication Quarterly, 26,* 404-422. doi:10.1177/0893318912440179

Stephens, K. K, & Pantoja, G. E. (2016). Mobile devices in the classroom: Learning motivations predict specific types of multicommunicating behaviors. *Communication Education, 65,* 463-479. doi:10.1080/03634523.2016.1164876

Stephens, K. K., Cho, J. K., & Ballard, D. I. (2012). Simultaneity, sequentiality, and speed: Organizational messages about multiple-task completion. *Human Communication Research, 38,* 23-47. doi:10.1111/j.1468-2958.2011.01420.x

Stokes, E., & Schewe, R. (2016). Framing from the pulpit: A content analysis of American conservative evangelical protestant sermon rhetoric discussing LGBT couples and marriage. *Journal of Communication & Religion, 39,* 59-75.

Strauss, A. L. (1987). *Qualitative analysis for social scientists.* New York, NY: Cambridge University Press.

Strauss, A. L. & Corbin, J. (1998). *Basics of qualitative research: Techniques and procedures for developing grounded theory.* Thousand Oaks, CA: Sage.

Street, R. L., Jr. (1993). Analyzing messages and their outcomes: Questionable assumptions, possible solutions. *Southern Communication Journal, 58*, 85-90. doi:10.1080/10417949309372891

Sue, V. M., & Ritter, L. A. (2012). *Conducting online surveys.* Los Angeles, CA: Sage.

Sung, Y., de Gregorio, F., & Jung, J.-H. (2009). Nonstudent consumer attitudes towards product placement. International Journal of Advertising, *28*, 257-285. doi:10.2501/S0265048709200564

Suter, E. A., Reyes, K. L., & Ballard, R. L. (2011). Adoptive parents' framing of laypersons' conceptions of family. *Qualitative Research Reports in Communication, 12*, 43-50. doi:10.1080/17459435.2011.601524

Suter, E. A., Seurer, L. M., Webb, S., Grewe, B., & Koenig Kellas, J. (2015). Motherhood as contested ideological terrain: Essentialist and queer discourses of motherhood at play in female-female co-mothers' talk. *Communication Monographs, 82*, 458-483. doi:10.1080/03637751.2015.1024702

Swazey, J. P., Anderson, M. S., & Lewis, K. S. (1993). Ethical problems in academic research. *American Scientist, 81*, 542-553.

Sypher, H. E. (1980). Illusory correlation in communication research. *Human Communication Research, 7*, 83-87. doi:10.1111/j.1468-2958.1980.tb00553.x

Szolnoki, G., & Hoffman, D. (2013). Online, face-to-face and telephone surveys: Comparing different sampling methods in wine consumer research. Paper presented at the Academy of Wine Business Research. *Wine Economics and Policy, 2*(2), 57-66. doi:10.1016/j.wep.2013.10.001

Tabachnick, B. G., & Fidell, L. S. (2007). *Using multi-variate statistics* (5th ed.). Boston, MA: Pearson.

Taylor, B. C. (1996). Make bomb, save world: Reflections on dialogic nuclear ethnography. *Journal of Contemporary Ethnography, 25*, 120-143. doi:10.1177/089124196025001007

Thayer, A., Evans, M., McBride, A., Queen, M., & Spyridakis, J. (2007). Content analysis as a best practice in technical communication research. *Journal of Technical Writing and Communication, 37*, 267-279. doi:10.2190/TW.37.3.c

Theiss, J. A., & Knobloch, L. K. (2013). A relational turbulence model of military service members' relational communication during reintegration. *Journal of Communication, 63*, 1109-1129. doi:10.1111/jcom.12059

Thomas, L. J. (2014). "Once a foster child . . .": Identity construction in former foster children's narratives. *Qualitative Research Reports in Communication, 15*, 84–91. doi:10.1080/17459435.2014.95559610.1080/17459435.2014.955596

Thomas, L. J., & Scharp, K. (2015). Exploring the meaning of cohabitation: A relational dialectics perspective. *Iowa Journal of Communication, 47*, 73–95.

Thompson, B. (2006). *Foundations of behavioral statistics: An insight-based approach.* New York, NY: Guilford Press.

Thompson, C. M., Romo, L. K., & Dailey, R. M. (2013). The effectiveness of weight management influence messages in romantic relationships. *Communication Research Reports, 30*, 34–45. doi:10.1080/08824096.2012.746222

Thorson, A. (2014). Feeling caught: Adult children's experiences with parental infidelity. *Qualitative Research Reports in Communication, 15*, 75–83. doi:10.1080/17459435.2014.955595

Tilley, S. A. (2003). "Challenging" research practices: Turning a critical lens on the work of transcription. *Qualitative Inquiry, 9*, 750–773. doi:10.1177/107780040 3255296

Toepoel, V., Das, M., & Van Soest, A. (2008). Effects of design in web surveys: Comparing trained and fresh respondents. *Public Opinion Quarterly, 72*, 985–1007. doi:10.1093/poq/nfn060

Tompkins, P. K. (1994). Principles of rigor for assessing evidence in "qualitative" communication research. *Western Journal of Communication, 58*, 44–50. doi:10.1080/10570319409374483

Toyosaki, S. (2011). Critical complete-member ethnography: Theorizing dialectics of consensus and conflict in intracultural communication. *Journal of International & Intercultural Communication, 4*, 62–80. doi:10.1080/17513057.2010.533786

Tracy, S. J. (2013). *Qualitative research methods: Collecting evidence, crafting analysis, communicating impact.* Malden, MA: Wiley-Blackwell.

Tracy, S. J., Scott, C., & Richard, E. (2008, November). *What if the research questions really didn't come first?: The paradoxes and challenges of methodological conventions and interpretive qualitative research.* Paper presented at the conference of the National Communication Association, San Diego.

Tuckett, A. (2004). Qualitative research sampling—the very real complexities. *Nurse Researcher, 12*(1), 47–61. doi:10.7748/nr2004.07.12.1.47.c5930

Turnage, A. K., & Goodboy, A. K. (2016). E-mail and face-to-face organizational dissent as a function of leader-member exchange status. *International Journal of Business Communication, 53*, 271–285. doi:10.1177/232948841452545

Uebersax, J. S. (2006). Likert scales: Dispelling the confusion. Retrieved February 9, 2018, from http://www.john-uebersax.com/stat/likert.htm

Unson, C. G., Trella, P. M., Chowdhury, S., & Davis, E. M. (2008). Strategies for living long and healthy lives: Perspectives of older African/Caribbean-American women. *Journal of Applied Communication Research, 36*, 459-478. doi:10.1080/00909880802175627

Utz, S., Schultz, F., & Glocka, S. (2013). Crisis communication online: How medium, crisis type and emotions affected public reactions in the Fukushima Daiichi nuclear disaster. *Public Relations Reviews, 39*, 40-46. doi:10.1016/j.pubrev.2012.09.010

Van Maanen, J. (1988). *Tales of the field: On writing ethnography*. Chicago, IL: University of Chicago Press.

van Swol, L. M. (2003). The effects of nonverbal mirroring on perceived persuasiveness, agreement with an imitator, and reciprocity in a group discussion. *Communication Research, 30*, 461-480. doi:10.1177/0093650203253318

van Swol, L. M., Braun, M. L., & Kolb, M. R. (2015). Deception, detection, demeanor, and truth bias in face-to-face and computer-mediated communication. *Communication Research, 42*, 1116-1142. doi:10.1177/0093650213485785

Vandenbosch, L., Vervolessem, D., & Eggermont, S. (2013). "I might get your heart racing in my skin-tight jeans": Sexualization on music entertainment television. *Communication Studies, 64*, 178-194. doi:10.1080/10510974.2012.755640

Vanderpool, H. Y. (1996). Introduction to part I. In H. Y. Vanderpool (Ed.), *The ethics of research involving human subjects: Facing the 21st century* (pp. 33-44). Frederick, MD: University Publishing Group.

Velez, J. A., Greitemeyer, T., Whitaker, J. L., Ewoldsen, D. R., & Bushman, B. J. (2016). Violent video games and reciprocity. *Communication Research, 43*, 447-467. doi:10.1177/0093650214552519.

Vermeulen, I., Beukeboom, C. J., Batenburg, A., Avramiea, A., Stoyanov, D., van de Velde, B., & Oegema, D. (2015). Blinded by the light: How a focus on statistical "significance" may cause p-value misreporting and an excess of p-values just below .05 in communication science. *Communication Methods & Measures, 9*, 253-279. doi:10.1080/19312458.2015.1096333.

Vogt, W. P. (2016). *The SAGE dictionary of statistics & methodology: A nontechnical guide for the social sciences* (5th ed.). Los Angeles, CA: Sage.

Vogt, W. P., & Johnson, R. B. (2011). *Dictionary of statistics & methodology: A nontechnical guide for the social sciences* (4th ed.). Los Angeles, CA: Sage.

Waitzkin, H. (1993). Interpretive analysis of spoken discourse: Dealing with the limitations of quantitative and qualitative methods. *Southern Communication Journal, 58*, 128–146. doi:10.1080/10417949309372895

Wang, J., & Yan, Y. (2012). In J. F. Gubrium, J. A. Holstein, A. B. Marvasti, & K. D. McKinney (Eds.), *The SAGE handbook of interview research: The complexity of the craft* (2nd ed., pp. 242–176). Los Angeles, CA: Sage.

Wartella, E., Rideout, V., Montague, H., Beaudoin-Ryan, L., & Lauricella, A. (2016). Teens, health and technology: A national survey. *Media & Communication, 4*, 13–23. doi:10.17645/mac.v4i3.515

Weaver, S. L. S. (2008). Measurement theory: In W. Donsbach (Ed.), *The international encyclopedia of communication.* doi:10.1111/b.9781405131995.200.x

Weber, K., & Martin, M. M. (2012). Designing and evaluating the campus organ donor project. *Communication Quarterly, 60*, 504–519. doi:10.1080/01463373.2012.704575

Weber, R. P. (1990). *Basic content analysis* (2nd ed.). Newbury Park, CA: Sage.

Webster, J. G., & Lin, S. (2002). The Internet audience: Web use as mass behavior. *Journal of Broadcasting & Electronic Media, 46*, 1–12. doi:10.1207/s15506878jobem4601_1

Weick, K. (1985). Systematic observation methods. In G. Lindzey & E. Aronson (Eds.), *Handbook of social psychology: Theory and method* (3rd ed.,pp. 567–634). New York, NY: Random House.

Weijters, B., Schillewaert, N., & Geuens, M. (2008). Assessing response styles across modes of data collection. *Journal of the Academy of Marketing Sciences, 3*, 409–422. doi:10.1007/s11747-007-0077-6

Wells, K. (2011). *Narrative inquiry.* New York, NY: Oxford University Press.

Westerman, C. Y. K., & Westerman, D. K. (2013). What's fair? Public and private delivery of project feedback. *Journal of Business Communication, 50*, 190–207. doi:10.1177/0021943612474991

Wieland, S. M. B. (2011). Struggling to manage work as a part of everyday life: Complicating control, rethinking resistance, and contextualizing work/life studies. *Communication Monographs, 78*, 162–184. doi:10.1080/03637751.2011.564642

Wilkinson, A. M. (1991). *The scientist's handbook for writing papers and dissertations.* Englewood Cliffs, NJ: Prentice-Hall.

Willemsen, L. M., Neijens, P. C., Bronner, F., & de Ridder, J. A. (2011). "Highly recommended!" The content characteristics and perceived usefulness of online consumer reviews. *Journal of Computer-Mediated Communication, 17*, 19-38, doi:10.1111/j.1083-6101.2011.01551.x

Williams, F. (1968). *Reasoning with statistics: Simplified examples in communication research.* New York, NY: Holt, Rinehart and Winston.

Wintre, M. G., North, C., & Sugar, L. A. (2001). Psychologists' response to criticisms about research based on undergraduate participants: A developmental perspective. *Canadian Psychology/Psychologie Canadienne, 42*, 216-225. doi:10.1037/h0086893

Wittenberg-Lyles, E. M. (2006). Narratives of hospice volunteers: Perspectives on death and dying. *Qualitative Research Reports in Communication, 7*, 51-56. doi:10.1080/17459430600964935

Wolcott, H. F. (1990). *Writing up qualitative research.* Newbury Park, CA: Sage.

Wolcott, H. F. (2001). *Writing up qualitative research*(2nd ed.). Thousand Oaks, CA: Sage.

Wong, N. C. H., & Householder, B. (2008). Mood and ad processing: Examining the impact of program-induced moods on subsequent processing of an antismoking public service advertisement. *Communication Studies, 59*, 402-414. doi:10.1080/10510970802473658

Wonsun, S., Jisu, H., & Faber, R. J. (2012). Tweens' online privacy risks and the role of parental mediation. *Journal of Broadcasting & Electronic Media, 6*, 632-649. doi:10.1080/08838151.2012.732135

Wotipka, C. D., & High, A. C. (2016). An idealized self or the real me? Predicting attraction to online dating profiles using selective self-presentation and warranting. *Communication Monographs, 83*, 281-302. doi:10.1080/03637751.2016.1198041

Wright, D. B. (1997). *Understanding statistics: An introduction for the social sciences.* Thousand Oaks, CA: Sage.

Young, S., Kelsey, D., & Lancaster, A. (2011). Predicted outcome value of e-mail communication: Factors that foster professional relational development between students and teachers. *Communication Education, 60*, 371-388. doi:10.1080/03634523.2011.563388

Zeelenberg, M., & Pieters, R. (2004). Beyond valence in customer dissatisfaction:

A review and new findings on behavioral responses to regret and disappointment in failed services. *Journal of Business Research, 57,* 445–455. doi:10.1016/S0148-2963(02)00278-3

Zerba, M. (2011). Young adults' reasons behind avoid-ances of daily print newspapers and their ideas for change. Journalism & Mass Communication Quarterly, *88,* 597–614. doi:10.1177/107769901108800308

색인

저자 소개

조앤 키튼

웨스턴 미시건 대학교(Western Michigan University) 학사, 오하이오 주립대학교(Ohio State University) 석사 및 박사 학위를 받았다. 노스 캐럴라이너 주립대학교(North Carolina State University) 커뮤니케이션학과 교수로, 집단 커뮤니케이션 및 조직 커뮤니케이션을 전공으로 하고 있다. 키튼 교수는 현재 학제간 팀의 협업과정과 관계 측면, 팀 회의에서의 참여자들의 언어 사용, 조직내 문화의 다양성, 그리고 성희롱에서 메시지가 조작되는 방식을 연구하고 있다. 키튼 교수의 연구는 현장에 초점을 맞추고 있으며, 전미 커뮤니케이션 학회(National Communication Association)가 뛰어난 응용 커뮤니케이션 학자에게 주는 2011년 제럴드 필립스 상(Gerald Phillips Award)을 2011년 수상한 바 있다.

역자 소개

배현석

1984년 연세대학교 사회과학대학 신문방송학과 졸업하고, 1986년 연세대학교 본 대학원(신문방송학 전공)에서 석사 과정을 마쳤다. 1989년부터 1993년까지 방송위원회(현 방송통신위원회) 연구원을 거쳐, 1998년 미시건 주립대(Michigan State University) 텔레커뮤니케이션학과(Dept. of Telecommunication)에서 박사 학위를 받았다. 1998년 영남대학교 언론정보학과 객원교수를 지낸 후, 1999년부터 지금까지 동 대학에서 교수로 지내고 있다. 주요 관심분야는 미디어의 효과, 특히 교육적 오락물(Entertainment-Education)과 보건 커뮤니케이션이며, *Asian Journal of Communication* 편집자문위원으로 활동 중이다.

주요 논문

Bae, H.-S., Lee, D., & Bae, R. E. (2014). Emotional engagement with the plot and characters: A narrative film on hearing-impaired sexual assault victims. *Narrative Inquiry, 24*(2), 309-327.

Bae, H.-S., Brown, W. J., & Kang, S. (2011). Social influence of a religious hero:

The late Cardinal Stephen Kim's impact on cornea donation and volunteerism. *Journal of Health Communication, 16*(1), 62~78.

Kang, S., Gearhart, S., & Bae, H.-S. (2010). Coverage of Alzheimer's disease from 1984 to 2008 in television news and information talk shows in the United States: An analysis of news framing. *American Journal of Alzheimer's Disease and Other Dementia, 25*(8), 687~697.

Bae, H.-S. (2008). Entertainment-education and recruitment of cornea donors: The role of emotion and issue involvement. *Journal of Health Communication, 13*(1), 20~36.

Bae, H.-S., & Kang, S. (2008). The influence of viewing an entertainment- education program on cornea donation intention: A test of the Theory of Planned Behavior. *Health Communication, 23*(1), 87~95.

Lee, B., & Bae, H.-S. (2004). The effect of screen quotas on the self-sufficiency ratio in recent domestic film markets. *The Journal of Media Economics, 17*(3), 163~176.

Bae, H.-S., & Lee, B. (2004). Audience involvement and its antecedents in entertainment-education: An analysis of bulletin board messages and drama episodes on divorce in Korea. *Asian Journal of Communication, 14*(1), 6~21.

Bae, H.-S. (2000). Product differentiation in national TV newscasts: A Comparison of the cable all-news networks and the broadcast networks. *Journal of Broadcasting & Electronic Media, 44*(1), 62~77.

Bae, H.-S. (1999). Product differentiation in cable programming: The case in cable all-news networks. *The Journal of Media Economics, 12*(4), 265~277.

Bae, H.-S., & Baldwin, T. F. (1998). Policy issues for cable startup in smaller countries: The case in South Korea. *Telecommunications Policy, 22*(4/5), 371~381.

주요 역서

배현석(역). (2019). 『공유시대: 공유 개념과 공유 행위에 대한 분석』(*The age of sharing*). 서울: 한울 아카데미.

배현석(역). (2018). 『노화와 커뮤니케이션 이해하기: 지식 및 의식 개발하기』(*Understanding communication and aging: Developing knowledge and awareness*). 경산: 영남대학교 출판부.

배현석(역). (2018). 『초연결사회: 인터넷, 디지털 미디어, 그리고 기술-사회 생활』(*Superconnected: The internet, digital media, and techno-social life*). 서울: 한울아

카데미.

배현석(역). (2017). 『퍼블릭 스피치: 대중 앞에서 말하기』(*Public speaking: Concepts and skills for a diverse society*). 경산: 영남대학교 출판부.

배현석(역). (2016). 『디지털 시대의 위기 커뮤니케이션: 계획수립, 관리, 그리고 대응』(*Ongoing crisis communication: Planning, managing, and responding*). 서울: 한울 아카데미.

배현석(역). (2015). 『대인관계와 소통: 일상의 상호작용』(*Interpersonal communication: Everyday encounters*). 서울: 한경사.

배현석(역). (2015). 『미디어 메시지와 공중보건: 내용분석에 대한 의사결정 접근방법』(*Media message and public message: A decisions approach to content analysis*). 경산: 영남대학교 출판부.

배현석(역). (2013). 『저항과 설득』(*Resistance and persuasion*). 경산: 영남대학교 출판부.

배현석(역). (2012). 『커뮤니케이션 정책의 기초: 전자 미디어 규제의 원칙과 과정』(*Foundations of communications policy: Principles and process in the regulation of electronic media*). 서울: 한국문화사.

배현석·배은결(역) (2011). 『미디어 메시지 분석: 양적 내용분석방법』(개정판)(*Analyzing media messages: Using quantitative content analysis in research*, 2nd ed.). 경산: 영남대학교 출판부.

배현석(역) (2011). 『방송시장의 경제적 규제: 진화하는 기술과 정책적 과제』(*The economic regulation of broadcasting markets: Evolving technology and challenges for policy*). 경산: 영남대학교 출판부.

배현석(역). (2009). 『국제 커뮤니케이션』(개정판) (*International communication: Continuity and change*, 2nd ed.). 서울: 한울 아카데미.

배현석(역). (2008). 『교육적 오락물과 사회 변화: 역사, 연구 및 실제』(*Entertainment-education and social change: History, research, and practice*). 서울: 나남출판사.

배현석(역). (2005). 『미디어 효과의 기초』(*Fundamentals of media effects*). 서울: 한울 아카데미.

커뮤니케이션 연구방법론

초판발행	2020년 3월 10일
중판발행	2023년 1월 30일
지은이	Joann Keyton
옮긴이	배현석
펴낸이	안종만 · 안상준
편 집	배규호
기획/마케팅	장규식
표지디자인	BEN STORY
제 작	고철민 · 조영환
펴낸곳	(주)**박영사**
	서울특별시 금천구 가산디지털2로 53, 210호(가산동, 한라시그마밸리)
	등록 1959. 3. 11. 제300-1959-1호(倫)
전 화	02)733-6771
f a x	02)736-4818
e-mail	pys@pybook.co.kr
homepage	www.pybook.co.kr
ISBN	979-11-303-0961-3 93330

* 파본은 구입하신 곳에서 교환해 드립니다. 본서의 무단복제행위를 금합니다.
* 역자와 협의하여 인지첩부를 생략합니다.

정 가   29,000원